·毛泽东谈文论史全编·

顾 问：龙新民 郑欣淼 陈 晋 阎晓宏

读古文

MAOZEDONG DU GUWEN

毕桂发 主 编
陈锡祥 副主编

中国文史出版社

图书在版编目（CIP）数据

毛泽东读古文 / 毕桂发主编 . -- 北京 : 中国文史出版社 , 2023.12
（毛泽东谈文论史全编）
ISBN 978-7-5205-4572-3

Ⅰ . ① 毛… Ⅱ . ① 毕… Ⅲ . ① 毛泽东著作研究 ② 古典散文 – 文学欣赏 – 中国
Ⅳ . ① A841.691 ② I207.62

中国国家版本馆 CIP 数据核字 (2023) 第 244980 号

责任编辑：窦忠如
特约编辑：王德俊　窦广利　赵增越　张幼平　邓文华　张永俊

出版发行：中国文史出版社
社　　址：北京市海淀区西八里庄路 69 号院　邮编：100142
电　　话：010-81136606　81136602　81136603（发行部）
传　　真：010-81136655
印　　装：廊坊市海涛印刷有限公司
经　　销：全国新华书店
开　　本：787 毫米 × 1092 毫米　1/16
印　　张：36
字　　数：533 千字
版　　次：2024 年 1 月北京第 1 版
印　　次：2024 年 8 月第 3 次印刷
定　　价：98.00 元

总 序

2023年12月26日，是中国人民的伟大领袖毛泽东同志诞辰130周年。经过多年酝酿策划和组织编撰，我们于今年正式出版发行《毛泽东谈文论史全编》(以下简称《全编》)以示隆重纪念。

十年前，习近平总书记在纪念毛泽东同志诞辰120周年座谈会上的重要讲话中指出:“毛泽东同志是伟大的马克思主义者,是伟大的无产阶级革命家、战略家、理论家，是马克思主义中国化的伟大开拓者，是近代以来中国伟大的爱国者和民族英雄，是党的第一代领导核心，是领导中国人民彻底改变自己命运和国家面貌的一代伟人。”同时，毛泽东同志又是世所公认的伟大的文学家、史学家、诗人和作家。在深入学习贯彻党的二十大精神、纪念毛泽东同志诞辰130周年的重要时间节点上，组织编撰出版这一大型项目图书，为人们缅怀毛泽东同志的丰功伟绩，学习毛泽东同志的伟人品格、政治智慧和文化思想，提供了一套非常重要的文化历史资料；对于弘扬中华优秀传统文化，学习贯彻党的二十大报告中关于“推进文化自信自强，铸就社会主义文化新辉煌”的重要精神，具有十分宝贵的启示和积极的意义。

在组织编撰这部大型项目图书的过程中，我们坚持以习近平新时代中国特色社会主义思想为指导，认真学习党中央关于历史问题的三个决议精神，特别是十九届六中全会通过的《中共中央关于党的百年奋斗重大成就和历史经验的决议》精神，对全部书稿的政治观点和思想内容进行了认真把关，使其符合三个决议精神，也符合习近平总书记十年来有关论述毛泽东同志历史功绩和毛泽东思想指导地位的重要讲话精神，以及关于学习党史国史和弘扬中华传统文化的重要讲话精神。

《全编》计27种40册1500万字。编撰者耗费数十年心血收集、整理、阐析、赏评，把毛泽东在各个时期的文章、诗词、书信、讲话、谈话中引用、化用、批注、圈阅、点评、编选的古今人物和文史作品，把毛泽东传记、年谱、回忆录中提及或引用和评点的古今人物和文史作品，即使片言只语、寸缣尺楮也收集入册，希望能够集散为专、分门别类，尽量避免遗珠之憾，力求内容全面系统、表述科学客观。

这部《全编》有以下几个特点：

资料齐全。毛泽东同志一生酷爱读书，可以说是博览群书、通古贯今。他曾说："饭可以一日不吃，觉可以一日不睡，书不可以一日不读。"他熟读《二十四史》《资治通鉴》等中国历代著名历史著作，熟读中国历代优秀的诗词文学作品，且不动笔墨不读书，读书时做了大量批注和圈画，还常常在自己的文章、诗词、讲话、谈话中引经据典、巧妙运用，真可谓博学约取、学以致用。这就给我们留下了浩如烟海的珍贵史料。在编著这部《全编》时，我们想最大限度地收集、整理、汇编其所涵盖的各个方面的文献史料，力争做到文献可靠、史料精准，可读性、知识性和趣味性兼具，使其成为研究毛泽东思想特别是毛泽东文化思想的重要资料。

分类精细。毛泽东同志喜欢中国古代文学，阅读、圈评了大量各类体式的文学作品，他的诗词创作尤为脍炙人口。因此，收录《全编》中关于毛泽东同志的文史资料，浩瀚如海，编撰者都进行了认真严格的划分整理，将其分三辑，文学类就有两辑，所占分量最大。比如，编撰者将其细分为评点名诗、名词、散曲、辞赋、小说、散文、戏曲的"毛泽东同志评点中国传统文化赏析"7种19册，以及《跟着毛泽东学诗词》《毛泽东诗话》《周世钊论毛泽东诗词》《毛泽东致周世钊书信手迹》与毛泽东读唐诗、宋词、元曲、古文等的"毛泽东与中国诗词曲赋"8种9册。

评述允当。在这部《全编》中，编撰者将每篇作品分为毛泽东评点、人物、事件评述或毛泽东评点、原文和赏析，力求评述或赏析允妥、适当，即深刻理解毛泽东原文含义，紧扣毛泽东的评点，不作过多发挥，文字力求简明生动。同时，编撰者注重史料收集整理的文献性，兼顾知识性和趣味性，这就使得这部大型项目图书兼具很强的可读性。

这部《全编》还有一个最突出的重要特点，那就是比较集中地梳理和呈现了毛泽东同志的历史自信和文化自信。习近平总书记在纪念毛泽东同志诞辰120周年座谈会上的讲话中明确指出，毛泽东同志“是马克思主义中国化的伟大开拓者，是近代以来中国的爱国者和民族英雄”。这个评价反映在毛泽东同志学习和运用、继承和发展中华优秀传统文化方面，鲜明地体现为他的历史自信和文化自信。因此，我们认为这部《全编》的编撰出版，有益于读者更深入体会党的二十大报告论述的“坚持和发展马克思主义，必须同中华优秀传统文化相结合”的重大论断。在这部《全编》中，有关毛泽东圈阅、评点历史人物和文史作品的材料，就很具体地体现了他作为“马克思主义中国化的伟大开拓者”，是如何运用马克思主义的世界观和方法论，去激活中华优秀传统文化的；又是如何通过继承、运用和发挥中华优秀传统文化，为坚持和发展马克思主义提供深厚滋养的。

《全编》除了引用毛泽东同志的相关评点外，主要篇幅是介绍、叙述和评论毛泽东同志评点的对象即历史人物和文史作品，所引毛泽东的评点内容都出自公开的出版物并注明出处。从目前已出版的各类关于毛泽东同志的书籍来看，这是目前更加全面系统反映伟人毛泽东同志的一部大型丛书，但每册又可独立成书，以满足不同读者的阅读喜好与多样需求。当然，限于编撰者的水平和时间，这部《全编》的体例编排和文字表述等方面还有改进和完善空间，恳请专家学者和广大读者朋友不吝批评指正。

《毛泽东谈文论史全编》编委会

2023年12月18日

目 录

一、先秦两汉时期

二、魏晋南北朝时期

三、唐宋时期

四、元明清时期

一、先秦两汉时期

（一）毛泽东评点《五经》《四书》

“五经”“四书”是中国儒家的经典书籍。“五经”是指《诗经》《尚书》《礼记》《周易》《春秋》。这五本书加上《乐经》，合称“六经”，其中的《乐经》后来亡佚了，就成了五经，简称“诗、书、礼、易、春秋”。五经之称始于汉武帝建元元年（前140）。其中“礼”，汉时指《仪礼》，后世指《礼记》；《春秋》，后世并《左传》而言。汉班固《白虎通·五经》：“《五经》何谓？谓《易》《尚书》《诗》《礼》《春秋》。”“四书”指《论语》《孟子》《大学》和《中庸》。南宋理学家朱熹注《论语》，又从《礼记》中摘出《中庸》《大学》，分章断句，加以注释，配以《孟子》，题称《四书章句集注》，“四书”之名始立，后用作学习的入门书。元仁宗皇庆二年（1313）定考试科目，为在“四书”内出题，发挥题意必须以朱熹《四书章句集注》为根据。这种考试方法一直沿用到清代末年（1905年废除）。所以，“四书”“五经”是南宋以后儒学的基本书目，是儒生学子的必读书。

这里我们不讨论《诗经》，因为它是诗歌；把《论语》《孟子》放到“诸子百家”之中。

毛泽东幼年时还是新旧学校并行，在农村还是旧式私塾，当然教材也是《三字经》《百家姓》及“五经”“四书”。1902年春，毛泽东9岁时，“从唐家坨外祖父家回韶山，入南岸私塾读书，启蒙教师邹春培。先读《三字经》，接着读《幼学琼林》《论语》《孟子》《中庸》《大学》。毛泽东记忆力强，能够口颂心解，很快领会”（中共中央文献研究室编：《毛泽东年谱（1893—1949）》上卷，人民出版社、中央文献出版社1993年版，第2页）；1906年秋，毛泽东到韶山井湾里私塾读书，师从塾师毛宇居，继续读四书五经，并开始练习书法（同上书，第5页）。“这时，科举已经废除，新式学堂已经开设。……在韶山，私塾仍是儿童们求学的唯一选择。父亲供他念书，没有多大雄心，无非是略识几个字，便于记账或打官司等。毛泽东照例从《三字经》《百家姓》《增广贤文》《幼学琼林》这些普及读物入门，去接触他从小就注定要接受的儒家文化传统。随后是点读‘四书’‘五经’。韶山毛泽东纪念馆至今还保存着他小时候读过的《诗经》和《论语》。”毛泽东后来把自己的私塾生活概括为“六年孔夫子”。（金冲及主编：《毛泽东传》（1893—1949）上，中央文献出版社1996年版，第5页）但对这“六年孔夫子”的私塾生活，毛泽东还是肯定的。因为正是在这六年里，他学会了阅读、写文章，打下了深厚的传统文化基础。

1.《尚书》与毛泽东的革命理想和干部路线及诗学原理

《尚书》，最早名为《书》，是中国现存第一部古典文集和最早的历史文献，它以记言为主，内容自尧舜到夏商周，跨越两千余年。

《尚书》相传由孔子编选，儒家将其列为经典之一。“尚”即“上”，“尚书”就是上古的书，它是中国上古历史文献和部分追述古代事迹著作的汇编。《尚书》有今古文之别。汉代伏生传《尚书》29篇，用当时隶书书写，故称《今文尚书》或《今尚书》。汉武帝时在孔子故宅壁中发现《尚书》，比《今文尚书》多16篇，因用蝌蚪古文书写，所以称《古文尚书》，后失传。晋元帝时，豫章内使梅颐献奏，上孔安国传《古文尚书》，比今文多出15篇。唐孔颖达作疏，即今存《十三经注疏》中的《书经》。

《尚书》在作为历史典籍的同时，向来被文学史家称为中国最早的散文总集，是和《诗经》并列的一个文体类别。但这些散文，用今天的标准来看，绝大部分应属于当时官府处理国家大事的公务文书，准确地讲，它应是一部体例比较完备的公文总集。

（1）“若火之燎于原”与中国革命的信心理想问题

语出《尚书·盘庚上》：“汝不和吉言于百姓，惟汝自生毒，乃败祸奸宄，以自灾于厥身。乃既先恶于民，乃奉其恫，汝悔身何及？相时憸民，犹胥顾于箴言，其发有逸口，矧予制乃短长之命！汝曷弗告朕，而胥动以浮言，恐沉于众？若火之燎于原，不可向迩，其犹可扑灭？则惟汝众自作弗靖，民非予有咎。”

盘庚是汤的第十世孙，商朝的第二十位君王。他为避免水患，复兴殷商，率领臣民把国都从奄（今山东曲阜）迁往殷（今河南安阳）。此举遇到了来自各方面的反对，盘庚极力申说迁都的好处，前后三次告喻臣民，终于完成了迁都。《盘庚》分上、中、下三篇，记述了这次迁徙的经过。上篇记述盘庚迁殷之前告诫群臣的话，中篇是盘庚告诫殷民的话，下篇是迁都后盘庚告诫群臣的话。历代学者大都认为《盘庚》三篇是殷代的作品，具有很高的史料价值。上面引用的这一段是上篇的最后一段，大意是说：“你们不把我的善言向百姓宣布，这是你们自生祸害。犯法作乱的人所做的一些坏事已经败露，这是你们自己害自己。你们既引导人们做了坏事，就要由你们来承担痛苦，自己悔恨又怎么来得及？看看现在奸佞的人吧，他们哪里还顾及我所劝诫的话、担心说出错误的话，何况我掌握着你们的生杀之权呢！你们有话为什么不告诉我，却用流言蜚语相互煽动，恐吓蛊惑臣民呢？就像大火已在原野上燃烧起来，使人无法面对接近，还能够扑灭吗？这都是你们做了许多坏事造成的，不是我有过错。”

毛泽东在《星星之火，可以燎原》一文中说：“一九二七年革命失败以后，革命的主观力量确实大为削弱了。剩下的一点小小的力量，若仅依据某些现象来看，自然要使同志们（作这样看法的同志们）发生悲观的念头。但若从实质上看，便大大不然。这里用得着中国的一句老话：‘星星之火，可以燎原。’这就是说，现在虽只有一点小小的力量，但是它的发展会是很快的。”（《毛泽东选集》第一卷，人民出版社 1991 年版，第 99 页）

《星星之火，可以燎原》是 1930 年 1 月 5 日写给林彪的信，回答了林彪对“红旗能打多久”的疑问，提出了中国革命和武装夺取政权道路的基本思想，标志着毛泽东关于建立农村根据地、以农村包围城市、武装夺取政权道路理论的基本形成。

（2）“任官惟贤才”与毛泽东“任人唯贤”的干部路线

《尚书·咸有一德》：“今嗣王新服厥命，惟新厥德。终始惟一，时乃日新。任官惟贤材，左右惟其人。臣为上为德，为下为民。其难其慎，惟和惟一。德无常师，主善为师。善无常主，协于克一。俾万姓咸曰：‘大哉王言。’又曰：‘一哉王心’。克绥先王之禄，永厎烝民之生。”

《尚书·咸有一德》，主要讲继位的新王，应该树立新风，任用贤才之臣，这样才能治理好国家。其中“任官惟贤材，左右惟其人”，意思是任用官员只要看他的品德和才能如何，后来便提炼成“任人唯贤”的成语。任人，委用人，指委人以官职。毛泽东在《中国共产党在民族战争中的地位》一文中引用了这个成语：“在这个使用干部的问题上，我们民族历史中从来就有两个对立的路线：一个是‘任人唯贤’的路线，一个是‘任人唯亲’的路线，前者是正派的路线，后者是不正派的路线。共产党的干部政策，应该是以能否执行党的路线，服从党的纪律，和群众有密切的联系，有独立的工作能力，积极肯干，不谋私利为标准，这就是‘任人唯贤’的路线。”（《毛泽东选集》第二卷，人民出版社 1991 年版，第 527 页）

毛泽东在《湖南农民运动考察报告》中说：“他们那粗重无情的斥责声，每天都有些送进绅士们的耳朵里去。他们发号施令，指挥一切。”（《毛泽东选集》第一卷，人民出版社 1991 年版，第 18 页）

“发号施令”这一句典，引自《尚书·冏命》。原文是：“昔在文武，聪明齐圣，小大之臣，咸怀忠良；其侍御仆从，罔匪正人。以旦夕承弼厥辟。出入起居，罔有不钦；发号施令，罔有不臧；下民祇若，万邦咸休。”大意是说，从前在周文王、周武王的时候，国君聪明贤达好像圣人。大小官员，都满怀忠诚正直；他们的侍卫、车夫和随从，也没有一个不正派的人。因为从早到晚，都在注意纠正阳奉阴违、阿谀奉承。国君出入宫廷，行走坐卧，没有人不钦敬；发出的号召，下达的命令，也没有不被好好执行的；臣民们尊敬他们到如此程度，各路诸侯都停止争斗。

毛泽东在这里使用“发号施令”，是对农民革命运动的称赞。在《实践论》中毛泽东再次使用“发号施令”时，则是对主观主义者的批评。因为，那些主观主义者，“跑到一个地方，不问环境的情况，不看事情的全体

（事情的历史和全部现状），也不触到事情的本质（事情的性质及此一事情和其他事情的内部联系），就自以为是地发号施令起来，这样的人是没有不跌跤子的”。（《毛泽东选集》第一卷，人民出版社 1991 年版，第 290 页）

在《中国革命战争的战略问题》一文中，毛泽东说：“但是开始准备的时机问题，一般地说来，与其失之过迟，不如失之过早。因为后者的损失较之前者为小，而其利益，则是有备无患，根本上立于不败之地。”（《毛泽东选集》第一卷，人民出版社 1991 年版，第 201 页）

“有备无患”一语，引自《尚书·说命中》。原文是：“惟治乱在庶官。官不及私昵，惟其能。爵罔及恶德，惟其贤。虑善以动，动惟厥时。有其善，丧厥善；矜其能，丧厥功。惟事事乃其有备，有备无患。”大意是说，由于国家治乱在于各级大小官员，因而任用官吏不应该凭关系亲疏，只能看他有无才德；爵禄不封给道德败坏的人，只封给有道德有才能的人。施政要考虑好才行动，行动要抓住时机。有好人好事不鼓励，就会丧失好人好事；有恃才骄傲的不纠正，就不能把事办成功。只有每件事都做好准备，有准备才没有祸患。

这里论述的是古代任用官吏和施政的一些原则。尽管这些原则，在长期的封建社会中，都没有被彻底实行过，但是它们在我国的思想史上，却有着不可忽视的地位。其中的“有备无患”，也长期被后人用来勉励办事要做好准备，以避免灾祸。毛泽东使用“有备无患”，意在指出：要想取得反“围剿”的胜利，必须事先做好准备，才能防患于未然，稳操革命胜券。

有备无患，不打无把握之仗，是毛泽东思想的一个基本原则。毛泽东还在自己的文章中引用了《尚书》中的“一心一德”“任人唯贤”“独夫””等句。

“一心一德”出于《尚书·泰誓中》：“乃一德一心，立定厥功，惟克永世。”

商朝君主纣王暴虐无道，周国的首领周武王带兵伐纣。武王在向商朝都城进攻之前，在孟津举行了誓师动员会。武王对全军宣布了商纣王的罪状，分析了商军必败、周军必胜的道理，他在誓词中号召大家要“一心一德”，在战斗中立大功，打倒商纣王，永保天下太平。“一心一德”是说大家一条心，为一个共同的目标而努力。毛泽东在《反对日本进攻的方针、办法和前途》一文中指出：“共产党人一心一德，忠实执行自己的宣言……反对一切游移、动摇、妥协、退让，实行坚决的抗战。”（《毛泽东选集》第二卷，人民出版社 1991 年版，第 346 页）

毛泽东在这里用“一心一德”，说明共产党人斗争目标相同，思想行动一致，要进行坚决的抗战。

“独夫”见于《尚书·泰誓下》：“独夫受（即商纣），洪惟作威，乃汝世仇。”

孔传：“言独夫，失道君也。”蔡沈集传：“独夫，言天命已绝，人心已去，但一独夫耳。”“独夫”又谓“一夫”，《孟子·梁惠王下》：“残贼之人，谓之一夫。”后用以称残暴无道、众叛亲离的统治者。毛泽东在《蒋介石在挑动内战》一文中说：“无怪中国法西斯头子独夫民贼蒋介石，在敌人尚未真正接受投降之前，敢于‘命令’解放区抗日军队‘应就原地驻防待命’，束手让敌人来打。”（《毛泽东选集》第四卷，人民出版社 1991 年版，第 1137 页）

毛泽东用“独夫”一词，说明蒋介石置国家民族利益于不顾，发动反共内战，成了逆历史潮流而动的孤家寡人。

“兢兢业业”见于《尚书·皋陶谟》：“兢兢业业，一日二日万几。”

“万幾”，即“万机”，指纷繁的政务。这句话的大意是说，小心谨慎地去处理每天的大量日常政务。“兢兢业业”比喻小心谨慎，一丝不苟。毛泽东在《增强党的团结，继承党的传统》一文中指出：我们相信，这次大会是可以开好的，代表们的水平是能够保证这次大会开好的。但是要兢兢业业，大家努力。

毛泽东在党的“八大”预备会议第一次会议上借用此语，要求与会代表以一丝不苟的高度负责精神，把会议开好。

（3）“浩浩滔天”与“农民运动”

“帝曰：‘咨！’四岳！汤汤洪水方割，荡荡怀山襄陵，浩浩滔天。下民其咨，有能俾乂？’佥曰：‘於，鲧哉！’帝曰：‘吁！咈哉！方命圮族。’岳曰：‘异哉，试可乃已。’帝曰：‘往，钦哉！’九载，绩用弗成。”

语出《尚书·尧典》。文中的“帝”，指帝尧。陶唐氏，名放勋，简称“唐尧”“尧”，我国原始部落联盟首领，后世称为“圣君”。“四岳”，尧舜时期的四个部落首领。鲧，我国传说中的神话人物，大禹的父亲、帝尧的大臣。这是一则帝尧和他的大臣讨论如何治理洪水的对话。大意是尧帝说：“啊！四方诸侯之长！滔滔的洪水普遍危害人们，水势奔腾包围了山岭，淹没了丘陵，浩浩荡荡，弥漫接天。臣民百姓都在叹息，有能使洪水得到治理的吗？”人们都说：“啊！鲧吧。”尧帝说：“唉！他违背人意，不服从命令，危害族人。”四方诸侯之长说：“起用吧！试试可以，就用他。”尧帝说：“去吧，鲧！要谨慎啊！”过了九年，成效不好。

“汤汤洪水方割，荡荡怀山襄陵”二语，后来凝练成成语“浩浩荡荡”，原形容水势广大的样子，后形容事物的广阔壮大，或前进的人流声势浩大。1927年3月，毛泽东写的《湖南农民运动考察报告》“革命先锋”一节中说：“十月革命纪念大会，反英大会，北伐胜利总庆祝，每乡都有上万的农民举起大小旗帜，杂以扁担锄头，浩浩荡荡，出队示威。”（《毛泽东选集》第一卷，人民出版社1991年版，第19页）写出了湖南农民运动的宏大规模和声威。

（4）“诗言志”与毛泽东的诗学理论

帝曰：“夔！命女典乐，教胄子。直而温，宽而栗，刚而无虐，简而无傲。诗言志，歌咏言，声依永，律和声。八音克谐，无相夺伦，神人以和。”夔曰：“於！予击石拊石，百兽率舞。”

语出《尚书·舜典》。帝，指舜。夔是人名，相传是尧舜时掌管音乐的人。大意是说，帝舜说：夔，我命令你，主管音乐，教育子弟，使其成长。让他们正直而温和，宽宏而庄严，刚毅而不苛刻，简易而不傲慢。诗是用来表达人的意志的，歌是延长诗的语言，声音（宫、商、角、徵、羽）的高低又和长言相配合。六律（黄钟、太簇、姑洗、蕤宾、夷则、无射）六吕（大吕、应钟、南吕、林钟、仲吕、夹钟）用来调和歌声。八音（金、石、土、革、丝、木、匏、竹）达到和谐，不要搅乱次序，这样神和人通过诗歌音乐可以交流思想感情而能协调和谐。夔说："哎呀！我击拊石磬，乐感百兽，使相率而舞。"

这里节录的一段文字，记载了中国早期的文学理论，其中之一是"诗言志"。朱自清先生认为这是中国历代诗论的"开山的纲领"（《诗言志辨序》），对后来的文学理论有着长久的影响。

"诗言志"作为一个理论术语提出来，最早大约是在《左传·襄公二十七年》中记赵文子对叔向所说的"诗以言志"。后来"诗言志"的说法就更为普遍。《庄子·天下篇》说："诗以道志。"《荀子·儒效》篇云："《诗》言是其志也。"

由于"诗言志"概括地说明了诗歌表现作家思想影响的特点，也就涉及诗的认识作用。从马克思主义观点看来，诗人的"志"是一定社会历史条件的产物，无不受阶级地位的制约。人们通过言"志"的诗，也就能在不同程度上认识社会。古人对这一点没有作出明确的阐述，但已意识到诗的这方面的作用。《礼记·王制》云："命大师陈诗以观民风。"《汉书·艺文志》云："《书》曰：'诗言志，歌咏言。'故哀乐之心感而歌咏之声发。诵其言谓之时，咏其声谓之歌。故古有采诗之官，王者所以观风俗，知得失，自考正也。"这说明，古人在"诗言志"的认识基础上，已注意到"采诗观志"，并曾经把"采诗"作为一种制度，力图充分发挥诗的认识作用，使之为统治者的政治服务。

1945 年 9 月 22 日，毛泽东在重庆接见戏剧界人士，应邀观看《京剧》《林冲夜奔》，给诗人徐迟题词："诗言志。"（董学文等:《毛泽东的文艺美学活动》，高等教育出版社 1995 年版，第 117 页）

1959 年 7 月 4 日，在庐山，毛泽东邀王任重、刘建勋和梅白共进晚餐。席间，毛泽东谈起诗，并念道："遇事虚怀观一是，与人和气察群言。"接着问梅白："你晓得这是哪个的作品？"梅白说："是不是明代杨继盛的诗？"毛泽东高兴地笑了："是的，这是椒山先生的名句。我从年轻的时候，就喜欢这两句，并照此去做。这几十年的体会是：头一句‘遇事虚怀观一是’，难就难在‘遇事’这两个字上，即有时虚怀，有时并不怎么虚怀。第二句‘与人和气察群言’，难在‘察’字上面。察，不是一般的察言观色，而是要虚心体察，这样才能从群言中汲取智慧和力量。诗言志，椒山先生有此志，乃有此诗。这一点并无惊天动地之处，但从平易见精深，这样的诗才是中国格律诗中的精品。”（董志英:《毛泽东轶事》，昆仑出版社 1989 年版，第 247—248 页）

毛泽东从青年时期起，就从诗品与人品的关系上，砥砺自己，身体力行，阐明“诗言志”的意义，后来又书赠诗人徐迟，也是对广大文艺工作者的鼓励。

2.《周易》与辩证法思想

（1）《周易》为“大道之源”

《周易》，即《易经》，简称《易》，传统经典之一，内容包括《经》和《传》两个部分。“周”，指周代；“易”有“变易”“简易”“不易”三种含义。《经》主要是六十四卦和三百八十四爻，卦和爻各有说明（卦辞、爻辞），说明各自要义；旧传伏羲画卦，文王作辞，作为占卜之用。《传》包含解释卦辞和爻辞的七种文辞，共十篇：爻辞上下、象辞上下、系辞上下、文言、说卦、序卦、杂卦，统称“十翼”。《周易》通过象征天、地、风、雷、水、火、山、泽八种自然现象的八卦形式：乾☰、兑☱、离☲、震☳、巽☴、坎☵、艮☶、坤☷，分为四对彼此对立的自然物质和自然现象，如天与地、火与水、雷与风、山与泽等，推测自然和社会的变化，其中最根本的是天与地的对立，即乾卦与坤卦的对立，从卦象上看则为阴与阳的对立。认为阴阳之间的对立斗争和转化，是世界上万事万物运动变化的根本规律，其中包含了“一分为二”和矛盾转化的思想，具有一些辩证法因素。相传系周文王姬昌所作，又传为孔子所作，而现在一般认为，是战国前期儒家作品，出自众人之手。

《周易》是中国传统思想文化中自然哲学与人文实践的理论根源，是古代中华民族思想、智慧的结晶，被誉为“大道之源”，对中国几千年来的政治、经济、文化等各个领域都产生了极其深刻的影响。

（2）“一阴一阳之谓道”是“古代的两点论”

在“一分为二”的思想因素方面，《周易》包含有对立统一的吉与凶、乾与坤、泰与否、谦与豫、损与益等诸多矛盾范畴；在矛盾转化思想方面，如“无平不陂，无往不复”，认为平地与山坡、去往与复来都是相互转化的。

由于有《周易》的良好开端，几千年来，在中国哲学史上关于“一分为二”及矛盾转化的朴素辩证法思想是很丰富的。毛泽东在马克思主义经典作家论述的基础上，结合中国革命实践的丰富经验，对《周易》中的朴素辩证法思想进行了彻底的改造，对唯物主义的核心辩证法思想作了科学表述。1956年11月15日，毛泽东在《在中国共产党第八届中央委员会第二次全体会议上的讲话》中说：

“世界上一切事物都是对立统一。所谓对立统一，就是不同性质的对立的东西的统一。比如水，是由氢和氧两种元素结合的。如果没有氧，光有氢，或者没有氢，光有氧，都不够搞成水。”

又说：“一点论是从古以来就有的，两点论也是从古以来就有的。这就是形而上学跟辩证法。中国古人讲，‘一阴一阳之谓道’。不能只有阴没有阳，或者只有阳没有阴。这是古代的两点论。”

在1956年，毛泽东就说过：“辩证法的核心是对立统一规律，其他的范畴如质量互变、否定之否定、联系、发展等等，都可在核心规律中予以说明。”

毛泽东再次强调事物是作为过程向前发展的。他说：“事物（经济、政治、思想、文化、军事、党务等等）总是作为过程而向前发展的。……所谓形而上学，就是否认事物的对立统一、对立斗争（两分法）、矛盾着对立着的事物在一定条件下互相转化，走向它的反面，这是一个真理。”（《学习马克思主义的认识论和辩证法》）

在这些论述中，毛泽东强调了对立统一规律是辩证法的核心，事物是通过斗争发生转化的，并且援引了《周易》中“一阴一阳之谓道”的话来加以论证。这句话出自《周易·系辞上》第五章。原文是这样的：

“一阴一阳之谓道。继之者善也，成之者性也。仁者见之谓之仁，知者见之谓之知，百姓日用而不知，故君子之道鲜矣。显诸仁，藏诸用，鼓万物而不与圣人同忧，盛德大业至矣哉。富有之谓大业，日新之谓盛德。生生之谓易，成象之谓乾，效法之谓坤。极数知来之谓占，通变之谓事，阴阳不测谓之神。”

大意是说，阴柔和阳刚互相变化叫作道。继承这种道的就是最美好的，成就这种道的就成为一种品性。强调仁德的人看见道就说它体现出仁德，讲究智慧的人看见道就说它体现了智慧，百姓每日运用道却不知道它的存在，所以真正懂得君子之道的人就很少见了。《易经》的道，明显地表现为仁德，又潜藏在一切所用的事物中，它鼓动万物生长化育而不去与圣人一样忧国忧民，它体现出来的盛大的美德和宏伟的事业可以说至高无上了！广泛地拥有天地间的一切可以称为宏伟的事业，时刻变化更新可以称为盛大的美德。使万物生长并再生就是《易经》所要表现的变化的内涵，把这个内涵画成卦象就是体现天道的乾卦，效法天道的就是体现地道的坤卦。穷极蓍策之数、预知未来叫作占卜，与变化规律相同的叫作事，阴柔和阳刚变化无法使人预测叫作神。

“一阴一阳之谓道”，阴，阴柔；阳，阳刚；谓，称呼，叫作；道，普遍规律，阴柔和阳刚的形成与存在。晋韩康伯《周易注》：“阴阳虽殊，无一以待之，在阴为阴，阴为之先；在阳为阳，阳之以成。”它辩证地揭示了事物对立统一的客观规律，是《易传》中最著名的命题之一。

1956年11月15日，毛泽东在八大二次会议上的讲话中引用了“一阴一阳之谓道”的话，并解释说“不能只有阴没有阳，或者只有阳没有阴”，并誉为“这是古代的两点论”。借以说明“世界上一切事物对立统一”的法则，指导全党和全国人民用两点论来看待一切工作，正确对待工作中出现的缺点、错误，以期把工作做得更好。

1937年，毛泽东在《矛盾论》中说：“我们中国人常说：‘相反相成。’

就是说相反的东西有同一性。这句话是辩证法的，是违反形而上学的。‘相反’就是说两个矛盾方面的互相排斥，或互相斗争。‘相成’就是说在一定条件之下两个矛盾方面互相联合起来，获得了同一性。”（《毛泽东选集》第一卷，人民出版社 1991 年版，第 333 页）

“相反相成”，出自汉班固《汉书·艺文志》：“其言虽殊，譬犹水火，相灭亦相生也。仁之与义，敬之与和，相反而皆相成也。”相成，相互促成。意谓一方面互相排斥，一方面互相促成。

1938 年，毛泽东在《论持久战》中说：“动员了全国的老百姓，就造成了陷敌于灭顶之灾的汪洋大海，造成了弥补武器等等缺陷的补救条件，造成了克服一切战争困难的前提。”（《毛泽东选集》第二卷，人民出版社 1991 年版，第 480 页）

“灭顶之灾”，出自《周易·大过》：“过涉灭顶，凶。”灭顶，水漫过头顶，比喻毁灭性的灾难。毛泽东借此成语说明抗日的政治动员对于陷敌于被动、最终战胜敌人的重要意义。

1950 年，毛泽东在《为争取国家财政经济状况的基本好转而斗争》中说：“在统筹兼顾的方针下，逐步地消灭经济中的盲目性和无政府状态，合理地调整现有工商业，切实而妥善地改善公私关系和劳资关系，使各种社会经济成分，在具有社会主义性质的国营经济领导之下，分工合作，各得其所，以促进整个社会经济的恢复和发展。”

“各得其所”出自《周易·系辞下》：“日中为市，致天下之民，聚天下之货，交易而退，各得其所。”意思是说，告诉人们在中午时进行集市交易，互通有无，从而各自得到自己想得到的东西。原指每个人都可以得到所需要的东西，后指每个人都能得到适当的安置。

毛泽东引用此语说明，共产党人要正确对待各种经济成分并把他们放到一个合适的地位。

3.《礼记》与古人的“中国梦”

（1）“大同”“小康”是古人的“中国梦”

《礼记》，儒家经典之一，系中国秦汉以前各种礼仪论著的选本。西汉宣帝在位时，戴德、戴圣各自辑录有一个选本，分别被后人称为《大戴礼记》和《小戴礼记》，后者一般也简称《礼记》。《礼记》是研究中国古代社会情况、典章制度和儒家思想的重要著作。它阐述的思想，包括社会、政治、伦理、哲学、宗教等各个方面，其中《大学》《中庸》《礼运》等篇有较丰富的哲学思想。

《礼记》全书用记叙文形式写成，一些篇章具有相当的文学价值。从散文艺术方面看，《礼记》中的议论文，如《礼运》《乐记》等篇的部分章节，雍容大雅，气势沛然，结构严整。记叙文如《玉藻》《坊记》等篇的部分章节，文笔凝练，言简意赅。尤其是《檀弓》《仲尼燕居》等篇中的叙事小品，写得生动形象、意味隽永，都是较优秀的作品。如《檀弓》中的“晋献公将杀其世子申生”“曾子寝疾”等章，以简练的文字传达出不同的生活场面和人物心理，情景宛然，笔法多变。书中还收有大量富有哲理的格言警句，精辟而深刻。

《礼记·礼运》载：

昔者仲尼与于蜡宾。事毕，出游于观之上，喟然而叹。仲尼之叹，盖叹鲁也。言偃在侧曰：“君子何叹？”孔子曰：“大道之行也，与三代之英，丘未之逮也，而有志焉。大道之行也，天下为公。选贤与能，讲信修睦。故人不独亲其亲，不独子其子，使老有所终，壮有所用，幼有所长，鳏寡孤独废疾者，皆有所养。男有分，女有归。货恶其弃于地也，不必藏于己；力恶其不出于身也，不必为己。是故谋闭而不兴，盗窃乱贼而不作，故外户而不闭。是谓大同。今大道既隐，天下为家。各亲其亲，各子其子，货力为己。大人世及以为礼，域郭沟池以为固。礼义以为纪，以正君臣，以笃父子，以睦兄弟，以和夫妇，以设制度，以立田里，以贤勇知，以功为己。故谋用是作，而兵由此起。禹、汤、文、武、成王、周公，由此其选也。此六君子者，未有不谨于礼者也。以著其义，以考其信，著有过，刑仁讲让，示民有常。如有不由此者，在埶者去，众以为殃。是谓小康。”

“大同”与“小康”可以说是中国古人的中国梦。上面这段话大意是说，从前孔子作为年终祭祀的助祭人参与蜡祭，祭毕，孔子出来到宫门外的高台上散步，不禁感慨而叹。孔子的感叹，当是感叹鲁君的失礼。言偃在一旁问道：“老师为什么叹气呢？”孔子说：“大道实行的时代，夏、商、周三代杰出君主在位的时代，我没有赶得上，而内心深怀向往。大道实行的时代，天下是天下人公有的：选择贤德的人和能人，讲求诚信，实行和睦。所以人们不仅仅赡养自己的老人，不仅仅抚养自己的孩子，使老年人都得以善终，壮年人都人尽其才，幼儿都能健康成长。老而无妻的人，老而无夫的人，幼而无父的人，老而无子的人，都得到供养。男子有一定的职分（工作），女子都嫁一个合适的人家。货财恨它被丢弃在地上，不是藏在自己家中；力量恨它不出于自己身上，不是为自己谋利。因而阴谋闭藏之事乃不发生，盗窃作乱之事乃不发作，所以大门乃不关闭，这就叫作大同。现在大道既然消失了，天下变成一家私有之物。人们都只亲近自己的亲人，抚养自己的孩子，财货归自己。天子诸侯世代相传为礼制，城郭以沟池来加固，用礼义为治事的法则；用来摆正君臣关系，敦厚父子情意，和睦兄弟感情，和谐夫妇关系，形成制度，以建立田里的分界，以勇敢机智的人为贤，以为自己的人为有功。所以谋略由此产生，战争由此爆发。大禹、商汤、周文王、周武王、周成王、周公，是战争中的杰出人才。这六位德才超常的人，没有不谨慎地遵守礼法的。用礼来表彰他们（人民）做对了的事，用礼成全他们的诚信。有过失就明白地指出来，以仁爱为典型，讲求礼让，向民众表示有常法。如果有不讲礼法的人，居王者之位，他们彰显礼制的内涵，用来考察人们的信用，揭露过错，树立讲究礼让的典范，为百姓昭示礼法的仪轨。如果不这样做，有权势者也要斥退，百姓也会把他看成祸害，这种社会就叫小康。”

以上是孔子论述大同与小康之世的理想。所谓大同，实际是秦汉间人根据古代的原始社会传说而虚构的太平盛世。

《礼记·礼运》篇是“记五帝三王相变易及阴阳运转之道”（郑玄语）的。旧注怀疑大同、小康之说不是孔子的话，因为说“以五帝之世为大同，以禹、汤、文、武、成王、周公为小康，有老氏意”。公羊学派解释《春秋》，分为三世：所见世、所闻世、所传闻世。近代经学家康有为根据《公羊传》的三世推演出据乱世、升平世、太平世，作为变法的理论基础。《〈礼运〉注》：“大道者何？人理至公，太平世大同之道也。三代之英，升平世小康之道也。孔子生据乱世，而志常在太平世。必进化至大同，乃孚素志。至不得已，亦为小康。而皆不逮，此所由顾生民而兴衰也。”在为《〈礼运〉注》作的序中，康有为说：“吾中国二千年来，凡汉、唐、宋、明，不别其治乱兴衰，总总皆小康之世也。凡中国二千年儒生所言，自荀卿、刘歆、朱子之说，所言不别其真伪精粗美恶，总总皆小康之道也。其故则以群经诸传所发明，皆三代之道，亦不离乎小康故也。”用今天的话来说，大同与小康，就是古人的中国梦。

1917 年 8 月 23 日，毛泽东在《致黎锦熙的信》中说：“小人累君子，君子当存慈悲之心以救小人。政治、法律、宗教、礼仪制度，及多余之农、工、商业，终日经营忙碌，非为君子设也。君子已有高尚之智德，如世但有君子，则政治、法律、礼仪制度，及多余之农、工、商业，皆可废而不用。无如小人太多，世上经营，遂以多数为标准，而牺牲君子一部分以从之，此小人累君子也。然小人者，可悯者也，君子如但顾自己，则可以离群索居，古之人有行之者，巢、许是也。若以慈悲为心，则此小人者，吾同胞也，吾宇宙之一体也。吾等独去，则彼将益即于沉沦，自宜为援手，开其智而蓄其德，与之共跻于圣域。彼时天下皆为圣贤，而无凡愚，可尽毁一切世法，呼太和之气而吸清海之波。孔子知此义，故立太平世为鹄，而不废据乱、升平二世。大同者，吾人之鹄也。立德、立功、立言以尽力于斯世者，吾人存慈悲之心以救小人也。”（《毛泽东早期文稿》，湖南人民出版社 1990 年版，第 88—89 页）

毛泽东 1917—1918 年读泡尔生《〈伦理学原理〉批注》说：“然则

不平等、不自由、大战争亦当与天地终古，永不能绝，世岂有纯粹之平等自由博爱者乎？有之，其惟仙境。然则唱大同之说者，岂非谬误之理想乎？”“人现处于不大同时代，而想望大同，亦犹人处于困难之时，而想望平安……是故老庄绝圣弃智、老死不相往来之社会，徒为理想之社会而已。陶渊明桃花源之境遇，徒为理想之境遇而已。即此又可证明人类理想之实在性少，而谬误性多也。”（《毛泽东早期文稿》，湖南人民出版社 1990 年版，第 184—185 页）

1949 年 6 月 13 日，毛泽东在《论人民民主专政》中说：“康有为写了《大同书》，他没有也不可能找到一条到达大同的路。”（《毛泽东选集》第四卷，人民出版社 1991 年版，第 1471 页）

1959 年 7 月 1 日，毛泽东写的《七律・登庐山》：“陶令不知何处去，桃花源里可耕田？”（《毛泽东诗词集》，中央文献出版社 1996 年版，第 113 页）

《礼记・礼运》中借孔子之口，展示了我国上古时代小康与大同两种理想世界蓝图，影响深远。清代今文经学家根据《公羊传》的三世之说，参照《礼记》所言“大同”“小康”，提出了从据乱世进至升平世（小康），再从升平世进至太平世（大同）的历史进化观，这对毛泽东有不小影响。他在《致黎锦熙的信》中所谓“大同者，吾人之鹄也”，说明青年毛泽东对这种理想社会是很倾心的。但几乎同时，他在读泡尔生《伦理学原理》的批语中又认为“‘大同’之说是‘谬误之理想’”，这说明青年毛泽东的思想是不稳定的、多侧面的。在批注中，他还批注说：“陶渊明桃花源之境遇，徒为理想之境遇而已。”这表明毛泽东作为一个革命家，始终是坚持革命理想的，但对空想是排斥的。直到晚年，他写的《七律・登庐山》中“桃花源里可耕田”句末用了一个问号，仍然不改初衷。

（2）“放之四海而皆准”与马克思列宁主义

《礼记・祭义》：“曾子曰：‘夫孝，置之而塞乎天地，溥之而横乎四海，施诸后世而无朝夕，推而放诸东海而准，推而放诸西海而准，推而放诸南海而准，推而放诸北海而准。诗云：“自西自东，自南自北，无思不服。”此之谓也。’”

大意是说，曾子说：“孝作为一种美德，竖起来可以顶天立地，平着放可以覆盖四海，传到后代也被人们永远奉行，也不受地域的限制，推广到东海是准则，推广到西海是准则，推广到南海是准则，推广到北海也是准则。《诗经·大雅·文王有声》中说：‘从西到东，从南到北，没有人不遵从。’说的就是这种情况。”

1938 年 10 月 14 日，毛泽东在《中国共产党在民族战争中的地位》中说：“马克思、恩格斯、列宁、斯大林的理论，是‘放之四海而皆准’的理论。不应当把他们的理论当作教条看待，而应当看做行动的指南。不应当只是学习马克思列宁主义词句，而应当把它当作革命的科学来学习。”（《毛泽东选集》第二卷，人民出版社 1991 年版，第 533 页）

“放之四海而皆准”即由《礼记·祭义》中说孝道放到东海、西海、南海、北海都起作用概括而成。后来用于指某种思想或理论，成为普遍的、共同的准则或规律。毛泽东引来说明马克思列宁主义并不是个别民族的产物，而是具有普遍意义的科学规律。

（3）“不食嗟来之食”与民族气节

《礼记·檀弓下》：“齐大饥。黔敖为食于路，以待饥者而食之。有饥者蒙袂辑履，贸贸然来。黔敖左奉食，右执饮，曰：‘嗟，来食！’扬其目而视之，曰：‘予唯不食嗟来之食，以至于斯也。’从而谢焉，终不食而死。”

大意是说，春秋时齐国发生饥荒，贵族黔敖准备了食物放在路边，等候饥民过来就施舍给他们吃。有一个饥民，用破旧的衣袖遮住面孔，趿拉着鞋子，两眼无神地走了过来，黔敖左手托着两个窝窝头，右手端着一碗汤，冲着他喊道：“喂！来吃吧！”那个饥民瞪着眼睛说：“我因为不食嗟来之食，才饿成这个样子。”尽管黔敖向他道歉，那饥民仍然坚决不吃，最后饿死了。

1949 年 8 月 18 日，毛泽东在他写的《别了，司徒雷登》一文中说：“美国人在北平，在天津，在上海，都洒了些救济粉，看一看什么人愿意弯腰拾起来。太公钓鱼，愿者上钩。嗟来之食，吃下去肚子要痛的。”（《毛泽东选集》第四卷，人民出版社 1991 年版，第 1495 页）

毛泽东在文中引用“嗟来之食”这个原出《礼记·檀弓下》的典故，号召人们要像那位宁愿饿死，也不食“嗟来之食”的穷人那样，不接受美帝国主义施舍的“救济粉”，顶住美帝国主义糖衣炮弹的攻击，表现中国人民的英雄气概。

（4）“一张一弛”与工作节奏

《礼记·杂记下》：孔子曰：“凶年则乘驽马，祀以下牲。”恤由之丧，哀公使孺悲之孔子学士丧礼，士丧礼于是乎书。子贡观于蜡。孔子曰：“赐也乐乎？”对曰：“一国之人皆若狂，赐未知其乐也！”子曰：“百日之蜡，一日之泽，非尔所知也。张而不弛，文武弗能也；弛而不张，文武弗为也。一张一弛，文武之道也。”

孔子说：“凶荒年景，乘车要用驽马，祭祀用牲的规格要比平时降等。”恤由死时，鲁哀公派孺悲到孔子那里去学习士丧礼，于是士丧礼才被记载了下来。子贡观看年终的蜡祭，孔子问他：“赐啊，你看出蜡祭给人们带来的巨大欢乐了吗？”子贡答道：“举国上下都像是在发酒疯，学生我还看不出乐在何处？”孔子说：“民众辛勤劳作百日，好不容易才有这么一天享受，这是主上的恩泽，不是你所能了解的。让民众一味紧张而没有一天轻松，即使周文王、周武王也不能把天下治理得好；让民众一味轻松而没有一天紧张，周文王、周武王也不会这么办。该紧张时紧张，该轻松时轻松，这才是周文王、周武王治理天下的办法。”

1948 年 4 月 2 日，毛泽东在《对晋绥日报编辑人员的谈话》中说：“《晋绥日报》在去年六月以后进行的反对右倾的斗争，是完全正确的。在反右倾的斗争中，你们作得很认真，充分地反映了群众运动的实际情况。对于你们认为错误的观点和材料，你们采用编者按语的形式加以批注。你们的批注后来也有缺点，当时那种认真的精神是好的。你们的缺点主要是把弓弦拉得太紧了。拉得太紧，弓弦就会断。古人说：‘文武之道，一张一弛。’现在‘弛’一下，同志们会清醒起来。过去的工作有成绩，但也有缺点，主要是‘左’的偏向。现在作一次全面的总结，纠正了‘左’的偏向，就会做出更大的成绩来。”（《毛泽东选集》第四卷，人民出版社 1991

年版，第 1321 页）

其中“文武之道，一张一弛”，语出《礼记 · 杂记下》，原本是讲孔子治理民众的政治主张。孔子把民众比作弓，把治理民众的方法比作拉弓；他认为只松不紧或只紧不松都不行，只能一紧一松，这就是周文王、周武王治理国家的办法。孔子的这种观点是为统治阶级服务的，但他却说出了处理事务的一般法则。毛泽东就是从这个意义上引用“一张一弛，文武之道”这句话，并增添了新的内容，从而告诫我们：无论做任何工作，都必须有张有弛，有紧有松，有节奏地合理安排，这样才能做出更大的成绩来。

4.《中庸》是儒家的政治思想哲学

《中庸》原是《小戴礼记》中的一篇中国儒家经典之一，也是中国古代讨论教育理论的重要论著。旧说《中庸》是子思所作。其实是秦汉时儒家的作品，北宋程颢、程颐极力尊崇《中庸》。南宋朱熹作《中庸集注》，并把《中庸》和《大学》《论语》《孟子》并称为“四书”。宋、元以后，《中庸》成为学校官定的教科书和科举考试的必读书。

中庸是儒家的政治哲学思想，主张待人、处事不偏不倚，无过无不及。《论语 · 雍也》：“中庸之为德也，无过无不及。”何晏集解：“庸，常也，中和可常行之道。”

（1）“凡事预则立”与不打无把握之仗

“凡事预则立”，语出《中庸》：“凡事预习则立，不豫则废。言前定，则不跲（jié）；事前定，则不困；行前定，则不疚；道前定，则不穷。”

大意是说，做任何事情，事先谋虑准备就会成功，否则就会失败。说话前预先想好，就不会窒碍；做事前先有预备，就不会受挫；行动前先有预备，就不会后悔；道路预先选定，就不会走投无路。

1938 年 5 月，毛泽东在《论持久战》中说：“由于战争所特有的不确定性，实现计划性于战争，较之实现计划性于别的事业，是要困难得多的。然而，‘凡事预则立，不预则废’，没有事先的计划和准备，就不能获得战争的胜利。”（《毛泽东选集》第二卷，人民出版社 1991 年版，第 495 页）其中“凡事预则立，不预则废”即来自于《中庸》，其意是说，无论做什么事情，事先有计划就能成功，否则就要失败。毛泽东引用《中庸》中的这两句话，意在强调不打无准备之仗。

（2）毛泽东对《中庸》思想的看法

1915 年 9 月 6 日，毛泽东在《致萧子升信》中说：“仆读《中庸》，曰博学之，朱子补《大学》，曰：即凡天下之物，莫不因其已知之理而益穷之，以至乎其极。表里精粗无不列，全体大用无不明矣。其上孔子之言，谓博学于文，孟子曰博学而详说，窃以为是天经地义，学者之所宜遵循。”（《毛泽东早期文稿》，湖南人民出版社 1979 年版，第 21 页）

这封信是目前所见的毛泽东谈及《中庸》的最早文字，实际上毛泽东在读私塾时就精读过作为“四书”之一的《中庸》。他对孔子说的博学很认同。

在延安时期，陈伯达先后写了《墨子哲学思想》和《孔子的哲学思想》两篇论文，前者在《解放》杂志 1939 年、1940 年第 82、102、104 期上发表，后者在《解放》第 69 期上发表。毛泽东看后，分别给作者陈伯达和时任中共中央书记处书记、中央宣传部部长张闻天各写一信，其中谈到他对《中庸》的看法。1939 年 2 月 1 日，毛泽东在《关于〈墨子哲学思想〉一文给陈伯达的信》中说：“墨家的‘欲正权利，恶正权害’、‘两而无偏’、‘正而不可摇’，与儒家的‘执两用中’、‘择乎中庸服膺勿失’、‘中立不倚’、‘至死不变’是一个意思，都是肯定质的安定性，为此质的安定性而作两条战线的斗争，反对过与不及。这里有几点意见：（1）是在作两条战线相斗争，用两条战线斗争的方法来规定相对的质。（2）儒、墨两家话说得不同，意思是一样，墨家没有特别发展的地方。（3）‘正’是质的观念，与儒家之‘中’（不偏之谓中）同。‘权’不是质的观念，是规定此质区别异质的方法，与儒家‘执两用中’之‘执’同。‘欲’之‘正’

是‘利’，使与‘害’区别。‘恶’之‘正’是‘害’，使与利区别而不相混。‘权者两而无偏’，应解作规定事物一定的质不使向左右偏（不使向异质偏），但这句话并不及‘过犹不及’之明白恰当，不必说它是‘过犹不及之发展’。（4）至于说‘两而无偏，恰是墨子看到一个质之含有不同的两方面，不向任何一方面偏向，这才是正，才真正合乎那个质’，则甚不妥，这把墨家说成折衷论了。一个质有两方面，但在一个过程中的质有一方面是主要的，是相对安定的，必须要有所偏，必须偏于这方面，所谓一定的质，或一个质，就是指的这方面，这就是质，否则否定了质。所以墨子说‘无偏’是不要向左与右的异质偏，不是不要向一个质的两方面之一方面偏（其实这不是偏，恰是正），如果墨家是唯物辩证论的话，便应作如此解。”（《毛泽东文集》第二卷，人民出版社 1993 年版，第 157—158 页）

毛泽东在这封信中，采用儒、墨两家对比的方法，集中谈了中庸问题。他认为中庸是“肯定质的安定性，为此质的安定性而作两条战线斗争，反对过与不及”，又认为“一个质有两方面，但在一个过程中的质有一方面是主要的，是相对安定的，必须要有所偏，必须偏于这方面，所谓一定的质，或一个质，就是指的这方面，这就是质，否则否定了质”，对中庸的问题作了唯物辩证法的解释。

1939 年 2 月 20 日、22 日，他在《关于〈孔子的哲学思想〉一文给张闻天的信》中就“中庸问题”说：

“伯达的解释是对的，但是不足的。‘过犹不及’是两条战线斗争的方法，是重要的思想方法之一。一切哲学，一切思想，一切日常生活，都要作两条战线斗争，去肯定事物与概念的相对安定的质。‘一定的质含有一定的量’是对的，不如说‘一定的质被包含于一定的量之中’，但重要的是从事物的量上去找出并确定那一定的质，为之设立界限，使之区别于其他异质，作两条战线斗争的目的在此。文中最好引《中庸》上面‘舜其大知也与，舜好问而好察迩言……执其两端用其中于民’，及‘回之为人也，择乎中庸得一善则拳拳服膺而弗失之’，更加明确地解释了中庸的意义。朱熹在‘舜其大知’一节注道：‘两端谓众论不同之极致，盖凡物皆有两端，如大小厚薄之类。于善之中又执其两端而度量以取中，然后用之，则其择之审而行之至矣。然非在我之权度精切不差，何以与此？此知之所以无过不及而道之行也。’这个注解大体是对的，但两端不应单认为‘众论不同之极致’，而应说明即是指的‘过’与‘不及’。‘过’的即是‘左’的东西，‘不及’的即是‘右’的东西。依照现在我们的观点说来，过与不及乃指一定事物在时间和空间中运动，当其发展到一定状态时，应从量的关系上找出与确定其一定的质，这就是‘中’或‘中庸’，或‘时中’。说这个事物已经不是这种状态而进到别种状态了，这就是别一种质，就是‘过’或‘左’倾了。说这个事物还停止在原来状态并无发展，这是老的事物，是概念停滞，是守旧顽固，是右倾，是‘不及’。孔子的中庸观念没有这种发展的思想，乃是排斥异端树立己说的意思为多，然而是从量上去找出与确定质而反对‘左’‘右’倾则是无疑的。这个思想确如伯达所说是孔子的一大发现，一大功绩，是哲学的重要范畴，值得很好地解释一番。

……

（五）关于孔子的道德论，应给以唯物论的观察，加以更多的批判，以便与国民党的道德观（国民党在这方面最喜引孔子）有原则的区别。例如‘知仁勇’，孔子的知（理论）既是不根于客观事实的，是独断的，观念论的，则其见之仁勇（实践），也必是仁于统治者一阶级而不仁于大众的；勇于压迫人民，勇于守卫封建制度，而不勇于为人民服务的。知仁勇被称为‘三达德’，是历来的糊涂观念，知是理论，是思想，是计划，方案，政策，仁勇是拿理论、政策等见之实践时候应取的一二种态度，仁像现在说的‘亲爱团结’，勇像现在说的‘克服困难’了（现在我们说的亲爱团结，克服困难，都是唯物论的，而孔子的知仁勇则一概是主观的），但还有别的更重要的态度如像‘忠实’，如果做事不忠实，那‘知’只是言而不信，仁只是假仁，勇只是白勇。还有仁、义对举，‘义者事之宜’，可说是知的范畴内事，而‘仁’不过是实践时的态度之一，却放在‘义’之上，成为观念论的混乱思想。‘仁’这个东西在孔子以后几千年来，为观念论的昏乱思想家所利用，闹得一塌糊涂，真是害人不浅。我觉得孔子这类道德范畴，应给以历史的唯物论的批判，将其放在恰当的位置。伯达同志有了一些批判，但还觉得不大严肃。”（《毛泽东文集》第二卷，人民出

版社 1993 年版，第 161—163 页）

值得指出的是，大约半年以后，毛泽东在阅读艾思奇编的《哲学选辑》所作的批语中，对中庸思想的看法有了明显的变化，认为“中庸思想本来有折衷主义的部分，它是反对废止剥削又反对过分剥削的折衷主义，是孔子主义即儒家思想的基础”，又说“中庸思想是反辩证（法）的，它知道量变质，但畏惧其变，用两条战线斗争方法来维持旧质不使变化，这是维持封建制度的方法论”。这就从政治上，又从理论上基本上否定了中庸思想。（中央文献研究室编：《毛泽东哲学批注集》，中央文献出版社 1988 年版，第 364、280 页）

（二）毛泽东评点诸子百家

诸子百家，是先秦至汉初各种学术流派的总称。诸子，指孔子、老子、庄子、荀子、孟子、墨子、鬼谷子等；百家，泛指那个时代的各种学术思想流派，举其成数而言，但并不代表只有一百家。诸子百家中流传最为广泛的是儒家、道家、阴阳家、法家、名家、墨家、杂家、农家、小说家、纵横家。他们著书立说，游说争辩，形成百家争鸣的局面，推动了当时思想、文化、学术的发展，对后代有很大影响。

1. 儒　家

（1）儒家学派的奠基人——“至圣先师”孔子

第一，孔子与《论语》。

儒家是孔子所创立、孟子发展、荀子集其大成，之后延绵不断，至今仍有一定生命力的学术流派。

儒家原先是先秦诸子百家之一，其创始人是孔子。其于各地积极办学，所设“六艺”指“礼、乐、射、御、书、数”这六种技能，亦是维护社会道德、纷乱中凝聚力量的最庞大的文化核心，后成为华夏文明核心部分。儒家在先秦时期和诸子百家地位平等，秦始皇“焚书坑儒”，使儒家受到重创，而后汉武帝为了维护封建专制统治，听从董仲舒“罢黜百家，独尊儒术”的建议，对思想实施钳制，使儒家重新兴起。

孔子（前 551—前 479），名丘，字仲尼，春秋末期鲁国陬邑（今山东曲阜市东南）人，春秋末期著名的思想家、教育家、哲学家，儒家学派创始人。

孔子删定《诗》《书》《礼》《乐》《易》《春秋》，被誉为“天纵之圣”“天之木铎”，是当时社会上最博学者之一，后世统治者尊其为“至圣”“大成至圣先师”“万世师表”。

孔子提出了“仁”的学说，即要求统治者能够体贴民情，爱惜民力，不要过度压迫人民，以缓和阶级矛盾；主张以德治民，反对苛政。他的学说成为我国两千多年封建文化的正统。孔子兴办私学，突破官府垄断，扩大教育对象的范围，学生达三千人，贤良七十二人。他主张“因材施教”，教育学生要“温故而知新”，把学和思结合起来。

孔子的思想主要体现在《论语》一书中。《论语》是儒家学派的经典著作之一，由孔子的弟子及其再传弟子编撰而成，成书时间大约在春秋战国时期。共 20 篇 492 章，以语录体和对话文体为主，记录了孔子及其弟子言行，集中体现了孔子的政治主张、伦理思想、道德观念及教育原则等，是古代圣哲修身明德、体道悟道的智慧结晶。

第二，“孔孟有一部分真理”。

毛泽东从八岁入私塾读“四书”，其中就包括体现孔子思想的《论语》。在 1917 年 4 月出版的《新青年》上，毛泽东发表了《体育之研究》，论述体育之重要及怎样开展体育运动。文中大量引用《论语》《礼记》等儒家经典中的成语、典故，并说“孔子七十二而死，未闻其身体不健”，称赞他是“古之所谓圣人，而最大之思想家也”。（《毛泽东早期文稿》，湖南人民出版社 1979 年版，第 70 页）

1937 年 10 月 19 日，毛泽东在纪念鲁迅逝世一周年的大会上讲话：“鲁迅在中国的价值，据我看要算是中国的第一等圣人。孔夫子是封建社会的圣人，鲁迅则是现代中国的圣人。”（《毛泽东文集》第二卷，人民出版社 1993 年版，第 43 页）

1943 年 12 月 28 日，毛泽东在给刘少奇 1943 年 6 月 28 日关于人性、是非、善恶等问题给续范亭附信上写的批语说：“剥削阶级当着还能代表群众的时候，能够说出若干真理，如孔子、苏格拉底、资产阶级，这样看法才是历史的看法。”“王阳明也有一些真理。”“孔孟有一部分真理，全部否定是非历史的看法。”（《关于人的基本特性及其他》，《毛泽东文集》第

三卷，人民出版社 1996 年版，第 84 页）

1964 年 2 月 9 日，毛泽东在与新西兰共产党总书记威尔科克斯夫妇谈话时说："我们中国古代的思想家是孔子、老子等。"（《毛泽东著作专题摘编》，中央文献出版社 2003 年版，第 2279 页）

毛泽东于《在一九六五年〈哲学研究〉第四期上的批语》中说："孔门充满矛盾。"（《建国以来毛泽东文稿》，第 11 册，中央文献出版社 1996 年版，第 496 页）这个批语写在这期《哲学研究》第 44 页赵纪彬《孔子"和而不同"的思想来源及其矛盾调和论的逻辑归宿》一文标题上方。

1973 年，在"批林（彪）批孔"运动中，毛泽东又多次谈到对孔子的评价问题。7 月 17 日，毛泽东会见杨振宁时又谈到儒法斗争的问题，说："我们郭老（指郭沫若——引者注），在历史分期这个问题上，我是赞成他的。但是他在《十批判书》里边，立场观点是尊儒反法的。""法家的道理就是厚今薄古，主张社会要向前发展，反对倒退的路线，要前进。"（《毛泽东同杨振宁谈话记录》，1973 年 7 月 17 日）

8 月 5 日，毛泽东讲中国历史上儒法斗争的情况时，说：历代有作为、有成就的政治家都是法家，他们都主张法治，厚今薄古；而儒家则满口仁义道德，主张厚古薄今，开历史倒车。他当场念了一首题为《读〈封建论〉呈郭老》的七言律诗：

劝君少骂秦始皇，焚坑事业要商量。
祖龙魂死秦犹在，孔学名高实秕糠。
百代都行秦政法，十批不是好文章。
熟读唐人封建论，莫从子厚返文王。

这首诗之所以写给郭老，是因为郭老在研究思想史的时候，他的扬儒抑法的倾向主要体现在重庆时期写的《十批判书》。书中否定秦始皇，称赞孔子"是顺应着当时的社会变革的潮流的""企图建立一个新的体系以为新来的封建社会的韧带"。毛泽东多次说不同意郭老这个观点。对秦始皇饱受物议的"焚书坑儒"，毛泽东也多有辩护。这些，他都写进了上面这首诗中。他推崇秦始皇的一个原因，就是“百代都行秦政法”。所谓“秦政法”，是指秦始皇统一中国后，废除了“封建制”（帝王将爵位和土地赐给诸侯，在封定的区域内建立世袭的邦国），改成“郡县制”，郡县长官由中央王朝任免，从而巩固了中央集权。但后来的政治家，有些人仍然认为封建制优于郡县制。唐代的柳宗元写了《封建论》一文，驳斥这种复古倒退的行为。所以，毛泽东在诗里让郭老多读读柳宗元的这篇文章，不要从柳宗元那里退回到孔子所羡慕的周文王的奴隶时代。

当时毛泽东谈论历史上的儒法斗争，是针对现实生活中那种怀疑以至否定“文化大革命”、留恋和主张恢复“文化大革命”前的许多做法的倾向，提倡社会要向前发展、反对倒退。这是毛泽东当时最关心的问题。

1976 年 3 月 3 日，毛泽东在一次谈话中，用孔子、秦始皇、汉武帝、曹操、朱元璋没有上过大学来说明，只有在实践中才能增长才干。（郑谦：《对“文化大革命”发生原因的再认识》，《十年后的评论——“文化大革命”史论集》，中共党史资料出版社 1987 年版，第 308 页）

综上所述，认为“孔孟有一部分真理”，这是毛泽东对孔子的基本看法，可以说贯穿他的一生，从未改变。

第三，“孔子是教育家”。

1958 年 8 月，毛泽东在审阅陆定一《教育必须与生产劳动相结合》一文时，加写了这样一段话：“中国教育史有人民性的一面。孔子的有教无类，孟子的民贵君轻，荀子的人定胜天，屈原的批判君恶，司马迁的颂扬反抗，王充、范缜、柳宗元、张载、王夫之的古代唯物论，关汉卿、施耐庵、吴承恩、曹雪芹的民主文学，孙中山的民主革命，诸人情况不同，许多人并无教育专著，然而上举那些，不能不影响对人民的教育，谈中国的教育史，应当提到他们。”（董学文等：《毛泽东的文艺美学活动》，高等教育出版社 1995 年版，第 184—185 页）

陆定一的文章发表在 1958 年 9 月 1 日出版的《红旗》杂志上。9 月 24 日，毛泽东在杂志封面上批示江青：“陆定一的文章极好，必须看，至少看两遍。”（《建国以来毛泽东文稿》，第 7 册，中央文献出版社 1992 年版，第 428 页）

“1919年初，我和要去法国的学生一同前往上海。……在前往南京途中，我在曲阜停了一下，去看孔子的墓，我看到了孔子的弟子们濯足的那条小溪和孔子幼年所住的小镇。在有历史意义的孔庙附近的一棵有名的树，相传是孔子栽种的，我也看到了。我还在孔子的一个著名的弟子颜回住过的河边停留了一下，并且看到了孟子的出生地。”（《1936年毛泽东同斯诺的谈话》，《毛泽东自述》，人民出版社1996年版，第41页）

在1955年《〈中国农村的社会主义高潮〉按语选》中，毛泽东说：“曲阜是孔夫子的故乡，他老人家在这里办过多年的学校，教出了许多有才干的学生，这件事是很出名的。可是他不大注意人民的经济生活。他的学生樊迟问起他如何从事农业的话，他不但推开不理，还在背后骂樊迟做‘小人’。”（《毛泽东文集》第六卷，人民出版社1999年版，第454页）

1956年8月24日，毛泽东在《同音乐工作者的谈话》中说：“孔子是教育家，也是音乐家，他把音乐列为六门课程中的第二门。”（《毛泽东文集》第七卷，人民出版社1999年版，第81页）

1939年5月20日，毛泽东在《在延安在职干部教育动员大会上的讲话》中说：“从古以来真正有学问的人，不是从学堂里学来的。孔夫子的孔夫子主义，不是一下子从学堂里学到的。他的老师叫作项橐，这是有书为证的，‘昔仲尼，师项橐’，在《三字经》里记载着。但是他的主义不是全部从项橐那儿学到的，他是在当先生的时候，在鲁国做官的时候，才有他的孔夫子主义的。”（《毛泽东文集》第二卷，人民出版社1993年版，第183页）

1953年9月16—18日，毛泽东在中央人民政府委员会第二十七次会议期间的谈话中说：“关于孔夫子的缺点，我认为就是不民主，没有自我批评的精神……‘吾自得子路而声不入于耳’‘三盈三虚’‘三月而诛少正卯’，很有些恶霸作风，法西斯气味。”（《毛泽东著作专题摘编》，中央文献出版社2003年版，第2277页）

1954年9月14日，毛泽东在《关于辛亥革命的评价》一文中说：“郭沫若曾经用很多材料证明，孔夫子所以成为圣人，是因为他是革命党，到处参加造反。说孔夫子著春秋‘而乱臣贼子惧’，那是孟子讲的。其实当时孔夫子周游列国，就是哪里造反他就到哪里去，哪里想革命他就到哪里去。所以此人不可一笔抹杀，不能简单地就是‘打倒孔家店’。”（《毛泽东文集》第六卷，人民出版社 1999 年版，第 345 页）

1958 年 11 月，毛泽东《在武昌会议上的讲话》中说：“我们共产党看孔夫子，他当然是有地位的，因为我们是历史主义者。但说是圣人，我们也是不承认的。”（《毛泽东著作专题摘编》，中央文献出版社 2003 年版，第 2278 页）

毛泽东认为孔子是教育家。这是为什么呢？首先，因为孔子提出提倡“六艺”的教学内容体系和“有教无类”“因材施教”“循循善诱”“诲人不倦”等教育思想体系。

西周时期，政府设国学和乡学两类。国学又分大学和小学两级，而乡学则多称为庠、序、校、塾等。《礼记·王制》记载：“小学在公宫南之左，大学在郊。天子曰辟雍，诸侯曰泮宫。”西周前期，因战事频仍，学校教育以武事为主，而西周后期政权稳定，开始侧重文化教育。当时大学学习以礼、乐、射、书为主，而小学则多学六艺基础知识。此时的教育依然以贵族教育为主，平民是很难进入官办学校学习的。

到了东周，战乱频仍，礼乐崩坏。周王失去了对全国的控制，全国范围内统一的制度开始崩解，诸侯开始为政一方。为了培养本国人才，诸侯纷纷设立自己的官学，称为“庠宫”。到了孔子的时代，社会的政治经济和文化教育都在下移，为私人办学提供了机会。孔子正是抓住了这一机会，开始了其创办私学的职业生涯，希望通过兴办教育来培养“贤才”和官吏，以实现其政治思想。在教育对象问题上，孔子明确提出了“有教无类”的思想。“有教无类”，出自《论语·卫灵公》：子曰：“有教无类。”教，教育；类，类别。意思是无分贵族与平民，不分国界与华夷，只要有心向学，都可以入学受教。孔子弟子三千分别来自鲁、齐、晋、宋、陈、蔡、秦、楚等地，这不仅打破了当时的地界，也打破了当时的夷夏之分。孔子吸收了被中原人视为“蛮夷之邦”的楚国人公孙龙和秦商入学，还欲居“九夷”施教。孔子弟子有来自贵族阶层的，如南宫敬叔、司马牛、孟懿子；也有很多是来自平民家庭，如颜回、曾参、闵子骞、仲弓、子路、子张、子夏、公冶长、子贡等。而平民教育更能体现孔子“有教无类”

的精神实质。“有教无类”思想的实施，扩大了教育的社会基础和人才来源，对于全体社会成员素质的提高无疑起到了积极的推动作用。因此，孔子“有教无类”的思想在教育发展史上具有划时代的意义。

“因材施教”，因，根据；材，资质；施，施加；教，教育。指针对学习的人的志趣、能力等具体情况进行不同的教育。语出《论语·为政》：“子游问孝。子曰：‘今之孝者，是谓能养；至于犬马，皆能有养。不敬，何以别乎？’”又：“子夏问孝。子曰：‘色难。有事，弟子服其劳；有酒食，先生馔，曾是以为孝乎？’”朱熹集注引宋程颐曰：“子游能养而或失于敬，子夏能直义而或少温润之色，各因其材之高下与其所失而告之，故不同也。”“因材施教”是孔子在长期教育实践中首创的经典教育原则。这一原则的核心思想是对不同的受教者施以不同的教育，强调对不同情况的学生采取不同的教学方法。正是这一光辉思想使孔子在教育实践中取得了巨大的成功，不但对我国古代教育的发展产生了深远的影响，而且对我们当今教育仍具有十分重要的启示意义。

“循循善诱”，循循，有次序的样子；善，善于；诱，引导。指善于引导别人进行学习。语出《论语·子罕》：“颜渊喟然叹曰：‘仰之弥高，钻之弥坚。瞻之在前，忽焉在后。夫子循循然善诱人，博我以文，约我以礼，欲罢不能。’”大意是说，颜渊说：“越是抬头仰望，越觉得高不可测。越努力钻研，越觉得深不可究。眼看着它在前面，忽然又到了后面。老师善于一步一步地引导我，用各种典籍丰富我的知识，用各种礼节约束我的言行，使我想停下来都不能。”

“学而不厌，诲人不倦”，厌，满足，形容好学；诲，教导、诱导；倦，厌烦。学习时总感到不满足，教导别人而不知疲倦。语出《论语·述而》：“默而识之，学而不厌，诲人不倦，何有于我哉！”大意是说，默默地记住所学的知识，学习不厌烦，教人不疲倦，这些我做到哪些了呢？

“学而时习之，不亦说乎？”时，按时；习，实习，温习；说，通“悦”，高兴，愉悦。语出《论语·学而》，大意是说，学习而能时常地温习，不是一件很高兴的事吗？

在教学中，孔子还提倡“敏而好学，不耻下问”（《论语·公冶长》），意谓聪明好学，不以向不如他的人学习为耻。

他甚至提倡要“每事问”。《论语·八佾》：“子入太庙，每事问。或曰“‘孰谓邹人之子知礼乎？入太庙，每事问。’子闻之，曰：‘是礼也。’”大意是说，孔子到了周公庙，每件事都要问。有人说：“谁说此人懂得礼呀，他到了太庙里，什么事都要问别人。”孔子听到此话后，说：“这正是礼呀。”这表现了孔子虚心学习的精神。

孔子还十分珍惜时间。《论语·子罕》：“子在川上曰：‘逝者如斯夫，不舍昼夜。’”大意是说，孔子在河边说：“流逝的岁月就像奔流不息的河水，日夜不停。”毛泽东在1956年写的《水调歌头·游泳》中以“子在川上曰：逝者如斯夫”成句入词。

1964年2月3日，毛泽东《在春节座谈会上的讲话》中说：“孔夫子出身贫穷，放过羊，当过吹鼓手，还做过会计。会弹琴、射箭、驾车子，还搞历史书。他学会了‘六艺’。孔子的教育只有六门课程：礼、乐、射、御、书、数，教出颜回、曾参、子思、孟子四大贤人。”（《毛泽东著作专题摘编》，中央文献出版社2003年版，第2279页）

六艺，即中国周朝的贵族教育体系——周王官学要求学生掌握的六种基本才能：礼、乐、射、御、书、数。出自《周礼·保氏》：“养国子以道，乃教之六艺：一曰五礼，二曰六乐，三曰五射，四曰五御，五曰六书，六曰九数。”这就是所说的“通五经贯六艺”的“六艺”。春秋时期孔子开私学的教学内容就是“六艺”。六艺教育的实施，是根据学生年龄大小和课程深浅循序进行的，并且有小艺和大艺之分。书、数为小艺，系初级课程；礼、乐、射、御为大艺，系高级课程。

孔子教六艺，既有思想道德教育，又有技巧技能，可以说是德才兼备、全面发展。

《史记·孔子世家》中记载：“孔子以诗、书、礼、乐教，弟子盖三千焉，身通六艺者七十有二人。”但《史记·仲尼弟子列传》又说：“孔子曰：‘受业身通者七十有七人’，皆异能之士也。”认为孔子门徒中，真正的贤人一共有七十七个，分别是：颜回（字子渊）、闵损（字子骞）、冉耕（字伯牛）、冉雍（字仲弓）、仲弓父、冉求（字子有）、仲由（字子路）、宰予（字子我）、端木赐（字子贡）、言偃（字子游）、卜商（字子夏）、颛孙师（字子张）、曾参（字子舆）、澹台灭明（字子羽）、宓不齐（字子贱）、原宪（字子思）、公冶长（字子长）、南宫括（字子容）、公晰哀（字季次）、曾蒧（字晰）、颜无繇（字路）、商瞿（字子木）、高柴（字子羔）、漆雕开（字子开）、公伯僚（字子周）、司马耕（字子牛）、樊须（字子迟）、有若、公西赤（字子华）、巫马施（字子旗）、梁鳣（字叔鱼）、颜幸（字子柳）、冉孺（字子鲁）、曹恤（字子循）、伯虔（字子析）、公孙龙（字子石）、冉季（字子产）、公祖句兹（字子之）、秦祖（字子南）、漆雕哆（字子敛）、颜高（字子骄）、漆雕徒父、壤驷赤（字子徒）、商泽、石作蜀（字子明）、任不齐（字选）、公良孺（字子正）、后处（字子里）、秦冉（字开）、公夏首（字乘）、奚容箴（字子晰）、公肩定（字子中）、颜祖（字襄）、鄡单（字子家）、句井疆、罕父黑（字子索）、秦商（字子丕）、申党（字周）、颜之仆（字叔）、荣旂（字子祈）、县成（字子祺）、左人郢（字行）、燕伋（字思）、郑国（字子徒）、秦非（字子之）、施之常（字子恒）、颜哙（字子声）、乐叔乘（字子车）、原亢籍、乐咳（字子声）、廉絜（字庸）、叔仲会（字子期）、颜何（字冉）、狄黑（字皙）、邦巽（字子敛）、孔忠、公西与如（字子上）、公西葴葴（字子上）。

孔子办私学，教出了人才，是成功的，所以说他是古代的大教育家。

第四，毛泽东引用《论语》的名句。

据不完全统计，共 71 条。条列如下：

《论语·学而》："学而时习之""有朋自远方来""君子务本，本立而道生""行有余力，则以学文""过则勿惮改""温良恭俭让""和为贵""言可复也"；

《论语·为政》："学而不思则罔""知之为知之""三十而立""先行其言而后从之""一言以蔽之""人而无信，不知其可""百世可居"；

《论语·八佾》："子入太庙，每事问""是可忍，孰不可忍"；

《论语·雍也》："敬鬼神而远之""文质彬彬""不迁怒，不贰过""一箪食，一瓢饮""君子博学于文，约之以礼""中庸之为德也"；

《论语·里仁》："君子欲讷于言而敏于行"；

《论语·公冶长》："三思而后行""不耻下问""朽木不可雕也""老者安之，朋友信之，少者怀之"；

《论语·述而》："志于道，据于德""假我数年，足卒以学易，可以无大过矣""不义而富且贵，于我如浮云""临事而惧，好谋而成""子之燕居，申申如也，夭夭如也""学而不厌，诲人不倦"；

《论语·泰伯》："人之将死，其言亦善""民可使由之，不可使知之"；

《论语·子罕》："毋意，毋必，毋固，毋我""子在川上曰：逝者如斯夫"；

《论语·乡党》："食饐而餲，鱼馁而肉败，不食"；

《论语·先进》："过犹不及""求也退，故进之；由也兼人，故退之""亦各言其志也矣"；

《论语·颜渊》："己所不欲，勿施于人""内省不疚，夫何忧何惧""四化之内皆兄弟也""文犹质也，质犹文也""君君，臣臣，父父，子子""仁者爱人"；

《论语·子路》："樊迟想学稼""君子和而不同""欲速则不达""其身正，不令而行""狂者进取，狷者有所不为也""一言兴邦，一言丧邦""名不正，则言不顺"；

《论语·卫灵公》："学也，在其中矣""有教无类""不曰'如之何，如之何'者，吾未如之何也矣""君子矜而不争，群而不党""军旅之事，未之学也""君子固穷""群居终日，言不及义"；

《论语·季氏》："贤者在位，能者在职""言及之而不言""生而知之者上也"；

《论语·阳货》："千日行善，善犹不足；一日行恶，恶常有余""道听途说""患得患失""饱食终日，无所用心"；

《论语·微子》："四体不勤，五谷不分""往者不可谏，来者犹可追"；

《论语·子张》："君子之过也，如日月之食焉"。

毛泽东熟悉《论语》中的各种典故，并经常借对其中的人与事的评论，表达自己的全新看法，以及对孔子的认知和评价。例如，《论语·子路》"樊迟请学稼"章：

樊迟请学稼，孔子曰："吾不如老农。"请学圃，曰："吾不如老圃。"樊迟出。曰："小人哉，樊须也！上好礼，则民莫敢不敬；上好义，则民莫敢不服；上好信，则民莫敢不用情。夫如是，则四方之民襁负其子而至矣，焉用稼！"

大意是说，樊迟向孔子请教种五谷方面的事情，孔子回答说："我在这方面的知识不如有经验的农夫。"又请教种蔬菜方面的事情，孔子回答说："我在这方面的知识不如有经验的园丁。"樊迟退出后，孔子就说："真是个志向不恢宏的人啊！这个樊须！如果君上崇爱礼，那么人民就不敢不敬慎；君上好义，那么人民就不敢不服从；如果君上讲信用，那么人民就不敢不讲实情。如果能够这样的话，各地的人民都会带着一家老小来追随你，从事农业可以达到这样的效果吗？"

"稼"是"种五谷"，"圃"是"种蔬菜"。"小人"不是指社会地位或是道德修为，强调的是志向的不恢宏。"情"是"情实"（孔安国）或"诚实"（朱子）。"襁"是把小孩绑在背上的布。樊迟问"稼"和"圃"，孔子的回答都是说"不如"而不是"不会"，也可能孔子真不会，但看起来是不耐烦。所以，当樊迟退出后，就骂他是"小人"，并接着申说，当国君爱礼、好义、讲信用，人民就会讲实情，拥戴国君，这是从事农业达不到的。故孔子不满樊迟学稼学圃的要求，还是想让他成大器。但实事求是地说，反映了孔子轻视农业生产的思想，不足为训。所以，毛泽东在1939年写的《青年运动的方向》一文中，批评孔子不让"读书的青年们""实行劳动"；在1955年写的《〈中国农村的社会主义高潮〉的按语》一书中，即在对孔夫子的故乡的一个合作社写的按语中，也批评孔子当樊迟问他如何从事农业生产时，"他不但推开不理，还在背后骂樊迟做小人"的错误态度。

再如《论语·微子》"四体不勤，五谷不分"章：

子路从而后，遇丈人，以杖荷蓧。子路问曰："子见夫子乎？"丈人曰："四体不勤，五谷不分，孰为夫子？"植其杖而芸。子路拱而立。止子路宿，杀鸡为黍而食之，见其二子焉。

明日，子路行以告。子曰："隐者也。"使子路反见之。至则行矣。子路曰："不仕无义。长幼之节，不可废也；君臣之义，如之何其废之？欲洁其身，而乱大伦。君子之仕也，行其义也。道之不行，已知之矣。"

丈人，老人。蓧（diào），古代耘田的竹器。四体，两手和双脚。芸，同"耘"，除草。食（sì），给人东西吃。见（xiàn），同"现"，使出现。反，同"返"。

这一章的大意是说，子路跟着孔子走却落在了后面，碰到一个老者，用拐杖挑着除草的工具。子路问道："您看见我的老师了吗？"老者道："四体不勤，五谷不分，是什么夫子？"说完，便扶着拐杖去锄草。子路拱着手恭敬地站在旁边。他便留子路到他家住宿，杀鸡、做饭给子路吃，又叫两个儿子出来相见。

第二天，子路见到孔子报告了这件事。孔子说："这是位隐士啊。"叫子路回去再看看他。子路到了老者家，他却已不在。子路便道："君子出来做官，只是尽应尽之责罢了。尊老爱幼的礼节，不能废除；国君与臣下的礼仪，怎么能废除呢？为了洁身自爱，而乱了大的道理。君子出来做官，是要践行合宜的事。至于我们的政治主张行不通，早就知道了。"

1964年2月13日，春节，毛泽东在人民大会堂召开教育工作座谈会。刘少奇、邓小平等十六人参加。在谈到孔子办学时，毛泽东说："孔夫子只有六门课程：礼、乐、射、御、书、数，教出颜回、曾参、子思、孟子四大贤人。"毛泽东指出：孔夫子的教学也有问题，没有工业、农业，四体不勤，五谷不分，这不行。（《周恩来总理在第三届全国人民代表大会上的政府工作报告》，1964年12月31日《人民日报》）

这里的荷蓧丈人是位隐者，他对子路跟着孔子周游列国而不从事农业生产表示不满，当然也是对孔子的批评。这一点正击中孔子办教育的要害。毛泽东在1964年春节座谈会上，赞同荷蓧隐者的观点，从而说明必须进行教育革命。

（2）“亚圣”孟子

第一，“孟子的民贵君轻”有“人民性的一面”。

孟子（约前372—约前289），姬姓，孟氏，名轲，字子舆，战国时期邹城（今山东邹城）人，伟大的思想家、教育家，儒家学派的代表人物，与孔子并称“孔孟”。唐韩愈《原道》将孟子列为先秦儒家继承孔子“道统”的人物，元朝追封孟子为“亚圣公”，尊称为“亚圣”。其弟子及再传弟子将孟子的言行辑录成《孟子》一书，有七篇十四卷传世：《梁惠王》上、下；《公孙丑》上、下；《滕文公》上、下；《离娄》上、下；《万章》上、下；《告子》上、下；《尽心》上、下。最早是汉代赵岐的注本，后世有影响的注本是宋朱熹的《孟子集注》和清焦循的《孟子正义》等。

在政治上，孟子主张法先王、行仁政；学说上，他推崇孔子，反对杨朱、墨翟。他主张仁政，提出“民贵君轻”，倡导“以仁为本”。

《孟子》是语录体散文集，其文气势充沛，感情洋溢，逻辑严密；既滔滔雄辩，又从容不迫，用形象化的事物与语言，说明了复杂的道理，对后世散文家韩愈、柳宗元、苏轼等影响很大。

1958年8月，毛泽东在审阅陆定一《教育必须与生产劳动相结合》一文时，加写了这样一段话：“中国教育史有人民性的一面。孔子的有教无类，孟子的民贵君轻，荀子的人定胜天，屈原的批判君恶，司马迁的颂扬反抗，王充、范缜、柳宗元、张载、王夫之的古代唯物论，关汉卿、施耐庵、吴承恩、曹雪芹的民主文学，孙中山的民主革命，诸人情况不同，许多人并无教育专著，然而上举那些，不能不影响对人民的教育，谈中国的教育史，应当提到他们。”（董学文等：《毛泽东的文艺美学活动》，高等教育出版社1995年版，第184页）

《孟子》和《论语》有很多相同之处：都是语录体；都是截取篇首二三字作为题目；每篇之中有若干章，章与章之间没有什么逻辑联系，各自为章。但是也有不同：《孟子》有些章篇幅较长，更像后来的散文。

孟子曰：“民为贵，社稷次之，君为轻。是故得乎丘民而为天子，得乎天子为诸侯，得乎诸侯为大夫。诸侯危社稷，则变置。牺牲既成，粢

盛既洁，祭祀以时，然而旱干水溢，则变置社稷。”（《孟子·尽心下》）

这段的意思是，孟子说：“百姓最为重要，土神和谷神次之，君主为轻。所以得着百姓的欢心便做天子，得着天子的欢心便做诸侯，得着诸侯的欢心便做大夫。诸侯危害国家，那就改立诸侯。牺牲既已肥壮，祭品又已洁净，也依一定时候致祭，但是还遭受旱灾水灾，那就改立社稷坛。”

这一段话，主要阐述了孟子的民本思想。孟子认为，在百姓、国家、国君三者之间，百姓最重要，国家次之，国君最轻，这在一定程度上表现了孟子看重百姓的思想，但他并不主张百姓起来革命。

孟子的民本思想主要表现在如下几个方面：一是批判统治者荒淫挥霍，无视人民的生存权，以至于“狗彘食人食而不知检，途有饿殍而不知发”。二是强调人民的生存权，必须保证百姓首先“不饥不寒”“养生丧死无憾”，否则无异于“率兽而食人”的独夫民贼。三是强调统治者首先必须获得民心，并进而提出“民为贵，社稷次之”的观念，把民本思想升华到一个相当自觉的政治道德境界。

孟子民本思想的实质究竟是什么呢？孟子政治思想体系的核心是王道政治。孟子要求行仁政，讲民本，其落脚点均在于王道。几乎在每一条重要论证中，他都明确归结于此：“养生丧死无憾，王道之始也”“黎民不饥不寒而不王者，未之有也”“保民而王，莫之能御也”（《梁惠王下》）。称王于天下，实现王道，是孟子政治理论的基本目标。为实现这一目标，孟子所提倡的手段，不是“力”，而是“德”，不是通过战争的征伐，而是通过施行仁政以争取民心。孟子说：“以德行仁者王”“以力服人者，非心服也”“以德服人者，中心悦而诚服也”（《公孙丑上》）。只要行“仁政”，从而使天下之民“中心悦而诚服”，就会使天下之民自然归顺而成王。所以，孟子反复倡导仁政，就是要求以仁德为手段而成就王业。然而，要使当时的统治者们施行仁政，就必须使他们充分认识“民”的重要地位与作用，唯此，他们才可能接受孟子的仁政说，或进而稍有自觉地推行仁政。正是基于这一要求，孟子才如此不遗余力地宣扬重民、贵民等民本思想。民本、仁政、王道三者的关系是：民本思想是施行仁政的理论基础；而推行仁政又是实现王道的必要手段；此三者统一的基点或核心在于“王”，而不在于“民”。通过宣扬“民本”以施行“仁政”，又通过施行“仁政”以实现“王道”，这就是孟子民本思想的实质所在。

孟子倡导的“民贵君轻”的民本思想，对毛泽东“人民是创造世界历史的动力”“为人民服务”思想的形成，有重要影响。

毛泽东说：“人民，只有人民，才是创造世界历史的动力。”（《论联合政府》，《毛泽东选集》第三卷，人民出版社 1991 年版，第 1031 页）共产党是无产阶级的先锋队，永远都是人民群众的少数人。他在《整顿党的作风》一文中说：“为什么要有革命党？因为世界上有压迫人民的敌人存在，人民要推翻敌人的压迫，所以要有革命党。就资本主义和帝国主义时代说来，就需要一个如共产党这样的革命党。如果没有共产党这样的革命党，人民要想推翻敌人的压迫，简直是不可能的。”（《毛泽东选集》第三卷，人民出版社 1991 年版，第 811 页》）他还指出，在本源和本质问题的意义上，人民是历史的主体、动力和创造者，共产党则是人民实现自身解放与自由的阶级工具。

在《愚公移山》一文中，毛泽东把人民比作上帝，他说：“我们也会感动上帝的。这个上帝不是别人，就是全中国的人民大众。”（《愚公移山》，《毛泽东选集》第三卷，人民出版社 1991 年版，第 1102 页》）毛泽东率领全党、全军和全国人民，终于推翻了帝国主义、官僚资本主义和封建主义压在中国人民头上的三座大山，建立了伟大的中华人民共和国。

毛泽东还号召我们共产党是“为人民服务”“为着解放人民”“彻底地为人民的利益工作的”（《为人民服务》，《毛泽东选集》第三卷，人民出版社 1991 年版，第 1004 页），中国人民共和国成立之后，又要积极投入建设伟大的社会主义强国的斗争中去。

第二，孟子的“仁政”思想。

仁政是一种宽厚待民，施以恩惠，以争取民心的政治方略。孔子在对“仁”的解释中，已有关于“仁政”的思想。孟子发挥孔子学说，明确提出“仁政”的主张。《孟子·梁惠王上》：“王如施仁政于民，省刑罚，薄税敛，深耕易耨，壮者以暇日修其孝悌忠信，入以事其父兄，出以事其长上，可使制梃以挞秦、楚之坚甲利兵矣。”

孟子主张以德治天下，即德治，提出了“仁政”“王道”等观点，并使之成为其政治思想的核心。他把“亲亲”“长长”的原则应用于政治，认为百姓的物质生活有了保障，统治者再兴办学校，用孝悌的道理进行教化，便能引导人们向善，就可以形成一种良好的道德风尚，即“人人亲其亲、长其长，而天下平”。

孟子仁政的内容有以下几项：一是重视民本。孟子说：“有天下者，失民，则失天下；无天下者，得民，则得天下。”这句话叫“保民而王”。但是，如何才能得到人民的拥护呢？孟子认为关键在于赢得民心。他说：“得其民有道，得其心。”这就是后人说的“得民心者得天下”。同时孟子还从同情下层人民和批判当时社会现实的视角，总结历史经验时指出：“桀纣之失天下也，失其民也；失其民者，失其心也。得天下有道：得其民，斯得天下矣；得其民有道，得其心，斯得民矣；得其心有道，所欲与之聚之，所恶勿施尔也。民之归仁也，犹水之就下、兽之走圹也。”（《孟子·离娄上》）也就是说民心向背是取得政权和社会安定的基础。

二是重视生产。孟子对制民之产提出了具体的设想：“五亩之宅，树之以桑，五十者可以衣帛矣。鸡豚狗彘之畜，无失其时，七十者可以食肉矣。百亩之田，勿夺其时，八口之家可以无饥矣。谨庠序之教，申之以孝悌之义，颁白者不负戴于道路矣。老者衣帛食肉，黎民不饥不寒，然而不王者，未之有也。”有了这些恒产作为生活保障，百姓就会有恒心，“养生丧死无憾”。那么如何实现“五亩之宅”“百亩之田”的小农经济理想社会呢？孟子提出推行井田制：“夫仁政，必自经界始。经界不正，井田不均，谷禄不平，是故暴君污吏必慢其经界，经界既正，分田制禄，可坐而定也。”以什么形式“正经界”呢？孟子提出：“方里而井，井九百亩，其中为公田。八家皆私百亩，同养公田。公事毕，然后敢治私事，所以别野人也。”孟子关于“方里而井”的描写，其性质应该说是封建主义的，是封建生产关系的反映；他抓住了在当时社会条件下如何更好地调动老百姓的生产积极性的关键所在，具有合理性。

三是孟子对于个人的修养问题的观点，主要有两条：一是在顺境的时候怎么做人，一是在逆境的时候怎么做人。他说：“穷不失义，达不离道。”意思是在困难的时候，不要失去理智胡来；在春风得意的时候，也不可以忘乎所以，随心所欲，偏离正道，做出不合常理的事情来。他还说：“得志，泽加于民；不得志，修身见于世。穷则独善其身，达则兼善天下。”这里的“穷”就是穷困、不得志；“达”，就是得志、顺利的意思。然而在这两种境遇中，很多人失去理智，忘乎所以，做出不合常理之事，甚至是犯罪。孟子主张对百姓要“谨庠序之教，申之以孝悌之义”“圣人治天下，使有菽粟如水火。菽粟如水火，而民焉有不仁者乎？”目的在于使民众在满足最基本的生存需要后，受到良好的道德教育和人伦教化，懂得“父子有亲，君臣有义，夫妇有别，长幼有序，朋友有信”的道理，使五伦关系和谐圆融。

四是反对暴君和战争。对于残害百姓的国君，国人可以杀。商纣王是历史上有名的暴君，武王伐纣，他认为杀得对，说“闻诛一夫纣矣，未闻弑君也”（《孟子·梁惠王下》）。孟子虽然有同情人民、谴责暴君的一面，但他的政治思想还是维护封建制度的，所以他又宣扬：“劳心者治人，劳力者治于人；治于人者食人，治人者食于人，天下之通义也”（《孟子·滕文公上》）。这种观点长期以来成为替剥削制度做辩护的理论根据。他认为“春秋无义战”。他说：“春秋无义战。彼善于此，则有之矣。征者，上伐下也，敌国不相征也。”敌国，指地位相等的国家。大意是说，孟子说：“春秋时代没有符合义的战争。哪一次（战争）比这一次好一点的情况，还是有的。所谓征，是指天子讨伐诸侯，同等的诸侯国是不能相互征讨的。”“春秋无义战”是个著名的论断，原指春秋时代没有正义的战争，也泛指非正义战争。“春秋无义战”，既表达了孟子的历史观，也是其政治观的体现。因为儒家认为，“礼乐征伐自天子出”，这才是合乎义的，而春秋时代则是“礼崩乐坏”“礼乐征伐自诸侯出”，所以没有合乎义的战争。孟子强调战争的正义与非正义之分，认为战争应当是为义而战，体现的正是中国传统的战争哲学。但以我们今天的观点来看，衡量正义战争和非正义战争的标准主要是看发动战争的目的是什么，而不是看由什么人来发动战争。顺应历史潮流，符合人民利益的战争，就是正义的，反之就是非正义的。

五是性善论是其仁政的理论基础。孟子早年受业于孔子之孙子思，主张“性善论”，由此演化出他的仁政学说。或者说孟子的仁政贵民思想是以“性善论”为基础。孟子认为人生而具有恻隐之心、羞恶之心、辞让之心、是非之心，而“恻隐之心，仁之端也；羞恶之心，义之端也；辞让之心，礼之端也；是非之心，智之端也。人之有四端也，犹其有四体也”。他说：“人性之善也，犹水之就下也。人无有不善，水无有不下。”君主的善性体现在治理国家上，就能够倾听百姓的呼声，关心百姓的疾苦。“人皆有不忍人之心。先王有不忍人之心，斯有不忍人之政矣。以不忍人之心，行不忍人之政，治天下可运之掌上”。他进而指出“仁政无敌”，把是否能以仁政贵民思想治理国家提升到国家存亡兴废的高度。

第三，毛泽东引用孟子的言论。

毛泽东自幼熟读《四书》，其中就包括《孟子》。在此后的革命生涯中，毛泽东在他的文章、讲话、诗词等作品中引用孟子的言论很多，择其要者条列如下：

《孟子·梁惠王上》：“明足以察秋毫之末，而不见舆薪”“五十步笑百步”“王如施仁政于民”；

《孟子·梁惠王下》：“独夫”“如水益深，如火益热”；

《孟子·公孙丑上》：“尊贤使能”“贤者在位，能者在职”“心悦诚服”；

《孟子·公孙丑下》：“天时不如地利”“五百年必有王者兴”；

《孟子·滕文公上》：“为富不仁”“绝长补短”；

《孟子·滕文公下》：“富贵不能淫”“予岂好辩哉”；

《孟子·离娄上》：“桀纣之失天下”“既不能令，又不受命”“人之患在好为人师”；

《孟子·离娄下》：“不为而后可为”“君子之泽，五世而斩”；

《孟子·告子上》：“羞恶之心，人皆有之”“口之于味，有同嗜焉”“鱼，我所欲也”“心之官则思”“专心致志”；

《孟子·告子下》：“《小弁》之怨”“距人于千里之外”“以邻为壑”“天将降大任于斯人也”“先生之志则大矣”“民贼”；

《孟子·尽心上》：“引而不发，跃如也”“孳孳为利者”“民贵君轻”“春秋无义战”“同流合污”。

以上共35条。

例如，“五十步笑百步”来自《孟子·梁惠王上》“寡人之于国也”章：

梁惠王曰：“寡人之于国也，尽心焉耳矣。河内凶，则移其民于河东，移其粟于河内；河东凶亦然。察邻国之政，无如寡人之用心者。邻国之民不加少，寡人之民不加多，何也？”

孟子对曰：“王好战，请以战喻。填然鼓之，兵刃既接，弃甲曳兵而走，或百步而后止，或五十步而后止。以五十步笑百步，则何如？”

曰：“不可。直不百步耳，是亦走也。”

曰：“王如知此，则无望民之多于邻国也。不违农时，谷不可胜食也。数罟不入洿池，鱼鳖不可胜食也。斧斤以时入山林，材木不可胜用也。谷与鱼鳖不可胜食，材木不可胜用，是使民养生丧死无憾也。养生丧死无憾，王道之始也。五亩之宅，树之以桑，五十者可以衣帛矣。鸡豚狗彘之畜，无失其时，七十者可以食肉矣。百亩之田，勿夺其时，数口之家可以无饥矣。谨庠序之教，申之以孝悌之义，颁白者不负戴于道路矣。七十者衣帛食肉，黎民不饥不寒，然而不王者，未之有也。狗彘食人食而不知检，涂有饿殍而不知发。人死，则曰：‘非我也，岁也。’是何异于刺人而杀之，曰：‘非我也，兵也。’王无罪岁，斯天下之民至焉。”

这篇文章写孟子与梁惠王的谈话。当时各国为了增产粮食和扩充兵员，都苦于劳动力不足，所以梁惠王要与各国争夺老百姓，采取了自以为“尽心”的措施，没有达到目的。孟子抓住这个矛盾，提出自己“行王道，施仁政”的政治主张。为此，他反对发动对外的不义战争，反对对内的过度剥削，主张减轻劳役，不违农时，注意繁殖家畜鱼类，保护林木，使农民有土地耕种，注意教育。文章既有立，又有破，笔锋犀利，鞭辟入里，富有说服力。他采取比喻的方法，如“五十步笑百步”，来加强驳论的力量。采用排比和对偶来加强文章的节奏感，如“谷不可胜食也”“鱼鳖不可胜食也”“林木不可胜用也”，一连三个“……不……也”，为文章蓄势。

（3）荀子——儒家思想的集大成者

第一，战国时期的儒学大师

荀子（约前313—前238），名况，字卿，华夏族（汉族），战国末期赵国人，时人尊称“荀卿”，著名思想家、文学家、政治家。西汉时因避汉宣帝刘询讳，称孙卿（“荀”与“孙”二字古音相通）。曾三次出任齐国稷下学宫的祭酒，后为楚兰陵（位于今山东兰陵）令。他曾经传道授业，战国末期两位最著名的思想家、政治家韩非、李斯，汉初政治家、科学家张苍均为其门下高足。

荀子对各家都有所批评，唯独推崇孔子的思想，认为这是最好的治国理念。荀子以孔子的继承人自居，特别着重继承孔子的“外王”学。他从知识论的立场上批判地总结和吸收了诸子百家的理论主张，形成了富有特色的“明于天人之分”的自然观、“化性起伪”的道德观、“礼仪之治”的社会历史观，并在此基础上，对先秦哲学进行了总结。在人性问题上，荀子提倡性恶论，主张人性有恶，否认天赋的道德观念，强调后天环境和教育对人的影响。其学说常被后人拿来跟孟子的“性善论”比较，荀子对重新整理儒家典籍也有相当显著的贡献。荀子在历史观上提出了厚今薄古的“法后王”说，所谓“后王”盖指“近时”之圣王或可能成为王者的“天下之君”，即理想的最高统治者。他认为“先王”的时代久远，事迹简略，不如近世的后王可靠。所谓“欲观圣王之迹，则于其粲然者矣，后王是也”（《荀子·非相》），即“法先王”必须通过“法后王”的途径才能实现。他主张“法后王”，又提倡继承“先王之道”，意在为封建统治阶级寻求理想的人格榜样。荀子批判以复古倒退为目的的“先王”观，指责“俗儒”们的“略法先王而足乱世，术缪学杂，举不知法后王而一制度”（《儒效》）。“法后王，一制度”，即是把一切都纳入新兴地主阶级大一统的制度与范围上来。

荀子的著作集为《荀子》，绝大部分为自己所作，内容丰富，涉及哲学思想、政治问题、治理方法、立身处世之道、学术辩论等方面。文笔雄健绵密，结构谨严，有独特风格。

第二，“荀子的人定胜天”“有人民性的一面”。

荀子的人定胜天见于他的《天论》。原文如下：

天行有常，不为尧存，不为桀亡。应之以治则吉，应之以乱则凶。强本而节用，则天不能贫；养备而动时，则天不能病；修道而不贰，则天不能祸。故水旱不能使之饥，寒暑不能使之疾，袄怪不能使之凶。本荒而用侈，则天不能使之富；养略而动罕，则天不能使之全；倍道而妄行，则天不能使之吉。故水旱未至而饥，寒暑未薄而疾，袄怪未至而凶。受时与治世同，而殃祸与治世异，不可以怨天，其道然也。故明于天人之分，则可谓至人矣。

不为而成，不求而得，夫是之谓天职。如是者，虽深，其人不加虑焉；虽大，不加能焉；虽精，不加察焉；夫是之谓不与天争职。天有其时，地有其财，人有其治，夫是之谓能参。舍其所以参，而愿其所参，则惑矣！

列星随旋，日月递照，四时代御，阴阳大化，风雨博施。万物各得其和以生，各得其养以成，不见其事，而见其功，夫是之谓神。皆知其所以成，莫知其无形，夫是之谓天。唯圣人为不求知天。

天职既立，天功既成，形具而神生，好恶喜怒哀乐藏焉，夫是之谓天情。耳目鼻口形能各有接而不相能也，夫是之谓天官。心居中虚，以治五官，夫是之谓天君。财非其类以养其类，夫是之谓天养。顺其类者谓之福，逆其类者谓之祸，夫是之谓天政。暗其天君，乱其天官，弃其天养，逆其天政，背其天情，以丧天功，夫是之谓大凶。圣人清其天君，正其天官，备其天养，顺其天政，养其天情，以全其天功。如是，则知其所为，知其所不为矣，则天地官而万物役矣。其行曲治，其养曲适，其生不伤，夫是之谓知天。

…………

治乱，天邪？曰：日月星辰瑞历，是禹、桀之所同也；禹以治，桀以乱，治乱非天也。时邪？曰：繁启蕃长于春夏，畜积收藏于秋冬，是又禹、桀之所同也；禹以治，桀以乱，治乱非时也。地邪？曰：得地则生，失地则死，是又禹、桀之所同也；禹以治，桀以乱，治乱非地也。《诗》曰："天作高山，大王荒之，彼作矣，文王康之。"此之谓也。

…………

星坠木鸣，国人皆恐。曰：是何也？曰：无何也。是天地之变，阴阳之化，物之罕至者也。怪之可也，而畏之非也。夫日月之有蚀，风雨之不时，怪星之党见，是无世而不常有之。上明而政平，则是虽并世起，无伤也。上闇而政险，则是虽无一至者，无益也。夫星之坠，木之鸣，是天地之变，阴阳之化，物之罕至者也。怪之可也，而畏之非也。

…………

雩而雨，何也？曰：无何也，犹不雩而雨也。日月食而救之，天旱而雩，卜筮然后决大事，非以为得求也，以文之也。故君子以为文，而百姓以为神。以为文则吉，以为神则凶也。

在天者莫明于日月，在地者莫明于水火，在物者莫明于珠玉，在人者莫明于礼义。故日月不高，则光辉不赫；水火不积，则辉润不博；珠玉不睹乎外，则王公不以为宝；礼义不加于国家，则功名不白。故人之命在天，国之命在礼。君人者，隆礼尊贤而王，重法爱民而霸，好利多诈而危，权谋倾覆幽险而尽亡矣。

大天而思之，孰与物畜而制之？从天而颂之，孰与制天命而用之？望时而待之，孰与应时而使之？因物而多之，孰与骋能而化之？思物而物之，孰与理物而勿失之也？愿于物之所以生，孰与有物之所以成？故错人而思天，则失万物之情。（节录）

在本文中，荀子发挥了他的思想的一个重要方面：天行有常，人定胜天。荀子所谓"天"，大抵近于我们现在所说的"自然"或"自然界"。"天行有常"是说，大自然的发展变化有其客观规律性。这种客观规律不是人的主观愿望所能改变的；但是人能够认识它，顺应它，运用它，以趋吉避凶、消祸得福。荀子这样看待天道，目的是反对当时流行的各种迷信，倡导人们自强不息、励精图治，具有朴素唯物主义观点的重理智、重科学的思想，具有进步意义，对后世影响很大。

毛泽东在1958年在为陆定一《教育必须与生产劳动相结合》一文加写的这段话中，肯定了“荀子的人定胜天”思想，并把它提到“人民性”的高度。

（4）董仲舒建立儒学新体系

第一，“罢黜百家，独尊儒术”的提倡者。

董仲舒（前179—前104），广川（今河北衡水景县广川镇大董古庄）人，西汉思想家、政治家、教育家，唯心主义哲学家和今文经学大师。汉景帝时任博士，讲授《公羊春秋》。董仲舒继承并发展了以孔子为代表的先秦儒家学说，融合先秦法学、道家、阴阳家、墨家等各家学派的思想，承上启下，建立了儒学的新体系，适应历史发展的客观要求，开创了汉代儒学的新局面。汉武帝元光元年（前134），武帝下诏征求治国方略，董仲舒在著名的《举贤良对策》中系统地提出了“天人感应”“大一统”学说和“诸不在六艺之科、孔子之术者，皆绝其道，勿使并进”。“罢黜百家，独尊儒术”的主张为武帝所采纳，儒学成为中国社会正统思想，其影响长达两千多年。

其后，董仲舒任江都易王刘非国相10年；元朔四年（前125），任胶西王刘端国相，四年后辞职回家，著书写作。这以后，朝廷每有大事商议，皇帝即会下令使者和廷尉前去董家问他的建议，表明董仲舒仍受武帝尊重。

董仲舒一生历经四朝，度过了西汉王朝的极盛时期，公元前104年病故，享年约75岁。死后被武帝赐葬于长安下马陵。

第二，“天不变，道亦不变”的形而上学思想。

毛泽东在1937年8月写的《矛盾论》中指出：“所谓形而上学的或庸俗进化论的宇宙观，就是用孤立的、静止的和片面的观点去看世界。这种宇宙观把世界一切事物，一切事物的形态和种类，都看成是永远彼此孤立和永远不变化的。如果说有变化，也只是数量的增减和场所的变更。而这种增减和变更的原因，不在事物的内部而在事物的外部，即是由于外力的推动。形而上学家认为，世界上各种不同事物和事物的特性，从它们一开始存在的时候就是如此。后来的变化，不过是数量上的扩大或缩小。他们认为一种事物永远只能反复地产生为同样的事物，而不能变化为另一种不同的事物。在形而上学家看来，资本主义的剥削，资本主义的竞争，资本主义社会的个人主义思想等，就是在古代的奴隶社会里，甚至在原始社会里，都可以找得出来，而且会要永远不变地存在下去。说到社会发展的原因，他们就用社会外部的地理、气候等条件去说明。他们简单地从事物外部去找发展的原因，否认唯物辩证法所主张的事物因内部矛盾引起发展的学说。因此，他们不能解释事物的质的多样性，不能解释一种质变为他种质的现象。这种思想，在欧洲，在十七世纪和十八世纪是机械唯物论，在十九世纪末和二十世纪初则有庸俗进化论。在中国，则有所谓“天不变，道亦不变”的形而上学的思想，曾经长期地为腐朽了的封建统治阶级所拥护。近百年来输入了欧洲的机械唯物论和庸俗进化论，则为资产阶级所拥护”（《毛泽东选集》第一卷，人民出版社 1991 年版，第 300—301 页）。

毛泽东所引“天不变，道亦不变”，见于《汉书·董仲舒传》保存的董仲舒的《举贤良对策》。其原文如下：

> 册曰：“三王之教所祖不同，而皆有失，或谓久而不易者道也，意岂异哉？”臣闻夫乐而不乱、复而不厌者谓之道；道者万世之弊，弊者道之失也。先王之道必有偏而不起之处，故政有眊而不行，举其偏者以补其弊而已矣。三王之道所祖不同，非其相反，将以救溢扶衰，所遭之变然也。故孔子曰：“亡为而治者，其舜乎！”改正朔，易服色，以顺天命而已；其余尽循尧道，何更为哉！故王者有改制之名，亡变道之实。然夏上忠，殷上敬，周上文者，所继之救，当用此也。孔子曰：“殷因于夏礼，所损益可知也；周因于殷礼，所损益可知也；其或继周者，虽百世可知也。”此言百王之用，以此三者矣。夏因于虞，而独不言所损益者，其道如一而所上同也。道之大原出于天，天不变，道亦不变，是以禹继舜，舜继尧，三圣相受而守一道，亡救弊之政也，故不言其所损益也。由是观之，继治世者其道同，继乱世者其道变。今汉继大乱之后，若宜少损周之文致，用夏之忠者。

大意是说，策问说："三王的教化，效法的各不相同，而且都有不足，有人说道是永久不变的，这两种说法用意有什么不同吗？"臣听说享乐而不至于淫乱，反复实行而不厌倦的叫作道；道是万世都没有弊端的，出现弊端是由于违背了道。先王的道一定有偏颇不能实行的地方，所以在政治上也时有昏暗而行不通的，举出它的偏向，补救它的弊病就行了。三王的道虽然效法不同，可并不是相反的，都是为了补救过失、扶助衰败，之所以有所不同，是因为遇到的环境发生了变化。所以孔子说："无所作为而能治理国家的，就是舜呀！"舜仅仅改变了历法，改换了车马、祭牲、服装的颜色，来顺承天命罢了，其他完全遵循尧的治国之道，为什么要改变呢！所以王者只改变制度的名称，没有改变道的实质。可是夏代注重忠、殷代崇尚敬、周朝尊崇文的原因，是因为朝代更替时，前代有过失存在，为了补救，应当这样做。孔子说："殷朝根据夏代的礼制，有所增减，这是可以知道的；周朝根据殷朝的礼制，有所增减，也是可以知道的；其他承继周朝兴起的，虽然经历了百世，这也是可以知道的。"这就是说，百王所用的就是忠、敬、文这三者。夏朝沿袭虞舜，却独独不说增减，是因为夏朝和虞舜的道是一样的；夏崇尚的忠和虞舜是相同的。道的根本来自于天，天不变，道也不变，所以禹继承了舜的道，舜继承了尧的道，三位圣人互相传授，遵守一个道，没有救弊的措施，所以不说他们对道的增减。由此看来，继承治世的，他们的道是相同的；继承乱世的，他们的道是要改变的。现在汉朝承继大乱之后，应当减少周朝的文而用夏朝的忠。

"道"是中国古代哲学家的通用语，它的意义是"道路"或"道理"，可作"法则"或规律解。董仲舒认为，道的根本是从天而来的，所以天不变，道也不变。这是标准的形而上学思想，是为封建统治阶级服务的。毛泽东引了董仲舒的这句话，并指出它"曾长期地为腐朽了的封建统治阶级所拥护"。这不但使我们认识到几千年来统治阶级用来欺骗人民的反动哲学的本质，更进一步使我们认识到学习马克思主义辩证法的重要性，牢固地树立起唯物辩证法的宇宙观，"善于去观察和分析各种事物的矛盾的运动，并根据这些分析，指出解决矛盾的办法"，以便更好地改造主观世界和客观世界。

2. 道　家

道家，是中国战国时期重要学派之一，代表人物有老子、庄子、列子。

道家，以春秋末年老子关于“道”的学说作为理论基础，以“道”说明宇宙万物的本质、本源、构成和变化。认为天道无为，万物自然化生，否认上帝鬼神主宰一切，崇尚自然，有辩证法的因素和无神论的思想。但是主张清静无为，反对斗争。汉班固《汉书·艺文志》：“道家者流，盖出于史官，历记成败存亡祸福古今之道，然后知秉要执本，清虚以自守，卑弱以自持，此君自南面之术也。”

“道”是老庄学说的思想中心，是一切事物的根源。“道”亦是循环不息。道家强调凡事均无须强求，应顺应自然，达至“道”的最高境界。道家精神在于精神上的超脱，不局限于形躯，只求逍遥及心灵上的开放。

道家在政治上希望回复“小国寡民”的原始社会；在人生观上，要人们“知足寡欲”“柔弱不争”“顺应自然”，抛弃一切礼教的枷锁，才能避免灾祸。

代表作品是《道德经》《庄子》《列子》。

（1）老　子

第一，老子——道家学派的创始人。

老子（约前571—前471），字伯阳，谥号聃（dān），又称李耳（古时“老”和“李”同音；“聃”和“耳”同义），楚国苦县厉乡曲仁里（今河南鹿邑太清宫镇）人，我国古代伟大的哲学家和思想家、道家学派创始人，被唐朝帝王追认为李姓始祖。其存世著作有《道德经》（又称《老子》）。其精华是朴素的辩证法，主张无为而治。其学说对中国哲学发展具有深刻影响。在道教中，老子被尊为道教始祖。老子与后世的庄子并称老庄。因老子是道家的创始人，所以老子又被古人称为“太上老君”。

《老子》，又称《道德经》，分上、下两篇，原文上篇《德经》、下篇《道经》，不分章，后改为《道经》在前、《德经》在后，并分为81章，全文共约五千字，是中国历史上首部完整的哲学著作。

《老子》的基本观点是用“道”来解释宇宙万物的生成演变，提出了“无为而治”的主张，认为理想的生活是清静无为、复归自然，对人治，甚至对文化都持否定态度。认为统治者的一切作为都会破坏自然秩序，扰乱天下，祸害百姓。要求统治者无所作为，效法自然，让百姓自由发展。“无为而治”的理论根据是“道”，现实依据是变“乱”为“治”；“无为而治”的主要内容是“为无为”和“无为而无不为”，发现了矛盾的对立和转化，具有朴素的唯物主义思想。文字简约而意蕴丰富，形式上基本上是韵文，读起来朗朗上口。

第二，毛泽东熟知《老子》。

早在 1913 年，毛泽东在他的湖南第一师范读书笔记《讲堂录》中曾记下：

《老子》：“天下莫柔弱如水，而攻坚强者莫之能胜。”（《毛泽东早期文稿》，湖南人民出版社 1979 年版，第 595 页）

语出《老子》第七十八章，意思是说，水最柔弱，无论什么坚强的东西都不能战胜它。以弱克刚，含有辩证法思想。

他又记下：“老子唯心派。”（《毛泽东早期文稿》，湖南人民出版社 1979 年版，第 600 页）

1917 年 7 月中旬至 8 月 16 日，毛泽东同萧子升步行漫游长沙、宁乡、安化、益阳、沅江五县。在宁乡境内，拜访了一位隐居的刘翰林。据萧子升回忆，毛泽东当时在问答中讲：“最好的《老子》注是王弼作的，最好的《庄子》注是郭象作的。”

青年毛泽东在批注《伦理学原理》时，针对人类社会的“大同之境”的构想，联系到《老子》：“……是故老、庄绝圣弃智、老死不相往来之社会，徒为理想之社会而已。”（《毛泽东早期文稿》，湖南人民出版社 1979 年版，第 185 页）

这里提到的“绝圣弃智”，出自《老子》第十九章：“绝圣弃智，民利百倍；绝仁弃义，民复孝慈；绝巧弃利，盗贼无有。”“老死不相往来”出自《老子》第八十章：“邻国相望，鸡犬之声相闻，民至老死，不相往来。”毛泽东认为，这种“大同之境”，不过是“徒为”而已，行不通，是开历史倒车。

这说明，毛泽东在早期思考中国社会未来形态时，曾对《老子》一书下过工夫。

第三，《老子》中有辩证法思想。

毛泽东对《老子》中的辩证法思想颇感兴趣，在自己的著作和讲话中加以引用。

1936年12月，毛泽东在《中国革命战争的战略问题》一文中说：“关于丧失土地的问题，常有这样的情形，就是只有丧失才能不丧失，这是‘将欲取之必先予之’的原则。”（《毛泽东选集》第一卷，人民出版社1991年版，第211页）

引语出自《老子》第三十六章：“将欲歙之，必固张之；将欲弱之，必固强之；将欲废之，必固兴之；将欲取之，必固与之。是谓微明，柔弱胜刚强。鱼不可脱于渊，国之利器不可以示人。”

大意是说，想要收敛它，必姑且扩张它；想要削弱它，必姑且加强它；想要废去它，必姑且抬举它；想要夺取它，必姑且给予它。这就叫作虽然看似幽暗实是显明，柔弱战胜刚强。鱼的生存不可以脱离池渊，国家的强有力的武器，不可以向人展示。老子在这里谈到得与失的问题，有辩证法思想，毛泽东加以化用，并且称之为一个“原则”。

这段话，毛泽东在1964年8月的一次谈话中，又加以引用，并从另外的角度加以发挥说：“我看老子比较老实，他说‘将欲夺之，必固与之’，要打倒你，先把你抬起来，搞阴谋，写在了书上。”

1945年，毛泽东在“七大”作总结时，谈到面临的困难和应对的方针时，说：“我曾经同国民党的联络参谋讲过，我们的原则是三条：第一条不打第一枪，《老子》上讲‘不为天下先’，我们不先发制人，而是后发制人。”（《在中国共产党第七次全国代表大会上的结论》，《毛泽东文集》第三卷，人民出版社1996年版，第389页）

引语见于《老子》第六十七章：“天下皆为我道大似不肖。夫惟大，故似不肖。若肖久矣，其细也夫。我有三宝，持而保之：一曰慈，二曰俭，三曰不敢为天下先。慈故能勇；俭故能广；不敢为天下先，故能成器长。今舍慈且勇，舍俭且广，舍后且先，死矣！夫慈，以战则胜，以守则固。天将救之，以慈卫之。”

大意是说，天下人都说“我道”伟大，不像任何具体事物的样子。正因为它伟大，所以才不像任何具体的事物。如果它像任何一个具体的事物，那么“道”也就显得很渺小了。我有三件法宝，持有而且保全它：第一件叫作慈爱；第二件叫作俭啬；第三件是不敢居于天下人的前面。有了这柔慈，所以能勇武；有了俭啬，所以能大方；不敢居于天下人之先，所以能成为万物的首长。现在丢弃了柔慈而追求勇武；丢弃了啬俭而追求大方；舍弃退让而求争先，结果是走向死亡。慈爱，用来征战，就能够胜利，用来守卫就能巩固。天要援助谁，就用柔慈来保护他。

其中的“不为天下先”，后来作为一种战略和斗争策略，被广泛地应用于战争和社会生活的各个方面，就是后发制人的意思。

在抗日战争中，毛泽东和党中央制定了“有理、有利、有节”的战略方针，第一条“有理”，就出自《老子》中的“不为天下先”，先在道义上占据有利地位，人心所向；而敌人则是人心所背。这使我们在斗争中处于有利地位，取得了很好的效果。

1949 年 3 月，毛泽东在《党委会的工作方法》一文中，提倡党委成员之间要“互通情报”。他说：“三、‘互通情报’。就是说，党委各委员之间要把彼此知道的情况互相通知、互相交流。这对于取得共同的语言是很重要的。有些人不是这样，而是像老子说的‘鸡犬之声相闻，老死不相往来’，彼此之间就缺乏共同的语言。”（《毛泽东选集》第四卷，人民出版社 1991 年版，第 1441 页）

所引老子的话见于《老子》第八十章：“小国寡民，使有什伯之器而不用，使民重死而不远徙。虽有舟舆，无所乘之；虽有甲兵，无所陈之。使人复结绳而用之。至治之极。甘其食，美其服，安其居，乐其俗，邻国相望，鸡犬之声相闻，民至老死不相往来。”

大意是说，国家小人民少。有各种各样的器具，却并不使用；使人民重视死亡，而不向远方迁徙；虽然有舟船车辆，却不必每次坐它；虽然有铠甲和兵器，却没有地方去布阵打仗。使人民再回复到远古结绳记事的自然状态之中。国家治理得好，人民吃得香甜，穿得漂亮，住得安适，过得快乐。国与国之间互相望得见，鸡犬的叫声都可以听得见，但人民从生到死，也不互相往来。

老子的这种“小国寡民”思想，是古代小自耕农的一种空想。后来多用这句话形容互相隔绝、互不通气。毛泽东引用这句话也是告诫党委会的同志要有全局观念，互通情报，交流经验，实现党的统一领导，更好地贯彻党的方针政策。

1949 年 8 月，毛泽东在《别了，司徒雷登》一文中说：“多一点困难怕什么。封锁吧，封锁十年八年，中国的一切问题都解决了。中国人民死都不怕，还怕困难吗？老子说过：‘民不畏死，奈何以死惧之。’”（《毛泽东选集》第四卷，人民出版社 1991 年版，第 1496 页）

文中引用了《老子》第七十四章中的话：“民不畏死，奈何以死惧之。若使民常畏死，而为奇者，吾得执而杀之，孰敢？常有司杀者杀。夫代司杀者杀，是谓代大匠斫。夫代大匠斫，希有不伤其手者矣。”

大意是说，人民不畏惧死亡，为什么用死来威吓他们呢？假如人民真的畏惧死亡的话，对于为非作歹、祸害民众的人，我们就把他抓来杀掉。谁还敢为非作歹、祸害民众呢？经常有专管杀人的人去杀人。代替专管杀人的人去杀人，就如同代替高明的木匠去砍木头。那代替高明的木匠砍木头的人，很少有不砍伤自己手指头的。毛泽东引用老子的话，显示了中国人民的骨气和胆略，也痛斥了美国对中国人民实行封锁的政策。

1957 年，毛泽东在《关于正确处理人民内部矛盾的问题》的讲话中说：“总之，我们必须学会全面地看问题，不但要看到事物的正面，也要看到它的反面。在一定的条件下，坏的东西可以引出好的结果来，好的东西也可以引出坏的结果。老子在二千多年以前就说过：‘祸兮福所倚，福兮祸所伏。’日本打到中国，日本人叫胜利。中国大片土地被侵占，中国人叫失败。但是在中国的失败里面包含着胜利，在日本的胜利里面包含着失败。历史难道不是这样证明了吗？”（《毛泽东文集》，人民出版社 1999 年版，第 238 页）

文中所引老子的话见于《老子》第五十八章："其政闷闷，其民淳淳；其政察察，其民缺缺。祸兮，福之所倚；福兮，祸之所伏。孰知其极？其无正也。正复为奇，善复为妖。人之迷，其日固久。是以圣人方而不割，廉而不刿，直而不肆，光而不耀。"

大意是说，政治沉静无为，人民就宽大不争；政治制度苛细，法网森严，人民就不满足。灾祸啊，依傍在幸福的里面；幸福啊，藏伏在灾祸之中。谁能知道人们应遵循的准则呢？它们并没有确定的标准。正忽然转变为邪，善忽然转变为恶，人们迷惑奇正善恶的变化，由来已久了。因此，有道的圣人方正而不生硬，清廉有棱角而不伤害人，正直而不至于任意妄为，光亮而不刺眼。

毛泽东引用老子的话，意在说明矛盾着的对立面在一定条件下是互相转化的，坏事可以变成好事，好事也可以变成坏事，强调要全面地看问题，使事物朝着有利的方面发展。

1942 年 5 月，毛泽东在《在延安文艺座谈会上的讲话》中反驳所谓狭隘经验论时说："我们是无产阶级的革命的功利主义者，我们是以占全人口百分之九十以上的最广大群众的目前利益和将来利益的统一为出发点的，所以我们是以最广和最远为目标的功利主义者，而不是只看到局部和目前的狭隘的功利主义者。例如，某些作品，只为少数人所偏爱，而为多数人所不需要，甚至对多数人有害，硬要拿来上市，拿来向群众宣传，以求其个人或狭隘集团的功利，还要责备群众的功利主义，这就不但侮辱群众，也太无自知之明了。"（《毛泽东选集》第三卷，人民出版社 1991 年版，第 864 页）

毛泽东讲话中所说"自知之明"，源出《老子》第三十三章："知人者智，自知者明。胜人者有力，自胜者强。知足者富，强行者有志，不失其所者久，死而不亡者寿。"

大意是说，能够了解别人的人，一定是有智慧的人；能够了解自己的人，一定是很聪明的人。能够战胜别人的人，一定有大力。能够克服自身弱点、超越自我的人才是强者。知道满足的人就会富有，意志坚强的人就是有志气的人。始终不丢失根基的人，一定能保持高尚的道德；即使他的生命死了，他的精神也会和“道”一样与世长存。

毛泽东在讲话中批评了某些小资产阶级知识分子的狭隘经验论，勉励他们要有自知之明。1966 年“文化大革命”开始，毛泽东看出林彪一伙在利用他的崇高威望进行怀有个人目的的活动，写信告诉江青：“人贵有自知之明。”戳穿了林彪一伙的这种图谋。

1940 年 11 月 9 日，毛泽东起草的《朱德等给何应钦、白崇禧的电报》中说：“我为鹬蚌，敌作渔人，事与愿违，嗟悔无及。此则德等肺腑之言，深愿为两公一吐者。两公虚怀若谷，全局在胸，必能维持调护，挽此艰难之时局，固不待德等多言也。”（《毛泽东文集》第二卷，人民出版社 1993 年版，312 页）

虚怀若谷，语出《老子》第十五章：“古之善为道者，微妙玄通，深不可识。夫唯不可识，故强为之容：豫兮若冬涉川；犹兮若畏四邻；俨兮其若客；涣兮若冰之将释；敦兮其若朴；旷兮其若谷；混兮其若浊。孰能浊以止，静之徐清？孰能安以久，静之徐生？保此道者不欲盈，夫唯不盈，故能蔽而新成。”

大意是说，古时候善于行道的人，微妙深奥，精与天通，不是一般人可以理解的。正因为不能认识他，所以只能勉强地形容他说：他安乐顺适啊，好像冬天趟着水过河；他警觉戒备啊，好像防备着邻国的进攻；他恭敬郑重啊，好像要去赴宴做客；他行动洒脱啊，好像冰块缓缓消融；他敦厚淳朴无华啊，好像没有经过加工的木头；他空旷豁达啊，好像深幽的山谷；他浑厚宽容，好像不清的浊水。谁能使浑浊安静下来，慢慢澄清？谁能使安静变动起来，慢慢显出生机？保持这个“道”的人不会自满。正因为他从不自满，所以能够去故更新。

其中“旷兮其若谷”，是说胸怀空旷得像山谷。又《老子》四十一章有“上德若谷”的话，后人便据此精练成“虚怀若谷”的成语，意思是谦虚的胸怀像空旷的山谷，形容非常虚心。

1940 年 10 月 19 日，蒋介石以何应钦、白崇禧的名义给朱德、彭德怀、叶挺发电报，强令坚持敌后抗战的八路军、新四军在一个月内撤至黄河以北。毛泽东于 1940 年 11 月 9 日，代朱德等起草了《朱德等给何应钦、白崇禧的电报》，晓以民族大义，希望二人改弦更张，以利抗日救国之事业，所以文中也用了“两公虚怀若谷”的话。

毛泽东也很关注哲学界对《老子》思想的研究。1960年8月，当时中国哲学界正在争论老子哲学是唯物的还是唯心的。毛泽东很注意争论的内容。在接见各民主党派负责人时，得悉周建人所写关于老子哲学问题的文章，主张老子哲学是唯心论，毛泽东表示赞同，对周说：“老子是客观唯心主义，怎么会是唯物的？”

1963年11月，毛泽东在中国科学院哲学科学部第四次会议（扩大）闭幕时，接见范文澜、冯友兰和高亨等11人，在与高亨握手时说：我读过高先生关于《老子》和《周易》的著作。高亨回济南山东大学后，将其所著《诸子新笺》《老子正诂》《周易古经今注》等书寄给毛泽东。毛泽东于翌年3月写信给高亨说：“高文典册，我很爱读。”（《毛泽东书信选集》，人民出版社1983年版，第596页）

他读过任继愈的哲学史论著，注意到作者认为老子是唯物论者的观点，还读过天津杨柳桥的《老子今译》，注意到他提出的老子是客观唯心论者的观点，还调查过杨柳桥的背景，知道他在1957年被打成了右派。在1968年10月31日中共八届十二中全会闭幕会上的讲话中，毛泽东又谈到当时围绕老子哲学的那次唯物唯心论的争论，他说：任继愈讲老子是唯物论者，我是不那么赞成的。得知天津有个教授叫杨柳桥，他有本《老子今译》，他说老子是唯心主义者，客观唯心论者，我就很注意这个人。杨柳桥先生曾任天津市中国哲学史学会的第一、二任会长，天津社科院研究员，中国哲学史学会顾问，天津市政协委员。

此外，还有一个更具体的材料，1959年，有关部门搞了一个学术界讨论老子思想的综述材料，题为《关于老子哲学是唯物主义还是唯心主义的问题》，送到了毛泽东那里。毛泽东读后很重视，在材料第一页批示道：“印10份交我为盼。毛泽东　廿七日上午六时。”未署月份。这件事是当时任毛泽东的机要秘书高智办的。毛泽东要10份，可能是用来推荐给其他人阅读。

此外，毛泽东还赞美《道德经》文采斐然，他开导人们：学楚辞，先学《离骚》，再学老子。

（2）列　子

第一，老子、庄子之外的又一道家代表人物。

列子（前452—前375），名寇，又名御寇（又称“圄寇”“国寇”），郑国莆田（今河南郑州郑东新区莆田村）人，与郑缪公同时。其学本于黄帝老子，主张清静无为。相传是战国前期思想家，是老子和庄子之外的又一位道家思想代表人物，著名的思想家、寓言家和文学家。对后代的哲学、文学、科技、宗教都有深远的影响。他终生致力于道德学问，曾师从关尹子、壶丘子、老商氏、支伯高子等。隐居郑国四十年，不求名利，清静修道。主张循名责实，无为而治。后汉班固《艺文志》“道家”部分录有《列子》八卷，现存八篇：《天瑞》《黄帝》《周穆王》《仲尼》《汤问》《力命》《杨朱》《说符》。其中“愚公移山”“杞人忧天”“两小儿辩日”“纪昌学射”“汤问”等脍炙人口的寓言故事，可谓家喻户晓，广为流传。

第二，两则有名的寓言：“愚公移山”和“杞人忧天”。

1945年6月11日，在中国共产党第七次全国代表大会上的闭幕词中，毛泽东引用了《列子》中的“愚公移山”这则寓言。他说：“我们宣传大会的路线，就是要使全党和全国人民建立起一个信心，即革命一定要胜利。首先要使先锋队觉悟，下定决心，不怕牺牲，排除万难，去争取胜利。但这还不够，还必须使全国广大人民群众觉悟，甘心情愿和我们一起奋斗，去争取胜利。要使全国人民有这样的信心：中国是中国人民的，不是反动派的。中国古代有个寓言，叫做‘愚公移山’。说的是古代有一位老人，住在华北，名叫北山愚公。他的家门南面有两座大山挡住他家的出路，一座叫做太行山，一座叫做王屋山。愚公下决心率领他的儿子们要用锄头挖去这两座大山。有个老头子名叫智叟的看了发笑，说是你们这样干未免太愚蠢了，你们父子数人要挖掉这样两座大山是完全不可能的。愚公回答说：我死了以后有我的儿子，儿子死了，又有孙子，子子孙孙是没有穷尽的。这两座山虽然很高，却是不会再增高了，挖一点就会少一点，为什么挖不平呢？愚公批驳了智叟的错误思想，毫不动摇，每天挖山不止。

这件事感动了上帝，他就派了两个神仙下凡，把两座山背走了。现在也有两座压在中国人民头上的大山，一座叫做帝国主义，一座叫做封建主义。中国共产党早就下了决心，要挖掉这两座山。我们一定要坚持下去，一定要不断地工作，我们也会感动上帝的。这个上帝不是别人，就是全中国的人民大众。全国人民大众一齐起来和我们一道挖这两座山，有什么挖不平呢？”（《毛泽东选集》第三卷，人民出版社 1981 年版，第 1101—1102 页）

《列子·汤问》中“愚公移山”的原文是：

> 太形、王屋二山，方七百里，高万仞。本在冀州之南，河阳之北。
>
> 北山愚公者，年且九十，面山而居。惩山北之塞，出入之迂也。聚室而谋曰：“吾与汝毕力平险，指通豫南，达于汉阴，可乎？”杂然相许。其妻献疑曰：“以君之力，曾不能损魁父之丘，如太形、王屋何？且焉置土石？”杂曰：“投诸渤海之尾，隐土之北。”遂率子孙荷担者三夫，叩石垦壤，箕畚运于渤海之尾。邻人京城氏之孀妻有遗男，始龀，跳往助之。寒暑易节，始一反焉。
>
> 河曲智叟笑而止之，曰：“甚矣，汝之不惠。以残年余力，曾不能毁山之一毛，其如土石何？”北山愚公长息曰：“汝心之固，固不可彻，曾不若孀妻弱子！虽我之死，有子存焉；子又生孙，孙又生子；子又有子，子又有孙。子子孙孙，无穷匮也，而山不加增，何苦而不平？”河曲智叟亡以应。
>
> 操蛇之神闻之，惧其不已也，告之于帝。帝感其诚，命夸娥氏二子负二山，一厝朔东，一厝雍南。自此，冀之南，汉之阴，无陇断焉。

毛泽东对《列子·汤问》中“愚公移山”这则寓言，无疑非常熟悉。仅有文字可查的记录来看，1938 年、1939 年在“抗大”、陕北公学等学校的演讲中，曾不下五次讲述“愚公移山”的故事，以此来说明对革命事业应抱有必胜的信念。

1939 年 1 月 28 日，在延安清凉山“抗大”第五期开学典礼上的讲演中，毛泽东说：“我们是长期抗战，现在同志们都没有长胡子，等长了胡子了，抗战还未胜利，就交枪给儿子，儿子长胡子了，就交枪给儿子的儿子，这样下去，何愁抗战不胜，建国不成？这个道理是古时候一个老头发明的，我们打日本，也是这条道理。”

很显然，毛泽东说的古时候那个老头，就是北山愚公。意谓我们抗日战争，也要学愚公移山的精神，抗战胜利是肯定的。

1964 年 3 月 24 日，在同薄一波的谈话中，说到要多读书时，毛泽东又提到：愚公移山，是有道理的，在一百万年或者几百万年以内，山是可以平的。愚公说得对，他死后有他的儿子，子子孙孙一直发展下去，而山不增高，故总有被铲平的一天。

毛泽东还多次用过《列子・天瑞》中“杞人忧天”的故事。“杞人忧天”的原文是：

> 杞国有人忧天地崩坠，身亡所寄，废寝食者。又有忧彼之所忧者，因往晓之，曰：“天，积气耳，亡处亡气。若屈伸呼吸，终日在天中行止，奈何忧崩坠乎？”其人曰：“天果积气，日月星宿，不当坠耶？”晓之者曰：“日月星宿，亦积气中之有光耀者，只使坠，亦不能有所中伤。”其人曰：“奈地坏何？”晓者曰：“地积块耳，充塞四虚，亡处亡块。若躇步跐蹈，终日在地上行止，奈何忧其坏？”其人舍然大喜，晓之者亦舍然大喜。长庐子闻而笑之曰：“虹蜺也，云雾也，风雨也，四时也，此积气之成乎天者也。山岳也，河海也，金石也，火木也，此积形之成乎地者也。知积气也，知积块也，奚谓不坏？夫天地，空中之一细物，有中之最巨者。难终难穷，此固然矣；难测难识，此固然矣。忧其坏者，诚为大远；言其不坏者，亦为未是。天地不得不坏，则会归于坏。遇其坏时，奚为不忧哉？”子列子闻而笑曰：“言天地坏者亦谬，言天地不坏者亦谬。坏与不坏，吾所不能知也。虽然，彼一也，此一也，故生不知死，死不知生；来不知去，去不知来。坏与不坏，吾何容心哉？”

杞国，周初分封的诸侯国，姒姓，初在雍丘（今河南杞县），后迁山东，被楚国灭掉。这个寓言故事说，有一个杞国人，总是担心天会塌下来，地会陷下去，无寄身之处，竟愁得觉也睡不着，饭也吃不下。列子给他解释说：“说天地会毁坏的意见是荒谬的，说天地不会毁坏的意见也是荒谬的。毁坏与不毁坏，是我们不可能知道的事情。即使这样，毁坏是一种可能，不毁坏也是一种可能，所以出生不知道死亡，死亡不知道出生；来不知道去，去不知道来。毁坏与不毁坏，我为什么要放在心上呢？”后用来比喻不必要的担心与忧虑。

1957 年 7 月 9 日，毛泽东在上海干部会议上的讲话中说：“我们有些同志，就有那么一些怕，又怕房子塌下来，又怕天塌下来。从古以来，只有“杞人忧天”，就是那个河南人怕天塌下来。除了他以外，从来就没有人怕天塌下来的。至于房子，我看这个房子不会塌下来，刚刚砌了不好久嘛，怎么那么容易塌下来呢？”

毛泽东借用“杞人忧天”的故事，说明群众的大多数是拥护共产党的，怕百姓是没有道理的，担心天下大乱，就像杞人忧天一样是没有根据的。

（3）庄 子

第一，毛泽东熟知《庄子》

庄子（前 369—前 289），名周，战国时期宋国蒙地（一说安徽蒙城县，一说河南商丘东北）人，战国时期著名的思想家、哲学家、文学家，道家学说的主要创始人之一。庄子祖上系楚国公族，后因吴起变法楚国发生内乱，其先人避夷宗之罪迁至宋国蒙地。庄子生平只做过地方漆园吏，因崇尚自由而不应同宗楚威王之聘为相。庄子是老子思想的继承和发展者，后世将他与老子并称为“老庄”。他们的哲学思想体系，被思想学术界尊为“老庄哲学”。其代表著作有《庄子》五十二篇，今存三十三篇。一般认为《内篇》七篇是庄子自己所作，《外篇》十五篇与《杂篇》十一篇是其弟子和后学所作。庄子继承、发展了老子“道”的学说，赞同老子的“无为而治”，认为“道”是万物的创造者。主张“天人合一”和“清静无为”，即摈弃一切社会制度和文化知识；在生活态度上，他顺应自然，追求绝对的自由。其哲学思想中，既有辩证法思想，又有夸张过分的怀疑论、宿命论和相对主义思想。

庄子的散文在先秦诸子中独具风格，大量采用并虚构寓言故事，想象奇特，形象生动。此外，他还善于运用各种譬喻，活泼风趣，睿智深刻。文章随意流出，汪洋恣肆，奇趣横生。总体来说，庄子散文极具浪漫主义风格，在古代散文中罕有其比，赢得无数文人学士的仰慕。鲁迅先生说过：“其文汪洋辟阖，仪态万方，晚周诸子之作，莫能先也。”（《汉文学史纲要》）

毛泽东在青年时期对庄子就相当熟悉。1913 年，毛泽东在他的课堂笔记《讲堂录》12 月 6 日《修身》课中记载：“圣人之所为，人不知之，曲弥高和弥寡也，人恒毁之，不合乎众也。然而圣人之道，不求人知，其精神惟在质天地而无疑，放四海而皆准，俟百世而不惑，与乎无愧于己而已。并不怕人毁，故曰举世非之而不加沮，而且毁之也愈益甚，则其守之也愈益笃，所谓守死善道者也。”

此话出自《庄子·逍遥游》：“故夫知效一官，行比一乡，德合一君，而征一国者，其自视也，亦若此矣。而宋荣子犹然笑之。且举世誉之而不加劝，举世非之而不加沮，定乎内外之分，辩乎荣辱之境，斯已矣。彼其于世，未数数然也。虽然，犹有未树也。”

又 12 月 5 日《国文》记载：“宜僚丸，宜僚，楚之勇士也。”

见于《庄子·徐无鬼》：“仲尼之楚，楚王觞之，孙叔敖执爵而立，市南宜僚受酒而祭曰：‘古之人乎，于此言已。’曰：‘丘也闻不言之言矣，未之尝言，于此乎言之。市南宜僚弄丸而两家之难解，孙叔敖甘寝秉羽而郢人投兵。丘愿有喙三尺。’”

宜僚，即熊宜僚，春秋末年楚国勇士。最早见于《春秋·哀公十六年》：“市南有熊宜丸者，若得之，可以当五百人矣。”

又 12 月 13 日，《国文》记载：“蝍蛆，蜈蚣也，食带眼。”

语出《庄子·齐物论》：“虽然，尝试言之：庸讵知吾所谓知之非不知邪？庸讵知吾所谓不知之非知邪？且吾尝试问乎女：民湿寝则腰疾偏死，鳅然乎哉？木处则惴栗恂惧，猨猴然乎哉？三者孰知正处？民食刍豢，麋鹿食荐，蝍蛆甘带，鸱鸦耆鼠，四者孰知正味？”

蝍蛆甘带，带，特指蛇。蛇长如带，故称。陆德明释文：“带，如字。崔云，蛇也。司马云：小蛇也，蝍蛆好食其眼。”又记载：浑沌氏《庄子·应帝王》：南方之帝曰倏，北方之帝曰忽，中央之帝曰浑沌。倏与忽相遇于浑沌之野，浑沌待之甚厚，倏与忽谋所以报之，曰：人皆有七窍以视听食息，彼独无有，曷为凿之？日凿一窍，七日而浑沌死。

又记载：

夫小大虽殊，而放于自得之场，则物任其性，事称其能，各当其分。

又何厝心于其间哉。

夫大鸟一去，半岁至天池而息；小鸟一飞，半朝抢榆枋而止。此比所能，则有间矣，其于适性一也。

言鹏不知道里之远近，趣足以自胜而逝。

天之苍苍，其正色邪？其远而无所至极邪？其视下也，亦若是则已矣。

且夫水之积也不厚，则其负大舟也无力。覆杯水于坳堂之上，则芥为之舟。置杯焉则胶，水浅而舟大也。予诵斯言，未尝不叹其意之当也。夫古今谋国之臣夥矣，其雍容暇豫游刃而成功者有之，其跼蹐失度因而颠踬者实繁有徒，其负大舟也无力，岂非积之也不厚乎？吾观合肥李氏（按：指李鸿章）实类之矣。其始也平发夷捻，所至有功，则杯水芥舟之谓也；及其登坛理国交，着着失败，贻羞至于无已者何也？置杯焉则胶，水浅而舟大也。孟子曰：流水之为物也，不盈科不行；君子之志于道也，不成章不达。浅薄者流，亦知省哉。

以上几段文字，皆抄自《庄子·逍遥游》。毛泽东结合当时国家形势，分析了权臣李鸿章在镇压太平天国和捻军起义有功，而在办理国政特别是外交上接连失败，颇有见地。

此外，毛泽东1915年在长沙写征友启事，也引用了《庄子》“空谷传音，跫然色喜”的话。此句应出于《庄子·徐无鬼》：“夫逃虚空者，藜藋柱乎鼪鼬之迳，踉位其空，闻人足音跫然而喜矣。”意谓逃向空旷原野的人，丛生的野草堵塞了黄鼠狼出入的路径，却能在杂草丛中的空隙里跌跌撞撞地生活，听到人的脚步声就高兴起来。

蛩（qióng）是《淮南子》记载的传说中的异兽名。《吕氏春秋·不广》中记载了一种前腿如鼠、后腿如兔的奇怪动物——蟨蟨，长短不一的脚使它举步维艰，但它却经常利用自己的利齿采噬植草给一种叫蛩蛩距虚的动物——它没有利齿，却有强壮的四肢，于是山火来时，蛩蛩距虚便把蟨蟨负于背上，共同逃难。蛩也是蝗虫的别名。

1917 年 4 月 1 日，毛泽东在他写的《体育之研究》中说："体育者，养生之道也。"举的例子就有"庄子效法于庖丁"。(《毛泽东早期文稿》，湖南人民出版社 1990 年版，第 66 页)

典出《庄子·养生主》："庖丁为文惠君解牛，手之所触，肩之所倚，足之所履，膝之所踦，砉然向然，奏刀騞然，莫不中音。合于《桑林》之舞，乃中《经首》之会。文惠君曰：'嘻，善哉！技盖至此乎？'庖丁释刀对曰：'臣之所好者道也，进乎技矣。始臣之解牛之时，所见无非牛者。三年之后，未尝见全牛也。方今之时，臣以神遇而不以目视，官知止而神欲行。依乎天理，批大郤，导大窾，因其固然。技经肯綮之未尝，而况大軱乎！良庖岁更刀，割也；族庖月更刀，折也。今臣之刀十九年矣，所解数千牛矣，而刀刃若新发于硎。彼节者有间，而刀刃者无厚；以无厚入有间，恢恢乎其于游刃必有余地矣，是以十九年而刀刃若新发于硎。虽然，每至于族，吾见其难为，怵然为戒，视为止，行为迟，动刀甚微，謋然已解，如土委地。提刀而立，为之四顾，为之踌躇满志，善刀而藏之。'文惠君曰：'善哉！吾闻庖丁之言，得养生焉。'"

庖丁解牛这个寓言，后来被人们作为神妙技艺的典型。毛泽东用来论证养生之道。

毛泽东在 1917 年至 1918 年写的泡尔生《〈伦理学原理〉批注》中说："技术家之为技术，虽系为生活起见，而当其奏技之时，必无为人之念存于其中。庄子曰：'佝偻丈人承蜩，惟吾蝉翼之知。'"

语出《庄子·达生》：

"仲尼适楚，出于林中，见佝偻者承蜩，犹掇之也。

"仲尼曰：'子巧乎！有道邪？'

"曰：'我有道也。五六月，累丸二而不坠，则失者锱铢；累三而不坠，则失者十一；累五而不坠，犹掇之也。吾处身也，若橛株拘；吾执臂

也，若槁木之枝；虽天地之大，万物之多，而唯蜩翼之知。吾不反不侧，不以万物易蜩之翼，何为而不得！'

"孔子顾谓弟子曰：'用志不分，乃凝于神，其佝偻丈人之谓乎！'"

这则寓言说明无论做什么事情，都要专心致志，精神集中。只有做到这样，才能把事情做好。

1917 年夏，毛泽东为友人萧子升自订的读书札记本《一切入一》写的序言中说："君既订此本成，名之曰《一切入一》，命予有以书其端。予维庄生有言：吾生也有涯，而知也无涯。"（《毛泽东早期文稿》，湖南人民出版社 1990 年版，第 82 页）

语出《庄子·养生主》："吾生也有涯，而知也无涯，以有涯随无涯，殆已。"意思是，人生是有限的，但知识是无限的（没有边界的），用有限的人生追求无限的知识，是必然失败的。表明做什么事都不要绝对化，要适可而止。

第二，毛泽东引用、化用庄子的话。

在漫长的革命生涯中，毛泽东多次引用、化用庄子的话，说明政治经济文化和各方面的问题，又生动活泼地阐释了庄子的思想。

1927 年 3 月，毛泽东在《湖南农民运动考察报告》中谈到农民做的十四件大事的第七件时说："菩萨是农民立起来的，到了一定时期农民会用他们自己的双手丢开这些菩萨，无需旁人过早地代庖丢菩萨。"（《毛泽东选集》第一卷，人民出版社 1991 年版，第 33 页）

文中"代庖"一词出自《庄子·逍遥游》："尧让天下于许由，曰：'日月出矣，而爝火不息，其于光也，不亦难乎！时雨降矣，而犹浸灌，其于泽也，不亦劳乎！夫子立而天下治，而我犹尸之，吾自视缺然。请致天下。'许由曰：'子治天下，天下既已治也，而我犹代子，吾将为名乎？名者，实之宾也，吾将为宾乎？鹪鹩巢于深林，不过一枝；偃鼠饮河，不过满腹。归休乎君，予无所用天下为！庖人虽不治庖，尸祝不越樽俎而代之矣。'"

大意是说，尧把天下让给许由，说："日月出来了，而烛火还没熄灭，它和日月比起光亮来，不是太没有意思了吗！及时雨普遍降了，还要提水灌溉，这对于润泽禾苗岂不是徒劳吗！先生如果在位，定会把天下治理得很好，可是我还占着这个位子，自己都觉得惭愧，请允许我把天下奉交给先生。”许由说：“你治理天下，已经治理得很好了，我若再来代替你，我是为出名吗？名是实的影子，我要做影子吗？鷦鷯在森林里筑巢，不过占一根树枝；鼹鼠喝大河里的水，不过喝满一肚皮。你回去吧，算了吧，我的君啊！天下对我是没有什么用的。厨师就是不做祭祀用的饭菜，掌祭典的人也绝不能越位来代替他的工作。”

“越俎代庖”这个成语就由此而来，“俎”是祭祀时载牲的礼器，“庖”指厨师。原意为人各有专职，庖人虽不尽职，主祭等人也不能越过樽俎去代他做事。后因以“越俎代庖”比喻越权办事或包办代替。

1963年月4日，毛泽东给女儿李讷的信中说：“接到了你的信，喜慰无极。你痛苦、忧伤，是极好事，从此你就有希望了。痛苦、忧伤，表示你认真想事，争上游，鼓干劲，一定可以转到翘尾巴、自以为是、孤僻、看不起人的反面去，主动权就到你手里了。

“有两种人，有社会经验的孩子，有娇生惯养的所谓干部子弟，你就吃了这个亏。现在好了，干部子弟（翘尾巴的）吃不开了，尾巴翘不成了，痛苦来了，改变态度也就来了，这就好了。

“读了《秋水篇》，好，你不会再做河伯了，为你祝贺。”

在给女儿李讷的信中，用文中河伯望洋兴叹的故事教育她：既不要觉得干部子弟高人一等，又不要像河伯一样看见他人伟大而慨叹自己的渺小，应正确对待自己。

1935年12月27日，毛泽东在瓦窑堡党的活动分子会议上所作《论反对日本帝国主义的策略》中说：“马克思主义者看问题，不但要看到部分，而且要看到全体。一个蛤蟆坐在井里说：‘天有一个井大。’这是不对的，因为天不止一个井大。如果它说：‘天的某一部分有一个井大。’这是对的，因为合乎事实。我们说，红军在一个方面（保持原有阵地的方面）说来是失败了，在另一个方面（完成长征计划的方面）说来是胜利了。敌人在一个方面（占领我军原有阵地的方面）说来是胜利了，在另一个方面（实现“围剿”“追剿”计划的方面）说来是失败了。这样说才是恰当的，因为我们完成了长征。”（《毛泽东选集》第一卷，人民出版社1991年版，第

149 页）

毛泽东在讲话中化用了《庄子·秋水》中井底之蛙的寓言故事，用来批判那些片面看问题的人。

1945年4月，毛泽东在《在中国共产党第七次全国代表大会上的口头政治报告》中，谈到游击战转化为正规运动战时说：“但是我们还要学麻雀，虽然麻雀有机会主义，哪里有粮食到哪里去，虽然它现在还是小麻雀，但集合起来有九十一万。是不是就永远做麻雀，‘麻雀万岁’呢？客观事实完全证明了，我们这个麻雀和别的麻雀不同，可以长大变成鹏鸟。从前中国神话中说：有一个大鹏鸟，从北方的大海飞到南方大海，翅膀一扫，就把中国扫得差不多了。我们也准备那样，准备发展到三百万、五百万，这个过程就要从小麻雀变成大麻雀，变成一个翅膀可以扫尽全中国的大鹏鸟。”（《毛泽东文集》第三卷，人民出版社1996年版，第331页）

讲话中所说大鹏鸟的寓言故事，源自《庄子·逍遥游》：

> 北冥有鱼，其名曰鲲。鲲之大，不知其几千里也；化而为鸟，其名为鹏。鹏之背，不知其几千里也；怒而飞，其翼若垂天之云。是鸟也，海运则将徙于南冥。南冥者，天池也。
>
> 齐谐者，志怪者也。谐之言曰：“鹏之徙于南冥也，水击三千里，抟扶摇而上者九万里，去以六月息者也。”野马也，尘埃也，生物之以息相吹也。天之苍苍，其正色邪？其远而无所至极邪？其视下也，亦若是则已矣。
>
> 且夫水之积也不厚，则其负大舟也无力。覆杯水于坳堂之上，则芥为之舟；置杯焉则胶，水浅而舟大也。风之积也不厚，则其负大翼也无力。故九万里，则风斯在下矣，而后乃今培风；背负青天而莫之夭阏者，而后乃今将图南。
>
> 蜩与鸴鸠笑之曰：“我决起而飞，抢榆枋而止，时则不至，而控于地而已矣；奚以之九万里而南为？”适莽苍者，三飡而反，腹犹果然；适百里者，宿舂粮；适千里者，三月聚粮。之二虫又何知！
>
> ……

汤之问棘也是已："穷发之北，有冥海者，天池也。有鱼焉，其广数千里，未有知其修者，其名曰鲲。有鸟焉，其名为鹏，背若太山，翼若垂天之云，抟扶摇羊角而上者九万里，绝云气，负青天，然后图南，且适南冥也。斥鷃笑之曰：'彼且奚适也？我腾跃而上，不过数仞而下，翱翔蓬蒿之间，此亦飞之至也。而彼且奚适也？'"此小大之辩也。

此篇中，庄子利用鲲鹏变化和斥鷃相非的民间故事，以浪漫主义的笔触，绘形绘色地描绘了两个对立的形象，生动而幽默地阐述了他不凭借任何外力，也不受任何外力限制的遨游，表现了庄子虚无主义与绝对自由思想。毛泽东喜爱庄子这种浪漫主义精神。鲲鹏和蓬间雀的形象，多次出现在毛泽东的诗词和挽联中，诸如"鲲鹏击浪从兹始"（《七律·送纵宇一郎东行》），"万丈长缨要把鲲鹏缚"（《蝶恋花·从汀州向长沙》），"斥鷃每闻欺大鸟"（《七律吊·罗荣桓同志》），"鲲鹏展翅，九万里，翻动扶摇羊角"（《念奴娇·鸟儿问答》）和"堪恨大鹏从此落"（1931 年 9 月《悼黄公略同志》），等等。在这些引用中，只有《蝶恋花·从汀州向长沙》中用鲲鹏比喻国民党的军队，其他都用于比喻革命力量和革命同志。在《念奴娇·鸟儿问答》中，毛泽东还用"蓬间雀"比喻苏联修正主义头子赫鲁晓夫，批判了他鼓吹的假共产主义。

1934 年 10 月 18 日，傍晚，毛泽东走过于都浮桥，迈开了万里长征的第一步。据李德后来在《中国纪事》一书中回忆，当有人第一次提出，我们的主力是否应突破敌人对中央苏区的封锁这个问题时，毛泽东用一句毫不相干的话（我想可能是老子的话），回答说："良庖岁更刀，割也；族庖月更刀，折也。今臣之刀十九年矣，所解数千牛矣，而刀刃若新发于硎。"（叶永烈：《历史选择了毛泽东》，上海人民出版社 1992 年版，第 285 页）

毛泽东这段话的所引，出于《庄子·养生主》。

毛泽东不无幽默答非所问地用"良庖岁更刀""族庖月更刀"来回答，表示对王明左倾路线的不满，以及对自己倡导的革命路线正确的坚定信心。

1956 年 11 月 15 日，毛泽东于《在中国共产党第八届中央委员会第二次全体会议上的讲话》中说："我们对问题要做全面的分析，才能解决得妥当。进还是退，上马还是下马，都要按照辩证法。世界上，上马和下马，进和退，总是有的。哪有上马走一天不下马的道理？我们走路，不是两个脚同时走，总是参差不齐的。第一步，这个脚向前，那个脚在后；第二步，那个脚又向前，这个脚在后。看电影，银幕上那些人净是那么活动，但是拿电影拷贝一看，每一小片都是不动的。《庄子》的《天下篇》说：'飞鸟之景，未尝动也。'世界上就是这样一个辩证法：又动又不动。净是不动没有，净是动也没有。动是绝对的，静是暂时的，有条件的。"

1964 年 8 月 18 日，龚育之在北戴河参加了毛泽东同几位哲学工作者的谈话。这次毛泽东又讲到《自然辩证法研究通讯》，特别讲到杂志上刊登的坂田昌一的文章，赞叹坂田昌一关于"基本"粒子并不是最后不可分的粒子的观点。根据龚育之当时整理的谈话记录，毛泽东是这样说的：

"列宁讲过，凡事都可分。举原子为例，不但原子可分，电子也可分。可是从前认为原子不可分。原子核分裂，这门科学还很年轻。近几十年来，科学家把原子核分解了。有质子、反质子，中子、反中子，介子、反介子，这就是重的，还有轻的。至于电子和原子核可以分开，那早就发现了。电线传电。就利用了铝的外层电子的分离。电离层，在地球上空几百公里，那里电子和原子核也分离了。电子本身到现在还没有分裂，总有一天能分裂的。'一尺之捶，日取其半，万世不竭。'这是个真理。不信，就试试看。如果有竭，就没科学了。世界是无限的。时间、空间，是无限的。空间方面，宏观、微观，是无限的。物质是无限可分的，所以科学家有工作可做，一百万年以后也有工作可做。听了些说法，看了些文章，很欣赏《自然辩证法研究通讯》上坂田昌一的文章。以前没有看过这样的文章。他是辩证唯物主义者，引了列宁的话。"（列宁在《唯物主义和经验批判主义》中的原话是："电子和原子一样，也是不可穷尽的。"）（龚育之：《毛泽东与自然科学》，《毛泽东读书生活》，生活·读书·新知三联书店 1996 年版，第 102—103 页）

本文节选自《庄子·天下篇》。毛泽东在讲话和谈话中引的两句话"飞鸟之影，未尝动也"，是名家探讨动与静的关系的。飞鸟是动的，但"飞鸟之影”是飞鸟一刹那间的投影，是不动的。那是把许多个别投影衔接起来的缘故。这就接触到了动（运动）和静（静止）的辩证关系，看到了静中有动，动中有静，没有静也就没有动。毛泽东在讲话中引了这句话，并举了人走路和电影拷贝的实例，从哲学高度阐明了一个真理：“世界上就是这样一个辩证法，又动又不动。静是不动没有，静是动也没有。动是绝对的，静是暂时的，有条件的。”这就是马克思主义的动静观。

毛泽东所引的另一句话“一尺之捶，日取其半，万世不竭”，是讲惠施学派对物质的可分性的看法。一尺长的木杖，一天折取一半，一万代也不会折取完结。毛泽东在和几位哲学家谈话时，又用现代科学理论印证了这个命题，从而肯定了名家的这个论断的科学性。毛泽东说“这是个真理”，并且上升到哲学高度总结说：“世界是无限的”“物质是无限可分的”，一百万年以后也是这样，这是科学家们永远研究不完的课题。

1975 年 10 月，毛泽东在自己的寓所和康生谈话。

康生扶了扶眼镜，侧过身去，关心地问毛泽东：“主席最近身体好一些了吧？”毛泽东又握握手。“不好！”毛泽东又摆摆手。接着，毛泽东侧过身问康生：“你的身体怎样？”“也不好，下面长了个瘤子，老是出血。”康生说。

毛泽东没有表情。康生又接着说：“机器老了，快报废了。”

“这是自然规律，谁也违抗不了。应该学学庄子嘛，老婆死了，还鼓盆而歌。如果所有的人都活一万岁，地球上不就人满为患了？！”毛泽东断断续续地说着。（刘亚男：《天国沦丧》，中国社会出版社 2000 年版，第 68 页）

类似的话，早在 1965 年毛泽东就对陈伯达说过：如果今天还看到孔子，地球就装不下了。他赞成庄子的办法，死了妻子，鼓盆而歌。死了人要开庆祝会，庆祝辩证法的胜利。

鼓盆而歌的故事见于《庄子·至乐》：

庄子妻死，惠子吊之，庄子则方箕踞鼓盆而歌。惠子曰：“与人居，长子，老，身死，不哭亦足矣，又鼓盆而歌，不亦甚乎！”庄子曰：“不然。是其始死也，我独何能无概然！察其始而本无生，非徒无生也而本无形，非徒无形也而本无气。杂乎芒芴之间，变而有气，气变而有形，形变而有生，今又变而之死，是相与为春秋冬夏四时行也。人且偃然寝于巨室，而我嗷嗷然随而哭之，自以为不通乎命，故止也。”

在庄子的哲理中，生与死同为自然现象，就好像春夏秋冬四时运行一般；人“生”的从无到有，人“死”的从有到无，也都是自然的变化。就此而言，站在宏观的宇宙变化理路看来，生不足以喜，死不足以悲。否则就是不知命。毛泽东两次引用庄子鼓盆而歌的故事，说明生死都“是自然规律”“死了人要开庆祝会，庆祝辩证法的胜利”。这是马克思主义者的生死观。

（4）鹖冠子

第一，鹖冠子也是道家

鹖冠子（前401—前388），相传为战国时楚人。隐居深山，用鹖羽为冠，因以为号。《汉书・艺文志》：“《鹖冠子》。”班固自注：“楚人，居深山，以鹖为冠。”颜师古注：“以鹖鸟羽为冠。”《鹖冠子》共十九篇。《鹖冠子》卷上：《博选》第一、《著希》第二、《夜行》第三、《天则》第四、《环流》第五、《道端》第六、《近迭》第七；《鹖冠子》卷中：《度量》第八、《王铁》第九、《泰鸿》第十、《泰录》第十一；《鹖冠子》卷下：《世兵》第十二、《备知》第十三、《兵政》第十四、《学问》第十五、《世贤》第十六、《天权》第十七、《能天》第十八、《武灵王》第十九。其联属精绝，深为奇奥，为六国竞士先鞭。1900年，敦煌遗书出土《鹖冠子》。

鹖冠子发挥道家天道哲学与人君南面之术，认为世界上一切事物知识都在不停地变化，人要不断地学习，国家要靠大家来治理。“举贤任能”“废私立公”是他的主要思想。他提出废除封建，设立郡县，建立法制等主张。这些新颖的提法在当时是很进步的。后来，鹖冠子把自己的政治主张和哲学思想写成了书，按照当时的习惯，书名用作者的名字叫《鹖冠子》。由于他的书思想进步，文笔雄健，瑰丽多彩，很快便传遍全国，深得后人喜爱。南朝的文艺理论家刘勰，唐朝的文学家韩愈，宋朝的文学家陆佃，明朝的文学家杨慎、李贽等，都给予《鹖冠子》非常高的评价。

《鹖冠子》，显示了楚散文由语录体向论说体发展的演进过程和最终成就，同时，它又继承了楚文学的传统，受到了兴盛于当时的辞赋和纵横家说辞的影响，因而有着多方面的艺术表现，为秦汉散文和汉代辞赋的发展都提供了可资借鉴的经验。

第二，“一叶障目，不见泰山”之训。

《鹖冠子》中的“一叶障目，不见泰山”最为有名。毛泽东曾加以引用。

1938 年 5 月，毛泽东在他的《论持久战》中说：“然而速胜论这也是不对的。他们或则根本忘记了强弱这个矛盾，而单单记起了其他矛盾；或则对于中国的长处，夸大得离开了真实情况，变成另一种样子；或则拿一时一地的强弱现象代替了全体中的强弱现象，一叶障目，不见泰山，而自以为是。总之，他们没有勇气承认敌强我弱这件事实。他们常常抹杀这一点，因此抹杀了真理的一方面。他们又没有勇气承认自己长处之有限性，因而抹杀了真理的又一方面。由此犯出或大或小的错误来，这里也是主观性和片面性作怪。这些朋友们的心是好的，他们也是爱国志士。但是‘先生之志则大矣’，先生的看法则不对，照了做去，一定碰壁。因为估计不符合真相，行动就无法达到目的；勉强行去，败军亡国，结果和失败主义者没有两样。所以也是要不得的。”（《毛泽东选集》第二卷，人民出版社 1991 年版，第 458 页）

毛泽东所引《鹖冠子》中的“一叶障目，不见泰山”，出自《鹖冠子·天则》。其原文如下：

> 圣王者，有听微决疑之道，能屏谗，权实，逆淫辞，绝流语，去无用，杜绝朋党之门，嫉妒之人，不得著明，非君子术数之士莫得当前。故邪弗能奸，祸不能中。彼天地之以无极者，以守度量，而不可滥，日不逾辰，月宿其列，当名服事，星守弗去，弦望晦朔，终始相巡，逾年累岁，用不缦缦，此天之所柄以临斗者也。中参成位，四气为政，前张后极，左角右钺，九文循理，以省官众，小大毕举。先无怨雠之患，后无毁名败行之咎。故其威上际下交，其泽四被而不鬲。天之不违，以不离一，天若离一，反还为物。不创不作，与天地合德，节玺相信，如月应日。此圣人之所以宜世也。知足以滑正，略足以恬

祸，此危国之不可安，亡国之不可存也。故天道先贵覆者，地道先贵载者，人道先贵事者，酒保先贵食者。待物也，领气时也，生杀法也。循度以断，天之节也。列地而守之，分民而部之。寒者得衣，饥者得食，冤者得理，劳者得息，圣人之所期也。夫裁衣而知择其工，裁国而知索其人，此固世之所公哉。同而后可以见天，异而后可以见人，变而后可以见时，化而后可以见道。临利而后可以见信，临财而后可以见仁，临难而后可以见勇，临事而后可以见术数之士。九皇之制，主不虚王，臣不虚贵阶级。尊卑名号，自君吏民，次者无国，历宠历录，副所以付授，与天人参相结连，钩考之具不备故也。下之所逜，上之可蔽，斯其离人情而失天节者也。缓则怠，急则困，见闲则以奇相御，人之情也。举以八极，信焉而弗信，天之则也。差缪之闲，言不可合，平不中律，月望而晨月毁于天，珠蛤蠃蚌虚于深渚，上下同离也。未令而知其为，未使而知其往，上不加务而民自尽，此化之期也。使而不往，禁而不止，上下乖谬者，其道不相得也。上统下抚者，远众之慝也，阴阳不接者，其理无从相及也，算不相当者，人不应上也。符节亡此，曷曾可合也。为而无害，成而不败，一人唱而万人和，如体之从心，此政之期也。盖毋锦杠悉动者，其要在一也。未见不得其诊而能除其疾也。文武交用而不得事实者，法令放而无以枭之谓也。舍此而按之彼者，曷曾可得也。冥言易，而如言难。故父不能得之于子，而君弗能得之于臣。已见天之所以信于物矣，未见人之所信于物也。捐物任势者，天也，捐物任势，故莫能宰而不天。夫物故曲可改，人可使。

法章物而不自许者，天之道也。以为奉教陈忠之臣，未足恃也。故法者，曲制，官备，主用也。举善不以窅窅，拾过不以冥冥。决此，法之所贵也。若砻磨不用，赐物虽诎，有不效者矣。上下有闲，于是设防知蔽并起。故政在私家而弗能取，重人掉权而弗能止，赏加无功而弗能夺，法废不奉而弗能立。罚行于非其人而弗能绝者，不与其民之故也。夫使百姓释己而以上为心者，教之所期也。八极之举，不能时赞，故可壅塞也。昔者有道之取政，非于耳目也。夫耳之主听，目之主明。一叶蔽目，不见太山，两豆塞耳，不闻雷霆。道开而否，未之闻也。见遗不掇，非人情也。信情修生，非其天诛，逆夫人僇，不胜任也。为成求得者，事之所期也。为之以民，道之要也。唯民知极，弗之代也。此圣王授业，所以守制也。彼教苦故民行薄，失之本故争于末。人有分于处，处有分于地，地有分于天，天有分于时，时有分于数，数有分于度，度有分于一。天居高而耳卑者，此之谓也。故圣王天时人之地之，雅无牧能，因无功多。尊君卑臣，非计亲也，任贤使能，非与处也。水火不相入，天之制也。明不能照者，道弗能得也，规不能包者，力弗能挈也。自知慧出，使玉化为环玦者，是政反为滑也。田不因地形，不能成谷，为化不因民，不能成俗。严疾过也，喜怒适也，四者已仞，非师术也。形畜而乱益者，势不相牧也。德与身存亡者，未可以取法也。昔宥世者，未有离天人而能善与国者也。先王之盛名，未有非士之所立者也。过生于上，罪死于下。浊世之所以为俗也。一人乎，一人乎，命之所极也。

所谓“天则”，即是天的法则。天地有法则，人类和万物就能和谐，共同生存在这个世间。一个人只要能效法天的法则，就能够成为圣人。与管子一样，鹖冠子也认识到天地的道路，人的道路是什么？那就是侍奉。所谓“侍奉”，就是服务，一个人无论处在什么位置，作为社会人，都要服务于其他人。一个人之所以能成为圣人、统治者，就是因为他能裂土分封、任贤使能，使人们寒者得衣、饥者得食、冤者得理、劳者得息。接着鹖冠子论述了知人识人观察人的办法，面临利益而后可以见到诚信，面临财物而后可以见到仁爱，面临困难而后可以见到勇气，面临事情而后可以见到有办法的人。随即，鹖冠子提出教化的原因，尚未下令就知晓于作为，尚未役使就知晓于前往，上级不增加事务而民众自己能够尽力，这就是教化所期待的。然后，鹖冠子又提出，上下级之间有间隙，就会互相防范，智慧与蒙蔽就会同时发生。所以政事在大夫之家而不能取回，权重之人玩弄权术而不能禁止，奖赏加给无功之人而不能剥夺，法则被废弃不奉行而不能树立，刑罚施行于不该受罚的人而不能禁绝，就是政事不给予民众的缘故。最后，鹖冠子指出，爱惜身体，但是却不能胡乱增加营养。其言下之意就是说，要根据身体的需要来增加营养，才能使身体健康；如果凭心意、凭口味来增加营养，那么就会使健康受到影响。为政同样如此，要根据人民的需求作为于政事，才能够使民众安居乐业。如果凭自己的心意来为政，那么就会使民众产生陋俗，产生混乱。

"一叶障目，不见泰山"，意谓一片小的树叶遮挡住人的眼睛，就看不见泰山那样大的东西。后来，用以比喻一个人如果被眼前细小的事物蒙蔽，就看不清事物的主流和本质。毛泽东在《论持久战》中引用这一成语，批评了抗日战争中速胜论者片面地看问题、没有勇气承认敌强我弱的基本事实。

3. 墨　家

（1）墨家也是"显学"

墨家是中国古代主要哲学派别之一，约产生于战国时期。创始人为墨翟。墨家是一个纪律严明的学术团体，其首领称矩子，其成员到各国为官必须推行墨家主张，所得俸禄亦须向团体奉献。墨家学派有前后期之分，前期思想主要涉及社会政治、伦理及认识论问题；后期墨家在逻辑学方面有重要贡献。墨家主张人与人之间平等地相爱（兼爱），反对侵略战争（非攻），重视文化传承（明鬼），掌握自然规律（天志）。

墨子（约前468—前376），姓墨名翟（dí），世称墨子。墨子为宋微子后裔，战国时期著名思想家、政治家、军事家、社会活动家和自然科学家。他曾做过宋国大夫，当过制作器具的工匠，善于制造守城器械。他提出"兼爱""非攻"等观点，创立了墨家学说，并有《墨子》一书传世。墨学在当时影响很大。《孟子·滕文公》篇云："杨朱、墨翟之言盈天下，天下之言，不归于杨，即归墨。"可知春秋之世，杨朱之学与墨学齐驱，并属显学。

1939年2月1日，毛泽东看了陈伯达写的《墨子哲学思想》一文后，给陈伯达写信说：

伯达同志：

《墨子哲学思想》看了，这是你的一大功劳，在中国找出赫拉克利特来了。我有几点个别意见，写在另纸，用功参考，不过是望文生义的感想，没有研究的根据的。

敬礼！

毛泽东

二月一日夜

（一）题目

似改为“古代辩证唯物论大家——墨子的哲学思想”或“墨子的唯物哲学”较好。

（二）事物的实不止属性，还有其最根本的质，质与属性不可分，但有区别的，一物的某一属性可以除去，而其物不变，由于所以为其物的质尚存。“志气”，志似指事物之质，不变的东西（在一物范围内），气似指量及属性，变动的东西。

（三）“君子不能以行为中分出什么是仁什么是不仁”，这句话的意思应是：君子做起事来却只知做不仁的事，不知做仁的事，似更明白些。

（四）说因果性的一段，似乎可以说同时即是必然性与偶然性的关系。“物之所以然”是必然性，这必然性的表现形态则是偶然性。必然性的一切表现形态都是偶然性，都用偶然性表现。因此，“没有这部分的原因就一定不会有十月十日的武昌起义”是对的，但辛亥革命的必然性（大故）必定因另一偶然性（小故）而爆发，并经过无数偶然性（小故）而完成，也许成为十月十一日的汉阳起义，或某月某日的某地起义。“不是在那最恰当的时机爆发起来就不一定成为燎原之火”是对的，但也必定会在另一最恰当的时机爆发起来而成为燎原之火。

（五）中庸问题

……

（六）“半，端”问题

墨子这段，特别是胡适的解释，不能证明质的转变问题，这似是说有限与无限问题。

（《毛泽东文集》第二卷，人民出版社 1993 年版，第 156—158 页）

毛泽东是就墨子的哲学写的这篇长信。信中称墨子是“古代辩证唯物论大家”，是中国的赫拉克利特（古希腊唯物哲学家），这个评价是很高的。

（2）墨子是“古代辩证唯物论大家”

毛泽东称墨子是“古代辩证唯物论大家”，原因何在？这要由墨子的主要思想来证明。我们且看《兼爱》（中）：

子墨子言曰：“仁人之所以为事者，必兴天下之利，除去天下之害，以此为事者也。”然则天下之利何也？天下之害何也？子墨子言曰：“今若国之与国之相攻，家之与家之相篡，人之与人之相贼，君臣不惠忠，父子不慈孝，兄弟不和调，此则天下之害也。”

然则崇此害亦何用生哉？以不相爱生邪？子墨子言：“以不相爱生。”今诸侯独知爱其国，不爱人之国，是以不惮举其国，以攻人之国。今家主独知爱其家，而不爱人之家，是以不惮举其家，以篡人之家。今人独知爱其身，不爱人之身，是以不惮举其身，以贼人之身。是故诸侯不相爱，则必野战；家主不相爱，则必相篡；人与人不相爱，则必相贼；君臣不相爱，则不惠忠；父子不相爱，则不慈孝；兄弟不相爱，则不和调。天下之人皆不相爱，强必执弱，富必侮贫，贵必敖贱，诈必欺愚。凡天下祸篡怨恨，其所以起者，以不相爱生也。是以行者非之。

既以非之，何以易之？子墨子言曰：“以兼相爱、交相利之法易之。”然则兼相爱、交相利之法将奈何哉？子墨子言：视人之国，若视其国；视人之家，若视其家；视人之身，若视其身。是故诸侯相爱，则不野战；家主相爱，则不相篡；人与人相爱，则不相贼；君臣相爱，则惠忠；父子相爱，则慈孝；兄弟相爱，则和调。天下之人皆相爱，强不执弱，众不劫寡，富不侮贫，贵不敖贱，诈不欺愚。凡天下祸篡怨恨，可使毋起者，以相爱生也。是以仁者誉之。

然而今天下之士君子曰：“然！乃若兼则善矣；虽然，天下之难物于故也。”子墨子言曰：“天下之士君子，特不识其利、辩其故也。今若夫攻城野战，杀身为名，此天下百姓之所皆难也。若君说之，则士众能为之。况于兼相爱、交相利，则与此异！夫爱人者，人必从而爱之；利人者，人必从而利之；恶人者，人必从而恶之；害人者，人必从而害之。此何难之有？特上弗以为政、士不以为行故也。”昔者晋文公好士之恶衣，故文公之臣，皆牂羊之裘，韦以带剑，练帛之冠，入以见于君，出以践于朝。是其故何也？君说之，故臣为之也。昔者楚灵王好士细腰，故灵王之臣，皆以一饭为节，胁息然后带，扶墙然后起。比期年，朝有黧黑之色。是其故何也？君说之，故臣能之也。昔越王句践好士之勇，教驯其臣，和合之，焚舟失火，试其士曰：“越国之宝尽在此！”越王亲自鼓其士而进之，士闻鼓音，破碎乱行，蹈火而死者，左右百人有余，越王击金而退之。是故子墨子言曰：“乃若夫少食、恶衣、杀人而为名，此天下百姓之所皆难也。若苟君说之，则众能为之；况兼相爱、交相利，与此异矣！夫爱人者，人亦从而爱之；利人者，人亦从而利之；恶人者，人亦从而恶之；害人者，人亦从而害之。此何难之有焉？特士不以为政而士不以为行故也。

然而今天下之士君子曰：“然！乃若兼则善矣；虽然，不可行之物也。譬若挈泰山越河、济也。”子墨子言：“是非其譬也。夫挈泰山而越河、济，可谓毕劫有力矣。自古及今，未有能行之者也；况乎兼相爱、交相利，则与此异，古者圣王行之。”何以知其然？古者禹治天下，西为西河渔窦，以泄渠、孙、皇之水。北为防、原、派，注后之邸、嘑池之窦，洒为底柱，凿为龙门，以利燕代胡貉与西河之民。东方漏之陆，防孟诸之泽，洒为九浍，以楗东土之水，以利冀州之民。

南为江、汉、淮、汝，东流之注五湖之处，以利荆楚、干、越与南夷之民。此言禹之事，吾今行兼矣。昔者文王之治西土，若日若月，乍光于四方，于西土。不为大国侮小国，不为众庶侮鳏寡，不为暴势夺穑人黍稷狗彘。天屑临文王慈，是以老而无子者，有所得终其寿；连独无兄弟者，有所杂于生人之间；少失其父母者，有所放依而长。此文王之事，则吾今行兼矣。昔者武王将事泰山，隧传曰："泰山，有道曾孙周王有事。大事既获，仁人尚作，以祗商、夏、蛮夷丑貉。虽有周亲，不若仁人。万方有罪，维予一人。"此言武王之事，吾今行兼矣。

是故子墨子言曰："今天下之君子，忠实欲天下之富，而恶其贫；欲天下之治，而恶其乱，当兼相爱、交相利。此圣王之法，天下之治道也，不可不务为也。"

"兼爱"是墨家学派的主要思想观点。其他非攻、节用、节葬、非乐等主张，也都是由此而派生出来的。"兼爱"便必须非攻，非攻即反对攻战，即"大不攻小也，强不侮弱也，众不贼寡也，诈不欺愚也，贵不傲贱也，富不骄贫也，壮不夺老也。是以天下庶国，莫以水火毒药兵刃以相害也"。当然，非攻并不等于非战，而是反对侵略战争，很注重自卫战争。自卫是反侵略的一个重要的组成部分，不自卫就会等于不反侵略。"兼爱"是大到国家之间要兼相爱交相利，小到人与人之间也要兼相爱交相利。只有"兼爱"才能做到非攻，也只有非攻才能保证"兼爱"。

所以，1939 年 4 月，毛泽东在延安抗日军政大学生产运动初步总结大会上的讲话，再次赞扬了墨子。他说："历史上只有禹王，他是做官的，他也耕田，手上也起了泡，叫作胼胝；还有一个墨子，也是一个劳动者，他不是官，但他是比孔子更高明的圣人。"（《毛泽东著作专题摘编》，中央文献出版社 2003 年版，第 2280 页）又说：孔子不耕地，墨子自己动手做桌椅子。由此，毛泽东进一步发挥：马克思主义千条万条，中心的一条，就是不劳动不得食（陈晋：《毛泽东的文化性格》，中国青年出版社 1991 年版，第 157 页）。毛泽东认为墨子是体力劳动者，比孔子高明；他不做官，比大禹也好些。

综上所述，墨子是一位劳动者，自己会做木工；他主张兼爱、非攻和自苦等墨家思想，主张人们不分等级的相爱，互为有利；他反对不义战争，崇尚劳动刻苦，利天下而为之。其思想自成体系，环环相扣，逻辑性强，不愧为“辩证唯物论大家”。

但是，毛泽东认为墨子的认识论也有不足之处。1964 年，毛泽东在与几位哲学家就日本坂田昌一的文章的谈话说：关于实践到感性（认识），再从感性（认识）到理性（认识）的飞跃的道理……中国古人也没有讲清楚。老子、庄子没有讲清楚，墨子讲了些认识论方面的问题，也没有讲清楚。毛泽东认为，墨子不可能讲清楚，这是因为历史的局限。

4. 法　家

法家是中国历史上研究国家治理方式的学派，提出了以法治国。法是通过具体的刑名赏罚来实现的。其范围涉及法律、经济、行政、组织、管理的社会科学，涉及社会改革、法学、经济学、金融、货币、国际贸易、行政管理、组织理论及运筹学等。与其他诸子百家主要研究的哲学及宗教不同，法家的研究范围属于社会科学。法家主要代表人物有管仲、商鞅、韩非、李斯、桑弘羊等，主张社会变革、强化法制。根据中国历史划分的法家理论，主要发展为春秋诸侯国在私有产权下的市场经济和重商主义理论（以管仲为代表）和战国秦汉的君主制中央集权国家下的国有制计划经济理论（以商鞅为代表）。在政治制度上，法家主张郡县制。在统治思想上，法家主张以刑罚和权术治国。

（1）管　仲

第一，“法家先驱”管仲。

管仲（约前 723—前 645），姬姓，管氏，名夷吾，字仲，谥敬，颍上人（今安徽颍上或郑州登封颍河上游），周穆王的后代。春秋时期法家代表人物，是中国古代著名的经济学家、哲学家、政治家、军事家，被誉为“法家先驱”“华夏文明的保护者”“华夏第一相”。齐僖公三十三年（前698），管仲开始辅助公子纠。齐桓公元年（前685），管仲任齐相，执政四十余年。管仲在任内大兴改革，即管仲改革，富国强兵，辅佐齐桓公成为春秋时代的首位霸主。其著作被后人编为《管子》七十六篇，虽不少是后人伪托，仍是研究中国先秦农业和经济的珍贵资料。

第二，毛泽东赞扬管仲。

愿结“管鲍之谊”

1915年，毛泽东在湖南第一师范读书时，以“二十八画生”贴出“征友启事”，同校学生罗章龙前来应征，两人在长沙定王台促膝长谈三个多小时。分手时，毛泽东表示满意：我们谈得很好，愿结管鲍之谊，以后要常见面。毛泽东借管仲和鲍叔牙未得志前结为挚友，来比喻两人的共同志向。

“管鲍之谊”典出《史记·管晏列传》：

> 管仲夷吾者，颍上人也。少时常与鲍叔牙游，鲍叔知其贤。管仲贫困，常欺鲍叔，鲍叔终善遇之，不以为言。已而鲍叔事齐公子小白，管仲事公子纠。及小白立为桓公，公子纠死，管仲囚焉。鲍叔遂进管仲。管仲既用，任政于齐，齐桓公以霸，九合诸侯，一匡天下，管仲之谋也。
>
> 管仲曰：“吾始困时，尝与鲍叔贾，分财利多自与，鲍叔不以我为贪，知我贫也。吾尝为鲍叔谋事而更穷困，鲍叔不以我为愚，知时有利不利也。吾尝三仕三见逐于君，鲍叔不以我为不肖，知我不遭时也。吾尝三战三走，鲍叔不以我为怯，知我有老母也。公子纠败，召忽死之，吾幽囚受辱，鲍叔不以我为无耻，知我不羞小节而耻功名不显于天下也。生我者父母，知我者鲍子也。”
>
> 鲍叔既进管仲，以身下之。子孙世禄于齐，有封邑者十余世，常为名大夫。天下不多管仲之贤而多鲍叔能知人也。

管仲和鲍叔牙两人相知甚深，后常用“管鲍之谊”来比喻朋友之间的深厚友谊。

“衣食足而知荣辱”

1917年暑假，毛泽东与同学萧瑜游学途中，就道德修养和物质生活进行了争论：

“势利小人是句古话，与之相对的是道义君子。凡是小人，都崇拜权力，但这从来为圣贤所耻笑，三四千年以来，中国的学者都信奉这一真理。孔子说：‘君子忧道不忧贫。’孟子也说：‘饱乎仁义者，所以不愿人之膏粱之味也。’汉朝董仲舒说：‘正其义不谋其利，明其道不计其功。’人类的行为准则正是建立在这些圣贤遗训上，但金钱与政治势力太大，以致破坏这些准则。”萧瑜说。

毛泽东反驳说：“听起来是这么回事，但在现实生活中很难坚持这种准则。一个人快要饿死的时候，他不会想到道德修养问题的。至于我自己比较相信管仲的话：‘衣食足而知荣辱。’这正好和孔子的说法相反，他说：‘君子谋道不谋食。’”

萧瑜继续争辩道：“你知道这句古谚吗？叫作‘道高一尺，魔高一丈’。人类的道德进步总是很慢的，但物质进步却非常迅速。所以这句话的意思可以这样理解：每当物质进步百分之十，道德进步只有百分之一。飞机和军备的发展不是很快吗，枪炮的威力越来越大，杀的人也越来越多。这本身就说明了人类道德进步是多么贫乏。中国圣人总是强调道德主义，但仍很难说服人类改变他们低劣的本性。”

毛泽东说：“所以这些道德说教在原则上都是冠冕堂皇的，但却无法拯救濒于饿死的人类！”（萧瑜：《我和毛泽东的一段曲折经历》，昆仑出版社1989年版，第126—127页）

毛泽东在和萧瑜的争论中所引管仲“衣食足而知荣辱”的话，出自《管子·牧民·国颂》。其原文如下：

> 凡有地牧民者，务在四时，守在仓廪。国多财，则远者来；地辟举，则民留处；仓廪实，则知礼节；衣食足，则知荣辱。上服度，则六亲固；四维张，则君令行。故省刑之要，在禁文巧；守国之度，在饰四维；顺民之经，在明鬼神。祇山川，敬宗庙，恭祖旧。不务天时，则财不生；不务地利，则仓廪不盈。野芜旷，则民乃菅（通“奸”）；上无量，则民乃妄；文巧不禁，则民乃淫，不璋（障）两原，则刑乃繁；不明鬼神，则陋民不悟；不祇山川，则威令不闻；不敬宗庙，则民乃上校（通“效”）；不恭祖旧，则孝悌不备；四维不张，国乃灭亡。

此篇主要讲天子治理国家的问题。管子认为，国君要治理好国家主要有两条：一是不违农时，尽辟土地，使百姓衣食丰足，懂得礼节、荣辱；二是国君以礼、义、廉、耻四维教化民众，再借助宗教、鬼神的力量，便可使民驯服，国家昌盛；否则，国家便会灭亡。文中的“仓廪实，则知礼节；衣食足，则知荣辱”是其名句，为后人所使用。毛泽东赞成管子的话，并与孔子的“君子谋道不谋食”做对比，戳穿了儒家封建礼教的虚伪性。

“攻坚则韧，乘瑕则神”

1931 年 4 月 18 日，“苏区中央局”扩大会议继续举行，各军军长、政委和红三团的总指挥都到了。在面对敌人的第二次“围剿”、打不打的问题基本上解决后，大家紧接着讨论怎样打的问题。毛泽东从实际出发，以充分的理由说明了对这一次歼灭敌人的大体设想，和打破“围剿”后转入战略进攻式的发展方向。毛泽东的意见提出后，大家都表示同意。关于先打弱敌还是先打强敌，毛泽东在会上闲谈时指出：他们不懂得在战略上也应该打弱的道理，这是古已有之的。《管子》中说：“故凡用兵者，攻坚则韧，乘瑕则神。攻坚则瑕者坚，乘瑕则坚者瑕。”不是古人早已讲过了吗？（郭化若：《横扫七百里的辉煌胜利》，《历史研究》1978 年第 1 期）

毛泽东谈话中所引管子的几句话，见于《管子 · 制分》：“故凡用兵者，攻坚则轫，乘瑕则神，攻坚则瑕者坚，乘瑕则坚者瑕。故坚其坚者，瑕其瑕者。”意谓凡是用兵的人，攻坚则容易受挫，攻弱则收得神效。攻坚，其薄弱环节也会变得坚固；攻弱，其坚固部分也会变得薄弱。所以要稳住其坚固环节，削弱其薄弱环节。

管子的几句话，表现了他主张打仗时先打弱敌、再打强敌、打弱敌时先稳住强敌、削弱弱敌的战略策略思想。毛泽东面对第二次反“围剿”敌强我弱的严重形势，援引管子的话，先稳住强敌，集中兵力打弱敌，结果胜利地粉碎了敌人的“围剿”。

“管仲可以说是军队屯垦的创始人”

1955 年，毛泽东在中南海会见从新疆回京的王震。当王震提出如何安置退伍军人时，毛泽东就提出：可以组织屯垦戍边嘛！他指出：中国古代就有屯垦制，管仲搞过，诸葛亮在汉中也搞过呢！开荒就业，治疗战争创伤，巩固边疆，建设边疆，应该是个好办法。在中国历史上，管仲可以说是军队屯垦的创始人。中国古代聪明的政治家都懂得军垦的价值，如曹操、诸葛亮。

“十年树木，百年树人”

1957 年 10 月 9 日，毛泽东在中国共产党第八届中央委员会扩大的第三次全体会议上的讲话说：“无产阶级没有自己的庞大的技术队伍和理论队伍，社会主义是不能建成的。我们要在这十年内（科学规划也是十二年，还是十年），建成无产阶级的知识分子队伍。我们的党员和党外积极分子都要努力争取变成无产阶级的知识分子。各级特别是省、地、县这三级要有培养无产阶级知识分子的计划，不然，时间过去了，人还没有培养出来。中国有句古话：‘十年树木，百年树人。’百年树人，减少九十年，十年树人。十年树木是不对的，在南方要二十五年，在北方要更多的时间。十年树人倒是可以的。我们已经过了八年，加上十年，是十八年，估计可以基本上造成工人阶级的有马克思主义思想的专家队伍。十年以后就扩大这个队伍，提高这个队伍。”

毛泽东所引管子的话见于《管子·权修》。其原文是：

> 一年之计，莫如树谷；十年之计，莫如树木；终身之计，莫如树人。一树一获者，谷也；一树十获者，木也；一树百获者，人也。我苟种之，如神用之；举事如神，唯王之门。

大意是说，（做）一年的打算，没有赶得上种植庄稼的；（做）十年的打算，没有赶得上栽种树木的；（做）一生的打算，没有比得上培养人才的。培植以后一年就有收获的，是庄稼；培植以后十年才有收获的是树木；培植以后百年才有收获的，是人才。如果我们注重培养人才，其效用将是神奇的；而如此办事收得奇效的，只有国君才能做到。

管子“十年树木，百年树人”的话，比喻培养人才是不容易的，要做长远打算。毛泽东在讲话中援引管子的话，并把“百年树人”改为“十年树人”，说明了培养无产阶级知识分子的迫切性。

（2）商　鞅

第一，主持变法，“秦国大治”。

商鞅（约前395—前338），卫国（今河南安阳一带）人，战国时期政治家、思想家，先秦法家代表人物。卫国国君的后裔，公孙氏，故称为卫鞅，又称公孙鞅，后封于商，后人称为商鞅。商鞅年轻时好刑名之学，在魏相公叔痤门下任中庶子。公叔痤临终前将其推荐给魏惠王，惠王不能用。商鞅闻秦孝公下令求贤，乃离魏去秦，受到秦孝公重用，任大良造，先后两次主持变法二十年，秦国大治。秦国百姓家给人足，军队战斗力大大增强。孝公去世后，太子秦惠王继位。商鞅在变法期间，因执法较严引起秦贵族的怨恨。他们为报夙怨，告商鞅有谋反企图，派官吏逮捕他。商鞅逃叛失败后，被带回都城遭惠王车裂，并遭灭族。后人辑有《商君书》传世。

第二，毛泽东论商鞅“徙木立信”。

毛泽东在上中学时曾写过一篇《商鞅徙木立信论》：

吾读史至商鞅徙木立信一事，而叹吾国国民之愚也，而叹执政者之煞费苦心也，而叹数千年来民智之不开、国几蹈于沦亡之惨也。谓予不信，请罄其说。

法令者，代谋幸福之具也。法令而善，其幸福吾民也必多，吾民方恐其不布此法令，或布而恐其不生效力，必竭全力以保障之，维持之，务使达到完善之目的而止。政府国民互相倚系，安有不信之理？法令而不善，则不惟无幸福之可言，且有危害之足惧，吾民又必竭全力以阻止此法令。虽欲吾信，又安有信之之理？乃若商鞅之与秦民，适成此比例之反对，抑又何哉？

商鞅之法良法也。今试一披吾国四千余年之纪载，而求其利国福民伟大之政治家，商鞅不首屈一指乎？鞅当孝公之世，中原最鼎沸，战事正殷。举国疲劳，不堪言状。于是而欲战胜诸国，统一中原，不綦难哉？于是而变法之令出，其法惩奸宄以保人民之权利，务耕织以增进国民之富力，尚军功以树国威，孥贫怠以绝消耗。此诚我国从来未有之大政策，民何惮而不信？乃必徙木以立信者，吾于是知执政者之具费苦心也，吾于是知吾国国民之愚也，吾于是知数千年来民智黑暗、国几蹈于沦亡之惨境有由来也。

虽然，非常之原，黎民惧焉。民是此民矣，法是彼法矣，吾又何怪焉？吾特恐此徙木立信一事，若令彼东西各国文明国民闻之，当必捧腹而笑，噭舌而讥矣。乌乎！吾欲无言。

译成现代汉语，大意是：

我读历史书籍知道了商鞅变法时“徙木立信”这件事。不禁感叹我国国民的愚昧，同时也感叹这位执政者的良苦用心，更感叹几千年来民众心智的闭锁和中华民族几乎沦亡的悲惨。不要以为我夸大其词，容我说个明白。

国家的法令和政策的出发点，应当是为人民谋幸福。如果法令和政策是好的，就能够多多地造福于民，人民唯恐你没有这种法令和政策，唯恐国家的好政策不能发生效力。那么人民必然竭尽全力来保障和维护它。一定要让它实现完善的目标。政府和人民群众紧紧地互相依靠，法令和政策怎么会是没有信用呢？如果法令和政策不好，那就不光是不能造福于民，而且危害人民。人民就必然竭尽全力来阻挠你的法令和政策，即便我愿意相信你，可根据在哪里呢？就拿商鞅那时候他与民众的关系来说，明明二者的利害是一致的，却恰恰出现了相反的情况，这又是为什么呢？

商鞅变法是正确的。我国上下四千多年来，商鞅是第一位追求利国福民的伟大政治家。商鞅处在秦孝公时代，正是中原地区最混乱的时候，战争不断。举国疲劳，不堪言状。在这种形势下企图战胜诸国，统一中原，岂不困难得很吗？于是他变法图新，制定了四大政策，一是惩治贪官污吏以保护人民的利益，二是发展生产以提高国家的实力和人民的富裕，三是鼓舞军队多打胜仗树立国家的国威，四是把那些游手好闲的人、由于懒惰不务正业而致贫困的人及其妻子儿女收为奴隶，以此杜绝人力和物力等资源的流失。这是我国史无前例的新政德政，还怕不能取信于民吗？哪想到商鞅竟想出徙木立信这样的办法来解决政府诚信的问题，我从中理解了这位执政者是多么煞费苦心。我从中明白了数千年来民众心智的闭锁蒙昧和民族几乎沦亡，是有根源的。

不过话说回来，根本的原因在于人民对政府的恐惧心理。人民的希望和国家的政策，总是对立的。这能怪罪人民吗？我真担心这徙木立信的事情，要是被世界文明国家的人们听说了，一定捧腹大笑，尖锐嘲讽我们。唉唉唉，我不想再说下去了。

1912 年春，毛泽东以第一名考入湖南省立高等中学学习。同年 6 月，学校举行了一次作文大赛，毛泽东这篇论说文夺得头名。

作为班主任和国文老师的柳潜，头一个翻出来的便是毛泽东的卷子。举贤不避亲的柳潜，写毕评语后破例给了 100 分。柳潜的同事看了，也一致认为毛泽东“才气过人，前途不可限量”，没有任何疑义。

这是青年毛泽东早期求学生涯中留下的第一篇完整的文章，现保存于中央档案馆。柳潜对毛泽东的这篇文章极为赏识，全文 413 字。在文题上方写下“传观”两字。柳潜除了通篇多处打圈外，还写了六条眉批和篇末总评，作文尾批 65 字，眉批五处 76 字，共计 141 字。他称此文“实切社会立论，目光如炬，落墨大方……”说作者“有法律知识，具哲理思想，借题发挥，纯以唱叹之笔出之，是为压题法，至推论商君之法为从来未有之大政策，言之凿凿，绝无浮烟涨墨绕其笔端，是有功于社会文字”。“历观生作，练成一色文字，自是伟大之器，再加功候，吾不知其所至！”文章论述部分的空白处，也留有多条红笔批注，如：“精理名言，得未曾有。逆折而入，笔力挺拔”“力能扛鼎，积理宏富”，等等。

毛泽东的《商鞅徙木立信论》是迄今为止发现的他一生中最早的文稿，不难想象，柳潜批阅时的快慰与喜不自胜。对这篇见解独到、文笔一流的作文，除了赞美、推崇与激励，他竟还有超出尊重的敬畏。

然而，这篇作文除了与 800 字的高考要求明显不符外，容易引发疑义的还有“报笔”。

“报笔”说的是报上文章的笔锋，此处指新闻评论笔锋。代表人物是梁启超。梁启超嗅觉灵敏，立论锋利、思想广博、议论新颖，行文流利畅达，文思如涌，极富鼓动性。怀揣忧国忧民的政治情怀，想用笔惊醒国人睡梦的梁启超，笔锋无数次打动过毛泽东。

清朝秀才出身的柳潜并不泥古，不喜欢弟子读那些内容老化、与时代脱节的文章，也不让弟子只在“统编”教材里使劲，柳潜有意引导毛泽东学习梁启超的文风。作文比赛前一个时期，毛泽东遵循师命，几乎每天都要交给柳潜一件强化训练的习作。想必这些训练同样得益于“报笔”之深锐观察，同样深受梁启超的影响。新中国成立后，毛泽东曾向老师符定一打听柳潾庵（柳潜）的下落，得知“此人早已谢世，子孙后代情况不明”，毛泽东深感遗憾：“可惜了。袁大胡子不喜欢的梁启超式的新闻记者的手笔，是我向柳潾庵老师学来的。那篇《商鞅徙木立信论》，他给了我 100 分。”

“报笔”是一种引领，是时代变革的先声，是社会风向的潮涌浪卷。为文终是为人。毛泽东终成文章大家，与其胸襟、抱负、个性及才情等莫不相关。而在这其中，柳潜激赏的“报笔”磨砺，对毛泽东无疑起到了巨大的导向作用。

一位普通国文教师，只教了毛泽东几个月的书，但毛泽东却记了他几十年。

柳潜（1878—1930），字钧湄，号涤庵，湖南省湘阴县三塘乡岳云村人，是清朝末年的一名秀才。他早年酷爱读书，学识渊博，颇有才华；青壮年以后目睹官场腐败，遂放弃仕途，以教书为业，被湖南全省公立高等中学（后改名省立第一中学）首任校长符定一聘请为国文教师。直到1924年，《校志》中仍有柳潜的名字。后来柳潜因生活困顿，曾先后在福建和长沙等地做过几年幕僚，后又返回学校从事教师职业，但终因积劳成疾，贫病交加，于1930年在长沙去世，终年52岁。

柳潜与毛泽东的师生之缘源于1912年春，时年19岁的毛泽东以“名列榜首”的优异成绩，考入刚成立的湖南全省公立高等中学普通科一班，柳潜任毛泽东的国文教师兼班主任。十分爱才的柳潜，对毛泽东非常器重，除在课堂上对毛泽东严格要求、细心辅导外，还利用课余时间向毛泽东传授国文、写作等方面的知识，讲析历代文章大家的代表之作，使他得到了系统的古汉语语言文字的训练。在柳潜的精心培养下，毛泽东在写作方面的特长得到了迅速发展，他在学校一直保持着“文章魁首”的地位。

1912年6月，学校准备举行一次作文比赛，柳潜把这次作文比赛看成是对毛泽东的一次难得的锻炼机会，对他进行了充分的赛前辅导，指导和督促毛泽东全力进行论说文写作的强化训练。在参赛前的一个时期内，毛泽东几乎每天都要完成一篇文章，然后交给柳潜批阅。这样高强度、大难度的训练方法，使毛泽东的写作水平，特别是论说文的写作水平，在原有的基础上又有了很大的长进。毛泽东后来能写出一篇篇震古烁今的政论文，应该说与这段时期严格而刻苦的训练是分不开的。在这次作文比赛中，毛泽东撰写的《商鞅徙木立信论》一文，力克群英，一举夺得了比赛的第一名。

商鞅“徙木立信”的典故，见于《史记·商君列传》，记述的是公元前359年，战国时期秦国的大政治家商鞅取信于民、推行改革的故事。这个故事，历来知道的人很多。毛泽东别开生面，联系当时的社会现实，借古讽今，大发忧国忧民的感怀，直抒“利国福民”的改革抱负，抨击当时执政者袁世凯之流："吾读史至商鞅徙木立信一事，而叹吾国国民之愚也，而叹执政者之煞费苦心也，而叹数千年来民智之不开、国几蹈于沦亡之惨也。"

柳潜对毛泽东的批语，既深刻分析了毛泽东文章的精彩之处，又由文及人，点评了毛泽东的远大志向和发展潜力，更重要的是柳潜对毛泽东"练成一色文字，自是伟大之器"的诚挚鼓励和殷切希望，后来在毛泽东的人生轨迹中一一得到了应验，这充分证明了柳潜是一位杰出的、成功的教育家。他敏锐地发现了学生毛泽东的个性和特长，并加以正确鼓励和引导，从而在青年毛泽东身上产生了巨大的导向作用。柳潜不愧是发现毛泽东"伟大之器"的第一人。

毛泽东对他的这位给予自己莫大鼓励和栽培的老师，一直都非常感激。1936 年，毛泽东在延安同美国记者埃德加·斯诺谈话中，回忆在该校读书时的情况时说："我的下一个尝试上学的地方是省立第一中学。我花一块钱报了名，参加了入学考试，发榜时名列第一。这个学校很大，有很多学生，毕业生也不少。那里的一个国文教员对我帮助很大，他因为我有文学爱好而很愿意接近我。这位教员借给我一部《御批历代通鉴辑览》，里面有乾隆皇帝的上谕和御批。"1949 年 10 月，毛泽东邀请他的好同学周世钊，到北京中南海家中做客时，又问到柳潜，再一次强调说："柳先生对我帮助和鼓励很大""是位教育家"，并请周世钊回湖南后，帮助打听他这位阔别 30 多年的先生，并代他进行慰问。还说，如果柳先生不在人世，请周世钊打听柳先生的夫人及其后人，如有生活困难，代他进行帮助。这也是中华民族"滴水之恩，当涌泉相报"的美德，在毛泽东身上的集中体现。

毛泽东与柳潜的这段师生交往的时间并不是很长，1912 年 7 月毛泽东就从湖南全省公立高等中学退学，进行他认为的"极有价值"的自修生活，但在这半年的时间里，柳潜对毛泽东的悉心培养和诚挚鼓励，为毛泽东走向更广阔的天地提供了坚实基础和强大动力，让毛泽东受益终身。如果说，柳潜称赞毛泽东"目光如炬""自是伟大之器"，是非常中肯的话，那么，发现毛泽东的"目光如炬""自是伟大之器"的柳潜，自身也是一个"目光如炬"的伯乐。

2005年6月，长沙市一中经过多方查寻，在柳潜的故乡湘阴县三塘乡岳云村发现了柳潜的墓碑。柳潜一生怀才不遇，境遇坎坷，但柳潜以其识才的慧眼、爱才的胸怀发现和培养了毛泽东的“伟大之器”，在自己的人生中留下了光辉的一笔。

关于“徙木立信”，《史记·商君列传》中的原文是：

> 令既具，未布。恐民之不信己，乃立三丈之木于国都市南门，募民有能徙之北门者，予十金。民怪之，莫敢徙。复曰：“能徙者，予五十金。”有一人徙之，辄予五十金，以明不欺。卒下令。

译成现代汉语的大意是：

商鞅变法的条令已准备就绪，还没公布，担心百姓不相信自己，于是在国都集市的南门竖起一根三丈高的木头，招募有能把这根木头搬到北门的人，赏十两银子。百姓对此感到奇怪，不敢去搬。后又说，“能搬木头的人赏五十两银子”。有一个人搬了木头，就给了他五十两银子，用来表明没有欺骗（百姓）。最后颁布了法令。

老百姓说：“左庶长的命令不含糊。”商鞅知道，他的命令已经起了作用，就把他起草的新法令公布了出去。新法令赏罚分明，规定官职的大小和爵位的高低以打仗立功为标准。贵族没有军功的就没有爵位；多生产粮食和布帛的，免除官差；凡是为了做买卖和因为懒惰而贫穷的，连同妻子儿女都罚做官府的奴婢。

秦国自从商鞅变法以后，农业生产增加了，军事力量也强大了。不久，秦国进攻魏国的西部，从河西打到河东，把魏国的都城安邑也打了下来。

其实在商鞅树木立威之前，吴起也采用过同样的手段。在吴起任西河郡长官时，把一根木头立在城南，规定谁能推倒木头就封他做长大夫的官。结果真有人这样做了，做到的人也被封了官了。商鞅的做法流传下来而吴起的则没有。

1913年，毛泽东在他的课堂笔记《讲堂录》里记载：“秦用商君之法，人以富，国以强，诸侯不敢抗，及七君而天下为秦。使天下为秦者，商君也。”

(《毛泽东早期文稿》，湖南人民出版社 1990 年版，第 602 页）高度评价了商鞅变法的历史意义。

晚年毛泽东，认定商鞅是正宗的法家。1968 年 10 月，在中共八届十二中全会闭幕会上，他说："拥护孔夫子的，我们在座的有郭老（沫若），范老（文澜）基本上也有点崇孔啰，因为你那个书上有孔夫子的像呢。冯友兰就是拥孔夫子的啰。我这个人比较有点偏向，就不那么高兴孔夫子。看了说孔夫子是代表奴隶主、旧贵族，我偏向这一方面，不赞成孔夫子是代表那个时候新兴地主阶级。因此，我跟郭老在这一点上不那么对。你那个《十批判书》崇儒反法，在这一点上我也不那么赞成。但是，在范老的书上，对于法家是给了地位的。就是申不害、韩非这一派，还有商鞅、李斯、荀卿传下来的。"(《希望》1992 年新总第 1 期）

（3）韩 非

第一，韩非"是中国历史上有名的大法家"。

韩非（约前 280—前 233），韩国都城新郑（今河南郑州新郑）人，战国晚期杰出的思想家、哲学家和散文家。韩王之子，荀子学生，李斯同学。他是法家的代表人物，提出商鞅的"法"、申不害的"术"、慎到的"势"三者结合的法治思想，是法家思想的集大成者；韩非将老子的辩证法、朴素唯物主义与法融为一体。

韩非深爱自己的祖国，但他并不被韩王所重视，而秦王却为了得到韩非而出兵攻打韩国。韩非入秦后陈书秦王弱秦保韩之策，终不为秦王所用。韩非因弹劾上卿姚贾，而招致姚贾报复，遂入狱。后李斯入狱毒之。韩非人虽死，但是其法家思想却被秦王嬴政所重用，奉《韩非子》为秦国治国经要，最终统一六国。韩非的思想深邃而又超前，对后世影响深远。

《韩非子》共五十五篇，十万余字。在先秦诸子散文中独树一帜。

当毛远新谈到已看完了"二十四史"和《资治通鉴》并正在看李斯的《论统一书》和《韩非子》时，毛泽东说："这些书你都应该看，只看一遍不行，至少要看五遍，一部《资治通鉴》我就看了五遍。你说的《韩非子》我年轻时就看过几遍，其中的《说难》《孤愤》《五蠹》都能背得下来。这个韩非和李斯都是荀况的学生，也都是中国历史上有名的大法家。后来，李斯做了秦始皇的宰相，怕韩非夺权，就在公元前233年把他杀了。所以韩非感叹说：'上古竞于道德，中世逐于智谋，当今争于气力。'他讲的这个'气力'，其实就是'权力'。韩非为什么被李斯杀了，就是因为李斯的权力比他大。'力多则人朝，力寡则朝于人，故明君务力。'高明的皇帝一定要控制权力，秦始皇听了韩非的劝告，搞了个中央集权制。我们共产党也学秦始皇，搞'一党治天下'，就是要掌握住国家领导权。"（青野、介雷：《邓小平在1976年》，春风文艺出版社1993年版，第45—46页）

毛泽东评点《史记·老子韩非列传》：韩非师从于荀子，战国时期法家的代表人物，他提出的法治、术治、势治三者合一的封建君王统治术，对后世影响很大。（《毛泽东历史笔记解析》，红旗出版社1993年版，第57页）

第二，"韩非囚秦，说难孤愤"。

1962年1月30日，毛泽东在《扩大的中央工作会议上的讲话》中说：

> 降到下级机关去做工作，或者调到别的地方去做工作，那又有什么不可以呢？一个人为什么只能上升不能下降呢？为什么只能做这个地方的工作不能调到别的地方去呢？我认为这种下降和调动，不论正确与否，都是有益处的，可以锻炼革命意志，可以调查和研究许多新鲜情况，增加有益的知识，我自己就有这一方面的经验，得到很大的益处。不信，你们不妨试试看。司马迁说过："文王拘而演周易，仲尼厄而作春秋。屈原放逐，乃赋离骚。左丘失明，厥有国语。孙子膑足，兵法修列。不韦迁蜀，世传吕览。韩非囚秦，说难孤愤。诗三百篇，大抵贤圣发愤之所为作也。"这几句话当中，所谓文王演周易，孔子作春秋，究竟有无此事，近人已有怀疑，我们可以不去理它，让专家们去解决吧，但司马迁是相信有其事的。文王拘仲尼厄，则确有其事。司马迁讲的这些事情，除左丘失明一例以外，都是指当时上级领导者对他们作了错误处理的。我们过去也错误地处理过一些干部，对这些人不论是全部处理错了的，或者是部分处理错了的，都应当按照具体情况，加以甄别和平反。但是，一般地说，这种错误处理，让他

们下降，或者调动工作，对他们的革命意志总是一种锻炼，而且可以从人民群众中吸取许多新知识。我在这里申明，我不是提倡对干部，对同志，对任何人，可以不分青红皂白，作出错误处理，像古代人拘文王，厄仲尼，放逐屈原，去掉孙膑的膝盖骨那样。我不是提倡这样做，而是反对这样做的。我是说，人类社会的各个历史阶段，总是有这样错误处理的事实。在阶级社会，这样的事实多得很。在社会主义社会，也在所难免。不论在正确路线领导的时期，还是在错误路线领导的时期，都在所难免。不过有一个区别。在正确路线领导的时期，一经发现有错误处理的，就能甄别、平反，向他们赔礼道歉，使他们心情舒畅，重新抬起头来。

（《毛泽东文集》，人民出版社 1999 年版，第 291—292 页）

其实，早在 1949 年 12 月，毛泽东在去苏联的列车上，曾和俄文翻译师哲（陕西韩城人，和司马迁同乡）谈论起司马迁。当时，师哲说："司马迁也确实称得上一代人杰，身心蒙受了那么大的屈辱，居然能潜心著书，写出了'无韵之离骚，千古之绝唱'的《史记》！"经典古籍烂熟于胸的毛泽东连连点头，随口背诵出了司马迁《报任安书》中的一段话："'文王拘而演《周易》，仲尼厄而作《春秋》，屈原放逐，乃赋《离骚》，左丘失明，厥有《国语》，孙子膑脚，兵法修列，不韦迁蜀，世传《吕览》，韩非囚秦，《说难》《孤愤》。诗三百篇，大抵圣贤发愤之为作也。'在这里，与其说司马迁是感叹厄运对人精神世界的砥砺，不如说是在抒发一种精神情怀，一腔抱负！"（曹英编：《震撼共和国的大阴谋》，团结出版社 1993 年版，第 29—30 页）

毛泽东在谈话和讲话中提到的韩非《说难》《孤愤》，都是韩非的代表作。两篇篇幅较长，我们且看《孤愤》：

智术之士，必远见而明察，不明察不能烛私；能法之士，必强毅而劲直，不劲直不能矫奸。人臣循令而从事，案法而治官，非谓重人也。重人也者，无令而擅为，亏法以利私，耗国以便家，力能得其君，此所为重人也。智术之士明察，听用，且烛重人之阴情；能法之士劲直，听用，且矫重人之奸行。故智术能法之士用，则贵重之臣必在绳之外矣。是智法之士与当涂之人，不可两存之仇也。

当涂之人擅事要，则外内为之用矣。是以诸侯不因，则事不应，故敌国为之讼；百官不因，则业不进，故群臣为之用；郎中不因，则不得近主，故左右为之匿；学士不因，则养禄薄礼卑，故学士为之谈也。此四助者，邪臣之所以自饰也。重人不能忠主而进其仇，人主不能越四助而烛察其臣，故人主愈弊而大臣愈重。

凡当涂者之于人主也，希不信爱也，又且习故。若夫即主心，同乎好恶，固其所自进也。官爵贵重，朋党又众，而一国为之讼。则法术之士欲干上者，非有所信爱之亲、习故之泽也，又将以法术之言矫人主阿辟之心，是与人主相反也。处势卑贱，无党孤特。夫以疏远与近爱信争，其数不胜也；以新旅与习故争，其数不胜也；以反主意与同好争，其数不胜也；以轻贱与贵重争，其数不胜也；以一口与一国争，其数不胜也。法术之士操五不胜之势，以岁数而又不得见；当涂之人乘五胜之资，而旦暮独说于前。故法术之士奚道得进，而人主奚时得悟乎？故资必不胜而势不两存，法术之士焉得不危？其可以罪过诬者，公法而诛之；其不可被以罪过者，以私剑而穷之。是明法术而逆主上者，不僇于吏诛，必死于私剑矣。朋党比周以弊主，言曲以便私者，必信于重人矣。故其可以功伐借者，以官爵贵之；其不可借以美名者，以外权重之。是以弊主上而趋于私门者，不显于官爵，必重于外权矣。今人主不合参验而行诛，不待见功而爵禄，故法术之士安能蒙死亡而进其说？奸邪之臣安肯乘利而退其身？故主上愈卑，私门益尊。

夫越虽国富兵强，中国之主皆知无益于己也，曰："非吾所得制也。"今有国者虽地广人众，然而人主壅蔽，大臣专权，是国为越也。智不类越，而不智不类其国，不察其类者也。人主所以谓齐亡者，非地与城亡也，吕氏弗制而田氏用之；所以谓晋亡者，亦非地与城亡也，姬氏不制而六卿专之也。今大臣执柄独断，而上弗知收，是人主不明也。与死人同病者，不可生也；与亡国同事者，不可存也。今袭迹于齐晋，欲国安存，不可得也。

凡法术之难行也，不独万乘，千乘亦然。人主之左右不必智也，人主于人有所智而听之，因与左右论其言，是与愚人论智也；人主之左右不必贤也，人主于人有所贤而礼之，因与左右论其行，是与不肖论贤也。智者决策于愚人，贤士程行于不肖，则贤智之士羞而人主之论悖矣。人臣之欲得官者，其修士且以精洁固身，其智士且以治辩进业。其修士不能以货赂事人，恃其精洁而更不能以枉法为治。则修智之士不事左右，不听请谒矣。人主之左右行非伯夷也，求索不得，货赂不至则精乱之功息，而毁诬之言起矣。治乱之功制于近习，精洁之行决于毁誉，则修智之吏废，则人主之明塞矣。不以功伐决智行，不以参伍审罪过，而听左右近习之言，则无能之士在廷，而愚污之吏处官矣。

万乘之患大臣太重，千乘之患左右太信，此人主之所公患也。且人臣有大罪，人主有大失，臣主之利与相异者也。何以明之哉？曰主利在有能而任官，臣利在无能而得事；主利在有劳而爵禄，臣利在无功而富贵；主利在豪杰使能，臣利在朋党用私。是以国地削而私家富，主上卑而大臣重。故主失势而臣得国，主更称蕃臣，而相室剖符。此人臣之所以谲主便私也。故当世之重臣，主变势而得固宠者，十无二三，是其故何也？人臣之罪大也。臣有大罪者，其行欺主也，其罪当死亡也。智士者远见而畏于死亡，必不从重人矣；贤士者修廉而羞与奸臣欺其主，必不从重臣矣。是当涂者之徒属，非愚而不知患者，必污而不避奸者也。大臣挟愚污之人，上与之欺主，下与之收利侵渔，朋党比周，相与一口，惑主败法，以乱士民，使国家危削，主上劳辱，此大罪也。臣有大罪而主弗禁，此大失也。使其主有大失于上，臣有大罪于下，索国之不亡者，不可得也。

关于《孤愤》的写作动机，《史记·老子韩非列传》说：“（韩非）悲廉直不容于邪枉之臣，观往者得失之变，故作《孤愤》……”司马贞索引曰：“孤愤，愤孤直不容于时也。”所以孤愤就是因孤高嫉俗而产生的一种愤慨之情。《孤愤》的主旨是抒发对“重人”即奴隶主贵族擅权的愤怒。他无情地揭露奴隶主贵族专横跋扈、结党营私、培植私人势力的种种罪行，抗议当权者对“智术之师”“能法之士”即法家人士的公开镇压和阴谋暗杀的血腥政策，赞扬法家的极力抗争；后半篇则强调了加强中央集权的地主阶级专政的必要性。由于韩非看不到劳动人民的力量，感到势单力薄，但他仍以“不可两存之仇”的气概坚持斗争，并充满胜利的信心。

毛泽东在讲话和谈话中，两次引用“韩非囚秦，《说难》《孤愤》”的话，不是发思古之幽情，是为了解决现实问题。因为，20 世纪 50 年代“反右”“大跃进”“庐山会议”等政治运动，“错误处理”了不少人。1962 年 1 月，中央召开的扩大的中央工作会议，毛泽东称之为“出气会”，亲自做自我批评，承担责任，旨在纠正中央的一些做法。并现身说法，说明受到错误处理，可以锻炼意志，既可以使受到错误处理的同志消气，又教育了广大干部。

第三，“卞和献璞，三（两）刖其足”。

1958 年 5 月 18 日，毛泽东在《卑贱者最聪明，高贵者最愚蠢》一文中写道：

此件印发大会同志阅读。请中央各工业交通部门各自收集材料，编印一本近三百年世界各国（包括中国）科学、技术发明家的通俗简明小传（小册子）。看一看是否能够证明：科学、技术发明大都出于被压迫阶级，即是说，出于那些社会地位较低、学问较少、条件较差、在开始时总是被人看不起甚至受打击、受折磨、受刑戮的那些人。这个工作，科学院和大学也应当做，各省市自治区也应当做。各方面同时并举。如果能够有系统地证明这一点，那就将鼓舞很多小知识分子、很多工人和农民，很多新老干部打掉自卑感，砍去妄自菲薄，破除迷信，振奋敢想、敢说、敢做的大无畏的创造精神，对于我国七年赶上英国、再加八年或者十年赶上美国的任务，必然会有重大的帮助。卞和献璞，三（两）刖其足；“函关月落听鸡度”，出于鸡鸣狗盗之辈。自古已然，于今为烈，难道不是的吗？

这是毛泽东为中共八大二次会议印发倪伟、王光中 1958 年 5 月 3 日关于安东机器厂试制成功 30 匹马力拖拉机，给国家计划委员会主任李富春、副主任贾拓夫的报告所写的批语中的最后几句。

安东机器厂是个小修配厂，竟然造出30匹马力的拖拉机，毛泽东从中看出广大工人的极大创造性，并进而联想到世界上近三百年的发明创造，很多也出自“社会地位较低、学问较少、条件较差”的普通工人、农民，因而作出“卑贱者最聪明，高贵者最愚蠢”的论断。文章最后还援引我国古代和氏之璧与鸡鸣狗盗之辈两个例子作证。

和氏之璧，典出《韩非子·和氏》：

> 楚人和氏得玉璞楚山中，奉而献之厉王。厉王使玉人相之，玉人曰：“石也。”王以和为诳，而刖其左足。及厉王薨，武王即位，和又奉其璞而献之武王。武王使玉人相之，又曰：“石也。”王又以和为诳，而刖其右足。武王薨，文王即位，和乃抱其璞而哭于楚山之下，三日三夜，泣尽而继之以血。王闻之，使人问其故，曰：“天下之刖者多矣，子奚哭之悲也？”和曰：“吾非悲刖也，悲夫宝玉而题之以石，贞士而名之以诳，此吾之所以悲也。”王乃使玉人理其璞而得宝焉，遂命曰“和氏之璧”。

这则故事写卞和献出一块未经开凿的玉石，先后两次以欺君罪被砍掉双脚，后又献给楚文王，文王使玉工理之，果得宝玉。表示珍宝要被人识有个过程，也说了卑贱者最聪明。

1959年12月至1960年2月，毛泽东参加讨论苏联《政治经济学教科书》（第三版）时，讲了《韩非子·和氏》中卞和献璞的故事。他说：“卞和坚持真理，坚定地认为自己的玉是好的，第三次献上去，确实证明这是块好玉，才取得了人们的信任。所以，任何真理都要使人相信，绝不是一帆风顺。”（《党的文献》1994年第5期）

此外，毛泽东还在自己的著作和讲话、谈话中，运用过《韩非子》中的成语和典故，如兵不厌诈、自相矛盾、循名责实等。

（4）李　斯

第一，“李斯是法家”。

李斯（约前284—约前208），姓李，名斯，字通古，战国末期楚国上蔡（今河南上蔡西南）人，秦代著名的政治家、文学家和书法家。李斯早年为郡小吏，后从荀子学帝王之术，学成入秦。初被吕不韦任以为郎。后劝说秦王政灭诸侯、成帝业，被任为长史。秦王采纳其计谋，遣谋士持金玉游说关东六国，离间各国君臣，又任其为客卿。秦王政十年（前237）由于韩人间谍郑国入秦，秦王下令驱逐六国客卿。李斯上《谏逐客书》阻止，被秦王所采纳，不久官为廷尉。在秦王政灭六国的事业中起了较大作用。秦统一天下后，与王绾、冯劫议定尊秦王政为皇帝，并制定有关的礼仪制度。被任为丞相。他建议拆除郡县城墙，销毁民间的兵器；反对分封制，坚持郡县制；又主张焚烧民间收藏的《诗》《书》等百家语，禁止私学，以加强中央集权的统治。还参与制定了法律，统一车轨、文字、度量衡制度。秦始皇死后，他与赵高合谋，伪造遗诏，迫令始皇长子扶苏自杀，立少子胡亥为二世皇帝。后为赵高所忌，于秦二世二年（前208）被腰斩于咸阳闹市，并夷三族。

1965年6月，在与越南胡志明主席谈话时，毛泽东说：秦始皇用李斯，李斯是法家，是荀子的学生。李斯是楚国人，是秦相吕不韦的门客。公元前237年，因吕不韦被黜罢相事，秦宗室贵族提出驱逐六国关东籍人员。李斯写一篇《谏逐客书》，被秦王政（秦始皇）采纳。此后，李斯以他的才干和见识，受到秦王重用。

1964年8月30日，毛泽东在一次谈话中，谈及黄河流域的水利建设时，他说：“齐桓公九合诸侯，订立五项条约，其中有水利一条，行不通。秦始皇统一中国，才行得通。秦始皇是个好皇帝，焚书坑儒，实际上坑了460人，是属于孟夫子一派的。其实也没坑光，叔孙通就没有被杀么。孟夫子一派主张法先王，厚古薄今，反对秦始皇；李斯是拥护秦始皇的，属于荀子一派，主张法后王，后王就是齐桓、晋文，秦始皇也算。我们有许多事情行不通，秦始皇那时也有许多事情行不通。”（《希望》1992年新总第1期）

综上所述，毛泽东认为李斯是法家。这是为什么呢？荀子（前313—前238），名况，战国末期赵国人，先秦著名思想家、文学家、政治家，儒家代表人物之一。早年游学于齐，曾三次担任齐国学宫之长。后为楚兰陵令。晚年从事教学和著述，韩非、李斯都是他的入室弟子。

那么，儒学大师怎么能教出法家学生呢？这是因为荀子的思想不纯是儒家思想，也有法家思想成分。具体说有两点：

其一，与孔、孟相比，荀子的思想具有更多的现实主义倾向。他在重视礼义道德教育的同时，也强调了政法制度的惩罚作用。在国家治理上，荀子非常看重“礼”。对礼法、王霸之争，荀子提出了“隆礼尊贤而王，重法爱民而霸”的命题。荀子的礼法兼施、王霸统一，是对礼法、王霸之争的总结，开创了汉代儒法合流、王霸杂用的先河。

其二，荀子在历史观上提出了厚今薄古的“法后王”说，所谓“后王”盖指“近时”之圣王或可能成为王者的“天下之君”，即理想的最高统治者。他认为“先王”的时代久远，事迹简略，不如近世的后王可靠，所谓“欲观圣王之迹，则于其粲然者矣，后王是也”(《非相》)，即“法先王”必须通过“法后王”的途径才能实现。他主张“法后王”，又提倡继承“先王之道”，意在为封建统治阶级寻求理想的人格榜样。荀子批判以复古倒退为目的的“先王”观，指责“俗儒”们的“略法先王而足乱世，术缪杂学，不知法后王而一制度”(《儒效》)。“法后王，一制度”即是把一切都纳入新兴地主阶级大一统的制度与范围上来。

毛泽东指出“法后王”，后王就是齐桓公、晋文公、秦始皇。荀子虽没明说，但是是符合其原意的。

第二，“李斯的《谏逐客书》，有很大的说服力”。

1959年12月至1960年2月，毛泽东在杭州组织读书小组，研读苏联《政治经济学教科书》(第三版)。在研读时谈话记录如下：

“李斯的《谏逐客书》，有很大的说服力，那时候各国内部的关系，看起来是领主和奴隶的关系，每个家族都有自己的战车、武士，一个国家统一的程度很差。李斯是拥护秦始皇的，属于荀子一派的，主张法后王。(《党的文献》1994年第5期)

李斯的《谏逐客书》原文如下：

昔穆公求士，西取由余于戎，东得百里奚于宛，迎蹇叔于宋，求丕豹、公孙支于晋。此五子者，不产于秦，而穆公用之，并国二十，遂霸西戎。孝公用商鞅之法，移风易俗，民以殷盛，国以富强，百姓乐用，诸侯亲服，获楚、魏之师，举地千里，至今治强。惠王用张仪之计，拔三川之地，西并巴蜀，北收上郡，南取汉中，包九夷，制鄢、郢，东据成皋之险，割膏腴之壤，遂散六国之从，使之西面事秦，功施到今。昭王得范雎，废穰侯，逐华阳，强公室，杜私门，蚕食诸侯，使秦成帝业。此四君者，皆以客之功。由此观之，客何负于秦哉！向使四君却客而不内，疏士而弗用，是使国无富利之实，而秦无强大之名也。

今陛下致昆山之玉，有和随之宝，垂明月之珠，服太阿之剑，乘纤离之马，建翠凤之旗，树灵鼍之鼓：此数宝者，秦不生一焉，而陛下说之，何也？必秦国之所生然后可，则夜光之璧不饰朝廷，犀象之器不为玩好；郑魏之女不充后宫；而骏良駃騠不实外厩，江南金锡不为用，西蜀丹青不为采。所以饰后宫、充下陈、娱心意、说耳目者，必出于秦然后可，则是宛珠之簪、傅玑之珥、阿缟之衣、锦绣之饰不进于前，而随俗雅化、佳冶窈窕赵女不立于侧也。夫击瓮叩缶，弹筝搏髀，而歌呼呜呜快耳目者，真秦之声也；郑、卫、桑、间、韶、虞、武、象者，异国之乐也。今弃叩缶击瓮而就郑卫，退弹筝而取韶虞，若是者何也？快意当前，适观而已矣。今取人则不然，不问可否，不论曲直，非秦者去，为客者逐，然则是所重者在乎色、乐、珠、玉，而所轻者在乎民人也。此非所以跨海内、制诸侯之术也。

臣闻地广者粟多，国大者人众，兵强则士勇。是以泰山不让土壤，故能成其大；河海不择细流，故能就其深；王者不却众庶，故能明其德。是以地无四方，民无异国，四时充美，鬼神降福，此五帝、三王之所以无敌也。今乃弃黔首以资敌国，却宾客以业诸侯，使天下之士，退而不敢西向，裹足不入秦，此所谓藉寇兵而赍盗粮者也。

夫物不产于秦，可宝者多；士不产于秦，而愿忠者众。今逐客以资敌国，损民以益仇，内自虚而外树怨于诸侯，求国之无危，不可得也。

《谏逐客书》是公元前228年李斯写给秦始皇的一封信，见于《史记·李斯列传》，《昭明文选》收录时，改题为《上书秦始皇》。

公元前237年，韩国派到秦国帮助修渠的郑国，离间在秦国做事的客卿时被发现，秦宗室大臣上言秦王“请一切逐客”，李斯也在被逐之列。他写了这封信给秦王（即后来的秦始皇）。

在信中，李斯首先列举了从秦穆公以来等五位国君任用客卿取得的成绩，充分肯定了客卿的功劳。接着，针对“一切逐客”的口号，列举种种器物玩好，虽不产于秦，而秦用之，以其与异国人才相比，痛斥“必秦之所处然后可”的谬论；然后揆之以理，晓以利害，指出不加区别地赶走一切外来的人，就等于“藉寇兵而赍盗粮”，帮助了敌国。

秦王看后，采纳了李斯的意见，“乃除逐客之令，复李斯官”。此篇语言整饰，辞采华丽，对比、排偶句式的运用，大量比喻的采纳，使全文说理透辟，形象生动鲜明，气势强盛，具有很强的说服力。刘勰在《文心雕龙·论说》中称：“李斯之止逐客，并顺情入机，动言中务，虽批逆鳞，而功成计合，此上书之善说也。”鲁迅在《汉文学史纲要》中评论说：“秦之文章，李斯一人而已。”毛泽东评价说“李斯的《谏逐客书》，有很大的说服力”，是符合实际的。另外，秦始皇用李斯，而李斯是法家，法家是办实事的，这大概也是毛泽东推崇李斯的一个原因。

5. 兵　家

兵家是中国先秦、汉初研究军事理论，从事军事活动的学派，诸子百家之一。自古以来，兵家一直是受到重视的。据《汉书·艺文志》记载，兵家又分为兵权谋家、兵形势家、兵阴阳家和兵技巧家四类。兵家的代表作品有《孙子兵法》《孙膑兵法》《吴子》《六韬》《尉缭子》等。兵家著作中含有丰富的朴素唯物论和辩证法思想。兵家的实践活动与理论，影响当时及后世甚大，为中国古代宝贵的军事思想遗产。兵家的代表人物有春秋时的孙武、司马穰苴，战国时的孙膑、吴起、尉缭、赵奢、白起，汉初的张良、韩信等。

（1）孙　武

第一，兵家始祖孙武。

孙武（约前535—？），字长卿，齐国乐安（今山东广饶）人，齐国贵族、将门之后。后人尊称其为孙子、孙武子、兵圣、百世兵家之师、东方兵学的鼻祖，中国古代著名军事家。孙武年轻时得以阅读古代军事典籍《军政》，了解黄帝战胜四帝的作战经验以及古代名相伊尹、姜尚、管仲的用兵策略。约公元前517年，孙武因不堪齐国攻争频仍，于是离开故乡千乘，南下吴国，并在吴国结识了因避难而来的伍子胥，自此成为莫逆之交。公元前496年，吴王阖闾不听孙武劝阻，出兵攻打新即位的越王勾践，结果大败，气愤病死。孙武及伍子胥帮助阖闾之子夫差治国练兵，并助夫差大败勾践，报仇雪恨。

春秋中后期，战争十分频繁，为了适应战争的需要，兵家的出现，适应了春秋战国封建制取代奴隶制的激烈斗争的需要。“国之大事，在祀与戎”，即国家重要的事情是祭祀与带兵打仗。因此，一些有识之士，纷纷研究如何“擒敌立胜”的军事理论而著书立说，从而形成了一批军事理论家，这就是兵家。

孙武所处的时代在春秋后期。他出身贵族家庭，又是武将世家，因而他有条件受到良好的教育，并掌握军事文献和有关的档案材料。相传孙武晚年退隐江湖，他总结春秋时代丰富的战争经验和规律以及自己的战争经验，使之上升为军事理论，写成《孙子兵法》这部伟大著作，成为兵家始祖。这是就春秋战国时期“百家争鸣”中的兵家而言的。

为什么说兵家始祖是孙武呢？比孙武略早的司马穰苴也曾作兵法。司马穰苴是田完的后裔，因为他官为大司马，故称司马穰苴。后来在齐威王时，“使大夫追论古者《司马兵法》，而附穰苴于其中，因号曰《司马穰苴兵法》”。但比孙武的《孙子兵法》早的古《司马法》，主要内容是军礼、军制。上面谈到《六韬》成书较晚，只是托名为姜太公所作。真正讲军事理论、总结战争规律的兵书，应以《孙子兵法》为最早。它也是世界上最早的兵书，在世界军事思想史，特别是在战略思想上有突出的贡献，得到过美国军事理论家柯林的高度赞誉。柯林在1973年出版的《大战略》一书中说："孙子十三篇可与历代名著包括二千二百年后克劳塞维茨的著作媲美。"正是在这种意义上，我们说孙武是兵家始祖。

第二，孙武是"中国古代大军事家"。

毛泽东非常推崇孙子，称他为"中国古代大军事家"。(《毛泽东选集》第一卷，人民出版社1991年版，第182页》) 毛泽东又说："在几千年前，中国有这样的兵书，真是件了不起的事。"(《一代儒将郭化若纪念文集》，军事科学出版社1999年版，第631页) 对孙子的军事思想评价很高。

孙武的不朽名著《孙子兵法》共十三篇：《始计》《作战》《谋攻》《军形》《兵势》《虚实》《军争》《九变》《行军》《地形》《九地》《火攻》《用间》。1972年在山东临沂银雀山汉墓中出土的《孙子兵法》残简中，除十三篇外，还有《吴问》《四变》《黄帝伐赤帝》《地势二》《见吴王》五篇佚文。

例如，《始计》篇第一：

> 孙子曰：兵者，国之大事，死生之地，存亡之道，不可不察也。
>
> 故经之以五事，校之以七计，而索其情。
>
> 一曰道，二曰天，三曰地，四曰将，五曰法。道者，令民于上同意，可与之死，可与之生，而不畏危也。天者，阴阳、寒暑、时制也。地者，高下、远近、险易、广狭、死生也。将者，智、信、仁、勇、严也。法者，曲制、官道、主用也。凡此五者，将莫不闻，知之者胜，不知之者不胜。
>
> 故校之以七计，而索其情。曰：主孰有道？将孰有能？天地孰得？法令孰行？兵众孰强？士卒孰练？赏罚孰明？吾以此知胜负矣。
>
> 将听吾计，用之必胜，留之；将不听吾计，用之必败，去之。计利以听，乃为之势，以佐其外。势者，因利而制权也。
>
> 兵者，诡道也。故能而示之不能，用而示之不用，近而示之远，远而示之近。利而诱之，乱而取之，实而备之，强而避之，怒而挠

之，卑而骄之，佚而劳之，亲而离之，攻其无备，出其不意。此兵家之胜，不可先传也。

夫未战而庙算胜者，得算多也；未战而庙算不胜者，得算少也。多算胜，少算不胜，而况于无算乎！吾以此观之，胜负见矣。

这篇讲的是庙算，即出兵前在庙堂上比较敌我的各种条件，估算战事胜负的可能性，并制订作战计划。

再如，《谋攻》篇第三：

孙子曰：夫用兵之法，全国为上，破国次之；全军为上，破军次之；全旅为上，破旅次之；全卒为上，破卒次之；全伍为上，破伍次之。是故百战百胜，非善之善也；不战而屈人之兵，善之善者也。

故上兵伐谋，其次伐交，其次伐兵，其下攻城。攻城之法，为不得已。修橹轒辒，具器械，三月而后成；距堙，又三月而后已。将不胜其忿而蚁附之，杀士卒三分之一，而城不拔者，此攻之灾也。故善用兵者，屈人之兵而非战也，拔人之城而非攻也，毁人之国而非久也，必以全争于天下，故兵不顿而利可全，此谋攻之法也。

故用兵之法，十则围之，五则攻之，倍则战之，敌则能分之，少则能逃之，不若则能避之。故小敌之坚，大敌之擒也。

夫将者，国之辅也。辅周则国必强，辅隙则国必弱。故君之所以患于军者三：不知军之不可以进而谓之进，不知军之不可以退而谓之退，是谓縻军；不知三军之事而同三军之政，则军士惑矣；不知三军之权而同三军之任，则军士疑矣。三军既惑且疑，则诸侯之难至矣。是谓乱军引胜。

故知胜有五：知可以战与不可以战者胜；识众寡之用者胜；上下同欲者胜；以虞待不虞者胜；将能而君不御者胜。此五者，知胜之道也。

故曰：知彼知己，百战不殆；不知彼而知己，一胜一负；不知彼不知己，每战必败。

这篇讲的是以智谋攻城，即不专用武力，而是采用各种手段使守敌投降。

毛泽东指出：承继珍贵的历史遗产，“对于指导当前的伟大的运动，是有重要的帮助的”。（《毛泽东选集》合订本，第499页）他又指出：孙子兵法乃是“科学的真理”。这些“科学的真理”主要有下列几点：

第一，孙子揭示的战争规律，在当前仍然是指导战争实践的重要原理。孙子的名言：“知彼知己，百战不殆。”他又说：“知胜有五：知可以战与不可以战者胜；识众寡之用者胜；上下同欲者胜；以虞待不虞者胜；将能而君不御者胜。”（《谋攻》）这些话，阐述战争取胜的法则，何等精练而明晰！他认为，战争取胜的关键：“一曰道……道者，令民与上同意也。”（《始计》）他把政治上的上下一致、同心同德作为制胜的首要条件。同时，他又十分重视战争双方的经济实力，指出：“地生度，度生量，量生数，数生称，称生胜。”（《军形》）他并强调，军事上的优劣往往在战争中起决定作用，战争的胜负最终要看“将孰有能”“兵众孰强士卒孰练”。

第二，在外交上争取同盟者（“伐交”），利用天时、地形等条件，也都是战争中不可忽视的手段。上述这些战争规律，对于今天显然是同样适用的。其次，孙子论述的治军原则，有许多可以作为当前建军工作的借鉴。孙子列举军队的将帅必须具备的品质，曰：“将者，智、信、仁、勇、严也。”（《始计》）这五种品质，说得何等简练精彩！孙子认为，军队要建立健全的法制。他说：“法者，曲制、官道、主用也。”（《始计》）亦即要有严密的部队编制、官吏职能和供应系统。孙子强调，军队在平时要经常进行“金鼓”“旌旗”等信号的训练；并要赏罚严明，“令之以文，齐之以武”（《行军》）。只有这样，才能在战时“勇者不得独进，怯者不得独退”（《军争》）；“治众如治寡”“斗众如斗寡”（《兵势》）。三军团结得像一个人，发挥出巨大的威力。孙子还对军队中的官兵关系，发表过很好的意见。研究上述这些治军原则，无疑会对今天的军队建设，起到积极的促进作用。

第三，孙子总结的许多战略战术，在当前条件下仍相当有效和切实可行。孙子主张战前必须充分准备。他指出：“昔之善战者，先为不可胜，以待敌之可胜。”（《始形》）战争时要运用计谋，使“兵不顿而利可全”（《谋攻》)；在战争过程中，应牢牢把握主动权，“致人而不致于人”(《虚实》)；要灵活机动地与敌人周旋，“避实而击虚”“攻其所必救”(《虚实》)；军事行动必须严守机密，神出鬼没，使敌人“难知如阴”(《军争》)。孙子又提出，与敌军对峙时，应以“诡诈”之法取之，“能而示之不能”“攻其无备，出其不意”(《始计》)；战争中并应“治气”“治心”“治力”，避锐击惰，“以佚待劳”；进行每一个战役，我方的兵力要尽量集中，使“我专而敌分”；作战时应把兵力分成正兵与奇兵两部分，“以正合，以奇胜”(《兵势》)。熟记孙子的这些战略战术，必将大大提高用兵者的指挥艺术。

第四，孙子阐述的哲学观点，可以丰富和充实当前的唯物辩证法思想。孙子强调，要认识客观事物，“不可取于鬼神”(《用间》)，而必须通过实践活动。他说：“作之而知动静之理”“角之而知有余不足之处”(《虚实》)。他认为，感官所得的表面现象，应通过思索而深入认识其本质，在《行军》中，他列举了三十余种这样的例子。孙子在掌握客观规律性与发挥主观能动性、如何促使对立面的转化等方面，都有许多具体生动的论证。

第五，孙子的政治主张，对治理国家提出了不少有益的意见。孙子曰：“兵者，国之大事，死生之地，存亡之道，不可不察也。”(《始计》)任何执政者对于用兵作战必须持十分审慎的态度。孙子又说：“善用兵者，修道而保法。”(《军形》)所谓“修道”，就是要修明政治，使上下同心；“保法”则是要健全各种法制，他还指出：官吏应当精简。要让人民富裕。“主敛臣收，以御富民”，就能成为“固国”(银雀山汉墓竹简《孙子兵法·吴问》)。这些主张，无疑是治国的良方。

第六，孙子的军事理论，还能运用于企业管理、市场竞争和各项比赛活动。孙子关于将帅五种品质的论述，对一个企业领导来说，也是必须具备的。在官兵关系方面，孙子主张“视卒如爱子”(《地形》)，“与众相得”(《行军》)。如果企业领导与职工群众能保持这样的关系，则企业的效益必将大大增长。其他如孙子主张的战前“庙算”“知彼知己”“先为不可胜”“善出奇”“以上智为间”等，都可以作为进行各类竞赛活动的座右铭。

第七，《孙子兵法》“仍是科学的真理”

毛泽东在自己的军事理论著作中，多次引用孙子的言论来阐述重要军事原理、原则。

1936年12月，毛泽东写成了标志其军事思想体系形成的不朽军事名著《中国革命战争的战略问题》一书，在其第一章第四节——“重要的问题在善于学习”中，他引用了孙子的名言“知彼知己，百战不殆”，以说明战争规律包括学习和使用两个阶段，告诉我们“不要看轻这句话”。（《毛泽东选集》第一卷，人民出版社1991年版，第182页）

在后来写的另一部军事名著《论持久战》中，毛泽东再次强调：“孙子的规律，‘知彼知己，百战不殆’，仍是科学的真理。”（《毛泽东选集》第二卷，人民出版社1991年版，第490页）

在《中国革命战争的战略问题》中，毛泽东援引孙子的“避其锐气，击其惰归”的话，并解释为“就是指的使敌疲劳沮丧，以求减杀其优势”。（《毛泽东选集》第一卷，人民出版社1991年版，第209页）毛泽东还引用孙子“示形”，即“示形于东而击于西，即所谓声东击西”，说明战争可以用欺骗，用计谋，兵不厌诈。又指出：“声东击西，是造成敌人的错觉之一法。”在同书谈及反“围剿”的准备时，毛泽东指出：“要求我军有备无患，根本上立于不败之地。”（《毛泽东选集》第四卷，人民出版社1991年版，第1179页）

他在1945年12月写的《一九四六年解放区工作的方针》中指出：“我党均须作持久打算，才能立于不败之地。”

在1946年7月写的《以自卫战争粉碎蒋介石的进攻》一文中，毛泽东又说：“总之，我们是一切依靠自力更生，立于不败之地。”

在他的诗词创作中，毛泽东也引用、化用或反用孙子的言论。毛泽东1928年秋所作《西江月·井冈山》中，就有“山下旌旗在望，山头鼓角相闻”两句，一般认为，源于《孙子兵法·军争》的话：“《军攻》曰：‘言不相闻，故为金鼓；视不相见，故为旌旗。’”至于《七律·人民解放军占领南京》一诗中“宜将剩勇追穷寇，不可沽名学霸王”的名句，则是反用孙子“穷寇勿迫”的话，召号“将革命进行到底”。

新中国成立后，毛泽东在阅读《汉书》时，对赵国深入西羌不追穷寇的策略则深表赞赏，在“穷寇不可追也”等语句旁画了着重线。

其实，早在毛泽东青年时期，《孙子兵法》就引起了他的注意。1913年10月至12月，他在湖南第一师范学校读书时写的《讲堂录》中，就记述了有关孙子的事情和《孙子兵法》中的内容，如《孙子集注序》：

“孙武子以兵为不得已，以久战多杀非理，以赫赫之功为耻，岂徒谈兵之祖，抑庶几立言君子矣。”

“百战百胜，非善之善者也；不战而屈人之兵，善之善者也。故善用兵者，无智名，无勇功。”（孙武《谋功》。按：《谋功》应为《谋攻》）。

“苏洵论曰，按言以责行，孙武不能辞三失：久暴师而越衅乘，纵鞭墓而荆怒放，失秦交而包胥救。言兵则吴劣于孙，用兵则孙劣于吴，矧祖其余论故智者乎？”

“孙武越羁旅臣耳，越不能尽行其说，故功成不受官。”（《毛泽东早期文稿》，湖南出版社1990年版，第595页）

1935年1月，在遵义会议上，凯丰等人责备毛泽东：你懂得什么马列主义？你顶多是看了些《孙子兵法》。还说毛泽东的军事策略是从《孙子兵法》学来的，现在用不上了。对这件事，毛泽东后来多次谈及：打仗的事怎能照本本去打？我问他《孙子兵法》共有几篇？第一篇的题目叫什么？他答不上来。其实自己也没有看过。从那以后，倒是逼着我再去翻了翻《孙子兵法》。

到了陕北以后，1936年10月26日，毛泽东致信叶剑英、刘鼎，要他们设法“买一部孙子兵法来”（《毛泽东书信选集》，人民出版社1983年版，第81页）。这时，环境相对安定，毛泽东为了总结革命战争经验，撰写军事理论著作，才系统地研读了《孙子兵法》。

新中国成立后，毛泽东多次讲到《孙子兵法》对他的影响很大（袁德金：《毛泽东和〈孙子兵法〉》，《说不尽的毛泽东》下卷，辽宁人民出版社1995年版，第234页）。1960年5月，毛泽东同英国陆军元帅蒙哥马利谈到军事著作时，他问蒙哥马利：“你没有看过两千年前我国的《孙子兵法》吧？里面很有些好东西。”蒙哥马利问：“是不是提到了更多的军事原则？”毛泽东说：“一些很好的原则。”（《毛泽东外交文选》，中央文献出版社、世界知识出版社1994年版，第425页）

此外，毛泽东还十分关心《孙子兵法》的研究工作。我军有一位研究《孙子兵法》的专家郭化若，几十年来研究《孙子兵法》，一直受到毛泽东的关怀。1939 年，当他知道郭化若研究孙子时，很高兴地说：要为了发扬中华民族的历史遗产去读孙子，要精滤《孙子兵法》中卓越的战略思想，批判地接受其对战争指导的法则，以新的内容去充实。研究孙子就要批判曲解孙子的思想，贻误中国抗战时机的思想。还说：必须深刻地研究孙子所处社会政治经济性质、哲学思想以及包括孙子以前的兵学思想，然后再对《孙子兵法》本身作研究。按照毛泽东的指点，郭化若用了三个月的业余时间，写出了长达四万字的《孙子兵法初探》提纲。毛泽东看了提纲后，让他在延安抗日战争研究会上作讲演。之后，又叫他作了整理，刊登于《八路军军政杂志》。新中国成立后，郭化若将此书取名《孙子今译》以单行本出版。

郭化若（1904—1995），原名郭可彬，曾用名郭俊英、郭化玉、郭化羽。福建福州人。1925 年进入黄埔军校第四期学习，同年加入中国共产党。1955 年授予中将军衔。原任南京军区第一副司令员。“文化大革命”期间，受到错误批判。1973 年 7 月 22 日，他给毛泽东写信，讲到自己“在介绍《孙子兵法》时写了错误严重的《代序》”“任意夸张《孙子兵法》”，把《孙子兵法》现代化，“又不积极修改赶早出版”。信中还向毛泽东请求分配工作。毛泽东接到郭化若的信后，写信给周恩来总理和主持中央军委日常工作的叶剑英副主席。信是这样写的：

总理、剑英同志：

请考虑可否给郭化若分配工作。并将孙子兵法改版，写一篇批判吸收性的序言。此信并请告郭。

毛泽东

73. 8. 4

同年，郭化若出任军事科学院副院长。

我们可以看出，毛泽东军事思想与中国传统的军事文化的密切联系。

（2）孙　膑

第一，“千古高手”孙膑。

孙膑（约前378—前316），其本名不传，是中国战国时期著名的军事家，孙武的后世子孙。齐国阿城（今山东阳谷东北）、鄄（今山东鄄城北）一带人。身长七尺（一尺合今23.1厘米），早年曾与庞涓一起学习兵法。后来，庞涓出任魏将，因嫉妒孙膑的才能，将他诓骗到魏国，施以膑刑（割去膝盖骨），所以称他孙膑。后来，他担任了齐威王的军师，先后在桂陵（今河南长垣西南）和马陵（今河北大名东南）两次大败魏军，最后擒杀庞涓。

孙膑是一个十分有才智的人，在明人冯梦龙编《智囊·制胜·孙膑》中记述：“魏伐赵，赵急，请救于齐。齐威王欲将孙膑，膑以刑余辞。乃将田忌而孙子为师，居辎车中，坐为计谋。田忌欲引兵救赵，孙子曰：‘夫解纷者不控卷，救斗者不搏戟。批亢捣虚，形格势禁，则自为解耳。今梁、赵相攻，轻兵锐卒必尽于外，老弱罢于内。君不若引兵疾走大梁，冲其方虚。彼必释赵而自救，是我一举解赵之困，而收敝于魏也。’忌从之，魏果去邯郸，与齐战于桂陵，大破梁军。”

毛泽东在此段文字的天头画了三个圈，评点道：“攻魏救赵，因败魏军，千古高手。”（读《智囊》卷二十二《智部·制胜卷·孙膑》批语，《毛泽东读文史古籍批语集》，中央文献出版社1993年版，第65—66页）

毛泽东认为孙膑能够掌握战略主动权，驾驭战争，调动敌人，在运动中削弱敌人，战胜敌人，是实践中国兵法的“千古高手”。

孙膑在辞官归隐之后，专心研究军事理论，写成了流传千古的军事名著——《孙膑兵法》。《孙膑兵法》又名《齐孙子》，这是为了与《孙子兵法》区别开来。《汉书·艺文志》称“《齐孙子》八十九篇，图四卷”，但是自从《隋书·经籍志》开始，便不见于历代著录，大概在东汉末年便已经失传。1972年，直到山东省临沂银雀山汉墓竹简出土，这部古兵法才开始重见天日。然而由于年代太远了，所以竹简残缺不全，损坏十分严重。最后，经竹简整理小组整理考证，文物出版社于1975年出版了简本《孙膑兵法》，共收竹简 364 枚，分上、下编，各十五篇。对于这批简文，学术界一般认为，上篇当属原著无疑，系在孙膑著述和言论的基础上经弟子辑录、整理而成；下篇内容虽与上篇内容相类，但也存在着编撰体例上的不同，是否为孙膑及其弟子所著尚无充分的证据。1985 年，文物出版社出版的《银雀山汉墓竹简（壹）》中，收入《孙膑兵法》凡 16 篇，系原上篇诸篇加上下篇中的《五教法》而成，其篇目依次为：《擒庞涓》《见威王》《威王问》《陈忌问垒》《篡卒》《月战》《八阵》《地葆》《势备》《兵情》《行篡》《杀士》《延气》《官一》《五教法》《强兵》。

第二，孙膑的军谋："驷马法"。

有三件事突出表现了孙膑杰出的军事才能，首先是"驷马法"。孙膑到齐国之后，很快见到齐国的大将田忌。田忌，一作田期、田期思，战国初期齐将，封于徐州，又称徐州子期。曾率军先后在桂陵、马陵打败魏军。田忌十分赏识孙膑的才能，便将他留在府中，以接待上宾的礼节来款待他。

田忌常常跟齐国的皇族公子们赛马。由于齐威王每个等级的马都比田忌的马强得多，所以比赛了几次，田忌都失败了。孙膑在场观察了多次，对田忌说："您尽管把赌注下得大些，我有办法保您取胜。"田忌非常相信孙膑，于是一下子就下了千金的赌注。到了比赛开始，孙膑告诉田忌说："现在用您的下等马与他们的上等马比赛，用您的上等马与他们的中等马比赛，然后用您的中等马与他们的下等马比赛。"田忌恍然大悟，依计而行。等到三场赛完，田忌输了一次，赢了两次，结果赢得齐王和王族公子的许多钱财。一向取胜的齐威王这次输了，大感惊讶，忙问田忌是何原因。田忌把孙膑找来，借机推荐给齐威王。

这个故事在我国已经家喻户晓，妇孺皆知。

孙膑的赛马之法，明小说家冯梦龙在其《智囊·兵智部·制胜卷·孙膑》中说："孙子同齐使之齐，客田忌所。忌素与齐诸公子逐射，孙子见其马足，不甚相远，马有上中下，乃谓忌曰："'君第重射，臣能令君胜。'与王及诸公子逐射千金，及临质。孙子曰：'今以君之下驷，与彼上驷；取君上驷，与彼中驷；取君中驷，与彼下驷。'既驰三辈毕，而田忌一不胜，而再胜，卒得五十金。”

孙膑这种比赛方法，被称为“驷马之法”。接着，冯梦龙引用唐太宗的话说：“向自经略四方，颇知用兵之要。每观敌阵，则知其强弱，尝以吾弱当其强，强当其弱。彼乘吾弱，奔逐不过数百步，吾乘其弱，必出其阵后，反而击之，无不溃散。盖用孙子之术。”书中写道，宋高宗问抗金名将吴磷作战的取胜之术，吴磷回答说：“弱者出战，强者继之。”宋高宗也说：“此孙膑驷马之法。”

毛泽东对于汇集了历史上近2000则智谋故事的《智囊》一书爱不释手，圈点批阅。在读了冯梦龙在《智囊》中对孙膑“驷马之法”的描写后，批注道：

“所谓以弱当强，就是以少数兵力佯攻敌诸路大军。所谓以强当弱，就是集中绝对优势兵力，以五六倍于敌一路之兵力，四面包围，聚而歼之。自古能军无出李世民之右者，其次则朱元璋耳。”

对“以弱当强”“以强当弱”的问题，毛泽东结合自己的军事实践，作出了科学的阐释，并指出这种作战方法在中国的古代军事家中以李世民、朱元璋两位皇帝运用得最好，说明了这种方法的普遍意义和永久的生命力，直到今天，它的精神还与现实生活密切相关，给人不少启发。比如两军交战、体育竞赛、商战等，都要求制订巧妙对策来战胜对方，谋求发展。

第三，孙膑的军功：“围魏救赵”与“马陵之役”。

“围魏救赵”是这样发生的：庞涓在魏国独揽军权，总想靠打仗提高身份与威望。周显王十五年（前354），魏将军庞涓发兵八万，以突袭的办法将赵国的都城邯郸（今河北邯郸）包围。

赵国抵挡不住，便派使者向齐国求救。

齐威王答应后，他知道孙膑的才能，便想要拜孙膑为大将，率兵援赵。孙膑辞谢说：“我是受过刑的残疾人，当大将会令敌人耻笑。还是请田大夫为将，我从旁出出主意吧！”齐威王想想也好，于是就拜田忌为主将，以孙膑为军师，发兵八万，率军救援赵国。

出兵前，田忌与孙膑一起研究作战方针。田忌认为应该率军北上直趋邯郸，与魏军决一死战，以解赵围。孙膑不赞成这种打法，他审时度势，提出应趁魏国国内兵力空虚之机，发兵直取魏都大梁（今河南开封），迫使魏军弃赵回救。他说：“要解开乱丝，可不能去生拉硬扯；要劝解人们的斗殴，可不能自己也参加进去。扼其要害而击其空虚，受形势的阻碍和限制，那么他自己就解除了。现在，魏国在攻打赵国，他们的精锐部队必定都在前线，老弱残兵留在国内。国内防守一定空虚。我看您还是统率大军直捣魏国都城大梁，截断魏兵的交通线，攻击他们防务空虚的地区；魏军知道了，就一定会放弃攻赵，赶回去救自己。这样，我们既救了赵国，又使魏国军队疲于奔命，才是一举两得。”

田忌觉有很有道理，便采用了孙膑的计策，挥军直趋魏国都城大梁。为了迷惑庞涓，使其无法把握齐军的真正意图，孙膑又对田忌说：“请将军先向南进攻魏国的平陵。平陵这地方，城邑虽小，但管辖的范围却很大，人口众多，兵强马壮，是东阳这个地区的战略重镇，很难攻取。我准备用假象来迷惑敌人。我们去进攻平陵，途中必经魏国的市丘，我军的粮食补给道路肯定会被魏军轻易切断。我们进攻平陵就是为了向敌人显示我们不懂军机的假象。”

于是，田忌率齐军拔营，以急行军的速度直趋平陵。大军快到平陵时，田忌把孙膑请来问道：“现在该怎么办？”

孙膑说：“你看军中诸大夫中谁是不通晓军机的一勇之夫？”

田忌不知其意，随口答道：“齐城、高唐两位大夫可以。”

孙膑说：“请命令你所选的齐城、高唐两位大夫，各率所属部队在平陵城邑的外围进行包围封锁，隐蔽地从四面绕过环涂，列好进攻平陵的阵势，并把阵势的薄弱、易攻的部位暴露给环涂的魏军。”

田忌更是不解。孙膑望着田忌困惑的神情，进一步解释道：“环涂是魏军的驻扎地，我军的前锋要猛烈进攻平陵，后续部队亦不断增援；驻在环涂的魏军，一定会攻击我军阵势后背的薄弱之处，这样，两位大夫便可以被魏军击败了。”

田忌听完孙膑解释，如坠五里雾中，疑惑地问道：“我们此次出兵援救，应力克平陵守敌，以壮军威，为什么反而故意败给魏军，示弱于敌呢？”

孙膑笑而未答，只是颇有些神秘地说了句：“将军依计而行就是了。”

田忌心中虽然不甚明了孙膑的意图，但深知孙膑的智谋，也不追问，下去布置去了。于是，田忌将齐城、高唐的部队分为两路，直奔平陵。齐军将士们像蚂蚁一样，攀登云梯攻打守城魏军。挟菑和环涂两地的魏军，果然从背后来夹击齐军，齐城和高唐两位大夫在城邑的大道上大败而归。

其后，将军田忌又把孙膑请来，问他说："我军进攻平陵没有取胜而损失了齐城、高唐两位大夫的部队，在城邑的大道上吃了大败仗，下一步该怎么办？"

孙膑说："请将军再派遣出游用的轻车向西直奔魏都城大梁城郊，以此激怒敌人。只派少数部队跟随在车后，以显示我军力量单薄。"田忌依计而行。

魏军好不容易将邯郸攻陷，却传来齐军压境，魏都城大梁告急的消息。庞涓顾不得休整部队，除留少数兵力防守邯郸外，忙率大军支援大梁。但他万万没有料到，攻击大梁的齐军仅仅是齐军的一部分，其主力早已在桂陵（今河南长垣西）埋伏妥当，以逸待劳，只等魏军钻进口袋。当庞涓匆匆渡过黄河，刚刚走到桂陵时，就见齐军已经排列好了阵势，顿时陷入齐军包围。魏军长期劳顿奔波，士卒疲惫不堪，哪还顶得住以逸待劳的齐军？结果被打得落花流水，大败而逃，连主将庞涓也被活捉。到头来，魏国只好同齐国议和，乖乖地归还了邯郸。这就是历史上有名的"围魏救赵"之战。其实，这次战役也是孙膑对庞涓的重重一击。但孙膑并没有杀庞涓，只是训导他一番，又将他放了。

毛泽东对于孙膑"围魏救赵"给予了高度评价。实际上，毛泽东在指导中国革命的战争中，大大发展了这种战法。

1929 年 11 月 4 日，毛泽东在江西宁冈柏露会议上，面对三万多敌军对井冈山收紧包围的紧急情况提出了对策。他建议："留一部分人守山，另一部分人出击。出击可以把包围井冈山的敌人吸引过去。此计唤做围魏救赵。"他介绍说：齐国不派兵去邯郸，却反过来围攻魏国都城大梁，结果，魏兵不得不回国救援，赵国都城也就因此解围。毛泽东的对策，得到了大家的赞同。

1938 年 5 月，毛泽东在《抗日游击战争的战略问题》一文中，对内线作战中，采取战役和战斗的外线作战作了阐述，并说："在反围攻的作战计划中，我之主力一般是位于内线的。但在兵力优裕的条件下，使用次要力量（例如县和区的游击队，以至从主力中分出一部分）于外线，在那里破坏敌之交通，钳制敌之增援部队，是必要的。如果敌在根据地内久踞不去，我可以倒置地使用上述方法，即以一部留在根据地内围困该敌，而用主力进攻敌所从来之一带地方，在那里大肆活动，引致久踞之敌撤退出去打我主力；这就是'围魏救赵'的办法。"（《抗日游击战争的战略问题》，《毛泽东选集》第二卷，人民出版社 1991 年版，第 429 页）解放战争中，刘邓大军挺进中原，千里跃进大别山，陈谢大军挺进豫西，实现人民解放军由内线防御向外线进攻的战略转变，则是对"围魏救赵"战法的杰出运用与发挥。当战争的硝烟早已消失，毛泽东在晚年再读及这一战役时，仍然由衷地称赞孙膑这位古代杰出的军事家是驾驭战争的"千古高手"。

直到"围魏救赵"一战，庞涓才知道孙膑果然是装疯，而且目前已经身在齐国。为了这件事，庞涓日夜不安，最后终于想出一条离间计：他派人潜入齐国，用重金贿赂齐国相国邹忌，要他除掉孙膑。邹忌正因为齐威王重用孙膑，害怕有一天自己将被取代，于是便暗中设下圈套，并指使心腹大夫公孙阅作假证，告发孙膑帮助田忌，暗中谋划要夺取齐国王位。

由于庞涓早已派人在齐国到处散布谣言，说田忌、孙膑阴谋造反夺权，齐威王已有些疑忌，一听邹忌所说，十分生气，不分青红皂白就削了田忌兵权，同时罢免了孙膑的军师之职。

这样一来，庞涓便自认为能够横行天下！周显王二十七年（前 342），庞涓统兵侵略赵国，然后联合赵国攻打韩国，并围困了韩国都城新郑（今河南新郑），于是，韩国急忙派人到齐国求救。听到韩国求救之事，齐威王召集了所有大臣商议是否营救的问题。

邹忌主张："不救。让这相邻的两国自相残杀，这对齐国是有利的。"

而田忌等人则极力要求去救："如果不救，一旦韩国被魏国吞并，那么魏国势力大增，一定会进攻齐国。那时我们就十分危险了！"

而这个时候孙膑没有说话，只是含笑。齐威王问他该如何是好。

孙膑说："救与不救，这两种意见都不好。我们应该'救而不救，不救而救’。”

大家都不明白他说的是什么意思。

孙膑解释说：“如果不救，那么魏国灭了韩国，一定会危及我国；如果救了，那么魏国的军队，一定会先与我们的军队开战，等于是我们代替韩国打仗，那么韩国安然无恙。但我国无论是战胜或者战败，都要大伤元气。所以这两种意见都不很好。我认为从我国的基本利益出发，大王应首先答应救韩国，这是先安他们的心。这样，韩国一定会努力坚持与魏国决一死战。而我们等到两国都十分疲惫，马上要分胜负时，再真正出兵攻打魏国，这样，攻击已筋疲力尽的魏军，不用大力；也解救已经快要失败的韩国于危急之中，他们也一定会更加感激。虽然力出得少，但是功劳很多，这样不是更好吗？”

齐威王一听，佩服得鼓起掌来说道，“军师说得太好了！就按你的意思办。”

齐国到两军皆疲时才出兵，派田忌、田婴、田盼为将军，孙膑为军师，前去援救韩国，仍用老办法，直趋魏都城大梁。魏国主将庞涓听到这个消息，立刻把军队从韩国撤回来，不料齐军已经越过齐国边界，西行进入魏国境了。这已是第二年的事了。

当时，孙膑对田忌说：“魏国的军队一向强悍勇敢，轻视齐国，以为齐国军队怯懦，不敢战斗。善于用兵的人，就要利用敌人这种错觉，引诱他们中计。兵法上说得好：乘胜追赶敌人，如果超过百里，就会因为给养路线太长，使上将有受挫折的危险；如果超过五十里以外，因为前后不能接应，也只有一半军队能够赶上。现在我军进入魏国境内，可用减灶之计。第一天造十万个锅灶，第二天减少为五万个，第三天又减少为三万个，让敌人以为我们的军队天天在减少。”田忌又采用了孙膑的计策。

庞涓跟踪齐军三天，发现齐军的锅灶天天在减少，兴奋之情溢于言表，对部将说：“我一向知道齐军怯懦，不敢战斗，现在他们进入我国国境才三天，逃跑的士兵已经超过半数了。”于是，他不用步兵，只统率一支精锐轻骑，一天走两天的路程，全力追赶齐军。

孙膑估计庞涓的行程，应当在这天傍晚赶到马陵（今河北大名东南）

了。马陵，两旁是山，道路狭窄，形势险要，可以埋伏军队。孙膑就叫人在一棵大树的树干上削去树皮，露出白木，在上面写了一行字：“庞涓死于此树之下。”又命齐军中的射箭能手，分头埋伏在两旁的山林里，与他们约定说：“到夜间，看见火光一闪，就一齐放箭。”

这天夜里，庞涓果然来到了那棵大树下面，隐隐约约地看见树干上露出白木，还有一行字，就命人点起火把它照亮。人还没读完这行字，齐军就万箭齐发，魏军来不及防备，乱成一团，顿时溃散。庞涓知道自己的知识智谋不如孙膑，失败已成定局，就拔剑自杀了。临死时叹道：“今番倒成就了孙膑这小子的声名！”庞涓一死，齐军乘胜把魏军彻底打垮，并俘虏了魏太子申。孙膑因此名满天下，他著的兵法也在世上流传开来。

庞涓妒贤害能，阴险毒辣，而又骄傲自大，终于身败名裂，落了个可耻的下场，也给人们以历史的启迪。

（3）韩　信

第一，韩信是“大军事家”。

韩信（约前 231—前 196），淮阴（今江苏省淮安市淮阴区）人，西汉开国功臣，中国历史上杰出的军事家，与萧何、张良并列为汉初三杰。《史记》卷九十二《列传》第三十二有传。

据周恩来贴身卫士韩福裕回忆，刚建国的时候，有一天他随总理到中南海服务处理发、刮胡子。这时毛主席突然想起一件什么事要找总理商量，秘书们用电话一问，说总理去理发室刮胡子去了。主席就带上警卫径直找到理发室。韩福裕一见主席来了，就要向他行礼。主席的卫士就告诉主席，这是总理的卫士。主席很随和地问：“你叫什么名字？”韩福裕就赶快告诉他，叫“韩福裕”。说过之后，考虑到自己的山东口音主席不一定听得清，又进一步补充说：“是韩信的‘韩’，幸福的‘福’，粟裕的‘裕’。”主席一听，笑着说：“你这个名字好呀，包括了中国两个大军事家韩信和粟裕。你还比他们都幸福。”（天津《今晚报》1999 年 3 月 21 日）

毛泽东称赞韩信是大军事家。他曾几次引用《史记》中刘邦评韩信的话：“连百万之众，战必胜，攻必取，吾不如韩信。”

1938 年，毛泽东在《论持久战》里介绍中外历史上成功的战例，讲到了“韩信破赵之战”。他认为这类战例，“都是以少击众，以劣势对优势而获胜。都是先以自己局部的优势和主动，向着敌人局部的劣势和被动，一战而胜，再及其余，各个击破，全局因而转成了优势，转成了主动。在原占优势和主动之敌则反是：由于其主观错误和内部矛盾，可将其很好的或较好的优势和主动地位，完全丧失，化为败军之将，亡国之君。”（《毛泽东选集》第二卷，人民出版社 1991 年版，第 491 页）

毛泽东有时还以韩信作比方。1947 年 7 月 23 日到 7 月 30 日，陕北定边县。毛泽东召集彭德怀、贺龙、陈赓等，研究下一步的战略方针，这就是著名的“小河村会议”。他对贺龙说：“贺龙同志，我一直想跟你说句话。”贺龙惊讶地问：“什么话？”毛泽东说：“你虽然是陕甘宁晋绥联防司令，但实际上没有带兵打仗，实在是受委屈了。”贺龙直率地说：“主席，不打仗，手是有点痒。但是，党的决定，我无条件服从，而且是高高兴兴地服从。”毛泽东笑了，说：“好呀！彭老总，贺老总，一个在前方，一个在后方；一个当韩信，一个当萧何。”（中共党史研究编辑部编：《风云起十年》，解放军文艺出版社 1996 年版，第 391 页）

1958 年 5 月 8 日，毛泽东在中共二次会议上的讲话提纲：

题：破除迷信

怕教授

破除迷信，无法无天

破马克思

妄信（自）菲薄

天体、神仙、洋人、细菌

从古以来，发明家都是年轻人，卑贱者，被压迫者，文化缺少者，学问不行

名家是最无学问的，落后的，很少创见的

敢想、敢说、敢做

劳动人民中蕴藏了丰富的积累（极）性

工业没有什（么）了不得，迷信不对的

十五（年）赶上美国，可能的

龚定盦的诗

高山低头，河水让路

不是狂妄的，实事求是的

甘罗、贾谊、刘项、韩信、释迦、颜子、红娘、荀灌娘、白袍小将、岳飞、王勃、李贺、李世民、罗士信、杜伏威、马克思、列宁、周瑜、孔明、孙策、王弼、安眠药（发）明者、青霉素（发）明者、达尔文、杨振宁、李政道、郝建秀、聂耳、哪吒、兰陵王。

原因：方向对，而名人学问多保守落后了

世界是青年的，长江后浪催前浪，譬如积薪，后来居上

——（《建国以来毛泽东文稿》，第七册，中央文献出版社 1992 年版，第 194—195 页）

毛泽东所举的古今中外的年轻人的发明者中，就有韩信。

第二，韩信曾受“胯下之辱”。

1958 年 5 月 8 日，毛泽东在中共中央八大二次会议上做第一次讲话，讲破除迷信时，曾举例说：“韩信也是一个被人看不起的人，他在年轻的时候曾受过‘胯下之辱’。人家让他钻裤裆，他一看，没办法，只好钻。”（王子今：《毛泽东与中国史学》，中共中央党校出版社 1993 年版，第 198 页）

淮阴屠户中有个年轻人侮辱韩信说：“你虽然长得高大，喜欢带刀佩剑，只不过是由于内心怯弱罢了！”屠中少年当着很多人的面侮辱韩信，说：“你要是不怕死，就拿剑刺死我；如果怕死，就从我胯下爬过去。”韩信考虑再三，与这个年轻人对视很久，低下头从他的两腿间钻了过去，在地上爬行。满街的人都笑话韩信，认为他胆小。

从这件事来看，一个人只有能够忍受一般人所不能忍受的羞辱，才能得到一般人所得不到的荣光。遥想当年，韩信匍匐下地，在众目睽睽之下从恶少胯下钻过，他那种能忍的功夫，已经远远地超出了常人承受的范围。以后胯下人就成了能忍辱负重的代称。

第三，“韩信破赵”之战。

1938 年 5 月，毛泽东在他写的《论持久战》中说：“主观指导的正确与否，影响到优势劣势和主动被动的变化，观于强大之军打败仗、弱小之军打胜仗的历史事实而益信。中外历史上这类事情是多得很的。中国如晋楚城濮之战，楚汉成皋之战，韩信破赵之战，新汉昆阳之战，袁曹官渡之战，吴魏赤壁之战，吴蜀彝陵之战，秦晋淝水之战等等，外国如拿破仑的多数战役，十月革命后的苏联内战，都是以少击众，以劣势对优势而获胜。……由此可知，战争力量的优劣本身，固然是决定主动或被动的客观基础，但还不是主动或被动的现实事物，必待经过斗争，经过主观能力的竞赛，方才出现事实上的主动或被动。在斗争中，由于主观指导的正确或错误，可以化劣势为优势，化被动为主动；也可以化优势为劣势，化主动为被动。一切统治王朝打不赢革命军，可见单是某种优势还没有确定主动地位，更没有确定最后胜利。主动和胜利，是可以根据真实的情况，经过主观能力的活跃，取得一定的条件，而由劣势和被动者从优势和主动者手里夺取过来的。”（《毛泽东选集》第二卷，人民出版社 1991 年版，第 491 页）

司马迁《史记·淮阴侯列传》对“韩信破赵”记载如下：

（汉二年）信与张耳以兵数万，欲东下井陉击赵。赵王、成安君陈馀闻汉且袭之也，聚兵井陉口（今河北井陉东北井陉山上的井陉关），号称二十万。广武君李左车说成安君曰：“闻汉将韩信涉西河，虏魏王，禽夏说，新喋血阏与，今乃辅以张耳，议欲下赵，此乘胜而去国远斗，其锋不可当。臣闻千里馈粮，士有饥色，樵苏后爨，师不宿饱。今井陉之道，车不得方轨，骑不得成列，行数百里，其势粮食必在其后。愿足下假臣奇兵三万人，从间道绝其辎重；足下深沟高垒，坚营勿与战。彼前不得斗，退不得还，吾奇兵绝其后，使野无所掠，不至十日，而两将之头可致于戏下。愿君留意臣之计。否，必为二子所禽矣。”成安君，儒者也，常称义兵不用诈谋奇计，曰：“吾闻兵法十则围之，倍则战。今韩信兵号数万，其实不过数千。能千里而袭我，亦已罢极。今如此避而不击，后有大者，何以加之！则诸侯谓吾怯，而轻来伐我。”不听广武君策，广武君策不用。

韩信使人间视，知其不用，还报，则大喜，乃敢引兵遂下。未至井陉口三十里，止舍。夜半传发，选轻骑二千人，人持一赤帜，从间道萆山而望赵军，诫曰：“赵见我走，必空壁逐我，若疾入赵壁，拔赵帜，立汉赤帜。”令其裨将传飧，曰：“今日破赵会食！”诸将皆莫信，佯应曰：“诺。”谓军吏曰：“赵已先据便地为壁，且彼未见吾大将旗鼓，未肯击前行，恐吾至阻险而还。”信乃使万人先行，出，背水陈。赵军望见而大笑。平旦，信建大将之旗鼓，鼓行出井陉口，赵开壁击之，大战良久。于是信、张耳佯弃鼓旗，走水上军。水上军开入之，复疾战。赵果空壁争汉鼓旗，逐韩信、张耳。韩信、张耳已入水上军，军皆殊死战，不可败。信所出奇兵二千骑，共候赵空壁逐利，则驰入赵壁，皆拔赵旗，立汉赤帜二千。赵军已不胜，不能得信等，欲还归壁，壁皆汉赤帜，而大惊，以为汉皆已得赵王将矣，兵遂乱，遁走，赵将虽斩之，不能禁也。于是汉兵夹击，大破虏赵军，斩成安君泜水上，禽赵王歇。

信乃令军中毋杀广武君，有能生得者购千金。于是有缚广武君而致戏下者，信乃解其缚，东向坐，西向对，师事之。

诸将效首虏，休，毕贺，因问信曰：“兵法右倍山陵，前左水泽，今者将军令臣等反背水陈，曰破赵会食，臣等不服。然竟以胜，此何术也？”信曰：“此在兵法，顾诸君不察耳。兵法不曰‘陷之死地而后生，置之亡地而后存’？且信非得素拊循士大夫也，此所谓‘驱市人而战之’，其势非置之死地，使人人自为战；今予之生地，皆走，宁尚可得而用之乎！”诸将皆服曰：“善。非臣所及也。”

于是信问广武君曰：“仆欲北攻燕，东伐齐，何若而有功？”广武君辞谢曰：“臣闻败军之将，不可以言勇，亡国之大夫，不可以图存。今臣败亡之虏，何足以权大事乎！”信曰：“仆闻之，百里奚居虞而虞亡，在秦而秦霸，非愚于虞而智于秦也，用与不用，听与不听也。诚令成安君听足下计，若信者亦已为禽矣。以不用足下，故信得侍耳。”因固问曰：“仆委心归计，愿足下勿辞。”广武君曰：“臣闻智者千虑，必有一失；愚者千虑，必有一得。故曰‘狂夫之言，圣人择焉’。顾恐臣计未必足用，愿效愚忠。夫成安君有百战百胜之计，一旦而失之，军败鄗下（故城在今河北柏乡北），身死泜上（即今泜河，在河北南部，源出内丘西北，东流入滏阳河）。今将军涉西河，虏魏王，禽夏说阏与，一举而下井陉，不终朝破赵二十万众，诛成安君。名闻海内，威震天下，农夫莫不辍耕释耒，褕衣甘食，倾耳以待命者。若此，将军之所长也。然而众劳卒罢，其实难用。今将军欲举倦罢之兵，顿之燕坚城之下，欲战恐久力不能拔，情见势屈，旷日粮竭，而弱燕不服，齐必距境以自彊也。燕齐相持而不下，则刘项之权未有所分也。若此者，将军所短也。臣愚，窃以为亦过矣。故善用兵者不以短击长，而以长击短。”韩信曰：“然则何由？”广武君对曰：“方今为将军计，莫如案甲休兵，镇赵抚其孤，百里之内，牛酒日至，以飨士大夫醳兵，北首燕路，而后遣辩士奉咫尺之书，暴其所长于燕，燕必不敢不听从。燕已从，使喧言者东告齐，齐必从风而服，虽有智者，亦不知为齐计矣。如是，则天下事皆可图也。兵固有先声而后实者，此之谓也。”韩信曰：“善。”从其策，发使使燕，燕从风而靡。乃遣使报汉，因请立张耳为赵王，以镇抚其国。汉王许之，乃立张耳为赵王。

韩信破赵之战，在楚汉战争中，是一个重要战役。韩信的汉军与赵军相比，是孤军深入，使部队失去了退而求生的希望，只能拼死作战。在这种情况下，在当时当地，韩信能够根据敌我双方的实际情况和赵军统帅的轻敌思想，灵活运用兵法上的原则，将计就计，进行背水列阵，故意向敌人露出破绽，引诱赵军脱离有利地形空营来战，然后用奇兵袭击赵军大本营，再两面夹击，一战而胜，全歼赵军。这就是《孙子兵法》所说：“陷之死地而后生，置之亡地而后存。”这些都显示了韩信卓越的军事才能。这次战争使韩信的“背水阵”名传后世，韩信也从此成为一个灵活运用兵法的著名军事家。像“背水阵”这样的战法，我们今天进行正义战争一般不会采用。

6. 纵横家

纵横家，战国时以从事政治外交活动为主的一派，主要人物是鬼谷子。《汉书·艺文志》列之为“九流”之一。《韩非子》说：“纵者，合众弱以攻一强也；横者，事一强以攻众弱也。”他们朝秦暮楚，事无定主，反复无常，设计划谋多从主观的政治要求出发。纵横家的理论，主要为纵横，或合众弱以攻一强，此为纵；或事一强以攻诸弱，此为横。我国古代南北为纵，东西为横，合纵就是联合齐、楚、燕、赵、魏、韩东方六国共同抗击西方的秦国，其主要代表是苏秦；连横就是秦国对东方六国各个击破，连横派的主要代表是张仪。最后苏秦失败了，张仪胜利了。

纵横家出现于战国至秦汉之际，多为策辩之士，可称为中国五千年中最早也最特殊的外交政治家。他们的出现主要是因为当时割据纷争，王权不能稳固统一，需要在国力富足的基础上利用联合、排斥、威逼、利诱或辅之以兵之法不战而胜，或以较少的损失获得最大的收益。他们的智谋、思想、手段、策略基本上是当时处理国与国之间问题的最好办法，这一时期是世界史上独一无二的历史阶段，其在此历史条件下所创造的智慧是后世任何一个朝代都无法超越的。纵横家人物多出身贫贱，在最艰苦的条件下是一种人类智慧的超常解放、创造和发挥，他们以布衣之身游说诸侯，可以以三寸之舌退百万雄师，也可以以纵横之术解不测之危。苏秦佩六国相印，连六国逼秦废弃帝位；张仪雄才大略，以片言得楚六百里；唐雎机智勇敢，直斥秦王存孟尝封地；相如虽非武将，但浩然正气直逼秦王，不仅完璧归赵，而且未曾使赵受辱。纵横之士智能双全，又不乏仁义之辈，其人其事若鉴于当代，亦必可使受益者非唯浅耳。

纵横家的主要著作，今仅存《鬼谷子》十三篇、《战国策》三十三篇（非其门徒著，主要是纵横谋士之言行，也可以为纵横家实战演习）、《苏子》三十一篇、《张子》十篇。

（1）苏　秦

第一，合纵的代表人物苏秦。

苏秦（？—前284），字季子，东周雒阳（河南洛阳）人，战国时期著名的纵横家、外交家和谋略家。苏秦师从鬼谷子，学成后，外出游历多年，潦倒而归；随后刻苦攻读《阴符》，一年后游说列国，被燕文公赏识，出使赵国。苏秦到赵国后，提出合纵六国以抗秦的战略思想，并最终组建合纵联盟；任“纵约长”，兼佩六国相印，使秦十五年不敢出函谷关；联盟解散后，齐国攻打燕国，苏秦说齐归还燕国城池；后自燕至齐，从事反间活动，被齐国任为客卿，齐国众大夫因争宠派人刺杀苏秦，苏秦死前献策诛杀了刺客。

1960年12月25日，毛泽东在同身边工作人员谈话时说：

批评就是帮助，对人是有好处的。从前张仪和苏秦两个人，都是鬼谷先生的学生。后来苏秦在赵国当了宰相，地方就在邯郸。张仪跑到邯郸找苏秦，一去就住进“招待所”，大概是现在北京饭店之类的住所，好几天没有见到苏秦的面。后来，苏秦请他吃饭，排场大得很，苏秦坐在当中高处，把张仪安排坐在下面角上，盛了点仆人吃的饭食给他吃。这下子张仪的气可就大了。回到“北京饭店”，“北京饭店”的“经理”看他这个样子，就问他：“张先生脸色不痛快，有什么生气的事吧？”他把苏秦如此这般对待他说了一番。这位“经理”说：“这样看来，你在赵国待不住了，只有到秦国去。”张仪一想也对，就此动身。

“经理”陪他走到秦国，一路花费大概相当现在的三四十万元人民币吧！到了秦国，他们为了见秦王，就走走门路，行些贿赂、送些衣服，一共又花了四五十万元人民币。以后，张仪当上了秦国的宰相，“北京饭店”的“经理”就向他告辞回国，并问他今后怎么打算。张仪一提起苏秦还是咬牙切齿，并说过了两年一定要出兵攻打赵国。“经理”见他这样说，就告诉他，赵国宰相苏秦是个好人，当时苏秦所以要气他，是故意的，怕他在赵国安居下来，不想上进，做不了大事。苏秦知道张仪是个人才，能做大事，如果在赵国依靠苏秦，他也只是当个“科长”什么的就算到顶了。策划张仪到秦国来，和给他一切花销，都是苏秦主使的。

张仪一听，这才恍然大悟。你们看，苏秦对张仪是好意还是恶意？我们之间，进行批评帮助都是好意。就是明明知道某些批评是恶意也要听下去，不要紧嘛！人就是要压的，像榨油一样，你不压，是出不了油的。人没有压力是不会进步的。

苏秦刺激张仪、使之有所作为的故事，见于《史记·张仪列传第十》。毛泽东用它来说明，人没有压力是不会进步的，别人讲的不同的、批评的意见，无论正确与否，都要认真去听，都是一种帮助，也是一种压力，压力可以转化为进步的动力。毛泽东讲这个故事，赞扬了苏秦的深谋远虑。

第二，合纵成功，身佩六国相印。

且看苏秦怎样说服六国合纵抗击强秦。《史记》卷六十九《苏秦列传》：

苏秦者，东周雒阳人也。东事师于齐，而习之于鬼谷先生。

出游数岁，大困而归。兄弟嫂妹妻妾皆窃笑之，曰："周人之俗，治产业，力工商，逐什二以为务。今子释本而事口舌，困，不亦宜乎！"苏秦闻之而惭，自伤，乃闭室不出，出其书遍观之。曰："夫士业已屈首受书，而不能以取尊荣，虽多亦奚以为！"于是得周书《阴符》，伏而读之。期年，以出揣摩，曰："此可以说当世之君矣。"求说周显王。显王左右素习知苏秦，皆少之。弗信。

乃西至秦。秦孝公卒。说惠王曰："秦四塞之国，被山带渭，东有关河，西有汉中，南有巴蜀，北有代马，此天府也。以秦士民之众，兵法之教，可以吞天下，称帝而治。"秦王曰："毛羽未成，不可以高蜚；文理未明，不可以并兼。"方诛商鞅，疾辩士，弗用。

乃东之赵。赵肃侯令其弟成为相，号奉阳君。奉阳君弗说之。

去游燕，岁余而后得见。说燕文侯曰："燕东有朝鲜、辽东，北有林胡、楼烦，西有云中、九原，南有嘑沱、易水，地方二千余里，带甲数十万，车六百乘，骑六千匹，粟支数年。南有碣石、雁门之饶，北有枣栗之利，民虽不佃作而足于枣栗矣。此所谓天府者也。

"夫安乐无事，不见覆军杀将，无过燕者。大王知其所以然乎？夫燕之所以不犯寇被甲兵者，以赵之为蔽其南也。秦赵五战，秦再胜而赵三胜。秦赵相毙，而王以全燕制其后，此燕之所以不犯寇也。且夫秦之攻燕也，逾云中、九原，过代、上谷，弥地数千里，虽得燕城，秦计固不能守也。秦之不能害燕亦明矣。今赵之攻燕也，发号出令，不至十日而数十万军军于东垣矣。渡嘑沱、涉易水，不至四五日而距国都矣。故曰秦之攻燕也，战于千里之外；赵之攻燕也，战于百里之内。夫不忧百里之患而重千里之外，计无过于此者。是故愿大王与赵从亲，天下为一，则燕国必无患矣。”

文侯曰：“子言则可，然吾国小，西迫强赵，南近齐，齐、赵强国也。子必欲合从以安燕，寡人请以国从。”

于是资苏秦车马金帛以至赵。而奉阳君已死，即因说赵肃侯曰：“天下卿相人臣及布衣之士，皆高贤君之行义，皆愿奉教陈忠于前之日久矣。虽然，奉阳君妒而君不任事，是以宾客游士莫敢自尽于前者。今奉阳君捐馆舍，君乃今复与士民相亲也，臣故敢进其愚虑。

“窃为君计者，莫若安民无事，且无庸有事于民也。安民之本，在于择交，择交而得则民安，择交而不得则民终身不安。请言外患：齐、秦为两敌而民不得安，倚秦攻齐而民不得安，倚齐攻秦而民不得安。故夫谋人之主，伐人之国，常苦出辞断绝人之交也。愿君慎勿出于口。请别白黑，所以异阴阳而已矣。君诚能听臣，燕必致旃裘狗马之地，齐必致鱼盐之海，楚必致橘柚之园，韩、魏、中山皆可使致汤沐之奉，而贵戚父兄皆可以受封侯。夫割地包利，五伯之所以覆军禽将而求也；封侯贵戚，汤武之所以放弑而争也。今君高拱而两有之，此臣之所以为君愿也。

“今大王与秦，则秦必弱韩、魏；与齐，则齐必弱楚、魏。魏弱则割河外，韩弱则效宜阳，宜阳效则上郡绝，河外割则道不通，楚弱则无援。此三策者，不可不孰计也。

“夫秦下轵道，则南阳危；劫韩包周，则赵氏自操兵；据卫取卷，则齐必入朝秦。秦欲已得乎山东，则必举兵而向赵矣。秦甲渡河踰漳，据番吾，则兵必战于邯郸之下矣。此臣之所为君患也。

“当今之时，山东之建国莫强于赵。赵地方二千余里，带甲数十万，车千乘，骑万匹，粟支数年。西有常山，南有河漳，东有清河，北有燕国。燕固弱国，不足畏也。秦之所害于天下者莫如赵，然而秦不敢举兵伐赵者，何也？畏韩、魏之议其后也。然则韩、魏，赵之南蔽也。秦之攻韩、魏也，无有名山大川之限，稍蚕食之，傅国都而止。韩、魏不能支秦，必入臣于秦。秦无韩、魏之规，则祸必中于赵矣。此臣之所为君患也。

"臣闻尧无三夫之分，舜无咫尺之地，以有天下；禹无百人之聚，以王诸侯；汤武之士不过三千，车不过三百乘，卒不过三万，立为天子：诚得其道也。是故明主外料其敌之强弱，内度其士卒贤不肖，不待两军相当而胜败存亡之机固已形于胸中矣，岂掩于众人之言而以冥冥决事哉！

"臣窃以天下之地图案之，诸侯之地五倍于秦，料度诸侯之卒十倍于秦，六国为一，并力西向而攻秦，秦必破矣。今西面而事之，见臣于秦。夫破人之与破于人也，臣人之与臣于人也，岂可同日而论哉！

"夫衡人者，皆欲割诸侯之地以予秦。秦成，则高台榭、美宫室，听竽瑟之音，前有楼阙轩辕，后有长姣美人，国被秦患而不与其忧。是故夫衡人日夜务以秦权恐愒诸侯以求割地，故愿大王孰计之也。

"臣闻明主绝疑去谗，屏流言之迹，塞朋党之门，故尊主广地强兵之计臣得陈忠于前矣。故窃为大王计，莫如一韩、魏、齐、楚、燕、赵以从亲，以畔秦。令天下之将相会于洹水之上，通质，刳白马而盟。要约曰：'秦攻楚，齐、魏各出锐师以佐之，韩绝其粮道，赵涉河漳，燕守常山之北。秦攻韩、魏，则楚绝其后，齐出锐师而佐之，赵涉河漳，燕守云中。秦攻齐，则楚绝其后，韩守城皋，魏塞其道，赵涉河漳、博关，燕出锐师以佐之。秦攻燕，则赵守常山，楚军武关，齐涉渤海，韩、魏皆出锐师以佐之。秦攻赵，则韩军宜阳，楚军武关，魏军河外，齐涉清河，燕出锐师以佐之。诸侯有不如约者，以五国之兵共伐之。'六国从亲以宾秦，则秦甲必不敢出于函谷以害山东矣。如此，则霸王之业成矣。"

赵王曰："寡人年少，立国日浅，未尝得闻社稷之长计也。今上客有意存天下，安诸侯，寡人敬以国从。”乃饰车百乘，黄金千镒，白璧百双，锦绣千纯，以约诸侯。

是时周天子致文武之胙于秦惠王。惠王使犀首攻魏，禽将龙贾，取魏之雕阴，且欲东兵。苏秦恐秦兵之至赵也，乃激怒张仪，入之于秦。

于是说韩宣王曰：“韩北有巩、成皋之固，西有宜阳、商阪之塞，东有宛、穰、洧水，南有陉山，地方九百余里，带甲数十万，天下之强弓劲弩皆从韩出。谿子、少府时力、距来者，皆射六百步之外。韩卒超足而射，百发不暇止，远者括蔽洞胸，近者镝弇心。韩卒之剑戟皆出于冥山、棠溪、墨阳、合赙、邓师、宛冯、龙渊、太阿，皆陆断牛马，水截鹄雁，当敌则斩，坚甲铁幕，革抉㕹芮，无不毕具。以韩卒之勇，被坚甲，蹠劲弩，带利剑，一人当百，不足言也。夫以韩之劲与大王之贤，乃西面事秦，交臂而服，羞社稷而为天下笑，无大于此者矣。是故愿大王孰计之。

“大王事秦，秦必求宜阳、成皋。今兹效之，明年又复求割地。与则无地以给之，不与则弃前功而受后祸。且大王之地有尽而秦之求无已，以有尽之地而逆无已之求，此所谓市怨结祸者也，不战而地已削矣。臣闻鄙谚曰：‘宁为鸡口，无为牛后。’今西面交臂而臣事秦，何异于牛后乎？夫以大王之贤，挟强韩之兵，而有牛后之名，臣窃为大王羞之。”

于是韩王勃然作色，攘臂瞋目，按剑仰天太息曰：“寡人虽不肖，必不能事秦。今主君诏以赵王之教，敬奉社稷以从。”

又说魏襄王曰：“大王之地，南有鸿沟、陈、汝南、许、郾、昆阳、召陵、舞阳、新都、新郪，东有淮颍、煮枣、无胥，西有长城之界，北有河外、卷、衍、酸枣，地方千里。地名虽小，然而田舍庐庑之数，曾无所刍牧。人民之众，车马之多，日夜行不绝，輷輷殷殷，若有三军之众。臣窃量大王之国不下楚。然衡人怵王交强虎狼之秦以侵天下，卒有秦患，不顾其祸。夫挟强秦之势以内劫其主，罪无过此者。魏，天下之强国也；王，天下之贤王也。今乃有意西面而事秦，称东藩，筑帝宫，受冠带，祠春秋，臣窃为大王耻之。

"臣闻越王勾践战敝卒三千人，禽夫差于干遂；武王卒三千人，革车三百乘，制纣于牧野：岂其士卒众哉，诚能奋其威也。今窃闻大王之卒，武士二十万，苍头二十万，奋击二十万，厮徒十万，车六百乘，骑五千匹。此其过越王勾践、武王远矣，今乃听于群臣之说而欲臣事秦。夫事秦必割地以效实，故兵未用而国已亏矣。凡群臣之言事秦者，皆奸人，非忠臣也。夫为人臣，割其主之地以求外交，偷取一时之功而不顾其后，破公家而成私门，外挟强秦之势以内劫其主，以求割地，愿大王孰察之。

"《周书》曰：'绵绵不绝，蔓蔓奈何？豪氂不伐，将用斧柯。'前虑不定，后有大患，将奈之何？大王诚能听臣，六国从亲，专心并力一意，则必无强秦之患。故敝邑赵王使臣效愚计，奏明约，在大王之诏诏之。"

魏王曰："寡人不肖，未尝得闻明教。今主君以赵王之诏诏之，敬以国从。"

因东说齐宣王曰："齐南有泰山，东有琅邪，西有清河，北有勃海，此所谓四塞之国也。齐地方二千余里，带甲数十万，粟如丘山。三军之良，五家之兵，进如锋矢，战如雷霆，解如风雨。即有军役，未尝倍泰山，绝清河，涉勃海也。临菑中七万户，臣窃度之，不下户三男子，三七二十一万，不待发于远县，而临菑之卒固已二十一万矣。临菑甚富而实，其民无不吹竽鼓瑟，弹琴击筑，斗鸡走狗，六博蹋鞠者。临菑之涂，车毂击，人肩摩，连衽成帷，举袂成幕，挥汗成雨，家殷人足，志高气扬。夫以大王之贤与齐之强，天下莫能当。今乃西面而事秦，臣窃为大王羞之。

"且夫韩、魏之所以重畏秦者，为与秦接境壤界也。兵出而相当，不出十日而战胜存亡之机决矣。韩、魏战而胜秦，则兵半折，四境不守；战而不胜，则国已危亡随其后。是故韩、魏之所以重与秦战，而轻为之臣也。今秦之攻齐则不然。倍韩、魏之地，过卫阳晋之道，径乎亢父之险，车不得方轨，骑不得比行，百人守险，千人不敢过也。秦虽欲深入，则狼顾，恐韩、魏之议其后也。是故恫疑虚猲，骄矜而不敢进，则秦之不能害齐亦明矣。“夫不深料秦之无奈齐何，而欲西面而事之，是群臣之计过也。今无臣事秦之名而有强国之实，臣是故愿大王少留意计之。”

齐王曰：“寡人不敏，僻远守海，穷道东境之国也，未尝得闻余教。今足下以赵王诏诏之，敬以国从。”

乃西南说楚威王曰：“楚，天下之强国也；王，天下之贤王也。西有黔中、巫郡，东有夏州、海阳，南有洞庭、苍梧，北有陉塞、郇阳，地方五千余里，带甲百万，车千乘，骑万匹，粟支十年。此霸王之资也。夫以楚之强与王之贤，天下莫能当也。今乃欲西面而事秦，则诸侯莫不西面而朝于章台之下矣。

“秦之所害莫如楚，楚强则秦弱，秦强则楚弱，其势不两立。故为大王计，莫如从亲以孤秦。大王不从〔亲〕，秦必起两军，一军出武关，一军下黔中，则鄢郢动矣。

“臣闻治之其未乱也，为之其未有也。患至而后忧之，则无及已。故愿大王蚤孰计之。

“大王诚能听臣，臣请令山东之国奉四时之献，以承大王之明诏，委社稷，奉宗庙，练士厉兵，在大王之所用之。大王诚能用臣之愚计，则韩、魏、齐、燕、赵、卫之妙音美人必充后宫，燕代橐驼良马必实外厩。故从合则楚王，衡成则秦帝。今释霸王之业，而有事人之名，臣窃为大王不取也。

“夫秦，虎狼之国也，有吞天下之心。秦，天下之仇雠也。衡人皆欲割诸侯之地以事秦，此所谓养仇而奉雠者也。夫为人臣，割其主之地以外交强虎狼之秦，以侵天下，卒有秦患，不顾其祸。夫外挟强秦之威以内劫其主，以求割地，大逆不忠，无过此者。故从亲则诸侯割地以事楚，衡合则楚割地以事秦，此两策者相去远矣，二者大王何居焉？故敝邑赵王使臣效愚计，奉明约，在大王诏之。”

楚王曰：“寡人之国西与秦接境，秦有举巴蜀并汉中之心。秦，虎狼之国，不可亲也。而韩、魏迫于秦患，不可与深谋，与深谋恐反人以入于秦，故谋未发而国已危矣。寡人自料以楚当秦，不见胜也；内与群臣谋，不足恃也。寡人卧不安席，食不甘味，心摇摇然如县旌而无所终薄。今主君欲一天下，收诸侯，存危国，寡人谨奉社稷以从。”

于是六国从合而并力焉。苏秦为从约长，并相六国。（节录）

苏秦先后游说赵、燕、魏、韩、齐、楚六国诸侯王后，六国达成合纵联盟，团结一致。苏秦被任命为纵约长（合纵联盟的联盟长），并且担任了六国的国相，同时佩戴六国相印。苏秦合纵六国后，返回赵国，被赵肃侯封为武安君。苏秦把合纵盟约送交秦国，从此秦国不敢窥伺函谷关以外的国家，长达十五年。

后来，秦国派使臣犀首欺骗齐国和魏国，和它们联合攻打赵国，打算破坏合纵联盟。齐、魏攻打赵国，赵王就责备苏秦。苏秦害怕，便请求出使燕国，发誓一定报复齐国。苏秦离开赵国以后，合纵盟约便瓦解了。

秦惠王将公主嫁给燕国太子，同年，燕文侯去世，太子即位，是为燕易王。易王刚登基，齐宣王就趁着发丧之机，攻打燕国，侵占了十座城池。易王要求苏秦替燕国收复被侵占的国土。齐王听了苏秦的劝解，归还了侵占燕国的城池。

有人毁谤苏秦出卖国家、反复无常，将要作乱。苏秦怕获罪，返回燕国，燕王却不再给他官职。后经苏秦辩解，燕王恢复了苏秦的官职，愈发厚待。苏秦私通燕易王的母亲，燕易王知道了，更加厚待苏秦。苏秦害怕被杀，就提议前去齐国以提高燕国地位，燕易王同意。于是，苏秦假装得罪了燕王而逃到齐国，齐宣王任用他为客卿。

齐宣王去世，齐湣王继位，苏秦就劝说湣王厚葬宣王，目的则是搞垮齐国，从而使燕国获利。燕易王去世，燕哙继位。齐国众大夫因争宠派人刺杀苏秦，苏秦重伤未死。齐王派人捉拿凶手，没抓到。苏秦将死时，要求齐王以“帮助燕国在齐国从事反间活动”为名，将他车裂于市，并悬赏行刺之人以使贼人出现。齐王照计行事，诛杀了凶手。

合纵是围绕着战国七雄间地缘政治关系而产生的大战略，更是一种处理国际（华夏文明圈内诸国）政治军事关系的原则和方法。合纵以维护均势为宗旨，以地缘政治论为认知基础，以联盟战略为应对手段。其立论周密、视野宏阔、分析精湛、旨意高远，称之为地缘政治论的先驱是毫不为过的。苏秦以地缘政治因素作为研判国际形势、制定应对策略的主要依据，这种分析方法无疑具有现代的意义。

（2）张　仪

第一，张仪是纵横家的鼻祖。

张仪（？—前 310），战国时期魏国大梁（今开封）人，一说魏国安邑（今山西万荣）人，战国时期著名的政治家、外交家和谋略家，纵横家的代表人物。张仪曾与苏秦同师从于鬼谷子先生，学习权谋纵横之术，饱读诗书，满腹韬略，连苏秦都自叹才能在张仪之下。于魏惠王时入秦。秦惠文君以为客卿。惠文君十年（前 328），秦使张仪、公子华伐魏，魏割上郡（今陕西东部）于秦。当年，张仪为秦相。惠文君于十三年称王，并改次年为更元元年（前 324）。更元二年（前 323），张仪与齐、楚、魏之执政大臣在啮桑相会，随即免相。次年，张仪相于魏，更元八年（前 317），又相于秦。十二年（前 313），张仪相于楚，后又归秦。惠文王卒武王立，武王素与张仪有隙，仪于武王元年（魏襄王九年，前 310）离秦去魏。据《竹书纪年》张仪墓地位于今河南开封市区东北七公里新曹门遗址边宴台河村。

张仪凭借着高超的智谋和说辩之术，瓦解了苏秦生前所创的六国合纵。在他死后，虽然六国背离连横恢复合纵的情况，但是已无法持久。可以说，张仪的连横之术成为后来秦灭六国、统一天下的基本战略。

从公元前 328 年开始，张仪运用纵横之术，游说于魏、楚、韩等国，利用各个诸侯国之间的矛盾，或为秦国拉拢，使其归附于秦；或拆散其联盟，使其力量削弱。但总的来说，他是以秦国的利益为出发点的。在整个秦惠王时期，他不仅使秦国在外交上连连取得胜利，而且帮助秦国开拓了疆土，因此可以说他为秦国的强大和以后统一中国立下了汗马功劳。尽管张仪不讲信义，在外交场上运用欺骗伎俩，为人们所不齿，但仅从一个使者的角度来看，他是出色地完成了每一次外交任务。而且作为纵横家的一代鼻祖，他开创了一个局面，为后世的外交家们在辞令和外交技巧等方面提供了一种范式。

第二，张仪瓦解六国合纵。

苏秦刺激张仪，使之有所作为的故事。原事载于《史记·张仪列传第十》：

张仪者，魏人也。始尝与苏秦俱事鬼谷先生，学术，苏秦自以不及张仪。

张仪已学游说诸侯。尝从楚相饮，已而楚相亡璧，门下意张仪，曰："仪贫无行，必此盗相君之璧。"共执张仪，掠笞数百，不服，醳之。其妻曰："嘻！子毋读书游说，安得此辱乎？"张仪谓其妻曰："视吾舌尚在不？"其妻笑曰："舌在也。"仪曰："足矣。"

苏秦已说赵王而得相约从亲，然恐秦之攻诸侯，败约后负，念莫可使用于秦者，乃使人微感张仪曰："子始与苏秦善，今秦已当路，子何不往游，以求通子之愿？"张仪于是之赵，上谒求见苏秦。苏秦乃诫门下人不为通，又使不得去者数日。已而见之，坐之堂下，赐仆妾之食。因而数让之曰："以子之材能，乃自令困辱至此。吾宁不能言而富贵子，子不足收也。"谢去之。张仪之来也，自以为故人，求益，反见辱，怒，念诸侯莫可事，独秦能苦赵，乃遂入秦。

苏秦已而告其舍人曰："张仪，天下贤士，吾殆弗如也。今吾幸先用，而能用秦柄者，独张仪可耳。然贫，无因以进。吾恐其乐小利而不遂，故召辱之，以激其意。子为我阴奉之。"乃言赵王，发金币车马，使人微随张仪，与同宿舍，稍稍近就之，奉以车马金钱，所欲用，为取给，而弗告。张仪遂得以见秦惠王。惠王以为客卿，与谋伐诸侯。

苏秦之舍人乃辞去。张仪曰："赖子得显，方且报德，何故去也？"舍人曰："臣非知君，知君乃苏君。苏君忧秦伐赵败从约，以为非君莫能得秦柄，故感怒君，使臣阴奉给君资，尽苏君之计谋。今君已用，请归报。"张仪曰："嗟乎，此在吾术中而不悟，吾不及苏君明矣！吾又新用，安能谋赵乎？为吾谢苏君，苏君之时，仪何敢言。且苏君在，仪宁渠能乎！"张仪既相秦，为文檄告楚相曰："始吾从若饮，我不盗而璧，若笞我。若善守汝国，我顾且盗而城！”

苴蜀相攻击，各来告急于秦。秦惠王欲发兵以伐蜀，以为道险狭难至，而韩又来侵秦，秦惠王欲先伐韩，后伐蜀，恐不利，欲先伐蜀，恐韩袭秦之敝。犹豫未能决。司马错与张仪争论于惠王之前，司马错欲伐蜀，张仪曰：“不如伐韩。”王曰：“请闻其说。”

仪曰：“亲魏善楚，下兵三川，塞什谷之口，当屯留之道，魏绝南阳，楚临南郑，秦攻新城、宜阳，以临二周之郊，诛周王之罪，侵楚、魏之地。周自知不能救，九鼎宝器必出。据九鼎，案图籍，挟天子以令于天下，天下莫敢不听，此王业也。今夫蜀，西僻之国而戎翟之伦也，敝兵劳众不足以成名，得其地不足以为利。臣闻争名者于朝，争利者于市。今三川、周室，天下之朝市也，而王不争焉，顾争于戎翟，去王业远矣。”

司马错曰：“不然。臣闻之，欲富国者务广其地，欲彊兵者务富其民，欲王者务博其德，三资者备而王随之矣。今王地小民贫，故臣愿先从事于易。夫蜀，西僻之国也，而戎翟之长也，有桀纣之乱。以秦攻之，譬如使豺狼逐群羊。得其地足以广国，取其财足以富民缮兵，不伤众而彼已服焉。拔一国而天下不以为暴，利尽西海而天下不以为贪，是我一举而名实附也，而又有禁暴止乱之名。今攻韩，劫天子，恶名也，而未必利也，又有不义之名，而攻天下所不欲，危矣。臣请谒其故：周，天下之宗室也；齐，韩之与国也。周自知失九鼎，韩自知亡三川，将二国并力合谋，以因乎齐、赵而求解乎楚、魏，以鼎与楚，以地与魏，王弗能止也。此臣之所谓危也。不如伐蜀完。”

惠王曰：“善，寡人请听子。”卒起兵伐蜀，十月，取之，遂定蜀，贬蜀王更号为侯，而使陈庄相蜀。蜀既属秦，秦以益彊，富厚，轻诸侯。

秦惠王十年，使公子华与张仪围蒲阳，降之。仪因言秦复与魏，而使公子繇质于魏。仪因说魏王曰：“秦王之遇魏甚厚，魏不可以无礼。”魏因入上郡、少梁，谢秦惠王。惠王乃以张仪为相，更名少梁曰夏阳。

仪相秦四岁，立惠王为王。居一岁，为秦将，取陕。筑上郡塞。

其后二年，使与齐、楚之相会啮桑。东还而免相，相魏以为秦，欲令魏先事秦而诸侯效之。魏王不肯听仪。秦王怒，伐取魏之曲沃、平周，复阴厚张仪益甚。张仪惭，无以归报。留魏四岁而魏襄王卒，哀王立。张仪复说哀王，哀王不听。于是张仪阴令秦伐魏。魏与秦战，败。

明年，齐又来败魏于观津。秦复欲攻魏，先败韩申差军，斩首八万，诸侯震恐。而张仪复说魏王曰："魏地方不至千里，卒不过三十万。地四平，诸侯四通辐凑，无名山大川之限。从郑至梁二百余里，车驰人走，不待力而至。梁南与楚境，西与韩境，北与赵境，东与齐境，卒戍四方，守亭鄣者不下十万。梁之地势，固战场也。梁南与楚而不与齐，则齐攻其东；东与齐而不与赵，则赵攻其北；不合于韩，则韩攻其西；不亲于楚，则楚攻其南：此所谓四分五裂之道也。

"且夫诸侯之为从者，将以安社稷尊主彊兵显名也。今从者一天下，约为昆弟，刑白马以盟洹水之上，以相坚也。而亲昆弟同父母，尚有争钱财，而欲恃诈伪反覆苏秦之余谋，其不可成亦明矣。

"大王不事秦，秦下兵攻河外，据卷、衍、酸枣，劫卫取阳晋，则赵不南，赵不南而梁不北，梁不北则从道绝，从道绝则大王之国欲毋危不可得也。秦折韩而攻梁，韩怯于秦，秦韩为一，梁之亡可立而须也。此臣之所为大王患也。

"为大王计，莫如事秦。事秦则楚、韩必不敢动；无楚、韩之患，则大王高枕而卧，国必无忧矣。

"且夫秦之所欲弱者莫如楚，而能弱楚者莫如梁。楚虽有富大之名而实空虚；其卒虽多，然而轻走易北，不能坚战。悉梁之兵南面而伐楚，胜之必矣。割楚而益梁，亏楚而适秦，嫁祸安国，此善事也。大王不听臣，秦下甲士而东伐，虽欲事秦，不可得矣。

"且夫从人多奋辞而少可信，说一诸侯而成封侯，是故天下之游谈士莫不日夜搤腕瞋目切齿以言从之便，以说人主。人主贤其辩而牵其说，岂得无眩哉。

"臣闻之，积羽沉舟，群轻折轴，众口铄金，积毁销骨，故愿大王审定计议，且赐骸骨辟魏。”

哀王于是乃倍从约而因仪请成于秦。张仪归，复相秦。三岁而魏复背秦为从。秦攻魏，取曲沃。明年，魏复事秦。

秦欲伐齐，齐楚从亲，于是张仪往相楚。楚怀王闻张仪来，虚上舍而自馆之。曰：“此僻陋之国，子何以教之？”仪说楚王曰：“大王诚能听臣，闭关绝约于齐，臣请献商於之地六百里，使秦女得为大王箕帚之妾，秦楚娶妇嫁女，长为兄弟之国。此北弱齐而西益秦也，计无便此者。”楚王大说而许之。群臣皆贺，陈轸独吊之。楚王怒曰：“寡人不兴师发兵得六百里地，群臣皆贺，子独吊，何也？”陈轸对曰：“不然，以臣观之，商於之地不可得而齐秦合，齐秦合则患必至矣。”楚王曰：“有说乎？”陈轸对曰：“夫秦之所以重楚者，以其有齐也。今闭关绝约于齐，则楚孤。秦奚贪夫孤国，而与之商於之地六百里？张仪至秦，必负王，是北绝齐交，西生患于秦也，而两国之兵必俱至。善为王计者，不若阴合而阳绝于齐，使人随张仪。苟与吾地，绝齐未晚也；不与吾地，阴合谋计也。”楚王曰：“愿陈子闭口毋复言，以待寡人得地。”乃以相印授张仪，厚赂之。于是遂闭关绝约于齐，使一将军随张仪。

张仪至秦，佯失绥堕车，不朝三月。楚王闻之，曰：“仪以寡人绝齐未甚邪？”乃使勇士至宋，借宋之符，北骂齐王。齐王大怒，折节而下秦。秦齐之交合，张仪乃朝，谓楚使者曰：“臣有奉邑六里，愿以献大王左右。”楚使者曰：“臣受令于王，以商於之地六百里，不闻六里。”还报楚王，楚王大怒，发兵而攻秦。陈轸曰：“轸可发口言乎？攻之不如割地反以赂秦，与之并兵而攻齐，是我出地于秦，取偿于齐也，王国尚可存。”楚王不听，卒发兵而使将军屈匄击秦。秦齐共攻楚，斩首八万，杀屈匄，遂取丹阳、汉中之地。楚又复益发兵而袭秦，至蓝田，大战，楚大败，于是楚割两城以与秦平。

秦要楚欲得黔中地，欲以武关外易之。楚王曰：“不愿易地，愿得张仪而献黔中地。”秦王欲遣之，口弗忍言。张仪乃请行。惠王曰：“彼楚王怒子之负以商於之地，是且甘心于子。”张仪曰：“秦彊楚弱，臣善靳尚，尚得事楚夫人郑袖，袖所言皆从。且臣奉王之节使楚，楚何敢加诛。假令诛臣而为秦得黔中之地，臣之上愿。”遂使楚。楚怀王至则囚张仪，将杀之。靳尚谓郑袖曰：“子亦知子之贱于王乎？”郑袖曰：“何也？”靳尚曰：“秦王甚爱张仪而不欲出之，今将以上庸之地六县赂楚，以美人聘楚，以宫中善歌讴者为媵。楚王重地尊秦，秦女必贵而夫人斥矣。不若为言而出之。”于是郑袖日夜言怀王曰：“人臣各为其主用。今地未入秦，秦使张仪来，至重王。王未有礼而杀张仪，秦必大怒攻楚。妾请子母俱迁江南，毋为秦所鱼肉也。”怀王后悔，赦张仪，厚礼之如故。

张仪既出，未去，闻苏秦死，乃说楚王曰：“秦地半天下，兵敌四国，被险带河，四塞以为固。虎贲之士百余万，车千乘，骑万匹，积粟如丘山。法令既明，士卒安难乐死，主明以严，将智以武，虽无出甲，席卷常山之险，必折天下之脊，天下有后服者先亡。且夫为从者，无以异于驱群羊而攻猛虎，虎之与羊不格明矣。今王不与猛虎而与群羊，臣窃以为大王之计过也。

“凡天下彊国，非秦而楚，非楚而秦，两国交争，其势不两立。大王不与秦，秦下甲据宜阳，韩之上地不通。下河东，取成皋，韩必入臣，梁则从风而动。秦攻楚之西，韩、梁攻其北，社稷安得毋危？

“且夫从者聚群弱而攻至彊，不料敌而轻战，国贫而数举兵，危亡之术也。臣闻之，兵不如者勿与挑战，粟不如者勿与持久。夫从人饰辩虚辞，高主之节，言其利不言其害，卒有秦祸，无及为已。是故愿大王之孰计之。

“秦西有巴蜀，大船积粟，起于汶山，浮江已下，至楚三千余里。舫船载卒，一舫载五十人与三月之食，下水而浮，一日行三百余里，里数虽多，然而不费牛马之力，不至十日而距扞关。扞关惊，则从境以东尽城守矣，黔中、巫郡非王之有。秦举甲出武关，南面而伐，则北地绝。秦兵之攻楚也，危难在三月之内，而楚待诸侯之救，在半岁之外，此其势不相及也。夫弱国之救，忘彊秦之祸，此臣所以为大王患也。

“大王尝与吴人战，五战而三胜，阵卒尽矣；偏守新城，存民苦矣。臣闻功大者易危，而民敝者怨上。夫守易危之功而逆彊秦之心，臣窃为大王危之。

“且夫秦之所以不出兵函谷十五年以攻齐、赵者，阴谋有合天下之心。楚尝与秦构难，战于汉中，楚人不胜，列侯执珪死者七十余人，遂亡汉中。楚王大怒，兴兵袭秦，战于蓝田。此所谓两虎相搏者也。夫秦楚相敝而韩魏以全制其后，计无危于此者矣。愿大王孰计之。

“秦下甲攻卫阳晋，必大关天下之匈。大王悉起兵以攻宋，不至数月而宋可举，举宋而东指，则泗上十二诸侯尽王之有也。

“凡天下而以信约从亲相坚者苏秦，封武安君，相燕，即阴与燕王谋伐破齐而分其地；乃佯有罪出走入齐，齐王因受而相之；居二年而觉，齐王大怒，车裂苏秦于市。夫以一诈伪之苏秦，而欲经营天下，混一诸侯，其不可成亦明矣。

“今秦与楚接境壤界，固形亲之国也。大王诚能听臣，臣请使秦太子入质于楚，楚太子入质于秦，请以秦女为大王箕帚之妾，效万室之都以为汤沐之邑，长为昆弟之国，终身无相攻伐。臣以为计无便于此者。”

于是楚王已得张仪而重出黔中地与秦，欲许之。屈原曰：“前大王见欺于张仪，张仪至，臣以为大王烹之；今纵弗忍杀之，又听其邪说，不可。”怀王曰：“许仪而得黔中，美利也。后而倍之，不可。”故卒许张仪，与秦亲。

张仪去楚，因遂之韩，说韩王曰：“韩地险恶山居，五谷所生，非菽而麦，民之食大抵菽藿羹。一岁不收，收不餍糟糠。地不过九百里，无二岁之食。料大王之卒，悉之不过三十万，而厮徒负养在其中矣。除守徼亭鄣塞，见卒不过二十万而已矣。秦带甲百余万，车千乘，骑万匹，虎贲之士跿跔科头贯颐奋戟者，至不可胜计。秦马之良，戎兵之众，探前趹后蹄间三寻腾者，不可胜数。山东之士被甲蒙胄以会战，秦人捐甲徒裼以趋敌，左挈人头，右挟生虏。夫秦卒与山东之卒，犹孟贲之与怯夫；以重力相压，犹乌获之与婴儿。夫战孟贲、乌获之士以攻不服之弱国，无异垂千钧之重于鸟卵之上，必无幸矣。

“夫群臣诸侯不料地之寡，而听从人之甘言好辞，比周以相饰也，皆奋曰‘听吾计可以强霸天下’。夫不顾社稷之长利而听须臾之说，诖误人主，无过此者。

“大王不事秦，秦下甲据宜阳，断韩之上地，东取成皋、荥阳，则鸿台之宫、桑林之苑非王之有也。夫塞成皋，绝上地，则王之国分矣。先事秦则安，不事秦则危。夫造祸而求其福报，计浅而怨深，逆秦而顺楚，虽欲毋亡，不可得也。

“故为大王计，莫如为秦。秦之所欲莫如弱楚，而能弱楚者如韩。非以韩能彊于楚也，其地势然也。今王西面而事秦以攻楚，秦王必喜。夫攻楚以利其地，转祸而说秦，计无便于此者。”

韩王听仪计。张仪归报，秦惠王封仪五邑，号曰武信君。使张仪东说齐湣王曰：“天下强国无过齐者，大臣父兄殷众富乐。然而为大王计者，皆为一时之说，不顾百世之利。从人说大王者，必曰‘齐西有强赵，南有韩与梁。齐，负海之国也，地广民众，兵强士勇，虽有百秦，将无奈齐何’。大王贤其说而不计其实。夫从人朋党比周，莫不以从为可。臣闻之，齐与鲁三战而鲁三胜，国以危亡随其后，虽有战胜之名，而有亡国之实。是何也？齐大而鲁小也。今秦之与齐也，犹齐之与鲁也。秦赵战于河漳之上，再战而赵再胜秦；战于番吾之下，再战又胜秦。四战之后，赵之亡卒数十万，邯郸仅存，虽有战胜之名而国已破矣。是何也？秦强而赵弱。

“今秦楚嫁女娶妇，为昆弟之国。韩献宜阳；梁效河外；赵入朝渑池，割河间以事秦。大王不事秦，秦驱韩梁攻齐之南地，悉赵兵渡清河，指博关，临菑、即墨非王之有也。国一日见攻，虽欲事秦，不可得也。是故愿大王孰计之也。”

齐王曰：“齐僻陋，隐居东海之上，未尝闻社稷之长利也。”乃许张仪。

张仪去，西说赵王曰：“敝邑秦王使使臣效愚计于大王。大王收率天下以宾秦，秦兵不敢出函谷关十五年。大王之威行于山东，敝邑恐惧慑伏，缮甲厉兵，饰车骑，习驰射，力田积粟，守四封之内，愁居慑处，不敢动摇，唯大王有意督过之也。

“今以大王之力，举巴蜀，并汉中，包两周，迁九鼎，守白马之津。秦虽僻远，然而心忿含怒之日久矣。今秦有敝甲凋兵，军于渑池，愿渡河逾漳，据番吾，会邯郸之下，愿以甲子合战，以正殷纣之事，敬使使臣先闻左右。

“凡大王之所信为从者恃苏秦。苏秦荧惑诸侯，以是为非，以非为是，欲反齐国，而自令车裂于市。夫天下之不可一亦明矣。今楚与秦为昆弟之国，而韩梁称为东籓之臣，齐献鱼盐之地，此断赵之右臂也。夫断右臂而与人斗，失其党而孤居，求欲毋危，岂可得乎？

“今秦发三将军：其一军塞午道，告齐使兴师渡清河，军于邯郸之东；一军军成皋，驱韩梁军于河外；一军军于渑池。约四国为一以攻赵，赵［破］，必四分其地。是故不敢匿意隐情，先以闻于左右。臣窃为大王计，莫如与秦王遇于渑池，面相见而口相结，请案兵无攻。愿大王之定计。”

赵王曰：“先王之时，奉阳君专权擅势，蔽欺先王，独擅绾事，寡人居属师傅，不与国谋计。先王弃群臣，寡人年幼，奉祀之日新，心固窃疑焉，以为一从不事秦，非国之长利也。乃且愿变心易虑，割地谢前过以事秦。方将约车趋行，适闻使者之明诏。”赵王许张仪，张仪乃去。

北之燕，说燕昭王曰：“大王之所亲莫如赵。昔赵襄子尝以其姊为代王妻，欲并代，约与代王遇于句注之塞。乃令工人作为金斗，长其尾，令可以击人。与代王饮，阴告厨人曰：‘即酒酣乐，进热啜，反斗以击之。’于是酒酣乐，进热啜，厨人进斟，因反斗以击代王，杀之，王脑涂地。其姊闻之，因摩笄以自刺，故至今有摩笄之山。代王之亡，天下莫不闻。

“夫赵王之狠戾无亲，大王之所明见，且以赵王为可亲乎？赵兴兵攻燕，再围燕都而劫大王，大王割十城以谢。今赵王已入朝渑池，效河间以事秦。今大王不事秦，秦下甲云中、九原，驱赵而攻燕，则易水、长城非大王之有也。

“且今时赵之于秦犹郡县也，不敢妄举师以攻伐。今王事秦，秦王必喜，赵不敢妄动，是西有强秦之援，而南无齐赵之患，是故愿大王孰计之。”

燕王曰：“寡人蛮夷僻处，虽大男子裁如婴儿，言不足以采正计。今上客幸教之，请西面而事秦，献恒山之尾五城。”燕王听仪。仪归报，未至咸阳而秦惠王卒，武王立。武王自为太子时不说张仪，及即位，群臣多谗张仪曰：“无信，左右卖国以取容。秦必复用之，恐为天下笑。”诸侯闻张仪有却武王，皆畔衡，复合从。

秦武王元年，群臣日夜恶张仪未已，而齐让又至。张仪惧诛，乃因谓秦武王曰：“仪有愚计，愿效之。”王曰：“奈何？”对曰：“为秦社稷计者，东方有大变，然后王可以多割得地也。今闻齐王甚憎仪，仪之所在，必兴师伐之。故仪原乞其不肖之身之梁，齐必兴师而伐梁。梁齐之兵连于城下而不能相去，王以其间伐韩，入三川，出兵函谷而毋伐，以临周，祭器必出。挟天子，按图籍，此王业也。”秦王以为然，乃具革车三十乘，入仪之梁。齐果兴师伐之。梁哀王恐。张仪曰：“王勿患也，请令罢齐兵。”乃使其舍人冯喜之楚，借使之齐，谓齐王曰：“王甚憎张仪；虽然，亦厚矣王之讬仪于秦也！”齐王曰：“寡人憎仪，仪之所在，必兴师伐之，何以讬仪？”对曰：“是乃王之讬仪也。夫仪之出也，固与秦王约曰：‘为王计者，东方有大变，然后王可以多割得地。今齐王甚憎仪，仪之所在，必兴师伐之。故仪愿乞其不肖之身之梁，齐必兴师伐之。齐梁之兵连于城下而不能相去，王以其间伐韩，入三川，出兵函谷而无伐，以临周，祭器必出。挟天子，案图籍，此王业也。’秦王以为然，故具革车三十乘而入之梁也。今仪入梁，王果伐之，是王内罢国而外伐与国，广邻敌以内自临，而信仪于秦王也。此臣之所谓‘讬仪’也。”齐王曰：“善。”乃使解兵。

张仪相魏一岁，卒于魏也。（节录）

《张仪列传》和《苏秦列传》堪称姊妹篇。苏秦张仪都游说六国：苏秦合纵以燕为主，张仪连横以魏为主，二人善用权变之术和以雄辩家的姿态自居，雄心勃勃，一往无前，为追求事功而将生死置之度外，表现了他们的雄才大略，体现了他们的力量和存在价值。

张仪除了张扬暴露合纵的短处、用以附会自己的主张外，借秦国强大的势力，又多以威胁利诱、欺诈行骗的权术，成为轰动一时的风云人物。

苏秦智激张仪入秦，历来为人们所激赏。张仪被楚相诬陷“盗璧”，鞭笞数百，投奔苏秦，被拒之门外，又遭羞辱，怒而入秦，凭借苏秦暗中资助，得以被惠王重用。情节曲折多变，故事性强，前有蓄势，后有照应，井然有序，无懈可击。人物性格鲜明，语言简洁、个性化，已成为后世小说的楷模。

毛泽东用苏秦智激张仪入秦的故事，来说明人没有压力是不会进步的，别人讲的不同的、批评的意见，无论正确与否，都要认真去听，都是一种帮助，也是一种压力，压力可以转化为进步的动力，很有教育意义。

7. 杂　家

杂家，战国末至汉初折衷和糅合各派学说的学派，为九流之一。杂家的出现是统一的封建国家建立过程中思想文化融合的结果。春秋战国时代，百家争鸣，各家都有自己的对策与治国主张。为了打败其他流派，各学派或多或少地吸收其他流派的学说，或以攻诘对方，或以补自己学说的缺陷。然而，任何一个流派也都有其特色与长处，而“杂家”便是充分地利用这个特点，“采儒墨之善，撮名法之要”，博采众议，成为一套在思想上兼容并蓄，却又切实可行的治国方针。代表著作有《吕氏春秋》和《淮南子》。《汉书·艺文志》：“杂家者流，盖出于议官，兼儒、墨，合名、法，知国体之有此，见王治之无不贯，此其所长也。”

（1）《吕氏春秋》

第一，《吕氏春秋》是杂家的代表作。

《吕氏春秋》是战国末年（前 221 前后）秦国丞相吕不韦组织属下门客们集体编纂的杂家著作，又名《吕览》，在公元前 239 年写成，当时正是秦国统一六国前夜。

此书共分为十二纪、八览、六论，共二十六卷，一百六十篇，二十余万字。书中尊崇道家，肯定老子的思想，同时以道为主，融合儒、墨、法、兵众家长处，形成了包括政治、经济、哲学、道德、军事各方面的理论体系。吕不韦的目的在于综合百家之长，总结历史经验教训，为以后的秦国统治提供长久的治国方略。书中还提出了“法天地”“传言必察”等思想，和“适情节欲”“运动达郁”的健身之道，有着唯物主义因素。同时，书中还保存了很多的旧说传闻，在理论上和史料上都有很高的参考价值。

吕不韦（前292—前235），姜姓，吕氏，名不韦，卫国濮阳（今河南安阳滑县）人，战国末年著名商人、政治家、思想家，官至秦国丞相。

原为阳翟（今河南禹州）大工商奴隶主，在赵都邯郸遇见为人质于赵的秦公子异人（后改名子楚），认为“奇货可居”，便到秦活动，子楚被立为太子。

公元前251年，秦昭襄王去世，太子安国君继位，为秦孝文王，立一年而卒，储君嬴子楚继位，即秦庄襄王。前249年以吕不韦为相国，封文信侯，食邑河南洛阳十万户，门下有食客3000人，家僮万人。庄襄王卒，年幼的太子政立为王，吕不韦为相邦，号称“仲父”，专断朝政。

执政时曾攻取周、赵、卫的土地，立三川、太原、东郡，对秦王政兼并六国的事业有重大贡献。后因嫪毐集团叛乱事件受牵连，被免除相邦职务，出居河南封地（今河南洛阳）。不久，秦王政复命其举家迁蜀，吕不韦担心被诛杀，于是饮鸩自尽。

第二，“竭泽而渔”“纲举目张”与“流水不腐”。

毛泽东喜读《吕氏春秋》，在自己的作品中曾数次引用其中的著名典故，用以说明现实问题。1942年12月，他写的《抗日时期的经济问题和财政问题》中说：“另外的错误观点，就是不顾人民困难，只顾政府和军队的需要，竭泽而渔，诛求无已。这是国民党的思想，我们决不能承袭。我们一时候加重了人民的负担，但是我们立即动手建设了公营经济。”（《毛泽东选集》第三卷，人民出版社1991年版，第894页）

毛泽东所引“竭泽而渔”一语，见于《吕氏春秋·义赏》：

昔晋文公将与楚人战于城濮，召咎犯而问曰："楚众我寡，奈何而可？"咎犯对曰："臣闻繁礼之君，不足于文，繁战之君，不足于诈。君亦诈之而已。"文公以咎犯言告雍季，雍季曰："竭泽而渔，岂不获得？而明年无鱼；焚薮而田，而明年无兽。诈伪之道，虽今偷可，后将无复，非常术也。"文公用咎犯之言，而败楚人于城濮。反而为赏，雍季在上。左右谏曰："城濮之功，咎犯之谋也。君用其言而赏后其身，或者不可乎？"文公曰："雍季之言，百世之利也；咎犯之言，一时之务也。焉有以一时之务先百世之利者乎？"孔子闻之，曰："临难用诈，足以却敌；反而尊贤，足以报德。文公虽不终，始足以霸矣。"

晋文公与楚人战于城濮前，关于采取何种策略，他的臣下有两种意见：他的舅父狐偃主张用"诈"的办法，另一位臣子雍季认为"诈"是一种竭泽而渔的办法，偶尔用一下可以，不是长久之计。文公采取咎犯"诈"术，打赢了楚人，论功行赏时却将雍季摆在咎犯之上，有人质疑，文公讲明了雍季所说的理由。"竭泽而渔"，后人常用以比喻做事不留余地，只图眼前短小的利益而不顾长远利益。

毛泽东在文中引用"竭泽而渔"一语，批评了只顾政府和军队的需要、不顾人民困难的错误思想，在取之于民的同时，要使社会经济有所增长和补充，以减轻人民的负担，休养民力。

1945 年 4 月 24 日，毛泽东在《论联合政府》一文中说：

有无认真的自我批评，也是我们和其他政党互相区别的显著的标志之一。我们曾经说过，房子是应该经常打扫的，不打扫就会积满了灰尘；脸是应该经常洗的，不洗也就会灰尘满面。我们同志的思想，我们党的工作，也会沾染灰尘的，也应该打扫和洗涤。"流水不腐，户枢不蠹"，是说它们在不停的运动中抵抗了微生物或其他生物的侵蚀。对于我们，经常地检讨工作，在检讨中推广民主作风，不惧怕批评和自我批评，实行"知无不言，言无不尽""言者无罪，闻者足戒”“有则改之，无则加勉”这些中国人民的有益的格言，正是抵抗各种政治灰尘和政治微生物侵蚀我们同志的思想和我们党的肌体的唯一有效的方法。以“惩前毖后，治病救人”为宗旨的整风运动之所以发生了很大的效力，就是因为我们在这个运动中展开了正确的而不是歪曲的、认真的而不是敷衍的批评和自我批评。以中国最广大人民的最大利益为出发点的中国共产党人，相信自己的事业是完全合乎正义的，不惜牺牲自己个人的一切，随时准备拿出自己的生命去殉我们的事业，难道还有什么不适合人民需要的思想、观点、意见、办法，舍不得丢掉的吗？难道我们还欢迎任何政治的灰尘、政治的微生物来玷污我们的清洁的面貌和侵蚀我们的健全的肌体吗？无数革命先烈为了人民的利益牺牲了他们的生命，使我们每个活着的人想起他们就心里难过，难道我们还有什么个人利益不能牺牲，还有什么错误不能抛弃吗？

（《毛泽东选集》第三卷，人民出版社 1991 年版，第 1096—1097 页）

文中所引“流水不腐，户枢不蠹”成语，出自《吕氏春秋·尽数》：

流水不腐，户枢不蠹，动也。形气亦然。形不动则精不流，精不流则气郁。郁处头则为肿、为风，处耳则为挶、为聋，处目则为眵、为盲，处鼻则为鼽、为窒，处腹则为张、为府，处足则为痿、为蹶。轻水所，多秃与瘿人；重水所，多尰与躄人；甘水所，多好与美人；辛水所，多疽与痤人；苦水所，多尪与伛人。

“流水不腐，户枢不蠹”，户枢，旧时木门的转轴；蠹，被蚁蛀蚀。大意是说，流动的水不会腐臭，经常转动的门轴不会被蚁虫蛀蚀，比喻经常运动的东西不容易受侵蚀。

毛泽东引用此语旨在说明，只有经常开展批评和自我批评，才能抵抗各种政治灰尘和政治微生物的侵蚀，从而保证党坚强而正确的领导。

1953 年 10 月、11 月，毛泽东在《关于农业互助合作的两次谈话》中说：

有句古语，“纲举目张”。拿起纲，目才能张，纲就是主题。社会主义和资本主义的矛盾，并且逐步解决这个矛盾，这就是主题，就是纲，各项帮助农民的政治工作，经济工作，一切都有统属了。

“纲举目张”这个古语出自《吕氏春秋·用民》：

当禹之时，天下万国，至于汤而三千余国，今无存者矣，皆不能用其民也。民之不用，赏罚不充也。汤、武因夏、商之民也，得所以用之也。管、商亦因齐、秦之民也，得所以用之也。民之用也有故，得其故，民无所不用。用民有纪有纲，壹引其纪，万目皆起；壹引其纲，万目皆张。为民纪纲者何也？欲也恶也。何欲何恶？欲荣利，恶辱害。辱害所以为罚充也，荣利所以为赏实也。赏罚皆有充实，则民无不用矣。

汉郑玄《〈诗谱〉序》：“举一纲而万目张，解一卷而众篇明，于力则鲜，于思则寡。”

《书·盘庚上》：“若网在纲，有条而不紊。”宋蔡沈集传：“举则目张，喻下从上，小从大。”目是网的眼子。纲是网上的大绳。提起网上的大绳，所有的网眼都张开了。后来用以比喻条理分明，或抓住事物的关键，以带动其他环节。

毛泽东在谈话中引用“纲举目张”一语，说明当时对农业工作应抓住社会主义和资本主义的矛盾这个纲，以带动对农民的政治工作、经济工作等。这种抓主要矛盾的工作方法，极富启发意义。

（2）《淮南子》

第一，《淮南子》是杂家的又一代表作。

《淮南子》又名《淮南鸿烈》《刘安子》，是西汉宗室淮南王刘安主持、招致宾客编写的。据《汉书·艺文志》云：“淮南内二十一篇，外三十三篇。”颜师古注曰：“内篇论道，外篇杂说。”现今所存的有二十一篇，大概都是原说的内篇，其他均已佚去。

《汉书·淮南王安传》云："淮南王安为人好书，鼓琴。……招致宾客方术之士数千人，作为内书二十一篇，外书甚众，又有中篇八卷，言神仙黄白之术，亦二十余万言。"

高诱为之作注，他以为此书原名《鸿烈》："鸿，大也；烈，明也；以为大明道之言也。"他认为此书包括了广大而光明的通理。全书内容庞杂，将道、阴阳、墨、法和一部分儒家思想糅合起来，但主要的宗旨倾向于道家。《汉书·艺文志》则将它列入杂家。

其中最为著名的篇章有《鲧禹治水》《共工怒触不周山》《塞翁失马》等。

第二，毛泽东引用《淮南子》名言。

毛泽东曾多次在自己的著作和诗词中引用《淮南子》中的名言，说明革命和建设中的现实问题。1931 年春，他写的《渔家傲·反第一次大"围剿"》："万木霜天红烂漫，天兵怒气冲霄汉。雾满龙冈千嶂暗，齐声唤，前头捉了张辉瓒。　　二十万军重入赣，风烟滚滚来天半。唤起工农千百万，同心干，不周山下红旗乱。"

对末句"不周山下红旗乱"，自注说：

关于共工头触不周山的故事：《淮南子·天文训》："昔者共工与颛顼争为帝，怒而触不周之山，天柱折，地维绝。天倾西北，故日月星辰移焉；地不满西南，故水潦尘埃归焉。"

《国语·周语》："昔共工弃此道也，虞于湛乐，淫失其身，欲壅防百川，堕高堙庳，以害天下。皇天弗福，庶民弗助，祸乱并兴，共工用灭。"（韦昭注："贾侍中〔指后汉贾逵〕云：共工，诸侯，炎帝之后，姜姓也。颛顼氏衰，共工氏侵陵诸侯，与高辛氏争而王也。"）

《史记》司马贞补《三皇本纪》："当其（按指女娲）末年也，诸侯有共工氏，任智刑以强，霸而不王，以水乘木，乃与祝融战，不胜而怒，乃头触不周山崩，天柱折，地维缺。"

毛按：诸说不同。我取《淮南子·天文训》，共工是胜利的英雄。你看，"怒而触不周之山，天柱折，地维绝。天倾西北，故日月星辰移焉；地不满西南，故水潦尘埃归焉。”他死了没有？没有说。看来是没有死。共工确实是胜利了。

毛泽东在自注中列举《淮南子》《国语》《史记》中对共工怒触不周山的记载，他赞同《淮南子·天文训》的记载，又因记载只明记怒触不周山的结果，而没有说明共工的生死，进而推论说：“看来是没有死。共工确实是胜利了。”这里用触倒不周山的共工这位胜利的英雄，来比喻决心打倒反革命统治的工农红军和革命群众。

1927年3月，毛泽东写的《湖南农民运动考察报告》中说：“这个攻击的形势，简直是急风暴雨，顺之者存，违之者灭。其结果，把几千年封建地主的特权，打得个落花流水。”（《毛泽东选集》第一卷，人民出版社1991年版，第14页）

急风暴雨，原作“疾风暴雨”，语出《淮南子·兵略训》：“何谓隐之天？大寒甚暑，疾风暴雨，大雾冥晦，因此而为变者也。”意谓怎样才是隐蔽的天气呢？非常寒冷，特别炎热，急促的风和暴烈的雨，大雾茫茫，阴霾昏暗，可利用这些天气去机动灵活地发起攻击。

“疾风暴雨”本指自然界急促而暴烈的风雨，后来却常常比喻阶级斗争或激烈的战斗。毛泽东引用此语是为了突出湖南农民和地主阶级斗争的激烈。

1936年12月，毛泽东在他的《中国革命战争的战略问题》中说：“第三次反‘围剿’虽是那样急风暴雨的局面，千里回师，又被敌人发觉了我们的迂回其侧后的计划，但我们仍忍耐折回，改用中间突破，终于在莲塘打着第一个好仗。”（《毛泽东选集》第一卷，人民出版社1991年版，第221页）

毛泽东再一次引用“急风暴雨”一语，用它来形容红军第三次反“围剿”的威武壮观。

在同一文章中，毛泽东说：

“有一种人的意见是不对的，我们早已批驳了这种意见了；他们说：只要研究一般战争的规律就得了，具体地说，只要照着反动的中国政府或反动的中国军事学校出版的那些军事条令去做就得了。他们不知道：这些条令仅仅是一般战争的规律，并且全是抄了外国的，如果我们一模一样地照抄来用，丝毫也不变更其形式和内容，就一定是削足适履，要打败仗。他们的理由是：过去流过血得来的东西，为什么要不得？他们不知道：我们固然应该尊重过去流血的经验，但是还应该尊重自己流血的经验。

又有一种人的意见也是不对的，我们也早已批驳了这种意见了；他们说：只要研究俄国革命战争的经验就得了，具体地说，只要照着苏联内战的指导规律和苏联军事机关颁布的军事条令去做就得了。他们不知道：苏联的规律和条令，包含着苏联内战和苏联红军的特殊性，如果我们一模一样地抄了来用，不允许任何的变更，也同样是削足适履，要打败仗。这些人的理由是：苏联的战争是革命的战争，我们的战争也是革命的战争，而且苏联是胜利了，为什么还有取舍的余地？他们不知道：我们固然应该特别尊重苏联的战争经验，因为它是最近代的革命战争的经验，是在列宁、斯大林指导之下获得的；但是我们还应该尊重中国革命战争的经验，因为中国革命和中国红军又有许多特殊的情况。”（《毛泽东选集》第一卷，人民出版社 1991 年版，第 171—172 页）

毛泽东在一篇文章中两次连用“削足适履”一语。此语出自《淮南子·说林训》：

> 人莫欲学御龙，而皆欲学御马，莫欲学治鬼，而皆欲学治人，急所用也。解门以为薪，塞井以为臼，人之从事，或时相似。水火相憎，锴在其间，五味以和。骨肉相爱，谗贼间之，而父子相危。夫所以养而害所养，譬犹削足以适履，杀头而便冠。

意谓人都不想学驾龙技术，而想学御马技术；都不想学习治理鬼的本领，而想学治理社会的本事，因为御马驾车、治人管理社会是急需的事。将门板卸下劈了当柴烧，将水井堵塞做碓臼，人们有时做的蠢事就像这样。水火不相容，但是装有水和食物的小鼎锅放在火上却能煮成五味俱全的美食；骨肉亲情，但被谗贼小人从中挑拨，父子都有可能互相危害。为贪养生之物而伤害生命，这就好像削足适履，又好像削尖脑袋去戴小帽子。

《淮南子》中这段话说明一些哲理问题。其中“削足以适履”后成成语，比喻不恰当地迁就现成条件，或不顾客观实际情况，勉强凑合。

毛泽东在文章中使用“削足适履”一语，批评左倾教条主义者的错误：他们只知机械地搬用反动的中国政府的军事学校出版的那些军事条令，或者外国的东西，不知道“按照现时情况规定我们自己的东西”。毛泽东的名言是：“从战争学习战争——这是我们的主要方法。”

1929年12月，毛泽东在他写的《关于纠正党内的错误思想》中说：

“关于党内的批评问题，还有一点要说及的，就是有些同志的批评不大注意大的方面，只注意小的方面。他们不明白批评的主要任务，是指出政治上的错误和组织上的错误。至于个人缺点，如果不是与政治的和组织的错误有联系，则不必多所指摘，使同志们无所措手足。而且这种批评一发展，党内精神完全集注到小的方面，人人变成了谨小慎微的君子，就会忘记党的政治任务，这是很大的危险。”（《毛泽东选集》第一卷，人民出版社1991年版，第91—92页）

“谨小慎微”一语，原作“敬小慎微”。语出《淮南子·人间训》：“圣人敬小慎微，动不失时。百射重戒，祸乃不滋。计福勿及，虑祸过之。同日被霜，蔽者不伤。愚者有备，与知者同功。夫爝火在缥烟之中也，一指之所能息也；塘漏若鼷穴，一抔之所能塞也。及至火之燔孟诸而炎云台，水决九江而渐荆州，虽起三军之众，弗能救也。夫积爱成福，积怨成祸。若痈疽之必溃也，所浼者必多矣。”

意谓圣人对待细小的事物谨慎小心，行为举动适合时宜。对于社会纷繁复杂的现象百般预备，重重戒防，这样灾祸就不会产生。对福不必想得过多，对祸要多加防备；同时受到霜打，有遮蔽的就不易受伤；愚钝的人有了防备，就和聪明人一样有同等功效。那小火把在刚刚点燃时的缥惚火星，只需用一根手指就能按熄；池塘堤坝的漏洞只有像老鼠洞那么大时，只需一块土块就可堵塞。但等到火势烧及孟诸泽、蔓延的范围有云梦泽那么大一片，洪水从九江决口、泛滥淹没整个荆州，那时即使调动全国所有军队也都无法扑灭堵塞。积累仁爱则带来福祉，积聚怨恨则酿成祸患，这就如同痈疽必然要溃烂，并污染很多地方一样。

这句话是说道德高尚的人，对待细小的事物也小心谨慎，待人处世非常审慎。此语更早可以追溯到《礼记·缁衣》：“子曰：‘君子道人以言，而禁人以行。故言必虑其所终，而行必知其所敝，则民谨于言而慎于行。’”而此词到清代才定为“谨小慎微”。清恽敬《〈卓忠毅公遗稿〉书后》：“夫古之大人，具盖世之气，全不世出之节者，其生平无不谨小慎微，事事得其所处。”

毛泽东使用“谨小慎微”一语，赋予了贬义，用以批评那种只重小事不管大局的倾向。

（三）毛泽东评点先秦两汉史学

1.《左　传》

第一，《左传》是一部编年史。

《左传》原名《左氏春秋传》，又称《春秋左氏传》，或者称《左氏春秋》，是一部史学名著和文学名著，是我国现存第一部叙事详细的编年体史书。旧时相传是春秋末年左丘明为解释孔子的《春秋》而作。它起自鲁隐公元年（前722），迄于鲁悼公四年（前520），以《春秋》为本，通过记述春秋时期的具体史实来说明《春秋》的纲目，是儒家重要经典之一。西汉时称之为《左氏春秋》，东汉以后改称《春秋左氏传》，简称《左传》。它与《公羊传》《谷梁传》合称“春秋三传”。

《左传》具有鲜明的政治与道德倾向。其观念较接近于儒家，强调等级秩序与宗法伦理，重视长幼尊卑之别，同时也表现出“民本”思想。可以看出这是春秋战国时代一种重要的思想进步。它敢于秉笔直书，不虚美、不隐恶，所记事件与人物具有很高的历史真实性；在真实记事的基础上又表现出一定的倾向性，不仅在史料取舍或事件的叙述中往往表现出爱憎与臧否的不同态度，还常以“君子曰”形式直接评人论事，或给予谴责，或表示痛惜，或加以赞扬，等等。

《左传》又是一部优秀的历史散文著作。它善于在复杂的矛盾斗争中突出典型事件，塑造典型人物形象。它的叙事既有条理，注重剪裁史料，又精于谋篇，善于敷演故事；语言简洁而准确，生动而富于表现力，注意细致描摹，长于运用比喻，成为先秦历史散文的典范，具有较高的文学价值。

左丘明（约前502—约前422），春秋末期鲁国都君庄（今山东肥城石横镇东衡鱼村）人，姓丘，名明，因其父任左史官，故称左丘明（关于左丘明的姓名，长期以来，众说纷纭。一说复姓左丘，名明；一说单姓左，名丘明，但史载，左丘明乃姜子牙后裔，嫡系裔孙丘（邱）氏较为可靠）。春秋末期史学家、文学家、思想家、散文家、军事家。与孔子同时或者比孔子年龄略长些。左丘明知识渊博，品德高尚，出身于世代为史官的家族，曾与孔子一起“乘如周，观书于周史”，据有鲁国以及其他封侯各国大量的史料，所以依《春秋》著成了中国古代第一部记事详细、议论精辟的编年史《左传》（又称《左氏春秋》），又作现存最早的一部国别史《国语》，作《国语》时已双目失明。两书记录了不少西周、春秋的重要史事，保存了具有很高价值的原始资料。他被誉为“文宗史圣”“经臣史祖”“百家文字之宗、万世古文之祖”，成为中国史家的开山鼻祖。毛泽东称左丘明是“历史学家”，还认定他是山东人。1952 年 10 月 7 日，毛泽东在山东济南考察时，列举山东大地孕育的名人志士中就有左丘明。1962 年 1 月，在北京召开的七千人大会上，他又引用了司马迁的话：“左丘失明，厥有国语。”又说：“司马迁讲的这些事情，除了左丘失明一例以外，都是指当时上级领导对他们做作了错误处理的。”（《毛泽东文集》第八卷，人民出版社 1999 年版，第 291—292 页）

第二，有人把《左传》叫作“相砍书”。

毛泽东晚年还劝他的护士孟锦云读一读《资治通鉴》，并且送给他一本介绍《资治通鉴》的小册子作为入门读物。在读了这本小册子后，孟锦云请教毛泽东说：“这部书叫《资治通鉴》，是让统治者把历史当作一面镜子，照照自己，可为什么不从有史以来就写，而是从周威烈王二十三年（前 403）写起呢？”

听到这个提问，毛泽东的眼睛一亮，显出异常高兴的神情，笑着对小孟说：

“这个问题提得好，孟夫子真是动了脑筋。看来，你是嫌这面镜子不够大，怕照得不够全面。其实，这面镜子已经不小了，统治者如果认真照一下的话，恐怕不会一点益处没有。如书里论曰：‘礼义廉耻，国之四维；四维不张，国乃灭亡。’清朝的雍正皇帝看了很赞赏，并据此得出了结论，治国就是治吏。如果臣下个个寡廉鲜耻，贪得无厌，那非天下大乱不可。”

孟锦云说：“主席，您讲的这个意思我明白，历史确实是一面镜子，可是为什么不从头写起呢？从头写不是更完整吗？”

毛泽东说：“司马光之所以从周威烈王二十三年（前403）写起，是因为这一年中国历史上发生了一件大事，或者说是司马光认为发生了一件大事。”

孟锦云说：“这一年有什么大事？我学过的历史书上，怎么没讲到？”

毛泽东说：“这年，周天子命韩、赵、魏三家为诸侯，这一承认不要紧，使原先不合法的三家分晋变成合法的了，司马光认为这是周室衰落的关键。‘非三晋之坏礼，乃天子自坏也。’选择这一年的这件事为《通鉴》的首篇，这是开宗明义，与《资治通鉴》的书名完全切题。下面做得不合法，上面还承认，看来这个周天子没有原则，没有是非。无是无非，当然非乱不可。这叫上梁不正下梁歪嘛。任何国家都是一样，你上面敢胡来，下面凭什么老老实实，这叫事有必至，理有固然。”

孟锦云说：“为什么从这年开头我明白了，可为什么只写到五代就停止了呢？”

毛泽东说：“有人说，这是由于宋代自有国史，不依据国史，另编一本有困难。我看这不是主要的。本朝人编本朝史，有些事不好说，也可以叫作不敢说，不好说的事大抵是不敢说的事。所以历代编写史书，本朝写本朝的大抵不实，往往要由后一代人去写。”

孟锦云又说：“《资治通鉴》里写了不少皇帝，有些皇帝糊涂得很，可他还当皇帝，真让人不可思议。”

毛泽东说：“中国的皇帝很有意思，有的皇帝很有作为，有的皇帝简直就是糊涂虫，可那是没有办法的事。皇帝是世袭呀，只要老子是皇帝，儿子再糊涂也得当皇帝，这也怪不得他，生下来就是皇帝嘛。还有两三岁就当皇帝，当然要闹笑话。他那个皇帝好当得很，什么事都有人替他办噢。”

孟锦云说:“那种皇帝当然好当,谁都能当。三岁就当皇帝,真是荒唐。”

……

孟锦云转了个话题:“为什么那么一部大书,写政治军事的那么多,写经济文化的那么少呢?”

毛泽东说:“中国的军事家不一定是政治家,但杰出的政治家大多数是军事家。在中国,尤其是改朝换代的时代,不懂得军事,你那个政治怎么个搞法?政治,特别是关键时刻的政治,往往靠军事实力来说话。没有天下打天下,有了天下守天下。有人给《左传》起了个名字,叫作‘相砍书’,可它比《通鉴》里写战争少多了,没有《通鉴》砍得有意思,《通鉴》是一部大的‘相砍书’。”

孟锦云:“‘相砍书’?可真有意思,‘砍’就是战争吧?”

毛泽东说:“《通鉴》里写战争,真是写得神采飞扬,传神得很,充满了辩证法。它要帮助统治阶级统治,靠什么?能靠文化?靠作诗写文章吗?古人说,秀才造反,三年不成。我看古人是说少了,光靠秀才,三十年、三百年也不行噢。”

孟锦云请教道:“古人这么说,现代人也这么说,为什么秀才就不行呢?”

毛泽东说:“因为秀才有个通病,一是说得多,做得少,向来是君子动口不动手;二是秀才谁也看不起谁,文人相轻嘛!秦始皇怕秀才造反,就焚书坑儒,以为烧了书,杀了秀才,就可以一劳永逸了,可以二世三世地传下去,天下永远姓秦。结果是‘坑灰未冷山东乱,刘项原来不读书’,是陈胜、吴广、刘邦、项羽这些文化不高的人,带头造反了。”

但毛泽东又说:“没有秀才也不行,秀才读书多,见识广,可以出谋划策,帮助取天下,治理国家,历代的明君都不离开秀才啊!”

最后,毛泽东总结性地说:“《通鉴》是一部值得再读的好书。有人说,搞政治,离不开历史知识。还有人说,离不开权术,离不开阴谋。甚至还有人说,搞政治就是捣鬼。我想送给这些人鲁迅先生说的一句话:‘捣鬼有术,也有效,然而有限,所以以此成大事者,古来无有。’”

现在,一部线装本《资治通鉴》仍静静地放在中南海毛泽东故居里。

1936年12月，毛泽东在他的《中国革命战争的战略问题》中讲到“战略退却”说：

“战略退却，是劣势军队处在优势军队进攻面前，因为顾到不能迅速地击破其进攻，为了保存军力，待机破敌，而采取的一个有计划的战略步骤。可是，军事冒险主义者则坚决反对此种步骤，他们的主张是所谓‘御敌于国门之外’。

谁人不知，两个拳师放对，聪明的拳师往往退让一步，而蠢人则其势汹汹，劈头就使出全副本领，结果却往往被退让者打倒。

“《水浒传》上的洪教头，在柴进家中要打林冲，连唤几个‘来’‘来’‘来’，结果是退让的林冲看出洪教头的破绽，一脚踢翻了洪教头。

“春秋时期，鲁与齐战，鲁庄公起初不待齐军疲惫就要出战，后来被曹刿阻止了，采取了‘敌疲我打’的方针，打胜了齐军，造成了中国战史中弱军战胜强军的有名的战例。请看历史家左丘明的叙述：

‘春，齐师伐我。公将战。曹刿请见。其乡人曰：肉食者谋之，又何间焉？刿曰：肉食者鄙，未能远谋。乃入见。问：何以战？公曰：衣食所安，弗敢专也，必以分人。对曰：小惠未遍，民弗从也。公曰：牺牲玉帛，弗敢加也，必以信。对曰：小信未孚，神弗福也。公曰：小大之狱，虽不能察，必以情。对曰：忠之属也。可以一战。战则请从。公与之乘。战于长勺。公将鼓之。刿曰：未可。齐人三鼓。刿曰：可矣。齐师败绩。公将驰之。刿曰：未可。下视其辙，登轼而望之，曰：可矣。遂逐齐师。既克，公问其故。对曰：夫战，勇气也。一鼓作气，再而衰，三而竭。彼竭我盈，故克之。夫大国难测也，惧有伏焉。吾视其辙乱，望其旗靡，故逐之。’

“当时的情况是弱国抵抗强国。文中指出了战前的政治准备——取信于民，叙述了利于转入反攻的阵地——长勺，叙述了利于开始反攻的时机——彼竭我盈之时，叙述了追击开始的时机——辙乱旗靡之时。虽然是一个不大的战役，却同时是说的战略防御的原则。中国战史中合此原则而取胜的实例是非常之多的。楚汉成皋之战、新汉昆阳之战、袁曹官渡之战、吴魏赤壁之战、吴蜀彝陵之战、秦晋淝水之战等等有名的大战，都是双方强弱不同，弱者先让一步，后发制人，因而战胜的。”（《毛泽东选集》第一卷，人民出版社1991年版，第203—204页）

毛泽东所引《曹刿论战》，写的是发生在春秋时期鲁庄公十年（前684）齐鲁两国的长勺之战。当时齐国在现在的山东中部，鲁国在山东南部，齐强而鲁弱。这次战争是弱国抵抗强国的战争。毛泽东在讲“战略退却”时，作为事实证据，进行了精辟的分析：战前的政治准备充分，反攻、追击的时机选得适当，所以打了胜仗；认为这次战役采用的打法，和我们红军时期采用的“敌疲我打”的方针相符，体现了战略防御原则。接着又举出楚汉城皋之战、新汉昆阳之战等“以弱胜强”的许多著名战役，这样便把战略退却视为弱军战胜强军一个有效的具有普遍意义的战略步骤。

1938年5月，毛泽东在他的《论持久战》中讲到“主动性，灵活性，计划性”中的“错觉和不意”时说：

“错觉和不意，可以丧失优势和主动。因而有计划地造成敌人的错觉，给以不意的攻击，是造成优势和夺取主动的方法，而且是重要的方法。错觉是什么呢？‘八公山上，草木皆兵’，是错觉之一例。‘声东击西’，是造成敌人错觉之一法。在优越的民众条件具备，足以封锁消息时，采用各种欺骗敌人的方法，常能有效地陷敌于判断错误和行动错误的苦境，因而丧失其优势和主动。‘兵不厌诈’，就是指的这件事情。什么是不意？就是无准备。优势而无准备，不是真正的优势，也没有主动。懂得这一点，劣势而有准备之军，常可对敌举行不意的攻势，把优势者打败。我们说运动之敌好打，就是因为敌在不意即无准备中。这两件事——造成敌人的错觉和出以不意的攻击，即是以战争的不确实性给予敌人，而给自己以尽可能大的确实性，用以争取我之优势和主动，争取我之胜利。要做到这些，先决条件是优越的民众组织。因此，发动所有一切反对敌人的老百姓，一律武装起来，对敌进行广泛的袭击，同时即用以封锁消息，掩护我军，使敌无从知道我军将在什么地方什么时候去攻击他，造成他的错觉和不意的客观基础，是非常之重要的。过去土地革命战争时代的中国红军，以弱小的军力而常打胜仗，得力于组织起来和武装起来了的民众是非常之大的。民族战争照规矩应比土地革命战争更能获得广大民众的援助；可是因为历史的错误，民众是散的，不但仓卒难为我用，且时为敌人所利用。只有坚决地广泛地发动全体的民众，方能在战争的一切需要上给以无穷无尽的供给。在这个给敌以错觉和给敌以不意以便战而胜之的战争方法上，也就一定能起大的作用。我们不是宋襄公，不要那种蠢猪式的仁义道德。我们要把敌人的眼睛和耳朵尽可能地封住，使他们变成瞎子和聋子，要把他们的指挥员的心尽可能地弄得混乱些，使他们变成疯子，用以争取自己的胜利。所有这些，也都是主动或被动和主观指导之间的相互关系。战胜日本是少不了这种主观指导的。”（《毛泽东选集》第二卷，人民出版社 1991 年版，第 491—493 页）

毛泽东所说的宋襄公，指的是宋楚泓水之战。《左传》是这样记载的：

> 二十有二年春，公伐邾，取须句。夏，宋公、卫侯、许男、滕子伐郑。秋，八月丁未，及邾人战于升陉。冬，十有一月己巳朔，宋公及楚人战于泓，宋师败绩。
>
> 楚人伐宋以救郑。宋公将战。大司马固谏曰：“天之弃商久矣，君将兴之，弗可。赦也已。”弗听。冬十一月己巳朔，宋公及楚人战于泓。宋人既成列，楚人未既济。司马曰：“彼众我寡，及其未既济也，请击之。”公曰：“不可。”既济而未成列，又以告。公曰：“未可。”既陈而后击之，宋师败绩。公伤股，门官歼焉。
>
> 国人皆咎公。公曰：“君子不重伤，不禽二毛。古之为军也，不以阻隘也。寡人虽亡国之余，不鼓不成列。”子鱼曰：“君未知战。勍敌之人，隘而不列，天赞我也。阻而鼓之，不亦可乎？犹有惧焉！且今之勍者，皆吾敌也。虽及胡耇，获则取之，何有于二毛？明耻教战，求杀敌也。伤未及死，如何勿重？若爱重伤，则如勿伤；爱其二毛，则如服焉。三军以利用也，金鼓以声气也。利而用之，阻隘可也；声盛致志，鼓儳可也。”

宋襄公，名兹父。前 638 年，宋伐楚，楚救郑，这年冬天宋楚两军交战于泓。公孙固，字子鱼。泓水，在今河南柘（zhè）城县西。

《泓水之战》，又名《子鱼论战》，是宋楚泓水之战始末的记述，以对话的形式展现了两种对立的军事思想的激烈冲突。鲁僖公二十二年（前638），宋、楚两国为争夺中原霸权，在泓水边发生战争。当时郑国亲近楚国，宋襄公为了削弱楚国，出兵攻打郑国。楚国出兵攻宋救郑，就爆发了这次战争。当时的形势是楚强宋弱。战争开始时，形势对宋军有利。大司马子鱼（宋襄公同父异母兄目夷的字）主张抓住战机，攻其不备，先发制人，彻底消灭敌人的有生力量，这样才能夺取战争的胜利。可宋襄公死抱住所谓君子“不乘人之危”的迂腐教条不放，拒绝接受子鱼的正确意见，在只有少数敌人渡过河、敌人还没有布置好阵地时都不肯进攻，以致贻误战机，惨遭失败，自己也受伤而死。子鱼的观点和宋襄公的迂执形成鲜明对比。以后，人们便用“宋襄公式的仁义道德”，来形容这种糊涂、愚蠢的人。

毛泽东在《论持久战》中使用这个典故，他说：“我们不是宋襄公，不要那种蠢猪式的仁义道德。”意思是说，我们在对敌作战中，不要讲什么仁义道德，要敢于运用一切手段，打击消灭敌人，夺取战争的胜利。

毛泽东在《论持久战》中还说：

“主观指导的正确与否，影响到优势劣势和主动被动的变化，观于强大之军打败仗、弱小之军打胜仗的历史事实而益信。中外历史上这类事情是多得很的。中国如晋楚城濮之战、楚汉成皋之战、韩信破赵之战、新汉昆阳之战、袁曹官渡之战、吴魏赤壁之战、吴蜀彝陵之战、秦晋淝水之战等等，外国如拿破仑的多数战役、十月革命后的苏联内战，都是以少击众，以劣势对优势而获胜。都是先以自己局部的优势和主动，向着敌人局部的劣势和被动，一战而胜，再及其余，各个击破，全局因而转成了优势，转成了主动。……”（《毛泽东选集》第二卷，人民出版社1991年版，第491页）

毛泽东所讲的“晋楚城濮之战”也出自《左传》：

二十八年春，晋侯将伐曹，假道于卫，卫人弗许。还，自南河济。侵曹、伐卫。正月戊申，取五鹿。二月，晋郤縠卒。原轸将中军，胥臣佐下军，上德也。晋侯、齐侯盟于敛盂。卫侯请盟，晋人弗许。卫侯欲与楚，国人不欲，故出其君以说于晋。卫侯出居于襄牛。

公子买戍卫，楚人救卫，不克；公惧于晋，杀子丛以说焉。谓楚人曰："不卒戍也。"

晋侯围曹，门焉，多死。曹人尸诸城上，晋侯患之，听舆人之谋曰称："舍于墓。"师迁焉，曹人凶惧，为其所得者棺而出之，因其凶也而攻之。三月丙午，入曹。数之，以其不用僖负羁而乘轩者三百人也。且曰："献状。"令无入僖负羁之宫，而免其族，报施也。魏犨、颠颉怒曰："劳之不图，报于何有！"爇僖负羁氏。魏犨伤于胸，公欲杀之而爱其材，使问，且视之。病，将杀之。魏犨束胸见使者曰："以君之灵，不有宁也。"距跃三百，曲踊三百。乃舍之。杀颠颉以徇于师，立舟之侨以为戎右。

宋人使门尹般如晋师告急。公曰："宋人告急，舍之则绝，告楚不许，我欲战矣；齐、秦未可，若之何？"先轸曰："使宋舍我而赂齐、秦，藉之告楚。我执曹君而分曹、卫之田以赐宋人。楚爱曹、卫，必不许也。喜赂怒顽，能无战乎？"公说。执曹伯，分曹、卫之田以畀宋人。

楚子入居于申，使申叔去穀，使子玉去宋，曰："无从晋师。晋侯在外十九年矣，而果得晋国。险阻艰难，备尝之矣；民之情伪，尽知之矣。天假之年，而除其害。天之所置，其可废乎？《军志》曰：'允当则归。'又曰：'知难而退。'又曰：'有德不可敌。'此三志者，晋之谓矣。"子玉使伯棼请战，曰："非敢必有功也，愿以间执谗慝之口。"王怒，少与之师，唯西广、东宫与若敖之六卒实从之。

子玉使宛春告于晋师曰："请复卫侯而封曹，臣亦释宋之围。"子犯曰："子玉无礼哉！君取一，臣取二，不可失矣。"先轸曰："子与之！定人之谓礼。楚一言而定三国，我一言而亡之；我则无礼，何以战乎？不许楚言，是弃宋也；救而弃之，谓诸侯何？楚有三施，我有三怨，怨仇已多，将何以战？不如私许复曹、卫以携之，执宛春以怒楚，既战而后图之。"

公说。乃拘宛春于卫，且私许复曹、卫。曹、卫告绝于楚。

子玉怒，从晋师。晋师退。军吏曰：“以君辟臣，辱也。且楚师老矣，何故退？”子犯曰：“师直为壮，曲为老。岂在久乎？微楚之惠不及此，退三舍辟之，所以报也。背惠食言，以亢其仇，我曲楚直。其众素饱，不可谓老。我退而楚还，我将何求？若其不还，君退臣犯，曲在彼矣。”退三舍。楚众欲止，子玉不可。

夏四月戊辰，晋侯、宋公、齐国归父、崔夭、秦小子慭次于城濮。楚师背酅而舍，晋侯患之，听舆人之诵，曰：“原田每每，舍其旧而新是谋。”公疑焉。子犯曰：“战也！战而捷，必得诸侯；若其不捷，表里山河，必无害也。”公曰：“若楚惠何？”栾贞子曰：“汉阳诸姬，楚实尽之，思小惠而忘大耻，不如战也。”晋侯梦与楚子搏，楚子伏己而盬其脑，是以惧。子犯曰：“吉！我得天，楚伏其罪，吾且柔之矣。”

子玉使斗勃请战，曰：“请与君之士戏，君冯轼而观之，得臣与寓目焉。”晋侯使栾枝对曰：“寡君闻命矣。楚君之惠，未之敢忘，是以在此。为大夫退，其敢当君乎？既不获命矣，敢烦大夫谓二三子，戒尔车乘，敬尔君事，诘朝将见。”

晋车七百乘，韅、靷、鞅、靽。晋侯登有莘之虚以观师，曰：“少长有礼，其可用也。”遂伐其木以益其兵。己巳，晋师陈于莘北，胥臣以下军之佐当陈、蔡。子玉以若敖六卒将中军，曰：“今日必无晋矣！”子西将左，子上将右。胥臣蒙马以虎皮，先犯陈、蔡。陈、蔡奔，楚右师溃。狐毛设二旆而退之。栾枝使舆曳柴而伪遁，楚师驰之。原轸、郤溱以中军公族横击之。狐毛、狐偃以上军夹攻子西，楚左师溃。楚师败绩。子玉收其卒而止，故不败。

晋师三日馆穀，及癸酉而还。甲午，至于衡雍，作王宫于践土。及癸酉而还。

乡役之三月，郑伯如楚，致其师；为楚师既败而惧，使子人九行成于晋。晋栾枝人盟郑伯。五月丙午，晋侯及郑伯盟于衡雍。丁未，献楚俘于王：驷介百乘，徒兵千。郑伯傅王，用平礼也。己酉，王享醴，命晋侯宥。王命尹氏及王子虎、内史叔兴父，策命晋侯为侯伯，赐之大辂之服、戎辂之服，彤弓一，彤矢百，玈弓矢千，秬鬯一卣，虎贲三百人。曰：“王谓叔父：‘敬服王命，以绥四国，纠逖王慝。’”晋侯三辞，从命，曰：“重耳敢再拜稽首，奉扬天子之丕显休命。”受策以出。出入三觐。

卫侯闻楚师败，惧，出奔楚，遂适陈。使元咺奉叔武以受盟。癸亥，王子虎盟诸侯于王庭，要言曰：“皆奖王室，无相害也。有渝此盟，明神殛之，俾队其师，无克祚国，及而玄孙，无有老幼。”君子谓是盟也信，谓晋于是役也，能以德攻。

初，楚子玉自为琼弁玉缨，未之服也。先战，梦河神谓己曰：“畀余，余赐女孟诸之麋。”弗致也。大心与子西使荣黄谏，弗听。荣季曰：“死而利国，犹或为之，况琼玉乎！是粪土也，而可以济师，将何爱焉？”弗听。出，告二子曰：“非神败令尹，令尹其不勤民，实自败也。”既败，王使谓之曰：“大夫若入，其若申、息之老何？”子西、孙伯曰：“得臣将死，二臣止之，曰：‘君其将以为戮。’”及连穀而死。

晋侯闻之，而后喜可知也。曰：“莫余毒也已！蒍吕臣实为令尹，民奉己而已，不在民矣。

城濮之战是我国历史上以弱胜强的著名战例。周襄王十九年（前633），楚成王帅陈国、蔡国等国军队围攻宋国，宋向晋国求救。次年，晋文公派兵进攻楚国的同盟国曹国和卫国，迫使楚军北向救援。当时楚军占优势，晋军故意退却九十里，在城濮（今河南范县西南）和楚军会战。晋军避开楚军最强的中军；选择楚军薄弱环节，首先击溃由陈、蔡军队组成的楚军右翼；同时晋军主力伪装退却，诱使楚军左翼追击，然后加以夹攻，取得胜利。战后不久，晋文公就成为霸主。

毛泽东在《论持久战》中把城濮之战作为我国历史上由于主观指导正确，弱军打败强军的一个成功范例。在春秋时期纷繁的军事斗争和外交斗争中，作者抓住指挥者的主观指导正确与否作为孰胜孰负的关键来写，通过战前的策划、战时的交锋、战后的安排，不仅令人信服地写出了晋胜楚败的原因，而且形象鲜明地刻画了晋楚指挥集团的许多代表人物，子玉的刚愎自用、晋侯的老谋深算，都给人留下了深刻的印象。

2.《战国策》

第一，《战国策》是一部国别史书。

《战国策》是一部国别体史书（《国语》是第一部），又称《国策》，也称《短长书》。传为战国时期各国史官或策士辑录。西汉末，刘向校录宫中藏书时编订成书，定名《战国策》。全书按东周、西周、秦国、齐国、楚国、赵国、魏国、韩国、燕国、宋国、卫国、中山国依次分国编写，分为 12 策，33 卷，共 497 篇，约 12 万字。所记载的历史，上起公元前 490 年智伯灭范氏，下至公元前 221 年高渐离以筑击秦始皇，共二百四五十年间的事。该书主要记载战国时期谋臣策士纵横捭阖的斗争，反映了当时尖锐的阶级矛盾和激烈的政治斗争，同时也暴露了一些统治阶级的荒淫残暴和人民被压迫的情况。其文章，文笔犀利明快，长于雄辩，绘声绘色，汪洋恣肆，是先秦历史散文成就最高、影响最大的著作之一。

第二，毛泽东多次引用《战国策》，说明现实问题。

1967 年，毛泽东在一次中央会议上的讲话中说："这篇文章（引者按：指《触讋说赵太后》），反映了封建制代替奴隶制的初期，地主阶级内部，财产和权利的再分配。这种分配是不断地进行的，所谓'君子之泽，五世而斩'，就是这个意思。我们不是代表剥削阶级，而是代表无产阶级和劳动人民，但如果我们不注意严格要求我们的子女，他们也会变质，可能搞资本主义复辟，无产阶级的财产和权利就会被资产阶级夺回去。"（张贻玖：《毛泽东读史》，中国友谊出版社 1991 年版，第 159—160 页）

毛泽东在讲话中所引"君子之泽，五世而斩"的话，典出《战国策·赵策四》。其原文是：

赵太后新用事，秦急攻之。赵氏求救于齐。齐曰："必以长安君为质，兵乃出。"太后不肯，大臣强谏。太后明谓左右："有复言令长安君为质者，老妇必唾其面！"

左师触詟愿见太后。太后盛气而胥之。入而徐趋，至而自谢，曰："老臣病足，曾不能疾走，不得见久矣。窃自恕，而恐太后玉体之有所郄也，故愿望见太后。"太后曰："老妇恃辇而行。"曰："日食饮得无衰乎？"曰："恃粥耳。"曰："老臣今者殊不欲食，乃自强步，日三四里，少益耆食，和于身也。"太后曰："老妇不能。"太后之色少解。

左师公曰："老臣贱息舒祺，最少，不肖；而臣衰，窃爱怜之，愿令得补黑衣之数，以卫王官，没死以闻。"太后曰："敬诺。年几何矣？"对曰："十五岁矣。虽少，愿及未填沟壑而托之。"太后曰："丈夫亦爱怜其少子乎？"对曰："甚于妇人。"太后笑曰："妇人异甚。"对曰："老臣窃以为媪之爱燕后，贤于长安君。"曰："君过矣，不若长安君之甚。"

左师公曰："父母之爱子，则为之计深远。媪之送燕后也，持其踵为之泣，念悲其远也，亦哀之矣。已行，非弗思也，祭祀必祝之，祝曰：'必勿使反！'岂非计久长，有子孙相继为王也哉？"太后曰："然。"

左师公曰："今三世以前，至于赵之为赵，赵主之子孙侯者，其继有在者乎？"曰："无有。"曰："微独赵，诸侯有在者乎？"曰："老妇不闻也。""此其近者祸及身，远者及其子孙。岂人主之子孙则必不善哉？位尊而无功，奉厚而无劳，而挟重器多也。今媪尊长安君之位，而封之以膏腴之地，多予之重器，而不及今令有功于国。一旦山陵崩，长安君何以自托于赵？老臣以媪为长安君计短也，故以为其爱不若燕后。"太后曰："诺。恣君之所使之。"

于是为长安君约车百乘，质于齐，齐兵乃出。

子义闻之曰："人主之子也，骨肉之亲也，犹不能恃无功之尊，无劳之奉，而守金玉之重也，而况人臣乎？"

触詟，《史记》作触龙，马王堆出土汉墓帛书《战国策》也作触龙。今本《战国策》的"詟"，可能是龙、言二字直书连写之误。

本文写触龙劝说赵太后，爱自己的儿子，不应当只从他眼前的安危着眼，而应当从长远考虑，使他得到锻炼，为国立功：这才是真正爱护儿子，也符合国家利益。这种见解是可取的。触龙从父母应该替子女做长久之计，从饮食、走路、日常生活琐事谈起，缓和了气氛；在为自己的儿子求情入卫皇宫，却不触及长安君；谈到长安君，又不触及当前的问题，引起赵太后的兴趣，创造了继续谈下去的条件；然后把话头转移到爱子女，把长远利益和眼前利益结合起来，明确指出“位尊而无功，奉厚而无禄”的危害性，因势利导，促使赵太后醒悟，终于答应让长安君“质于齐”，化解了赵国的危机，稳定了赵国的局势。

毛泽东在讲话中所说“君子之泽，五世而斩”，就是从这个故事的后几句话概括而来。在赵国，韩、赵、魏分晋之后，已历三代，子孙承袭爵位的没有了；扩而大之，诸侯各国子孙承袭爵位的也没有了。这些王侯子孙也不是都不好，其丢掉继承权的原因是：“位尊而无功，奉厚而无劳，而挟重器多也。”2000 多年前的古人，还能认识到只有为国家多作贡献，才能使自己的地位子孙相继。对于今天的事业来说，如何教育和锻炼下一代，同样是涉及国家未来的大问题，毛泽东从来就注意这个问题。他在中央会议上提出要注意“君子之泽，五世而斩”的问题。五世，家族世系相传五代。父子相继为一世。泽，恩泽；斩，断绝，尽。意谓王侯公卿的恩泽，家族世系相传五代的就断绝了。他意在提醒人们，如果不重视、不正确地解决这个问题，“我们的子女，他们也会变质”。这是一种远见卓识。

1958 年 5 月 8 日，毛泽东在中共中央八大二次会议作第一次讲话，主要讲破除迷信的问题。他讲了“从古以来，发明家都是年轻人，卑贱者，被压迫者”，并列举了古今中外 31 个例子，把甘罗放在第一位。（《毛泽东在五月八日全体会议上的讲话提纲（一）》，《建国以来毛泽东文稿》第七册，中央文献出版社 1992 年版，第 208 页）

战国时期秦国有个甘罗，是甘茂的孙子，12 岁当丞相，他还是个“红领巾”。当时吕不韦是个大政治家，但没有主意。甘罗有主意，他到赵国去办了一件事。（王子今：《毛泽东与中国历史》，中央党校出版社 1993 年版，第 191 页）

毛泽东所举甘罗的例子，见于《战国策·秦策五》“文信侯欲攻赵以广河间”篇，又见《史记·樗里子甘茂列传》。原文如下：

文信侯欲攻赵以广河间，使刚成君蔡泽事燕三年，而燕太子质于秦。文信侯因请张唐相燕，欲与燕共伐赵，以广河间之地。张唐辞曰：“燕者必径于赵，赵人得唐者，受百里之地。”文信侯去而不快。

少庶子甘罗曰：“君侯何不快甚也？”

文信侯曰：“吾令刚成君蔡泽事燕三年，而燕太子已入质矣。今吾自请张卿点燕而不肯行。”

甘罗曰：“臣行之。”

文信君叱去曰：“我自行之而不肯，汝安能行之也？”

甘罗曰：“夫项橐生七岁而为孔子师，今臣生十二岁于兹矣！君其试臣，奚以遽言叱也！”

甘罗见张唐曰：“卿之功，孰与武安君？”

唐曰：“武安君战胜攻取，不知其数；攻城堕邑，不知其数。臣之功不如武安君也。”

甘罗曰：“卿明知功之不如武安君欤？”

曰：“知之。”

“应侯之用秦也，孰与文信侯专？”

曰：“应侯不如文信侯专。”

曰：“卿明知为不如文信侯专欤？”

曰：“知之。”

甘罗曰：“应侯欲伐赵，武安君难之，去咸阳七里，绞而杀之。今文信侯自请卿相燕，而卿不肯行，臣不知卿所死之处矣！”

唐曰：“请因孺子而行！”令库具车，厩具马，府具币，行有日矣。

甘罗谓文信侯曰：“借臣车五乘，请为张唐先报赵。”

见赵王，赵王郊迎。谓赵王曰：“闻燕太子丹之入秦欤？”

曰：“闻之。”

“闻张唐之相燕与？”

曰："闻之。"

"燕太子入秦者，燕不欺秦也。张唐相燕者，秦不欺燕也。秦、燕不相欺，则伐赵，危矣！燕、秦所以不相欺者无异故，欲攻赵而广河间也。今王赍臣五城以广河间，请归燕太子，与强赵攻弱燕。"

赵王立割五城以广河间，归燕太子。赵攻燕，得上谷三十六县，与秦什一。

甘罗是秦相甘茂的孙子，12岁做秦相吕不韦的家臣。吕不韦企图联燕攻赵，以扩大他的河间封地。甘罗主动请求出使赵国，采取威胁利诱的手段，拆散赵燕联盟，张唐劳而无功，燕国无端受攻，赵国割五城给秦，并迫使赵国攻取燕国36座城池，使得秦国又从中获利。甘罗因公被封为上卿。甘罗出色地完成使命，充分地显示了他的早慧和办事能力，成为中国人民代代相传的少年英雄。毛泽东在1958年关于"破除迷信"的讲话中，第一个举甘罗为例子，肯定了他的年轻有为，足为后人的榜样。

此外，毛泽东还在1945年重庆谈判时，称民主人士鲜英为"我们的孟尝君"；在1964年春节教育工作座谈会上说到宣统皇帝溥仪时说，不要使他"长铗归来乎食无鱼"，典出《战国策·齐策四》"冯谖客孟尝君"篇；1941年1月29日，毛泽东在《为皖南事变发表的命令和谈话》中引用"亡羊补牢，犹未为晚"的典故，出自《战国策·楚策四》"庄辛说楚襄王"篇；1950年11月他写的《浣溪沙·和柳亚子先生》中"颜斶齐王各命前"，典出《战国策·齐策四》"颜斶说齐王"篇，不再赘述。

3.《史　记》

第一，"史家之绝唱，无韵之《离骚》"。

《太史公书》，后世通称《史记》，是中国西汉时期的历史学家司马迁编写的一部纪传体通史。《史记》是中国古代最著名的典籍之一，与后来的

《汉书》《后汉书》《三国志》合称“前四史”。《史记》记载了上自中国上古传说中的黄帝时代，下至汉武帝元狩元年，共三千多年的历史。全书包括十二本纪（记历代帝王政绩）、三十世家（记诸侯国和汉代诸侯、勋贵兴亡）、七十列传（记重要人物的言行事迹，主要叙人臣，其中最后一篇为自序）、十表（大事年表）、八书（记各种典章制度，礼、乐、音律、历法、天文、封禅、水利、财用），共一百三十篇，五十二万六千五百余字。作者司马迁以其“究天人之际，通古今之变，成一家之言”的史识，使《史记》成为中国第一部，也是最出名的纪传体通史。《史记》对后世史学和文学的发展都产生了深远影响。其首创的纪传体编史方法为后来历代“正史”所传承。同时，《史记》还被认为是一部优秀的文学著作，在中国文学史上有重要地位，被鲁迅誉为“史家之绝唱，无韵之离骚”，有很高的文学价值。

第二，“单以文章论，他也不朽了”。

1949 年 12 月，毛泽东在去苏联的列车上同俄文翻译师哲谈话：“你是什么地方人？”“韩城。”毛泽东双眸一亮：“陕西的那个韩城？”师哲点点头。“噢，那你是司马迁的同乡喽！”毛泽东谈兴甚浓……对于司马迁，毛泽东给予了无限的同情。谈到司马迁所受的宫刑，毛泽东颇有些伤感，他半天无语，许久，才扼腕叹息道：“汉武帝 7 岁立为皇太子，16 岁即位，在位 54 年，把汉朝推向全盛时期。可是就这么一个还算有作为的皇帝，一旦臣子违逆他的意愿，竟下如此毒手。”说到这儿，毛泽东连连摇头，“和皇帝老倌有什么理好讲？汉武帝没有杀掉司马迁，已算是手下留情，不过，施以宫刑，也实在是够残忍的了！”师哲接言：“司马迁也确实称得上一代人杰，身心蒙受了那么大的屈辱，居然能潜心著书，写出了‘无韵之离骚，千古之绝唱’的《史记》！”经典古籍烂熟于胸的毛泽东连连点头，随口背诵出了司马迁《报任安书》中的一段话：“文王拘而演《周易》；仲尼厄而作《春秋》；屈原放逐，乃赋《离骚》；左丘失明，厥有《国语》；孙子膑足，兵法修列；不韦迁蜀，世传《吕览》；韩非囚秦，《说难》《孤愤》；诗三百篇，大抵圣贤发愤之所为作也。”在这里，与其说司马迁是在感叹厄运对人精神世界的砥砺，不如说是在抒发自己的一种情怀，一腔抱负！说着，毛泽东站起身，在车厢里来回踱了两步，又回身望着俄语翻译，“司马迁‘身处残秽，动而见尤’，却‘隐忍苟活，幽于粪土之中所不辞’，是因为他内心的积郁还没有来得及宣泄，苦衷还没有昭示于世人，满腹文采还没有来得及表露，他希望自己正在写着的著作能‘藏之名山，传之后人，通邑大都’。诚如是，则虽九死而心不悔，这愿望确实是达到了。可以说，真正的信史自司马迁始，‘史学之父’，他是当之无愧的！”“唐诗、晋字、汉文章，赢了司马迁的《史记》，确实被推上了极致。”师哲附和。毛泽东点点头，重新坐回沙发上，轻轻在烟灰缸上蹭掉烟灰，道：“有人说中国没有鸿篇巨制的史诗，怎么没有？司马迁的《史记》难道不是一部有着广博学识、深刻目光、丰富体验和雄伟气魄的史诗！评论司马迁，可以有不同的侧面，单以文章论，他也不朽了。”（曹英编：《震撼共和国的大阴谋》，团结出版社 1993 年版，第 25—30 页）

司马迁（约前 145—前 90），字子长，夏阳龙门人（今陕西韩城南），太史令司马谈之子。我国西汉伟大的史学家、文学家，思想家。所著《史记》是中国第一部纪传体通史。司马迁生活的时代正是汉朝国势强大、经济繁荣、文化兴盛的时候。十岁时，司马迁随父亲至京师长安，得向老博士伏生、大儒孔安国学习；家学渊源既深，复从名师受业，启发诱导，获益不浅。大约二十岁，司马迁开始外出游历，游踪遍及南北，到处考察风俗，采集传说。初任郎中，元封三年（前 108）继父职，正式做了太史令，时年三十八岁，有机会阅览汉朝宫廷所藏的一切图书、档案以及各种史料。太初元年（前 104）与唐都、落下闳等共定太初历，对历法进行改革。后因为投降匈奴的李陵辩护，得罪下狱，受宫刑，身体和心灵遭受巨大的折磨。出狱后任中书令，发奋继续完成所著史籍，人称“太史公书”，后称《史记》，是我国最早的通史，开创了纪传体史书的形式。班固曾评为“是非颇谬于圣人，论大道则先黄老而后六经”。对儒家不完全尊奉，而对当时道表法里的黄老思想，则予以肯定。有对部分历史人物的叙述，语言生动，形象鲜明，是优秀的传记文学作品。

第三，毛泽东经常引用《史记》事例，说明现实问题。。

毛泽东对《史记》非常熟悉，在自己的著作和讲话中经常引用。诸如秦始皇、李斯、蒙恬、陈涉、项羽、虞姬、刘邦、吕后、汉文帝、汉景帝、张良、萧何、曹参、陈平、项伯、项庄、樊哙、叔孙通、郦食其、汉武帝、霍去病、李广、廉颇、蔺相如、韩信、赵奢、赵扩、范增、商山四皓、贾谊、晁错、赵充国等，都评及过。他对卷八《高祖本纪》写到楚怀王决定“令沛公西略地入关”，而“不许项羽”时，有一批语：“项王非政治家，汉王则为一位高明的政治家。”一语论定两个历史人物。卷四十《陈涉世家》写到起义初期，很多人说和陈涉有旧交情，去投奔他，他说是“妄言”，“陈王斩之”，毛泽东批曰：“一误。”写到任用朱房、陈武“主司群臣”，“辄自治之”，“陈王信用之”，“诸将以其故不亲附”，毛泽东批曰“二误。”陈涉犯这两个错误，既失去群众基础，又失去将领的“亲附”，“此其所以败也”。著名的妙文，如《鸿门宴》《将相和》《纸上谈兵》《高阳酒徒》《垓下之战》等，不一而足。我们且举《高阳酒徒》，以飨读者。

> 初，沛公引兵过陈留，郦生踵军门上谒曰：“高阳贱民郦食其，窃闻沛公暴露，将兵助楚讨不义，敬劳从者，愿得望见，口画天下便事。”使者入通，沛公方洗，问使者曰：“何如人也？”使者对曰：“状貌类大儒，衣儒衣，冠侧注。”沛公曰：“为我谢之，言我方以天下为事，未暇见儒人也。”使者出谢曰：“沛公敬谢先生，方以天下为事，未暇见儒人也。”郦生瞋目案剑叱使者曰：“走！复入言沛公，吾高阳酒徒也，非儒人也。”使者惧而失谒，跪拾谒，还走，复入报曰：“客，天下壮士也，叱臣，臣恐，至失谒。曰‘走！复入言，而公高阳酒徒也’。”沛公遽雪足杖矛曰：“延客入！”
>
> 郦生入，揖沛公曰：“足下甚苦，暴衣露冠，将兵助楚讨不义，足下何不自喜也？臣原以事见，而曰‘吾方以天下为事，未暇见儒人也’。夫足下欲兴天下之大事而成天下之大功，而以目皮相，恐失天下之能士。且吾度足下之智不如吾，勇又不如吾。若欲就天下而不相见，窃为足下失之。”沛公谢曰：“向者闻先生之容，今见先生之意矣。”

乃延而坐之，问所以取天下者。郦生曰："夫足下欲成大功，不如止陈留。陈留者，天下之据冲也，兵之会地也，积粟数千万石，城守甚坚。臣素善其令，愿为足下说之。不听臣，臣请为足下杀之，而下陈留。足下将陈留之众，据陈留之城，而食其积粟，招天下之从兵；从兵已成，足下横行天下，莫能有害足下者矣。"沛公曰："敬闻命矣。"

于是郦生乃夜见陈留令，说之曰："夫秦为无道而天下畔之，今足下与天下从则可以成大功。今独为亡秦婴城而坚守，臣窃为足下危之。"陈留令曰："秦法至重也，不可以妄言，妄言者无类，吾不可以应。先生所以教臣者，非臣之意也，愿勿复道。"郦生留宿卧，夜半时斩陈留令首，逾城而下报沛公。沛公引兵攻城，县令首于长竿以示城上人，曰："趣下，而令头已断矣！今后下者必先斩之！"于是陈留人见令已死，遂相率而下沛公。沛公舍陈留南城门上，因其库兵，食积粟，留出入三月，从兵以万数，遂入破秦。

（本文是根据《史记·郦生陆贾列传》附录所载，内容与郦生传文字有出入。因此有人认为系后人补入，也有人认为是作者看到不同材料辑录的。我们姑取后者。）

"我们的集中制，是建立在民主基础上的集中制。无产阶级的集中，是在广泛民主基础上的集中。各级党委是执行集中领导的机关。但是，党委的领导，是集体领导，不是第一书记个人独断。在党委会内部只应当实行民主集中制。第一书记同其他书记和委员之间的关系是少数服从多数。拿中央常委或者政治局来说，常常有这样的事情，我讲的话，不管是对的还是不对的，只要大家不赞成，我就得服从他们的意见，因为他们是多数。听说现在有一些省委、地委、县委，有这样的情况：一切事情，第一书记一个人说了就算数。这是很错误的。哪有一个人说了就算数的道理呢？我这是指的大事，不是指有了决议之后的日常工作。只要是大事，就得集体讨论，认真地听取不同的意见，认真地对于复杂的情况和不同的意见加以分析。要想到事情的几种可能性，估计情况的几个方面，好的和坏的，顺利的和困难的，可能办到的和不可能办到的。尽可能地慎重一些，周到一些。如果不是这样，就是一人称霸。这样的第一书记，应当叫作霸王，不是民主集中制的'班长'。从前有个项羽，叫作西楚霸王，他就不爱听别人的不同意见。他那里有个范增，给他出过些主意，可是项羽不听范增的话。另外一个人叫刘邦，就是汉高祖，他比较能够采纳各种不同的意见。有个知识分子名叫郦食其，去见刘邦。初一报，说是读书人，孔夫子这一派的。回答说，现在军事时期，不见儒生。这个郦食其就发了火，他向管门房的人说，你给我滚进去报告，老子是高阳酒徒，不是儒生。管门房的人进去照样报告了一篇。好，请。请了进去，刘邦正在洗脚，连忙起来欢迎。郦食其因为刘邦不见儒生的事，心中还有火，批评了刘邦一顿。他说，你究竟要不要取天下，你为什么轻视长者！这时候，郦食其已经六十多岁了，刘邦比他年轻，所以他自称长者。刘邦一听，向他道歉，立即采纳了郦食其夺取陈留县的意见。此事见《史记》郦生陆贾列传。刘邦是在封建时代被历史家称为'豁达大度，从谏如流'的英雄人物。刘邦同项羽打了好几年仗，结果刘邦胜了，项羽败了，不是偶然的。我们现在有些第一书记，连封建时代的刘邦都不如，倒有点像项羽。这些同志如果不改，最后要垮台的。不是有一出戏叫《霸王别姬》吗？这些同志如果总是不改，难免有一天要'别姬'就是了。（笑声）我为什么要讲得这样厉害呢？是想讲得挖苦一点，对一些同志戳得痛一点，让这些同志好好地想一想，最好有两天睡不着觉。他们如果睡得着觉，我就不高兴，因为他们还没有被戳痛。"（《毛泽东文集》第八卷，人民出版社 1999 年版，第 294—296 页）

郦生，即郦食其（？—前 203），陈留县高阳乡（今河南杞县高阳）人，少年家境贫寒，好读书，只得当了一名看管里门的下贱小吏。但是尽管如此，县中的贤士和豪强却不敢随便役使他，县里的人们都称他为"狂生"。秦末战争中，刘邦兵临陈留（今河南开封祥符区陈留镇），访求当地豪杰，食其乃跟随刘邦，用计攻克陈留，得到大批军粮。刘邦封食其为广野君，出使各国诸侯，又出使齐国，劝齐王田广归汉，齐王乃放弃战备，以七十余城降汉。汉王四年戊戌初（前 204），汉将淮阴侯韩信嫉妒食其之功，发兵袭击齐国，齐王田广认为被骗，乃烹杀郦食其，时年约六十有五。

本文主要写郦食其为刘邦献计夺取陈留一事，郦食其豪爽大气的性格，刘邦善于采纳别人意见、有容人之量的风度，都跃然纸上。毛泽东在讲话中，以本文为主，又参照郦生传正文，生动地讲述了这个故事，借以说明党的各级领导干部，特别是第一书记，应该广泛听取各方面的意见，不能一个人说了算，这样才能把工作做好。

4.《汉　书》

第一，《汉书》是第一部纪传体断代史书。

《汉书》，又称《前汉书》，由东汉时期的历史学家班固编撰，前后历时二十余年，于建初中基本修成，是中国第一部纪传体断代史。《汉书》是继《史记》之后我国古代又一部重要史书。主要记述了上起西汉的汉高祖元年（前 206），下至新朝的王莽地皇四年（23），共 230 年的史事。《汉书》包括纪十二篇，表八篇，志十篇，传七十篇，共一百篇，后人划分为一百二十卷，共八十万字。

《汉书》把《史记》的“本纪”省称“纪”，“列传”省称“传”，“书”改曰“志”，取消了“世家”，汉代勋臣世家律编入传。这些变化，被后来的一些史书沿袭下来。

《汉书》记载的时代与《史记》有交叉，汉武帝中期以前的西汉历史，两书都有记述。这一部分，《汉书》常常移用《史记》。但由于作者思想境界的差异和材料取舍标准不尽相同，移用时也有增删改易。

《汉书》新增加了《刑法志》《五行志》《地理志》《艺文志》。《刑法志》第一次系统地叙述了法律制度的沿革和一些具体的律令规定。《地理志》记录了当时的郡国行政区划、历史沿革和户口数字，有关各地物产、经济发展状况、民情风俗的记载更加引人注目。《艺文志》考证了各种学术派别的源流，记录了存世的书籍，它是我国现存最早的图书目录。《食货志》是由《平准书》演变来的，但内容更加丰富。它有上、下两卷，上卷谈“食”，即农业经济状况；下卷论“货”，即商业和货币的情况，是当时的经济专篇。《汉书》八表中有一篇《古今人表》，从太昊帝记到吴广，有“古”而无“今”，因此引起了后人的讥责。后人非常推崇《汉书》的《百官公卿表》，这篇表首先讲述了秦汉分官设职的情况，各种官职的权限和俸禄的数量，然后用分为十四级、三十四官格的简表，记录汉代公卿大臣的升降迁免。它篇幅不多，却把当时的官僚制度和官僚的变迁清清楚楚地展现在我们面前。

作为史传文学，《汉书》不如《史记》中的人物形象鲜明、生动，但也有不少人物传记写得很成功，从而成为人物传记的范例。班固写人物常常通过人物的日常生活细节来突出他们的思想和性格。在文学语言方面，班固受当时辞赋创作的影响，崇尚采藻，长于排偶，亦喜用古字，不如《史记》语言的简洁明朗、生动活泼。但《汉书》的语言也因此具有整饬详赡、富丽典雅的一面，颇受后世散文作家推崇。

《汉书》的作者主要是班固。班固（32—92），班彪之子，班超之兄，字孟坚，扶风安陵人（今陕西咸阳），东汉历史学家。班固自幼聪敏，“九岁能属文，诵诗赋”，成年后博览群书，“九流百家之言，无不穷究”。初继续完成其父班彪所著《史记后传》，被人告发私改国史，下狱。弟班超上书力辩，得释。后招为兰台令史，转迁为郎，点校秘书。奉诏完成其父著作，历二十余年，修成《汉书》，继司马迁之后，开创了“包举一代”的断代史体例。其中八表和《天文志》未成稿，由班固妹班昭和班固弟子马续续成。班固尊儒反法，宣扬天命，有不良倾向。永元元年（89）从大将军窦宪攻匈奴，为中护军。后窦宪因专权被杀，他受牵连，死于狱中。著有《白虎通德论》六卷，《汉书》一百二十卷等。善作赋，有《两都赋》等。后人辑有《班兰台集》。

第二，“实事求是”成为我党活的灵魂。

毛泽东读《汉书》，有十分精辟的见解。比如，《景十三王传》并不是很重要的篇章，但他注意到了其中“实事求是”一语，并在自己的著作中两次运用。1938 年 10 月 14 日，他写的《中国共产党在民族战争中的地位》一文中说："共产党员应是实事求是的模范，又是具有远见卓识的模范。因为只有实事求是，才能完成确定的任务；只有远见卓识，才能不失前进的方向。"（《毛泽东选集》第二卷，人民出版社 1991 年版，第 522—523 页）

1941 年 5 月 19 日，毛泽东在《改造我们的学习》中说：

"为了反复地说明这个意思，我想将两种互相对立的态度对照地讲一下。

第一种：主观主义的态度。

在这种态度下，就是对周围环境不作系统的周密的研究，单凭主观热情去工作，对于中国今天的面目若明若暗。在这种态度下，就是割断历史，只懂得希腊，不懂得中国，对于中国昨天和前天的面目漆黑一团。在这种态度下，就是抽象地无目的地去研究马克思列宁主义的理论。不是为了要解决中国革命的理论问题、策略问题而到马克思、恩格斯、列宁、斯大林那里找立场、找观点、找方法，而是为了单纯地学理论而去学理论。不是有的放矢，而是无的放矢。马克思、恩格斯、列宁、斯大林教导我们说：应当从客观存在着的实际事物出发，从其中引出规律，作为我们行动的向导。为此目的，就要像马克思所说的详细地占有材料，加以科学的分析和综合的研究。我们的许多人却是相反，不去这样做。其中许多人是做研究工作的，但是他们对于研究今天的中国和昨天的中国一概无兴趣，只把兴趣放在脱离实际的空洞的'理论'研究上。许多人是做实际工作的，他们也不注意客观情况的研究，往往单凭热情，把感想当政策。这两种人都凭主观，忽视客观实际事物的存在。或作讲演，则甲乙丙丁、一二三四的一大串；或作文章，则夸夸其谈的一大篇。无实事求是之意，有哗众取宠之心。华而不实，脆而不坚。自以为是，老子天下第一，'钦差大臣'满天飞。这就是我们队伍中若干同志的作风。这种作风，拿了律己，则害了自己；拿了教人，则害了别人；拿了指导革命，则害了革命。总之，这种反科学的反马克思列宁主义的主观主义的方法，是共产党的大敌，是工人阶级的大敌，是人民的大敌，是民族的大敌，是党性不纯的一种表现。大敌当前，我们有打倒它的必要。只有打倒了主观主义，马克思列宁主义的真理才会抬头，党性才会巩固，革命才会胜利。我们应当说，没有科学的态度，即没有马克思列宁主义的理论和实践统一的态度，就叫做没有党性，或叫做党性不完全。

“有一副对子，是替这种人画像的。那对子说：墙上芦苇，头重脚轻根底浅；山间竹笋，嘴尖皮厚腹中空。

“对于没有科学态度的人，对于只知背诵马克思、恩格斯、列宁、斯大林著作中的若干词句的人，对于徒有虚名并无实学的人，你们看，像不像？如果有人真正想诊治自己的毛病的话，我劝他把这副对子记下来；或者再勇敢一点，把它贴在自己房子里的墙壁上。马克思列宁主义是科学，科学是老老实实的学问，任何一点调皮都是不行的。我们还是老实一点吧！

第二种：马克思列宁主义的态度。

在这种态度下，就是应用马克思列宁主义的理论和方法，对周围环境作系统的周密的调查和研究。不是单凭热情去工作，而是如同斯大林所说的那样：把革命气概和实际精神结合起来。在这种态度下，就是不要割断历史。不单是懂得希腊就行了，还要懂得中国；不但要懂得外国革命史，还要懂得中国革命史；不但要懂得中国的今天，还要懂得中国的昨天和前天。在这种态度下，就是要有目的地去研究马克思列宁主义的理论，要使马克思列宁主义的理论和中国革命的实际运动结合起来，是为着解决中国革命的理论问题和策略问题而去从它找立场，找观点，找方法的。这种态度，就是有的放矢的态度。‘的’就是中国革命，‘矢’就是马克思列宁主义。我们中国共产党人所以要找这根‘矢’，就是为了要射中国革命和东方革命这个‘的’的。这种态度，就是实事求是的态度。‘实事’就是客观存在着的一切事物，‘是’就是客观事物的内部联系，即规律性，‘求’就是我们去研究。我们要从国内外、省内外、县内外、区内外的实际情况出发，从其中引出其固有的而不是臆造的规律性，即找出周围事变的内部联系，作为我们行动的向导。而要这样做，就须不凭主观想象，不凭一时的热情，不凭死的书本，而凭客观存在的事实，详细地占有材料，在马克思列宁主义一般原理的指导下，从这些材料中引出正确的结论。这种结论，不是甲乙丙丁的现象罗列，也不是夸夸其谈的滥调文章，而是科学的结论。这种态度，有实事求是之意，无哗众取宠之心。这种态度，就是党性的表现，就是理论和实际统一的马克思列宁主义的作风。这是一个共产党员起码应该具备的态度。如果有了这种态度，那就既不是'头重脚轻根底浅'，也不是'嘴尖皮厚腹中空'了。"（《毛泽东选集》第三卷，人民出版社 1991 年版，第 799—801 页）毛泽东在文中所引"实事求是"一语，出自《汉书·景十三王传·河间献王德传》。其原文如下：

> 孝景皇帝十四男。王皇后生孝武皇帝。栗姬生临江闵王荣、河间献王德、临江哀王阏。程姬生鲁共王馀、江都易王非、胶西于王端。贾夫人生赵敬肃王彭祖、中山靖王胜。唐姬生长沙定王发。王夫人生广川惠王越、胶东康王寄、清河哀王乘、常山宪王舜。
>
> 河间献王德以孝景前二年立，修学好古，实事求是。从民得善书，必为好写与之，留其真，加金帛赐以招之。繇是四方道术之人不远千里，或有先祖旧书，多奉以奏献王者，故得书多，与汉朝等。是时，淮南王安亦好书，所招致率多浮辩。献王所得书皆古文先秦旧书，《周官》《尚书》《礼》《礼记》《孟子》《老子》之属，皆经传说记，七十子之徒所论。其学举六艺，立《毛氏诗》《左氏春秋》博士。修礼乐，被服儒术，造次必于儒者。山东诸儒多从而游。
>
> 武帝时，献王来朝，献雅乐，对三雍宫及诏策所问三十余事。其对推道术而言，得事之中，文约指明。
>
> 立二十六年薨。中尉常丽以闻，曰"王身端行治，温仁恭俭，笃敬爱下，明知深察，惠于鳏寡"大行令奏"谥法曰聪明睿智曰献，宜谥曰献王"。
>
> ……

河间献王刘德，是西汉景帝刘启第三子，他喜好收集整理材料，研究学问，核实考证真伪，以至于所得书，"与汉朝等"，就是和中央图书馆相等。许多学者都称赞他治学态度严谨。班固在编《汉书》时，在传文开头对他的总评价是"修学好古，实事求是"，颜师古注曰："各得事实，每求真是也。”意思是他研究学问喜好收集整理资料，根据事实，考证真伪。

毛泽东在《中国共产党在民族战争中的地位》一文中要求“共产党员应该是实事求是的模范”。在《改造我们的学习》中，毛泽东又对比地讲了主观主义态度与马克思主义态度的根本区别就在于是不是能“实事求是”，并对“实事求是”作出科学的解释：“‘实事’就是客观存在着的一切事物，‘是’就是客观事物的内部联系，即规律性，‘求’就是我们去研究。”“实事求是”的科学内涵，就是按照客观事物的规律认识事物，从客观事物的规律性认识事物的本质。从此，“实事求是”一词便成为马克思主义的活的灵魂和我们党理论联系实际的代名词，家喻户晓，人人皆知。

毛泽东在读《汉书》卷六十九《赵充国传》时也有两个精辟的批语。文章写道：

> 充国至金城，须兵满万计。欲渡河，恐为虏所遮，即夜遣三校，衔枚先渡，渡辄营陈。会明毕，遂以次尽渡。……遂西至都尉府。孟康曰：‘在金城。’……因陈兵利害曰：“……以今进兵，诚不见其利，唯陛下裁察。”六月戊申奏，七月甲寅玺书报，从充国计也。

毛泽东在这一段文字旁逐字加了旁圈，批注曰：“七天。”

赵充国（前137—前52），嬴姓赵氏，字翁叔，陇西郡上邽人（今甘肃天水）人，后移居湟中（今青海西宁），汉朝名臣、名将。为人有勇略，熟悉匈奴和氐羌的习性，汉武帝时期，随贰师将军李广利出击匈奴，率领700壮士突出匈奴的重围。被汉武帝拜为中郎，官居车骑将军长史。汉昭帝时，历任大将军（霍光）都尉、中郎将、水衡都尉、后将军，将军击败武都郡氐族的叛乱，出击匈奴，俘虏西祁王。汉昭帝去世后，参与霍光尊立汉宣帝，封营平侯。后来，任为蒲类将军、后将军、少府。神爵元年（前61），宣帝用他的计策，平定了羌人的叛乱，又进行屯田。第二年，诸羌人投降，赵充国病逝后，谥号壮。汉成帝派人给他画像追颂。

赵充国神爵元年（前61）六月戊申日上书给汉宣帝。戊申，即二十八日，当年六月是农历小月，只剩二十八、二十九两天；从金城送到长安，汉宣帝批示后，在七月甲寅日，甲寅，当年七月甲寅，即七月初五，共五天，两者相加，共七天，所以从长安送到金城，来回只有七天；金城，甘肃兰州的别称。据记载，因初次在这里筑城时挖出金子，故取名金城。此外，还有一种说法是依据兰州城群山环抱，固若金汤，因此取“金城汤池”的典故，命名为金城，喻其坚固。西安至兰州，公路全程约645.4公里，七天一个来回，共1290.8公里，2581.6华里；当时是骑驿站的马送文书，昼夜不停，每昼夜要跑368.8华里，这里还不包括宣帝的研究时间，可以说极为神速。

人们可能要问，“七天”，毛泽东是怎么算出来的呢？这里牵涉到我国古代的干支纪日法。干支纪日法是民间使用天干地支记录日序的方法，是农历的一部分，也是历代历书中的重要组成部分。干支是天干（甲乙丙丁戊己庚辛壬癸）、地支（子丑寅卯辰巳午未申酉戌亥）的合称，它与干支纪年法一样，用干支相匹配的六十甲子来记录日序，从甲子开始到癸亥结束，六十天为一周，循环记录。古代将干支相配的六十个单位，每个单位代表一天，假如某日为甲子日，则甲子以后的日子依次顺推为乙丑、丙寅、丁卯等；甲子以前的日子依次逆推为癸亥、壬戌、辛酉等。

干支纪日从商朝便已开始，是商朝历法的最大成就，这是现今已知世界最长的纪日法，对于我国历史学，尤其是科学技术发展史的考证和研究，都是极为重要的记时标志，是中国一份珍贵的科学文化遗产。

这里还牵涉到我国的农历计时法。农历即夏历。农业上使用的历书，有指导农业生产的意义。但事实上农历月日与季节变化相差明显，指导农时的效果并不好，我国古代真正指导农时的是“二十四节气”，它实际是一种特殊的“阳历”。

农历的历月长度是以朔望月为准的，大月30天，小月29天，大月和小月相互弥补，使历月的平均长度接近朔望月。

《赵充国传》写道：

充国奏每上，辄下公卿议臣。初是充国计者什三，中什五，最后什八。有诏诘前言不便者，皆顿首服。丞相魏相曰：“臣愚不习兵事利害，后将军数画军策，其言常是。臣任其计，可必用也。”

这是说，汉宣帝对赵充国的奏折，每来一份，都交给大臣们议论。开始时，赞成的人只有十分之三，然后是十分之五，最后是十分之八的人都赞成了。先前反对的人，也大都心服口服。毛泽东很注意这段文字，逐字加了旁圈，在天头上画了三个大圈，批注道：“说服力强之效。”

5.《后汉书》

第一，《后汉书》是一部纪传体东汉史。

《后汉书》是一部记载东汉历史的纪传体史书。书中分十纪、八十列传和八志（司马彪续作），记载了从王莽起至汉献帝的195年历史。本纪和列传的作者是南朝刘宋时的范晔，此书综合当时流传的七部后汉史料，并参考袁宏所著的《后汉纪》，简明周详，叙事生动，故取代以前各家的后汉史。北宋时，有人把晋朝司马彪《续汉书》八志三十卷与之合刊，成为为现在的《后汉书》。

《后汉书》自有其特点。从体例上看，与《史记》和《汉书》相比，它有一些改进。在本纪方面，它不同于《汉书》的一帝一纪，而是援引《史记·秦始皇本纪》附二世胡亥和秦王子婴的先例，在《和帝纪》后附殇帝，《顺帝纪》后附冲、质二帝。这既节省了篇幅，又不遗漏史实，一举而两得。在皇后方面，改变了《史记》与《汉书》将皇后列入《外戚传》（吕后除外）的写法，为皇后写了本纪。这样改动，符合东汉六个皇后临朝称制的史实。

在列传方面，《后汉书》除了因袭《史记》《汉书》的列传外，还新增了党锢、宦者、文苑、独行、方术、逸民和列女七种列传。范晔是第一位在纪传体史书中专为妇女作传的史学家。尤为可贵的是，《列女传》所收集的十七位杰出女性，有择夫重品行而轻富贵的桓少君、博学的班昭、断机劝夫求学的乐羊子妻、著名才女蔡琰等，而并不都是贞女节妇。《后汉书》既有新创，又充分反映了东汉王朝统治阶级内部的矛盾和斗争，是研究东汉历史的重要史料。

范晔（398—445），字蔚宗，顺阳（今河南南阳淅川东）人，南朝宋史学家、文学家。范晔出身士族家庭，元熙二年（420），刘裕代晋称帝，范晔应招出仕，任彭城王刘义康门下冠军将军、秘书丞；元嘉九年（432），因得罪刘义康，被贬为宣城太守，于任内著写《后汉书》。他生长于儒学世家，以儒家思想做论断是非、褒贬人物的标准，并认为“所谈者仁义，所传者圣法”，则“人识君臣父子之纲，家知违邪归正之路”，鼓吹儒学经术为封建王朝兴衰之乱之所系。元嘉十七年（440），范晔投靠始兴王刘浚，历任后军长史、南下邳太守、左卫将军、太子詹事，掌管禁旅，参与机要。元嘉二十二年（445）末，因孔熙先等谋立彭城王义康一案牵涉，被视为参与刘义康谋反，事发被诛，时年四十八岁。

第二，《后汉书》写得不坏，许多篇章，胜于《前汉书》。

这是毛泽东在《后汉书》卷六十一至卷六十四第二十一册封面上写的一个批语。这几卷的内容是什么呢?

《后汉书》卷六十一《左（雄）周（举）黄（琼）列传》：“赞曰：雄作纳言，古之八元。举升一会，越自下蕃。登朝理政，并纾灾昏。琼名夙知，累章国疵。”左雄、周举、黄琼都是汉朝的良臣，能够纠正朝政的得失，注意民生的疾苦。

《后汉书》卷六十二《荀（淑）韩（韶）钟（皓）陈（寔）列传》：“赞曰：二李师淑，陈君友皓。韩韶就吏，嬴寇怀道。太丘奥广，模我彝伦。曾是渊轨，薄弗以浮。”指荀淑品德高，为当世明贤李固、李膺所师事。钟皓品德高，推荐年轻的陈寔。韩韶做了嬴县长，使寇盗受感化，流民得安抚。陈寔做了太丘长官，安抚百姓。党锢狱起，陈寔因太监张让父死，曾往吊丧，故靠了他多所保全，称为太丘道广。

《后汉书》卷六十三《李（固）杜（乔）列传》：“赞曰：李杜司职，朋心合力。致主文宣，抗情伊稷。道亡时悔，终离网极。”李固、杜乔是东汉正直大臣，在政治上多所贡献，为外戚权臣梁冀害死。从以上三篇列传里，可以看出后汉所以衰亡的原因。

《后汉书》卷六十四《吴（祐）延（笃）史（弼）卢（植）赵（岐）列传》，所记人物都是气节之士，但其活动时间，大抵已经到了汉末三国。

毛泽东不仅对《后汉书》评价很高，而且对其注本也很注意，并作出独到的评判。在《后汉书》卷一《光武帝纪》第一写道："（建武元年）冬十月癸丑，车驾入洛阳，幸南宫却非殿，遂定都焉。蔡质《汉典职仪》曰：'南宫至北宫，中央作大屋，复道，三道行。天子从中道，从官夹左右，十步一卫，两宫相去七里。'又洛阳宫阁名有却非殿。臣贤按：'俗本或作御北殿者误。'……十二月丙戌，至自怀。赤眉杀更始，而隗嚣据陇右。"刘攽曰："按《史记》事事有相连，则用'而'字，今赤眉自杀更始，隗嚣自据陇右，明此'而'字衍文。"

《光武帝纪》是东汉开国皇帝刘秀的本纪。在上面所引一段文字中，原文中说刘秀定都洛阳，下榻却非殿。有一条李贤注，据《汉典职仪》准确地说明了两宫的距离、宫中道路和警卫情况。还说明却非殿是宫中阁名，辨别了俗说御北殿的错误。当下文写到"赤眉杀更始，而隗嚣据陇右"，有一条刘攽的注释，他根据《史记》"《史记》事事有相连，则用'而'字""赤眉杀更始，而隗嚣据陇右"，是"自杀""自据"，两个事毫不相关，断定后句的"而"字是衍文，很对。

毛泽东读了这段文字后，加上他平常的研究，写了一个非常有见地的批语：

李贤好。

刘攽好。

李贤贤于颜师古远甚，确然无疑。裴松之注三国，有极大的好处，有些近于李贤，而长篇大论收集大量历史资料，使读者感到爱看。"青出于蓝而胜于蓝"，岂此之谓欤？譬如积薪，后来居上。章太炎说，读三国要读裴松之注，英雄巨眼，不其然乎？（《毛泽东读文史古籍批语集》，中央文献出版社 1993 年版，第 129—130 页）

这个批语，牵涉到两部史书《后汉书》《三国志》的四位注者颜师古、李贤、刘攽和裴松之。毛泽东认为唐章怀太子李贤注《后汉书》注得好。南朝宋刘攽对《后汉书》作的按语好。刘攽按语，后附入《后汉书》注中。南朝宋裴松之注《三国志》，收集了丰富的资料，对《三国志》补缺、订误。他所引的书，多已失传，极有资料价值。毛泽东既比较了他们的优劣，又指出其继承性和超越。他引了《荀子·劝学》中“青出于蓝而胜于蓝”和《史记·汲郑列传》中“譬如积薪，后来居上”来说明问题。最后，他又特别援引近代国学大师章太炎的话“读三国要读裴松之注”，称赞章太炎是“英豪巨眼，不其然乎”？意谓章太炎是一位见识高、识别能力强的英雄豪杰，难道不是这样吗？

第三，“人在一定条件下是可以改造的”。

毛泽东在读范晔《后汉书》卷六十二《陈寔传》：“时岁荒民俭，有盗夜入其室，止于梁上。寔阴见，乃起自整拂，呼命子孙，正色训之曰：‘夫人不可不自勉，不善之人未必本恶，可以性成，遂至于此，梁上君子是也。’”一段时，批注说：“人在一定条件下是可以改造的。”（《毛泽东读文史古籍批语集》，中央文献出版社 1993 年版，第 133 页）

《后汉书》卷六十二《陈寔传》原文如下：

陈寔字仲弓，颍川许人也。出于单微。自为儿童，虽在戏弄，为等类所归。少作县吏，常给事厮役，后为都亭刺史佐，而有志好学，坐立诵读。县令邓邵试与语，奇之，听受业太学。后令复召为吏，乃避隐阳城山中。时有杀人者，同县杨吏以疑寔，县遂逮系，考掠无实，而后得出。及为督邮，乃密托许令，礼召杨吏。远近闻者，咸叹服之。

家贫，复为郡西门亭长，寻转功曹。时中常侍侯览托太守高伦用吏，伦教署为文学掾。寔知非其人，怀檄请见。言曰：“此人不宜用，而侯常侍不可违。寔乞从外署，不足以尘明德。”伦从之。于是乡论怪其非举，寔终无所言。伦后被征为尚书，郡中士大夫送至轮氏传舍。伦谓众人言曰：“吾前为侯常侍用吏，陈君密持教还，而于外白署。比闻议者以此少之，此咎由故人畏惮强御，陈君可谓善则称君，过则称己者也。”寔固自引愆，闻者方叹息，由是天下服其德。

司空黄琼辟选理剧，补闻喜长。旬月，以期丧去官。复再迁，除太丘长。修德清静，百姓以安。邻县人户归附者，寔辄训导譬解发遣，各令还本司官行部。吏虑有讼者，白欲禁之。寔曰：“讼以求直，禁之理将何申？其勿有所拘。”司官闻而叹息曰：“陈君所言若是，岂有怨于人乎！”亦竟无讼者。以沛相赋敛违法，乃解印绶去，吏人追思之。

及后逮捕党人，事亦连寔。余人多逃避求免，寔曰：“吾不就狱，众无所恃。”乃请囚焉。遇赦得出。灵帝初，大将军窦武辟以为掾属。时中常侍张让权倾天下。让父死，归葬颍川，虽一郡毕至，而名士无往者，让甚耻之。寔乃独吊焉。及后复诛党人，让感寔，故多所全宥。

寔在乡闾，平心率物。其有争讼，辄求判正，晓譬曲直，退无怨者。至乃叹曰：“宁为刑罚所加，不为陈君所短。”时岁荒民俭，有盗夜入其室，止于梁上。寔阴见，乃起自整拂，呼命子孙，正色训之曰：“夫人不可不自勉。不善之人未必本恶，习以性成，遂至于此。梁上君子者是矣！”盗大惊，自投于地，稽颡归罪。寔徐譬之曰：“视君状貌，不似恶人，宜深克己反善。然此当由贫困。”令遗绢二匹。自是一县无复盗窃。

…………

陈寔（104—187），字仲弓，颍川许（今河南许昌长葛古桥陈故村）人，东汉时期官员、名士。少为县吏都亭刺佐，后为督邮，复为郡西门亭长，四为郡功曹，五辟豫州，六辟三府，再辟大将军府。司空黄琼辟选理剧，补闻喜长，宰闻喜半岁；复再迁除太丘长，故后世称其为“陈太丘”。党锢之祸发生后，不少被牵连的人都逃跑，他说：“吾不就狱，众无所恃。”自请囚禁。遇赦得出。毛泽东读到这里，批注道：“章炳麟学陈仲弓一事。”

章炳麟（1869—1936），浙江余杭人。原名学乘，字枚叔（以纪念汉代辞赋家枚乘），后易名为炳麟。因反清意识浓厚，慕顾绛（顾炎武）的为人行事而改名为绛，号太炎。世人常称之为太炎先生。研究范围涉及小学、历史、哲学、政治等，著述甚丰。光绪二十三年（1897）任《时务报》撰述，因参加维新运动被通缉，流亡日本。光绪二十九年（1903）因发表《驳康有为论革命书》并为邹容《革命军》作序，触怒清廷。1903年6月29日，上海苏报馆内闯入几名工部局警探，持票指名拘捕章炳麟、邹容、陈范等。章炳麟恰不在。次日，章炳麟在“爱国学社”，警探又指名查问，章炳麟坦然答道：“余人具不在，要拿章炳麟，就是我。”遂慷慨就捕。1904年5月，章、邹分别被判处监禁3年和2年。1905年，邹容被折磨致死。陈仲弓，即陈寔。章炳麟学陈仲弓一事，即指此事。

“梁上君子”这个成语，也出自《陈寔传》。梁，房梁。梁上君子，躲在梁上的君子，窃贼的代称。陈寔发现入室盗窃的小偷，躲在房梁上，便教育子孙说：“夫人不可以不自勉。不善之人未必本恶，习以性成，遂至于此。梁上君子者是矣！”小偷听后，从梁上跳下来请罪。陈寔又鼓励他说：“视君状貌，不似恶人，宜深克己反善。然此当由贫困。”并赠给他两匹绢。从此这个县再没有发生过偷盗的事。这说明一个人在一定的条件下变坏，也可以在一定的条件下变好。毛泽东由此得出结论：“人在一定条件下是可以改造的。”

第四，“原则性”与“灵活性”。

《后汉书》卷一百零一《皇甫嵩传》：

帝从之。于是发天下精兵，博选将帅，以嵩为左中郎将，持节，与右中郎将朱俊，共发五校、三河骑士及募精勇，合四万余人，（皇甫）嵩、（朱）俊各统一军，共讨颍川黄巾。俊前与贼波才战，战败，嵩因进保长社。波才引大众围城，嵩兵少，军中皆恐，乃召军吏谓曰：“兵有奇变，不在众寡。《孙子兵法》曰：‘凡战者以正合，以奇胜者也。故善出奇，无穷于天地，无竭如江海。战势不出奇正，奇正之变，不可胜也。’今贼依草结营，易为风火。若因夜纵烧，必大惊乱。吾出兵击之，四面俱合，田单之功可成也。”其夕遂大风，嵩乃约敕军士皆束苣乘城，使锐士间出围外，纵火大呼，城上举燎应之，嵩因鼓而奔其阵，贼惊乱奔走。会帝遣骑都尉曹操将兵适至，嵩、操与朱俊合兵更战，大破之，斩首数万级。封嵩都乡侯。嵩、俊乘胜进讨汝南、陈国黄巾，追波才于阳翟，击彭脱于西华，并破之。余贼降散，三郡悉平。

毛泽东读到这里，批注道："正，原则性。奇，灵活性。"

皇甫嵩（？—195），字义真，安定郡朝那县（今甘肃镇原东南）人，东汉末期军事家。最初举孝廉、茂才，汉灵帝时被征为侍郎，迁任北地太守。光和七年（184），黄巾起义爆发，皇甫嵩与吕强上疏请求解除党禁，任左中郎将，与朱儁率军镇压起义军，战后以功拜左车骑将军、领冀州牧，封槐里侯。董卓掌权时，征皇甫嵩入朝为城门校尉，后迁任议郎、御史中丞。董卓被诛后，任征西将军，再迁车骑将军。初平三年（192），拜太尉，后免，复拜为光禄大夫，迁太常，兴平二年（195）卒，追赠骠骑将军。皇甫嵩为人仁爱谨慎，尽忠职守，有谋略，有胆识。

节选的部分，写的是皇甫嵩在长社（今河南长葛）和黄巾军的一次战斗。他先是固守不出，等到大风之夜，他下令纵火投城下敌人阵地，接着，指挥大军冲出城来厮杀、追赶，黄巾军大败。大风之夜用火攻，这就是"奇，灵活性"。大军冲出厮杀、追赶，这就是"正，原则性"。

第五，"严光，东汉气节之士也"。

毛泽东对东汉隐士严光评价很高。毛泽东在他的《讲堂录》1913 年 11 月 23 日《修身》课记载说：

光武曾游于太学，习《尚书》。古太学以经分科。

严光，东汉气节之士也。光武既立，征之，不就。访之，以安车迎至。帝坐匡床请出，光卧应曰：尧舜在上，下有巢由。当光之至也，大司徒（首相也）侯霸（光学友）迎之。光与书曰："君房足下，致位鼎足，甚善。怀仁辅义天下悦，阿谀顺指要领绝。"侯以书览帝，帝曰：狂奴故态也。后试论光不出为非。不知光者，帝王之师也。受业太学时，光武受其教已不少。故光武出而办天下之事，光即立讲气节，正风俗而传教于后世。且光于专制之代，不屈于帝王，高尚不可及哉。

（《毛泽东早期文稿》，广东人民出版社 1990 年版，第 591—592 页）

从这段记载看，其中记述了严光的事迹，并写下了自己的感想：他认为严光“力讲气节”，“正风俗而传教于后世”，“不屈于帝王，高尚不可及哉”。在毛泽东看来：第一，严光是一个颇具远见卓识的人。他提出过“怀仁辅义天下悦，阿谀顺指要领绝”的治国主张。严光的这句话虽然是在给侯霸的信中提出来的，但实际上是写给光武帝刘秀看的。第二，严光是一个“正风俗而传教于后世”的人，即所谓“传教之人”。第三，严光是一个“不屈于帝王”气节之士。

但他对严光坚辞不仕的态度却不以为然。在湖南省立第一师范学习期间，毛泽东曾经因为如何评价严光的问题，与同学萧瑜发生过争论。当时，萧瑜写了一篇名为《评〈严先生祠堂记〉》的文章，对范仲淹的这一名篇表示异议。萧瑜认为，“光武帝仅仅请朋友帮忙处理繁难的政务，未必就是求贤若渴。还认为严光并不像人们所说的那样纯洁高尚。如果他早知道自己不会接受委任，那么他为什么还拜访皇帝并与之同床共寝？这不也表明了他爱慕虚荣吗？毛泽东的看法却是这样的：他认为刘秀登基后，严光应该当宰相，就像比他早 200 多年的前人张良辅佐汉高祖一样。他们两人争论好半天，但没有结果。”（萧瑜：《我和毛泽东的一段曲折的经历》，昆仑出版社 1989 年版，第 21 页）

到晚年，毛泽东对严光的看法又有改变。1949 年 3 月，柳亚子写了一首七律《感事呈毛主席》，称自己欲退居家乡的分湖。诗中写道：“安得南征驰捷报，分湖便是子陵滩。”意思是说：等南征的捷报传来，我便像严光隐居子陵滩一样，回到家乡分湖养老去了。一个月后，柳亚子收到毛泽东劝其从长计议，打消回家养老念头的和诗《七律・和柳亚子先生》。其中写道：“莫道昆明池水浅，观鱼胜过富春江。”言下之意，时代变了，你不要以为北京昆明湖里的水浅，在这里观鱼要比严光钓过鱼的富春江的钓鱼台更好。在这首诗中，毛泽东以富春江对子陵滩，通过用典，以风趣幽默的语言，劝告柳亚子不要像严光那样归隐起来，而在即将成立的新中国为国家和人民做些有益的工作，比效法严光去隐居要好。

6.《东观汉记》——“梁鸿余热不因人”

《东观汉记》是记载东汉光武帝至灵帝一段历史的纪传体史书。因官府于东观设馆修史而得名。它经过几代人的修撰才最后成书。书的草创时期，著书处所在为兰台和仁寿闼。安帝时，刘珍、李尤、刘騊駼等奉命续撰纪、表、名臣、节士、儒林、外戚等传，起自光武帝建武年间，终于安帝永初时期，书始名《汉记》，写作地点从此徙至南宫东观。此后伏无忌、黄景等又承命撰诸王、王子、功臣、恩泽侯表和南单于、西羌传，以及地理志。桓帝时，又命边韶、崔寔、朱穆、曹寿撰孝穆、孝崇二皇传和顺烈皇后传，外戚传中增入安思等皇后，儒林传增入崔篆诸人。崔寔又与延笃作百官表和顺帝功臣孙程、郭镇及郑众、蔡伦等传。至此，共撰成一百一十四篇，始具规模。灵帝时，马日磾、蔡邕、杨彪、卢植、韩说等又补作纪、志、传数十篇，下限延伸到灵帝。

《东观汉记·梁鸿传》：“梁鸿少孤，以童幼诣太学受业，治《诗》《礼》《春秋》，常独止，不与人共同食。比舍先炊已，呼鸿及热釜炊。鸿曰：‘童子鸿，不因人热者也。’灭灶更燃火。”

梁鸿乡里孟氏女，容貌丑而有节操，多求之，不肯。父母问其所欲，曰：“得贤婿如梁鸿者。”鸿闻之，乃求之。梁鸿妻椎髻，着布衣，操作具而前。鸿大喜曰：“此真梁鸿妻也，能奉我矣。”字之曰德曜，名孟光。

梁鸿乃将妻之霸陵山中，耕耘织作，以供衣食，弹琴诵书，以娱其志。

梁鸿将之会稽，作诗曰：“维季春兮华色，麦含金兮方秀。”

梁鸿适吴，依大家皋伯通庑下，为人赁舂。每归，妻为具食，不敢于鸿前仰视，举案齐眉。伯通疑之，曰："彼佣赁能使妻敬之如此，非凡人也。"

梁鸿，字伯鸾，扶风平陵（今陕西咸阳）人，生卒年不详，约汉光武建武初年，至和帝永元末年间在世。少孤，受业太学，家贫而尚节介。学毕，牧豕上林苑，误遗火延及他舍。鸿悉以豕偿舍主，不足，复为佣以偿。归乡里，势家慕其高节，多欲妻以女，鸿尽谢绝。娶同县孟女光，貌丑而贤，共入霸陵山中，荆钗布裙，以耕织为业，咏诗书弹琴以自娱。因东出关，过京师，作《五噫之歌》。

梁鸿有两件事为人所称道，一件是"不因人热"。

1958年，毛泽东来到九省通衢的武汉。在武昌，他动情地回忆起黄梅的革命烈士雅声：

> 我在湖北省农民协会和武昌农讲所工作时，同雅声同志多次接触，谈革命和将来，谈诗词也很投机。我们交换过各自的诗，他的名句我至今还记得："范叔一寒何至此？梁鸿余热不因人。"这两句用典，很融洽，很活。我看比李商隐的好。用这种诗的语言，表现了诗人在当时白色恐怖中的硬骨头精神。

这里，毛泽东在借用典故来称赞革命烈士雅声的同时，也表明了他对历史人物范叔、梁鸿的推崇。雅声诗中所说的范叔，是战国时期魏国人范雎，"一寒如此"这个成语就是因他而来。据《史记·范雎蔡泽列传》记载：一次范雎跟随魏国中大夫须贾出使齐国，几个月也没有完成任务。齐襄王很佩服范雎的口才，送给范雎十斤黄金和酒，范雎没有接受。须贾知道后以为范雎出卖了魏国，回国后告诉了魏国宰相，将范雎打断了肋骨、打落了牙齿。范雎装死，被扔进厕所，在朋友的帮助下，范雎逃到了秦国，改名为张禄，做了秦国宰相。后来魏国听说秦国要攻打魏国，派须贾出使秦国讲和。晚上范雎穿着身旧衣服来见须贾。须贾见了范雎，很吃惊他还活着，又见他如此穷困，便说："范叔一寒如此哉！"不过须贾还是可怜范雎，取出一件丝绸袍子送给他。后来到了秦相府，须贾才知道张禄就是范睢，赶快下拜请求范睢的原谅。范睢念在赐袍的份上，原谅了他。另一个人物梁鸿，是东汉初期经学家、文学家，一生不仕，本为扶风平陵（今陕西咸阳）人，因作《五噫歌》讽刺统治者的奢侈，使汉章帝甚为不满，遂改名换姓，隐居南方（今江苏常熟、武进一带），替人舂米为生，虽然穷困潦倒，但人穷志不穷。据《东汉观记·梁鸿传》载，梁鸿少孤家贫却很有主见，有骨气：“（鸿）常独坐止，不与人同食。此舍先炊已，呼鸿及热釜炊”，鸿曰“童子鸿，不因人热者也。灭灶更燃火”。大意是说，有骨气的梁鸿不占别人的便宜，即便是做饭，也不趁别人的热锅省柴，而要自己重新燃火做饭。

1959 年 3 月 2 日，毛泽东在郑州召开的中央工作会议上，集中讲了“梁鸿余热不因人”的故事。他说，东汉有个梁鸿，“举案齐眉”就是讲他的故事，他有个老婆叫孟光。他们穷得要死，给人舂米度日。有一个人对他说：“我这里有火，你用它来烧饭吧。”他说：我“小子鸿，不因人热者也”。你有热，我不沾光。这个人后来到了无锡，成了经学家。这个人是硬汉。毛泽东当时讲这段话是有背景的。1958 年刮“共产风”，搞“一平二调”，损害了一些生产队的利益，进而影响了人们的生产积极性。毛泽东从 1958 年底开始纠正这种错误。在郑州会议上讲述梁鸿不因人热的故事，就是借以说明做人要讲自力更生，艰苦奋斗，不仰仗他人，进而给当时参加会议的各级领导做思想说服工作，以便落实好退赔措施，不要损害农民的利益。有梁鸿那样的硬骨头精神，在做人上便是“要有志气，不依靠和仰仗他人，不要沾别人的光”。

毛泽东还曾用“梁鸿余热不因人”的典故来教育自己的子女和身边工作人员。据毛泽东的英文秘书林克回忆：

> 1959 年 6 月 3 日清晨，毛泽东刚刚起床，就跟我讲起梁鸿不因人热的故事。毛泽东说：过去我跟孩子们讲过这个故事，但他们年幼，没有懂得我的意思。我领会主席是借这个故事，鼓励自己的子女和年轻人，要有志气，不依靠他人，而要独立自主，自立自强，艰苦创业。

“梁鸿余热不因人”这段历史典故，经过毛泽东的引申发挥，产生了丰富的教育意义，也被赋予了新的内涵，体现了毛泽东独特的古籍新解、古为今用的读史风格与魅力。由此，我们得到的启示是：在做人处世方面，要立志气。

另一件事就是举案齐眉。举案齐眉，指送饭时把托盘举得跟眉毛一样高，是赞美夫妻美满婚姻的专用词。后形容夫妻互相尊敬、十分恩爱。这两点都成为中华民族美德的一部分，世代传承。

（四）毛泽东评点先秦两汉散文

1. 司马迁《报任安书》："泰山""鸿毛"之喻的生死观

毛泽东多次引用司马迁的《报任安书》。1944 年 9 月 8 日，毛泽东在他的《为人民服务》一文中说：

"人总是要死的，但死的意义有不同。中国古时候有个文学家叫做司马迁的说过：'人固有一死，或重于泰山，或轻于鸿毛。'为人民利益而死，就比泰山还重；替法西斯卖力，替剥削人民和压迫人民的人去死，就比鸿毛还轻。张思德同志是为人民利益而死的，他的死是比泰山还要重的。"（《毛泽东选集》第三卷，人民出版社 1991 年版，第 1004 页）

1962 年 1 月 30 日，毛泽东在《在扩大的中央工作会议上的讲话》中说：

"不论党内党外，都要有充分的民主生活，就是说，都要认真实行民主集中制。要真正把问题敞开，让群众讲话，哪怕是骂自己的话，也要让人家讲。骂的结果，无非是自己倒台，不能做这项工作了，降到下级机关去做工作，或者调到别的地方去做工作，那又有什么不可以呢？一个人为什么只能上升不能下降呢？为什么只能做这个地方的工作而不能调到别个地方去呢？我认为这种下降和调动，不论正确与否，都是有益处的，可以锻炼革命意志，可以调查和研究许多新鲜情况，增加有益的知识。我自己就有这一方面的经验，得到很大的益处。不信，你们不妨试试看。司马迁说过：'文王拘而演周易，仲尼厄而作春秋。屈原放逐，乃赋离骚。左丘失明，厥有国语。孙子膑脚，兵法修列。不韦迁蜀，世传吕览。韩非囚秦，说难孤愤。诗三百篇，大抵贤圣发愤之所为作也。'这几句话当中，所谓文王演周易，孔子作春秋，究竟有无其事，近人已有怀疑，我们可以不去理它，让专门家去解决吧，但是司马迁是相信有其事的。文王拘，仲尼厄，则确有其事。司马迁讲的这些事情，除左丘失明一例以外，都是指当时上级领导者对他们作了错误处理的。我们过去也错误地处理过一些干部，对这些人不论是全部处理错了的，或者是部分处理错了的，都应当按照具体情况，加以甄别和平反。但是，一般地说，这种错误处理，让他们下降，或者调动工作，对他们的革命意志总是一种锻炼，而且可以从人民群众中吸取许多新知识。我在这里申明，我不是提倡对干部，对同志，对任何人，可以不分青红皂白，作出错误处理，像古代人拘文王，厄孔子，放逐屈原，去掉孙膑的膝盖骨那样。我不是提倡这样做，而是反对这样做的。我是说，人类社会的各个历史阶段，总是有这样处理错误的事实。在阶级社会，这样的事实多得很。在社会主义社会，也在所难免。不论在正确路线领导的时期，还是在错误路线领导的时期，都在所难免。不过有一个区别。在正确路线领导的时期，一经发现有错误处理的，就能甄别、平反，向他们赔礼道歉，使他们心情舒畅，重新抬起头来。而在错误路线领导的时期，则不可能这样做，只能由代表正确路线的人们，在适当的时机，通过民主集中制的方法，起来纠正错误。至于由于自己犯了错误，经过同志们的批评和上级的鉴定，作出正确处理，因而下降或者调动工作的人，这种下降或者调动，对于他们改正错误，获得新的知识，会有益处，那就不待说了。”（《毛泽东文集》第八卷，人民出版社 1999 年版，第 291—292 页）

司马迁《报任安书》原文如下：

太史公牛马走司马迁，再拜言

少卿足下：

曩者辱赐书，教以顺于接物，推贤进士为务，意气勤勤恳恳。若望仆不相师，而用流俗人之言，仆非敢如此也。仆虽罢驽，亦尝侧闻长者之遗风矣。顾自以为身残处秽，动而见尤，欲益反损，是以独郁悒而无谁语。谚曰：“谁为为之？孰令听之？”盖钟子期死，伯牙终身不复鼓琴。何则？士为知己者用，女为说己者容。若仆大质已亏缺矣，虽才怀随和，行若由夷，终不可以为荣，适足以发笑而自点耳。

书辞宜答，会东从上来，又迫贱事，相见日浅，卒卒无须臾之间，得竭至意。今少卿抱不测之罪，涉旬月，迫季冬，仆又薄从上雍，恐卒然不可为讳，是仆终已不得舒愤懑以晓左右，则长逝者魂魄私恨无穷。请略陈固陋。阙然久不报，幸勿为过。

仆闻之：修身者，智之符也；爱施者，仁之端也；取与者，义之表也；耻辱者，勇之决也；立名者，行之极也。士有此五者，然后可以托于世，而列于君子之林矣。故祸莫憯于欲利，悲莫痛于伤心，行莫丑于辱先，诟莫大于宫刑。刑余之人，无所比数，非一世也，所从来远矣。昔卫灵公与雍渠同载，孔子适陈；商鞅因景监见，赵良寒心；同子参乘，袁丝变色：自古而耻之！夫以中才之人，事有关于宦竖，莫不伤气，而况于慷慨之士乎！如今朝廷虽乏人，奈何令刀锯之余，荐天下之豪俊哉！

仆赖先人绪业，得待罪辇毂下，二十余年矣。所以自惟：上之，不能纳忠效信，有奇策材力之誉，自结明主；次之又不能拾遗补阙，招贤进能，显岩穴之士；外之不能备行伍，攻城野战，有斩将搴旗之功；下之不能积日累劳，取尊官厚禄，以为宗族交游光宠。四者无一遂，苟合取容，无所短长之效，可见于此矣。向者，仆常厕下大夫之列，陪外廷末议。不以此时引维纲，尽思虑，今以亏形为扫除之隶，在阘茸之中，乃欲仰首伸眉，论列是非，不亦轻朝廷、羞当世之士邪？嗟乎！嗟乎！如仆尚何言哉！尚何言哉！

且事本末未易明也。仆少负不羁之才，长无乡曲之誉，主上幸以先人之故，使得奉薄伎，出入周卫之中。仆以为戴盆何以望天，故绝宾客之知，亡室家之业，日夜思竭其不肖之才力，务一心营职，以求亲媚于主上。而事乃有大谬不然者夫！

仆与李陵俱居门下，素非能相善也。趣舍异路，未尝衔杯酒，接殷勤之余欢。然仆观其为人，自守奇士，事亲孝，与士信，临财廉，取与义，分别有让，恭俭下人，常思奋不顾身，以徇国家之急。其素所蓄积也，仆以为有国士之风。夫人臣出万死不顾一生之计，赴公家之难，斯已奇矣。今举事一不当，而全躯保妻子之臣，随而媒孽其短，仆诚私心痛之。且李陵提步卒不满五千，深践戎马之地，足历王庭，垂饵虎口，横挑强胡，仰亿万之师，与单于连战十有余日，所杀过半当。虏救死扶伤不给，旃裘之君长咸震怖，乃悉征其左右贤王，举引弓之民，一国共攻而围之。转斗千里，矢尽道穷，救兵不至，士卒死伤如积。然陵一呼劳，军士无不起，躬自流涕，沫血饮泣，更张空弮，冒白刃，北向争死敌者。陵未没时，使有来报，汉公卿王侯皆奉觞上寿。后数日，陵败书闻，主上为之食不甘味，听朝不怡。大臣忧惧，不知所出。仆窃不自料其卑贱，见主上惨凄怛悼，诚欲效其款款之愚，以为李陵素与士大夫绝甘分少，能得人之死力，虽古之名将，不能过也。身虽陷败，彼观其意，且欲得其当而报于汉。事已无可奈何，其所摧败，功亦足以暴于天下矣。仆怀欲陈之，而未有路，适会召问，即以此指，推言陵之功，欲以广主上之意，塞睚眦之辞。未能尽明，明主不晓，以为仆沮贰师，而为李陵游说，遂下于理。拳拳之忠，终不能自列。因为诬上，卒从吏议。家贫，货赂不足以自赎，交游莫救，左右亲近不为一言。身非木石，独与法吏为伍，深幽囹圄之中，谁可告愬者！此真少卿所亲见，仆行事岂不然乎？李陵既生降，隤其家声，而仆又佴之蚕室，重为天下观笑。悲夫！悲夫！事未易一二为俗人言也。

仆之先非有剖符丹书之功，文史星历，近乎卜祝之间，固主上所戏弄，倡优所畜，流俗之所轻也。假令仆伏法受诛，若九牛亡一毛，与蝼蚁何以异？而世又不与能死节者比，特以为智穷罪极，不能自免，卒就死耳。何也？素所自树立使然也。人固有一死，或重于泰山，或轻于鸿毛，用之所趋异也。太上不辱先，其次不辱身，其次不辱理色，其次不辱辞令，其次诎体受辱，其次易服受辱，其次关木索、被箠楚受辱，其次剔毛发、婴金铁受辱，其次毁肌肤、断肢体受辱，最下腐刑，极矣！传曰："刑不上大夫"，此言士节不可不勉励也。猛虎在深山，百兽震恐，及在槛阱之中，摇尾而求食，积威约之渐也。故有画地为牢势不可入，削木为吏议不可对，定计于鲜也。今交手足，受木索，暴肌肤，受榜箠，幽于圜墙之中。当此之时，见狱吏则头抢地，视徒隶则正惕息。何者？积威约之势也。及以至是，言不辱者，所谓强颜耳，曷足贵乎！且西伯，伯也，拘于羑里；李斯，相也，具于五刑；淮阴，王也，受械于陈；彭越、张敖，南面称孤，系狱抵罪；绛侯诛诸吕，权倾五伯，囚于请室；魏其，大将也，衣赭衣，关三木；季布为朱家钳奴；灌夫受辱于居室。此人皆身至王侯将相，声闻邻国，及罪至罔加，不能引决自裁，在尘埃之中。古今一体，安在其不辱也？由此言之，勇怯，势也；强弱，形也。审矣，何足怪乎？夫人不能早自裁绳墨之外，以稍陵迟，至于鞭箠之间，乃欲引节，斯不亦远乎！古人所以重施刑于大夫者，殆为此也。

夫人情莫不贪生恶死，念父母，顾妻子，至激于义理者不然，乃有所不得已也。今仆不幸，早失父母，无兄弟之亲，独身孤立，少卿视仆于妻子何如哉？且勇者不必死节，怯夫慕义，何处不勉焉！仆虽怯懦欲苟活，亦颇识去就之分矣，何至自沉溺缧绁之辱哉！且夫臧获婢妾，由能引决，况仆之不得已乎？所以隐忍苟活，幽于粪土之中而不辞者，恨私心有所不尽，鄙陋没世，而文彩不表于后也。

古者富贵而名摩灭，不可胜记，唯倜傥非常之人称焉。盖文王拘而演《周易》；仲尼厄而作《春秋》；屈原放逐，乃赋《离骚》；左丘失明，厥有《国语》；孙子膑脚，《兵法》修列；不韦迁蜀，世传《吕览》；韩非囚秦，《说难》《孤愤》；《诗》三百篇，大底圣贤发愤之所为作也。此人皆意有郁结，不得通其道，故述往事、思来者。乃如左丘无目，孙子断足，终不可用，退而论书策，以舒其愤，思垂空文以自见。

仆窃不逊，近自托于无能之辞，网罗天下放失旧闻，略考其行事，综其终始，稽其成败兴坏之纪，上计轩辕，下至于兹，为十表，本纪十二，书八章，世家三十，列传七十，凡百三十篇。亦欲以究天人之际，通古今之变，成一家之言。草创未就，会遭此祸，惜其不成，是以就极刑而无愠色。仆诚以著此书，藏之名山，传之其人，通邑大都，则仆偿前辱之责，虽万被戮，岂有悔哉！然此可为智者道，难为俗人言也！

且负下未易居，下流多谤议。仆以口语遇此祸，重为乡党所笑，以污辱先人，亦何面目复上父母之丘墓乎？虽累百世，垢弥甚耳！是以肠一日而九回，居则忽忽若有所亡，出则不知其所往。每念斯耻，汗未尝不发背沾衣也！身直为闺阁之臣，宁得自引深藏于岩穴邪？故且从俗浮沉，与时俯仰，以通其狂惑。今少卿乃教以推贤进士，无乃与仆私心剌谬乎？今虽欲自雕琢，曼辞以自饰，无益于俗不信，适足取辱耳。要之，死日然后是非乃定。书不能悉意，故略陈固陋。谨再拜。

（《文选》，上海古籍出版社1986年版，第1854—1866页）

《报任安书》也叫《报任少卿书》，是司马迁写给其友人任安的一封回信。见于《汉书·司马迁传》及《文选》卷四十一。任安，字少卿，西汉荥阳人。年轻时比较贫困，后来做了大将军卫青的舍人，由于卫青的荐举，当了郎中，后迁为益州刺史。征和二年（前91）朝中发生巫蛊案，江充乘机诬陷戾太子（刘据），戾太子发兵诛杀江充等，与丞相（刘屈氂）军大战于长安，当时任安担任北军使者护军（监理京城禁卫军北军的官），乱中接受戾太子要他发兵的命令，但按兵未动。戾太子事件平定后，汉武帝认为任安“坐观成败”“怀诈，有不忠之心”，论罪腰斩。任安入狱后曾写信给司马迁，希望他“尽推贤进士之义”，搭救自己。直到任安临刑前，司马迁才写了这封著名的回信。在这封信中，司马迁以无比愤激的心情，叙述自己蒙受的耻辱，倾吐他内心的痛苦和不满，说明自己“隐忍苟活”的原因，表达“就极刑而无愠色”、坚持完成《史记》的决心，同时也反映了他的“发愤著书”的文学观和“人固有一死，或重于泰山，或轻于鸿毛”的比较进步的生死观。在文中，司马迁以极其激愤的心情，申述了自己的不幸遭遇，抒发了内心的无限痛苦，大胆揭露了汉武帝的喜怒无常，刚愎自用，明确表示：只要能完成“究天人之际，通古今之变，成一家之言”的《史记》，甘受凌辱。感情真挚，辞气沉雄，语言流畅，情怀慷慨，具有强烈的艺术感染力。对于了解作者的生平和思想，有着重要价值。

毛泽东在为纪念张思德而写的《为人民服务》一文中曾引用“人固有一死，或重于泰山，或轻于鸿毛”这个如何对待生死问题的名言，号召大家向张思德学习，努力为人民服务。

在文中，司马迁一口气列举了八件具体的事例，最后概括为一句话："大抵圣贤发愤之所为作也"，这就是有名的发愤著书说。在1962年1月30日扩大的中央工作会议上的讲话中，毛泽东引用了这段话，并做了颇有新意的发挥：受到"错误处理"的人，要把压力变动力，锻炼自己的意志，吸取新的知识，对自己"有很大的好处"：对于领导者，不要"不分青红皂白"就处理人，但从古至今，受到错误处理的事"在所难免"，但一经发现，有错必纠，才是正确的态度。

2. 贾　谊

(1)《过秦论》——"沾溉后人，其泽深远"

贾谊是西汉初期杰出的政论家、文学家。他的政论散文继承先秦诸子的优秀传统，而更加铺张扬厉，辞彩感情色彩很浓。内容多是表现自己不得志的遭遇和对当时社会的批判。在形式上，有学骚体的，有趋向散文化的，开了汉赋的先声。今传《贾子新书》56篇，出于汉人收集整理；其他的零星散文和辞赋，载于《史记》《汉书》《楚辞》《昭明文选》中。他最有名的两篇政论文是《过秦论》和《治安策》。《过秦论》分上、中、下三篇。我们只看《过秦论》（上）：

秦孝公据崤函之固，拥雍州之地，君臣固守，以窥周室，有席卷天下，包举宇内，囊括四海之意，并吞八荒之心。当是时也，商君佐之，内立法度，务耕织，修守战之具；外连衡而斗诸侯。于是秦人拱手而取西河之外。

孝公既没，惠文、武、昭襄蒙故业，因遗策，南取汉中，西举巴、蜀，东割膏腴之地，北收要害之郡。诸侯恐惧，会盟而谋弱秦，不爱珍器重宝肥饶之地，以致天下之士，合从缔交，相与为一。当此之时，齐有孟尝，赵有平原，楚有春申，魏有信陵。此四君者，皆明智而忠信，宽厚而爱人，尊贤而重士，约从离衡，兼韩、魏、燕、赵、宋、卫、中山之众。于是六国之士，有宁越、徐尚、苏秦、杜赫之属为之谋；齐明、周最、陈轸、召滑、楼缓、翟景、苏厉、乐毅之徒通其意；吴起、孙膑、带佗、倪良、王廖、田忌、廉颇、赵奢之伦制其兵。尝以十倍之地，百万之师，叩关而攻秦。秦人开关延敌，九国之师，逡巡而不敢进。秦无亡矢遗镞之费，而天下诸侯已困矣。于是从散约败，争割地以赂秦。秦有余力而制其弊，追亡逐北，伏尸百万，流血漂橹。因利乘便，宰割天下，分裂河山，强国请服，弱国入朝。延及孝文王、庄襄王，享国之日浅，国家无事。

及至始皇，奋六世之余烈，振长策而御宇内，吞二周而亡诸侯，履至尊而制六合，执敲朴而鞭笞天下，威振四海。南取百越之地，以为桂林、象郡；百越之君，俯首系颈，委命下吏。乃使蒙恬北筑长城而守藩篱，却匈奴七百余里，胡人不敢南下而牧马，士不敢弯弓而报怨。于是废先王之道，燔百家之言，以愚黔首；隳名城，杀豪杰，收天下之兵，聚之咸阳，销锋镝，铸以为金人十二，以弱天下之民。然后践华为城，因河为池，据亿丈之城，临不测之溪以为固。良将劲弩，守要害之处，信臣精卒，陈利兵而谁何。天下已定，始皇之心，自以为关中之固，金城千里，子孙帝王万世之业也。

始皇既没，余威震于殊俗。然陈涉瓮牖绳枢之子，氓隶之人，而迁徙之徒也；才能不及中人，非有仲尼、墨翟之贤，陶朱、猗顿之富；蹑足行伍之间，而崛起阡陌之中，率疲弊之卒，将数百之众，转而攻秦，斩木为兵，揭竿为旗，天下云集而响应，赢粮而景从，山东豪俊遂并起而亡秦族矣。

且夫天下非小弱也，雍州之地，崤函之固，自若也。陈涉之位，非尊于齐、楚、燕、赵、韩、魏、宋、卫、中山之君也；钽耰棘矜，非铦于钩戟长铩也；谪戍之众，非抗于九国之师也；深谋远虑，行军用兵之道，非及曩时之士也。然而成败异常，功业相反。试使山东之国，与陈涉度长絜大，比权量力，则不可同年而语矣。然秦以区区之地，致万乘之势，招八州而朝同列，百有余年矣；然后以六合为家，崤函为宫；一夫作难而七庙隳，身死人手，为天下笑者，何也？仁义不施，而攻守之势异也！

《过秦论》是贾谊政论散文的代表作，分上、中、下三篇。全文从各个方面分析秦王朝的过失，故名为《过秦论》。此文旨在总结秦速亡的历史教训，以作为汉王朝建立制度、巩固统治的借鉴，是一组见解深刻而又极富艺术感染力的文章。

《过秦论》上篇先讲述秦自孝公以迄始皇逐渐强大的原因：具有地理的优势、实行变法图强的主张、正确的战争策略、几世秦王的苦心经营等。行文中采用了排比式的句子和铺陈式的描写方法，富有气势；之后则写陈涉虽然本身力量微小，却能使强大的秦国覆灭，在对比中得出秦亡在于“仁义不施”的结论。

《过秦论》在写法上是用赋陈体作论，有创造性。如“当此之时，齐有孟尝，赵有平原……中山之众”，接下来，“于是六国之士，有甯越、徐尚……赵奢之伦制其兵”都是铺陈之法。又如“然而陈涉瓮牖绳枢之子，氓隶之人……转而攻秦”这又是一种铺陈手法。本文中用了这样多的铺陈手法，成为一种新的赋体论文的做法。

鲁迅在《汉文学史纲》中曾高度评价《过秦论》是“沾溉后人，其泽深远”的“西汉鸿文”。文章气势峥嵘，波澜壮阔，行文着笔，酣畅淋漓。前部按历史的顺序叙事，写秦之兴，气焰赫赫，不可一世；写秦之亡，风云突变，急转直下。前面千回万转，都在为后面的议论蓄势。从史实的分析中，得出“仁义不施，而攻守之势异也”的结论，正直急切，遒劲有力。

1958年4月27日，毛泽东在致田家英的信中写道：

家英同志：

如有时间，可一阅班固的《贾谊传》。可略去《吊屈》《鵩鸟》二赋不阅。贾谊文章大半亡失，只存见于《史记》的二赋二文，班书略去其《过秦论》，存二赋一文。《治安策》一文是西汉一代最好的政论，贾谊于南放归来著此，除论太子一节近于迂腐以外，全文切中当时事理，有一种颇好的气氛，值得一看。如伯达、乔木有兴趣，可给一阅。

毛泽东

四月二十七日东

——《毛泽东书信选集》，人民出版社 1983 年版，第 539 页。

毛泽东读《旧唐书·朱敬则传》时批注道：贾谊云："仁义不施，而攻守之势异也。"(《毛泽东读文史古籍批语集》，中央文献出版社 1993 年版，第 226 页)

毛泽东熟知《过秦论》，《史记》载有《过秦论》和《治安策》二文，而《汉书》把《过秦论》删去了。这些情况他都很清楚。所以，他在读《旧唐书·朱敬则传》时，读到朱敬则上书武则天，论及秦统一天下后，没有"易之以宽秦，润之以醇和""淫虐滋甚"，很快便走向灭亡，"此不知变之祸也"。毛泽东自然联想到《过秦论》中的警句，借以批注道："仁义不施，而攻守之势异也。"在对朱敬则的看法的评论中，也肯定了贾谊论断的正确。

(2)《治安策》"是西汉一代最好的政论"

毛泽东在 1958 年 4 月 27 日《致田家英信》中说："《治安策》一文是西汉一代最好的政论，贾谊于南放归来著此，除论太子一节近于迂腐以外，全文切中当时事理，有一种颇好的气氛"，评价很高。《治安策》原文是：

臣窃惟事势，可为痛哭者一，可为流涕者二，可为长太息者六，若其它背理而伤道者，难遍以疏举。进言者皆曰天下已安已治矣，臣独以为未也。曰安且治者，非愚则谀，皆非事实知治乱之体者也。夫抱火厝之积薪之下而寝其上，火未及燃，因谓之安，方今之势，何以异此！本末舛逆，首尾衡决，国制抢攘，非甚有纪，胡可谓治！陛下何不一令臣得执数之于前，因陈治安之策，试详择焉！

夫射猎之娱，与安危之机孰急？使为治，劳智虑，苦身体，乏钟鼓之乐，勿为可也。乐与今同，而加之诸侯轨道，兵革不动，民保首领，匈叙宾服，四荒乡风，百姓素朴，狱讼衰息。大数既得，则天下顺治，海内之气，清和咸理，生为明帝，没为明神，名誉之美，垂于无穷。《礼》："祖有功而宗有德"，使顾成之庙称为太宗，上配太祖，与汉亡极。建久安之势，成长治之业，以承祖庙，以奉六亲，至孝也；以幸天下，以育群生，至仁也；立经陈纪，轻重同得，后可以为万世法程，虽有愚幼不肖之嗣，犹得蒙业而安，至明也。以陛下之明达，因使少知治体者得佐下风，致此非难也。其具可素陈于前，愿幸勿忽。臣谨稽之天地，验之往古，按之当今之务，日夜念此至孰也，虽使禹、舜复生，为陛下计，亡以易此。

夫树国固，必相疑之势，下数被其殃，上数爽其忧，甚非所以安上而全下也。今或亲弟谋为东帝，亲兄之子西乡而击，今吴又见告矣。天子春秋鼎盛，行义未过，德泽有加焉，犹尚如是，况莫大诸侯，权力且十此者乎！

然而天下少安，何也？大国之王幼弱未壮，汉之所置傅相方握其事。数年之后，诸侯之王大抵皆冠，血气方刚，汉之傅相称病而赐罢，彼自丞、尉以上遍置私人，如此，有异淮南、济北之为邪？此时而欲为治安，虽尧、舜不治。

黄帝曰："日中必熭，操刀必割。"今令此道顺而全安，甚易；不肯早为，已乃堕骨肉之属而抗刭之，岂有异秦之季世乎？夫以天子之位，乘今之时，因天之助，尚惮以危为安，以乱为治；假设陛下居齐桓之处，将不合诸侯而匡天下乎？臣又以知陛下有所必不能矣。假设天下如曩时，淮阴侯尚王楚，黥布王淮南，彭越王梁，韩信王韩，张敖王赵，贯高为相，卢绾王燕，陈豨在代，令此六七公者皆亡恙，当是时而陛下即天子位，能自安乎？臣有以知陛下之不能也。天下肴乱，高皇帝与诸公并起，非有仄室之势以豫席之也。诸公幸者，乃为中涓，其次廑得舍人，材之不逮至远也。高皇帝以明圣威武即天子位，割膏腴之地以王诸公，多者百余城，少者乃三四十县，德至渥也，然其后十年之间，反者九起。陛下之与诸公，非亲角材而臣之也，又非身封王之也，自高皇帝不能以是一岁为安，故臣知陛下之不能也。

然尚有可诿者，曰疏，臣请试言其亲者。假令悼惠王王齐，元王王楚，中子王赵，幽王王淮阳，共王王梁，灵王王燕，厉王王淮南，六七贵人皆亡恙，当是时陛下即位，能为治乎？臣又知陛下之不能也。若此诸王，虽名为臣，实皆有布衣昆弟之心，虑亡不帝制而天子自为者。擅爵人，赦死罪，甚者或戴黄屋，汉法令非行也。虽行不轨如厉王者，令之不肯听，召之安可致乎？幸而来至，法安可得加！动一亲戚，天下圜视而起，陛下之臣虽有悍如冯敬者，适启其口，匕首已陷其胸矣。陛下虽贤，谁与领此？故疏者必危，亲者必乱，已然之效也。其异姓负强而动者，汉已幸胜之矣，又不易其所以然。同姓袭是迹而动，既有征矣，其势尽又复然。殃祸之变，未知所移，明帝处之尚不能以安，后世将如之何！

屠牛坦一朝解十二牛，而芒刃不顿者，所排击剥割，皆众理解也。至于髋髀之所，非斤则斧。夫仁义恩厚，人主之芒刃也；权势法制，人主之斤斧也。今诸侯王皆众髋髀也，释斤斧之用，而欲婴以芒刃，臣以为不缺则折。胡不用之淮南、济北？势不可也。

臣窃迹前事，大抵强者先反，淮阴王楚最强，则最先反；韩信倚胡，则又反；贯高因赵资，则又反；陈豨兵精，则又反；彭越用梁，则又反；黥布用淮南，则又反；卢绾最弱，最后反。长沙乃在二万五千户耳，功少而最完，势疏而最忠，非独性异人也，亦形势然也。曩令樊、郦、绛、灌据数十城而王，今虽以残亡可也；令信、越之伦列为彻侯而居，虽至今存可也。然则天下之大计可知已。欲诸王之皆忠附，则莫若令如长沙王，欲臣子之勿菹醢，则莫若令如樊、郦等；欲天下之治安，莫若众建诸侯而少其力。力少则易使以义，国小则亡邪心。令海内之势如身之使臂，臂之使指，莫不制从。诸侯之君不敢有异心，辐凑并进而归命天子，虽在细民，且知其安，故天下咸知陛下之明。割地定制，令齐、赵、楚各为若干国，使悼惠王、幽王、元王之子孙毕以次各受祖之分地，地尽而止，及燕、梁它国皆然。其分地众而子孙少者，建以为国，空而置之，须其子孙生者，举使君之。诸侯之地其削颇入汉者，为徙其侯国，及封其子孙也，所以数偿之；一寸之地，一人之众，天子亡所利焉，诚以定治而已，故天下咸知陛下之廉。地制壹定，宗室子孙莫虑不王，下无倍畔之心，上无诛伐之志，故天下咸知陛下之仁。法立而不犯，令行而不逆，贯高、利几之谋不生，柴奇、开章不计不萌，细民乡善，大臣致顺，故天下咸知陛下之义。卧赤子天下之上而安，植遗腹，朝委裘，而天下不乱。当时大治，后世诵圣。壹动而五业附，陛下谁惮而久不为此?

天下之势方病大瘇。一胫之大几如要，一指之大几如股，平居不可屈信，一二指搐，身虑亡聊。失今不治，必为锢疾，后虽有扁鹊，不能为已。病非徒瘇也，又苦跖戾。元王之子，帝之从弟也，今之王者，从弟之子也。惠王之子，亲兄子也；今之王者，兄子之子也。亲者或亡分地以安天下，疏者或制大权以逼天子，臣故曰非徒病瘇也，又苦跖戾。可痛哭者，此病是也。……

夏为天子，十有余世，而殷受之。殷为天子，二十余世，而周受之。周为天子，三十余世，而秦受之。秦为天子，二世而亡。人性不甚相远也，何三代之君有道之长，而秦无道之暴也?其故可知也。古之王者，太子乃生，固举以礼，使士负之，有司齐肃端冕，见之南郊，见于天也。过阙则下，过庙则趋，孝子之道也。故自为赤子而教固已行矣。昔者成王幼在襁抱之中，召公为太保，周公为太傅，太公为太师。保，保其身体；傅，传之德义；师，道之教训：此三公之职也。于是为置三少，皆上大夫也，曰少保、少傅、少师，是与太子宴者也。故乃孩子提有识，三公、三少固明孝仁礼义以道习之，逐去邪人，不使见恶行。于是皆选天下之端士孝悌博闻有道术者以卫翼之，使与太子居处出入。故太子乃生而见正事，闻正言，行正道，左右前后皆正人也。夫习与正人居之，不能毋正，犹生长于齐不能不齐言也；习与不正人居之，不能毋不正，犹生长于楚之地不能不楚言也。故择其所耆，必先受业，乃得尝之；择其所乐，必先有习，乃得为之。孔子曰:“少成若天性，习贯如自然。”及太子少长，知妃色，则入于学。学者，所学之官也。《学礼》曰："帝入东学，上亲而贵仁，则亲疏有序而恩相及矣；帝入南学，上齿而贵信，则长幼有差而民不诬矣；帝入西学，上贤而贵德，则圣智在位而功不遗矣；帝入北学，上贵而尊爵，则贵贱有等而下不矣；帝入太学，承师问道，退习而考于太傅，太傅罚其不则而匡其不及，则德智长而治道得矣。此五学者既成于上，则百姓黎民化辑于下矣。"及太子既冠成人，免于保傅之严，则有记过之史，彻膳之宰，进善之旌，诽谤之木，敢谏之鼓。瞽史诵诗，工诵箴谏，大夫进谋，士传民语。习与智长，故切而不媿；化与心成，故中道若性。三代之礼：春朝朝日，秋暮夕月，所以明有敬也；春秋入学，坐国老，执酱而亲馈之，所以明有孝也；行以鸾和，步中《采齐》，趣中《肆夏》，所以明有度也；其于禽兽，见其生不食其死，闻其声不食其肉，故远庖厨，所以长恩，且明有仁也。（节录）

《治安策》，又名《陈政事疏》，是西汉文学家贾谊的名文之一。贾谊任梁怀王太傅期间，汉文帝多次向他征求治国方略，贾谊亦多次上书陈述政事，针对文帝时期匈奴侵边、制度疏阔、诸侯王割据等问题进行了深入分析。后由班固收入《汉书·贾谊传》中。

《治安策》论及了文帝时潜在或明显的多种社会危机，包括"可为痛哭者一，可为流涕者二，可为长叹息者六"等众多严重问题，涉及中央与地方诸侯之间、汉庭与北方异族之间，以及社会各阶层之间的种种矛盾。

《治安策》直指西汉同姓王分封制之弊：诸王幼弱，可暂免为祟，但将来长成，国家必现"一胫之大几如腰，一指之大几如股"的尾大不掉局面。贾谊根据"大都强者先反"的这一历史规则，建议朝廷"众建诸侯而少其力"，就是削小诸侯王的领地和权利，使之没有挑战中央政府的能量。因为"力少则易使以义，国小则亡邪"，"诸侯之君不敢有异心，辐凑并进而归命天子"，才有利于中央政府的统治。此外，贾谊还提出了针对匈奴侵扰、抗外不力、世风侈靡、仁义不施等种种弊端的相应对策和补救措施。所提措施，都有的放矢；分析时势，有理有据。毛泽东曾称赞《治安策》“是西汉一代最好的政论”“全文切中当时事理”。（毛泽东1958年4月27日给田家英的信。《建国以来毛泽东文稿》第7册，中央文献出版社1992年版，第190页）

毛泽东特别指出“论太子一节近于迂腐”，是指贾谊主张对太子的教育，应选天下道德品行都很端正的人与太子做伴，使太子“生而见正事，闻正言，听正道，前后左右皆正人也”，“不使太子见恶行”，即是说耳濡目染，言传身教。这固然是行之有效的方法之一，但其缺点等于把太子与世隔绝，不能使他在斗争中增长才干、在实践中锻炼成长，所以毛泽东说“近于迂腐”。

毛泽东在多次讲话中，说到历史上年轻有为的人物时，常常提到贾谊。如，1958年5月8日在八大二次会议上，毛泽东作“破除迷信”的讲话，一口气讲了三十一个年轻有为的例子，其中也谈到贾谊。毛泽东说：“汉朝有个贾谊，十几岁就被汉文帝找去了，一天（应为‘年’——引者按）升了三次官。后来贬到长江，写了两篇赋，《吊屈原赋》和《鹏鸟赋》。后来又回到朝廷，写了一本书，叫《治安策》。他是秦汉史专家。他写了10篇作品，留下来的是两篇文学作品（两篇赋），两篇政治作品——《治安策》与《过秦论》。他死在长沙的时候才只有33岁。”（陈晋主编:《毛泽东读书笔记》，广东人民出版社1994年版，第259页）

后来，毛泽东在读王勃《秋日楚州郝司户宅饯崔使君序》写的批语里，又说到贾谊的“历史学和政治学”，称他是“英俊天才”，“惜乎死得太早了”。（《毛泽东读文史古籍批语集》，中央文献出版社1993年版，第11页）

3. 毛苌:《毛诗序》中赋、比、兴是诗的“形象思维方法”

毛苌（？—？），西汉时饶阳县南师钦村人。《汉书·儒林传》载：“毛公，赵人。治诗，为河间献王博士，官至北海太守。”今天我们读到的《诗经》，就是汉学大儒毛亨、毛苌注释的“毛诗”。孔子删定《诗经》

后传给了子夏，子夏传给了曾申，曾申传李克，李克传孟仲子，孟仲子传根牟子，根牟子传荀卿，荀卿传给毛亨。可惜，毛亨生不逢时，正遇到秦始皇“焚书坑儒”，他从鲁地到武垣县（今河间市，当初属赵国的北部）居住下来。直到汉惠帝撤销了“挟书律”，天下太平了，毛亨才敢光明正大地重新整理《诗经诂训传》，并亲口传授给侄子毛苌。

秦始皇统一中国后，为了巩固中央集权统治，大搞焚书坑儒，从此诗书奇缺。汉初，传诗的有齐（辕固）、鲁（申培）、韩（燕人韩婴）3家，都立为学官。毛诗（毛公）晚出，未得立。后3家遂绝，“独毛公之学传于后世”。《诗经》因为是毛公所传，又称毛诗，是我国最早的诗歌总集。《汉书》艺文志载：有毛诗29卷和毛诗故训传30卷传于世。东汉末，郑氏为其作笺。唐初，孔颖达为其作疏。

所谓《毛诗序》就是国风首篇《关雎》题下的一篇序言。《经典释文》引旧说：“起至‘用之邦国焉’，名《关雎序》，谓之《小序》；自‘风者，风也’讫末，名大序。”至于作者，一般认为《大序》是子夏（卜商）作，《小序》是子夏、毛公作。

《毛诗序》原文如下：

《关雎》，后妃之德也，风之始也，所以风天下而正夫妇也。故用之乡人焉，用之邦国焉。风，风也，教也，风以动之，教以化之。

诗者，志之所之也，在心为志，发言为诗，情动于中而形于言，言之不足，故嗟叹之，嗟叹之不足，故咏歌之，咏歌之不足，不如手之舞之足之蹈之也。

情发于声，声成文谓之音，治世之音安以乐，其政和；乱世之音怨以怒，其政乖；亡国之音哀以思，其民困。故正得失，动天地，感鬼神，莫近于诗。先王以是经夫妇，成孝敬，厚人伦，美教化，移风俗。

故诗有六义焉：一曰风，二曰赋，三曰比，四曰兴，五曰雅，六曰颂，上以风化下，下以风刺上，主文而谲谏，言之者无罪，闻之者足以戒，故曰风。至于王道衰，礼义废，政教失，国异政，家殊俗，而变风变雅作矣。国史明乎得失之迹，伤人伦之废，哀刑政之苛，吟咏情性，以风其上，达于事变而怀其旧俗也。故变风发乎情，止乎礼义。发乎情，民之性也；止乎礼义，先王之泽也。是以一国之事，系一人之本，谓之风；言天下之事，形四方之风，谓之雅。雅者，正也，言王政之所由废兴也。政有大小，故有小雅焉，有大雅焉。颂者，美盛德之形容，以其成功告于神明者也。是谓四始，诗之至也。

然则《关雎》《麟趾》之化，王者之风，故系之周公。南，言化自北而南也。《鹊巢》《驺虞》之德，诸侯之风也，先王之所以教，故系之召公。《周南》《召南》，正始之道，王化之基。是以《关雎》乐得淑女，以配君子，忧在进贤，不淫其色；哀窈窕，思贤才，而无伤善之心焉。是《关雎》之义也。

风、雅、颂者，《诗》篇之异体；赋、比、兴者，《诗》文之异辞耳。大小不同，而得并为六义者。赋、比、兴是《诗》之所用，风、雅、颂是《诗》之成形，用彼三事，成此三事，是故同称为“义”。

大师教六诗：曰风，曰赋，曰比，曰兴，曰雅，曰颂，以六德为之本，以六律为之音。

1965年7月21日，毛泽东曾写《致陈毅》一信说：

陈毅同志：

你叫我改诗，我不能改。因我对五言律，从来没有学习过，也没有发表过一首五言律。你的大作，大气磅礴。只是在字面上（形式上）感觉于律诗稍有未合。因律诗要讲平仄，不讲平仄，即非律诗。我看你于此道，同我一样，还未入门。我偶尔写过几首七律，没有一首是我自己满意的。如同你会写自由诗一样，我则对于长短句的词学稍懂一点。剑英善七律，董老善五律，你要学律诗，可向他们请教。

西 行

万里西行急，乘风御太空。
不因鹏翼展，那得鸟途通。
海酿千钟酒，山栽万仞葱。
风雷驱大地，是处有亲朋。

只给你改了一首，还很不满意，其余不能改了。

又诗要用形象思维，不能如散文那样直说，所以比、兴两法是不能不用的。赋也可以用，如杜甫之《北征》，可谓“敷陈其事而直言之也”，然其中亦有比、兴。“比者以彼物比此物也”“兴者，先言他物以引起所咏之词也”。韩愈以文为诗；有些人说他完全不知诗，则未免太过，如《山石》，《衡岳》，《八月十五酬张功曹》之类，还是可以的。据此可以知为诗之不易。宋人多数不懂诗是要用形象思维的，一反唐人规律，所以味同嚼蜡。以上随便谈来，都是一些古典。要作今诗，则要用形象思维方法，反映阶级斗争与生产斗争，古典绝不能要。但用白话写诗，几十年来，迄无成功。民歌中倒是有一些好的。将来趋势，很可能从民歌中吸引养料和形式，发展成为一套吸引广大读者的新体诗歌。又李白只有很少几首律诗，李贺除有很少几首五言律外，七言律他一首也不写。李贺诗很值得一读，不知你有兴趣否？

祝好！

毛泽东

一九六五年，七月廿十一日

（载《诗刊》一九七八年一月号）

《毛诗序》阐述了诗歌的特征、内容、分类表现手法和社会作用，可以看作是先秦儒家诗论的总结，是我国诗歌理论史上第一篇专论，对我国诗歌理论的发展有重要影响。其中在诗歌的分类和表现手法方面，提出了

"六义说"是根据《周礼》"大师……教六诗：曰风，曰赋，曰比，曰兴，曰雅，曰颂"的旧说而来。孔颖达《毛诗正义》卷一认为："风、雅、颂者，《诗》篇之异体；赋比兴者，《诗》文之异词耳。……赋、比、兴是《诗》之所用，风、雅、颂是诗的成形。用彼三事，成此三事，是故同称为义。"宋代朱熹说风雅颂是"三经"，是作诗的"骨子"；赋、比、兴"却是里面横串的"，是"三纬"（《朱子语类》）。这些论述，阐明了风、雅、颂是诗的种类，而赋、比、兴是作诗的方法。朱熹给赋、比、兴分别下了比较科学的定义，为毛泽东《致陈毅》信中所援引，它说明在创作过程中，作者感情的激发、联想和对事物的描绘，都是结合具体形象进行的，所以说实质上是形象思维的方法，这就使古老的诗论得到新的提升。

信中所引之诗，是陈毅元帅 1964 年率政府代表团出访多国时的作品（一组《六国之行》，共七首）毛泽东改定的是其中第一首。1965 年春，陈毅将这组诗送毛泽东指正。毛泽东改了第一首后，复了陈毅这封信。

信中，毛泽东表达的对诗的许多见解，在当时起到了影响文艺界的重要作用。譬如："又诗要形象思维，不能如散文那样直说，所以比、兴两法是不能不用的。""宋人多数不懂诗是要用形象思维的，一反唐人规律，所以味同嚼蜡。""要作今诗，则要用形象思维方法……民歌中倒是有一些好的。将来趋势，很可能从民歌中吸引养料和形式，发展成为一套吸引广大读者的新体诗歌。"（后面四个字，毛泽东打了重点号）这些虽属友人函件间的随谈，却使当时关于有无"形象思维"的争论偃旗息鼓。这些看法，无论今天看来或值得商议，或可以更加系统化，但在当时，却起到了将文艺回归文艺，摆脱理念先行旧套子的重大作用。

这封信当然可以看出毛泽东与陈毅间战友、诗友的情谊。但是，这封信在两位领导人逝世后，又在文艺界发挥了非常重要的作用，这大约是他们当时不曾料想的吧！

4. 朱浮《与彭宠书》:“无使亲者痛仇者快”

朱浮，字叔元，沛国萧（今安徽萧县西北）人。东汉光武帝刘秀起兵时，朱浮任偏将军，攻破邯郸（今河北邯郸西南）后，拜大将军、幽州牧（今北京西南）。他性情急躁，骄傲自满，得罪许多同僚。汉明帝永平年间（58—75），有人单词（无证据之词）告浮，被赐死。为文明快切实，对当时政治常提出建议，所写奏疏，颇能击中时弊。

彭宠（？—29），字伯通，南阳郡宛县人。王莽政权时期曾任大司空士，刘玄称帝后任命他为渔阳太守。刘秀、王郎争夺河北时，彭宠经过再三考虑决定归顺刘秀，并为刘秀平定河北提供将领、士兵、粮草，立下大功。后幽州牧朱浮前去渔阳征钱粮，彭宠不给，并出兵攻打朱浮，失去了刘秀的信任。建武二年（26）彭宠起兵反汉，自称燕王。建武五年（29），彭宠被家奴杀死，首级被献给刘秀。

朱浮《与彭宠书》原文如下：

盖闻智者顺时而谋，愚者逆理而动，常窃悲京城太叔，以不知足而无贤辅，卒自弃于郑也。伯通以名字典郡，有佐命之功，临民亲职，爱惜仓库，而浮秉征伐之任，欲权时救急，二者皆为国耳。即疑浮相谮，何不诣阙自陈，而为灭族之计乎？

朝廷之于伯通，恩亦厚矣，委以大郡，任以威武，事有柱石之寄，情同子孙之亲。匹夫媵母，尚能致命一餐，岂有身带三绶，职典大邦，而不顾恩义，生心外叛者乎！伯通与吏民语，何以为颜？行步拜起，何以为容？坐卧念之，何以为心？引镜窥景，何以施眉目？举措建功，何以为人？惜乎！弃休令之嘉名，造枭鸱之逆谋，捐传叶之庆祚，招破败之重灾，高论尧舜之道，不忍桀纣之性，生为世笑，死为愚鬼，不亦哀乎！

伯通与耿侠游俱起佐命，同被国恩。侠游谦让，屡有降挹之言，而伯通自伐，以为功高天下。往时辽东有豕，生子白头，异而献之。

行至河东，见群豕皆白，怀惭而还。若以子之功高论于朝廷，则为辽东豕也。今乃愚妄，自比六国。六国之时，其势各盛，廓土数千里，胜兵将百万，故能据国相持，多历年所。今天下几里，列郡几城，奈何以区区渔阳而结怨天子？此犹河滨之民，捧土以塞孟津，多见其不知量也！

方今天下适定，海内愿安，士无贤不肖，皆乐立名于世。而伯通独中风狂走，自捐盛时，内听骄妇之失计，外信谗邪之谀言，长为群后恶法，永为功臣鉴戒，岂不误哉！定海内者无私仇，勿以前事自疑，愿留意顾老母少弟。凡举事无为亲厚者所痛，而为见仇者所快。

这封信是朱浮写给自己以前的老部下——渔阳太守彭宠的信。当时两人因政见不同互相攻击，达到了水火不能相容的地步。特别是朱浮告彭宠“多聚兵谷，意计难量”，认为他用心甚是险恶。谋反叛逆是十恶不赦之罪，朱浮此举实有置对方于死地的目的，但彭宠也极不冷静，没有在光武帝刘秀面前自陈清白，反而听信部属挑拨，贸然起兵攻打朱浮。在此情况下，朱浮给彭宠写了这封信。

朱浮与彭宠的矛盾，是封建集团的内部矛盾；但彭宠攻打朱浮，是搞分裂，所以朱浮在信中说他有叛汉的“逆谋”。信上说：“凡举事，无为亲厚者所痛，而为见仇者所快。”后来人们把这两句话，浓缩为“亲痛仇快”的成语，指做事不要使自己人痛心，使敌人高兴，指某种举动只利于敌人，不利于自己。

1939 年 9 月 16 日，毛泽东在《和中央社、扫荡报、新民报三记者的谈话》中说：“凡是敌人反对的，我们就要拥护；凡是敌人拥护的，我们就要反对。现在许多人的文章上常常有一句话，说是‘无使亲痛仇快’。这句话出于东汉时刘秀的一位将军叫朱浮的写给渔阳太守彭宠的一封信，那信上说：‘凡举事无为亲厚者所痛，而为见仇者所快。”朱浮这句话提出了一个明确的政治原则，我们千万不可忘记。’（《毛泽东选集》第二卷，人民出版社 1991 年版，第 590 页）

毛泽东认为朱浮的话“提出了一个明确的政治原则”，而且“千万不可忘记”，意在劝说国民党在当时的情况下，应该全力反日防日和反日防汪（精卫），而不能集中力量反共防共，使抗日力量蒙受损失，而使日本帝国主义和汉奸汪精卫高兴。

朱浮的这封信义正辞严，尖锐泼辣，婉转流畅，体现了“条畅以任气，优柔以怿怀”（《文心雕龙·书记》）的特色。

5. 李固：《遗黄琼书》：“就思想文章而论，都是一篇好文章”

1965年，毛泽东有一个批示：

“送陈毅同志一阅。‘陈寔传’‘黄琼传’‘李固传’，送刘（少奇）、邓（小平）、彭（德怀）一阅。”（张贻玖：《毛泽东读史》，中国友谊出版公司1991年版，第157页）

1966年7月8日，毛泽东致江青信：

> ……晋朝人阮籍反对刘邦，他从洛阳走到成皋，叹道：世无英雄，遂使竖子成名。鲁迅也曾对于他的杂文说过同样的话。我跟鲁迅的心是相通的。我喜欢他那样坦率。他说，解剖自己，往往严于解剖别人。在跌了几跤之后，我亦往往如此。可是同志们往往不信。我是自信又有些不自信。我少年时曾经说过：自信人生二百年，会当水击三千里。可见神气十足了，但又不很自信，总觉得山中无老虎，猴子称大王，我就变成这样的大王了。但也不是折中主义，在我身上有些虎气，是为主，也有些猴气，是为次。
>
> 我曾举了后汉人李固写给黄琼信中的几句话：峣峣者易折，皎皎者易污。阳春白雪，和者盖寡。盛名之下，其实难副。这后两句，正是指我。我曾在政治局常委会上读过这几句。人贵有自知之明。今年4月杭州会议，我表示了对于朋友们那样提法的不同意见。可是有什么用呢？他到北京5月会议上还是那样讲（引者注：“5月会议”指

中共中央政治局扩大会议），报刊上更加讲得很凶，简直吹得神乎其神。这样，我就只好上梁山了。”

我猜他们的本意，为了打鬼，借助钟馗。我就在20世纪60年代当了共产党的钟馗了。事物总是要走向反面的，吹得越高，跌得越重，我是准备跌得粉碎的。……

（《1966年7月8日致江青信》，陈晋主编《毛泽东读书笔记解析》，广东人民出版社1996年版，第1003页）

毛泽东致江青信中所说李固写给黄琼的信，见于《后汉书》卷六十一《左（雄）周（举）黄列传》，其中的《黄琼传》曰：

黄琼，字世英，江夏安陆人，魏郡太守香之子也。香在《文苑传》。琼初以父任为太子舍人，辞病不就。遭父忧，服阕，五府俱辟，连年不应。

永建中，公卿多荐琼者，于是与会稽贺纯、广汉杨厚俱公车征。琼至纶氏，称疾不进。有司劾不敬，诏下县以礼慰遣，遂不得已。先是，征聘处士多不称望，李固素慕于琼，乃以书逆遗之曰：

“闻已度伊、洛，近在万岁亭，岂即事有渐，将顺王命乎？盖君子谓伯夷隘，柳下惠不恭，故传曰“不夷不惠，可否之间”。盖圣贤居身之所珍也。诚遂欲枕山栖谷，拟迹巢、由，斯则可矣；若当辅政济民，今其时也。自生民以来，善政少而乱俗多，必待尧、舜之君，此为志士终无时矣。常闻语曰：‘峣峣者易缺，皎皎者易污。’《阳春》之曲，和者必寡，盛名之下，其实难副。近鲁阳樊君，被征初至，朝廷设坛席，犹待神明。虽无大异，而言行所守无缺。而毁谤布流，应时折减者，岂非观听望深，声名太盛乎？自顷征聘之士，胡元安、薛孟尝、朱仲昭、顾季鸿等，其功业皆无所采，是故俗论皆言处士纯盗虚声。愿先生弘此远谟，令众人叹服，一雪此言耳。”琼至，即拜议郎，稍迁尚书仆射。

黄琼（86—164），字世英。东汉名臣。江夏安陆（今湖北安陆北）人。尚书令黄香子。初以父任除太子舍人，不就。后五府俱辟，不应。永建年间，征拜议郎，迁尚书仆射，进尚书令，出为魏郡太守。建和初，迁太常。元嘉初，代胡广为司空，免。复为太仆。永兴初，代吴雄为司徒，寻代胡广为太尉。延熹初，坐忤梁冀免。复为大司农。冀诛，复为太尉，封邟乡侯，免。复为司空，免。七年卒，年七十九，赠车骑将军，谥曰忠侯。

李固（94—147），字子坚，汉中城固（今陕西城固）人，东汉中期名臣。司徒李郃之子。年轻时便博览古今、学识渊博，屡次不受辟命；后被大将军梁冀任命为从事中郎，任荆州刺史、太山太守，成功平息两地的叛乱，之后对朝廷屡有谏言。历任将作大匠、大司农、太尉，顺帝驾崩后为梁皇后所倚重，但受到梁冀的忌恨。质帝驾崩后，与梁冀争辩，不肯立刘志（即汉桓帝）为帝，最后遭梁冀诬告杀害。

李固和黄琼，都是东汉著名大臣，以耿直方正、以国事为重、敢于忠言直谏著称。东汉外戚、宦官相互倾轧，争相专权。所以，两人都不肯出来做官。顺帝永建二年（127），黄琼被举荐到朝廷做官，到达京都洛阳近郊时，素来仰慕黄琼名声的李固给他写了一封信，即毛泽东说的“李固给黄琼书”。在这封信中，李固批评了名士的孤傲和名不副实的缺点，劝诫开导黄琼。

毛泽东最为欣赏的几句话是：“‘峣峣者易缺，皎皎者易污。’《阳春》之曲，和者必寡，盛名之下，其实难副。”峣峣（yáo yáo），高直之状。形容性格刚直。“皎皎”，洁白之貌。《阳春》之曲，战国时楚国的高雅歌曲。《文选·宋玉〈对楚王问〉》：“客有歌于郢中者，其始曰《下里》《巴人》，国中属而和者数千人；其为《阳阿》《薤露》，国中属而和者数百人；其为《阳春》《白雪》，国中属而和者不过数十人；引商刻羽，杂以流徵，国中属而和者，不过数人而已。是其曲弥高，其和弥寡。”后因用以泛指高雅的曲子。盛名，很大的名望。副，相称，符合。大意是说，高而直的物体，容易受到亏损；性情刚直的人，往往容易横遭物议。高雅的阳春歌曲，能附和着唱的人很少。名声很大的人，其实际很难和名称相称。

这几句话，毛泽东在一次常委会上曾经读过。在致江青这封信中又引了这几句话，并解释说："这后两句，正是指我。"有谦虚，也有自我的清醒认识。

1974 年 11 月 20 日，毛泽东给江青写了封短信：

江青：

可读李固给黄琼书。就思想文章而论，都是一篇好文章。你的职务就是研究国内外动态，这已经是大任务了。此事我对你说了多次，不要说没有工作。此嘱。

毛泽东

七四，十一月二十日

——《毛泽东年谱》(1949—1976) 第六卷，中央文献出版社 2013 年版，第 557—558 页。

这封信说"李固给黄琼书""就思想文章而论，都是一篇好文章"，是很高的评价，再次劝江青阅读，还是劝她应该有"自知之明"，也是一种批评。

（五）毛泽东评点先秦两汉赋

1. 宋　玉

宋玉（约前298—约前222），又名子渊，崇尚老庄，战国时期鄢（今湖北宜城市）人，楚国辞赋作家。宋国公族后裔，生于屈原之后，为屈原之后学，或称是屈原的学生。曾为楚怀王、楚顷襄王的侍从小臣。宋玉好辞赋，与唐勒、景差齐名。为屈原之后最杰出的楚辞作家，后世常将两人合称为“屈宋”。他是历史上著名的四大美男之一，风流倜傥，潇洒干练，反应敏捷，谈吐不凡，所以楚王经常要他陪伴伺候，或游于兰台宫，或游于云梦泽。相传宋玉所作辞赋甚多，《汉书·卷三十·艺文志第十》录有赋16篇，今多亡佚。流传作品有《九辨》《风赋》《高唐赋》《登徒子好色赋》等。在他的作品中，物象的描绘趋于细腻工致，抒情与写景结合得自然贴切，在楚辞与汉赋之间，起着承前启后的作用。

赋是我国古代的一种文体，介于诗和散文之间，类似于后世的散文诗。它讲求文采、韵律，兼具诗歌和散文的性质。其特点是“铺采摛文，体物写志”，侧重于写景，借景抒情。最早以赋名篇的是荀况，今实存《礼赋》《知赋》等五篇。当时出现于诸子散文中的这种赋，叫“短赋”；以屈原为代表的“骚体”是诗向赋的过渡，叫“骚赋”；汉代正式确立了赋的体例，称为“辞赋”；魏晋以后，日益向骈文方向发展，叫作“骈赋”；唐代又由骈体转入律体，叫“律赋”；宋代以散文形式写赋，称为“文赋”。

（1）“宋玉的《风赋》，值得一看”

首先引起毛泽东注意的是宋玉的《风赋》。1958年5月23日，毛泽东在中共八大二次会议上说：“宋玉写一篇《风赋》，有阶级斗争的意义。

说有两种风，一种是贵族之风，一种是贫民之风。”“《风赋》何曾让景差”，宋玉、景差和屈原一样都是楚国人。宋玉的这篇《风赋》说：“夫风，生于地，起于青萍之末”……这篇《风赋》在《昭明文选》，我前天翻了一下，你们再看看。”（陈晋主编：《毛泽东读书笔记解析》，广东人民出版社 1996 年版，第 1203 页）

在中共八大二次会议的第四次讲话中，毛泽东说：“以后注意辨别风向。大风一来，十二级风，屋倒，人倒，这样好辨别，小风不易辨别。宋玉写的《风赋》，值得一看。他说风有两种，一种是贵族之风，一种是贫民之风。（所谓“大王之雄风”与“庶民之雌风”）风有小风、中风、大风，宋玉说：‘风生于地，起于青萍之末。侵淫溪谷，盛怒于土囊之口。’风起于青蘋之末，那时最不容易辨别。”（董学文：《毛泽东和中国文学》，春风文艺出版社 1994 年版，第 254 页）

毛泽东所说宋玉的《风赋》，原文如下：

楚襄王游于兰台之宫，宋玉景差侍。有风飒然而至，王乃披襟而当之，曰：“快哉此风！寡人所与庶人共者邪？”宋玉对曰：“此独大王之风耳，庶人安得而共之！”

王曰：“夫风者，天地之气，溥畅而至，不择贵贱高下而加焉。今子独以为寡人之风，岂有说乎？”宋玉对曰：“臣闻于师：枳句来巢，空穴来风。其所托者然，则风气殊焉。”

王曰：“夫风始安生哉？”宋玉对曰：“夫风，生于地，起于青苹之末。侵淫溪谷，盛怒于土囊之口。缘太山之阿，舞于松柏之下，飘忽淜滂，激飏熛怒。耾耾雷声，回穴错迕。蹶石伐木，梢杀林莽。至其将衰也，被丽披离，冲孔动楗，眴焕粲烂，离散转移。故其清凉雄风，则飘举升降。乘凌高城，入于深宫。抵华叶而振气，徘徊于桂椒之间，翱翔于激水之上。将击芙蓉之精，猎蕙草，离秦衡，概新夷，被荑杨，回穴冲陵，萧条众芳。然后徜徉中庭，北上玉堂，跻于罗幢，经于洞房，乃得为大王之风也。故其风中人状，直憯凄惏栗，清凉增欷。清清泠泠，愈病析酲，发明耳目，宁体便人。此所谓大王之雄风也。”

王曰："善哉论事！夫庶人之风，岂可闻乎？"宋玉对曰："夫庶人之风，塕然起于穷巷之间，堀堁扬尘，勃郁烦冤，冲孔袭门。动沙堁，吹死灰，骇溷浊，扬腐余，邪薄入瓮牖，至于室庐。故其风中人状，直憞溷郁邑，殴温致湿，中心惨怛，生病造热。中唇为胗，得目为篾，啖齰嗽获，死生不卒。此所谓庶人之雌风也。"

宋玉的《风赋》把自然界的风分成"大王之雄风"与"庶人之雌风"两种，前者吹到人身上，"清凉宜人，爽心悦目，愈病醒酒"，后者吹到人身上，"口烂眼红"，"惨痛叫号，求生不得，求死不能"。两相对比，从而阐明了"其所托者然，则风气殊焉"的道理，揭示了楚王与庶民之间的贫富悬殊现象，借以讽喻统治者。这在赋史上便形成了一种讽谏的传统。

毛泽东喜好《楚辞》，推崇屈原，自然兼及宋玉。在他的文章、讲话、谈话中多次引用宋玉的作品，说明现实问题。

（2）"登徒子是一个遵守'婚姻法'的模范丈夫"

毛泽东对宋玉的《登徒子好色赋》也很看好。1958 年 1 月 21 日，毛泽东在《在南宁会议上的讲话提纲》中说：

登徒子好色赋的方法。

……

攻其一点（或几点），尽量夸大，不及其余的方法，是不对的。

（《建国以来毛泽东文稿》第七册，中央文献出版社 1992 年版，第 28、31 页。）

1958 年，毛泽东与部分史学家、科学家和新闻工作者的一次谈话中，他先琅琅地背诵了宋玉《登徒子好色赋》中"玉曰：'天下之佳人莫若楚国……王孰察之，谁为好色者矣'"一段，然后说："宋玉攻击登徒子的这段话，完全是属于颠倒是非诡辩，是采用'攻其一点，不及其余，尽量夸大'的手法。""从本质上看，应当承认登徒子是好人。娶了这样丑的女人，还能和他相亲相爱，和睦相处。照我们的看法，登徒子是一个爱情专一的、遵守‘婚姻法’的模范丈夫，怎能说他是个‘好色之徒’呢?”（张贻玖:《毛泽东读史》，中国友谊出版社 1991 年版，第 149—150 页）

登徒子娶了一个丑媳妇，但是登徒子始终对她忠贞不二，他是模范地遵守“婚姻法”的，宋玉却说他好色，宋玉用的就是攻其一点不及其余的方法。（赵超构:《毛泽东在上海》，中共党史出版社 1993 年版，第 133 页）

宋玉《登徒子好色赋》原文如下：

> 大夫登徒子侍于楚王，短宋玉曰：“玉为人体貌闲丽，口多微辞，又性好色。愿王勿与出入后宫。”
>
> 王以登徒子之言问宋玉。玉曰：“体貌闲丽，所受于天也；口多微辞，所学于师也；至于好色，臣无有也。”
>
> 王曰：“子不好色，亦有说乎？有说则止，无说则退。”
>
> 玉曰：“天下之佳人，莫若楚国，楚国之丽者，莫若臣里，臣里之美者，莫若臣东家之子。东家之子，增之一分则太长，减之一分则太短；着粉则太白，施朱则太赤；眉如翠羽，肌如白雪；腰如束素，齿如含贝；嫣然一笑，惑阳城，迷下蔡。然此女登墙窥臣三年，至今未许也。登徒子则不然：其妻蓬头挛耳，齞唇历齿，旁行踽偻，又疥且痔。登徒子悦之，使有五子。王孰察之，谁为好色者矣？”（节录）

《登徒子好色赋》描述一场关于道德修养的辩论。出场人物有楚襄王、宋玉、秦华章大夫，登徒子没有露面。楚襄王说登徒子曾说宋玉好色，宋玉辩解说，他的邻居“东家之子”是个美妙绝伦、举世无双的美女，登上墙头向他张望了三年之久，他都没有答应她的追求，以此说明自己不好色；然后反咬一口说登徒子才是好色之徒，其证据是他娶的老婆“蓬头挛耳，齞唇历齿，旁行踽偻，又疥且痔”，这样丑陋不堪的丑媳妇，“登徒子悦之，使生五子”。秦华章大夫支持宋玉的说法，并认为宋玉是“守德之士”。结果，楚襄王肯定了秦华章大夫的看法，承认宋玉是“扬德守礼”的“守德”之士，而将登徒子缺席判为好色之徒。这完全是宋玉诡辩术的效果。毛泽东在 1958 年的几次谈话中，用马克思主义辩证法的观点，指出了宋玉“攻其一点，不及其余，尽量夸大”的诡辩术，启发人们：一个人思想方法主观片面，看问题不从本质上出发，就容易被谬论邪说所利用。所以要学会掌握和运用唯物辩证法，克服和减少片面性错误，不要陷于诡辩术的泥淖。

《登徒子好色赋》中对“东家之子”美貌的描绘，作者巧妙地使用了比喻、夸张的手法，极尽铺张扬厉之能事，写出了“东家之子”风态的朦胧美，给人留下了些遐想的余地，收到了很好的效果。

此外，毛泽东还在《在延安文艺座谈会上的讲话》中引用过“阳春、白雪”与“下里、巴人”的故事，出自宋玉赋《对楚王问》；他的《水调歌头·游泳》中“神女应无恙，当惊世界殊”的“神女”，出自宋玉《高唐赋》和《神女赋》；他的《念奴娇·昆仑》中“安得倚天抽宝剑”出自宋玉《大言赋》，他还手书过《大言赋》中“方地为舆，圆天为盖，长剑耿耿，倚天之外”。（《毛泽东手书选集·古诗词上》，北京出版社1996年版，第21页）

据原《人民日报》总编辑吴冷西回忆：

1958年3月29日，毛泽东主席乘“江峡轮”从重庆出发。……据毛主席的服务员告诉我和田家英，毛主席正在填一首词，铅笔写的，尚未完成，放在床头，可惜他匆匆间没有记住。

“江峡轮”29日抵白帝城，已是夜色苍茫，但闻隐隐涛声。30日早饭后，“江峡轮”启航进入瞿塘峡。快到巫峡时，毛主席披着睡衣来到驾驶室，一面欣赏三峡风光，一面和船长及领航员谈及有关三峡的神话和传说。毛主席还从船长手中接过望远镜，留意从几个侧面观看了神女峰。他对我们说：宋玉《神女赋》中说：“夫何神女之姣丽兮，含阴阳之渥饰。披华藻之可好兮，若翡翠之奋翼。其象无双，其美无极。毛嫱障袂，不足程式。西施掩面，比之无色。”其实谁也没有见过神女，但宋玉的浪漫主义描绘，竟为后世骚人墨客留下无限的题材。（《忆毛主席》，新华出版社1995年版，第65—66页）

2. 贾　谊

（1）“梁王堕马寻常事，何用哀伤付一生”

贾谊（前 200—前 168），汉族，洛阳（今河南洛阳东）人，西汉初年著名的政论家、文学家。

贾谊从小就刻苦学习，博览群书，先秦诸子百家的书籍无所不读。少年时，就跟着荀况的弟子、秦朝的博士张苍学习《春秋左氏传》，后来还作过《左传》的注释，但失传了。他对道家的学说也有研究，青少年时期，就写过《道德论》《道术》等论著。他又酷爱文学，尤其喜爱战国末期的伟大诗人屈原的著作。汉高后五年（前 183），贾谊才 18 岁，就因为能诵《诗经》《尚书》和撰著文章而闻名于河南郡。

当时的河南郡守吴公（后为汉朝廷尉），是原来秦朝名相李斯的同乡，又是李斯的学生。吴公了解到贾谊是一个学问渊博的优秀人才，就把他召到自己的门下受到很大的教益。这时，贾谊为了勉励大家学习，传授《春秋左氏传》。吴公治理河南郡，成绩卓著，社会十分安定，被评定为天下第一。

汉文帝刘恒元年（前 179），吴公被征召到中央政府，任命为廷尉（最高司法长官）。他就向汉文帝推荐说：“贾谊颇通诸子百家之书，是个年轻有为的人才。”汉文帝就把贾谊召到中央政府，任命为博士。从此，贾谊步入了政治活动的舞台。当时贾谊才二十一岁，在当时所有的博士中，他是最年轻的。

博士是一种备皇帝咨询的官员。每当汉文帝提出问题让博士们议论时，许多老先生一时讲不出什么来，但是贾谊学识渊博，又敢想敢说，因此对文帝提出咨询的问题对答如流，说得有理有据。汉文帝非常高兴，在一年之中三次提升他，把他破格提拔为太中大夫（这是比博士更为高级的议论政事的官员）。

贾谊向汉文帝提出了一系列建议，进行改革。他认为汉朝承袭了秦朝的败俗，废弃礼义，应该移风易俗，使天下回心而向道。他建议制订新的典章制度，兴礼乐，改正朔，易服色，改变官名，等等。改正朔，就是改变秦以“水”为德，以十月为一年之始这样的历法；易服色，就是改变秦的服色尚黑的制度，主张汉的服色应该尚黄。由于当时文帝刚即位，认为条件还不成熟，因此没有采纳贾谊的建议。

汉文帝看到贾谊是一个很有见识、年轻有为的人，对他十分赏识。于是，就提出让贾谊担任更高的公卿职位，委以重任，并把这个意思交给大臣们讨论。却遭到绛侯周勃、颍阴侯灌婴、东阳侯张相如、御史大夫冯敬等功勋旧臣的激烈反对。其结果，是贾谊被贬出京师，到长沙国去当长沙王的太傅。汉文帝七年（前173），文帝想念贾谊，又把他从长沙召回长安。贾谊到长安后，文帝在未央宫祭神的宣室接见了他。当时祭祀刚完，祭神的肉还摆在供桌上。文帝对鬼神的事感到有不少疑问，就问贾谊。贾谊是怎么回答的，史书上缺乏记载。只知贾谊关于鬼神的见解，使文帝感到很新鲜，听得很入神，甚至挪动座位（当时是席地而坐），凑到贾谊跟前，一直谈到半夜方止。对于这件事，唐朝诗人李商隐很不以为然，写了一首绝句来抨击汉文帝：“宣室求贤访逐臣，贾生才调更无伦。可怜夜半虚前席，不问苍生问鬼神。”

贾谊这次回到长安，文帝还是没有对贾谊委以重任，只是把他分派到梁怀王那里去当太傅。汉文帝十一年（前169），梁怀王刘揖入朝，骑马摔死了：贾谊感到自己身为太傅，没有尽到责任，深深自责，经常哭泣，心情十分忧郁。文帝十二年（前168），贾谊在忧郁中死了，当年他才33岁。纵观贾谊一生，虽受谗遭贬，未登公卿之位，但他的具有远见卓识的政论和建议，文帝还是比较重视，大略是实行了的；这是那些身居高位而庸庸碌碌的公卿们所不能比拟的。正如北宋的改革家王安石所说的：“一时谋议略实行，谁道君王薄贾生？爵位自高言尽废，古来何啻万公卿。”贾谊作为杰出的政治家和思想家而载入史册，他的历史贡献是不可磨灭的。

毛泽东对贾谊评价很高，曾破例为他写了两首诗，进行悼念。这也是绝无仅有的。其中一首是《七绝·贾谊》：“贾生才调世无伦，哭泣情怀吊屈文。梁王堕马寻常事，何用哀伤付一生。”

（2）“贾谊贬到长沙写了两篇赋：《吊屈原赋》和《鹏鸟赋》”

除了《七绝·贾谊》外，还有《七律·咏贾谊》：

少年倜傥廊庙才，壮志未酬事堪哀。
胸罗文章兵百万，胆照华国树千台。
雄英无计倾圣主，高节终竟受疑猜。
千古同惜长沙傅，空白汨罗步尘埃。

——《毛泽东诗词集》，中央文献出版社1996年版，第219—221页。

家英同志：

如有时间，可一阅班固的《贾谊传》。可略去《吊屈》《鹏鸟》二赋不阅。贾谊文章大半亡失，只存见于《史记》的二赋二文，班书略去《过秦论》，存二赋一文。《治安策》一文是西汉一代最好的政论，贾谊于南放归来著此，除论太子一节近于迂腐以外，全文切中当时事理，有一种颇好的风气，值得一看。如伯达、乔木有兴趣，可给一阅。

毛泽东

四月二十七日

——《给田家英的信》（1958年4月27日），《毛泽东书信选集》，人民出版社1983年版，第539页。

“汉朝有个贾谊，17岁就被汉文帝找去了，一天（当作‘年’——引者）升了三次官，后来贬到长沙，写了两篇赋：《吊屈原赋》和《鹏鸟赋》。……他写了几十篇作品，留下来的就是两篇文学作品（两篇赋）和两篇政论作品——《治安策》和《过秦论》。他死的时候只有33岁。”（王子今：《毛泽东与中国史学》，中共中央党校出版社1993年版，第198页）

“汉朝有个贾谊，写过一篇《鹏鸟赋》我读过十几遍，还想读，文章不长，可意境不俗。”“不少人就是想不开这个道理，人无百年寿，长存千年忧，一天到晚想那些办不到的事情，连办得到的事情也耽误啰！秦皇、汉武都想长生不老，到头来，落了个‘万里长城今犹在，不见当年秦始皇’。其实任何事物都不过是一个过程，人的一生也不过如此，有生必有死。”（《毛泽东和孟锦云的谈话》，白金华编：《毛泽东谈作家与作品》，吉林人民出版社 1993 年版，第 213 页）

贾谊的《吊屈原赋》如下：

> 谊为长沙王太傅，既以谪去，意不自得；及度湘水，为赋以吊屈原。屈原，楚贤臣也。被谗放逐，作《离骚》赋，其终篇曰：“已矣哉！国无人兮，莫我知也。”遂自投汨罗而死。谊追伤之，因自喻，其辞曰：
>
> 恭承嘉惠兮，俟罪长沙；侧闻屈原兮，自沉汨罗。造托湘流兮，敬吊先生；遭世罔极兮，乃殒厥身。
>
> 呜呼哀哉！逢时不祥。鸾凤伏窜兮，鸱枭翱翔；阘茸尊显兮，谗谀得志；贤圣逆曳兮，方正倒植。世谓随、夷为溷兮，谓跖、蹻为廉；莫邪为钝兮，铅刀为铦。吁嗟默默，生之无故兮！斡弃周鼎，宝康瓠兮；腾驾罢牛，骖蹇驴兮；骥垂两耳，服盐车兮；章甫荐履，渐不可久兮。嗟苦先生，独离此咎兮！
>
> 讯曰：已矣！“国其莫我知兮”，独壹郁其谁语？凤漂漂其高逝兮，固自引而远去。袭九渊之神龙兮，沕深潜以自珍；偭蟂獭以隐处兮，夫岂从虾与蛭螾？所贵圣人之神德兮，远浊世而自藏；使骐骥可得系而羁兮，岂云异夫犬羊？般纷纷其离此尤兮，亦夫子之故也。历九州而其君兮，何必怀此都也？凤凰翔于千仞兮，览德辉而下之；见细德之险征兮，遥曾击而去之。彼寻常之污渎兮，岂能容夫吞舟之巨鱼？横江湖之鳣鲸兮，固将制于蝼蚁。

这篇《吊屈原赋》，是贾谊因统治阶级内部矛盾而受毁谤与排挤，在汉文帝三年（前 177）被贬为长沙王太傅，及渡湘水，历屈原放逐所经之地，对前代这位竭诚尽忠以事其君的诗人的不幸遭遇深致伤悼，遂作此赋。

他认为自己政治上的遭遇同屈原相似，因而赋中不但慨叹屈原生前的不幸，对他寄以极大的同情；同时，也以屈原坎坷的一生自喻，揭露了统治者的是非不分、黑白颠倒，抒发了自己不受重用的不平和不甘屈服的心情，但他不赞同屈原的以身殉国。他认为尽管环境恶劣，也应当顽强地活下去，自己虽然将居住在卑湿的长沙，或许因此而不能长寿，但仍不愿去自尽。贾谊和屈原这种见解的差异，是因为他们具有不同的生死观。屈原所怀的是儒家杀身成仁的思想，理想不能实现就不惜殉以生命；而贾谊除具有儒家思想外，还兼有盛行于汉初的道家旷达精神。所以，如将两人的作品加以对比，就可以发现在忧国忧民的忧患意识方面，贾谊没有屈原那样深沉；在对自身理想的追求上，贾谊也不及屈原那么执着，似乎他对世事显得更豁达、更彻悟。所以，这篇赋感情强烈，议论风发，文笔犀利，极富感染力。此赋多用“兮”字，表明它仍受着战国以来骚体赋的影响，是汉初骚体赋的代表作。既继承《离骚》的比兴传统，又开创了汉赋铺张扬厉的风格特点。

毛泽东非常重视西汉这位年轻的政治家、文学家贾谊，不仅在自己的文章、讲话、诗词中多次提到贾谊，而且还破例地为他写了两首悼念的诗。他在 1958 年 4 月 27 日致田家英的信中，准确地说明《史记》《汉书》本传中对贾谊的文、赋的录载情况，说明他十分熟稔。1958 年 5 月 8 日，毛泽东在中共八大二次会议上，做的《破除迷信》的报告中，一口气讲了 31 个年轻有为的人，其中就有贾谊，并赞扬他被贬到长沙时，写了两篇赋：《吊屈原赋》和《鵩鸟赋》。说明他对贾谊文学成就的看重。

贾谊《鵩鸟赋并序》：

谊为长沙王傅三年，有鵩飞入谊舍。鵩似鸮，不祥鸟也。谊即以谪居长沙，长沙卑湿，谊自伤悼，以为寿不得长，乃为赋以自广也。

单阏之岁兮，四月孟夏，庚子日斜兮，鵩集予舍。止于坐隅兮，貌甚闲暇。异物来萃兮，私怪其故。发书占之兮，谶言其度，曰：“野鸟入室兮，主人将去。”请问于鵩兮：“予去何之？吉乎告我，凶言其灾。淹速之度兮，语予其期。”鵩乃叹息，举首奋翼；口不能言，请对以臆：

"万物变化兮，固无休息。斡流而迁兮，或推而还。形气转续兮，变化而嬗。沕穆无穷兮，胡可胜言！祸兮福所依，福兮祸所伏；忧喜聚门兮，吉凶同域。彼吴强大兮，夫差以败；越栖会稽兮，勾践霸世。斯游遂成兮，卒被五刑；傅说胥靡兮，乃相武丁。夫祸之与福兮，何异纠纆；命不可说兮，孰知其极！水激则旱兮，矢激则远；万物回薄兮，振荡相转。云蒸雨降兮，纠错相纷；大钧播物兮，坱圠无垠。天不与虑兮，道不可与谋；迟速有命兮，焉识其时！

且夫天地为炉兮，造化为工；阴阳为炭兮，万物为铜。合散消息兮，安有常则？千变万化兮，未始有极！忽然为人兮，何足控抟；化为异物兮，又何足患！小智自私兮，贱彼贵我；达人大观兮，物无不可。贪夫殉财兮，烈士殉名。夸者死权兮，品庶每生。怵迫之徒兮，或趋西东；大人不曲兮，意变齐同。愚士系俗兮，僒若囚拘；至人遗物兮，独与道俱。众人惑惑兮，好恶积亿；真人恬漠兮，独与道息。释智遗形兮，超然自丧；寥廓忽荒兮，与道翱翔。乘流则逝兮，得坻则止；纵躯委命兮，不私与己。其生兮若浮，其死兮若休；澹乎若深渊之静，泛乎若不系之舟。不以生故自宝兮，养空而浮；德人无累兮，知命不忧。细故蒂芥，何足以疑！

"鵩，通"服"。鵩鸟，即今猫头鹰，当时人认为是一种不祥之鸟。此赋仍采用主客问答手法，不过以鵩鸟代客。在这篇赋里，宣扬道家思想，说明祸福倚伏，表达对社会、对人生的看法，寻求精神上的解脱，顺应天命的人生抉择。当然，现在看来，这种追求与抉择并不高明。

在艺术表现上，作者吸取了先秦诸子习用的寓言手法，借一只偶然飞入屋中的鵩鸟之口，发表了自己对宇宙人生的看法。这在汉初辞赋中颇有开创意义，此后扬雄的《逐贫赋》在某些程度上就受此赋的启发。

3. 枚　乘

（1）枚乘——“七”体的开创者

枚乘（？—前140），字叔，淮阴（今江苏淮安淮安区河下镇萧湖畔）人，古籍《汉书》记载为淮阳（今河南淮阳）人，西汉辞赋家。初为吴王刘濞郎中（文学侍从）。见濞欲反，上书劝阻，未被采纳，遂去吴而至梁，为梁孝王门客。吴楚七国反时，再上书劝刘濞罢兵，又未被采纳。七国之乱平定后，枚乘因此而显名，在很长时间段被视为大国上宾，（汉）景帝召拜为弘农都尉，因非其所好，以患病为由罢官，居住在淮阳。后来成为梁王刘武的好友，常与刘武以及一些文学大家一起畅游梁园。武帝即位后，以“安车蒲轮”征入京，因年老体衰，死于途中。

枚乘在文学上的主要成就是辞赋，《汉书·艺文志》著录“枚乘赋九篇”。然现在枚乘名下仅存三篇，为载于《文选》的《七发》，载于《古文苑》的《梁王菟园赋》及《忘忧馆柳赋》。

枚乘散文今存《谏吴王书》《重谏吴王书》两篇。对吴王濞反汉，枚乘曾两次上书谏阻，痛陈利害，表现了一定的政治识见和维护统一局面的政治态度。枚乘散文善用比喻，多用排句和韵语，具有明显的辞赋特点。近人辑有《枚叔集》。

《七发》是一篇讽喻性作品。赋中假设楚太子有病，吴客前去探望，通过互相问答，构成七大段文字。其艺术特色是用铺张、夸饰的手法来穷形尽相地描写事物，语汇丰富，辞藻华美，结构宏阔，富于气势。刘勰说：“枚乘口艳，首制《七发》，腴辞云构，夸丽风骇。”（《文心雕龙·杂文》）。其体制和描写手法已具后来散体大赋的特点，脱离楚辞余绪，成为“铺采摛文，体物写志”的全新的文学体裁。

枚乘《七发》的出现，标志着汉代散体大赋的正式形成，后来沿袭《七发》体式而写的作品很多，如傅毅《七激》、张衡《七辩》、王粲《七释》、曹植《七启》、陆机《七徵》、张协《七命》，在赋史上，“七”成为一种专体。

（2）“真是一篇妙文——枚乘《七发》”

枚乘《七发》原文是：

楚太子有疾，而吴客往问之曰：“伏闻太子玉体不安，亦少间乎？”太子曰：“惫！谨谢客。”客因称曰：“今时天下安宁，四宇和平，太子方富于年。意者久耽安乐，日夜无极，邪气袭逆，中若结轖。纷屯澹淡，嘘唏烦酲，惕惕怵怵，卧不得瞑。虚中重听，恶闻人声，精神越渫，百病咸生。聪明眩曜，悦怒不平。久执不废，大命乃倾。太子岂有是乎？”太子曰：“谨谢客。赖君之力，时时有之，然未至于是也。”客曰：“今夫贵人之子，必宫居而闺处，内有保母，外有傅父，欲交无所。饮食则温淳甘脆，脭醲肥厚；衣裳则杂沓曼煖，燂烁热暑。虽有金石之坚，犹将销铄而挺解也，况其在筋骨之间乎哉？故曰：纵耳目之欲，恣支体之安者，伤血脉之和。且夫出舆入辇，命曰蹷痿之机；洞房清宫，命曰寒热之媒；皓齿蛾眉，命曰伐性之斧；甘脆肥脓，命曰腐肠之药。今太子肤色靡曼，四支委随，筋骨挺解，血脉淫濯，手足堕窳；越女侍前，齐姬奉后；往来游宴，纵恣于曲房隐间之中。此甘餐毒药，戏猛兽之爪牙也。所从来者至深远，淹滞永久而不废，虽令扁鹊治内，巫咸治外，尚何及哉！今如太子之病者，独宜世之君子，博见强识，承间语事，变度易意，常无离侧，以为羽翼。淹沉之乐，浩唐之心，遁佚之志，其奚由至哉！”

太子曰：“诺。病已，请事此言。”

客曰：“今太子之病，可无药石，针刺、灸疗而已，可以要言妙道说而去之也，不欲闻之乎？”

太子曰：“仆愿闻之。”

客曰：“龙门之桐，高百尺而无枝。中郁结之轮菌，根扶疏以分离。上有千仞之峰，下临百丈之溪。湍流溯波，又澹淡之。其根半死半生。冬则烈风、漂霰、飞雪之所激也，夏则雷霆、霹雳之所感也。朝则鹂黄、鳱鴠鸣焉，暮则羁雌、迷鸟宿焉。独鹄晨号乎其上，鹍鸡哀鸣翔乎其下。于是背秋涉冬，使琴挚斫斩以为琴，野茧之丝以为弦，孤子之钩以为隐，九寡之珥以为约。使师堂操《畅》，伯子牙为之歌。歌曰：‘麦秀兮雉朝飞，向虚壑兮背槁槐，依绝区兮临回溪。’飞鸟闻之，翕翼而不能去；野兽闻之，垂耳而不能行；蚑、蟜、蝼、蚁闻之，拄喙而不能前。此亦天下之至悲也，太子能彊起听之乎？”

太子曰：“仆病，未能也。”

客曰：“犓牛之腴，菜以笋蒲。肥狗之和，冒以山肤。楚苗之食，安胡之飰。抟之不解，一啜而散。于是使伊尹煎熬，易牙调和。熊蹯之臑，芍药之酱。薄耆之炙，鲜鲤之鲙。秋黄之苏，白露之茹。兰英之酒，酌以涤口。山梁之餐，豢豹之胎。小飰大歠，如汤沃雪。此亦天下之至美也，太子能彊起尝之乎？”

太子曰：“仆病，未能也。”

客曰：“钟、岱之牡，齿至之车；前似飞鸟，后类距虚，穱麦服处，躁中烦外。羁坚辔，附易路。于是伯乐相其前后，王良、造父为之御，秦缺、楼季为之右。此两人者，马佚能止之，车覆能起之。于是使射千镒之重，争千里之逐。此亦天下之至骏也，太子能彊起乘之乎？”

太子曰：“仆病，未能也。”

客曰：“既登景夷之台，南望荆山，北望汝海，左江右湖，其乐无有。于是使博辩之士，原本山川，极命草木，比物属事，离辞连类。浮游览观，乃下置酒于虞怀之宫。连廊四注，台城层构，纷纭玄绿。辇道邪交，黄池纡曲。溷章、白鹭，孔雀、鹍鹄，鹓雏、䴔鶄，翠鬣紫缨。螭龙、德牧，邕邕群鸣。阳鱼腾跃，奋翼振鳞。漃漻薵蓼，蔓草芳苓。女桑、河柳，素叶紫茎。苗松、豫章，条上造天。梧桐、并闾，极望成林。众芳芬郁，乱于五风。从容猗靡，消息阳阴。列坐纵酒，荡乐娱心。景春佐酒，杜连理音。滋味杂陈，肴糅错该。练色娱目，流声悦耳。于是乃发《激楚》之结风，扬郑、卫之皓乐。使先施、徵舒、阳文、段干、吴娃、闾娵、傅予之徒，杂裾垂髾，目窕心与；揄流波，杂杜若，蒙清尘，被兰泽，嬿服而御。此亦天下之靡丽皓侈广博之乐也，太子能彊起游乎？”

太子曰：“仆病，未能也。”

客曰："将为太子驯骐骥之马，驾飞軨之舆，乘牡骏之乘。右夏服之劲箭，左乌号之雕弓。游涉乎云林，周驰乎兰泽，弭节乎江浔。掩青苹，游清风。陶阳气，荡春心。逐狡兽，集轻禽。于是极犬马之才，困野兽之足，穷相御之智巧，恐虎豹，慑鸷鸟。逐马鸣镳，鱼跨麋角。履游麕兔，蹈践麖鹿，汗流沫坠，冤伏陵窘。无创而死者，固足充后乘矣。此校猎之至壮也，太子能彊起游乎？"

太子曰："仆病。未能也。"然阳气见于眉宇之间，侵淫而上，几满大宅。

客见太子有悦色，遂推而进之曰："冥火薄天，兵车雷运，旍旗偃蹇，羽毛肃纷。驰骋角逐，慕味争先。徼墨广博，观望之有圻。纯粹全牺，献之公门。"

太子曰："善！愿复闻之。"

客曰："未既。于是榛林深泽，烟云闇莫，兕虎并作。毅武孔猛，袒裼身薄。白刃硙硙，矛戟交错。收获掌功，赏赐金帛。掩苹肆若，为牧人席。旨酒嘉肴，羞炰宾客。涌觞并起，动心惊耳。诚不必悔，决绝以诺；贞信之色，形于金石。高歌陈唱，万岁无斁。此真太子之所喜也，能强起耳游乎？"

太子曰："仆甚愿从，直恐为诸大夫累耳。"然而有起色矣。客曰："将以八月之望，与诸侯远方交游兄弟，并往观涛乎广陵之曲江。至则未见涛之形也，徒观水力之所到，则恤然足以骇矣。观其所驾轶者，所擢拔者，所扬汩者，所温汾者，所涤汔者，虽有心略辞给，固未能缕形其所由然也。怳兮忽兮，聊兮栗兮，混汩汩兮，忽兮慌兮，俶兮傥兮，浩瀇瀁兮，慌旷旷兮。秉意乎南山，通望乎东海。虹洞兮苍天，极虑乎崖涘。流揽无穷，归神日母。汩乘流而下降兮，或不知其所止。或纷纭其流折兮，忽缪往而不来。临朱汜而远逝兮，中虚烦而益怠。莫离散而发曙兮，内存心而自持。于是澡概胸中，洒练五藏，澹澉手足，颓濯发齿。揄弃恬怠，输写淟浊，分决狐疑，发皇耳目。当是之时，虽有淹病滞疾，犹将伸伛起躄，发瞽披聋而观望之也，况直眇小烦懑，酲醲病酒之徒哉！故曰：发蒙解惑，不足以言也。"

太子曰："善，然则涛何气哉？"

答曰："不记也，然闻于师曰，似神而非者三：疾雷闻百里；江水逆流，海水上潮；山出云内，日夜不止。衍溢漂疾，波涌而涛起。其始起也，洪淋淋焉，若白鹭之下翔。其少进也，浩浩溰溰，如素车白马帷盖之张。其波涌而云乱，扰扰焉如三军之腾装。其旁作而奔起者，飘飘焉如轻车之勒兵。六驾蛟龙，附从太白，纯驰皓蜺，前后络绎。颙颙卬卬，椐椐彊彊，莘莘将将。壁垒重坚，沓杂似军行。訇隐匈礚，轧盘涌裔，原不可当。观其两旁。则滂渤怫郁，闇漠感突，上击下律，有似勇壮之卒，突怒而无畏。蹈壁冲津，穷曲随隈，逾岸出追。遇者死，当者坏。初发乎或围之津涯，荄轸谷分。回翔青篾，衔枚檀桓。弭节伍子之山，通厉骨母之场，凌赤岸，篲扶桑，横奔似雷行。诚奋厥武，如振如怒。沌沌浑浑，状如奔马。混混庉庉，声如雷鼓。发怒庢沓，清升逾跇，侯波奋振，合战于藉藉之口。鸟不及飞，鱼不及回，兽不及走。纷纷翼翼，波涌云乱，荡取南山，背击北岸，覆亏丘陵，平夷西畔。险险戏戏，崩坏陂池，决胜乃罢。瀄汩潺湲，披扬流洒。横暴之极，鱼鳖失势，颠倒偃侧，沋沋湲湲，蒲伏连延。神物怪疑，不可胜言，直使人踣焉，洄闇凄怆焉。此天下怪异诡观也，太子能强起观之乎？"

太子曰："仆病，未能也。"

客曰："将为太子奏方术之士有资略者，若庄周、魏牟、杨朱、墨翟、便蜎、詹何之伦，使之论天下之精微，理万物之是非；孔、老览观，孟子持筹而算之，万不失一。此亦天下要言妙道也，太子岂欲闻之乎？"

于是太子据几而起，曰："涣乎若一听圣人辩士之言。"涩然汗出，霍然病已。

1959年8月16日，毛泽东写了《关于枚乘〈七发〉》。其原文如下：

此篇早已印发，可以一读。这是骚体流裔，而又有所创发。骚体是有民主色彩的，属于浪漫主义流派，对腐败的统治者投以批判的匕首。屈原高据上游。宋玉、景差、贾谊、枚乘略逊一筹，然亦甚有可喜之处。你看，《七发》的气氛，不是有颇多的批判色彩吗？“楚太子有疾，而吴客往问之”，一开头就痛骂上层统治阶级的腐化。“且夫出舆入辇，命曰蹷痿之机。洞房清宫，命曰寒热之媒。皓齿娥眉，命曰伐性之斧。甘脆肥脓，命曰腐肠之药。”这些话一万年还将是真理。现在我国在共产党领导下，无论是知识分子，党、政、军工作人员，一定要做些劳动，走路、游水、爬山、广播体操，都是在劳动之列，如巴夫诺夫那样，不必说下放参加做工、种地那种更踏实的劳动了。总之，一定要鼓干劲，反右倾。枚乘直攻楚太子：“今太子肤色靡曼，四肢委随，筋骨挺解。血脉淫濯，手足惰窳。越女侍前，齐姬奉后。往来游宴，纵恣乎曲房隐间之中。此甘餐毒药，戏猛兽之爪牙也。所从来者至深远，淹滞永久而不废。虽令扁鹊治内，巫咸治外，尚何及哉？”枚乘所说，有些像我们的办法，对犯错误的同志，大喝一声：你的病重极了，不治将死。然后，病人几天，或者几星期，或者几个月睡不着觉，心烦意乱，坐卧不宁。这样一来，就有希望了。因为右倾或“左”倾机会主义这类毛病，是有历史原因和社会原因的，“所从来者至深远，淹滞永久而不废”这个法子，我们叫做“批判从严”。“客曰：今如太子之病，不欲闻之乎？”指出了要言妙道，这是本文的主题思想。此文首段是序言。下分七段，说些不务正业而又新奇可喜之事，是作者主题的反面。文好。广陵观潮一段，达到了高峰。第九段是结论，归到要言妙道。于是太子高兴起来，“涊然汗出，霍然病已”。用说服而不用压服的方法，用摆事实，讲道理的方法，见效甚快。这个法子，有点像我们的“处理从宽”。首尾两段是主题，必读。如无兴趣，其余可以不读。我们应当请恩格斯、考茨基、普列汉诺夫、斯大林、李大钊、鲁迅、瞿秋白之徒“使之天下之精微，理万物之是非”，讲跃进之必要，说公社之原因，兼谈政治挂帅的极端重要性，马克思“览观”，列宁“持筹而算之，万不失一”。我少时读过此文，四十多年不理它了。近日忽有所感，翻起来一看，如见故人。

聊效野人献曝之诚，赠之于同志。枚乘所代表的是地主阶级较低的阶层，有一条争上游、鼓干劲的路线。当然，这是对于封建阶级上、下两个阶层说的，不是如同我们现在是对社会主义社会无产、资产两个对抗阶级说的。我们的争上游、鼓干劲的路线，代表了革命无产阶级和几亿劳动农民的意志。枚乘所攻击的是那些泄气、悲观、糜烂、右倾的上层统治的人们。我们现在也正有这种人。

枚乘，苏北淮阴人，汉文帝时为吴王刘濞的文学侍从之臣。他写此文，是为给吴国贵族们看的。后来“七”体繁兴，没有一篇好的。昭明文选所收曹植《七启》，张协《七命》，作招隐之词，跟屈、宋、贾、枚唱反调，索然无味了。

毛泽东

一九五九年八月十六日

1959年8月2日，毛泽东《给张闻天的信》中说：“你这个人很需要大病一场。《昭明文选》第三十四卷，枚乘《七发》末云：‘此亦天下之要言妙道也，太子岂欲闻乎？于是太子据几而起，曰：焕乎若一听圣人辩士之言，涊然汗出，霍然病已。’你害的病，与楚太子相似。如有兴趣，可以一读枚乘的七发，真是一篇妙文。”（《建国以来毛泽东文稿》第八册，中央文献出版社1993年版，第399页）

毛泽东曾手书过自“楚太子有疾”至“太子曰：‘诺，病已。请事此言’”一段文字。（中央档案馆编：《毛泽东手书选集·古诗词上》，北京出版社1996年版，第25—31页）

对于枚乘的《七发》，毛泽东历来很欣赏。在庐山，他指示将此文印发给与会者。在印发《七发》时，毛泽东写了一篇很长的批语，借古论今，把道理说活了。批语的前部是用通俗语言为《七发》做注释，帮助人理解原文内容。

毛泽东要印发枚乘这篇赋的本意在批语的结尾处。他写道：“枚乘所代表的是地主阶级较低的阶层，有一条争上游、鼓干劲的路线，这是对于封建阶级上、下两个阶层讲的，不是如同我们现在是对社会主义社会无产、资产两个对抗阶级说的。我们的争上游、鼓干劲的路线，代表了革命无产阶级和几亿劳动人民的意志。枚乘所攻击的是那种泄气、悲观、糜烂、右倾上层统治的人们。我们现在也正有这种人。”

《七发》是作为一种武器，用来批判毛泽东所说的那种具有“泄气、悲观、糜烂、右倾”思想的人们的。

枚乘的《七发》是赋体散文，主要内容是假托楚太子与吴客两个人物之间的对话，论述人生的至高哲理。而文中的“吴客”显然是枚乘自己的化身。《七发》的全文共分八段，而文章的开头是：“楚太子有疾，吴客往问之”，接着就从这个“疾”字引发了一连串令人拍案叫绝的议论。首段，提出楚太子的病源何在。接着六段分别从音乐、饮食、车马、宫苑、田猎、观涛等生活的角度描述其中的利与害，启发楚太子树立正确的人生态度，然后在文章的最末一段就正面地向楚太子提出了养生之道，即所谓“要言妙道”。他提醒楚太子要用精力来与有识之士“论天下之精微，理万物之是非”；要不断丰富自己的知识，用高度的文化修养来抵制腐朽愚昧的生活方式。这样一说，使楚太子忽然出了一身大汗，“霍然病已”，病全好了。从而证实了《七发》中的“要言妙道”，是治疗楚太子疾病的唯一方法。

《七发》之妙，就妙在用艺术形象论述物质与精神的辩证关系。高度的物质文明，如果没有配合高度的精神文明，这毕竟是一种缺陷，甚至各种“病魔”都会在这个缺陷中滋生繁衍。一个人如此，推而广之，整个国家民族也是如此。1959 年的庐山会议，批判了所谓的“彭（德怀）、黄（克诚）、张（闻天）、周（小舟）反党集团”（这个大错案，中共中央早已平反）。毛泽东还给张闻天写信，劝他读《七发》，借枚乘的方法，用革命的“要言妙道”——马克思列宁主义，“论天下之精微，理万物之是非”“发蒙起惑”，以理服人，“批判从严”“处理从宽”。用这种方法对待彭、黄、张、周，当然是看错了对象。但用这种方法对待犯错误的同志，仍不失为一种好方法。

此外，1959 年 8 月 1 日，毛泽东给周小舟写信，要他读丘迟《与陈伯之书》，特别指出：“迷途知返，往哲是与，不远而复，先典攸高”几句，劝周小舟“迷途知返”，改正错误，轻装前进。并在信中附言：“如克诚有兴趣，可以一阅。”可见此信也适用于黄克诚。由此看来，毛泽东的态度是诚恳的，与人为善的，虽然用错了对象，仍不失其教育意义。如今，我国的经济已经得以迅速的发展，但是精神文明的建设同样不能忽视。对于有的人伦道德滑坡、贪污犯罪，这种全社会的“公害”，我们不妨也参考一下《七发》中的“要言妙道”。让那些醉生梦死、萎靡不振的大小官僚也出一身大汗！

4. 司马相如

（1）司马相如是汉大赋的代表作家

司马相如（约前 179—前 118），字长卿，蜀郡成都（今四川成都）人，祖籍左冯翊夏阳（今陕西韩城南），侨居蓬州（今四川南充蓬安），西汉伟大辞赋家、政治家。

在景帝时，司马相如为武骑常侍；景帝不好辞赋，因病免。来到梁国，与梁孝王的文学侍从枚乘、邹阳等同游，作《子虚赋》。汉武帝即位后见到《子虚赋》，深为赞赏，司马相如被召见又为武帝作《上林赋》，武帝遂拜司马相如为中郎将。后奉命出使西南，对沟通汉与西南边疆地区民族之间的融合起了积极作用。

司马相如的文学成就主要是辞赋。《汉书·艺文志》著录“司马相如赋 29 篇”，今仅存《子虚赋》《上林赋》《大人赋》《长门赋》《美人赋》《哀秦二世赋》6 篇。其代表作《子虚赋》《上林赋》，内容上前后相接，故司马迁的《史记》将它们视为一篇，称为《天子游猎赋》。作品的主旨在于歌颂大一统王朝的声威和气魄，同时对统治者的过分奢侈也做了委婉劝诫。在艺术表现方面，两赋结体宏大，描写场面雄伟壮观，富有气魄。但不免过分夸奇炫博，内容比较空洞。司马相如的赋重铺排，重夸饰，极富于文采美和音乐美。刘勰《文心雕·龙才略》说：“相如好书，师范屈宋，动入夸艳，致名辞宗，然核取精意，理不胜辞，故扬子以为文丽用寡者长卿，诚者是言也。”这个批评是恰当的。司马相如的《子虚赋》《上林赋》突破了楚辞一主一客的写法。《子虚赋》在子虚与齐王的对话外，又加上乌有先生批评子虚的话；《上林赋》又加上亡是公对子虚、乌有先生的批评。在主客对话上复杂多了。在“声貌穷文”上也复杂了：《子虚赋》讲楚王到云梦泽打猎，称云梦泽“其中有山焉”，就讲山的各种形态；接下来“其土则丹青赭垩”“其石则赤玉玫瑰”，又讲各种宝玉；接下来“其东则有蕙圃蘅兰”，又讲多种香草；接下来“其南则有平原广泽”，在“其南”中又分出“其高燥”“其埤湿”，像这样繁复的叙述，也是《楚辞》中所没有的。再如《长门赋》里刻画失宠夫人的心理极为细腻，也是以前所没有的。因此《西京杂记》载司马相如答盛览问赋说：“合綦组以成文，列锦绣而为质；一经一纬，一宫一商，此赋之迹也。赋家之心，包括宇宙，总览人物，斯乃得之于内，不可得而传。”

《西京杂记》又说：“司马长卿赋，时人皆称曲而丽，虽诗人之作不能加也。杨子云云：“长卿赋不似人间来，其神化所至也。”

这里所说的“綦组”“锦绣”，指赋要组织文采；“一宫一商”，指赋要讲究音节，这就是赋的迹，是有形迹可求的。至于“包括宇宙，总览人物”，这是赋家之心。讲宇宙，记人物，在于平时积累，是知识方面的事。如《子虚赋》写云梦泽一段，当在“包括宇宙”之内。而“神化所至”，当指运用想象方法，如《大人赋》，写天子游仙的种种想象，汉武帝读了有飘飘凌云之慨。《汉书·扬雄传》说：“往时武帝好神仙，相如上《大人赋》欲以讽，帝反缥缥有凌云之志。由是言之，赋劝而不止，明矣。”所以刘勰批评司马相如的赋“理不胜辞”，即缺乏思想性，是对的。

司马相如的文学创作活动，丰富了汉赋的题材和描写方法，使汉赋成为一代鸿文，他便成为汉赋的代表作家，后人称之为“赋圣”和“辞宗”。明代张溥辑有《司马文园集》，收入《汉魏六朝百三家集》。鲁迅的《汉文学史纲要》中还把司马相如、司马迁二人放在一个专节里加以评述，指出：“武帝时文人，赋莫若司马相如，文莫若司马迁。”

5. 班　固

（1）东汉著名辞赋家

班固是东汉前期最著名的辞赋家，著有《两都赋》《答宾戏》《幽通赋》等。东汉建都洛阳，“西土耆老，咸怀怨思”（《两都赋序》），仍希望复都长安，而班固持异议，因此作《两都赋》。赋中以主客问答方式，假托西都宾向东都主人夸说西都长安的关山之险、宫苑之大、物产之盛。东都之人则责备他但知“矜夸馆室，保界河山”，而不知大汉开国奠基的根本，更不知光武迁都洛邑、中兴汉室的功绩，于是宣扬光武帝修文德、来远人的教化之盛，最后归于节俭，“以折西宾淫侈之论”。《两都赋》体制宏大，写法上铺张扬厉，完全模仿司马相如、扬雄之作，是西汉大赋的继续。但在宫室游猎之外，又开拓了写京都的题材，后来张衡写《二京赋》、左思写《三都赋》，都受他的影响。《两都赋》虽也铺采摛文，但未过分堆砌辞藻，风格比较疏宕。《幽通赋》为述志之作，表达他守身弘道的志向。写法仿《楚辞》，先述自己家世，后写遇神人预卜吉凶，再写他誓从圣贤的决心。所谓幽通，即因卜筮谋鬼神以通古今之幽微的意思。此外，他为窦宪出征匈奴纪功而作的《封燕然山铭》，典重华美，历来传诵，并成为常用的典故。班固在《汉书》和《两都赋序》中表达了自己对辞赋的看法。他认为汉赋源于古诗，是“雅颂之亚”“炳焉与三代同风”。他不仅肯定汉赋“抒下情而通讽喻”的一面，而且肯定它“宣上德而尽忠孝”的一面，实际上也肯定了汉赋的歌功颂德的内容。在《离骚序》中，班固对屈原作了不正确的评价，他认为屈原“露才扬己”，虽有“妙才”“非明智之器”。都表现了他囿于儒家正统思想的局限性。班固另有《咏史诗》，咏缇萦故事，为完整五言体，虽质木无文，却是最早文人五言诗之一。《隋书·经籍志》有《班固集》17卷，已散佚；明代张溥辑有《班兰台集》。

（2）《答宾戏并序》

班固《答宾戏》，仿模东方朔《答客难》、扬雄《解嘲》，表现自己

“笃志于儒学，以著述为业”的志趣。其原文是：

永平中为郎，典校秘书，专笃志于儒学，以著述为业。或讥以无功，又感东方朔、扬雄自喻以不遭苏、张、范、蔡之时，曾不折之以正道，明君子之所守，故聊复应焉。其辞曰：

宾戏主人曰：“盖闻圣人有一定之论，烈士有不易之分，亦云名而已矣。故太上有立德，其次有立功。夫德不得后身而特盛，功不得背时而独彰。是以圣哲之治，栖栖遑遑，孔席不暖，墨突不黔。由此言之，取舍者，昔人之上务，著作者，前列之余事耳。今吾子幸游帝王之世，躬带绂冕之服，浮英华，湛道德，矕龙虎之文，旧矣。卒不能摅首尾，奋翼鳞，振拔洿涂，跨腾风云，使见之者影骇，闻之者响震。徒乐枕经籍书，纡体衡门，上无所蒂，下无所根。独摅意乎宇宙之外，锐思于毫芒之内，潜神默记，絙以年岁。然而器不贾于当己，用不效于一世。虽驰辩如涛波，摛藻如春华，犹无益于殿最也。意者，且运朝夕之策，定合会之计，使存有显号，亡有美谥，不亦优乎？”

主人逌尔而笑曰：“若宾之言，所谓见世利之华，暗道德之实，守窔奥之荧烛。未仰天庭而睹白日也。曩者王涂芜秽，周失其驭。侯伯方轨，战国横骛，于是七雄虓阚，分裂诸夏，龙战虎争。游说之徒，风飑电激，并起而救之，其余猋飞景附，霅煜其间者，盖不可胜载。当此之时，搦朽摩钝，铅刀皆能一断。是故鲁连飞一矢而蹶千金，虞卿以顾眄而捐相印。夫啾发投曲，感耳之声，合之律度，淫哇而不可听者，非《韶》《夏》之乐也。因势合变，遇时之容，风移俗易，乖迕而不可通者，非君子之法也。及至从人合之，衡人散之，亡命漂说，羁旅骋辞，商鞅挟三术以钻孝公，李斯奋时务而要始皇。彼皆蹑风尘之会，履颠沛之势，据徼乘邪，以求一日之富贵，朝为荣华，夕为憔悴，福不盈眦，祸溢于世，凶人且以自悔，况吉士而是赖乎？且功不可虚成，名不可以伪立。韩设辨以激君，吕行诈以贾国。《说难》既遒，其身乃囚；秦货既贵，厥宗亦坠。是以仲尼抗浮云之志，孟轲养浩然之气，彼岂乐为迂阔哉？道不可以贰也。方今大汉洒埽群秽，夷险芟荒，廓帝纮，恢皇纲。基隆于羲农，规广于黄唐，其君天下也，炎之如日，威之如神，函之如海，养之如春。是以六合之内，莫不同源共流，沐浴玄德，禀仰太和，枝附叶著，譬犹草木之植山林，鸟鱼之毓川泽，得气者蕃滋，失时者零落，参天地而施化，岂云人事之厚薄哉！今吾子处皇代而论战国，曜所闻而疑所觌，欲从堥敦而度高乎泰山，怀氿滥而测深乎重渊，亦未至也。”

宾曰：“若夫鞅、斯之伦，衰周之凶人，既闻命矣。敢问上古之士，处身行道，辅世成名，可述于后者，默而已乎？”

主人曰：“何为其然也？昔者咎、繇谟虞，箕子访周，言通帝王，谋合神圣。殷说梦发于傅岩，周望兆动于渭滨；齐甯激声于康衢，汉良受书于邳垠，皆竢命而神交，匪词言之所信，故能建必然之策，展无穷之勋也。近者陆子优游，《新语》以兴；董生下帷，发藻儒林；刘向司籍，辨章旧闻；扬雄谭思，《法言》《太玄》。皆及时君之门闱，究先圣之壶奥，婆娑乎术艺之场，休息乎篇籍之囿，以全其质，而发其文，用纳乎圣德，烈炳乎后人，斯非亚与！若乃伯夷抗行于首阳，柳惠降志于辱仕，颜潜乐于箪瓢，孔终篇于西狩，声盈塞于天渊，真吾徒之师表也。且吾闻之：一阴一阳，天地之方；乃文乃质，王道之纲；有同有异，圣哲之常。故曰：慎修所志，守尔天符，委命供己，味道之腴，宾又不闻和氏之璧，韫于荆石；隋侯之珠，藏于蚌蛤乎？历世莫视，不知其将含景曜，吐英精，旷千载而流光也。应龙潜于潢污，鱼鼋媟之，不睹其能奋灵德，合风云，超忽荒而躆昊苍也。故夫泥蟠而天飞者，应龙之神也；先贱而后贵者，和隋之珍也；时暗而久章者，君子之真也。若乃牙、旷清耳于管弦，离娄眇目于毫分；逢蒙绝技于弧矢，般输摧巧于斧斤；良乐轶能于相驭，乌获抗力于千钧；和、鹊发精于针石，研、桑心计于无垠。走亦不任厕技于彼列，故密尔自娱于斯文。（《汉书·叙传上》，又见《文选》，《艺文类聚》二十五）

永平十八年（75），汉明帝驾崩，其子刘炟继位，是为汉章帝。汉章帝对经学文章同样怀有很大兴趣，因此班固更加受到器重，常常被召进皇宫，与皇帝一起读书。章帝每次外出巡守，总让班固随行，献上诗词歌赋助兴。朝廷有大事，也让班固列席，参与公卿大臣的讨论。

班固虽然以知识渊博得到章帝重视，但他的心情却是抑郁的。因为自父亲班彪以旷世通才为人称道以来，到他本人以才能显于朝廷，可地位却仅仅是最底下的郎官，年届四十，仍不得升迁，他想起东方朔、扬雄曾在文章中抱怨没能赶上苏秦、张仪的时代，便提笔写成《答宾戏》一文。文章以问答的形式，抒发了自己的苦闷和感慨，又从正面反驳自己不该有的想法和忧郁，鼓励自己坚定志向，按照既定目标奋勇前进。全文结构巧妙，格调高雅，说理深刻诚恳。章帝读到后，更加赞赏班固的才华，也意识到班固长久屈居下位不太合理，便提拔他为玄武司马。

中国文人几千年来都有“怀才不遇”的情结。“不惜歌者苦，但伤知音稀”，正是这种情结的表现。这一主题贯穿文学史，有各种文学样式。其中“设论”即一种重要文体。“设论”即围绕着一个问题，假设二人对话。《文选》中共选三篇：东方朔《客难》、扬雄《解嘲》、班固《答宾戏》。三篇都是怀才不遇之作。《文心雕龙·杂文》说《答宾戏》“含懿采之华”，评价最高，是班固文学成就的标志之一。文章以主客两方，分别代表两种不同的价值观，一种是汲汲于功名利禄，一种是沉潜于文章著述。一是立功，一是立言。这也是传统中国文人的两大选择。班固为什么说“立言”好？一方面他真的相信这里的价值，另一方面他又有牢骚，二十年没有升迁，形成一种焦虑，他要自我宽解自己。总的来说，他可以用他心中的正面的价值，来去除阴影，化解焦虑，加强对于立言价值的肯定。从这种文体开始，知识分子有一种出气方式，一方面发泄对社会现实不公的个人情绪，一方面又自我宽慰，化解怨气，两面同时存在，构成这种文体的基本特征，韩愈的《进学解》便是从这里出来的，但发牢骚的意思更突出了。

毛泽东 1913 年的《讲堂录》中“国文”课韩愈《复志赋》“朝驰骛乎书林兮，夕翱翔乎艺苑”句下记有：“真婆娑乎艺术之场，休息乎篇籍之囿。班孟坚《宾戏》”。孟坚，班固的字。《宾戏》，《昭明文选》题为《答宾戏》。“艺术”，原文为“术艺”。毛泽东对《答宾戏》虽无具体评论，但看来已引起了他的注意。

6. 傅　毅

（1）傅毅是东汉辞赋家

傅毅（？—约90），字武仲，扶风茂陵（今陕西兴平东北）人，东汉辞赋家。西汉明帝永平中，在平陵（陕西咸阳西北）习章句之学，作《迪志诗》，勉励自己要效法古人专修德义，立志勤学，不可放纵懈怠。又因为明帝求贤无诚意，士多隐居，而作《七激》以讽谏。章帝时，广召文学之士，任他为兰台令史，拜郎中，与班固、贾逵共典校书。他模仿周颂清庙篇的笔法，完成十篇《显宗颂》，赞扬汉明帝的功德，而文名大噪。车骑将军马防擅权时聘他为军司马，并以师友礼待他。等马防因奢侈败家，傅毅也被免官归乡。和帝永元元年（89），外戚车骑将军窦宪因征匈奴有功而贵显，复拜请为主记室，崔骃为主簿。及窦宪升迁大将军，又任他为司马，班固为中护军。早卒。

傅毅的著作有诗、赋、诔、颂、祝文、七激、连珠等二十八篇。其中连珠，是他和班固、贾逵受章帝诏写的。因为假托事物，以求讽喻，贯串情理，如同串珠，所以叫连珠。辞赋中以《舞赋》较有名。

（2）我国第一篇专门描写舞蹈的《舞赋》

傅毅的《舞赋（并序）》原文如下：

楚襄王既游云梦，使宋玉赋高唐之事，将置酒宴饮，谓宋玉曰：“寡人欲觞群臣，何以娱之？”玉曰：“臣闻歌以咏言，舞以尽意，是以论其诗不如听其声，听其声不如察其形。《激楚》《结风》《阳阿》之舞，材人之穷观，天下之至妙。噫！可以进乎？”王曰：“如其《郑》何？”玉曰：“小大殊用，《郑》《雅》异宜，弛张之度，圣哲所施。是以《乐》记干戚之容，《雅》美蹲蹲之舞，《礼》设三爵之制，《颂》有醉归之歌。夫《咸池》《六英》，所以陈清庙、协神人也；郑、卫之乐，所以娱密坐、接欢欣也。余日怡荡，非以风民也，其何害哉?”王曰:“试为寡人赋之。”玉曰:“唯唯。”

夫何皎皎之闲夜兮,明月烂以施光。朱火晔其延起兮,耀华屋而熺洞房。黼帐祛而结组兮,铺首炳以焜煌。陈茵席而设坐兮,溢金罍而列玉觞。腾觚爵之斟酌兮,漫既醉其乐康。严颜和而怡怿兮,幽情形而外扬。文人不能怀其藻兮,武毅不能隐其刚。简隋跳踃,般纷挐兮。渊塞沉荡,改恒常兮。

于是郑女出进,二八徐侍。姣服极丽,姁偷致态。貌嫽妙以妖蛊兮,红颜晔其扬华。眉连娟以增绕兮,目流睇而横波。珠翠的砾而炤耀兮,华袿飞髾而杂纤罗。顾形影,自整装。顺微风,挥若芳。动朱唇,纡清阳。亢音高歌,为乐之方。歌曰:“摅予意以弘观兮,绎精灵之所束。弛紧急之弦张兮,慢末事之骩曲。舒恢炱之广度兮,阔细体之苛缛。嘉《关雎》之不淫兮,哀《蟋蟀》之局促。启泰贞之否隔兮,超遗物而度俗。扬激徵,骋清角,赞舞操,奏均曲。形态和,神意协,从容得,志不劫。

于是蹑节鼓陈,舒意自广。游心无垠,远思长想。其始兴也,若俯若仰,若来若往,雍容惆怅,不可为象;其少进也,若翱若行,若竦若倾,兀动赴度,指顾应声,罗衣从风,长袖交横。骆驿飞散,飒擖合并。鶣䴈燕居,拉揩鹄惊。绰约闲靡,机迅体轻。姿绝伦之妙态,怀悫素之洁清。修仪操以显志兮,独驰思乎杳冥。在山峨峨,在水汤汤,与志迁化,容不虚生。明诗表指,喟息激昂。气若浮云,志若秋霜。观者增叹,诸工莫当。

于是合场递进,按次而俟。埒材角妙,夸容乃理。轶态横出,瑰姿谲起。眄般鼓则腾清眸,吐哇咬则发皓齿。摘齐行列,经营切儗。仿佛神动,回翔竦峙。击不致筴,蹈不顿趾。翼尔悠往,闇复辍已。及至回身还入,迫于急节,浮腾累跪,跗蹋摩跌。纡形赴远,漼似摧折。纤縠蛾飞,纷猋若绝。超逾鸟集,纵弛殟殁。委蛇姌嫋,云转飘曶。体如游龙,袖如素霓。黎收而拜,曲度究毕。迁延微笑,退复次列。观者称丽,莫不怡悦。

于是欢洽宴夜,命遣诸客。扰攘就驾,仆夫正策。车骑并狎,宠豗逼迫。良骏逸足，跄捍陵越。龙骧横举，扬镳飞沫。马材不同，各相倾夺。或有逾埃赴辙，霆骇电灭，蹠地远群，闇跳独绝。或有宛足郁怒，盘桓不发，后往先至，遂为逐末。或有矜容爱仪，洋洋习习，迟速承意，控御缓急。车音若雷，骛骤相及。骆漠而归，云散城邑。

天王燕胥，乐而不泆。娱神遗老，永年之术。优哉游哉，聊以永日。

《舞赋》是我国文学史上第一篇专门描写舞蹈的文学作品，弥足珍贵。全文分七段，首段是全篇的序文，交代作赋的缘起。作者假托楚襄王于云梦泽命宋玉赋高唐事之后，又置酒欢宴，以观舞助兴，并借宋玉之名写下此赋。其中提出了“歌以咏言，舞以尽意”的观点。论诗不如听声，听声不如察形。舞乃“材人之穷观，天下之至妙”，从而又得出，郑卫乐舞与雅声之别。这无疑表达了傅毅独有的音乐美学见解。第二段描写晚宴的排场和欢乐的氛围；第三段描写舞蹈演出前的歌唱场面及内容；第四段描写小规模的领舞场面；第五段描写大规模的群舞场面；第六段描写舞会结束时的情形；第七段，以整饰的四言作歌，赞美舞蹈的娱神益寿作用，结束全篇，点醒题目，有着卒章显其志的作用。

本篇写郑女舞姿蹁跹，服饰艳丽，红颜光彩，眉目传情，且歌且舞。其所跳的般鼓舞是将乐鼓平放在地上，由一人或几人在鼓上边唱边跳，并有乐队为之伴奏。本是以足蹈鼓而为舞节，是节奏感非常强烈的舞蹈。作者写舞者“兀动赴鼓，指鼓应声”，其所运用的语言也相当富有节奏感。全篇以四句为主调，间有三字句、六字句、七字句和八字句，整齐中不乏变化，变化中暗藏节奏，读来朗朗上口，铿锵悦耳，似有金玉之声。如此，写独舞，则踏节蹈拍、俯仰往来、若奔若翔；写群舞，则逸态多姿、变幻莫测、动静回复。可以说，是语言的节奏律动成就了这一名篇。傅毅的《舞赋》，对般鼓舞做了生动逼真的描绘，为今人记录下了两千多年前的民族歌舞形式，因此是后人研究汉代歌舞艺术的一份珍贵资料。

7. 祢衡《鹦鹉赋》"名不副实"

祢衡（173—198），字正平，平原郡（今山东德州临邑德平镇）人，东汉末年名士、辞赋家。个性恃才傲物，和孔融交好。孔融著有《荐祢衡表》，向曹操推荐祢衡，但是祢衡称病不肯去；曹操封他为鼓手，想要羞辱祢衡，却反而被祢衡裸身击鼓而羞辱。祢衡骂曹操后，曹操就把他遣送给刘表，祢衡对刘表也很轻慢，刘表又把他送去给江夏太守黄祖，最后因为和黄祖言语冲突而被杀，时年 26 岁。黄祖对杀害祢衡一事感到十分后悔，便将其加以厚葬。

其代表作《鹦鹉赋》原文如下：

时黄祖太子射，宾客大会。有献鹦鹉者，举酒于衡前曰："祢处士，今日无用娱宾，窃以此鸟自远而至，明彗聪善，羽族之可贵，愿先生为之赋，使四座咸共荣观，不亦可乎？"衡因为赋，笔不停缀，文不加点。其辞曰：

惟西域之灵鸟兮，挺自然之奇姿。体金精之妙质兮，合火德之明辉。性辩慧而能言兮，才聪明以识机。故其嬉游高峻，栖跱幽深。飞不妄集，翔必择林。绀趾丹觜，绿衣翠衿。采采丽容，咬咬好音。虽同族于羽毛，固殊智而异心。配鸾皇而等美，焉比德于众禽？

于是羡芳声之远畅，伟灵表之可嘉。命虞人于陇坻，诏伯益于流沙。跨昆仑而播弋，冠云霓而张罗。虽纲维之备设，终一目之所加。且其容止闲暇，守植安停。逼之不惧，抚之不惊。宁顺从以远害，不违迕以丧生。故献全者受赏，而伤肌者被刑。

尔乃归穷委命，离群丧侣。闭以雕笼，翦其翅羽。流飘万里，崎岖重阻。逾岷越障，载罹寒暑。女辞家而适人，臣出身而事主。彼贤哲之逢患，犹栖迟以羁旅。矧禽鸟之微物，能驯扰以安处！眷西路而长怀，望故乡而延伫。忖陋体之腥臊，亦何劳于鼎俎？嗟禄命之衰薄，奚遭时之险巇？岂言语以阶乱，将不密以致危？痛母子之永隔，哀伉俪之生离。匪余年之足惜，愍众雏之无知。背蛮夷之下国，侍君子之光仪。惧名实之不副，耻才能之无奇。羡西都之沃壤，识苦乐之异宜。怀代越之悠思，故每言而称斯。

若乃少昊司辰，蓐收整辔。严霜初降，凉风萧瑟。长吟远慕，哀鸣感类。音声凄以激扬，容貌惨以憔悴。闻之者悲伤，见之者陨泪。放臣为之屡叹，弃妻为之歔欷。

感平生之游处，若埙篪之相须。何今日之两绝，若胡越之异区？顺笼槛以俯仰，窥户牖以踟蹰。想昆山之高岳，思邓林之扶疏。顾六翮之残毁，虽奋迅其焉如？心怀归而弗果，徒怨毒于一隅。苟竭心于所事，敢背惠而忘初？讬轻鄙之微命，委陋贱之薄躯。期守死以报德，甘尽辞以效愚。恃隆恩于既往，庶弥久而不渝。

《鹦鹉赋》是一篇托物言志之作。赋中描写具有“奇姿”“殊智”的鹦鹉，却不幸被“闭以雕笼，翦其翅羽”，失去自由。赋中“顺笼槛以俯仰，窥户牖以踟蹰”“顾六翮之残毁，虽奋迅其焉如”的不自由生活，显然是以鹦鹉自况，抒写才智之士生于乱世的愤懑心情，反映出作者对东汉末年政治黑暗的强烈不满。此赋寓意深刻，状物惟肖，感慨深沉，融咏物、抒情、刺世为一体，是汉末小赋中的优秀之作。

李白《五古·望鹦鹉洲怀祢衡》：“魏帝营八极，蚁观一祢衡。黄祖斗筲人，杀之受恶名。鹦鹉吴江赋，落笔超群英。锵锵振金玉，句句欲飞鸣。鸷鹗啄孤凤，千春伤我情。五岳起方寸，隐然讵可平？才高竟何施，寡识冒天刑。至今芳洲上，兰蕙不忍生。”这首诗，前八句怀古，后八句抒慨，表达了对祢衡的敬仰和哀惜，透出诗人心底怨愤难平之情。高步瀛评此诗：“此以正平（祢衡）自况，故极致悼惜，而沉痛语以骏快出之，自是太白本色。“（《唐宋诗举要》）这话是不无道理的。

诗中刻画人物十分精练，抓住人物特征，寥寥几笔，以少胜多，突出了祢衡孤傲的性格和超人的才华。这两点是祢衡的不同凡响之处，也正是李白引为同调之处。诗中运用比喻、拟人等艺术手法，表现出强烈的感情色彩。他把黄祖之流比作“鸷鹗”，对凶残的权势者表示强烈的憎恨；把祢衡誉为“孤凤”，爱慕、怜惜之情溢于言表。由于恰当地运用了这些艺术手法，全诗形象鲜明，感情深沉而含蓄。

毛泽东读卢弼撰《三国志集解·卷一·〈魏书〉》载《魏武故事》批注道：“此篇注文，贴了魏武不少大字报，欲加之罪，何患无辞。李太白云：‘魏帝营八极，蚁观一祢衡。’此为近之。”意谓魏武帝治理的是整个天下，在他眼里，祢衡只是一只蚂蚁。

1928 年 11 月 25 日，毛泽东在《井冈山的斗争》中说：“县、区、乡各级民众政权是普遍地组织了，但是名不副实。”（《毛泽东选集》第一卷，人民出版社 1991 年版，第 71 页）其中“名不副实”一词，即由祢衡《鹦鹉赋》“惧名实之不副，耻才能之无奇”点化而来。

二、魏晋南北朝时期

（一）毛泽东评点魏晋南北朝散文

1. 曹操《让县自明本志令》是“好文章”

曹操（155—220），字孟德，一名吉利，小字阿瞒，沛国谯县（今安徽亳州）人，东汉末年杰出的政治家、军事家、文学家、书法家，三国中曹魏政权的奠基人。年二十，举孝廉征拜为议郎。因参加镇压黄巾起义，迁济南相。后起兵讨伐董卓，迎汉献帝迁都许昌。后曹操以汉天子的名义征讨四方，对内消灭二袁、吕布、刘表、马超、韩遂等割据势力，对外降服南匈奴、乌桓、鲜卑等，统一了中国北方。赤壁之战后，曹操退回北方，形成了魏、蜀、吴三国鼎立的局面。曹操在世时，担任东汉丞相，后为魏王，奠定了曹魏立国的基础。去世后谥号为武王。其子曹丕称帝后，追尊为武皇帝，庙号太祖。

曹操善诗歌，其间抒发了自己的政治抱负，反映了汉末人民的苦难生活，气魄雄伟，慷慨悲凉；散文亦清峻通脱，开启并繁荣了建安文学，给后人留下了宝贵的精神财富，史称建安风骨。同时曹操也擅长书法，唐朝张怀瓘在《书断》中将曹操的章草评为“妙品”。传有辑本《魏武帝集》。

曹操最有名的文章是《让县自明本志令》。其原文如下：

孤始举孝廉，年少，自以本非岩穴知名之士，恐为海内人之所见凡愚，欲为一郡守，好作政教，以建立名誉，使世士明知之；故在济南，始除残去秽，平心选举，违迕诸常侍。以为强豪所忿，恐致家祸，故以病还。

去官之后，年纪尚少，顾视同岁中，年有五十，未名为老。内自图之，从此却去二十年，待天下清，乃与同岁中始举者等耳。故以四时归乡里，于谯东五十里筑精舍，欲秋夏读书，冬春射猎，求底下之地，欲以泥水自蔽，绝宾客往来之望，然不能得如意。

后征为都尉，迁典军校尉，意遂更欲为国家讨贼立功，欲望封侯作征西将军，然后题墓道言“汉故征西将军曹侯之墓”，此其志也。

而遭值董卓之难，兴举义兵。是时合兵能多得耳，然常自损，不欲多之；所以然者，多兵意盛，与强敌争，倘更为祸始。故汴水之战数千，后还到扬州更募，亦复不过三千人，此其本志有限也。

后领兖州，破降黄巾三十万众。又袁术僭号于九江，下皆称臣，名门曰建号门，衣被皆为天子之制，两妇预争为皇后。志计已定，人有劝术使遂即帝位，露布天下，答言“曹公尚在，未可也”。后孤讨禽其四将，获其人众，遂使术穷亡解沮，发病而死。及至袁绍据河北，兵势强盛，孤自度势，实不敌之；但计投死为国，以义灭身，足垂于后。幸而破绍，枭其二子。又刘表自以为宗室，包藏奸心，乍前乍却，以观世事，据有当州。孤复定之，遂平天下。身为宰相，人臣之贵已极，意望已过矣。

今孤言此，若为自大，欲人言尽，故无讳耳。设使国家无有孤，不知当几人称帝，几人称王！或者人见孤强盛，又性不信天命之事，恐私心相评，言有不逊之志，妄相忖度，每用耿耿。

齐桓、晋文所以垂称至今日者，以其兵势广大，犹能奉事周室也。《论语》云：“三分天下有其二，以服事殷，周之德可谓至德矣。”夫能以大事小也。昔乐毅走赵，赵王欲与之图燕。乐毅伏而垂泣，对曰：“臣事昭王，犹事大王；臣若获戾，放在他国，没世然后已，不忍谋赵之徒隶，况燕后嗣乎！”胡亥之杀蒙恬也，恬曰：“自吾先人及至子孙，积信于秦三世矣；今臣将兵三十余万，其势足以背叛，然自知必死而守义者，不敢辱先人之教以忘先王也。”孤每读此二人书，未尝不怆然流涕也。

孤祖、父以至孤身，皆当亲重之任，可谓见信者矣，以及子桓兄弟，过于三世矣。

孤非徒对诸君说此也，常以语妻妾，皆令深知此意。孤谓之言：“顾我万年之后，汝曹皆当出嫁，欲令传道我心，使他人皆知之。”

孤此言皆肝鬲之要也。所以勤勤恳恳叙心腹者，见周公有《金滕》之书以自明，恐人不信之故。

然欲孤便尔委捐所典兵众，以还执事，归就武平侯国，实不可也。何者？诚恐己离兵为人所祸也。既为子孙计，又己败则国家倾危，是以不得慕虚名而处实祸，此所不得为也。

前朝恩封三子为侯，固辞不受，今更欲受之，非欲复以为荣，欲以为外援，为万安计。

孤闻介推之避晋封，申胥之逃楚赏，未尝不舍书而叹，有以自省也。奉国威灵，仗钺征伐，推弱以克强，处小而禽大。意之所图，动无违事，心之所虑，何向不济，遂荡平天下，不辱主命。可谓天助汉室，非人力也。然封兼四县，食户三万，何德堪之！江湖未静，不可让位；至于邑土，可得而辞。今上还阳夏、柘、苦三县户二万，但食武平万户，且以分损谤议，少减孤之责也。

这篇《让县自明本志令》，又名《述志令》，是一篇重要的反映曹操思想和经历的带有自传性质的文章。写于建安十五年（210），曹操时年五十六。当时，他已完成统一北方大业，政权逐渐巩固，继而想统一全国，但是孙权、刘备两大军事势力仍然是他的巨大威胁。他们除在军事上联盟抗曹外，在政治上则抨击曹操“托名汉相，实为汉贼”“欲废汉自立”（《三国志·吴书·周瑜传》）。在这种政治形势下，曹操发布了这篇令文，借受封武平侯时退还加封的阳夏、柘、苦三县之事，表明本志，反击朝野谤议。让县，即将天子的封赏还给汉天子。自明本志，顾名思义，即申明自己的志向，告诉天下，曹操非汉之贼也！

文中概述了曹操统一中国北部的过程，表达了作者以平定天下、恢复统一为己任的政治抱负。文章写得坦白直率，气势磅礴，充满豪气，表现出政治家的气度和见识。鲁迅评赞说：“在曹操本身，也是一个改造文章的祖师，可惜他的文章传得很少。他胆子很大，文章从通脱得力不少，做文章时又没有顾忌，想写的便写出来。”（《魏晋风度及文章与药及酒之关系》）曹操今传文赋中，此文最具这种特色，值得后人借鉴。

这篇文章可谓直抒胸臆，毫不拐弯抹角。不卑不亢，气势凛然，不仅是文学佳作，也颇显露出曹操一代雄杰之胸怀。

毛泽东认为曹操是个了不起的政治家、军事家，也是杰出的诗人、文学家。他与子女谈话时曾说："曹操的文章诗词，极为本色，直抒胸臆，豁达通脱，应该学习。"这篇文章就体现了这种特色，所以毛泽东特别喜爱。据罗章龙回忆，1920 年 9 月，他和毛泽东赴北京路阻许昌，凭吊魏都遗迹时，曾诵读这篇文章，后来两人联诗时，毛泽东又把它写入诗中："自明本质好文章。"在中华人民共和国成立后，毛泽东读清卢弼《三国志集解·武帝纪》时，特别注意裴松之注引《汉武故事》所载注者对这篇文告的批评。在"孤复定之，遂平天下"句下，引何焯曰："孙刘方睦，而云'遂平天下'，盖其器限之也。"在"言有不逊之至"句下，引胡三省："言其将篡也。"在"欲令传道我心，使他人皆知之"句下，卢弼批注说："欲明心迹，何至令妻妾改嫁。择言不甚，一至于此。然临终遗令，卖履分香，登台奏伎，闺房恋恋，至死不忘，乃知汝曹出嫁之言，为奸雄欺人之语。"在"此所不得为也"句下，引黄恩彤曰："方操夷袁绍，下荆州，天下大势骎骎乎折而入于已。惟其丧师赤壁，十年精锐，付之一炬。孙权既雄踞江东，刘备复奄有荆楚。鼎足势成，始知大物不能骤致，邺中下令，鳃鳃以臣节自明。其令中所云：'人见孤强盛，言有不逊之志。'此乃其肝鬲至言，欲盖弥彰者也。陈志削而不录，亦恶其言不由衷耳。"在"心之所虑，何向不济"句下，卢弼又批注曰："然则汴水之战，何以为流失所中？濮阳之围，何以堕马烧掌？淯水之难，何以丧昂安民？乌林之役，何以狼狈北归？潼关北渡，何以为马超所困？志骄气盈，言大而夸。"总而言之，卢弼在"集解"中，集别人和自己对曹操的批评不少，所以，毛泽东批注说："此篇注文，贴了魏武不少大字报，欲加之罪，何患无辞。李太白云：'魏帝营八极，蚁观一祢衡。'此为近之。"毛泽东显然不同意卢弼的看法，认为那都是对曹操的污蔑。他援引李白的两句诗，意谓曹操完成了统一北方大业，把攻击他的祢衡看作是蝼蚁之辈，"此为近之"，主张对曹操其人其文作客观公正的评价。

2. 诸葛亮《出师表》:“读《出师表》不流泪者，其人必不忠”

诸葛亮（181—234），字孔明，号卧龙（也作伏龙），徐州琅琊阳都（今山东临沂沂南）人，三国时期蜀汉丞相，杰出的政治家、军事家、散文家、书法家、发明家。在南阳卧龙岗（一说隐居隆中，即今湖北襄阳城西）度过长达十年的隐居生活。汉建安十二年（207），刘备三顾茅庐，请他出山相助，他向刘备提出建议：联合孙权，抵抗曹操。这就是著名的“隆中对策”。赤壁之战打败了曹操，形成了三足鼎立的局面。刘备死后，他辅佐刘禅治理国家，七擒孟获，六出祁山，多次北伐，未能成功。曾发明木牛流马、孔明灯等，并改造连弩，叫作诸葛连弩，可一弩十矢俱发。于建兴十二年（234）在五丈原（今陕西宝鸡岐山境内）逝世。刘禅追谥其为忠武侯，故后世常尊称为武侯、诸葛武侯。诸葛亮一生“鞠躬尽瘁，死而后已”，是中国传统文化中忠臣与智者的代表人物。

他的文章写得周密畅达，辞情恳切。代表作有《出师表》《诫子书》等。有《诸葛忠武侯文集》辑本传世。

《出师表》原文如下：

臣亮言：先帝创业未半，而中道崩殂。今天下三分，益州疲弊，此诚危急存亡之秋也！然侍卫之臣不懈于内，忠志之士忘身于外者，盖追先帝之殊遇，欲报之于陛下也。诚宜开张圣听，以光先帝遗德，恢弘志士之气；不宜妄自菲薄，引喻失义，以塞忠谏之路也。

宫中府中，俱为一体，陟罚臧否，不宜异同。若有作奸犯科及为忠善者，宜付有司，论其刑赏，以昭陛下平明之治，不宜偏私，使内外异法也。

侍中、侍郎郭攸之、费祎、董允等，此皆良实，志虑忠纯，是以先帝简拔以遗陛下。愚以为宫中之事，事无大小，悉以咨之，然后施行，必得裨补阙漏，有所广益。

将军向宠，性行淑均，晓畅军事，试用之于昔日，先帝称之曰

"能"，是以众议举宠为督。愚以为营中之事，事无大小，悉以咨之，必能使行阵和睦，优劣得所。

亲贤臣，远小人，此先汉所以兴隆也；亲小人，远贤臣，此后汉所以倾颓也。先帝在时，每与臣论此事，未尝不叹息痛恨于桓、灵也！侍中、尚书、长史、参军，此悉贞良死节之臣也，愿陛下亲之信之，则汉室之隆，可计日而待也。

臣本布衣，躬耕于南阳，苟全性命于乱世，不求闻达于诸侯。先帝不以臣卑鄙，猥自枉屈，三顾臣于草庐之中，咨臣以当世之事。由是感激，遂许先帝以驱驰。后值倾覆，受任于败军之际，奉命于危难之间，尔来二十有一年矣。

先帝知臣谨慎，故临崩寄臣以大事也。受命以来，夙夜忧叹，恐付托不效，以伤先帝之明，故五月渡泸，深入不毛。今南方已定，甲兵已足，当奖率三军，北定中原，庶竭驽钝，攘除奸凶，兴复汉室，还于旧都。此臣所以报先帝而忠陛下之职分也。至于斟酌损益，进尽忠言，则攸之、祎、允等之任也。

愿陛下托臣以讨贼兴复之效，不效则治臣之罪，以告先帝之灵。若无兴复之言，则责攸之、祎、允等之慢，以彰其咎。陛下亦宜自谋，以咨诹善道，察纳雅言，深追先帝遗诏。臣不胜受恩感激！

今当远离，临表涕零，不知所言。

蜀汉后主（刘禅）建兴五年（227），诸葛亮驻军汉中（今陕西汉中），准备北伐曹魏，出师之前，向刘禅上疏，劝导他尊贤纳谏，发扬刘备品德，并推举可以倚重的文臣武将，表明自己出征的目的和决心。本篇文字最初见于《三国志·诸葛亮传》，并无篇名。萧统编《文选》时收录了这篇文章，加以《出师表》篇名。建兴六年（228），诸葛亮出兵散关（现在陕西宝鸡西南），临行又上一表（见本传裴松之注引《汉晋春秋》），后人亦称为《出师表》，于是便有前后《出师表》之别。通常所说的《出师表》一般指《前出师表》。但《后出师表》是不是诸葛亮所写，后世争议颇多。

表，古代臣子对君主有所陈请时所写的一种文章。《文心雕龙·章奏》

解释道："章以谢恩，奏以按劾，表以陈情，议以执议。"

《出师表》以恳切的言辞，针对当时的局势，反复劝勉刘禅要继承先主刘备的遗志，开张圣听，赏罚严明，亲贤远佞，以完成"兴复汉室"的大业，表现了诸葛亮"北定中原"的坚强意志和对蜀汉忠贞不贰的品格。

文章首先以敏锐的政治眼光分析了蜀国当时的内外形势，告诉后主刘禅，国家正处在危急存亡之秋，应广开言路，大公无私；其次，规劝后主刘禅亲近贤臣，疏远小人；再次，叙述自己的生平抱负，并向后主辞别。

文字质朴真率，论述周密严谨，既不借助于华丽的辞藻，也不引用古老的典故，只是老老实实把心里要说的话畅快地写出来，又切合双方的身份，入情入理，恰到好处，使读者感到话是从肺腑中流淌出来的，有很强的艺术感染力。著名文学批评家刘勰在《文心雕龙·章表》中说："孔明之辞后主，志尽文畅……表之英也。"

毛泽东非常欣赏《出师表》。1939年1月2日，毛泽东在他写的《〈八路军军政杂志〉发刊词》中说："从前人说：读诸葛《出师表》而不流泪者，其人必不忠；读李密《陈情表》而不流泪者，其人必不孝。今天我们应该说：凡看见或听见中国军队不记旧怨而互相援助、亲密团结而不感动者，其人必不爱国。在这里，那些'发国难财，吃磨擦饭'的人物，应该引起一点反省吧！"（《毛泽东文集》第二卷，人民出版社1993年版，第140页）

老革命家薄一波回忆：记得有一次我在毛泽东那里谈完工作后，说到陈云主持中央财委的工作很得力，凡是看准了的事是很有勇气去干的，平抑物价、统一财政就是他力主要做的，结果很快成功了。毛泽东听后说，陈云有这样的能力，我在延安时还没有看得出来，可称之为能。毛泽东善于用典故抒发思想和情感。在这里，它是借用《出师表》里叙述刘备夸奖向宠的用语（"将军向宠，性情淑均，晓畅军事，试用于昔日，先帝称之为'能'"）来赞扬陈云的理财才能。（《关于重大决策与事件的回顾》上册，中共中央党校出版社1991年版，第89页）

以上二例都说明毛泽东对此表的熟知，并随时可引以来说明革命和建设中的现实问题。

3. 诸葛亮《后出师表》:“鞠躬尽瘁，死而后已”

诸葛亮《后出师表》原文如下：

先帝深虑汉、贼不两立，王业不偏安，故托臣以讨贼也。以先帝之明，量臣之才，固知臣伐贼，才弱敌强也。然不伐贼，王业亦亡。惟坐而待亡，孰与伐之？是故托臣而弗疑也。

臣受命之日，寝不安席，食不甘味，思惟北征，宜先入南，故五月渡泸，深入不毛，并日而食；臣非不自惜也，顾王业不可得偏安于蜀都，故冒危难以奉先帝之遗意也，而议者谓为非计。今贼适疲于西，又务于东，兵法乘劳，此进趋之时也。谨陈其事如左：

高帝明并日月，谋臣渊深，然涉险被创，危然后安。今陛下未及高帝，谋臣不如良、平，而欲以长计取胜，坐定天下，此臣之未解一也。

刘繇、王朗各据州郡，论安言计，动引圣人，群疑满腹，众难塞胸，今岁不战，明年不征，使孙策坐大，遂并江东，此臣之未解二也。

曹操智计，殊绝于人，其用兵也，仿佛孙、吴，然困于南阳，险于乌巢，危于祁连，逼于黎阳，几败北山，殆死潼关，然后伪定一时耳。况臣才弱，而欲以不危而定之，此臣之未解三也。

曹操五攻昌霸不下，四越巢湖不成，任用李服而李服图之，委任夏侯而夏侯败亡，先帝每称操为能，犹有此失。况臣驽下，何能必胜？此臣之未解四也。

自臣到汉中，中间期年耳，然丧赵云、阳群、马玉、阎芝、丁立、白寿、刘郃、邓铜等及曲长、屯将七十余人，突将无前，賨叟、青羌、散骑、武骑一千余人。此皆数十年之内所纠合四方之精锐，非一州之所有；若复数年，则损三分之二也，当何以图敌？此臣之未解五也。

今民穷兵疲，而事不可息；事不可息，则住与行劳费正等。而不及今图之，欲以一州之地，与贼持久，此臣之未解六也。

夫难平者，事也。昔先帝败军于楚，当此时，曹操拊手，谓天下已定。然后先帝东连吴、越，西取巴、蜀，举兵北征，夏侯授首，此操之失计而汉事将成也。然后吴更违盟，关羽毁败，秭归蹉跌，曹丕称帝。凡事如是，难可逆见。臣鞠躬尽瘁，死而后已。至于成败利钝，非臣之明所能逆睹也。

《后出师表》是《前出师表》的姊妹篇，写于建兴六年（228）。文章被收录于《三国志》，但南朝裴松之为《三国志》作注释的时候，却注明："出张俨《默记》。"东晋习凿齿《汉晋春秋》收入。清代钱大昭在《三国志辨疑》中表示怀疑。诸葛亮在文中表示为了国家，决定"鞠躬尽瘁，死而后已"，深刻地表现了诸葛亮对国家的忠心耿耿，主要名句有"鞠躬尽瘁，死而后已"。其中有"先帝虑汉贼不两立，王业不偏安"，经常为后人引用。南宋谢枋得《文章轨范》引用安子顺之说："读《出师表》不哭者不忠，读《陈情表》不哭者不孝，读《祭十二郎文》不哭者不慈。"

诸葛亮在蜀后主建兴五年（227）第一次伐魏，占领陇右（陇山之西）三郡后，因错用只会纸上谈兵的马谡做先锋，失去要隘街亭（今甘肃秦州秦安东北）、箕谷（今陕西褒城西北），导致大败，但并未退回。于建兴六年（228）冬十一月，诸葛亮获悉魏军曹休攻吴兵败，张郃东下，关中虚弱，于是临行前给后主刘禅上了《后出师表》再次伐魏，急率军数万，走古道，出散关（在今宝鸡西南大散岭上），围攻陈仓（今宝鸡东，当关中汉中的交通要冲）。

第一次北伐失败之后，大臣们对再次北出征伐颇有异议。诸葛亮立论于"汉贼不两立"和敌强我弱的严峻事实，向后主阐明北伐不仅是为实现先帝的遗愿，也是为了蜀汉的生死存亡，不能因"议者"的不同看法而有所动摇。正因为本表涉及军事态势的分析，事关蜀汉的安危，其忠贞壮烈之气，似又超过前表。表中"鞠躬尽力，死而后已"之句，正是作者在当时形势下所表露的坚贞誓言，令人读来肃然起敬。"鞠躬尽力，死而后已"，后来引作"鞠躬尽瘁，死而后已"，形容一个人对某种事情或事业贡献出最大力量，直到死为止的高尚精神和品德。建兴十二年（234），诸葛亮屯兵五丈原，与老谋深算的魏军统帅司马懿相持百余日，病死军中。诸葛亮以自己的行为实践了在《后出师表》中“鞠躬尽力，死而后已”的诺言，为后人树立了崇高的道德风范，被誉为“万世师表”。

因为重点是驳斥反对北伐的人，所以本文以议论见长。作者一连用六个“臣之未解”，驳斥反对北伐的各种理由，破中有立，表示决心北伐。末段又以“难平者，事也”“凡事如是，难可逆见”，自占地步，以“臣鞠躬尽瘁，死而后已。至于成败利钝，非臣之明所能逆睹也”作结，可谓卒章显其志，极其有力。

毛泽东在 1939 年 1 月 2 日写的《〈八路军军政杂志〉发刊词》援引前人的说法：“读诸葛《出师表》而不流泪者，其人必不忠。”（《毛泽东文集》第三卷，人民出版社 1993 年版，第 140 页）当然也包括《后出师表》。1942 年，毛泽东在他的著名的《在延安文艺座谈会上的讲话》中说：“一切共产党员，一切革命家，一切革命的文艺工作者，都应该学习鲁迅的榜样，做无产阶级和人民大众的‘牛’，鞠躬尽瘁，死而后已。”（《毛泽东选集》第三卷，人民出版社 1991 年版，第 877 页）他号召一切革命者，自觉地树立全心全意为人民服务的精神，并见之于自己的行动。

4. 李康《运命论》：“木秀于林，风必摧之”

李康（196？—265？），字萧远，中山（今河北定州一带）人，三国魏文学家。性狷介不能合俗。曾作《游山九吟》，魏明帝异其文，初仕为浔阳（治所在今江西九江西南）长，有政绩。后封阁阳侯。魏末晋初病逝。有集二卷。李康不算名家，但他写的《运命论》却很有名。其原文如下：

> 夫治乱，运也；穷达，命也；贵贱，时也。故运之将降，必生圣明之君；圣明之君，必有忠贤之臣。其所以相遇也，不求而自合；其所以相亲也，不介而自亲。唱之而必和，谋之而必从；道合玄同，曲折合符；得失不能疑其志，谗构不能离其交；然后得成功也。其所以

得然者，岂徒人事哉？授之者天也，告之者神也，成之者运也！

夫黄河清而圣人生，里社鸣而圣人出，群龙见而圣人用。故伊尹，有莘氏之媵臣也，而阿衡于商；太公，渭滨之贱老也，而尚父于周。百里奚在虞而虞亡，在秦而秦霸，非不才于虞而才于秦也。张良受黄石之符，诵三略之说，以游于群雄，其言也，如以水投石，莫之受也；及其遭汉祖，其言也，如以石投水，莫之逆也，非张良之拙说于陈、项，而巧言于沛公也。然则张良之言一也，不识其所以合离。合离之由，神明之道也。故彼四贤者，名载于箓图，事应乎天人，其可格之贤愚哉？孔子曰："清明在躬，气志如神；嗜欲将至，有开必先；天降时雨，山川出云。"《诗》云："惟岳降神，生甫及申；惟申及甫，惟周之翰。"运命之谓也。

岂惟兴主，乱亡者亦如之焉。幽王之惑褒女也，祆始于夏庭；曹伯阳之获公孙强也，征发于社宫；叔孙豹之昵竖牛也，祸成于庚宗。吉凶成败，各以数至，咸皆不求而自合，不介而自亲矣。……

……然则圣人所以为圣者，盖在乎乐天知命矣，故遇之而不怨，居之而不疑也。其身可抑，而道不可屈；其位可排，而名不可夺。譬如水也，通之斯为川焉，塞之斯为渊焉；升之于云则雨施，沉之于地则土润；体清以洗物，不乱于浊；受浊以济物，不伤于清。是以圣人处穷达如一也。夫忠直之迕于主，独立之负于俗，理势然也。故木秀于林，风必摧之；堆出于岸，流必湍之；行高于人，众必非之。前监不远，覆车继轨。然而志士仁人，犹蹈之而弗悔，操之而弗失，何哉？将以遂志而成名也。（节录）

运命，迷信的说法，是指命中注定的生死、富贵和一切遭遇。我们现在把这两个字倒过来叫命运。命运，其实在古代也是一种迷信的说法，是指天命运数。汉班固《白虎通议·灾变》说："尧遭洪水，汤遭大旱，命运使然。"是说水旱灾害被尧、汤碰上了，这是天命注定的。现在我们还用命运这个词汇，是把它看成客观事物发展的一种规律、一种趋向。

本文探讨社会的治乱、时代的变迁与个人一生的穷达、贵贱的关系。

李康从“五德更运”的观点出发，认为各个朝代按五行更始，以次相代。这种“运”不是杰出人物靠个人努力所能改变的。个人的出处、穷达、贵贱又受个人命运的“命”与时代命运的“时”摆布。为阐明这个中心论点，他从“原乎天人之性、核乎邪正之分、权乎福祸之门、终于荣辱之算”四个方面，举了大量的社会人事和自然现象，加以论证。例如，原乎天人之性，他举了伊尹、百里奚、姜太公、张良，原来都是贫贱的，得遇明主之后，都能一展才华，成就一番事业，而自己的命运也由穷到达，从贱到贵，发生了根本变化。再如他讲权乎富贵之门时，以木、水为例，总结出为人们所传诵的名句：“故木秀于林，风必摧之；堆出于岸，流必湍之；行高于人，众必非之。”这些聪明睿智、富有哲理的话，充分地说明了人们对祸福应持的态度。总之，本文内容翔实，论据充分，条理分明，结构严密，是一篇不可多得的论说文章。其内容闪耀着朴素唯物主义的光辉，但也流露出明哲保身、乐天知命的消极思想因素，曲折地反映了魏晋易代时的知识分子对待政治的矛盾心情。

1975 年 6 月 3 日，继 5 月 27 日之后，邓小平又主持了政治局会议，这是在政治局内部对江青、张春桥、姚文元、王洪文这四个人的一次反击。事后不久，毛泽东找邓小平谈了一次，对这两次会议，表示了充分的肯定。最后，毛泽东向邓小平明确表示：“没有大问题，你要把工作干起来。”邓小平说：“这方面我还有决心就是了。”“那好！”毛泽东很高兴。邓小平说：“反对的人总是有的，一定会有。”毛泽东笑着说：“木秀于林，风必摧之。”（贾思楠：《毛泽东人际交往实录》，江苏文艺出版社 1989 年版，第 332—333 页）

1975 年毛泽东和邓小平谈话时，引用本文中“木秀于林，风必摧之”的话，意思是像长得特别高的树木一样，一定会遭到风的摧残。幽默而含蓄，其言外之意是，遭到别人反对是自然的事，不足为怪。这就等于同意了邓小平的说法，赞扬了他的才干。这是毛泽东对邓小平的高度评价。

5. “读李密《陈情表》而不流泪者，其人必不孝”

李密（224—287），密，又作“宓”，字令伯，一名虔，西晋犍为武阳（今四川眉山彭山区）人，晋初散文家。幼年丧父，母何氏改嫁，由祖母抚养成人。后李密以对祖母孝敬甚笃而名扬乡里。师事当时著名学者谯周，博览五经，尤精《春秋左传》。曾仕蜀汉，为尚书郎，曾多次出使东吴，极有才辩。蜀亡后，晋武帝征他为太子洗（xiǎn）马时，李密以祖母年老多病、无人供养为由，辞不就任，写了这篇表。李密在祖母去世服丧期满后出仕。在任温县（今河南温县）县令时，政令严明，政绩显著，刚正见称。后出任太子洗马，迁汉中太守。不久，因怀怨免官，卒于家。长于经学训诂，也曾授徒讲学。著有《述理论》十篇，不传。《华阳国志》《晋书》均有李密传。

李密《陈情表》原文如下：

臣密言：臣以险衅，夙遭闵凶。生孩六月，慈父见背；行年四岁，舅夺母志。祖母刘悯臣孤弱，躬亲抚养。臣少多疾病，九岁不行，零丁孤苦，至于成立。既无伯叔，终鲜兄弟，门衰祚薄，晚有儿息。外无期功强近之亲，内无应门五尺之僮，茕茕孑立，形影相吊。而刘夙婴疾病，常在床蓐，臣侍汤药，未曾废离。

逮奉圣朝，沐浴清化。前太守臣逵，察臣孝廉；后刺史臣荣，举臣秀才。臣以供养无主，辞不赴命。诏书特下，拜臣郎中，寻蒙国恩，除臣洗马。猥以微贱，当侍东宫，非臣陨首所能上报。臣具以表闻，辞不就职。诏书切峻，责臣逋慢；郡县逼迫，催臣上道；州司临门，急于星火。臣欲奉诏奔驰，则刘病日笃，欲苟顺私情，则告诉不许。臣之进退，实为狼狈。

伏惟圣朝以孝治天下，凡在故老，犹蒙矜育，况臣孤苦，特为尤甚。且臣少仕伪朝，历职郎署，本图宦达，不矜名节。今臣亡国贱俘，至微至陋，过蒙拔擢，宠命优渥，岂敢盘桓，有所希冀！但以刘日薄西山，气息奄奄，人命危浅，朝不虑夕。臣无祖母，无以至今日；祖母无臣，无以终余年。母、孙二人，更相为命，是以区区不能废远。

臣密今年四十有四，祖母今年九十有六，是臣尽节于陛下之日长，报养刘之日短也。乌鸟私情，愿乞终养。臣之辛苦，非独蜀之人士及二州牧伯所见明知，皇天后土，实所共鉴。愿陛下矜悯愚诚，听臣微志，庶刘侥幸，保卒余年。臣生当陨首，死当结草。臣不胜犬马怖惧之情，谨拜表以闻。

（选自《文选》卷三七。原题作《陈情事表》）

这是李密写给皇帝的奏章，大意是为了奉养老人，推脱任命，不肯出仕。当时司马炎废帝自立，一些不愿意为篡位者服务的人，借着各种理由不肯出仕，其中李密这一篇以孝为名的表，算是颇为高超的婉拒手法。

本文直陈真情，毫不假饰。全文围绕一个“孝”字，以“辞不赴命”“愿乞终养”为主旨，叙述祖孙相依为命的情景，凄恻婉转，字字哀痛，声声落泪，表现了一个孝孙的拳拳之心，读之令人感动不已。文章一开始，先陈述了自己过去的悲惨遭遇和祖母无人奉养的家庭状况，以引起晋武帝的同情；然后写了自己在“郡县逼催”“州司临门”之下的狼狈、尴尬处境，并表示出对这种状况的不满，意在请求晋武帝的理解；接着表明了自己作为前朝遗臣对新政权和当今皇帝的态度，自己不出仕，并非因为考虑名节，而是想先尽孝后尽忠，以此来打消皇帝对自己的猜忌；最后再次请求皇帝应允自己的请求，并指天为誓表示自己对朝廷的耿耿忠心。全文溢情于词，叙事与抒情水乳交融，把自己的一片孝心和内心的苦衷渲染得淋漓尽致。句式亦散亦骈，整齐中略有参差，措辞委婉动听，感染力强。晋武帝看完这篇奏章，愈发钦佩李密的才华，曰：“士之有名，不虚然哉！”一方面他被李密的拳拳孝心打动了，另一方面强征李密，也确与自己“以孝治天下”的治国纲领相悖，于是“乃停诏”，允其不仕，并“嘉其欸诚，赐奴婢二人，使郡县供其祖母奉膳”。可以说，《陈情表》的前后故事，是李密和晋武帝共同完成的一出混合了人间真情和政治诡谲的好戏。李密因一篇《陈情表》而名垂后世，他在于家尽孝和为国尽忠之间，在宦达和名节之间，在皇帝和天下苍生之间，进行了一次又一次艰难的抉择，留给后代无尽的回味和思考。

尊老敬贤是中华民族的传统美德，是后生晚辈的天职。《陈情表》较好地体现了这种美德，所以打动了一代又一代人。毛泽东在1939年写的《〈八路军军政杂志〉发刊词》中，援引古人“读李密《陈情表》而不流泪者，其人必不孝”（《毛泽东文集》第二卷，人民出版社1993年版，第140页），便是对文中体现的中华传统美德的肯定，今天也应发扬光大。而在他1949年写的《别了，司徒雷登》一文中说：“人民解放军横渡长江，南京的美国殖民政府如鸟兽散。司徒雷登大使老爷却坐着不动，睁起眼睛看着，希望开设新店，捞一把。司徒雷登看见了什么呢？除了看见人民解放军一队一队地走过，工人、农民、学生一群一群地起来之外，他还看见了一种现象，就是中国的自由主义者或民主个人主义者们也大群地和工农兵学生等人一道喊口号，讲革命。总之是没有人去理他，使得他‘茕茕孑立，形影相吊’，没有什么事做了，只好挟起皮包走路。”（《毛泽东选集》第四卷，人民出版社1991年版，第1496页）毛泽东引用“茕茕孑立，形影相吊”，来讽刺南京解放后，美国大使司徒雷登空前孤立的情状，十分生动、准确。

6. 潘尼《安身论》：“道家言”

潘尼（约250—约311），字正叔，荥阳中牟人（在今河南中牟城关镇大潘庄），西晋文学家。祖父潘勖，汉东海相。父亲潘满，平原内史。潘岳之侄，少有才，与潘岳俱以文章知名，并称“两潘”。元康（291—299）年间，出为宛县（今河南南阳）令。赵王司马伦篡位，尼称病归里。及齐王司马冏起兵讨伦，尼佐冏为参军。事平，封安昌公，官至中书令，永嘉年间迁太常寺卿。潘尼生性稳静恬淡，不与人争利，安心研读，专志著述。《昭明文选》收有他的《赠陆机出为吴郎中令》《赠河阳》等文。明人辑有《潘太常集》。

其《安身论》颇有名，原文如下：

盖崇德莫大乎安身，安身莫尚乎存正，存正莫重乎无私，无私莫深乎寡欲。是以君子安其身而后动，易其心而后语，定其交而后求，笃其志而后行。然则动者，吉凶之端也；语者，荣辱之主也；求者，利病之几也；行者，安危之决也。故君子不妄动也，动必适其道；不徒语也，语必经于理；不苟求也，求必造于义；不虚行也，行必由于正。夫然，用能免或系之凶，享自天之祐。故身不安则殆，言不从则悖，（《艺文类聚》"从"作"顺"），交不审则惑，行不笃则危。四者行乎中，则忧患接乎外矣。忧患之接，必生于自私，而兴于有欲。自私者不能成其私，有欲者不能济其欲，理之至也。欲苟不济，能无争乎？私苟不从，能无伐乎？人人自私，家家有欲，众欲并争，群私交伐。争，则乱之萌也；伐，则怨之府也。怨乱既构，危害及之，得不惧乎！

然弃本要末之徒，恋进忘退之士，莫不饰才锐智，抽锋擢颖，倾侧乎势利之交，驰骋乎当涂之务。朝有弹冠之朋，野有结绶之友，党与炽于前，荣名扇其后。握权，则赴者鳞集；失宠，则散者瓦解；求利，则托刎颈之欢；争路，则构刻骨之隙。于是浮伪波腾，曲辩云沸，寒暑殊声，朝夕异价，驽蹇希奔放之迹，铅刀竞一割之用。至于爱恶相攻，与夺交战，诽谤噂喈，毁誉纵横，君子务能，小人伐技，风颓于上，俗弊于下。祸结而恨争也不彊，患至而悔伐之未辩，大者倾国丧家，次则覆身灭祀。其故何邪？岂不始于私欲，而终于争伐哉！

君子则不然，知自私之害公也，然后外其身；知有欲之伤德也，故远绝荣利；知争竞之遘灾也，故犯而不校；知好伐之招怨也，故有功而不为德。安身而不为私，故身正而私全；慎言而不适欲，故言济而欲从；定交而不求益，故交立而益厚；谨行而不求名，故行成而名美。止则立乎无私之域，行则由乎不争之涂，必将通天下之理，而济万物之性。天下犹我，故与天下同其欲；己犹万物，故与万物同其利。

夫能保其安者，非谓崇生生之厚，而耽逸豫之乐也，不忘危而已。有期进者，非谓穷贵宠之荣，而藉名位之重也，不忘退而已；存其治者，非谓严刑政之威，而明司察之禁也，不忘乱而已。故寝蓬室，隐陋巷，披短褐，茹藜藿，环堵而居，易衣而出，苟存乎道，非不安也。虽坐华殿，载文轩，服黼绣，御方丈，重门而处，成列而行，不得与之齐荣。用天时，分地利，甘布衣，安薮泽，沾体涂足，耕而后食，苟崇乎德，非不进也。虽居高位，飨重禄，执权衡，握机秘，功盖当时，势侔人主，不得与之比逸。遗意虑，没才智，忘肝胆，弃形器，貌若无能，志若不及，苟正乎心，非不治也。虽繁计策，广术艺，审刑名，峻法制，文辩流离，议论绝世，不得与之争功。故安也者，安乎道者也；进也者，进乎德者也；治也者，治乎心者也。未有安身而不能保国家，进德而不能处富贵，治心而不能治万物者也。

然思危所以求安，虑退所以能进，惧乱所以保治，戒亡所以获存也。若乃弱志虚心，旷神远致，徙倚乎不拔之根，浮游乎无垠之外，不自贵于物，而物宗焉；不自重于人，而人敬焉。可亲而不可慢也，可尊而不可远也。亲之如不足，天下莫之能狎也；举之如易胜，而当世莫之能困也。达则济其道而不荣也，穷则善其身而不闷也，用则立于上而非争也，舍则藏于下而非让也。夫荣之所不能动者，则辱之所不能加也；利之所不能劝者，则害之所不能婴也；誉之所不能益者，则毁之所不能损也。

今之学者，诚能释自私之心，塞有欲之求，杜交争之原，去矜伐之态，动则行乎至通之路，静则入乎大顺之门，泰则翔乎寥廓之宇，否则沦乎浑冥之泉，邪气不能干其度，外物不能扰其神，哀乐不能荡其守，死生不能易其真，而以造化为工匠，天地为陶钧，名位为糟粕，势利为埃尘，治其内而不饰其外，求诸己而不假诸人，忠肃以奉上，爱敬以事亲，可以御一体，可以牧万民，可以处富贵，可以居贱贫，经盛衰而不改，则庶几乎能安身矣。（《晋书·潘尼传》，又略见《文选·艺文类聚》二十三）

安身，指在某地居住和生活（多用在困窘的环境下）。西晋政治混乱，门阀间互相倾轧，祸福无常，人命危浅。钻研老庄，嗜好清谈，以求安身立命，成为时尚。潘尼的《安身论》就是这种精神风尚的反映。

文章开头作者便提出崇德、存正、无私和寡欲四种安身要义，而且要求通过安身、言从、交审、行笃来实现。否则，人便会产生私欲，有私欲便会有争竞，有争竞便免不了攻伐，有攻伐便危及安身，就达不到安身的目的。但是那些“弃本要末之徒，恋进忘退之士”，却反其道而行之，“大者倾国丧家，次则覆身灭祀”，后果严重。而君子则“知自私之害公也，故后外其身；知有欲之伤德也，故远绝荣利；知争竞之遘灾也，故犯而不校；知好伐之招怨也，故有功而不为德”，最终达到“天下犹我，故与天下同其欲；己犹万物，故与万物同其利”。显而易见，潘尼主张的物我一体，去私灭欲，正是老庄开启的“清心寡欲”“清静无为”的道家思想的翻版。所以，毛泽东认为《安身论》是“道家言”。

潘尼的《安身论》中，还有一段议论说，如果你身居高位，执掌权柄，功高盖世，势倾人主，你怎么才能保命安身呢？潘尼说，应该是“遗意虑，没才智，忘肝胆，弃形器，貌若无能，志若不及”，这种装愚守拙的主张，显然来自老子的“大智若愚，大巧若拙，大音希声，大象无形”。读到这里，毛泽东批注道：“老氏。”意思是这些想法都是从《老子》一书中来的。故潘尼的《安身论》是道地的道家之言。

7. 嵇康《与山巨源绝交书》：“很有名”

嵇康（223—263），字叔夜，谯国铚县（今安徽宿州）人，三国时曹魏文学家，“竹林七贤”之一。魏正始年间（240—249），嵇康、阮籍、山涛、向秀、刘伶、王戎及阮咸七人常聚在当时的山阳县（今河南辉县、修武一带）竹林之下，肆意酣畅，世谓“竹林七贤”。

嵇康早年丧父，家境贫困，但仍励志勤学，文学、玄学、音乐等无不博通。他娶曹操曾孙女长乐亭主为妻。曾任中散大夫，史称“嵇中散”。其人生哲学是非汤武而薄周孔，越名教而任自然。个性凌厉傲岸，旷逸不羁。

司马昭曾想拉拢嵇康，但嵇康在当时的政治斗争中倾向皇室一边，对于司马氏采取不合作态度，因此颇招忌恨。司马昭的心腹钟会想结交嵇康，受到冷遇，从此结下仇隙。嵇康的友人吕安被其兄诬以不孝，嵇康出面为吕安辩护，钟会即劝司马昭乘机除掉吕、嵇，其罪证之一便是《与山巨源绝交书》。当时太学生三千人请求赦免嵇康，愿以康为师，司马昭不许。临刑，嵇康神色自若，奏《广陵散》一曲，从容赴死。

嵇康散文长于辩论，思想新颖，析理绵密，笔锋犀利，往往带有愤世嫉俗的情绪。著有《嵇康集》。

有趣的是，嵇康临刑前，对儿女最放心的安排是，叫他们投靠山涛（山巨源）。而在嵇康死后，山涛一直悉心照料并抚养着他的儿女，演绎出一段“君子和而不同”的佳话。

山巨源（205—283），名涛，河内怀县（今河南武陟西南）人，与嵇康等友好，为“竹林七贤”之一。《与山巨源绝交书》这封信是嵇康听到山涛在由选曹郎调任大将军从事中郎时，想荐举自己代其原职的消息后写的。信中拒绝了山涛的荐引，指出人的秉性各有所好，申明自己赋性疏懒，不堪礼法约束，不可加以勉强。他强调放任自然，既是对世俗礼法的蔑视，也是他崇尚老、庄消极无为思想的一种反映。全文奋笔直书，说理透辟，文词犀利，字里行间洋溢着不与世俗同流合污的孤傲情绪，具有鲜明个性。

《与山巨源绝交书》原文如下：

康白：足下昔称吾于颍川，吾尝谓之知音。然经怪此，意尚未熟悉于足下，何从便得之也？前年从河东还，显宗、阿都说足下议以吾自代；事虽不行，知足下故不知之。足下傍通，多可而少怪，吾直性狭中，多所不堪，偶与足下相知耳。间闻足下迁，惕然不喜；恐足下羞庖人之独割，引尸祝以自助，手荐鸾刀，漫之膻腥。故具为足下陈其可否。

吾昔读书，得并介之人，或谓无之，今乃信其真有耳。性有所不堪，真不可强。今空语同知有达人，无所不堪，外不殊俗，而内不失正，与一世同其波流，而悔吝不生耳。老子、庄周，吾之师也，亲居贱职；柳下惠、东方朔，达人也，安乎卑位。吾岂敢短之哉！又仲尼兼爱，不羞执鞭；子文无欲卿相，而三登令尹。是乃君子思济物之意也。所谓达能兼善而不渝，穷则自得而无闷。以此观之，故尧、舜之君世，许由之岩栖，子房之佐汉，接舆之行歌，其揆一也。仰瞻数君，可谓能遂其志者也。故君子百行，殊途而同致，循性而动，各附所安。故有处朝廷而不出，入山林而不反之论。且延陵高子臧之风，长卿慕相如之节，志气所托，不可夺也。

吾每读尚子平、台孝威传，慨然慕之，想其为人。少加孤露，母兄见骄，不涉经学。性复疏懒，筋驽肉缓，头面常一月十五日不洗；不大闷痒，不能沐也。每常小便而忍不起，令胞中略转，乃起耳。又纵逸来久，情意傲散，简与礼相背，懒与慢相成，而为侪类见宽，不功其过。又读《庄》《老》，重增其放。故使荣进之心日颓，任实之情转笃。此由禽鹿，少见驯育，则服从教制；长而见羁，则狂顾顿缨，赴蹈汤火；虽饰以金镳，飨以嘉肴，逾思长林而志在丰草也。

阮嗣宗口不论人过，吾每师之，而未能及。至性过人，与物无伤，唯饮酒过差耳。至为礼法之士所绳，疾之如仇，幸赖大将军保持之耳。以不如嗣宗之贤，而有慢弛之阙；又不识人情，暗于机宜；无万石之慎，而有好尽之累，久与事接，疵衅日兴，虽欲无患，其可得乎？又人伦有礼，朝廷有法，自惟至熟，有必不堪者七，甚不可者二。卧喜晚起，而当关呼之不置，一不堪也。抱琴行吟，弋钩草野，而吏卒守之，不得妄动，二不堪也。危坐一时，痹不得摇，性复多虱，把搔无已，而当裹以章服，揖拜上官，三不堪也。素不便书，又不喜作书，而人间多事，堆案盈机，不相酬答，则犯教伤义，欲自勉强，则不能久，四不堪也。不喜吊丧，而人道以此为重，已未见恕者所怨，至欲见中伤者；虽瞿然自责，然性不可化，欲降心顺俗，则诡故不情，亦终不能获无咎无誉，如此五不堪也。不喜俗人，而当与之共事，或宾客盈坐，鸣声聒耳，嚣尘臭处，千变百伎，在人目前，六不堪也。心不耐烦，而官事鞅掌，机务缠其心，世故繁其虑，七不堪也。又每非汤、武而薄周、孔，在人间不止此事，会显世教所不容，此其甚不可一也。刚肠疾恶，轻肆直言，遇事而发，此甚不可二也。以促中小心之性，统此九患，不有外难，当有内病，宁可久处人间邪？

又闻道士遗言，饵术、黄精，令人久寿，意甚信之。游山泽，观鱼鸟，心甚乐之。一行作吏，此事便废，安能舍其所乐，而从其所惧哉！

夫人之相知，贵识其天性，因而济之。禹不逼伯成子高，全其节也。仲尼不假盖于子夏，护其短也。近诸葛孔明不逼元直以入蜀，华子鱼不强幼安以卿相。此可谓能相始终，真相知也。足下见直木必不可为轮，曲者不可为桷，盖不欲以枉其天才，令得其所也。故四民有业，各以得志为乐，唯达者为能通之，此足下度内耳。不可自见好章甫，强越人以文冕也；己嗜臭腐，养鸳雏以死鼠也。吾顷学养生之术，方外荣华，去滋味，游心于寂寞，以无为为贵，纵无九患，尚不顾足下所好者。又有心闷疾，顷转增笃，私意自试，不能堪其所不乐。自卜已审，若道尽途穷则已耳。足下无事冤之，令转于沟壑也。

吾新失母兄之欢，意常凄切。女年十三，男年八岁，未及成人，况复多病，顾此悢悢，如何可言。今但愿守陋巷，教养子孙；时与亲旧叙阔，陈说平生。浊酒一杯，弹琴一曲，志愿毕矣。足下若嬲之不置，不过欲为官得人，以益时用耳。足下旧知吾潦倒粗疏，不切事情，自惟亦皆不如今日之贤能也。若以俗人皆喜荣华，独能离之，以此为快；此最近之，可得言耳。然使长才广度，无所不淹，而能不营，乃可贵耳。若吾多病困，欲离事自全，以保余年，此真所乏耳。岂可见黄门而称贞哉！若趣欲共登王途，期于相致，共为欢益，一旦迫之，必发其狂疾。自非重怨，不至于此也。

野人有快炙背而美芹子者，欲献之至尊，虽有区区之意，亦已疏矣。愿足下勿似之。其意如此。既以解足下，并以为别。嵇康白。

（选自鲁迅校本《嵇康集》）

《文心雕龙·明诗篇》给嵇、阮二人的评语是“嵇志清峻，阮旨遥深”。钟嵘的《诗品》也以“清远”“峻切”评价嵇康诗作，足见是一时之通论。何谓“清峻”？大体说来，就是立意超俗，行文精练，词义透彻。

本文陈说自己的旨趣、好恶，居高临下，旁若无人，嬉笑怒骂处，涉笔而成文。本来，这封书信是为辞谢荐引而作，但作者没有黏滞在这一具体事情上，而是从处世原则、交友之道大处着眼，引古喻今，挥洒自如。所谓“清远”者，正在于此。

而从行文之法来看，开门见山，先说明绝交的原因，开篇劈头就是“吾直性狭中，多所不堪，偶与足下相知耳”，“足下故不知之”。交友之道，贵在相知。这里如此斩钉截铁地申明与山涛并不相知，明白宣告交往的基础不复存在了。接下去点明写这封信的缘由：“恐足下羞庖人之独割，引尸祝以自助，手荐鸾刀，漫之膻腥，故具为足下陈其可否”；接着高屋建瓴，提出人们“循性而动，各附所安”相处的原则，并列举出老子、庄周等十一位历史人物，借评论他们的事迹阐发，且以“并介之人”推许山涛，但联系上文一气读下，就不难体味出弦外之音；次述自己生活习惯、精神状态，继而推论，自己必不堪为官，只宜退居，并自比未驯之鹿；接下来进而举出阮籍受迫害之事，再辅之以“七不堪，二不可”那样透彻、斩截的言辞，自然可称为“峻切”了；接着转而谈对方，以交友之道责之。在列举了古今四位贤人“真相知”“识其天性，因而济之”之后，作者使用了欲抑先扬的手法；最后谈了日后的打算，表示要“离事自全，以保余年”。

刘师培评论嵇康的散文是“文如剥茧，无不尽之意”，也是着眼于这种丝丝入扣的内在逻辑性。嵇文的清峻风格带有明显的时代印记。这一方面是汉末魏初讲求名法之治，文章普遍趋向简明透彻之故。另一方面，士人中高傲、放纵的思想潮流影响到文章，便出现了所谓“师心”“使气”的创作态度，把主观情性作为驱策笔墨的主导力量，于是把作者自己的形象熔铸到了作品中，《文心雕龙》称嵇康为“隽侠”。我们今天读此《绝交书》，不是确确实实感到里面鼓荡着一股“龙性”不可驯的侠气吗？

北宋苏轼在他的《潮州韩文公庙碑》一文中，曾赞美韩愈说“文起八代之衰，道济天下之溺”。八代，指东汉、魏、晋、宋、齐、梁、陈和隋。“文衰”“道溺”四字，可说是对魏晋南北朝批判观点的高度概括。这种批判观点，后来成为传统的定见，并一直为后世所承袭，担毛主席不赞成这种因袭和定见。

记者芦荻曾在一篇访谈文章中说道：

> 1975年6月18日，毛主席让我找出苏轼的这篇文章，读给他听。他边听边摇头。他说，魏晋南北朝时期，社会大动乱，大分裂，这不好，但当时的另一个方面是，南方的广大沃土，全面地得到了开发，生产技术普遍提高了。这是经济上的发展。说罢，他用右手按下半抬着的左手的一个手指。又说，许多少数民族，纷纷入主中原后，战乱频仍，南北对峙，这不好，但民族大融合，大家庭在新的组合中稳定了，文化也交流了，丰富了……其实，魏晋南北朝时代是个思想解放的时代，道家、佛家各家的思想，都得到了发展。嵇康的《与山巨源绝交书》、阮籍的《大人先生传》很有名。玄学的主流是进步的，是魏晋思想解放的一个标志。正因为思想解放，才出了那么多杰出的思想家、作家。说罢，毛主席不禁又按了另一个手指，而且还大笑着说，什么"道溺"！我送那时两个字，叫"道盛"！关于魏晋南北朝时代的文学创作问题，毛主席谈得最多。他说，苏轼说那时期"文衰"了，这是不符合事实的。可以把那时的作品摆出来看一看，把《昭明文选》《全上古三代秦汉三国六朝文》拿出来看一看，是"文衰"还是"文昌"，一看就清楚了。他又大笑着说，我再送给那时两个字，叫"文昌"。看来，毛主席对苏轼的这篇文章，有些耿耿于怀。
>
> （《毛泽东谈魏晋南北朝——芦荻访谈录》,《党的文献》，人民网2006年8月9日发布）

毛泽东不同意苏轼对韩愈"文起八代之衰，道济天下之溺"的看法，认为这种说法贬低了魏晋南北朝文学的成就，"是不符合事实的"；相反，魏晋南北朝文学的成就，应该叫作"道盛""文昌"，才符合实际。这"只要把那时的作品摆出来看一看""把《昭明文选》《全上古三代秦汉三国六朝文》拿出来看一看""就清楚了"。作品中他举的例子是嵇康《与山巨源绝交书》和阮籍《大人先生传》，这两篇"很有名"的作品，有很大的说服力。

8. 阮籍《大人先生传》："很有名"

阮籍（210—263），字嗣宗，陈留尉氏（今河南尉氏）人，三国魏诗人、思想家、文学家。是建安七子之一阮瑀的儿子。曾任步兵校尉，世称阮步兵。崇奉老庄之学，政治上则采谨慎避祸的态度。与嵇康、刘伶等七人为友，常集于竹林之下肆意酣畅，世称“竹林七贤”。

阮籍在政治上本有济世之志，曾登广武城，观楚、汉古战场，慨叹“时无英雄，使竖子成名”！当时明帝曹叡已亡，由曹爽、司马懿夹辅曹芳，二人明争暗斗，政局十分险恶。曹爽曾召阮籍为参军，他托病辞官归里。正始十年（249），曹爽被司马懿所杀，司马氏独专朝政。司马氏杀戮异己，被株连者很多。阮籍本来在政治上倾向于曹魏皇室，对司马氏集团怀有不满，但同时又感到世事已不可为，于是他采取不涉是非、明哲保身的态度，或者闭门读书，或者登山临水，或者酣醉不醒，或者缄口不言。不过在有些情况下，阮籍迫于司马氏的淫威，也不得不应酬敷衍。他蔑视礼教，尝以“白眼”看待“礼俗之士”；后期则变为“口不臧否人物”，常用醉酒的办法，在当时复杂的政治斗争中保全自己。在哲学上，认为“天地生于自然，万物生于天地”（《达庄论》）；又说：“道者，法自然而为化”；“侯王能守之，万物将自化。《易》谓之太极，《春秋》谓之元，《老子》谓之道”（《通老论》）。主张把“自然”和封建等级制度相结合，做到“在上而不凌下，处卑而不犯贵”。他接受司马氏授予的官职，先后做过司马氏父子三人的从事中郎，当过散骑常侍、步兵校尉等。他还被迫为司马昭自封晋公、备九锡写过“劝进文”。因此，司马氏对他采取容忍态度，对他放浪佯狂、违背礼法的各种行为不加追究，最后得以终其天年。

阮籍是“正始之音”的代表，其中以《咏怀》八十二首最为著名。阮籍透过不同的写作技巧如比兴、象征、寄托，借古讽今，寄寓情怀，形成了一种“悲愤哀怨，隐晦曲折”的诗风。除诗歌之外，阮籍还长于散文和辞赋。今存散文九篇，其中最长及最有代表性的是《大人先生传》。另又存赋六篇，其中述志类有《清思赋》《首阳山赋》，咏物类有《鸠赋》《猕猴赋》。

其《大人先生传》原文如下：

大人先生盖老人也，不知姓字。陈天地之始，言神农黄帝之事，昭然也；莫知其生年之数。尝居苏门之山，故世或谓之闲。养性延寿，与自然齐光。其视尧、舜之所事，若手中耳。以万里为一步，以千岁为一朝。行不赴而居不处，求乎大道而无所寓。先生以应变顺和，天地为家，运去势颓，魁然独存。自以为能足与造化推移，故默探道德，不与世同。自好者非之，无识者怪之，不知其变化神微也。而先生不以世之非怪而易其务也。先生以为中区之在天下，曾不若蝇蚊之著帷，故终不以为事，而极意乎异方奇域，游览观乐非世所见，徘徊无所终极。遗其书于苏门之山而去。天下莫知其所如往也。

或遗大人先生书，曰："天下之贵，莫贵于君子。服有常色，貌有常则，言有常度，行有常式。立则磬折，拱若抱鼓。动静有节，趋步商羽。进退周旋，咸有规矩。心若怀冰，战战栗栗。束身修行，日慎一日。择地而行，唯恐遗失。颂周、孔之遗训，叹唐、虞之道德，唯法是修，为礼是克。手执珪璧，足履绳墨，行欲为目前检，言欲为无穷则。少称乡闾，长闻邦国，上欲图三公，下不失九州牧。故挟金玉，垂文组，享尊位，取茅土。扬声名于后世，齐功德于往古。奉事君上，牧养百姓。退营私家，育长妻子。卜吉宅，虑乃亿祉。远祸近福，永坚固己。此诚士君子之高致，古今不易之美行也，今先生乃披发而居巨海之中，与若君子者远，吾恐世之叹先生而非之也。行为世所笑，身无自由达，则可谓耻辱矣。身处困苦之地，而行为世俗之所笑，吾为先生不取也。"

于是大人先生乃逌然而叹，假云霓而应之曰："若之云尚何通哉！夫大人者，乃与造物同体，天地并生，逍遥浮世，与道俱成，变化散聚，不常其形。天地制域于内，而浮明开达于外。天地之永，固非世俗之所及也。吾将为汝言之：

"往者天尝在下，地尝在上，反覆颠倒，未之安固。焉得不失度式而常之？天因地动，山陷川起，云散震坏，六合失理，汝又焉得择地而行，趋步商羽？往者群气争存，万物死虑，支体不从，身为泥土，根拔枝殊，咸失其所，汝又焉得束身修行，磬折抱鼓？李牧功而身死，伯宗忠而世绝，进求利而丧身，营爵赏而家灭，汝又焉得挟金玉万亿，只奉君上，而全妻子乎？

“且汝独不见夫虱之处于裈中，逃乎深缝，匿乎坏絮，自以为吉宅也。行不敢离缝际，动不敢出裈裆，自以为得绳墨也。饥则啮人，自以为无穷食也。然炎丘火流，焦邑灭都，群虱死于裈中而不能出。汝君子之处区内，亦何异夫虱之处裈中乎？悲夫！而乃自以为远祸近福，坚无穷也。亦观夫阳乌游于尘外，而鹪鹩戏于蓬艾，小大固不相及，汝又何以为若君子闻于余乎？

“且近者，夏丧于商，周播之刘，耿薄为墟，丰、镐成丘。至人未一顾，而世代相酬。厥居未定，他人已有。汝之茅土，谁将与久？是以至人不处而居，不修而治，日月为正，阴阳为期，岂吝情乎世，系累于一时，乘东云，驾西风，与阴守雌，据阳为雄。志得欲从，物莫之穷。又何不能自达而畏夫世笑哉？

“昔者天地开辟，万物并生。大者恬其性，细者静其形。阴藏其气，阳发其精，害无所避，利无所争。放之不失，收之不盈；亡不为夭，存不为寿。福无所得，祸无所咎；各从其命，以度相守。明者不以智胜，暗者不以愚败，弱者不以迫畏，强者不以力尽。盖无君而庶物定，无臣而万事理，保身修性，不违其纪。惟兹若然，故能长久。今汝造音以乱声，作色以诡形，外易其貌，内隐其情。怀欲以求多，诈伪以要名；君立而虐兴，臣设而贼生。坐制礼法，束缚下民。欺愚诳拙，藏智自神。强者睽视而凌暴，弱者憔悴而事人。假廉而成贪，内险而外仁，罪至不悔过，幸遇则自矜。驰此以奏除，故循滞而不振。

“夫无贵则贱者不怨，无富则贫者不争，各足于身而无所求也。恩泽无所归，则死败无所仇。奇声不作，则耳不易听；淫色不显，则目不改视。耳目不相易改，则无以乱其神矣。此先世之所至止也。今汝尊贤以相高，竞能以相尚，争势以相君，宠贵以相加，趋天下以趣之，此所以上下相残也。竭天地万物之至，以奉声色无穷之欲，此非所以养百姓也。于是惧民之知其然，故重赏以喜之，严刑以威之。财匮而赏不供，刑尽而罚不行，乃始有亡国、戮君、溃败之祸。此非汝君子之为乎？汝君子之礼法，诚天下残贼、乱危、死亡之术耳！而乃目以为美行不易之道，不亦过乎！今吾乃飘飖于天地之外，与造化为友，朝飧汤谷，夕饮西海，将变化迁易，与道周始。此之于万物，岂不厚哉！故不通于自然者，不足以言道；暗于昭昭者不足与达明，子之谓也。"

先生既申若言，天下之喜奇者异之，慷忾者高之。其不知其体，不见其情，猜耳其道，虚伪之名。莫识其真，弗达其情，虽异而高之，与向之非怪者，蔑如也。至人者，不知乃贵，不见乃神。神贵之道存乎内，而万物运于天外矣。故天下终而不知其用也。

逌乎有宋，扶摇之野。有隐士焉，见之而喜，自以为均志同行也。曰："善哉！吾得之见而舒愤也。上古质朴纯厚之道已废，而末枝遗华并兴。豺虎贪虐，群物无辜，以害为利，殒性亡驱。吾不忍见也，故去而处兹。人不可与为俦，不若与木石为邻。安期逃乎蓬山，用李潜乎丹水，鲍焦立以枯槁，莱维去而逌死。亦由兹夫！吾将抗志显高，遂终于斯。禽生而兽死，埋形而遗骨，不复返余之生乎！夫志均者相求，好合者齐颜，与夫子同之。"

于是，先生乃舒虹霓以蕃尘，倾雪盖以蔽明，倚瑶厢而徘徊，总众辔而安行，顾而谓之曰："泰初真人，唯大之根。专气一志，万物以存。退不见后，进不睹先，发西北而造制，启东南以为门。微道德以久娱，跨天地而处尊。夫然成吾体也。是以不避物而处，所睹则宁；不以物为累，所逌则成。彷徉是以舒其意，浮腾足以逞其情。故至人无宅，天地为客；至人无主，天地为所；至人无事，天地为故。无是非之别，无善恶之异。故天下被其泽，而万物所以炽也。若夫恶彼而好我，自是而非人，忿激以争求，贵志而贱身，伊禽生而兽死，尚何显而获荣？悲夫！子之用心也！薄安利以忘生，要求名以丧体，诚与彼其无诡，何枯槁而逌死？子之所好，何足言哉？吾将去子矣。"乃扬眉而荡目，振袖而抚裳，令缓辔而纵策，遂风起而云翔。彼人者瞻之而垂泣，自痛其志；衣草木之皮，伏于岩石之下，惧不终夕而死。

先生过神宫而息，漱吾泉而行，回乎逌而游览焉，见薪于阜者，叹曰："汝将焉以是终乎哉？"

薪者曰："是终我乎？不以是终我乎？且圣人无怀，何其哀？盛衰变化，常不于兹？藏器于身，伏以俟时，孙刖足以擒庞，睢折胁而乃休，百里困而相嬴，牙既老而弼周。既颠倒而更来兮，固先穷而后收。秦破六国，兼并其地，夷灭诸侯，南面称帝。姱盛色，崇靡丽。凿南山以为阙，表东海以为门，门万室而不绝，图无穷而永存。美宫室而盛帷□，击钟鼓而扬其章。广苑囿而深池沼，兴渭北而建咸阳。骊木曾未及成林，而荆棘已丛乎阿房。时代存而迭处，故先得而后亡。山东之徒虏，遂起而王天下。由此视之，穷达讵可知耶？且圣人以道德为心，不以富贵为志；以无为用，不以人物为事。尊显不加重，贫贱不自轻，失不自以为辱，得不自以为荣。木根挺而枝远，叶繁茂而华零。无穷之死，犹一朝之生。身之多少，又何足营？"

因叹曰而歌曰：

"日没不周方，月出丹渊中。
阳精蔽不见，阴光大为雄。
亭亭在须臾，厌厌将复东。
离合云雾兮，往来如飘风。
富贵俛仰间，贫贱何必终？
留侯起亡虏，威武赫夷荒。
召平封东陵，一旦为布衣。
枝叶托根柢，死生同盛衰。
得志从命生，失势与时颓。
寒暑代征迈，变化更相推。
祸福无常主，何忧身无归？
推兹由斯理，负薪又何哀？"

先生闻之，笑曰："虽不及大，庶免小也。"乃歌曰：

"天地解兮六和开，星辰霄兮日月颓，我腾而上将何怀？衣弗袭而服美，佩弗饰而自章，上下徘徊兮谁识吾常？”遂去而遐浮，肆云轝，兴气盖，徜徉回翔兮漭漾之外。建长星以为旗兮，击雷霆之康盖。开不周而出车兮，出九野之夷泰。坐中州而一顾兮，望崇山而回迈。端余节而飞旃兮，纵心虑乎荒裔，释前者而弗修兮，驰蒙间而远逌。弃世务之众为兮，何细事之足赖？虚形体而轻举兮，精微妙而神丰。命夷羿使宽日兮，召忻来使缓风。攀扶桑之长枝兮，登扶摇之隆崇。跃潜飘之冥昧兮，洗光曜之昭明。遗衣裳而弗服兮，服云气而遂行。朝造驾乎汤谷兮，夕息马乎长泉。时崦嵫而易气兮，挥若华以照冥。左朱阳以举麾兮，右玄阴以建旗，变容饰而改度，遂腾窃以修征。

“阴阳更而代迈，四时奔而相逌，惟仙化之倏忽兮，心不乐乎久留。惊风奋而遗乐兮，虽云起而忘忧，忽电消而神逌兮，历寥廓而遐游。佩日月以舒光兮，登徜徉而上浮，压前进于彼逌道兮，将步足乎虚州。扫紫宫而陈席兮，坐帝室而忽会酬。萃众音而奏乐兮，声惊渺而悠悠。五帝舞而再属兮，六神歌而代周。乐啾啾肃肃，洞心达神，超遥茫茫，心往而忘返，虑大而志矜。

“粤大人微而弗复兮，扬云气而上陈。召大幽之玉女兮，接上王之美人。体云气之逌畅兮，服太清之淑贞。合欢情而微授兮，先艳溢其若神。华兹烨以俱发兮，采色焕其并振。倾玄麾而垂鬓兮，曜红颜而自新。时叆叇而将逝兮，风飘飒而振衣。云气解而雾离兮，霭奔散而永归。心惝惘而遥思兮，眇回目而弗晞。

“扬清风以为旗兮，翼旋轸而反衍。腾炎阳而出疆兮，命祝融而使遣。驱玄冥以摄坚兮，蓐收秉而先戈。勾芒奉毂，浮惊朝霞，寥廓茫茫而靡都兮，邈无俦而独立。倚瑶厢而一顾兮，哀下土之憔悴。分是非以为行兮，又何足与比类？霓旌飘兮云旗蔼，乐游兮出天外。”

大人先生披发飞鬓，衣方离之衣，绕绂阳之带。含奇芝，嚼甘华，吸浮雾，餐霄霞，兴朝云，飏春风。奋乎太极之东，游乎昆仑之西，遗辔颓策，流盼乎唐、虞之都。惘然而思，怅尔若忘，慨然而叹曰：

“呜呼！时不若岁，岁不若天，天不若道，道不若神。神者，自然之根也。彼勾勾者自以为贵夫世矣，而恶知夫世之贱乎兹哉？故与世争贵，贵不足尊；与世争富，富不足先。必超世而绝群，遗俗而独往，登乎太始之前，览乎忽漠之初，虑周流于无外，志浩荡而自舒，飘飖于四运，翻翱翔乎八隅。欲从而彷佛，洸漾而靡拘，细行不足以为毁，圣贤不足以为誉。变化移易，与神明扶。廓无外以为宅，周宇宙以为庐，强八维而处安，据制物以永居。夫如是，则可谓富贵矣。是故不与尧、舜齐德，不与汤、武并功，王、许不足以为匹，杨、丘岂能与比纵？天地且不能越其寿，广成子曾何足与并容？激八风以扬声，蹑元吉之高踪，被九天以开除兮，来云气以驭飞龙，专上下以制统兮，殊古今而靡同。夫世之名利，胡足以累之哉？故提齐而蹴楚，掣赵而蹈秦，不满一朝而天下无人，东西南北莫之与邻。悲夫！子之修饰，以余观之，将焉存乎于兹？"

先生乃去之，纷泱莽，轨汤洋，流衍溢，历度重渊，跨青天，顾而逌览焉。则有逍遥以永年，无存忽合，散而上臻。霍分离荡，漾漾洋洋，飙涌云浮，达于摇光。直驰骛乎太初之中，而休息乎无为之宫。太初何如？无后无先。莫究其极，谁识其根。邈渺绵绵，乃反覆乎大道之所存。莫畅其究，谁晓其根。辟九灵而求索，曾何足以自隆？登其万天而通观，浴太始之和风。漂逍遥以远游，遵大路之无穷。遣太乙而弗使，陵天地而径行。超蒙鸿而远迹，左荡莽而无涯，右幽悠而无方，上遥听而无声，下修视而无章。施无有而宅神，永太清乎敖翔。

崔魏高山勃玄云，朔风横厉白雪纷，积水若陵寒伤人。阴阳失位日月颓，地坼石裂林木摧，火冷阳凝寒伤怀。阳和微弱隆阴竭，海冻不流绵絮折，呼吸不通寒伤裂。气并代动变如神，寒倡热随害伤人。熙与真人怀太清，精神专一用意平，寒暑勿伤莫不惊，忧患靡由素气宁。浮雾凌天恣所经，往来微妙路无倾，好乐非世又何争。人且皆死我独生。

真人游，驾八龙，曜日月，载云旗。徘徊逌，乐所之。真人游，太阶夷，□原辟，天地开。雨蒙蒙，风浑浑。登黄山，出栖迟。江河清，洛无埃，云气消，真人来，惟乐哉！时世易，好乐颓，真人去，与天回。反未央，延年寿，独敖世。望我□，何时反？超漫漫，路日远。

先生从此去矣，天下莫知其所终极。盖陵天地而与浮明遨游无始终，自然之至真也。鸲鹆不逾济，貉不度汶，世之常人，亦由此矣。曾不通区域，又况四海之表、天地之外哉！若先生者，以天地为卵耳。如小物细人欲论其长短，议其是非，岂不哀也哉！

《晋书》本传说，阮籍曾游苏门山（在今河南新乡辉县百泉镇百泉风景区内）访隐士孙登，归后作了《大人先生传》，托名大人先生，阐发其“胸怀丰趣”。也有人说，大人先生的原型就是阮籍自己，并从原型的基础上进行抽象，产生了一个生于远古、长生不老、四海为家、天地等寿，独求大道的人物。所谓“自好者非之，无识者怪之”，正是阮籍对当时社会的写照。“先生不以世之非怪而易其务也”，正是阮籍不肯与世同流、不肯向司马氏妥协的体现。

阮籍的《大人先生传》，中心是对老庄理论的宣扬。文章的开头，阮籍详细地描述了自己的想法、自己的行为，而后开始为自己进行解释和辩护。先是有人遗先生书，阐述儒教经典对立身处世的看法，阮籍在此对儒教进行了激烈的讽刺和批判，并将矛头直接指向统治者。他说儒教“坐制礼法，束缚下民”，说司马氏政权“假廉而成贪，内险而外仁”，这也是他思想中最可贵之处，我们如今推崇阮籍，也就是出于这两点。

再往下，阮籍写道：“先生既申若言，天下之喜奇者异之，慷忾者高之”，想来是当时社会中下层对他的看法，像与宋隐士、与阜薪者的对答，则是阮籍对这两个阶层的回应。

《大人先生传》虽然很长，但不是很难理解，文字瑰丽奇谲，出尘绝世，阮籍又是悲哀的，所以他才“心中多块垒，常借酒浇之”。但理解的前提是理解当时的历史、当时的环境，理解阮籍的心境，理解阮籍的悲哀。

如果阮籍的结局是他所描绘的大人先生的结局的话，那他算是成功了，他笔下的大人先生最终是“从此去，天下莫知所终极”，而阮籍最终逃脱了司马氏的屠刀，在那个时期，也算是最好的结局了。

本文为迄今为止所见到的唯一一篇集成了古文中骈体、散体、骚体、三言诗、五言诗等各种文体形式的文章。整体上，这篇文章以散体形式出现，但其由此在文体形式上所做的探讨，为后世作者提供了重要的经验借鉴。所以，毛泽东认为这篇文章和嵇康的《与山巨源绝交书》“很有名”，评价很高。

9. 陶渊明《桃花源记》：“陶令不知何处去，桃花源里可耕田”

陶渊明（365—427），一名潜，字元亮，号五柳先生，世称靖节先生，东晋浔阳柴桑（今江西九江）人，东晋末期、南朝宋初期诗人、文学家、辞赋家、散文家。陶渊明生活的宋代末年，社会黑暗，风气污浊，许多人不择手段，追名逐利，社会上充斥着虚伪与欺诈。陶渊明出身于破落地主家庭。他从二十九岁时开始出仕，任江州（今江西九江）祭酒，不久因对统治阶级不满，不愿与黑暗现实同流合污，辞去官职，躬耕僻野，过着简朴的生活。后陆续做过镇军参军、建威参军、彭泽令等地位不高的官职，过着时隐时仕的生活，田园生活是陶渊明诗的主要题材。相关作品有《饮酒》《归园田居》《桃花源记》《五柳先生传》《归去来兮辞》等。诗多描绘自然景色及其在农村的生活情景，其中的优秀作品隐喻着他对腐朽统治集团的憎恨和不愿同流合污的精神，但也宣扬了“人生无常”“乐天安命”的消极思想；另一类诗，颇多悲愤慷慨之声。其艺术特色，兼有平淡和爽朗之性，语言质朴自然而又精练，具有独特风格。散文以《桃花源记》《五柳先生传》最有名。有《陶渊明集》。

其《桃花源记》原文如下：

晋太元中，武陵人捕鱼为业。缘溪行，忘路之远近。忽逢桃花林，夹岸数百步，中无杂树，芳草鲜美，落英缤纷。渔人甚异之，复前行，欲穷其林。

林尽水源，便得一山，山有小口，仿佛若有光。便舍船，从口入。初极狭，才通人。复行数十步，豁然开朗。土地平旷，屋舍俨然，有良田美池桑竹之属；阡陌交通，鸡犬相闻。其中往来种作，男女衣着，悉如外人；黄发垂髫，并怡然自乐。

见渔人，乃大惊，问所从来。具答之。便要还家，设酒杀鸡作食；村中闻有此人，咸来问讯。自云先世避秦时乱，率妻子邑人来此绝境，不复出焉；遂与外人间隔（一作“隔绝”）。问今是何世，乃不知有汉，无论魏、晋。此人一一为具言所闻，皆叹惋。余人各复延至其家，皆出酒食。停数日，辞去。此中人语云：“不足为外人道也。”

既出，得其船，便扶向路，处处志之。及郡下，诣太守，说如此。太守即遣人随其往，寻向所志，遂迷，不复得路。

南阳刘子骥，高尚士也。闻之，欣然规往。未果，寻病终，后遂无问津者。

《桃花源记》是陶渊明的散文代表作之一，是《桃花源诗》的序言，作于永初二年（421）。记是古代的一种文体，可以是游记和碑记（或铭记）。文章以武陵渔人进出桃花源的行踪为线索，按时间先后顺序，把发现桃源、小住桃源、离开桃源、再寻桃源的曲折离奇的情节贯串起来，描绘了一个没有阶级、没有剥削、自食其力、自给自足、和平恬静、人人自得其乐的理想社会，它体现了人们的追求与向往，也反映出人们对现实的不满与反抗。

全文共分五段：第一段写渔人发现桃花林的经过和沿途所见的美景；第二段总写渔人的感受和桃花源的生活环境、社会风尚；第三段写渔人进入桃花源，在桃花源做客以及辞去的经过；第四段写太守派人寻找桃花源，因迷路而不复得；第五段写桃花源没有人再找到。本文的中心思想是：通过对桃花源的安宁和乐、自由平等生活的描绘，表现了作者追求美好生活的理想和对现实生活的不满。本文艺术构思精巧，借武陵渔人行踪这一线索，把现实和理想境界联系起来。采用虚写、实写相结合的手法，也是本篇的一个特点，增添了神秘感。语言生动简练、隽永，看似轻描淡写，但其中的描写使得景物历历在目，令人神往。

但是我们知道，桃花源是个乌托邦式的理想社会，只存在于与世人隔绝的“绝境”。这说明作者在当时是想不出改变现实的更好的办法，只好希望离开现实，这是时代的局限。今天看来，这种处世态度是消极的，不值得效法的。

陶渊明写桃花源用了两种文体：散文和诗。《桃花源诗》是附于《桃花源记》之后的一首五言诗，诗与记珠联璧合，又相互独立，并无重复之感。此诗以诗人的口吻讲述桃花源中人民和平、安宁的生活，诗人以自己对当时社会现实的深切感受，突破了个人狭小的生活天地，从现实社会的政治黑暗、人民生活苦难出发，结合传说中的情形，描绘了一个与现实社会相对立、自由幸福的理想社会：

嬴氏乱天纪，贤者避其世。黄绮之商山，伊人亦云逝。
往迹浸复湮，来径遂芜废。相命肆农耕，日入从所憩。
桑竹垂余荫，菽稷随时艺。春蚕收长丝，秋熟靡王税。
荒路暧交通，鸡犬互鸣吠。俎豆犹古法，衣裳无新制。
童孺纵行歌，斑白欢游诣。草荣识节和，木衰知风厉。
虽无纪历志，四时自成岁。怡然有余乐，于何劳智慧！
奇踪隐五百，一朝敞神界。淳薄既异源，旋复还幽蔽。
借问游方士，焉测尘嚣外？愿言蹑轻风，高举寻吾契。

毛泽东对《桃花源记》非常熟悉，早在青年时期就对桃花源的乌托邦性质有清醒的认识。他在读泡尔生《伦理学原理》第四章“害及恶”的批语说：“陶渊明桃花源之境遇，徒为理想之境遇也。即此又可证明人类理想之实在性少，而谬误性多也。”（《毛泽东早期文稿》，湖南人民出版社 1990 年版，第 186 页）在 1959 年写的《七律 · 登庐山》一诗中“陶令不知何处去，桃花源里可耕田？”（《毛泽东诗词集》，中央文献出版社 1996 年版，第 113 页）用了一个问号，显然也是持否定态度的。在 1964 年 1 月 27 日写的《对〈毛主席诗词〉中若干词句的解释》中，明确地指出：“陶渊明设想了一个名为桃花源的理想世界，没有租税，没有压迫。”（同上，第 369 页）其实在诗的结尾加以设问，乃是基于新时代新生活的现实而发出的带有微笑的想象啊！

10. 陶渊明《五柳先生传》："好读书，不求甚解"

陶渊明的《五柳先生传》原文如下：

先生不知何许人也，亦不详其姓字，宅边有五柳树，因以为号焉。闲静少言，不慕荣利。好读书，不求甚解；每有会意，便欣然忘食。性嗜酒，家贫不能常得。亲旧知其如此，或置酒而招之；造饮辄尽，期在必醉。既醉而退，曾不吝情去留。环堵萧然，不蔽风日；短褐穿结，箪瓢屡空，晏如也。常著文章自娱，颇示己志。忘怀得失，以此自终。

赞曰：黔娄之妻有言："不戚戚于贫贱，不汲汲于富贵。"其言兹若人之俦乎？衔觞赋诗，以乐其志，无怀氏之民欤？葛天氏之民欤？

《五柳先生传》，是陶渊明托名五柳先生而作的一篇自传。萧统在《陶渊明传》中说："尝著《五柳先生传》以自况……时人谓之实录。"五柳先生的形象，正是陶渊明的自画像。文章从思想性格、爱好、生活状况等方面塑造了一位独立于世俗之外的隐士形象，赞美了作者安贫乐道的精神，表达了作者不慕荣利、清高不羁、不与世俗同流合污的高尚道德品质与节操，反映了陶氏生活的一个重要方面，所以称为"实录"。当然，陶氏的生活是多方面的，"先生不知何许人也"，文章开头第一句，即把这位先生排除在名门望族之外，不仅不知他的出身和籍贯，"亦不详其姓字"，他是一位隐姓埋名的人。接着写他的生活、性格。"闲静少言，不慕荣利"，这是他最突出的地方。闲静少言是他的外在表现，不慕荣利，才是他的真实面貌。他有三大志趣，一是读书，一是饮酒，一是写文章，可见他的志趣是高雅的。他"好读书，不求甚解"，为什么不求甚解？这就与他的"不慕荣利"有关。他读书的目的，是一种求知的满足，精神的享受，所以"每有会意，便欣然忘食"。第二个志趣——饮酒，而且"期在必醉"。第三个志趣——著文章。他著文章的目的是"自娱"。对五柳先生的生活、志趣做了叙述以后，文章结尾也仿史家笔法，加个赞语。这个赞语的实质就是黔娄之妻的两句话："不戚戚于贫贱，不汲汲于富贵。"文章最后有两句设问的话："无怀氏之民欤？葛天氏之民欤？"表明作者也很欣赏道家所鼓吹的无为而治的古代社会，但全文主要精神仍然是儒家的"独善其身"。全文不足二百字，语言洗练，于平淡之中表现深刻的内容，这就是陶渊明诗文的一大特色。

文中"好读书，不求甚解"常被人引用，意谓读书只求领会要旨，不刻意在字句上花功夫。今多谓对待学习、工作不认真，不求深入理解。毛泽东在《〈农村调查〉的序言和跋》中说："现在我们很多同志，还保存着一种粗枝大叶、不求甚解的作风，甚至全然不了解下情，却在那里担负指导工作，这是异常危险的现象。"（《毛泽东选集》第三卷，人民出版社 1991 年版，第 789 页）毛泽东引用此语，就是这种用法。

11. 王羲之《兰亭集序》："笔墨官司，有比无好"

王羲之（321—379，一作 303—361），字逸少，东晋时期著名书法家，有"书圣"之称。祖籍琅琊临沂（今山东临沂），历任秘书郎、宁远将军、江州刺史，后为会稽内史，领右将军，人称王右军。因与王述不和，辞官，后迁会稽山阴（今浙江绍兴），晚年隐居剡县（浙江绍兴嵊州）金庭观。工书法，早年从卫夫人（铄）学，后改变初学，草书学张芝，正书学钟繇，并博采众长，精研体势，推陈出新，一变汉魏以来的质朴书风，成为妍美流便的新体。其书备诸体，尤擅正行，字势雄强多变化，为历代学书者所宗，影响极大。代表作《兰亭序》被誉为"天下第一行书"。在书法史上，与其子王献之合称"二王"。行书保存在唐僧怀仁集书《圣教序》内最多。草书有《十七帖》等。

他长于诗文，但诗名为书法之名所掩。他胸怀豁达，又富有爱国思想，因而为当时人所敬重，现存有辑本《王右军集》。

其《兰亭集序》原文如下：

永和九年，岁在癸丑，暮春之初，会于会稽山阴之兰亭，修禊事也。群贤毕至，少长咸集。此地有崇山峻岭，茂林修竹，又有清流激湍，映带左右，引以为流觞曲水，列坐其次。虽无丝竹管弦之盛，一觞一咏，亦足以畅叙幽情。是日也，天朗气清，惠风和畅。仰观宇宙之大，俯察品类之盛，所以游目骋怀，足以极视听之娱，信可乐也。

夫人之相与，俯仰一世。或取诸怀抱，悟言一室之内；或因寄所托，放浪形骸之外。虽趣舍万殊，静躁不同，当其欣于所遇，暂得于己，快然自足，不知老之将至；及其所之既倦，情随事迁，感慨系之矣。向之所欣，俯仰之间，已为陈迹，犹不能不以之兴怀；况修短随化，终期于尽！古人云："死生亦大矣。"岂不痛哉！

每览昔人兴感之由；若合一契，未尝不临文嗟悼，不能喻之于怀。固知一死生为虚诞，齐彭、殇为妄作。后之视今，亦犹今之视昔，悲夫！故列叙时人，录其所述，虽世殊事异，所以兴怀，其致一也。后之览者，亦将有感于斯文。

《兰亭集序》，又题为《临河序》《禊帖》《三月三日兰亭诗序》等。兰亭，在今浙江绍兴西南，地名兰渚，有亭叫兰亭。晋穆帝永和九年（353）三月三日，时任会稽内史的王羲之与友人谢安、孙绰等四十一人会聚兰亭，赋诗饮酒。王羲之将诸人名爵及所赋诗作编成一集，并作序一篇，记述流觞曲水一事，并抒写由此而引发的内心感慨。这篇序文就是《兰亭集序》。

本文描写景物，从大处落笔，由远及近，转而由近及远，推向无限。先写崇山峻岭，渐写清流激湍，再顺流而下转写人物活动及其情态，动静结合。然后再补写自然物色，由晴朗的碧空和轻扬的春风，自然地推向寥廓的宇宙及大千世界中的万物。意境清丽淡雅，情调欢快畅达。兰亭宴集，真可谓"四美俱，二难并"。

但天下没有不散的宴席，有聚合必有别离，所谓"兴尽悲来"当是人们常有的心绪，尽管人们取舍不同，性情各异。接下来的议论和抒情，作者在表现人生苦短、生命不居的感叹中，流露着一腔对生命的向往和执着的热情。王羲之对待死生发出的感慨，而力斥老庄“一死生”“齐彭、殇”的看法为虚伪妄作，认为生是生，死是死，不能等量齐观，这一点是胜于当时那些清谈家的。

但是此文以及书帖的著作权，从古至今，始终是一个有争议的问题。在古代，唐太宗李世民断定书帖是王羲之的真迹，后世历代帝王重臣都大力宣传。但也不断有人提出异议，谈其真伪。在当代，1965 年还由毛泽东促成了郭沫若和高二适的争论引起的关于《兰亭序帖》真伪问题的讨论。

1965 年《光明日报》开始编发关于《兰亭序》真伪问题的讨论文章，毛泽东对这一讨论很是关注。1965 年 5 月，郭沫若经过考证，撰写了一篇文章：《由王谢墓志的出土论到〈兰亭序〉的真伪》，指出相传的《兰亭序》后半部文字，兴感无端，不符合王羲之的性格和思想感情，“是在《临河序》的基础上加以删改、移易、扩大而成的”（半真半假）的作品；它的书体也和近年出土的东晋王氏墓志不同，是唐人所伪托的赝品。

6 月 10 日及 11 日，郭沫若这篇文章在《光明日报》和《文物》杂志（同年第 6 期）同时发表。南京文史馆馆员高二适看后，不同意此文的看法，写了一篇《〈兰亭序〉的真伪驳议》，并寄给章士钊指点、修改后，请他推荐给毛泽东“评鉴”（章士钊也不同意郭沫若的看法，曾在他编撰的《柳文指要》一书中，坚持《兰亭序帖》非伪，《兰亭序文》为真）。7 月 16 日，章士钊写信给毛泽东，将此文连同作者高二适给他的信一起附送，希望能够发表。毛泽东看过文章和来信后于 18 日复信给章士钊说：“高先生评郭文已读过，他的论点是地下不可能发掘出真、行、草墓石。草书不会书碑，可以断言。至于真、行是否曾经书碑，尚待地下发掘证实。但争论是应该有的，我当劝说郭老、康生、伯达诸同志赞成高二适一文公诸于世。”（《毛泽东书信选集》，人民出版社 1983 年版，第 602 页）

同日，毛泽东把有关信函、文稿以及回复章士钊的信，一起送给郭沫若。他在给郭的信中写道：“章行严先生一信，高二适先生一文均寄上，请研究酌处。我复章先生信亦先寄你一阅。笔墨官司，有比无好。未知尊意如何？”（同上，第 604 页）郭沫若接信后接受毛泽东的意见，同意发表高二适的文章，并准备写文章同他讨论。他当天就约光明日报社的有关同志前去商谈，建议《光明日报》本着百家争鸣方针，早日发表高二适的文章，并在报纸上组织讨论。

7 月 23 日，《光明日报》发表了高二适的文章。8 月 12 日，郭沫若写了同高二适进行讨论的文稿《〈驳议〉的商讨》送交报社。郭沫若在文中说：他已仔细地阅读了高二适的文章。“对于学术问题，高先生肯把不同的意见提供出来，进行讨论，这是很好的事，《兰亭序》依托说，如果经过《驳议》，证明确实是‘站不住脚’，我愿意认错，撤销这种说法。但在仔细阅读了《驳议》之后，却感觉这种说法尚未被驳倒。因此，我要把我的意见再写些出来，做进一步的商讨。”郭沫若在反驳高二适的时候，摘引了清代名书画家赵之谦批评唐太宗的一段话并说：“与赵之谦‘妄言’相比，高先生的《驳议》却是在绝对信仰唐太宗及其群臣。……既是‘玄鉴’，又是‘睿赏’，凡是唐太宗所过目的，便绝无真伪可言。高先生之信仰唐太宗，似乎比唐初群臣有过之而无不及了。”

高二适的文章在报纸上发表后，毛泽东一直关注这场讨论。8 月 17 日，他同党和国家其他领导人在接见部队干部时，曾经问起“郭老的《兰亭序》官司怎样了，能不能打赢”？郭沫若得知此事，当天就把所写的《〈驳议〉的商讨》《〈兰亭序〉与老庄思想》两篇文章的清样送给毛泽东。毛泽东很快看完了清样。8 月 20 日，他在退回清样时写信给郭沫若说：8 月 17 日信及大作两篇清样，均已收读。文章极好。特别是找出赵之谦骂皇帝一段有力……第一页上有一点文字上的意见，是否如此，请酌定。

8 月 21 日，郭沫若这篇《〈驳议〉的商讨》在《光明日报》上发表。这场关于《兰亭序》真伪问题的讨论，在毛泽东的支持下，就从《光明日报》开始，逐渐在一些报刊上展开了，持续六七个月之久。争论双方的主要文章，文物出版社编辑部 1973 年汇编为《兰亭论辩》一书出版。

毛泽东热情促成关于《兰亭序》帖和文的讨论，不仅说明他对这个学术问题的关注，也可以看出他提倡学术争鸣的一贯主张。

12. 郦道元《水经注》:“三峡”“中流砥柱”

郦道元(约470—527),字善长,范阳涿鹿郦亭(今河北涿州道元村)人。南北朝时期北魏地理学家、散文家。平东将军郦范之子。

郦道元仕途坎坷,终未能尽其才。曾任御史中尉、北中郎将等职,还做过冀州长史、鲁阳郡太守、东荆州刺史、河南尹等,执法严峻,后被北魏朝廷任命为关右大使。北魏孝昌三年(527),在阴盘驿为萧宝寅部将郭子恢所杀。

郦道元年少时博览奇书,幼时曾随父亲到山东访求水道,后又游历秦岭、淮河以北和长城以南的广大地区,考察河道沟渠,搜集有关的风土民情、历史故事、神话传说,撰《水经注》四十卷。

《水经注》是古代中国地理名著,因注《水经》而得名。《水经》是中国第一部记述河道水系的专著。旧传为西汉桑钦所作。经清代学者考证,大概是三国时人所作。原书列举大小河道137条,内容非常简略。郦道元就力之所及,搜集了有关水道的记载和他自己游历各地、跋涉山川的见闻为《水经》作注,对《水经》中的记载予以详细阐明并大为扩充,介绍了1252条河流。注中除记载水道变迁沿革外,还记叙了两岸的山陵城邑、风土人情、珍物异事。凡北魏以上的掌故、旧闻都可以得到考证。单以兵要地理资料一项而言,全注记载的自古以来的大小战役不下300次,许多战例都生动地说明了熟谙地理,利用地形,争夺桥梁、险道、仓储的重要性。《水经注》对研究中国古代的历史、地理有很多的参考价值。

郦道元在给《水经》作注过程中,十分注重实地考察和调查研究,同时还博览了大量前人著作,查看了不少精确详细的地图。据统计,郦道元写《水经注》一共参阅了四百三十七种书籍。它名义上是注释《水经》,实际上是在《水经》基础上的再创作。全书记述了1252条河流,比原著增加了近千条,文字增加了二十多倍,内容比《水经》原著要丰富得多,是我国最全面、最系统的综合性地理著作。该书还记录了不少碑刻墨迹和渔歌民谣,文笔绚烂,语言清丽,是一部优美的散文汇集,可称为我国游记文学的开创者，对后世游记散文的发展影响颇大。

其对长江、黄河的记载，最有名的就是《三峡》《中流砥柱》。我们先看《三峡》：

江水又东，经广溪峡，斯乃三峡之首也。峡中有瞿塘、黄龛二滩，其峡盖自昔禹凿一通江，郭景纯所谓“巴东之峡，夏侯疏凿”者也。

江水又东，经巫峡，杜宇所凿以通江水也。江水历峡，东经新崩滩，其间首尾百六十里，谓之巫峡，盖因山为名也。

自三峡七百里中，两岸连山，略无阙处；重岩叠嶂，隐天蔽日：自非亭午夜分，不见曦月。

至于夏水襄陵，沿溯阻绝。或王命急宣，有时朝发白帝，暮到江陵，其间千二百里，虽乘奔御风，不以疾也。

春冬之时，则素湍绿潭，回清倒影。绝巘多生怪柏，悬泉瀑布，飞漱其间，清荣峻茂，良多趣味。

每至晴初霜旦，林寒涧肃，常有高猿长啸，属引凄异，空谷传响，哀转久绝。故渔者歌曰：“巴东三峡巫峡长，猿鸣三声泪沾裳！”……

本文是节选《水经注·江水》的“三峡”部分。这段文字写举世闻名的长江三峡——瞿塘峡、巫峡、西陵峡，主要写巫峡两岸高峻的山势、奔流的江水，以及三峡中四时景色的变化，有声有色，文字优美，富有诗意，成为传诵的名篇。

《水经注·河水》中最出色的文字，就是《中流砥柱》：

砥柱，山名也。昔禹治洪水，山陵当水者，凿之，故破山以通河。河水分流，包山而过。山见水中若柱然，故曰砥柱也。

1945 年 4 月 24 日，毛泽东在《论联合政府》一文中说：“没有中国共产党的努力，没有中国共产党人做中国人民的中流砥柱，中国的独立和解放是不可能的，中国的工业化和农业近代化也是不可能的。”（《毛泽东选集》第三卷，人民出版社 1991 年版，第 1098 页）

《水经注·河水》中的“中流砥柱”是黄河的一大景观。文中记述了砥柱的形成和雄姿，文字也很生动。砥柱，山名，因其屹立于河南三门峡东北黄河中游，其形如柱，故称中流砥柱，后用以比喻能顶住危局的坚强力量或重要人物。毛泽东在《论联合政府》中用来比喻中国共产党，极为贴切。

1958 年 1 月 28 日，《毛泽东在最高国务会议上的讲话》中说：“我看《水经注》的作者也是一位了不起的人。他不到处跑怎么能写得那么好？这不仅是科学作品，也是文学作品。”（龚育之等《毛泽东的读书生活》，三联书店 1986 年版，第 270 页）

毛泽东不仅赞扬《三峡》和《中流砥柱》文章写得好，而且还赞扬作者“也是一位了不起的人”，评价很高。

13.《三国志》：“士别三日”

《三国志》，西晋陈寿撰，记载魏、蜀、吴三国鼎立时期的纪传体国别史，详细记载了从魏文帝黄初元年（220）到晋武帝太康元年（280）六十年的历史。共六十五卷，分魏、蜀、吴三志。没有记载王侯、百官世系的“表”，也没有记载经济、地理、职官、礼乐、律历等的“志”，不符合《史记》和《汉书》所确立下来的一般正史的规范。陈寿是晋朝朝臣，晋承魏而得天下，所以《三国志》尊魏为正统。《三国志》为曹操、曹丕、曹睿分别写了武帝纪、文帝纪、明帝纪，而《蜀书》则记刘备、刘禅为先主传、后主传，记孙权称吴主传，记孙亮、孙休、孙皓为三嗣主传，吴蜀均只有传，没有纪。《三国志》叙述较为简略。南朝宋裴松之为之作注，注文多出本文数倍，保存的史料甚丰。近人卢弼有《三国志集解》。

《三国志》不仅是一部史学巨著，更是一部文学巨著。陈寿在尊重史实的基础上，以简练、优美的语言绘制了一幅幅三国人物肖像图。人物塑造得非常生动。

陈寿（233—297），字承祚，西晋巴西安汉（今四川南充北）人，西晋著名史学家。他少好学，有志于史学事业，对于《尚书》《春秋》《史记》《汉书》等进行过深入的研究。师事同郡学者谯周，在蜀汉时任观阁令史。当时，宦官黄皓专权，大臣都曲意附从。陈寿因为不肯屈从黄皓，所以屡遭遣黜。入晋以后，历任著作郎、治书侍御史等职。公元280年，西晋灭东吴，结束了分裂局面。陈寿当时四十八岁，集合三国时期官私所修史书，十余年间，撰成《三国志》。

裴松之（372—451），字世期，南朝宋河东闻喜（今山西闻喜）人，后移居江南。著名史学家，为《三国志》作注。与儿子裴骃、曾孙裴子野祖孙三代有“史学三裴”之称。

裴松之少为殿中将军，后拜尚书祠部郎。曾随刘裕北伐，累官至中书侍郎、南琅邪太守。宋文帝使注陈寿《三国志》，他博采群书一百四十余种，注文以补缺、备异、惩妄、论辩为宗旨，达三十二万余字，略少于原著，开史书作注新例。文帝赞为“不朽之作”。

毛泽东给裴松之注以很高的评价。1959年4月5日，毛泽东在中共八届七中全会上说：“颜师古注《前汉书》，李贤注《后汉书》，裴松之注《三国志》，就是尽量使你了解，而且反反复复。”1960年初，读了前苏联《政治经济学教科书》（第三版）以后，毛泽东说：“为了搞经济学，要参考一下古人怎样搞学问。像《史记》这样的文章和后来人对它的注释，都很严格、准确。裴松之注《三国志》收集了很多的材料。”（《党的文献》1994年第5期）在此前读《后汉书·光武帝纪》时，毛泽东于天头写了一则批语说：“裴松之注三国，有极大的好处，有些近于李贤，而长篇大论收集大量历史资料，使读者感到爱看。‘青出于蓝而胜于蓝’，其此之谓欤？譬如积薪，后来居上。章太炎说，读三国要读裴松之注，英雄巨眼，不其然乎？”（《毛泽东读文史古籍批语集》，中央文献出版社1993年版，第129—130页）据今见毛泽东读《三国志》所写批语，很多就是为裴注文字所作的，如《武帝纪》所引袁宏《汉纪》载汉帝诏，眉批：“此等语竟被利用”；所引《献帝纪》载禅代众事诸奏章，眉批：“尧幽囚，顺野死”；《刘表传》所引司马彪《战略》记有诱杀宗贼（地方豪强），眉批：“杀降不祥，孟德不为也”；《全琮传》载全琮密表，眉批：“都是废话”；等等。下面孙权劝吕蒙读书就是最有名的一个。

《三国志·卷五十四·吴书九·周瑜鲁肃吕蒙传》：

“蒙少不修书传，每陈大事，常口占为笺疏。”裴松之注引《江表传》：“鲁肃代周瑜，当之陆口，过蒙屯下。肃意尚轻蒙，或说肃曰：‘吕将军功名日显，不可以故意待之，君宜顾之。’遂往诣蒙。酒酣，蒙问肃曰：‘君受重任，与关羽为邻，将何计略，以备不虞？’肃造次应曰：‘临时施宜。’蒙曰：‘今东西虽为一家，而关羽实虎熊也，计安可不豫定？’因为肃划五策。肃于是越席就之，拊其背曰：‘吕子明，吾不知卿才略所及乃至于此也。’遂拜蒙母，结友而别。

“初，权谓蒙及蒋钦曰：‘卿今并当涂掌事，宜学问以自开益。’蒙曰：‘在军中常苦多务，恐不容复读书。’权曰：‘孤岂欲卿治经为博士邪？但当令涉猎见往事耳。卿言多务，孰若孤？孤少时历《诗》《书》《礼记》《左传》《国语》，惟不读《易》。至统事以来，省三史（魏晋南北朝以《史记》《汉书》《东观汉记》为三史）、诸家兵书，自以为大有所益。如卿二人，意性朗悟，学必得之，宁当不为乎？宜急读《孙子》《六韬》《左传》《国语》及三史。孔子言：“终日不食，终夜不寝以思，无益，不如学也。”光武当兵马之务，手不释卷，孟德亦自谓老而好学，卿何独不自勉勖邪？”

“蒙始就学，笃志不倦，其所览见，旧儒不胜。后鲁肃上代周瑜，过蒙言议，常欲受屈。肃拊蒙背曰：‘吾谓大弟但有武略耳，至于今者，学识英博，非复吴下阿蒙。’蒙曰：‘士别三日，即更刮目相待。大兄今论，何一称穰侯乎？兄今代公瑾，既难为继，且与关羽为邻。斯人长而好学，读《左传》略皆上口，梗亮有雄气，然性颇自负，好凌人。今与为对，当有单复（单复，犹奇正，古代战术之一），以卿（卿，当为“乡”。从卢弼说）待之。’密为肃陈三策。肃敬受之，秘而不宣。

“权常叹曰：‘人长而进益，如吕蒙、蒋钦，盖不可及也。富贵荣显，更能折节好学，耽悦书传，轻财尚义，所行可迹，并作国士，不亦休乎？’”

孙权劝学，先一语破的，向吕蒙指出“学”的必要性，即因其“当涂掌事”的重要身份而不可不学；继而现身说法，指出“学”的可能性，使吕蒙无可推辞，“乃是就学”；而学的结果，通过鲁肃的赞扬：“学识英博，非复吴下阿蒙”；吕蒙也很自信，答以：“士别三日，当刮目相待。”意思是：人离别三天之后，就应当擦亮眼睛，重新认识和对待。这里的“士”，指知识分子，也泛指一般人。“三日”，指时间很短，不是实指三天。“刮目”，即擦亮眼睛（认真观看）。“相待”，即对待。吴下，现江苏长江以南；阿蒙，指吕蒙。居处吴下一隅的吕蒙，比喻人学识尚浅。最后，以孙权称赞吕蒙和蒋钦“并作国士，不亦休乎”作结。“国士”，国中杰出的人物。“休”，美善之意。

毛泽东十分赞赏吕蒙身为武将而能勤奋苦读的精神，1958年9月，他在到安徽视察的火车上，对陪同考察的民主人士张治中和公安部部长罗瑞卿说：“吕蒙是行伍出身的，没有文化，很感不便，后来孙权劝他读书，他接受了劝告，勤读苦读，以后当了东吴的统帅。现在我们的高级军官中，百分之八九十都是行伍出身，参加革命后才学文化的，他们不可不读《三国志》的《吕蒙传》。”（余湛邦《张治中将军随同毛泽东巡视大江南北的日子》，1983年12月13日《团结报》）毛泽东还向罗瑞卿推荐《吕蒙传》说：公安干警应该成为有文有武的人，才能适应社会主义建设新时期的要求。

在这之后，当年10月25日，毛泽东复信他的老同学周世钊，对他受任湖南省副省长的新职，进行鼓励说：“你的勇气，看来比过去大有增加。士别三日，当刮目相看了。”又用“士别三日，当刮目相看”的典故，赞扬周世钊变化之大，勇气大有增加。

14.《晋书》:“随陆无武，绛灌无文”

《晋书》为纪传体，唐房玄龄等人合著。它记载的历史上起三国时期司马懿早年，下至东晋恭帝元熙二年（420）刘裕废晋帝自立，以宋代晋。该书同时还以“载记”形式，记述了十六国政权的状况。原有叙例、目录各一卷，帝纪十卷，志二十卷，列传七十卷，载记三十卷，共一百三十二卷。后来叙例、目录失传，今存一百三十卷。

房玄龄（579—648），名乔，字玄龄，唐代齐州临淄（今山东济南）人，清河房氏出身，鲜卑人，房彦谦之子。唐朝初年名相。房玄龄18岁时本州举进士，授羽骑尉。在渭北投秦王李世民后，为秦王参谋划策，典管书记，是秦王得力的谋士之一。唐武德九年（626），他参与玄武门之变，与杜如晦、长孙无忌、尉迟敬德、侯君集五人并功第一。唐太宗李世民即位后，任房玄龄为中书令；贞观三年（629）二月为尚书左仆射；贞观十一年（637）封梁国公；贞观十六年（642）七月进位司空，仍总理朝政。贞观二十二年（648），房玄龄病逝，谥文昭。房玄龄曾受诏重撰《晋书》。其言论见《贞观政要》。

《晋书》卷一百零一《载记》第一：

刘元海，新兴匈奴人，冒顿之后也。名犯高祖庙讳，故称其字焉。

初，汉高祖以宗女为公主，以妻冒顿，约为兄弟，故其子孙遂冒姓刘氏。建武初，乌珠留若鞮单于子右奥鞬日逐王比自立为南单于，入居西河美稷，今离石左国城即单于所徙庭也。中平中，单于羌渠使子于扶罗将兵助汉，讨平黄巾。会羌渠为国人所杀，于扶罗以其众留汉，自立为单于。属董卓之乱，寇掠太原、河东，屯于河内。于扶罗死，弟呼厨泉立，以于扶罗子豹为左贤王，即元海之父也。魏武分其众为五部，以豹为左部帅，其余部帅皆以刘氏为之。太康中，改置都尉，左部居太原兹氏，右部居祁，南部居蒲子，北部居新兴，中部居大陵。刘氏虽分居五部，然皆居于晋阳汾涧之滨。

豹妻呼延氏，魏嘉平中祈子于龙门，俄而有一大鱼，顶有二角，轩鬐跃鳞而至祭所，久之乃去。巫觋皆异之，曰："此嘉祥也。"其夜梦旦所见鱼变为人，左手把一物，大如半鸡子，光景非常，授呼延氏，曰："此是日精，服之生贵子。"寤而告豹，豹曰："吉征也。吾昔从邯郸张冏母司徒氏相，云吾当有贵子孙，三世必大昌，仿像相符矣。"自是十三月而生元海，左手文有其名，遂以名焉。龆龀英慧，七岁遭母忧，擗踊号叫，哀感旁邻，宗族部落咸共叹赏。时司空太原王昶闻而嘉之，并遣吊赙。幼好学，师事上党崔游，习《毛诗》《京氏易》《马氏尚书》，尤好《春秋左氏传》《孙吴兵法》，略皆诵之，《史》《汉》、诸子，无不综览。尝谓同门生朱纪、范隆曰："吾每观书传，常鄙随陆无武，降灌无文。道由人弘，一物之不知者，固君子之所耻也。二生遇高皇而不能建封侯之业，两公属太宗而不能开庠序之美，惜哉！"于是遂学武事，妙绝于众，猿臂善射，膂力过人。姿仪魁伟，身长八尺四寸，须长三尺余，当心有赤毫毛三根，长三尺六寸。有屯留崔懿之、襄陵公师彧等，皆善相人，及见元海，惊而相谓曰："此人形貌非常，吾所未见也。"于是深相崇敬，推分结恩。太原王浑虚襟友之，命子济拜焉。（节录）

《晋书·刘元海传》，写两晋之交匈奴人刘元海的事迹。此人名渊，本是匈奴人。因西汉初年冒顿单于娶汉高祖宗女公主为妻，因而冒姓刘氏。此人智勇双全，在晋室削弱、少数民族势力强盛之时，利用汉代刘氏宗室后裔相号召，依靠匈奴势力，联合鲜卑武装，割据一方。晋惠帝永兴元年（304），僭即汉王位，年号元熙。于西晋怀帝永嘉二年（308）僭即皇帝位，改元永凤，迁都平阳，建立汉政权。在位六年。死后其子刘聪继位。刘元海读史书时，曾评价西汉初年的文臣武将，曾说："吾每观书传，常鄙随陆无武，绛灌无文。"就是说他看不起随何、陆贾这两位文臣，只有文韬而没有武略，即使遇到汉高祖这样有雄才大略的人，也不能统一天下；也看不起周勃、灌婴这两位武将，因为他们只会打仗而不会治理国家。也就是说，在他看来，应该文武兼备，方能成就大业。于是"遂学武事，妙绝于众"，终于在群雄割据的乱世，雄霸一方，成了小气候。

1973年12月21日，毛泽东同中央军委的同志谈话，借用《晋书·刘元海传》中刘元海评价汉初将相"随陆无武，绛灌无文"的话，劝许世友将军"以后搞点文学"（董学文等:《毛泽东的文艺美学活动》，高等教育出版社1995年版，第247页）。毛泽东是借刘元海的话，勉励中国人民解放军的高级将领，要"文武结合""文官务武，武官务文"，为我党的干部成才指明了一条道路。这是毛泽东以史为鉴的一个好范例。

15.《晋书》：荀灌娘搬兵救父

荀灌（303—？），字灌娘，故又称“荀灌娘”，颍川临颍（今河南临颍）人，散骑常侍、平乐伯荀崧之女，是我国古代智勇双全的女英雄。她13岁时，便做出了一件惊天动地的大事情。

> 荀崧小女灌，幼有奇节。崧为襄城太守，为杜曾所围，力弱食尽，欲求救于故吏平南将军石览，计无从出。灌时年十三，乃率勇士数十人，逾城突围夜出。贼追甚急。灌督厉将士，且战且前，得入鲁阳山获免。自诣览乞师，又为崧书与南中郎将周访请援，仍结为兄弟。访即遣子抚率三千人，会石览俱救崧。贼闻兵至，散走，灌之力也。

本文选自《晋书》卷九十六《列传》第六十六《列女》。列女，同烈女。指重义轻生、有节操的女子。文中记载了东晋襄城太守荀崧十三岁的次女荀灌娘，在父亲被围时，率壮士数十人突围而出搬取救兵，解救父亲和全城军民的故事，表现了年幼的荀灌娘过人的智慧和勇敢。

1958年5月8日，毛泽东在中共八大二次会议做第一次讲话，主要讲破除迷信的问题。

毛泽东说：自古以来，很多学者、发明家、创新学派开始都是年轻的，学问比较少的，都是被人看不起的，或是被压迫的人……

南北朝时候有个荀灌娘，河南临颍县人，是个13岁的女孩子，顶多只是初中一年级学生。他和父亲被围的时候，敢带几十个人杀出重围到襄阳去搬兵。你看她有多大本事。（王梦初：《“大跃进”亲历记》，人民出版社2008年版，第290页）

毛泽东在这次讲话中列举古今中外出身卑微而有建树或年轻有为者31人，其中就有荀灌娘，表现了毛泽东对青年人寄予厚望。

16. 孙思邈："胆欲大而心欲小，智欲圆而行欲方"

孙思邈（541—682），京兆华原（今陕西铜川耀州区孙家塬）人，他是我国乃至世界历史上著名的医学家和药物学家。历史上，被人们尊为"药王"。

孙思邈出生于一个贫穷农民的家庭。他从小就聪明过人，长大后通诸子百家学说，爱好道家、老庄学说，兼好佛典，于医药研究最深。隐居陕西终南山中，并渐渐获得了很高的声名。隋文帝时征为国之博士，不就。唐太宗、高宗先后召见他，授谏议大夫，但他称疾还太白山。卒时百余岁。自注《老子》《庄子》，著《千金方》《千金翼方》，行于世。又撰《会三教论》《摄生真录》《枕中素书》《福禄论》等。

唐朝建立后，孙思邈接受朝廷的邀请，与政府合作开展医学活动。唐高宗显庆四年（659），完成了世界上第一部国家药典《唐新本草》。

> （卢）照邻有恶疾，医所不能愈，乃问思邈："名医愈疾，其道何如？"思邈曰："胆欲大而心欲小，智欲圆而行欲方。《诗》：'如临深渊，如履薄冰'，谓小心也；'赳赳武夫，公侯干城'，谓大胆也。'不为利回，不为义疚'，行之方也；'见机而作，不俟终日'，智之圆也。"

《旧唐书》，记载唐朝历史的纪传体史书。二百卷。内帝纪二十卷，志三十卷，列传一百五十卷。五代后晋时刘昫、张昭远等撰。记载了唐朝自高祖武德元年（618）至哀帝天佑四年（907）共290年的历史。

刘昫（887—946），字耀远，中国五代时涿州归义（今河北雄县）人，五代史学家、后晋政治家。后唐庄宗时任太常博士、翰林学士。后晋时，官至司空、平章事。后晋出帝开运二年（945）招撰《唐书》（《旧唐书》）200卷。实为张昭远、赵莹诸人所作。

孙思邈对良医的诊病方法做了总结："胆欲大而心欲小，智欲圆而行欲方。""胆大"，是要如赳赳武夫般自信而有气质；"心小"，是要如同在薄冰上行走，在峭壁边落足一样时时小心谨慎；“智圆”，是指遇事圆活机变，不得拘泥，须有制敌机先的能力；“行方”，是指不贪名、不夺利，心中自有坦荡天地。这就是孙思邈对于良医的要求。其实，何止于医者，仅从为人的角度上来讲，恐怕要做一个有气度、有担当的人，也不悖此道吧！

本文选自《旧唐书》卷一百九十一《列传》第一百四十一《方伎》。其中“胆欲大而心欲小”二句，又见唐刘肃《大唐新语·隐逸》：“孙思邈对卢照邻曰：‘智欲圆而行欲方，胆欲大而心欲小。’”最早见于《淮南子·主术训》：“心欲小而志欲大，智欲圆而行欲方，能欲多而事欲鲜。”意谓胆量要大，心思要细密，智谋要圆通，行为要端正。后来便成为名言，也简作“智圆行方”“胆大心细”等。

1959年6月，正当由于“大跃进”而造成国民经济比例严重失调之时，毛泽东在一次个人谈话中说，我们过去八年的经济建设都是平衡的，就是去年下半年刮了七八个月的“共产风”，没有注意综合平衡，因此产生经济失调现象。他接着引用了唐朝医学家孙思邈的话：“胆欲大而心欲小，智欲圆而行欲方。”又引用曹操批评袁绍的话：“志大而智小，色厉而胆薄，忌克而少威，兵多而分画不明，将骄而政令不一，土地虽广，粮食虽丰，适足以为吾奉也。”毛泽东引用这些话是要说明，我们做经济工作应该有清醒的头脑，胆大心细，多思慎行，统筹全局，责任分明，不然，就会造成损失。（龚育之等：《毛泽东的读书生活》，三联书店1986年版，第211页）

毛泽东在1959年一次个人谈话中引用孙思邈和曹操的话，是对“大跃进”中“共产风”造成国民经济严重失调的反思和自我批评，希望能引起全党同志注意，改进工作作风，把工作做得更好。

（二）毛泽东评点魏晋南北朝骈文

1. 曹丕《典论·论文》：开创“中国自觉的文学批评的历史”

骈文，又称骈体文、骈俪文或骈偶文，古代中国以字句两两相对而成篇章的文体。因其常用四字句、六字句，故也称“四六文”或“骈四俪六”。全篇以双句（俪句、偶句）为主，讲究对仗的工整和声律的铿锵。起源于汉、魏，形成并盛行于南北朝，唐以后，骈文的形式日趋完善，出现了通篇四、六句式的骈文，所以宋代一般又称骈文为四六文。在元、明两代成为绝响。至清初，作者接踵而起，以清末王闿运为最后一个作家。

曹丕（187—226），字子桓，沛国谯（今安徽亳州）人，三国时期魏国君主、政治家、文学家。魏武帝曹操次子。曹丕文武双全，八岁能提笔为文，善骑射，好击剑，博览古今经传，通晓诸子百家学说。东汉建安十六年（211），为五官中郎将、副丞相。二十二年（217），立为太子。延康元年（220），曹操死，继位为丞相、魏王。当年十月，迫汉帝禅位，自立为帝，国号魏，改元黄初，将都城由许昌迁至洛阳。在位七年。他在位期间，平定边患，击退鲜卑，和匈奴、氐、羌等外夷修好，恢复汉朝在西域的设置。

曹丕爱好文学，并有相当的成就，曾写下《燕歌行》等中国较早的优秀七言诗。其所著《典论·论文》，在中国文学批评史上占有重要地位。今存诗歌四十余首。有《魏文帝集》。

《典论·论文》原文如下：

文人相轻，自古而然。傅毅之于班固，伯仲之间耳；而固小之，与弟超书曰：“武仲以能属文为兰台令史，下笔不能自休。”夫人善于自见，而文非一体，鲜能备善，是以各以所长，相轻所短。里语曰：“家有弊帚，享之千金。”斯不自见之患也。

今之文人：鲁国孔融文举，广陵陈琳孔璋，山阳王粲仲宣，北海徐干伟长，陈留阮瑀元瑜，汝南应玚德琏，东平刘桢公干。斯七子者，于学无所遗，于辞无所假，咸自以骋骥马录于千里，仰齐足而并驰。以此相服，亦良难矣！盖君子审己以度人，故能免于斯累，而作论文。

王粲长于辞赋，徐干时有齐气，然粲之匹也。如粲之《初征》《登楼》《槐赋》《征思》，干之《玄猿》《漏卮》《圆扇》《橘赋》，虽张、蔡不过也。然于他文，未能称是。琳、瑀之章表书记，今之隽也。应玚和而不壮；刘桢壮而不密。孔融体气高妙，有过人者；然不能持论，理不胜辞，以至乎杂以嘲戏；及其所善，扬、班俦也。常人贵远贱近，向声背实，又患闇于自见，谓己为贤。

夫文本同而末异，盖奏议宜雅，书论宜理，铭诔尚实，诗赋欲丽。此四科不同，故能之者偏也；唯通才能备其体。

文以气为主，气之清浊有体，不可力强而致。譬诸音乐，曲度虽均，节奏同检，至于引气不齐，巧拙有素，虽在父兄，不能以移子弟。

盖文章，经国之大业，不朽之盛事。年寿有时而尽，荣乐止乎其身，二者必至之常期，未若文章之无穷。是以古之作者，寄身于翰墨，见意于篇籍，不假良史之辞，不讬飞驰之势，而声名自传于后。故西伯幽而演《易》，周旦显而《礼》，不以隐约而弗务，不以康乐而加思。夫然，则古人贱尺璧而重寸阴，惧乎时之过已。而人多不强力；贫贱则慑于饥寒，富贵则流于逸乐，遂营目前之务，而遗千载之功。日月逝于上，体貌衰于下，忽然与万物迁化，斯志士之大痛也！

融等已逝，唯干著论，成一家言。

曹丕的《典论》是一部有关政治、文化的论述，共五卷二十篇。全书大概在宋代亡佚，今仅存《自叙》《论文》两篇较为完整。《典论·论文》包括四部分内容：第一，它批评了“文人相轻”的陋习，指出那是“不自见之患”，提出应当“审己以度人”，才能避免此累。第二，评论了“今之文人”，即建安“七子”在文学上的才力及不足，分析了不同文体的不同写作要求，说唯有“通才”才能兼备各体。第三，提出“文以气为主”的命题，说“气之清浊有体，不可力强而致”“虽在父兄，不能以移子弟”。这里的“气”，实际上指的是作家的气质和个性。曹丕的这一观点，表明他对创作个性的重要性已有比较充分的认识。第四，论述了文学事业的社会功能，将它提到“经国之大业，不朽之盛事”的高度，又说“年寿有时而尽，荣乐止乎其身”，都不如文章能传诸无穷。

鲁迅说：“曹丕的一个时代可以说是‘文学的自觉时代’，或如近代所说是为艺术而艺术的一派。”（鲁迅：《魏晋风度及文章与药及酒之关系》）那么，《典论·论文》则可说是文学的自觉时代的自觉的文学批评的理论代表作。在这之前，中国古代文论还处于不自觉的胚胎阶段。先秦诸子的文论，多属片言只语。汉后诸家论文也还未从学术中分离出来。其中，个别序、赞形式的文学批评，也只是讨论某一具体作家作品，限于一篇一书。直到《论文》出现，才成为中国文学批评史上第一篇宏观的多角度地论述文学理论问题的专著。它冲击了汉代后期统治文坛的陈腐观念，总结了建安文学的新特点和新经验，开创了盛极一时的魏晋南北朝文学批评之先例。《典论·论文》以宏观的方法，从全局着眼，论述了有关文学事业的几个重要问题，比较全面、系统，而且上升到一定理论高度，肯定了文学的独特价值，因此被称为中国文学批评史上第一篇文学批评专论。

1957 年 3 月 8 日，毛泽东在《同文艺界代表的谈话》中说：“中国自觉的文学批评的历史是从哪里开始的呢？从曹丕的《典论·论文》和曹植的《与杨德祖书》开始的吧！以后有《文心雕龙》等。”（《毛泽东文集》第七卷，人民出版社 1999 年版，第 256 页）毛泽东肯定了曹丕、曹植兄弟在中国文学批评史上开创性的功勋。

曹丕还有《与吴质书》，也是一篇文学批评专论。

2. 曹植《与杨德祖书》的开创之功

曹植（192—232），三国时魏诗人。字子建，封陈王，卒后谥思，世称陈思王，谯（今安徽亳州）人。他是曹操之妻卞氏所生第三子。曹植自幼颖慧，年10岁余，便诵读诗、文、辞赋数十万言，出言为论，下笔成章，深得曹操的宠信。曹操曾经认为曹植在诸子中“最可定大事”，几次想要立他为太子。然而曹植行为放任，屡犯法禁，引起曹操的震怒，而他的兄长曹丕则颇能矫情自饰，终于在立储斗争中渐占上风，并于建安二十二年（217）得立为太子。建安二十五年（220），曹操病逝，曹丕继魏王位，不久又称帝。曹植的生活从此发生了根本性的改变。他从一个过着优游宴乐生活的贵公子，变成处处受限制和打击的对象。其所作诗赋善用比兴，辞采华美，骨力劲健，在文学史上有重要地位，后人辑有《曹子建集》。

1957年3月8日，毛泽东在《同文艺界代表的谈话》中说：“中国自觉的文学批评的历史是从哪里开始的呢？从曹丕的《典论·论文》和曹植的《与杨德祖书》开始的吧！以后有《文心雕龙》等。”（《毛泽东文集》第七卷，人民出版社1999年版，第256页）

曹植《与杨德祖书》原文如下：

植曰：数日不见，思子为劳，想同之也。

仆少好为文章，迄至于今，二十有五年矣，然今世作者，可略而言也。昔仲宣独步于汉南，孔璋鹰扬于河朔，伟长擅名于青土，公干振藻于海隅，德琏发迹于大魏，足下高视于上京。当此之时，人人自谓握灵蛇之珠，家家自谓包荆山之玉，吾王于是设天网以该之，顿八纮以掩之，今悉集兹国矣。然此数子犹复不能飞轩绝迹，一举千里。以孔璋之才，不闲于辞赋，而多自谓能与司马长卿同风，譬画虎不成反为狗也，前书嘲之，反作论盛道仆赞其文。夫钟期不失听，于今称之，吾亦不能妄叹者，畏后世之嗤余也。

世人之著述，不能无病，仆常好人讥弹其文，有不善者，应时改定昔丁敬礼常作小文，使仆润饰之，仆自以才不过若人，辞不为也。敬礼谓仆，卿何疑难，文之佳恶，吾自得之，后世谁相知定吾文者邪？吾常叹此达言，以为美谈。昔尼父之文辞，与人流通，至于制《春秋》，游夏之徒乃不能措一辞。过此而言不病者，吾未之见也。

盖有南威之容，乃可以论于淑媛，有龙渊之利，乃可以议于断割，刘季绪才不能逮于作者，而好诋诃文章，掎摭利病。昔田巴毁五帝，罪三王，訾五霸于稷下，一旦而服千人，鲁连一说，使终身杜口。刘生之辩，未若田氏，今之仲连，求之不难，可无息乎？人各有好尚，兰荪蕙之芳，众人所好，而海畔有逐臭之夫；咸池六茎之发，众人所同乐，而墨翟有非之论，岂可同哉！

今往仆少小所著辞赋一通相与，夫街谈巷说，必有可采，击辕之歌有应风雅，匹夫之思，未易轻弃也。辞赋小道，固未足以揄扬大义，彰示来世也。昔扬子云先朝执戟之臣耳，犹称壮夫不为也。吾虽德薄，位为藩侯，犹庶几戮力上国，流惠下民，建永世之业，流金石之功，岂徒以翰墨为勋绩，辞赋为君子哉！若吾志未果，吾道不行，则将采庶官之实录，辩时俗之得失，定仁义之衷，而一家之言，虽未能藏之于名山，将以传之同好，非要之皓首，岂今日之论乎？其言之不惭，恃惠子之知我也。

明早相迎，书不尽怀，植白。

（选自《昭明文选》卷四十二，中华书局 1997 年版）

杨德祖（175—219），即杨修，弘农华阴（今陕西华阴）人，汉末文学家。累世为汉大官。博学能文，才思敏捷，任丞相曹操主簿。积极为曹植谋划，欲使曹植取得魏太子地位。曹植失宠于曹操，曹操因杨修有智谋，又是袁术外甥，虑有后患，遂以“扰乱军心”罪名杀杨修。

这篇书信约作于建安二十二年（217）前后，是曹植为临淄侯的时候。当时他把自己青少年时代的赋作进行了整理编录，送给杨修请其勘正定稿，并随赋稿附上了这封信。在信中，曹植围绕赋的创作和欢迎批评这两个中心问题，集中地谈到了他对文学的一些基本观点，如作家的自我认识与评价、作品的修改、文学批评的条件及文学的地位等问题。文章先对王粲等"建安七子"的文章进行品评，表明自己的创作态度："又不善者，应时改定。"指出"邺下文人集团"虽已名闻天下，然而他们的创作却尚未达到最高境界。接着指出，作家未必是全才，为文应该多与人商讨，多听取别人的意见，多请人修改润饰，并进而认为人们的爱好是各不相同的，不能凭自己的好恶妄论别人的文章。文章最后说辞赋不过是小道，最重要的是要为国尽力，"建设永世之业，流金石之功"。其次是，采实录，辨得失，成一家之言。再次是，行有余力，则以学文，仕而优则赋，余事作辞人。

全文充满昂扬飞动的气势，骈散兼行，富于文采，而又自然流畅，处处流露出朋友间真挚的感情，曹植早年积极奋进、渴望建功立业的人生理想在文章中得到了充分体现。

3. 庾信《谢滕王赉马启》

庾信（513—581），字子山，小字兰成，南阳新野（今河南新野）人，南北朝时期诗人、文学家。其家"七世举秀才""五代有文集"，父亲庾肩吾就是当时大官之一，亦是著名的文学家。《周书·庾信传》记载：庾信"幼而俊迈，聪敏绝伦"，他自幼随父亲庾肩吾出入萧纲的宫廷。侯景叛乱时，庾信逃往江陵，辅佐梁元帝。后出使西魏，值西魏灭梁，被留。历仕西魏、北周，官至骠骑大将军、开府仪同三司，世称"庾开府"。擅诗、赋、骈文。在梁时作品轻靡绮艳，后来又与徐陵一起任萧纲的东宫学士，成为宫体文学的代表作家；他们的文学风格，也被称为"徐庾体"。在西魏和北周，庾信有较高官职，一直到死，未能回到南朝，国破家亡，常有"乡关之思"。写于这个时期的作品，萧瑟悲壮，内容和风格与早期有很大变化，为杜甫所推崇，称他"清新庾开府""暮年诗赋动江关"；但也有雕琢和用典太多之病。

1979年1月2日《人民日报》刊载李尚志《难忘的教诲——刘斐先

生回忆毛主席》一文说："1949年冬，一天下午，天下着鹅毛大雪。毛泽东打电话约刘斐去他那里吃晚饭。刘斐赶到中南海颐年堂时，见章士钊、符定一、仇鳌等人已经到了。饭前，大家海阔天空，从瑞雪兆丰年讲到自己已年过半百，有的已近古稀，又没学过马列书籍，是老朽无用了。毛泽东听大家如此议论，同他们谈了一段很长的话。……在谈话中，毛泽东转向符定一说：'您也是我学生时代的老师哩，我的好多知识就是跟您学的哩！'大概毛泽东知道这位符老师有轻视人的口头禅，爱说别人'他能认几个字！'因此，当谈到魏晋南北朝文学的时候，毛泽东把庾信《谢滕王赉马启》顺口念了一段，然后风趣地问符老：'他（指庾信）总能认几个字吧？'符定一悦服地笑了，大家都笑了。"

庾信的《谢滕王赉马启》原文是：

某启：

奉教，垂赐乌骝马一匹。柳谷未开，翻逢紫燕；临源犹远，忽见桃花。流电争光，浮云连影。张敞画眉之暇，直走章台；王济饮酒之欢，长驱金埒。谨启。

（选自《庾子山集》）

这是庾信得到滕王所赐良马后写给滕王的一封感谢信。滕王，即宇文逌，字尔固突，北周文帝宇文泰之子，封滕王。大象五年（579）五月，就国于荆州新野郡（今河南新野一带）。次年冬，逌为隋文帝杨坚所害。此信当写于宇文逌就国之前，在京城长安期间。启，文体名，泛指奏疏、公文、书函。《太平御览》卷五九五引服虔《通俗文》："官信曰启。"南朝梁刘勰《文心雕龙·奏启》："至魏国笺记，始云启闻。奏事之末，或云谨启。……必敛饰入规，促其音节，辨要轻清，文而不侈，亦启之大略也。""启"中除表示对滕王厚爱的感谢外，还极力描绘了良马的雄姿和用途，文字虽短，辞彩斑斓，表现了庾信华丽文风的特色。

毛泽东很喜欢庾信的诗文辞赋，连这篇短短的《谢滕王赉马启》也十分熟稔。

4. 丘迟《与陈伯之书》："迷途知反，往哲是与"

丘迟（464—508），字希范，吴兴乌程（今浙江湖州）人，南朝齐文学家。父丘灵鞠，南齐太中大夫，亦为当时知名文人。丘迟八岁能文，初仕南齐，官至殿中郎、车骑录事参军。后投入萧衍幕中，为其所重，其后萧衍代齐为帝建立南梁的一应劝进文书均为丘迟所作。天监四年（505）随萧宏北伐，为其记室。后历任永嘉太守，拜中书郎，再升任司徒从事中郎。天监七年（508），以四十五岁卒于官。

丘迟诗文辞采逸丽，亦擅诗，尤擅骈文。诗歌模山范水，有"辞彩丽逸"的特色，是齐梁间著名作家。钟嵘评："范（范云）诗清便宛转，如流风回雪。丘诗点缀映媚，似落花依草。故当浅于江淹，而秀于任昉。"（《诗品》）惜传世者不多。其代表作即为《与陈伯之书》，情理兼备，是当时骈文中的优秀之作。明朝张溥辑有《丘司空集》。

《与陈伯之书》原文：

迟顿首陈将军足下：

无恙，幸甚幸甚。将军勇冠三军，才为世出，弃燕雀之小志，慕鸿鹄以高翔。昔因机变化，遭遇明主；立功立事，开国称孤。朱轮华毂，拥旄万里，何其壮也！如何一旦为奔亡之虏，闻鸣镝而股战，对穹庐以屈膝，又何劣邪！

寻君去就之际，非有他故，直以不能内审诸己，外受流言，沉迷猖獗，以至于此。圣朝赦罪责功，弃瑕录用，推赤心于天下，安反侧于万物；将军之所知，不假仆一二谈也。朱鲔喋血于友于，张绣剚刃于爱子，汉主不以为疑，魏君待之若旧。况将军无昔人之罪，而勋重于当世。夫迷途知反，往哲是与；不远而复，先典攸高。主上屈法申恩，吞舟是漏；将军松柏不翦，亲戚安居，高台未倾，爱妾尚在。悠悠尔心，亦何可言！

今功臣名将，雁行有序。佩紫怀黄，赞帷幄之谋；乘轺建节，奉疆场之任。并刑马作誓，传之子孙。将军独腼颜借命，驱驰毡裘之长，宁不哀哉！夫以慕容超之强，身送东市；姚泓之盛，面缚西都。故知霜露所均，不育异类；姬汉旧邦，无取杂种。北虏僭盗中原，多历年所；恶积祸盈，理至焦烂。况伪孽昏狡，自相夷戮；部落携离，酋豪猜贰。方当系颈蛮邸，悬首藁街，而将军鱼游于沸鼎之中，燕巢于飞幕之上，不亦惑乎？

暮春三月，江南草长，杂花生树，群莺乱飞。见故国之旗鼓，感平生于畴日，抚弦登陴，岂不怆悢！所以廉公之思赵将，吴子之泣西河，人之情也。将军独无情哉？想早励良规，自求多福。

当今皇帝盛明，天下安乐。白环西献，楛矢东来。夜郎滇池，解辫请职；朝鲜昌海，蹶角受化。唯北狄野心，倔强沙塞之间，欲延岁月之命耳！中军临川殿下，明德茂亲，揔兹戎重。吊民洛汭，伐罪秦中。若遂不改，方思仆言。聊布往怀，君其详之。丘迟顿首。

南北朝时期可以说是中国内战不断、纷争不休最为严重的时期之一。在江南以建康（今南京）为中心，相继建立过宋、齐、梁、陈四朝；在北方经历了北魏、东魏、西魏、北齐、北周五朝。

梁武帝天监四年（505），梁武帝命临川王萧宏领兵北伐，陈伯之屯兵寿阳与梁军对抗，萧宏命记室丘迟以个人名义写信劝降陈伯之。《与陈伯之书》就是在这样的背景下写成的一封政治性书信。“伯之得书，乃于寿阳拥兵八千归降”。

陈伯之，济阴睢陵（今江苏睢宁）人，幼有膂力，少小无赖，家中贫穷，长大后沦为海盗，抢劫时被船主砍掉了左耳。后跟随同乡车骑将军王广之征讨齐安陆王萧子敬有功，升迁为冠军将军、骠骑司马，封鱼复县伯，食邑 500 户。

《与陈伯之书》是丘迟的代表作，更是一篇脍炙人口的招降文字，它是汉末建安以来言情书札的继承和发展。全文可分为五段，这五个段落结合陈伯之以往的经历、现实的处境、内心的疑虑，有的放矢地逐层申说，无论是赞赏陈的才能、惋惜陈的失足，还是担忧陈的处境、期望陈的归来，均发自肺腑，真挚感人。全文有循循善诱、真诚相待之言，无空泛说教、虚声恫吓之语。

该作品发挥了四六句骈体韵文的优长，全文合辙押韵，对仗工整，读起来朗朗上口，文字流畅易懂，晓之以理，动之以情，环环相扣，鞭辟入里，步步紧逼。该文虽是骈文，但用典较少，而且力求摒弃晦涩冷僻之典，尽量写得明白晓畅，具体实在。全文基本使用偶体双行的四六句式，但注意参差变化，具有音乐美及和谐的节律感，感染力强。其中“暮春三月，江南草长，杂花生树，群莺乱飞”数句，寻常景物，一经道出，令人移情，历来为写景名句。而“迷途知反，往哲是与；不远而复，先典攸高”，意谓迷失道路而能知返，这是先贤们所赞许的；迷途不远而能归来，更为古之典籍所称道，也是古今至理名言。

1959 年 8 月 1 日，毛泽东《致周小舟信》说：

送周小舟同志：

“迷途知反，往哲是与；不远而复，先典攸高”，几句见丘迟与陈伯之书。此书当作古典文学作品，可以一阅。“朱鲔喋血于友于，张绣剸刃于爱子，汉主不以为嫌（疑），魏君待之若旧”，两个故事，可看注解。

毛泽东

八月一日夜十时

如克诚有兴趣，可以一阅。

1959 年庐山会议期间，因对“大跃进”的错误提出严厉批评，“彭（德怀）、黄（克诚）、张（闻天）、周（小舟）”被打成反党集团，毛泽东写信给周小舟，希望他能像陈伯之一样“迷途知反”。接下来引用文中的两个典故，一个说东汉初年，朱鲔曾劝更始帝刘玄杀了刘秀的哥哥刘縯，后来刘秀又诚心招降了朱鲔，官至少府；另一个是三国时，董卓部将张绣投降曹操，不久又叛，并杀死了曹操长子曹昂，后来，张绣再次归降，在官渡之战中为曹操立了功，曹操仍旧信用他。丘迟在信中引用这两个典故，意在说明，只要陈伯之归梁，萧梁朝廷会“不以为疑”“待之若旧”，毛泽东引用此二典，也是此意。

此外，毛泽东在信中还说：“当作古典文学作品，可以一阅。”肯定了这篇文章的文学成就。

5. 刘勰《文心雕龙·序志》

1957 年 3 月 8 日，毛泽东在《同文艺界代表的谈话》中说：“中国自觉的文学批评的历史是从哪里开始的呢？从曹丕的《典论·论文》和曹植的《与杨德祖书》开始的吧！以后有《文心雕龙》等。”(《毛泽东文集》第七卷，人民出版社 1999 年版，第 256 页)

刘勰（约 465—520），字彦和。祖籍东莞郡莒县（今山东日照莒县东莞镇大沈庄）人，南朝齐、梁时期文学理论批评家。世居京口（今江苏镇江）。少孤、家贫，无力婚娶，曾依靠沙门僧祐，居上镇江的钟山南定林寺 10 余年。他精研佛理，饱览经籍，于南齐末年写成 3.6 万字的文学理论名著《文心雕龙》。梁武帝时，刘勰做过南康王萧绩的记室，又任太子萧统的通事舍人，世称刘舍人。晚年出家，在山东莒县浮来山创办北定林寺，法号慧地。此外，刘勰还有《灭惑论》《梁建安王造剡山石城寺石像碑》等流传后世。

《文心雕龙》共 10 卷，50 篇。分上、下部，各 25 篇。全书包括四个重要方面，由刘勰在山东省日照市莒县浮来山定林寺写下。上部，从《原道》至《辨骚》5 篇，是全书的纲领，而其核心则是《原道》《征圣》《宗经》3 篇，要求一切要本之于道，稽诸于圣，宗之于经。从《明诗》到《书记》的 20 篇，以“论文序笔”为中心，对各种文体源流及作家、作品逐一进行研究和评价。在以韵文为对象的“论文”部分中，以《明诗》《乐府》《诠赋》等篇较重要；在以无韵文为对象的“序笔”部分中，则以《史传》《诸子》《论说》等篇意义较大。下部，从《神思》到《物色》的 20 篇（《时序》不计在内），以“剖情析采”为中心，重点研究有关创作过程中各个方面的问题，是创作论。《时序》《才略》《知音》《程器》

4篇，则主要是文学史论和批评鉴赏论。下部的这两个部分，是全书最主要的精华所在。以上四个方面共49篇，加上最后叙述作者写作此书的动机、态度、原则的《序志》，共50篇。

《文心雕龙》是中国文学理论批评史上第一部有严密体系的、“体大而虑周”（章学诚《文史通义·诗话篇》）的文学理论专著，把作家创作个性的形成归结为“才”“气”“学”“习”四个方面。《文心雕龙》还系统论述了文学的形式和内容、继承和革新的关系，又在探索研究文学创作构思的过程中，强调指出了艺术思维活动的具体形象性这一基本特征，并初步提出了艺术创作中的形象思维问题；对文学的艺术本质及其特征有较自觉的认识，开研究文学形象思维的先河。全面总结了齐梁时代以前的美学成果，细致地探索和论述了语言文学的审美本质及其创造、鉴赏的美学规律。

其《文心雕龙·序志》原文如下：

夫文心者，言为文之用心也。昔涓子《琴心》，王孙《巧心》，心哉美矣，故用之焉。古来文章，以雕缛成体，岂取驺奭之群言雕龙也。夫宇宙绵邈，黎献纷杂，拔萃出类，智术而已。岁月飘忽，性灵不居，腾声飞实，制作而已。夫肖貌天地，禀性五才，拟耳目于日月，方声气乎风雷，其超出万物，亦已灵矣。形同草木之脆，名逾金石之坚，是以君子处世，树德建言。岂好辩哉？不得已也！

予生七龄，乃梦彩云若锦，则攀而采之。齿在逾立，则尝夜梦执丹漆之礼器，随仲尼而南行。旦而寤，乃怡然而喜，大哉！圣人之难见哉，乃小子之垂梦欤！自生人以来，未有如夫子者也。敷赞圣旨，莫若注经，而马郑诸儒，弘之已精；就有深解，未足立家。唯文章之用，实经典枝条；五礼资之以成文，六典因之致用，君臣所以炳焕，军国所以昭明，详其本源，莫非经典。而去圣久远，文体解散，辞人爱奇，言贵浮诡，饰羽尚画，文绣鞶帨，离本弥甚，将遂讹滥。盖《周书》论辞，贵乎体要；尼父陈训，恶乎异端；辞训之奥，宜体于要，于是搦笔和墨，乃始论文。

详观近代之论文者多矣：至如魏文《述典》，陈思《序书》，应玚《文论》，陆机《文赋》，仲治《流别》，弘范《翰林》。各照隅隙，鲜观衢路，或臧否当时之才，或铨品前修之文，或泛举雅俗之旨，或撮题篇章之意。魏典密而不周，陈书辩而无当，应论华而疏略，陆赋巧而碎乱，《流别》精而少（巧）功，《翰林》浅而寡要。又君山、公干之徒，吉甫、士龙之辈，泛议文意，往往间出，并未能振叶以寻根，观澜而索源。不述先哲之诰，无益后生之虑。

盖《文心》之作也，本乎道，师乎圣，体乎经，酌乎纬，变乎骚：文之枢纽，亦云极矣。若乃论文叙笔，则囿别区分；原始以表末，释名以章义，选文以定篇，敷理以举统：上篇以上，纲领明矣。至于剖割情析采，笼圈条贯，摛神性，图风势，苞会通，阅声字，崇替于《时序》，褒贬于《才略》，怊怅于《知音》，耿介于《程器》，长怀《序志》，以驭群篇：下篇以下，毛目显矣。位理定名，彰乎大衍之数，其为文用，四十九篇而已。

夫铨序一文为易，弥纶群言为难，虽复轻采毛发，深极骨髓；或有曲意密源，似近而远，辞所不载，亦不可胜数矣。及其品列成文，有同乎旧谈者，非雷同也，势自不可异也；有异乎前论者，非苟异也，理自不可同也。同之与异，不屑古今，擘肌分理，唯务折衷。按辔文雅之场，环络藻绘之府，亦几乎备矣。但言不尽意，圣人所难；识在瓶管，何能矩矱。茫茫往代，既沉予闻；眇眇来世，倘尘彼观也。

赞曰：生也有涯，无涯惟智。逐物实难，凭性良易。傲岸泉石，咀嚼文义。文果载心，余心有寄。

《序志》是《文心雕龙》的最后一篇，也就是本书的序言。“序”，叙述。“志”，心志、情志。“序志”就是叙述作者写作《文心雕龙》的想法。本篇先解释书名，“文心”是讲作文的用心；“雕龙”指雕刻龙纹，比喻作文要讲究文采。接着讲写作目的：一是希望留名后世，二是说明文章的功用，三是不愚从魏晋来论文章的著作。对作者写《文心雕龙》一书的目的、意图、方法、态度，特别是它的指导思想和内容安排等，都分别做了说明，因此，是研究《文心雕龙》全书和作者思想的重要篇章。

本篇所论说明，刘勰对儒家思想是十分尊崇的。他认为“文章之用，实经典枝条”；说魏、晋以来各家的文论，“并未能振叶以寻根，观澜而索源”。这个“根”“源”，就是符合“先哲之诰”的思想内容。这种观点，一方面给他在全书中进行的评论带来了严重的局限，刘勰正是常常把文章当作“经典枝条”，用“先哲之诰”来衡量作家作品的；另一方面，在“辞人爱奇，言贵浮诡”的风气下，大力强调儒家思想以纠其偏，这又是当时比较可取的途径。刘勰正是以儒家思想为武器，对晋、宋以来的不良文风展开猛烈攻击的。

6. 萧统《文选序》：“事出于沉思，义归乎翰藻”

萧统（501—531），字德施，小字维摩，南兰陵（今江苏常州西北）人，南朝梁代文学理论家。梁武帝萧衍长子，梁简文帝萧纲、梁元帝萧绎长兄，母为丁贵嫔（丁令光）。

天监元年（502）十一月，萧统被立为太子，然英年早逝，未及即位即于中大通三年（531）去世，谥号“昭明”，葬安宁陵，故后世称其为“昭明太子”。天正元年（551），侯景立豫章王萧栋即位，追尊萧统为昭明皇帝。大定元年（555），其子萧詧建立西梁，又追尊萧统为昭明皇帝，庙号高宗。

萧统喜好文学，《梁书》本传说他“引纳才学之士，赏爱无倦，恒自讨论篇籍，或与学士商榷古今；闲则继以文章著述，率以为常”。当时著名文人殷芸、陆倕、王筠、刘孝绰、徐勉、萧子范等均与之游处。原有集，已佚。后人辑有《昭明太子集》。曾主持编撰《文选》（又称《昭明文选》）。

《昭明文选》，是中国现存的最早一部汉族诗文总集，它选录了先秦至南朝梁代八九百年间、100多个作者、700余篇各种体裁的文学作品。该总集共60卷，分为赋、诗、骚、七、诏、册、令、教、文、表、上书、启、弹事、笺、奏记、书、檄、对问、设论、辞、序、颂、赞、符命、史论、史述赞、论、连珠、箴、铭、诔、哀、碑文、墓志、行状、吊文、祭文，以“事出于沉思，义归乎翰藻”为原则，即情义与辞采内外并茂，偏于一面则不收。收录极为丰富，选材上等。萧统有意识地把文学作品同学术著作、疏奏应用之文区别开来，反映了当时对文学的特征和范围的认识日趋明确。在《文选》中，辞藻华丽、声律和谐的楚辞、汉赋和六朝骈文占了相当大的比例，诗歌方面也多选了格律比较严谨的颜廷之、谢灵运等人的作品，影响深远，成为人们学习诗赋的一种最适当的范本，与经传并列。

后世注本主要有两种：一是唐显庆年间李善注本，改分原书 30 卷为 60 卷；一是唐开元六年（718）吕延祚进表呈上的五臣（吕延济、刘良、张铣、吕向、李周翰）注本。近代以来有《四部丛刊》本、《四部备要》本及中华书局以胡刻本断句，于 1977 年出版的影印本。

其《文选序》原文如下：

式观元始，眇觌玄风，冬穴夏巢之时，茹毛饮血之世，世质民淳，斯文未作。逮乎伏羲氏之王天下也，始画八卦，造书契，以代结绳之政，由是文籍生焉。《易》曰：“观乎天文，以察时变；观乎人文，以化成天下。”文之时义，远矣哉！若夫椎轮为大辂之始，大辂宁有椎轮之质？增冰为积水所成，积水曾微增冰之凛，何哉？盖踵其事而增华，变其本而加厉。物既有之，文亦宜然。随时变改，难可详悉。

尝试论之曰：《诗序》云：“诗有六义焉：一曰风，二曰赋，三曰比，四曰兴，五曰雅，六曰颂。”至于今之作者，异乎古昔。古诗之体，今则全取赋名。荀、宋表之于前，贾、马继之于末。自兹以降，源流实繁。述邑居则有“凭虚”“亡是”之作。戒畋游则有《长杨》《羽猎》之制。若其纪一事，咏一物，风云草木之兴，鱼虫禽兽之流，推而广之，不可胜载矣。

又楚人屈原，含忠履洁，君匪从流，臣进逆耳，深思远虑，遂放湘南。耿介之意既伤，壹郁之怀靡诉。临渊有怀沙之志，吟泽有憔悴之容。骚人之文，自兹而作。

诗者，盖志之所之也。情动于中而形于言：《关雎》《麟趾》，正始之道著；桑间濮上，亡国之音表。故风雅之道，粲然可观。自炎汉中叶，厥途渐异：退傅有“在邹”之作，降将著“河梁”之篇。四言五言，区以别矣。又少则三字，多则九言，各体互兴，分镳并驱。颂者，所以游扬德业，褒赞成功。吉甫有“穆若”之谈，季子有“至矣”之叹。舒布为诗，既言如彼；总成为颂，又亦若此。次则箴兴于补阙，戒出于弼匡，论则析理精微，铭则序事清润，美终则诔发，图像则赞兴。又诏诰教令之流，表奏笺记之列，书誓符檄之品，吊祭悲哀之作，答客指事之制，三言八字之文，篇辞引序，碑碣志状，众制锋起，源流间出。譬陶匏异器，并为入耳之娱；黼黻不同，俱为悦目之玩。作者之致，盖云备矣！

余监抚余闲，居多暇日。历观文囿，泛览辞林，未尝不心游目想，移晷忘倦。自姬汉以来，眇焉悠邈。时更七代，数逾千祀。词人才子，则名溢于缥囊；飞文染翰，则卷盈乎缃帙。自非略其芜秽，集其清英，盖欲兼功，太半难矣！若夫姬公之籍，孔父之书，与日月俱悬，鬼神争奥，孝敬之准式，人伦之师友，岂可重以芟夷，加之剪截？老、庄之作，管、孟之流，盖以立意为宗，不以能文为本，今之所撰，又以略诸。若贤人之美辞，忠臣之抗直，谋夫之话，辨士之端，冰释泉涌，金相玉振。所谓坐狙丘，议稷下，仲连之却秦军，食其之下齐国，留侯之发八难，曲逆之吐六奇，盖乃事美一时，语流千载，概见坟籍，旁出子史。若斯之流，又亦繁博。虽传之简牍，而事异篇章，今之所集，亦所不取。至于记事之史，系年之书，所以褒贬是非，纪别异同，方之篇翰，亦已不同。若其赞论之综缉辞采，序述之错比文华，事出于深思，义归乎翰藻，故与夫篇什杂而集之。远自周室，迄于圣代，都为三十卷，名曰《文选》云耳。

凡次文之体，各以汇聚。诗赋体既不一，又以类分；类分之中，各以时代相次。

魏晋南北朝时期，是中国文学走向自觉的时期，萧统自觉遵守了当时逐渐发展、不断明确的文学意识。文学自觉有三个标准：第一，文学从广义的学术中分化出来，成为独立的一个门类；第二，对文学的各种体裁有了细致的区分，对其体制和风格特点有了明确的认识；第三，对文学的审美特色有了自觉的追求。

《文选序》说明了萧统对“文”的基本认识，选文的目的、范围、体例、标准，是了解其文学、阅读《文选》的重要文献。

《文选序》主要论述了三个方面的问题：一、文学的发展观。比当时正统的宗经尚古的文学观前进了一大步。二、论述诗骚赋等诸种文体。序文论及文体三十多种，与正文文体三十七类大体相符。三、明确提出了选录的方式、选录的范围和编纂的体例。编选目的是“略去芜秽，集其清英”；编选的体制是，以单篇文章为主，但对于经部、史部的一些有文学性的序文，史部的一些论赞也酌情收入；而选录的标准，就“事出于沉思，义归乎翰藻”，即叙写什么题材，须有意义可寻；而这意义的表现，必须是通过深沉的艺术构思、见出语言的辞藻之美。所以，在此之前，虽然钟嵘的《诗品》、陆机的《文赋》、刘勰的《文心雕龙》等，都表现了明显的文学自觉，但都没有萧统的《文选》这么彻底和果决。它明确排除经、史、子、集，专选文学性质的作品，是文史不分局面的终结者。《文选》是文学走向独立过程的一个里程碑，是中国文学的独立宣言。

1957 年 3 月，毛泽东在《同文艺界代表的谈话》中说：“《昭明文选》里也有批评，昭明太子萧统的那篇序言里就讲‘事出于沉思’，这是思想性；又讲‘义归乎翰藻’，这是艺术性。单是理论，他不要，要有思想性，也要有艺术性。”（《毛泽东文集》第七卷，人民出版社 1999 年版，第 256 页）这个评论是很确切的。

1936 年 8 月 13 日，毛泽东在《致杜斌丞》的信中说：“伪蒙军向绥远进攻，冀察政委会质量之改组，凡此种种，愈见日寇之变本加厉。弟等一再呼吁，要求全国不分党派，一致团结御寇侮。一年以来成效渐著。”（《毛泽东书信选集》，人民出版社 1983 年版，第 36 页）其中的“变本加厉”一语，即出自萧统《〈文选〉序》：“盖踵其事而增其华，变其本而加厉，物既有之，文亦宜然。”厉，猛烈。比原来变得更加严重。

（三）毛泽东评点魏晋南北朝赋

1. 王粲《登楼赋》："这篇赋好"

王粲（177—217），字仲宣，山阳高平（今山东邹城）人，为建安七子之一，汉末文学家。王粲幼时往见左中郎将蔡邕，蔡邕见而奇之，倒屣以相迎。王粲强记默识，善算术行文。一次与友人共行，读道边石碑，观一遍而背诵之，不失一字。又曾观人下围棋，其局乱，王粲复为重置，不误一道。后到荆州依附刘表，刘表待其为上宾。刘表死后，王粲劝刘表次子刘琮，令归降于曹操。曹操至荆州，赐王粲爵关内侯。魏国始建宗庙，王粲与和洽、卫觊、杜袭同拜侍中，共议尊曹操为"魏王"；后因中书令荀攸谏止不行而后忧死，其议遂罢。

在"七子"中，王粲的成就最高，与曹植并称"曹王"。其诗语言刚健，辞气慷慨，有部分反映社会动乱和人民疾苦之作，现实性比较强；其赋抒情真挚，风格清丽。他的《七哀诗》（有三首）和《登楼赋》最能代表建安文学的精神。《七哀诗》之一《西京乱无象》写他由长安避乱荆州时途中所见饥妇弃子场面，深刻揭示汉末军阀混战造成的惨象及人民深重灾难，使人触目惊心。《登楼赋》是他在荆州时登麦城城头所作，主要抒发思乡之情和怀才不遇的愁恨，富于感人力量，是抒情小赋的名篇。刘勰《文心雕龙·才略》："仲宣溢才，捷而能密，文多兼美，辞少瑕累，摘其诗赋，则七子之冠冕乎？"他的赋，为建安七子中的第一，其《登楼赋》极有名。明人辑有《王侍中集》。

《登楼赋》原文如下：

登兹楼以四望兮，聊暇日以销忧。览斯宇之所处兮，实显敞而寡仇。挟清漳之通浦兮，倚曲沮之长洲。背坟衍之广陆兮，临皋隰之沃流。北弥陶牧，西接昭丘。华实蔽野，黍稷盈畴。虽信美而非吾土兮，曾何足以少留！

遭纷浊而迁逝兮，漫逾纪以迄今。情眷眷而怀归兮，孰忧思之可任？凭轩槛以遥望兮，向北风而开襟。平原远而极目兮，蔽荆山之高岑。路逶迤而修迥兮，川既漾而济深。悲旧乡之壅隔兮，涕横坠而弗禁。昔尼父之在陈兮，有归欤之叹音。钟仪幽而楚奏兮，庄舄显而越吟。人情同于怀土兮，岂穷达而异心！

惟日月之逾迈兮，俟河清其未极。冀王道之一平兮，假高衢而骋力。惧匏瓜之徒悬兮，畏井渫之莫食。步栖迟以徙倚兮，白日忽其将匿。风萧瑟而并兴兮，天惨惨而无色。兽狂顾以求群兮，鸟相鸣而举翼，原野阒其无人兮，征夫行而未息。心凄怆以感发兮，意忉怛而憯恻。循阶除而下降兮，气交愤于胸臆。夜参半而不寐兮，怅盘桓以反侧。

王粲才华卓越，却不被刘表重用，寓流荆州十五年。东汉建安九年（205）秋，王粲在荆州登上湖北当阳麦城（在今湖北当阳东南）城楼，纵目四望，写下了这篇传诵不衰的名赋。

《登楼赋》不用“述主客以首引”，直接抒情写景。它是骈赋，骈偶句更多。这篇赋写登楼四望，景物美好，却以乐景写怀乡之忧，并把忧时伤事之慨，与眷恋故乡、怀才不遇之情巧妙地结合起来，希望世乱平定，能够发挥自己的能力，有所作为。这样把个人的命运与世道的治乱结合，进行抒情，见解就更高了。

在艺术表现上，不同于汉赋，多用骈句，成为骈赋的写作方法之一。例如，首段从“挟清漳之通浦兮”起，一共八句，构成四对，除“兮”字做语助不计外，这就构成骈赋。再看这一段的音节，除偶句押韵外，首句“四望”是仄，下句“销忧”是平；以下“所处”仄，“昭丘”平；“蔽野”仄，“盈畴”平；“吾土”仄，“少留”平。平和仄指第二字说。当时虽然还没有平仄的分别，但这篇赋的音节谐和，自然形成，更符合骈赋的要求。

全篇抒情意味很浓，“忧”字贯穿全篇，风格沉郁悲凉，语言流畅自然，是建安时代抒情小赋的代表性作品。

1975年夏，因视力不好，毛泽东调北京大学中文系讲师芦荻帮他读书。有一次，芦荻给他读《登楼赋》后，他说："这篇赋好，作者抒发了他拥护统一和愿为统一事业做贡献的思想，但也含有故土之思。人们对自己的童年，自己的故乡，过去的朋侣，感情总是很深的，很难忘记的。到老年更容易回忆、怀念这些。"（杨建业：《在毛主席身边读书——访北京大学中文系讲师芦荻》，《光明日报》1978年1月29日）

这段话准确地指出了《登楼赋》主题的两个方面：一是登楼望见异乡风物之美而引起思乡怀土的深切情感；二是身处乱世而壮志未酬的感慨，并渴望和谐统一的积极进取精神。但毛泽东随后的发挥则在前一方面，这与他迟暮之年疾病缠身的心境有关。特别是他说的，人"到老年就更容易回忆、怀念"自己的童年、故乡、朋侣，更是由人及己的评论了。

毛泽东说完《登楼赋》后，接着又说了这样一段话："我写《七律·到韶山》的时候，就深切地想起了32年前许多往事，对故乡是十分怀念的。《七律·答友人》'斑竹一枝千滴泪，红霞万朵百重衣'，就是怀念杨开慧的，杨开慧就是霞姑嘛！可是现在的有些解释就不是这样，不符合我的意思。"他现身说法，又以自己的创作印证了自己的议论。

2. "陆机的《文赋》是很有名的"

陆机（261—303），字士衡，吴郡吴县华亭（今上海松江区）人，西晋著名文学家、书法家。出身吴郡陆氏，为孙吴丞相陆逊之孙、大司马陆抗第四子，与其弟陆云合称"二陆"，又与顾荣、陆云并称"洛阳三俊"。陆机在孙吴时曾任牙门将，吴亡后出仕西晋，太康十年（289），陆机兄弟来到洛阳，文才倾动一时，受太常张华赏识，此后名气大振，时有"二陆入洛，三张减价"之说。历任太傅祭酒、吴国郎中令、著作郎等职，与贾谧等结为"金谷二十四友"。赵王司马伦掌权时，引为相国参军，封关中侯，于其篡位时受伪职。司马伦被诛后，险遭处死，赖成都王司马颖救免，此后便委身依之，为平原内史，世称“陆平原”。太安二年（303），任后将军、河北大都督，率军讨伐长沙王司马乂，却大败于七里涧，最终遭谗遇害，被夷三族。陆机“少有奇才，文章冠世”，诗重藻绘排偶，骈文亦佳。与弟陆云俱为西晋著名文学家，被誉为“太康之英”。与潘岳同为西晋诗坛的代表，形成“太康诗风”，世有“潘江陆海”之称。陆机亦善书法，其《平复帖》是中国古代存世最早的名人书法真迹。

《文赋并序》原文如下：

余每观才士之所作，窃有以得其用心。夫放言遣辞，良多变矣，妍蚩好恶，可得而言。每自属文，尤见其情，恒患意不称物，文不逮意，盖非知之难，能之难也。故作文赋，以述先士之盛藻，因论作文之利害所由，佗日殆可谓曲尽其妙。至于操斧伐柯，虽取则不远，若夫随手之变，良难以辞逮，盖所能言者，具于此云尔。

伫中区以玄览，颐情志于典坟。遵四时以叹逝，瞻万物而思纷。悲落叶于劲秋，喜柔条于芳春，心懔懔以怀霜，志眇眇而临云。咏世德之骏烈，诵先人之清芬。游文章之林府，嘉丽藻之彬彬。慨投篇而援笔，聊宣之乎斯文。

其始也，皆收视反听，耽思傍讯，精骛八极，心游万仞。其致也，情曈昽而弥鲜，物昭晰而互进。倾群言之沥液，漱六艺之芳润。浮天渊以安流，濯下泉而潜浸。于是沉辞怫悦，若游鱼衔钩，而出重渊之深；浮藻联翩，若翰鸟缨缴，而坠曾云之峻。收百世之阙文，采千载之遗韵。谢朝华于已披，启夕秀于未振。观古今于须臾，抚四海于一瞬。

然后选义按部，考辞就班。抱景者咸叩，怀响者毕弹。或因枝以振叶，或沿波而讨源。或本隐以之显，或求易而得难。或虎变而兽扰，或龙见而鸟澜。或妥帖而易施，或岨峿而不安。罄澄心以凝思，眇众虑而为言。笼天地于形内，挫万物于笔端。始踯躅于燥吻，终流离于濡翰。理扶质以立干，文垂条而结繁。信情貌之不差，故每变而在颜。

思涉乐其必笑，方言哀而已叹。或操觚以率尔，或含毫而邈然。

伊兹事之可乐，固圣贤之所钦。课虚无以责有，叩寂寞而求音。函绵邈于尺素，吐滂沛乎寸心。言恢之而弥广，思按之而逾深。播芳蕤之馥馥，发青条之森森。粲风飞而猋竖，郁云起乎翰林。

体有万殊，物无一量。纷纭挥霍，形难为状。辞程才以效伎，意司契而为匠。在有无而黾勉，当浅深而不让。虽离方而遁员，期穷形而尽相。故夫夸目者尚奢，惬心者贵当。言穷者无隘，论达者唯旷。

诗缘情而绮靡，赋体物而浏亮。碑披文以相质，诔缠绵而凄怆。铭博约而温润，箴顿挫而清壮。颂优游以彬蔚，论精微而朗畅。奏平彻以闲雅，说炜晔而谲诳。虽区分之在兹，亦禁邪而制放。要辞达而理举，故无取乎冗长。

其为物也多姿，其为体也屡迁。其会意也尚巧，其遣言也贵妍。暨音声之迭代，若五色之相宣。虽逝止之无常，固崎锜而难便。苟达变而识次，犹开流以纳泉。如失机而后会，恒操末以续颠。谬玄黄之秩叙，故淟涊而不鲜。

或仰逼于先条，或俯侵于后章。或辞害而理比，或言顺而义妨。离之则双美，合之则两伤。考殿最于锱铢，定去留于毫芒。苟铨衡之所裁，固应绳其必当。或文繁理富，而意不指适。极无两致，尽不可益。立片言而居要，乃一篇之警策。虽众辞之有条，必待兹而效绩。亮功多而累寡，故取足而不易。

或藻思绮合，清丽千眠。炳若缛绣，凄若繁弦。必所拟之不殊，乃暗合乎曩篇。虽杼轴于予怀，怵他人之我先。苟伤廉而愆义，亦虽爱而必捐。

或苕发颖竖，离众绝致。形不可逐，响难为系。块孤立而特峙，非常音之所纬。心牢落而无偶，意徘徊而不能。石韫玉而山辉，水怀珠而川媚。彼榛楛之勿翦，亦蒙荣于集翠。缀下里于白雪，吾亦济夫所伟。

或讬言于短韵，对穷迹而孤兴。俯寂寞而无友，仰寥廓而莫承。譬偏弦之独张，含清唱而靡应。或寄辞于瘁音，徒靡言而弗华。混妍蚩而成体，累良质而为瑕。象下管之偏疾，故虽应而不和。或遗理以存异，徒寻虚以逐微。言寡情而鲜爱，辞浮漂而不归。犹弦幺而徽急，故虽和而不悲。或奔放以谐合，务嘈嚈而妖冶。徒悦目而偶俗，固高声而曲下。寤防露与桑间，又虽悲而不雅。或清虚以婉约，每除烦而去滥。阙大羹之遗味，同朱弦之清氾。虽一唱而三叹，固既雅而不艳。

若夫丰约之裁，俯仰之形。因宜适变，曲有微情。或言拙而喻巧，或理朴而辞轻。或袭故而弥新，或沿浊而更清。或览之而必察，或研之而后精。譬犹舞者赴节以投袂，歌者应弦而遣声。是盖轮扁所不得言，故亦非华说之所能精。

普辞条与文律，良余膺之所服。练世情之常尤，识前修之所淑。虽濬发于巧心，或受欰于拙目。彼琼敷与玉藻，若中原之有菽。同橐籥之罔穷，与天地乎并育。虽纷蔼于此世，嗟不盈于予掬。患挈瓶之屡空，病昌言之难属。故踸踔于短垣，放庸音以足曲。恒遗恨以终篇，岂怀盈而自足。惧蒙尘于叩缶，顾取笑乎鸣玉。

若夫应感之会，通塞之纪。来不可遏，去不可止。藏若景灭，行犹响起。方天机之骏利，夫何纷而不理。思风发于胸臆，言泉流于唇齿。纷威蕤以馺遝，唯毫素之所拟。文徽徽以溢目，音泠泠而盈耳。及其六情底滞，志往神留。兀若枯木，豁若涸流。揽营魂以探赜，顿精爽于自求。理翳翳而愈伏，思乙乙其若抽。是以或竭情而多悔，或率意而寡尤。虽兹物之在我，非余力之所戮。故时抚空怀而自惋，吾未识夫开塞之所由。

伊兹文之为用，固众理之所因。恢万里而无阂，通亿载而为津。俯贻则于来叶，仰观象乎古人。济文武于将坠，宣风声于不泯。涂无远而不弥，理无微而弗纶。配沾润于云雨，象变化乎鬼神。被金石而德广，流管弦而日新。

《文赋》序言说明创作缘由和意图，指出“意不称物，文不逮意”的困惑，认为对写作的认识，虽然可以借鉴前人的经验，但主要靠个人在实践中摸索。“意物文”与“知能”的各自关系，是写作应处理的两大难题。

接着叙述创作前的准备："伫中区以玄览，颐情志于典坟。遵四时以叹逝，瞻万物而思纷。悲落叶于劲秋，喜柔条于芳春。心懔懔以怀霜，志眇眇而临云。咏世德之骏烈，诵先人之清芬。游文章之林府，嘉丽藻之彬彬。慨投篇而援笔，聊宣之乎斯文。"以及写进入写作过程后，要保持精神意念的高度集中，排除任何杂扰，全心投入构思，充分运用想象和联想："其始也，皆收视反听，耽思傍讯，精骛八极，心游万仞。其致也，情曈昽而弥鲜，物昭晰而互进。倾群言之沥液，漱六艺之芳润。浮天渊以安流，濯下泉而潜浸。于是沉辞怫悦，若游鱼衔钩而出重渊之深；浮藻联翩，若翰鸟缨缴而坠层云之峻。收百世之阙文，采千载之遗韵。谢朝华于已披，启夕秀于未振。观古今于须臾，抚四海于一瞬。"想获得形象准确的语言，极为艰难，要发掘昔日积累，寻求充分表达情志的新颖文辞。然后论创作立意，并从思想、语词两方面，说明写作的过程："然后选义按部，考辞就班。抱景者咸叩，怀响者毕弹。或因枝以振叶，或沿波而讨源。或本隐以之显，或求易而得难。或虎变而兽扰，或龙见而鸟澜。或妥帖而易施，或岨峿而不安。罄澄心以凝思，眇众虑而为言。笼天地于形内，挫万物于笔端。始踯躅于燥吻，终流离于濡翰。理扶质以立干，文垂条而结繁。信情貌之不差，故每变而在颜。思涉乐其必笑，方言哀而已叹。或操觚以率尔，或含毫而邈然。"论述写作乐趣："伊兹事之可乐，固圣贤之所钦。课虚无以责有，叩寂寞而求音。函绵邈于尺素，吐滂沛乎寸心。言恢之而弥广，思按之而愈深。播芳蕤之馥馥，发青条之森森。粲风飞而猋竖，郁云起乎翰林。"又论述文体风格和体裁："体有万殊，物无一量，纷纷挥霍，形难为状。辞程才以效伎，意司契而为匠。在有无而僶俛，当浅深而不让。虽离方而遁员，期穷形而尽相。"分析十种文种特征："诗缘情而绮靡；赋体物而浏亮；碑披文以相质；诔缠绵而凄怆；铭博约而温润；箴顿挫而清壮；颂优游以彬蔚；论精微而朗畅；奏平彻以闲雅；说炜晔而谲诳：虽区分之在兹，亦禁邪而制放；要辞达而理举，故无取乎冗长。"论创作技巧："其为物多姿，其为体也屡迁。其会意也尚巧，其遣言也贵妍。暨音声之迭代，若五色之相宣。虽逝止之无常，固崎锜而难便。苟达变而识次，犹开流以纳泉。如失机而后会，恒操末以续颠。谬玄黄之秩序，故溦滫而不鲜。”论作文时注意处理的四个问题：定去留、立警策、戒雷同、济庸音。说明创作的艰难：“普辞条与文律，良余膺之所服。练世情之常尤，识前修之所淑。虽浚发于巧心，或受蚩于拙目。彼琼敷与玉藻，若中原之有菽。同橐籥之罔穷，与天地乎并育。虽纷蔼于此世，嗟不盈于予掬。患挈瓶之屡空，病昌言之难属。故踸踔于短韵，放庸音以足曲。恒遗恨以终篇，岂怀盈而自足。惧蒙尘于叩缶，顾取笑乎鸣玉。”论艺术灵感：“若夫应感之会，通塞之纪，来不可遏，去不可止。藏若景灭，行犹响起。方天机之骏利，夫何纷而不理。思风发于胸臆，言泉流于唇齿。纷葳蕤以馺遝，唯毫素之所拟。文徽徽以溢目，音泠泠而盈耳。及其六情底滞，志往神留，兀若枯木，豁若涸流，览营魂以探赜，顿精爽而自求。理翳翳而愈伏，思轧轧其若抽。是故或竭情而多悔，或率意而寡尤。虽兹物之在我，非余力之所戮。故时抚空怀而自惋，吾未识夫开塞之所由也。”最后论及文章的作用：“伊兹文之为用，固众理之所因。恢万里而无阂，通亿载而为津。俯贻则于来叶，仰观象乎古人。济文武于将坠，宣风声于不泯。涂无远而不弥，理无微而不纶。配沾润于云雨，象变化乎鬼神。被金石而德广，流管弦而日新。”文章功用巨大，万物之理都依它发挥。

《文赋》首次把创作过程、写作方法、修辞技巧等问题提上文学批评的议程，对文学理论的发展做出了巨大的贡献。

1958 年 9 月，毛泽东外出视察，邀张治中同行。到了安徽，因张是安徽人，毛泽东就对张谈刘邦、韩信、彭越、黥布、朱洪武、包拯。谈到朱熹时，就指着他案头的朱注《楚辞》对张说：“你读过《楚辞》吗？这是本好书，我借来好久了，介绍你看看。”他还说：“三国时陆逊是东吴大将，孙子陆机、陆云，都是晋代的文学家。陆机的《文赋》是很有名的，具有朴素唯物主义的观点，可惜太冗长了点。”（余湛邦《鲜花一束——张治中陪同毛泽东视察大江南北》，《缅怀毛泽东》下，中央文献出版社 1993 年版）

毛泽东在和张治中谈话时，称赞“陆机的《文赋》是很有名的，具有朴素唯物主义的观点”，这是很高的评价，也是符合实际的；但也指出了它“太冗长了点”的缺点与局限。

3. 曹植《七启》:“跟屈宋贾枚唱反调”“索然无味了”

曹植《七启》原文如下(选自《昭明文选》卷三十四):

昔枚乘作《七发》,傅毅作《七激》,张衡作《七辩》,崔骃作《七依》,辞各美丽。余有慕之焉,遂作《七启》,并命王粲焉。

玄微子隐居大荒之庭,飞遁离俗,澄神定灵,轻禄傲贵,与物无营,耽虚好静,羡此永生。独驰思于天云之际,无物象而能倾。于是镜机子闻而将往说焉:驾超野之驷,乘追风之,经迥漠,出幽墟,入乎泱漭之野,遂届玄微子之所居。其居也,左激水,右高岑,背洞溪,对芳林。冠皮弁、被文裘。出山岫之潜穴,倚峻崖而嬉游。志飘飖焉,峣峣焉,似若狭六合而隘九州。若将飞而未逝,若举翼而中留。于是镜机子攀葛藟而登,距岩而立,顺风而称曰:“予闻君子不遁俗而遗名,智士不背世而灭勋。今吾子弃道艺之华,遗仁义之英。耗精神乎虚廓,废人事之纪经。譬若画形于无象,造响于无声,未之思乎,何所规之不通也?”玄微子俯而应之曰:“嘻,有是言乎!夫太极之初,浑沌未分,万物纷错,与道俱隆。盖有形必朽,有迹必穷,芒芒元气,谁知其终?名秽我身,位累我躬。窃慕古人之所志,仰老庄之遗风。假灵龟以托喻,宁掉尾于涂中。”

镜机子曰:“夫辩言之艳,能使穷泽生流,枯木发荣,庶感灵而激神,况近在乎人情。仆将为吾子说游观之至娱,演声色之妖靡,论变化之至妙,敷道德之弘丽。愿闻之乎?”玄微子曰:“吾子整身倦世,探隐拯沉,不远遐路,幸见光临,将敬涤耳,以听玉音。”

镜机子曰:“芳菰精粺,霜蓄露葵,玄熊素肤,肥豢脓肌。蝉翼之割,剖纤析微;累如叠縠,离若散雪,轻随风飞,刃不转切。山鵽斥鷃,珠翠之珍。寒芳苓之巢龟,脍西海之飞鳞,臛江东之潜鼍,臇汉南之鸣鹑。糅以芳酸,甘和既醇。玄冥适咸,蓐收调辛。紫兰丹椒,施和必节,滋味既殊,遗芳射越。乃有春清缥酒,康狄所营,应化则变，感气而成。弹徵则苦发，叩宫则甘生。于是盛以翠樽，酌以雕觞，浮蚁鼎沸，酷烈馨香，可以和神，可以娱肠。此肴馔之妙也，子能从我而食之乎？”玄微子曰：“予甘藜藿，未暇此食也。”

镜机子曰：“步光之剑，华藻繁缛，饰以文犀，雕以翠绿，缀以骊龙之珠，错以荆山之玉。陆断犀象，未足称隽；随波截鸿，水不渐刃。九旒之冕，散曜垂文，华组之缨，从风纷纭。佩则结绿悬黎，宝之妙微，符采照烂，流景扬辉。黼黻之服，纱縠之裳。金华之舄，动趾遗光。繁饰参差，微鲜若霜。绲佩绸缪，或雕或错，薰以幽若，流芳肆布。雍容闲步，周旋驰曜。南威为之解颜，西施为之巧笑。此容饰之妙也，子能从我而服之乎？”玄微子曰：“予好毛褐，未暇此服也。”

镜机子曰：“驰骋足用荡思，游猎可以娱情。仆将为吾子驾云龙之飞驷，饰玉辂之繁缨。垂宛虹之长缕，抗招摇之华旍。插忘归之矢，秉繁弱之弓。忽蹑景而轻骛，逸奔骥而超遗风。于是磎填谷塞，榛薮平夷。缘山置罝，弥野张罘。下无满迹，上无逸飞。鸟集兽屯，然后会围。獠徒云布，武骑雾散。丹旗耀野，戈殳皓旰。曳文狐，揜狡兔。捎鹔鹴，拂振鹭。当轨见藉，值足遇践。飞轩电逝，兽随轮转。翼不暇张，足不及腾。动触飞锋，举挂轻罾。搜林索险，探薄穷阻。腾山赴壑，风厉焱举。机不虚发，中必饮羽。于是人稠网密，地逼势胁。哮阚之兽，张牙奋鬣。志在触突，猛气不慑。乃使北宫、东郭之畴，生抽豹尾，分裂貙肩。形不抗手，骨不隐拳。批熊碎掌，拉虎摧斑。野无毛类，林无羽群。积兽如陵，飞翮成云。于是骇钟鸣鼓，收旌弛旆。顿纲纵网，罴獠回迈。骏騄齐骧，扬銮飞沫。俯倚金较，仰抚翠盖。雍容暇豫，娱志方外。此羽猎之妙也，子能从我而观之乎？”玄微子曰：“予乐恬静，未暇此观也。”

镜机子曰：“闲宫显敞，云屋皓旰。崇景山之高基，迎清风而立观。彤轩紫柱，文榱华梁。绮井含葩，金墀玉箱。温房则冬服絺绤，清室则中夏含霜。华阁缘云，飞陛陵虚。頫眺流星，仰观八隅。升龙攀而不逮，眇天际而高居。繁巧神怪，变名异形。班输无所措其斧斤，离娄为之失睛。丽草交植，殊品诡类。绿叶朱荣，熙天曜日。素水盈沼，丛木成林。飞翮凌高，鳞甲隐深。于是逍遥暇豫，忽若忘归。乃使任子垂钓，魏氏发机。芳饵沉水，轻缴弋飞。落翳云之翔鸟，援九渊之灵龟。然后采菱华，擢水苹。弄珠蚌，戏鲛人。讽汉广之所咏，觌游女于水滨。耀神景于中沚，被轻縠之纤罗。遗芳烈而静步，抗皓手而清歌。歌曰：望云际兮有好仇，天路长兮往无由。佩兰蕙兮为谁修，嬿婉绝兮我心愁。此宫馆之妙也，子能从我而居之乎？”玄微子曰：“予耽岩穴，未暇此居也。”

镜机子曰：“既游观中原，逍遥闲宫，情放志荡，淫乐未终。亦将有才人妙伎，遗世越俗。扬北里之流声，绍阳阿之妙曲。尔乃御文轩，临洞庭。琴瑟交挥，左篪右笙。钟鼓俱振，箫管齐鸣。然后姣人乃被文縠之华袿，振轻绮之飘飖。戴金摇之熠耀，扬翠羽之双翘。挥流芳，耀飞文。历盘鼓，焕缤纷。长裾随风，悲歌入云。蹻捷若飞，蹈虚远跖。凌跃超骧，蜿蝉挥霍。翔尔鸿翥，濈然凫没。纵轻体以迅赴，景追形而不逮。飞声激尘，依违厉响。才捷若神，形难为象。于是为欢未渫，白日西颓。散乐变饰，微步中闺。玄眉弛兮铅华落，收乱发兮拂兰泽，形媠服兮扬幽若。红颜宜笑，睇眄流光。时与吾子，携手同行。践飞除，即闲房。华烛烂，幄幕张。动朱唇，发清商。扬罗袂，振华裳。九秋之夕，为欢未央。此声色之妙也，子能从我而游之乎？”玄微子曰：“予愿清虚，未暇此游也。”

镜机子曰：“予闻君子乐奋节以显义，烈士甘危躯以成仁。是以雄俊之徒，交党结伦。重气轻命，感分遗身。故田光伏剑于北燕，公叔毕命于西秦。果毅轻断，虎步谷风。威慑万乘，华夏称雄。”辞未及终，而玄微子曰：“善。”

镜机子曰：“此乃游侠之徒耳，未足称妙也。若夫田文、无忌之俦，乃上古之俊公子也。皆飞仁扬义，腾跃道艺。游心无方，抗志云际。陵轹诸侯，驱驰当世。挥袂则九野生风，慷慨则气成虹霓。吾子若当此之时，能从我而友之乎？”玄微子曰：“予亮愿焉。然方于大道有累，如何？”

镜机子曰：“世有圣宰，翼帝霸世。同量乾坤，等曜日月。玄化参神，与灵合契。惠泽播于黎苗，威灵震乎无外。超隆平于殷周，踵羲皇而齐泰。显朝惟清，王道遐均。民望如草，我泽如春。河滨无洗耳之士，乔岳无巢居之民。是以俊乂来仕，观国之光。举不遗才，进各异方。赞典礼于辟雍，讲文德于明堂；正流俗之华说，综孔氏之旧章。散乐移风，国富民康。神应休臻，屡获嘉祥。故甘灵纷而晨降，景星宵而舒光。观游龙于神渊，聆鸣凤于高冈。此霸道之至隆，而雍熙之盛际。然主上犹以沈恩之未广，惧声教之未厉，采英奇于仄陋，宣皇明于岩穴。此宁子商歌之秋，而吕望所以投纶而逝也。吾子为太和之民，不欲仕陶唐之世乎？”于是玄微子攘袂而兴曰：“伟哉言乎！近者吾子，所述华淫，欲以厉我，只搅予心。至闻天下穆清，明君莅国，览盈虚之正义，知顽素之迷惑。今予廓尔，身轻若飞。愿反初服，从子而归。

《七启》大约作于曹操建安十五年（210）发布《求贤令》后。文有“今天下得无有被褐怀玉而钓于渭滨者乎”？作者即据此兴感抒论。曹植的《七启》前有小序，交代了写作缘起。《文选·七启》刘良注：“启，开也；欲开发天下令归正道，故托贤人在山林，待明君而后出。盖明君崇贤也。”正文则假托两位道教之徒“镜机子”与“玄微子”互相诘难，批评“耽虚好静”“飞遁离俗”“隐居大荒”的行为，借镜机子分类铺叙肴馔、容饰、羽猎、宫馆、声色、友朋、王道之妙及游侠、俊公子之奇节异行，最后以赞颂“圣宰”（即曹操）之“翼帝霸世”“举不遗才”“国富民康”“霸道之至隆”的功绩，说服玄微子“从子而归”，表达了“君子不遁俗而遗名，智士不背世而灭勋”的积极用世、建功立业的政治态度和理想抱负。论述饮食、容饰、羽猎、宫馆、声色、友朋、王道七个方面的妙处，用以启发玄微子的处世态度，最后归结于适逢圣君贤相，不得不出山做结，揭出本文主旨。在结构上，《七启》采用“七”体惯用写法，用七个大段，每段各叙一事，移步换形，层层递进，最后揭出主旨。文章篇制宏大，铺陈夸饰，辞采瑰丽，气势慷慨，写得有中心、有层次、有变化，变《七发》散体笔势为骈俪整饬的精描细绘，而流畅生动过之，感染力强。

1959年8月2日至16日，毛泽东向中共八届八中全会印发的《关于枚乘〈七发〉》一文说："此篇早已印发，可以一读。这是骚体流裔，而又有所创发。骚体是有民主色彩的，属于浪漫主义流派，对腐朽的统治者投以批判的匕首。屈原高据上游。宋玉、景差、贾谊、枚乘略逊一筹，然亦甚有可喜之处。……后来'七'体繁兴，没有一篇好的。《昭明文选》所收曹植《七启》，张协《七命》，作招隐之词，跟屈、宋、贾、枚唱反调，索然无味了。"（《骚体是有民主色彩的，属浪漫主义流派》，《毛泽东文艺论集》，中央文献出版社2002年版，第201—203页）

毛泽东认为，枚乘之后，"七"体繁兴，包括曹植《七启》在内，"没有一篇好的"，就文体流变的趋势来讲是符合实际的，但这评价有点偏低。因为虽然由骚体演化而来的赋体，失去了它"批判的匕首"的锋芒，转而歌颂圣君贤相，当时正配合了曹操网罗人才的政治意图，应该说还是言之有物，内容上是好的，艺术性也颇高，不愧为佳作。

4. 张协《七命》："索然无味"

张协（？—307？），字景阳，安平（今河北安平）人，西晋文学家。父亲张收，蜀郡太守。晋惠帝时，曾任公府掾、秘书郎、华阳令等职。永宁元年（301），为征北将军司马颖从事中郎，后迁中书侍郎，转河间内史，治郡清简。惠帝末年，天下纷乱，他辞官隐居，以吟咏自娱。晋怀帝永嘉初，复征为黄门侍郎，托病不就。后逝于家。

张协少有俊才，与其兄张载、其弟张亢，均是西晋有名的文人，时称"三张"。钟嵘在《诗品》总论中把他们与陆机、陆云、潘岳、左思等并提，作为西晋文学的代表。其诗擅长五言，注重辞藻。亦能辞赋。《隋书·经籍志》录张协有集4卷，已佚。明人张溥辑《汉魏六朝百三家集》中有《张孟阳·景阳集》。

《七命》原文如下：

冲漠公子，含华隐曜，嘉遁龙盘，玩世高蹈，游心于浩然，玩志乎众妙，绝景乎大荒之遐阻，吞响乎幽山之穷奥。于是徇华大夫闻而造焉。乃整云辂，马参飞黄，越奔沙，辗流霜，陵扶摇之风，蹑坚冰之津，旌拂霄，轨出苍垠，天清泠而无霞，野旷朗而无尘，临重岫而揽辔，顾石室而回轮。遂适冲漠之所居。其居也，峥嵘幽蔼，萧瑟虚玄，溟海浑濩涌其后，嶰谷耶曹张其前，寻竹竦茎荫其壑，百籁群鸣笼其山，衡飙发而回日，飞砾起而丽天。于是登绝巘，溯长风，陈辩惑之辞，命公子于岩中。曰："盖闻圣人不卷道而背时，智士不遗身而匿迹，生必耀华名于玉牒，没则勒洪伐于金册。今公子违世陆沉，避地独窜，有生之欢灭，资父之义废。愁洽百年，苦溢千岁，何异促鳞之游汀泞，短羽之栖翳荟！今将荣子以天人之大宝，悦子以纵性之至娱，穷地而游，中天而居，倾四海之欢，殚九州之腴，钻屈毂之瓠，解疏属之拘，子欲之乎?"公子曰："大夫不遗，来萃荒外，虽在不敏，敬听嘉话。"

大夫曰："寒山之桐，出自太冥，含黄钟以吐干，据苍岑而孤生。既乃琼巘嶒崚，金岸崥崹，右当风谷，左临云溪，上无陵虚之巢，下无跖实之蹊，摇刖峻挺，茗邈苕峣，晞三春之溢露，溯九秋之鸣飙，雾雪写其根，霏霜封其条，木既繁而后绿，草未素而先凋。于是构云梯，陟峥嵘，翦蕤宾之阳柯，剖大吕之阴茎。营匠斫其朴，伶伦均其声。器举乐奏，促调高张，音朗号钟，韵清绕梁。追逸响于八风，采奇律于归昌，启中黄之少宫，发蓐收之变商。若乃龙火西颓，暄气初收，飞霜迎节，高风送秋，羁旅怀土之徒，流宕百罹之畴，抚促柱则酸鼻，挥危弦则涕流。若乃追清哇，赴严节，奏《绿水》，吐《白雪》，激楚回，流风结，悲蓂荚之朝露，悼望舒之夕缺。茕嫠为之擗标，孀老为之呜咽，王子拂缨而倾耳，六马嘘天而仰秣。此盖音曲之至妙，子岂能从我而听之乎?"公子曰："余病，不能也。"

大夫曰："兰宫秘宇，雕堂绮栊，云屏烂汗，琼壁青葱，应门八袭，琁台九重，表以百常之阙，圜以万雉之墉。尔乃峣榭迎风，秀出中天，翠观岑青，雕阁霞连，长翼临云，飞陛陵山，望玉绳而结极，承倒景而开轩。赪素炳焕，枌栱嵯峨。阴虬负檐，阳马承阿。错以瑶英，镂以金华，方疏含秀，圆井吐葩。重殿叠起，交绮对晃。幽堂昼密，明室夜朗。焦螟飞而生风，尺蠖动而成响。乃若目厌常玩，体倦帷幄，携公子而双游，时娱观于林麓。登翠阜，临丹谷，华草锦繁，飞采星烛，阳叶春青，阴条秋绿，华实代新，承意恣观，仰折神藟，俯采朝兰，逆惠风于蘅薄，眷椒涂于瑶坛。尔乃浮三翼，戏中沚，潜鳃亥，惊翰起，沉丝结，飞矰理，挂归翮于赤霄之表，出华鳞于紫渊之里。然后纵棹随风，弭楫乘波，吹孤竹，拊云和，川客唱淮南之曲，榜人奏《采菱》之歌。歌曰："乘凫舟兮为水嬉，临芳洲兮拔云芝。"乐以忘戚，游以卒时穷夜为日，毕岁为期。此盖宴居之浩丽，子岂能从我而处之乎？"公子曰："余病，未能也。"

大夫曰："若乃白商素节，月既授衣，天凝地闭，风厉霜飞，柔条夕劲，密叶晨稀，将因气以效杀，临金郊而讲师。尔乃列轻武，整戎刚，建云髦，启雄芒。驾红阳之飞燕，骖唐公之骕骦，屯羽队于外林，纵轻翼于中荒。尔乃布飞羉，张修罠，陵黄岑，挂青峦。画长壑以为限，带流溪以为关。既乃内无疏蹊，外无漏迹，叩钲数校，举麾赞获，彀金机，驰鸣镝，翦刚豪，落劲翮，连骑竞骛，骈武齐辙，翕忽挥霍，云回风列，声动响飞，形移景发，举戈林耸，挥锋电灭，仰倾云巢，俯殚地穴。乃有圆文之豜，斑题之貐，鼓鬣风生，怒目电瞛，口咬霜刃，足拨飞锋，瓤林蹶石，扣跋幽丛。于是飞黄奋锐，贲石逞伎，蹙封豨，僨冯豕，拉甝虪，挫獬廌，句爪摧，锯牙摆。澜漫狼藉，倾榛倒壑，殒胔挂山，僵踣掩泽，薮为毛林，隰为丹薄。于是彻围顿罔，卷旆收鸢；虞人数兽，林衡计鲜；论最犒勤，息马韬弦；肴驷连镳，酒驾方轩，千锺电酹，万燧星繁，陵阜沾流膏，溪谷厌芳烟。欢极乐殚，回节而旋。此亦田游之壮观，子岂能从我而为之乎？"公子曰："余病，未能也。"

大夫曰："楚之阳剑，欧冶所营，邪溪之铤，赤山之精，销逾羊头，镤钺锻成。乃炼乃铄，万辟千灌。丰隆奋椎，飞廉扇炭，神器化成，阳文阴缦。既乃流绮星连，浮彩艳发，光如散电，质如耀雪，霜锷水凝，冰刃露洁，形冠豪曹，名珍巨阙，指郑则三军白首，麾晋则千里流血。岂徒水截蛟鸿，陆洒奔驷，断浮翮以为工，绝重甲而称利云尔而已哉！若其灵宝，则舒辟无方，奇锋异模，形震薛烛，光骇风胡，价兼三乡，声贵二都，或驰名倾秦，或夜飞去吴。是以功冠万载，威曜无穷，挥之者无前，拥之者身雄，可以从服九国，横制八戎，爪牙景附，函夏承风。此盖希世之神兵，子岂能从我而服之乎？”公子曰：“余病，未能也。”

大夫曰：“天骥之骏，逸态超越，禀气灵渊，受精皎月，眸间黑照，玄采绀发，沫如挥红，汗如振血，秦青不能识其众尺，方堙不能睹其若灭。尔乃巾云轩，践朝雾，越春衢，整秋御，虬蛹螭腾，麟超龙翥，望山载奔，视林载赴。气盛怒发，星飞电骇，志陵九州，势越四海。影不及形，尘不暇起，浮箭未移，再践千里。尔乃逾天垠，越地隔，过汗漫之所不游，蹑章亥之所未迹，阳乌为之顿羽，夸父为之投策。斯盖天下之俊乘，子岂能从我而御之乎？”公子曰：“余病，未能也。”

大夫曰：“大梁之黍，琼山之禾，唐稷播其根，农帝尝其华。尔乃六禽殊珍，四膳异肴，穷海之错，极陆之毛，伊公爨鼎，庖子挥刀，味重九沸，和兼勺药，晨凫露鹄，霜鶵黄雀，圜案星乱，方丈华错。封熊之蹯，翰音之跖，燕髀猩唇，髦残象白，灵渊之龟，莱黄之鲐，丹穴之鹨，玄豹之胎，单以秋橙，占以春梅，接以商王之箸，承以帝辛之杯。范公之鳞，出自九溪，赪尾丹鳃，紫翼青鬐。尔乃命支离，飞霜锷，红肌绮散，素肤雪落，娄子之豪不能厕其细，秋蝉之翼不足拟其薄。繁肴既阕，亦有寒羞。商山之果，汉皋之榛，析龙眼之房，剖椰子之壳。芳旨万选，承意代奏。乃有荆南乌程，豫北竹叶，浮蚁星沸，飞华萍接，玄石尝其味，仪氏进其法，倾罍一朝，可以流湎千日，单醪投川，可使三军告捷。斯人神之所歆羡，观听之所炜晔也。子岂能强起而御之乎？”公子曰：“耽爽口之馔，甘腊毒之昧，服腐肠之药，御亡国之器，虽子大夫之所荣，故亦吾人之所畏，余病，未能也。”

大夫曰：“盖有晋之融皇风也，金华启徵，大人有作，继明代照，配天光宅。其基德也，隆于姬公之处岐；其垂仁也，富乎有殷之在亳。南箕之风，不能畅其化；离毕之云，无以丰其泽。皇道昭焕，帝载缉熙。道气以乐，宣德以诗，教清乎云官之世，治穆乎鸟纪之时。王猷四塞，函夏谧静，丹冥投锋（案：《书钞》十五作「丹塞收烽」，疑此误），青徼释警，却马于粪车之辕，铭德于昆吾之鼎。群氓反素，时文载郁，耕父推畔，鱼竖让陆，樵夫耻危冠之饰，舆台笑短后之服。六合时邕，巍巍荡荡，玄龆巷歌，黄发击壤，解羲皇之绳，错陶唐之象。若乃华裔之夷，流芳之貊，语不传于輶轩，地不被于正朔，莫不骏奔稽颡，委质重译。于时昆蚑感惠，无思不扰。苑戏九尾之禽，囿栖三足之鸟，鸣凤在林，夥于黄帝之园；有龙游渊，盈于孔甲之沼。万物烟煴，天地交泰，义怀靡内，化感无外，林无被褐，山无韦带。皆象刻于百工，兆发乎灵蔡，缙绅济济，轩冕蔼蔼，功与造化争流，德与二仪比大。”言未终，公子蹶然而兴曰：“鄙夫固陋，守此狂狷。盖理有毁之，而争宝之讼解；言有怒之，而齐王之疾痊。向子诱我以聋耳之乐，栖我以蔀家之屋，田游驰荡，利刃骏足，既老氏之攸戒，非吾人之所欲，故靡德而应子。至闻皇风载韪，时圣道淳，举实为秋，摛藻为春，下有可封之人，上有大哉之君，余虽不敏，请寻后尘。”

“七命”，周代官爵的第七级，赐国侯伯。《周礼·春官·大宗伯》：“以九仪之命，正邦国之位。壹命受职，再命受服，三命受位，四命受器，五命赐则，六命赐官，七命赐国。”郑玄注：“王之卿六命，出封加一等者。郑司农云：‘出就侯伯之国。’”贾公彦疏：“此后郑先郑所云，皆据典命而言。以其王之卿六命，出封加一等即七命，是侯伯之国者也。”后借指封疆大吏。

“冲漠”，虚寂恬静。宋梅尧臣《寄题梵才大士台州安隐堂》诗：“达士远纷华，于兹守冲漠。”大夫，古代官名。西周以后先秦诸侯国中，在国君之下有卿、大夫、士三级。大夫世袭，有封地。后世遂以大夫为一般官职之称。秦汉以后，中央要职有御史大夫，备顾问者有谏议大夫、中大夫、光禄大夫等。至唐宋尚有御史大夫及谏议大夫之官，至明清废。又隋唐以后以大夫为高级官阶之称号。清朝高级文职官阶称大夫，武职则称将军。文中借冲漠公子与大夫的对话，冲漠公子隐居不仕，大夫以音乐、宴居、田猎、兵器、坐骑、肴馔、德仁七事相规劝，最后讲到德仁，冲漠公子“蹶然而兴”，表示“下有可封之人，上有大哉之君，余虽不敏，请寻后尘”，就是说他愿意出来做官了，效劳于诸侯之国。达到了辞赋“劝一讽百”的效果，揭出题旨。所以毛泽东认为张协《七命》和曹植的《七启》一样，都是“作招隐之词”，即劝隐士出来做官，“跟屈、宋、贾、枚唱反调，索然无味了”。这个批评是对的。

5. 左思《吴都赋》：“方期沆瀁游，零落匪所思”

左思（约 250—305），字太冲，齐国临淄（今山东淄博东北临淄北）人，西晋著名文学家。左思家世儒学，出身寒微。，左思自幼其貌不扬却才华出众。晋武帝时，因妹左棻被选入宫，举家迁居洛阳，任秘书郎。晋惠帝时，依附权贵贾谧，为文人集团“金谷二十四友”的重要成员。永康元年（300），因贾谧被诛，左思遂退居宜春里，专心著述。后齐王司马冏召为记室督，不就。太安二年（303），因张方进攻洛阳而移居冀州，不久病逝。其代表作为《咏史诗》和《三都赋》。其诗文语言质朴凝练。后人辑有《左太冲集》。

其《吴都赋》原文如下：

东吴王孙辴然而咍，曰：“夫上图景宿，辨于天文者也；下料物土，析于地理者也。古先帝代，曾览八纮之洪绪。一六合而光宅，翔集遐宇，鸟策篆素，玉牒石记。乌闻梁岷有陟方之馆、行宫之基欤？而吾子言蜀都之富，禺同之有，玮其区域，美其林薮，矜巴汉之阻，则以为袭险之右；徇蹲鸱之沃，则以为世济阳九。龌龊而筭，顾亦曲士之所叹也；旁魄而论都，抑非大人之壮观也。何则？土壤不足以摄生，山川不足以周卫。公孙国之而破，诸葛家之而灭。兹乃丧乱之丘墟，颠覆之轨辙。安可已偭王公而著风烈也？玩其碛砾而不窥玉渊者，未知骊龙之所蟠也；习其弊邑而不睹上邦者，未知英雄之所躔也。

“子独未闻大吴之巨丽乎？且有吴之开国也，造自太伯，宣于延陵，盖端委之所彰，高节之所兴。建至德以创洪业，世无得而显称。由克让已立风俗，轻脱躧于千乘。若率土而论都，则非列国之所觖望也。故其经略，上当星纪。拓土画疆，卓荦兼抍。包括干越，跨蹑蛮荆。婺女寄其曜，翼轸寓其精。指衡岳已镇野，目龙川而带坰。

“尔其山泽，则嵬嶷峣屼，巊冥郁岪。溃渱泮汗，滇㴐淼漫。或涌川而开渎，或吞江而纳汉。磈磈磃磃，滮滮浉浉。磝硊乎数州之间，灌注乎天下之半。百川派别，归海而会。控清引浊，混涛并濑。濆薄沸腾，寂寥长迈。濞焉汹汹，隐焉礚礚。出乎大荒之中，行乎东极之外。经扶桑之中林，包汤谷之滂沛。潮波汩起，回复万里。歊雾漨浡，云蒸昏昧。泓澄奫潫，澒溶沆瀁。莫测其深，莫究其广。澶湉漠而无涯，摠有流而为长。瑰异之所丛育，鳞甲之所集往。（节录）

《三都赋》分别是《魏都赋》《蜀都赋》《吴都赋》，是魏晋赋中独有的长篇（姜亮夫认为《三都赋》作于291）。这些赋实际上不只是写三个都城，而是写魏、蜀、吴三个国家的概况。皇甫谧看过《三都赋》以后，予以高度评价，为这篇文章写了序言。陆机原本打算写《三都赋》，听说左思也在写《三都赋》，很不以为然。但是当左思历时十年，将《三都赋》写成的时候，陆机看完便将自己写的手稿烧掉，于是有“洛阳纸贵”“陆机辍笔”的典故。“洛阳纸贵”这个成语说的就是当时人们竞相抄写《三都赋》，而造成纸张供不应求、纸价上涨的情形。

《三都赋》总序：

“盖诗有六义焉，其二曰赋。杨雄曰：‘诗人之赋丽以则。’班固曰：‘赋者，古诗之流也。’先王采焉，以观土风。见‘绿竹猗猗’于宜，则知卫地淇澳之产；见‘在其版屋’，则知秦野西戎之宅。故能居然而辨八方。

“然相如赋上林而引‘卢橘夏熟’，杨雄赋甘泉而陈‘玉树青葱’，班固赋西都而叹以出比目，张衡赋西京而述以游海若。假称珍怪，以为润色，若斯之类，匪啻于兹。考之果木，则生非其壤；校之神物，则出非其所。于辞则易为藻饰，于义则虚而无徵。且夫玉卮无当，虽宝非用；侈言无验，虽丽非经。而论者莫不诋讦其研精，作者大氐举为宪章。积习生常，有自来矣。

“余既思摹二京而赋三都，其山川城邑则稽之地图，其鸟兽草木则验之方志。风谣歌舞，各附其俗；魁梧长者，莫非其旧。何则？发言为诗者，咏其所志也；美物者贵依其本，赞事者宜本其实。匪本匪实，览者奚信？且夫任土作贡，虞书所著；辩物居方，周易所慎。聊举其一隅，摄其体统，归诸诂训焉。”

《总序》交代了写作《三都赋》的缘起。王鸣盛说：“左思于西晋初吴、蜀始平之后，作《三都赋》，抑吴都、蜀都而申魏都，以晋承魏统耳。”《文选·三都赋》李善注引臧荣绪《晋书》一段文字，云：“思作赋时，吴、蜀已平，见前贤之是非，故作斯赋，以辨众惑。”其《吴都赋》，全景式地描绘三国时代吴都建邺（即南京）的人文与山川形胜、宫殿楼台及市井风貌，尽管这时的南京城各方面发展还不完备，但它已经体现出至少两方面的特征：一是作为区域政治中心的地位，没有掌控全国政治资源的优势，却能起到凝聚地区文化的作用；二是作为古代文化都市的雏形渐渐形成。由于东吴等地方政权的重视和文化建设的加快，南京在当时比其他一些城市更接近于文化都市的特征。因此，这篇赋留下了关于金陵城市建设的第一份“文学档案”，让今天的人们对六朝时期的南京有了比较具体的了解。

毛泽东在1915年写的《五古·挽易昌陶》说：“去去思君深，思君君不来。愁杀芳年友，悲叹有余哀。衡阳雁声彻，湘滨春溜回。感物念所欢，踯躅南城隈。城隈草萋萋，涔泪侵双题。采采余孤景，日落衡云西。方期沆瀣游，零落匪所思。永诀从今始，午夜惊鸣鸡。鸣鸡一声唱，汗漫东皋上。冉冉望君来，握手珠眶涨。关山蹇骥足，飞飙拂灵帐。我怀郁如焚，放歌倚列嶂。列嶂青且茜，愿言试长剑。东海有岛夷，北山尽仇怨。荡涤谁氏子，安得辞浮贱。子期竟早亡，牙琴从此绝。琴绝最伤情，朱华春不荣。后来有千日，谁与共平生？望灵荐杯酒，惨淡看铭旌。惆怅中何寄，江天水一泓。”

易昌陶（1893—1915），字咏畦，湖南衡阳曲兰镇人。湖南第一师范第八班品学兼优学生，与毛泽东、周世钊为同班挚友。1915年3月病殁家中，5月23日，一师校长张干亲自为其在校内召开追悼会，师生作挽联、祭文256篇，辑于《易君咏畦追悼录》。

6. 木华《海赋并序》："文甚隽丽，足继前良"

木华（约90），字玄虚，西晋广川（今河北枣强东北）人，著名辞赋家。曾为太傅杨骏府主簿。文辞隽丽，《文选》录其《海赋》一篇。

《海赋》原文如下；

昔在帝妫，臣唐时代，天纲浡潏，为凋为瘵。洪涛澜汗，万里无标；长波涾沲，迤涎八裔。于是乎禹也，乃铲临崖之阜陆，决陂潢而相泼；启龙门之岝嶺，垦岭峦而斩凿。群山既略，百川潜渫；泱漭澹泞，腾波赴势。江河既导，万穴俱流；掎拔五岳，竭涸九州。沥滴渗淫，荟蔚云雾；涓流泱瀼，莫不来注。于廓灵海，长为委输。其为广也，其为怪也，亦其为大也。

若乃大明摭辔于金枢之穴，翔阳逸骇于扶桑之津。彯沙礐石，荡飏岛滨。于是鼓怒，溢浪扬浮。更相触搏，飞沫起涛。状如天轮，胶戾而激转；又似地轴，挺拔而争回。岑岭飞腾而反复，五岳鼓舞而相磓。渭濆沦而滀漯，郁沏迭而隆颓，盘盓激而成窟，渭沸潗而为魁；泅泊柏而迤飏，磊匒匌而相豗。惊浪雷奔，骇水迸集；开合解会，瀼瀼湿湿；葩华踧沑，澒泞潗潧。

若乃霾曀潜销，莫振莫竦；轻尘不飞，纤萝不动。犹尚呀呷，余波独涌；澎濞灪磙，碨垒山垄。

尔其枝岐潭瀹，勃荡成汜；乖蛮隔夷，回互万里。若乃偏荒速告，王命急宣；飞骏鼓揖，泛海凌山。于是候劲风，揭百尺，维长绡，挂帆席；望涛远决，冏然鸟逝。鹬如惊凫之失侣，倏如六龙之所掣；一越三千，不终朝而济所届。

若其负秽临深，虚誓愆祈，则有海童邀路，马衔当蹊。天吴乍见而仿佛，蝄像暂晓而闪尸。群妖遘迕，眇䁍冶夷。决帆摧橦，戕风起恶。廓如灵变，惚恍幽暮。气似天霄，叆叇云布。倏昱绝电，百色妖露。呵嗽掩郁，矆睒无度。飞涝相磢，激势相沏。崩云屑雨，浤浤汩汩。踔踔湛濼，沸溃渝溢。濯涛濩渭，荡云沃日。

于是舟人渔子，徂南极东。或屑没于鼋鼍之穴，或挂罥于岑嶅之峰，或掣掣泄泄于裸人之国，或泛泛悠悠于黑齿之邦。或乃萍流而浮转，或因归风以自反。徒识观怪之多骇，乃不悟所历之近远。

尔其为大量也，则南澰朱崖，北洒天墟，东演析木，西薄青徐。经途瀴溟，万万有余。吐云霓，含龙鱼，隐鲲鳞，潜灵居。岂徒积太颠之宝贝，与随侯之明珠？将世之所收者常闻，所未名者若无。且希世之所闻，恶审其名？故可仿像其色，叆䨴其形。

尔其水府之内，极深之庭，则有崇岛巨鳌，峌孤亭。擘洪波，指太清。竭磐石，栖百灵。飏凯风而南逝，广莫至而北征。其垠则有天琛水怪，鲛人之室。瑕石诡晖，鳞甲异质。

若乃云锦散文于沙汭之际，绫罗被光于螺蚌之节。繁采扬华，万色隐鲜。阳冰不冶，阴火潜然；熺炭重燔，吹炯九泉。朱燉绿烟，腰眇蝉蜎。珊瑚琥珀，群产连接。车渠玛瑙，全积如山。鱼则横海之鲸，突扤孤游；戛岩嶅，偃高涛；茹鳞甲，吞龙舟；噏波则洪涟踧蹜，吹涝则百川倒流。或乃蹭蹬穷波，陆死盐田；巨鳞插云，鬐鬣刺天；颅骨成岳，流膏为渊。

若乃岩坻之隈，沙石之嵚；毛翼产鷇，剖卵成禽；凫雏离褷，鹤子淋渗。群飞侣浴，戏广浮深；翔雾连轩，泄泄淫淫；翻动成雷，扰翰为林；更相叫啸，诡色殊音。

若乃三光既清，天地融朗。不泛阳侯，乘蹻绝往；觌安期于蓬莱，见乔山之帝像。群山飘渺，餐玉清涯。履阜乡之留舄，被羽翮之襂纚。翔天沼，戏穷溟。甄有形于无欲，永悠悠以长生。

且其为器也，包乾之奥，括坤之区；惟神是宅，亦只是庐。何奇不有？何怪不储？芒芒积流，含形内虚；旷哉坎德，卑以自居；弘往纳来，以宗以都；品物类生，何有何无！

《海赋》是写江海的赋作中最负盛名的作品，与东晋郭璞的《江赋》齐名，而其成就又在《江赋》之上，可谓孤篇名世，在中国文学史上也是一种奇观。李善《文选注》引傅亮《文章志》称赞说："广川木玄虚，为《海赋》，文甚隽丽，足继前良。"这个评价，实非溢美之词。

这篇赋开端先铺写大禹治水，万川归海；接着描写大海之"广"、之"怪"、之"大"，气势浩瀚，物产丰富，多神怪精灵，写得壮丽多姿。赋的末尾说："且其为器也，包乾之奥，括坤之区；惟神是宅，亦只是庐。何奇不有？何怪不储？芒芒积流，含形内虚；旷哉坎德，卑以自居；弘往纳来，以宗以都；品物类生，何有何无！"其用意似在借海的广阔，比喻人须有容人之量及谦恭之德。赋中描写阔大之景，时有佳句，如描写大海在强劲的海风吹拂下的变化情态："若乃大明摭辔于金枢之穴，翔阳逸骇于扶桑之津。彯沙礐石，荡飏岛滨。于是鼓怒，溢浪扬浮。更相触搏，飞沫起涛。状如天轮，胶戾而激转；又似地轴，挺拔而争回。岑岭飞腾而反覆，五岳鼓舞而相磓。"形态逼真而富于想象力。

《海赋》气势磅礴，景象阔大，结构宏伟。作者想象奇特，对大海不同形态的描绘真实而生动，又大量使用神话传说材料，增加了文章的神奇色彩，反复运用渲染、夸张、比喻等手法，使全文呈现出一种奇诡瑰丽的风格。

毛泽东在青年时代就喜欢《海赋》，并受其影响。据罗章龙回忆说，1917年春，两人同游南岳衡山，登上祝融峰，回来后，毛泽东曾给他写过一封文风如《海赋》的信。信中谈到古今名人志士笔下的南岳，特别提到韩愈宿南岳庙的事，还附有游南岳的一首诗作（董学文：《毛泽东与中国文学》，春风文艺出版社1994年版，第242页）。1958年，毛泽东在为自己的词《沁园春·长沙》作注时也提到此事，说"当时"有一篇诗，都忘记了，只记得两句：自信人生二百年，会当水击三千里。（《毛泽东诗词集》，中央文献出版社1996年版，第9页）

1959年9月底，中国发现大庆油田，用事实有力驳斥了外国学者一向散布的“中国贫油论”。1960年，在十分艰难困苦的条件下，我国调集大量人力，对大庆油田进行开发，从而迈开了独立自主、自力更生发展石油工业的步伐。这期间，毛泽东兴之所至，要读《海赋》。当时石油战线的负责人之一唐克托人找到北京大学中文系，邀请学者把《海赋》翻译成白话。这个任务落到了古典文学教研室的倪其心教授身上。倪很快把它译解出来，据说，唐克随后把译文呈给了毛泽东参阅。1964年春节座谈会上，毛泽东又一次提到《海赋》。（董学文：《毛泽东与中国文学》，春风文艺出版社1994年版，第26页）

这些事实说明，毛泽东从青年直到晚年都喜读《海赋》，他对《海赋》可谓一往情深。

7. 谢惠连《雪赋》：“晚年嘱印”“病重常读”

谢惠连（397—433），祖籍陈郡阳夏（今河南太康）人，南朝宋文学家。谢方明之子，谢灵运族弟。他10岁能文，颇善诗赋。深得谢灵运的赏识，见其新文，常感慨“张华重生，不能易也”。《诗品》引《谢氏家录》称：“康乐每对惠连，辄得佳语。”据说谢灵运《登池上楼》中的名句“池塘生春草”，就是在梦中见到谢惠连而写出来的。本州辟主簿，不就。谢惠连行止轻薄不检，原先爱幸会稽郡吏杜德灵，居父丧期间还向其男宠杜德灵赠诗，大为时论所非，因此不得仕进。后来依靠尚书仆射殷景仁的辩护，才在宋文帝元嘉七年（430）做了彭城王刘义康的法曹参军，世称“谢法曹”。与山水诗人谢灵运、谢朓是同族，后人合称“三谢”。

其诗作留存不多，部分篇章表现其政治上的不得志，对当时现实隐含不满，《秋怀》《捣衣》为其代表作；辞赋作品以《雪赋》较为有名，是六朝抒情咏物小赋的代表作。原有集，已散佚。明人张溥集有《谢法曹集》。

其《雪赋》原文如下：

岁将暮，时既昏。寒风积，愁云繁。梁王不悦，游于兔园。乃置旨酒，命宾友。召邹生，延枚叟。相如未至，居客之右。俄而未霰零，密雪下。王乃歌《北风》于卫诗，咏《南山》于周雅。授简于司马大夫，曰："抽子秘思，骋子妍辞，侔色揣称，为寡人赋之。"

相如于是避席而起，逡巡而揖，曰："臣闻雪宫建于东国，雪山峙于西域。岐昌发咏于来思，姬满申歌于黄竹。《曹风》以麻衣比色，楚谣以《幽兰》俪曲。盈尺则呈瑞于丰年，袤丈则表沴于阴德。雪之时义远矣哉！请言其始。

"若乃玄律穷，严气升，焦溪涸，汤谷凝，火井灭，温泉冰。沸潭无涌，炎风不兴。北户墐扉，裸壤垂缯。于是河海生云，朔漠飞沙，连氛累霭，掩日韬霞。霰淅沥而先集，雪粉糅而遂多。

"其为状也，散漫交错，氛氲萧索；蔼蔼浮浮，瀌瀌弈弈；联翩飞洒，徘徊委积。始缘甍而冒栋，终开帘而入隙。初便娟于墀庑，未萦盈于帷席。既因方而为珪，亦遇圆而成璧。眄隰则万顷同缟，瞻山则千岩俱白。于是台如重璧，逵似连璐；庭列瑶阶，林挺琼树。皓鹤夺鲜，白鹇失素；纨袖惭冶，玉颜掩姱。

"若乃积素未亏，白日朝鲜，烂兮若烛龙，衔耀照昆山。尔其流滴垂冰，缘霤承隅。粲兮若冯夷，剖蚌列明珠。至夫缤纷繁骛之貌，皓旰曒絜之仪。回散萦积之势，飞聚凝曜之奇，固展转而无穷，嗟难得而备知。

"若乃申娱玩之无已，夜幽静而多怀，风触楹而转响，月承幌而通晖。酌湘吴之醇酎，御狐貉之兼衣；对庭鹍之双舞，瞻云雁之孤飞。践霜雪之交积，怜枝叶之相违。驰遥思于千里，愿接手而同归。

邹阳闻之，懑然心服。有怀妍唱，敬接末曲。于是乃作而赋积雪之歌。

歌曰："携佳人兮披重幄，援绮衾兮坐芳褥；燎熏炉兮炳明烛，酌桂酒兮扬清曲。"又续写而为白雪之歌。歌曰："曲既扬兮酒既陈，朱颜酡兮思自亲。愿低帷以昵枕，念解珮而褫绅。怨年岁之易暮，伤后会之无因。君宁见阶上之白雪，岂鲜耀于阳春？"

歌卒。王乃寻绎吟玩，抚览扼腕，顾谓枚叔，起而为乱。乱曰："白羽虽白，质以轻兮；白天虽白，空守贞兮。未若兹雪，因时兴灭。玄阴凝不昧其洁，太阳耀不固其节。节岂我名，节岂我贞？凭云升降，从风飘零。值物赋象，任地班形。素因遇立，污随染成，纵心皓然，何虑何营？

东汉以后，大赋开始衰微，抒情咏物的小赋逐渐兴起。谢惠连的《雪赋》和谢庄的《月赋》并称为六朝这一类小赋的代表作。这篇赋沿用了汉赋中假设主客的形式，从酝酿降雪写到雪霁天晴，展现了素净而奇丽的画面。

《雪赋》以历史人物问答铺陈描写结构全篇。赋首先叙述了冬日里的一个黄昏，梁王摆上美酒，令文人司马相如、枚乘、邹阳赋雪。面对漫天大雪，梁王首先吟咏了《诗经》中有关雪的诗句，吟毕，授简于司马相如，要他以神奇的思想、妍丽的文辞，惟妙惟肖、恰到好处地描摹雪景。

司马相如起而避席，表示敬意，接着用华美的辞藻从宏观、微观、声色、动静等多角度、多方位铺叙描摹，极尽雪之形态。邹阳闻相如赋，"懑然心服"，遂作"积雪之歌"。《雪赋》以"王乃寻绎吟玩，抚览扼腕，顾谓枚叔，起而为乱"，对全赋进行了总结。"乱"是辞赋的结尾，是对全赋的总结。

结尾由雪之节操而触发了对雪的性质品德的议论，围绕雪的"节""洁""贞"展开议论，说雪之"节"容易失，雪之"洁"容易污，雪的贞洁就像它的颜色一样，最不足恃，对其贞洁名誉进行了否定，"节岂我名""节岂我贞""纵心皓然，何虑何营"，从而释放了纵心物外的人生哲学，这也是南朝文人的一种情怀、一种心灵解脱吧！

8. 鲍照《舞鹤赋》："人寰"

1965年5月，毛泽东写的《水调歌头·重上井冈山》："久有凌云志，重上井冈山。千里寻故地，旧貌变新颜。到处莺歌燕舞，更有潺潺流水，高路入云端。过了黄洋界，险处不须看。　风雷动，旌旗奋，是人寰。三十八年过去，弹指一挥间。可上九天揽月，可下五洋捉鳖，谈笑凯歌还。世上无难事，只要肯登攀。"（《毛泽东诗词集》，中央文献出版社1996年版，第149—150页）词中"人寰"一词，即出自南朝宋鲍照《舞鹤赋》。人寰，人间，人世间。

鲍照（414—466），字明远，东海郡人（今山东临沂兰陵长城镇），中国南朝宋杰出的文学家、诗人。

鲍照出身寒微。宋元嘉中，临川王刘义庆"招聚文学之士，近远必至"，鲍照以辞章之美而被看重，遂引为"佐史国臣"。宋文帝元嘉十六年（439），鲍照因献诗而被宋文帝用为中书令、秣陵（今江苏南京）令；宋孝武帝大明五年（461）出任前军参军，故世称"鲍参军"。宋明帝泰始二年（466），刘子顼起兵反明帝失败，鲍照死于乱军中。

鲍照与颜延之、谢灵运同为宋元嘉时期的著名诗人，合称"元嘉三大家"，其诗歌注意描写山水，讲究对仗和辞藻。他长于乐府诗，其七言诗对唐代诗歌的发展起了重要作用，世称"元嘉体"。鲍照也擅赋及骈文，其所作乐府诗《拟行路难》《芜城赋》《登大雷岸与妹书》等都较有名。现有《鲍参军集》传世。

其《舞鹤赋》原文如下：

散幽经以验物，伟胎化之仙禽。钟浮旷之藻质，抱清迥之明心。指蓬壶而翻翰，望昆阆而扬音。潜日域以回骛，穷天步而高寻。践神区其既远，积灵祀而方多。精含丹而星曜，顶凝紫而烟华。引员吭之纤婉，顿修趾之洪姱。叠霜毛而弄影，振玉羽而临霞。朝戏于芝田，夕饮乎瑶池。厌江海而游泽，掩云罗而见羁。去帝乡之岑寂，归人寰之喧卑。岁峥嵘而愁暮，心惆怅而哀离。

于是穷阴杀节，急景凋年。骫沙振野，箕风动天。严严苦雾，皎皎悲泉。冰塞长河，雪满群山。既而氛昏夜歇，景物澄廓。星翻汉回，晓月将落。感寒鸡之早晨，怜霜雁之违漠。临惊风之萧条，对流光之照灼。唳清响于丹墀，舞飞容于金阁。始连轩以凤跄，终宛转而龙跃。踯躅徘徊，振迅腾摧。惊身蓬集，矫翅雪飞。离纲别赴，合绪相依。将兴中止，若往而归。飒沓矜顾，迁延迟暮。逸翮后尘，翱翥先路。指会规翔，临岐矩步。态有遗妍，貌无停趣。奔机逗节，角睐分形。长扬缓骛，并翼连声。轻迹凌乱，浮影交横。众变繁姿，参差洊密。烟交雾凝，若无毛质。风去雨还，不可谈悉。既散魂而荡目，迷不知其所之。忽星离而云罢，整神容而自持。仰天居之崇绝，更惆怅以惊思。

当是时也，燕姬色沮，巴童心耻。巾拂两停，丸剑双止。虽邯郸其敢伦，岂阳阿之能拟。入卫国而乘轩，出吴都而倾市。守驯养于千龄，结长悲于万里。(《文选·御览二十七》)

1925年，毛泽东写的《沁园春·长沙》："独立寒秋，湘江北去，橘子洲头。看万山红遍，层林尽染；漫江碧透，百舸争流。鹰击长空，鱼翔浅底，万类霜天竞自由。怅寥廓，问苍茫大地，谁主沉浮？　携来百侣曾游，忆往昔峥嵘岁月稠。恰同学少年，风华正茂；书生意气，挥斥方遒。指点江山，激扬文字，粪土当年万户侯。曾记否，到中流击水，浪遏飞舟？"

词中"忆往昔峥嵘岁月稠"，是由鲍照《舞鹤赋》"岁峥嵘而愁暮"点化而来。

9. 谢庄《月赋》：“自古以来赋月亮的，就是谢庄的这一篇最著名”

谢庄（421—466），字希逸，陈郡阳夏人（今河南太康），出生于建康，南朝宋大臣，辞赋家、诗人。谢弘微子，大谢（谢灵运）的族侄，以《月赋》闻名。历仕宋文帝、宋孝武帝、宋明帝三朝，官至中书令，加金紫光禄大夫，世称“谢光禄”，卒谥宪子。

谢庄工于散文，而辞赋更佳。他有意把短赋向诗的方向改造，给人以独特清新的感觉。他的《赤鹦鹉赋》《月赋》《舞马赋》都为当时所重，而其《月赋》更是南朝咏物写景小赋的代表作。《宋书》本传说他有诗文四百多篇行世。原有集，已散佚。明张溥辑有《谢光禄集》。

其《月赋》原文如下：

陈王初丧应、刘，端忧多暇。绿苔生阁，芳尘凝榭。悄焉疚怀，不怡中夜。乃清兰路，肃桂苑；腾吹寒山，弭盖秋阪。临浚壑而怨遥，登崇岫而伤远。于时斜汉左界，北陆南躔；白露暧空，素月流天，沉吟齐章，殷勤陈篇。抽毫进牍，以命仲宣。

仲宣跪而称曰：“臣东鄙幽介，长自丘樊，昧道懵学，孤奉明恩。

“臣闻沉潜既义，高明既经，日以阳德，月以阴灵。擅扶桑于东沼，嗣若英于西冥。引玄兔于帝台，集素娥于后庭。朒朓警阙，朏魄示冲。顺辰通烛，从星泽风。增华台室，扬采轩宫。委照而吴业昌，沦精而汉道融。

“若夫气霁地表，云敛天末，洞庭始波，木叶微脱。菊散芳于山椒，雁流哀于江濑；升清质之悠悠，降澄辉之蔼蔼。列宿掩缛，长河韬映；柔祇雪凝，圆灵水镜；连观霜缟，周除冰净。君王乃厌晨欢，乐宵宴；收妙舞，驰清县；去烛房，即月殿；芳酒登，鸣琴荐。

“若乃凉夜自凄，风篁成韵，亲懿莫从，羁孤递进。聆皋禽之夕闻，听朔管之秋引。于是弦桐练响，音容选和。徘徊《房露》，惆怅《阳阿》，声林虚籁，沦池灭波。情纡轸其何托？诉皓月而长歌。歌曰：

“‘美人迈兮音尘阙，隔千里兮共明月；临风叹兮将焉歇？川路长兮不可越。’

“歌响未终，余景就毕；满堂变容，回徨如失。又称歌曰：

“‘月既没兮露欲晞，岁方晏兮无与归；佳期可以还，微霜沾人衣！’”

陈王曰：“善。”乃命执事，献寿羞璧。敬佩玉音，复之无怿。

《月赋》假托曹植与王粲月夜吟游的故事。文章先写曹植因思念初丧的应玚、刘桢两位文友，于月夜宴请王粲作赋。王粲在赋中极写月亮的变幻精灵，预示人事的顺逆。它的清辉照亮皇宫，君王即为月色所陶醉；它照到寄旅者时，触动游子愁思；它使遥隔的情人，千里共仰明月。当月亮下山，所有人均为之变容，惶然若失。最后慨叹月没岁暮，良人难遇，并规劝君王珍惜佳期，勿沾霜露。结尾写曹植听王粲此赋后，反复吟咏不绝。在写作上多用侧面渲染、烘托的手法，中间又穿插神话、典故以及历史传说，更深化了月的历史背景的文化意义。句式以骈偶为主，又杂以散句，显得整齐而富有变化。全赋写月神采飞动，用笔柔和细腻，风格清雅秀美，读来诗意盎然。特别是篇末所系两诗，一咏明月，一咏落月，感叹岁月流逝，再致怨遥伤远之意，情思绵邈，韵味悠长，既总结全篇，又与篇首“沉吟齐章，殷勤陈篇”相呼应，反映了此赋结构的精巧完整，并昭示南朝赋在总体上走向诗化的趋势。

《雪赋》对物色的描写细致逼真，如同意得神传，形神兼备。语言精工遒劲，极富感染力，三言、四言、五言、六言、七言等句式长短穿插，错落有致，增强了节奏感和韵律美，彰显了极高的美学价值。

在毛泽东生前，卧室里有两本用大字排印的江淹的《恨赋》《别赋》，谢庄的《月赋》，谢惠连的《雪赋》以及庾信的《枯树赋》，封面上都有红铅笔画的大圈。这是他晚年嘱咐印刷的，病重时经常读，有时还背诵。（陈晋主编：《毛泽东读书笔记解析》，广东人民出版社 1996 年版，第 1234 页）这说明他十分珍爱这些作品。

20 世纪 60 年代，在视察山东时，毛泽东同舒同（省委书记）讨论先秦齐国的历史和曹植封东阿王、陈王的事情，为了证明他的观点，便顺口背起谢庄的《月赋》："陈王初丧应、刘，端忧多暇。绿苔生阁，芳尘凝榭。悄焉疚怀，不怡中夜。乃清兰路，肃桂苑；腾吹寒山，弭盖秋阪。……"接着评价说："自古以来赋月亮的，就是谢庄的这一篇最著名。"说明他对《月赋》十分熟稔，评价很高。

10. 江淹"做了很多好文章"——《恨赋》就是其中之一

江淹（444—505），字文通，宋州济阳考城（今河南商丘民权县程庄镇江集村，原属考城，1954年划归民权）人，南朝著名军事家、政治家、文学家。

江淹历仕三朝，少时孤贫好学，六岁能诗，文章华著，十三岁丧父。二十岁左右在新安王刘子鸾幕下任职，开始其政治生涯，早年不甚得志。泰始二年（466），江淹转入建平王刘景素幕，受广陵令郭彦文案牵连，被诬受贿入狱，在狱中上书陈情获释。刘景素密谋叛乱，江淹曾多次谏劝，刘景素不纳，贬江淹为建安吴兴县令。宋顺帝升明元年（477），齐高帝萧道成执政，把江淹自吴兴召回，并任为尚书驾部郎、骠骑参军事。江淹为官清正，不避权贵，直言敢谏，震肃百僚。梁武帝萧衍代齐后，江淹官至金紫光禄大夫，封醴陵伯。天监四年（505）卒，谥"宪伯"，武帝为之穿孝举哀，葬于民权县程庄镇江墓店（今李堂南岳庄村）。

江淹是南朝辞赋大家，与鲍照并称。南朝辞赋发展到江、鲍，似乎达到了顶峰。江淹的《恨赋》《别赋》与鲍照的《芜城赋》《舞鹤赋》可说是南朝辞赋的绝唱。江淹又是南朝骈文大家，是南朝骈文中最有成就的作家之一，与鲍照、刘峻、徐陵齐名。最为知名的当数他在狱中写给刘景素的《诣建平王书》。另外，江淹的《报袁叔明书》《与交友论隐书》等，均为当时名篇。江淹的诗作成就虽不及他的辞赋和骈文，但也不乏优秀之作，其特点是意趣深远，在齐梁诸家中尤为突出。善于拟古是江淹诗歌方面的突出特色，面貌酷似，几可乱真。

中年以后，江淹官运亨通，官运的高峰却造就了他创作上的低潮，富贵安逸的环境使他才思减退，到齐武帝永明后期，他就很少有传世之作，故有“江郎才尽”之说。

其《恨赋》原文如下：

试望平原，蔓草萦骨，拱木敛魂。人生到此，天道宁论！于是仆本恨人，心惊不已，直念古者，伏恨而死。

至如秦帝按剑，诸侯西驰，削平天下，同文共规，华山为城，紫渊为池。雄图既溢，武力未毕。方架鼋鼍以为梁，巡海右以送日。一旦魂断，宫车晚出。

若乃赵王既虏，迁于房陵。薄暮心动，昧旦神兴。别艳姬与美女，丧金舆及玉乘。置酒欲饮，悲来填膺。千秋万岁，为怨难胜。

至如李君降北，名辱身冤。拔剑击柱，吊影惭魂。情往上郡，心留雁门。裂帛系书，誓还汉恩。朝露溘至，握手何言？

若夫明妃去时，仰天太息。紫台稍远，关山无极。摇风忽起，白日西匿。陇雁少飞，代云寡色。望君王兮何期？终芜绝兮异域。

至乃敬通见抵，罢归田里。闭关却扫，塞门不仕。左对孺人，右顾稚子。脱略公卿，跌宕文史。赍志没地，长怀无已。

及夫中散下狱，神气激扬。浊醪夕引，素琴晨张。秋日萧索，浮云无光。郁青霞之奇意，入修夜之不旸。

或有孤臣危涕，孽子坠心。迁客海上，流戍陇阴。此人但闻悲风汩起。血下沾衿。亦复含酸茹叹，销落湮沉。

若乃骑叠迹，车屯轨，黄尘帀地，歌吹四起。无不烟断火绝，闭骨泉里。

已矣哉！春草暮兮秋风惊，秋风罢兮春草生。绮罗毕兮池馆尽，琴瑟灭兮丘垄平。自古皆有死，莫不饮恨而吞声。

江淹的《恨赋》《别赋》均见之于《昭明文选》卷十六“哀伤”类。

《恨赋》题下李善注：“意谓古人不称其情，皆饮恨而死也。”可见作者是有感而作的。《恨赋》篇幅不长，全文总共405字。其名为“恨赋”，顾名思义，就是着重渲染这一“恨”字，文章通过对秦始皇、赵王迁、李陵、王昭君、冯衍、嵇康这六个历史人物各自不同的恨的描写，来说明人人有恨，恨各不同的普遍现象。

《恨赋》主要写的是人生命短暂、饮恨而终的感慨；赋作通过各种不同的艺术形象来表达心愿不能实现的现实性以及对此至死不悟的悲哀。在写作手法上，江淹运用其高超的概括能力，通过列举多个不同类型的历史人物来进行典型性概括，其目的是要通过典型表现一般。虽然赋作中列举的各个人物的苦衷各不相同，但最终却还是通过他们表达出了一种人们的普遍情感。

这篇文章层次清楚，条理明晰，文辞隽丽，情景交融，浑然一体，形成了一种慷慨悲凉的气氛，具有浓厚的抒情色彩及艺术感染力，所以长久以来，为人们所传颂不止。

1975年夏，毛泽东让芦荻为他读这篇《恨赋》。当读到“至如秦帝按剑，诸侯西驰，削平天下，同文共规，华山为城，紫渊为池。雄图既溢，武力未毕”时，为解释其中的“溢”字，毛泽东又将《西厢记》有“溢”字的原文背了出来。（陈晋主编：《毛泽东读书笔记解析》，广东人民出版社1996年版，第1236—1237页）

因为喜欢江淹的《恨赋》《别赋》这两篇赋，晚年毛泽东还安排有关人员注释，并用大字排印出版，以便经常阅读。据毛泽东身边工作人员说，这两篇赋，是他病重时经常读的，有时还在背诵。

毛泽东还手书过《恨赋》中的如下词句：“若夫明妃去时，仰天太息。紫台稍远，关山无极。摇风忽起，白日西匿。陇雁少飞，代云寡色。望君王兮何期？终芜绝兮异域。”（中央档案馆整理：《毛泽东手书选集·古诗词上》，北京出版社1996年版，第78页）可见毛泽东对江淹《恨赋》的喜爱和熟悉。

11. 江淹《别赋》:“送君南浦，伤之如何”

《别赋》原文如下：

黯然销魂者，唯别而已矣！况秦吴兮绝国，复燕宋兮千里。或春苔兮始生，乍秋风兮暂起。是以行子肠断，百感凄恻。风萧萧而异响，云漫漫而奇色。舟凝滞于水滨，车逶迟于山侧。櫂容与而讵前，马寒鸣而不息。掩金觞而谁御，横玉柱而沾轼。

居人愁卧，怳若有亡。日下壁而沉彩，月上轩而飞光。见红兰之受露，望青楸之离霜。巡曾楹而空掩，抚锦幕而虚凉。知离梦之踯躅，意别魂之飞扬。

故别虽一绪，事乃万族。至若龙马银鞍，朱轩绣轴，帐饮东都，送客金谷。琴羽张兮箫鼓陈，燕赵歌兮伤美人，珠与玉兮艳暮秋，罗与绮兮娇上春。惊驷马之仰秣，耸渊鱼之赤鳞。造分手而衔涕，感寂寞而伤神。

乃有剑客惭恩，少年报士，韩国赵厕，吴宫燕市。割慈忍爱，离邦去里，沥泣共诀，抆血相视。驱征马而不顾，见行尘之时起。方衔感于一剑，非买价于泉里。金石震而色变，骨肉悲而心死。

或乃边郡未和，负羽从军。辽水无极，燕山参云。闺中风暖，陌上草薰。日出天而耀景，露下地而腾文。镜朱尘之照烂，袭青气之烟煴，攀桃李兮不忍别，送爱子兮沾罗裙。

至如一赴绝国，讵相见期？视乔木兮故里，决北梁兮永辞，左右兮魄动，亲朋兮泪滋。可班荆兮憎恨，惟樽酒兮叙悲。值秋雁兮飞日，当白露兮下时，怨复怨兮远山曲，去复去兮长河湄。

又若君居淄右，妾家河阳，同琼珮之晨照，共金炉之夕香。君结绶兮千里，惜瑶草之徒芳。惭幽闺之琴瑟，晦高台之流黄。春宫閟此青苔色，秋帐含此明月光，夏簟清兮昼不暮，冬釭凝兮夜何长！织锦曲兮泣已尽，回文诗兮影独伤。

傥有华阴上士，服食还山。术既妙而犹学，道已寂而未传。守丹灶而不顾，炼金鼎而方坚。驾鹤上汉，骖鸾腾天。暂游万里，少别千年。惟世间兮重别，谢主人兮依然。

下有芍药之诗，佳人之歌，桑中卫女，上宫陈娥。春草碧色，春水渌波，送君南浦，伤如之何！至乃秋露如珠，秋月如珪，明月白露，光阴往来，与子之别，思心徘徊。

是以别方不定，别理千名；有别必怨，有怨必盈。使人意夺神骇，心折骨惊，虽渊、云之墨妙，严、乐之笔精；金闺之诸彦，兰台之群英；赋有凌云之称，辨有雕龙之声，谁能摹暂离之状，写永诀之情者乎？

离别是人生总要遭遇的内容，伤离伤别也是人们的普遍情感。江淹的《别赋》择取离别的七种有代表性的类型摹写离愁别绪，并曲折地映射出南北朝时战乱频繁、聚散不定的社会状况。其题材和主旨在六朝抒情小赋中堪称新颖别致。

文章眉目清晰，秩序井然。其结构类似议论文，开宗明义，点出题目，列出论点："黯然销魂者，唯别而已矣。"首段总起，泛写人生离别之悲，"黯然销魂"四字为全文抒情定下基调。中间七段分别描摹富贵之别、侠客之别、从军之别、绝国之别、夫妻之别、方外之别、情侣之别，以"别虽一绪，事乃万族"，铺陈各种别离的情状，写特定人物同中有异的别离之情。末段则以"别方不定，别理千名，有别必怨，有怨必盈"的打破时空的方法进行概括总结，在以悲为美的艺术境界中，概括出人类别离的共有感情。其结构又似乐曲中的ABA形式，首尾呼应，突出主旨。

《别赋》最突出的成就，在于借环境描写和气氛渲染以刻画人的心理感受。作者善于对生活进行观察，抓住特征，选择素材，又有高超的语言技巧，所以描写出色。《别赋》骈俪整饬，但却未流入宫体赋之靡丽，亦不同于汉大赋的堆砌，清新流丽，充满诗情画意。尤其是"春草碧色，春水渌波，送君南浦，伤如之何"等名句，如溪流山中，千古传诵。明杨慎《升庵诗话》卷三："江淹《别赋》'春草碧色，春水渌波。送君南浦，伤如之何！’取诸目前，不雕琢而自工，可谓天然之句。”

1939年7月9日，在延安陕北公学作题为《三个法宝》的演讲中，毛泽东颇为欣赏地谈道：南朝梁代的文学家江淹，做了很多好文章，有篇叫《别赋》，里面有很好的话，但尽是伤感流泪的话。最为人们所熟记的有“春草碧色，春水渌波，送君南浦，伤之如何”，多么伤心流泪，文笔很好。我们今天不需要这样写，改一下，作为“春草碧色，春水渌波；送君南浦，快之如何？”

《别赋》的开头两句，“黯然销魂者，唯别而已矣”，也是很有名的。1938年秋，毛泽东为陕北公学校长成仿吾和师生们赴敌后送行时说：“我是来为大家送别的。古代人也有送别，有《昭明文选》上江淹的《别赋》为证。江淹《别赋》第一句话就是‘黯然销魂者，唯别而已矣！’我们今天上前线，送别大家到敌人后方去，到打鬼子的最前线去，我们的感情不是‘黯然销魂’，而是慷慨悲歌满怀壮志。……去宣传抗日的主张，去发动群众和组织群众，去武装群众，发动游击战争，建立抗日根据地，建立抗日民主政权，那里需要我们去工作，要不畏艰险，为着一个光明的中国，大家去英勇战斗。”毛泽东在其他场合也引用过。（陈晋主编：《毛泽东读书笔记解析》，广东人民出版社1996年版，第1235页）

1975年5月，毛泽东初见北京大学中文系讲师芦荻，和她谈起了《别赋》。尔后，毛泽东知道芦荻参加过60年代冯其庸主编的、由中国青年出版社出版的《历代文选》注释，发现江淹的《别赋》原来就是芦荻注释的。他读得非常仔细。觉得有些注释不甚准确。一次，他与芦荻谈起江淹的《别赋》时，就说：“江淹《别赋》中‘秋露如珠，秋月如珪’，你的书中对‘珪’的注释不很准确。”

毛泽东还手书过《别赋》中如下词句：“春草碧色，春水渌波；送君南浦，伤之如何。”（中央档案馆整理：《毛泽东手书选集·古诗词上》），北京出版社1996年版，第77页）毛泽东晚年还嘱咐用大字排印了两本江淹的《恨赋》《别赋》及其他几篇名赋，放在他的卧室里，病重时经常读，有时还背诵，对江淹赋作的挚爱，可谓晚年弥笃。

12. 庾信《枯树赋》:“树犹如此，人何以堪”

庾信是中国文学史上南北朝文学之集大成者，又是唐诗的先驱者，在中国文学发展史上起着承前启后的作用。毛泽东曾说过，南北朝作家，妙笔生花者，远不止江淹一人，庾信就是一位。其代表作有诗《寄王琳》《寄徐陵》，赋《枯树赋》《哀江南赋》等。

《枯树赋》原文如下：

殷仲文风流儒雅，海内知名。世异时移，出为东阳太守。常忽忽不乐，顾庭槐而叹曰："此树婆娑，生意尽矣。"

至如白鹿贞松，青牛文梓。根抵盘魄，山崖表里。桂何事而销亡，桐何为而半死？昔之三河徙植，九畹移根。开花建始之殿，落实睢阳之园。声含嶰谷，曲抱《云门》。将雏集凤，比翼巢鸳。临风亭而唳鹤，对月峡而吟猿。

乃有拳曲拥肿，盘坳反覆。熊彪顾盼，鱼龙起伏。节竖山连，文横水蹙。匠石惊视，公输眩目。雕镌始就，剞劂仍加。平鳞铲甲，落角摧牙。重重碎锦，片片真花。纷披草树，散乱烟霞。

若夫松子、古度、平仲、君迁，森梢百顷，槎枿千年。秦则大夫受职，汉则将军坐焉。莫不苔埋菌压，鸟剥虫穿。或低垂于霜露，或撼顿于风烟。东海有白木之庙，西河有枯桑之社，北陆以杨叶为关，南陵以梅根作冶。小山则丛桂留人，扶风则长松系马。岂独城临细柳之上，塞落桃林之下。

若乃山河阻绝，飘零离别。拔本垂泪，伤根沥血。火入空心，膏流断节。横洞口而敧卧，顿山腰而半折，文斜者百围冰碎，理正者千寻瓦裂。载瘿衔瘤，藏穿抱穴，木魅睒睗，山精妖孽。

况复风云不感，羁旅无归。未能采葛，还成食薇。沉沦穷巷，芜没荆扉，既伤摇落，弥嗟变衰。《淮南子》云"木叶落，长年悲"，斯之谓矣。

乃为歌曰：建章三月火，黄河万里槎。若非金谷满园树，即是河阳一县花。桓大司马闻而叹曰：昔年种柳，依依汉南。今看摇落，凄怆江潭。树犹如此，人何以堪！

《枯树赋》是庾信后期诗赋的名篇之一。他曾亲身经历侯景之乱和西魏破梁、国破家亡的巨变，亲见黎民百姓在战火中颠沛流离、哀哀无告的惨象。赋中讲的是晋朝的一个人，来到一棵大树下，看到这棵大树过去也有过生长繁盛的时期，而现在已经逐渐衰老了，内心油然而生悲凉。唐代诗人杜甫在《戏为六绝句》中说："庾信文章老更成，凌云健笔意纵横"，又说他"暮年诗赋动江关"，正是对他后期作品所做的高度评价。作者眼界宽广、思路开阔，把宫廷、山野、水边、山上的树，名贵的、普通的树都写到了，又把和树有关的典故、以树命名的地方，也都写了出来。庾信善用形象、夸张的语言，鲜明的对比，成功地描写出了各种树木原有的勃勃生机与繁茂雄奇的姿态，以及树木受到的种种摧残和因为摧残而摇落变衰的惨状，使人读后很自然地对树木所受到的摧残产生不平，感到惋惜。

1974 年 12 月底，毛泽东在菊香书屋和即将出任最高人民法院院长的江华谈话。当得知江华已 68 岁了，毛泽东慷慨地背着《枯树赋》中的一段："昔年种柳，依依汉南．今看摇落，凄怆江潭。树犹如此，人何以堪！"

翌年 5 月 29 日，毛泽东曾说过，南北朝作家，妙笔生花者，远不止江淹一人，庾信就是一位。可见他对于庾信的才思词采，是十分欣赏的。

毛泽东早年就熟读过《枯树赋》。1975 年 5 月 29 日夜晚，北京大学中文系讲师芦荻第一次来到毛泽东身边工作，毛泽东让芦荻读了庾信的《枯树赋》，然后说："我的腿病很久了，不能走路，不断地要锻炼它，战胜它，可是困难啊！"在两名医务人员的搀扶下，他站了起来，紧闭着双唇，凝视着前方，在书房里吃力地走了三圈。（杨建业：《在毛主席身边读书——访北京大学中文系讲师芦荻》，1978 年 12 月 29 日）

张玉凤回忆，1976 年 1 月，周总理逝世，主席忍着极大的悲痛，在病中挺过了一个痛苦的春节。"五六月间，主席的健康状况明显恶化，6 月初突发心肌梗塞。中央一面积极组织抢救，一面把主席的病情向中央各部委、各省市自治区党政军负责同志通报，这在我国还是先例。幸亏主席生命力强，及时抢救过来，让我们转悲为喜。”可没过多久，7月初，朱德委员长又突然逝世。半年时间里，周、朱这两位和主席并肩战斗近半个世纪的战友都走了，主席悲痛万分，精神大不如前。

有一天，毛主席突然让张玉凤找来《枯树赋》，要求张玉凤给他读这首赋。“我读得很慢，主席微闭着眼睛，似乎在体味赋中描述的情景，回顾他一生走过的路。”

张玉凤念了两遍，主席突然说：“你拿着书，看我能不能把它背出来。”张玉凤说：“我看着《枯树赋》，他老人家几乎一字不漏地全部背诵出来。他已不能像过去那样声音洪亮地吟诗，只能微弱而费力地发音，一字一句，富有感情地背着。‘此树婆娑，生意尽矣！……昔年种柳，依依汉南。今看摇落，凄怆江潭。树犹如此，人何以堪！’因为此诗意思颇为晦涩，原本流传不是很广，但主席却非常喜欢。”背诵一遍后，主席意犹未尽，又让张玉凤看着书，吃力地背第二遍。“老人家的记忆力真是惊人，他的声音，他背诵时的表情，我至今历历在目，终生难忘。”（张玉凤：《毛泽东谈晚年毛泽东：喜读悲凉枯树赋》，2010年12月6日人民网“环球人物”专栏）

让张玉凤懊悔的是，时间已近半个小时，超过了医生的规定。“为了不使老人家太劳累，我只好请他休息。其实那天主席精神还好，他还想讲这首赋的内涵。后来我才知道，现代心理学认为，一个人内心的感受和感情要倾吐，让其尽情诉之，这是有利于健康的。如若不能尽兴诉之，反而影响健康。”张玉凤为没能让主席一吐为快，抒发心境和感想而遗憾。

《枯树赋》是我国赋史上的一篇著名的感伤身世之作。作者庾信在赋中着重表现的是对国破家亡之痛和故国故乡之思，情真意切，血泪迸溢。毛泽东此时正处在极度忧伤悲凉之中，在生命垂危之时还低声一遍一遍吟诵，并关注此赋的注释，一方面说明毛泽东对作者创作这篇赋的独特的艺术风格是很为欣赏的，另一方面也说明毛泽东对庾信这个人很为理解和对庾信这篇赋是很为熟悉的。

毛岸英不幸在朝鲜牺牲时，毛泽东也曾经吟诵这几句：

……当彭德怀内疚地对他谈起没有照料好岸英时，毛泽东久久地沉默着，一支支抽着烟，抬头凝望窗外那已经萧疏的柳枝，轻轻地念叨着《枯树赋》：“昔年种柳，依依汉南。今看摇落，凄怆江潭。树犹如此，人何以堪！”

他长长地叹了口气，深沉地回忆着岸英短暂的一生。稍停，毛泽东昂起头，轻轻地走了几步，激昂地说：“革命战争总是要付出代价的。岸英是一位普通战士，为国际共产主义事业献出了年轻的生命，他尽了一个共产党员应尽的责任。世界上哪有这样的道理呀！哪个战士的血肉之躯不是父母所生？”

彭德怀默默地听着，眼里饱含着泪花，他深知岸英的牺牲，对党，尤其是对毛泽东，是个无法挽回的损失。（竞鸿、吴华：《毛泽东生活实录》，吉林人民出版社 1993 年版，第 125 页）

毛泽东还手书过《枯树赋》中“昔年种柳，依依汉南。今看摇落，凄怆江潭。树犹如此，人何以堪！”（《毛泽东手书选集·古诗词上》，北京出版社 1996 年版，第 79 页）

20 世纪 70 年代，毛泽东布置了注释《枯树赋》和出大字本。为毛泽东作注释《枯树赋》，大致仍参照和因袭了旧说，即枯树之所以枯萎凋零，是因为树木在移植过程中伤害了根本所致。庾信就是以此比喻自己身仕南朝，而现又飘零北方，寄慷慨于枯树而写下此赋，它就是传统的“移植说”。但毛泽东不同意此说。他对《枯树赋》的注释谈了四点意见：

一、“树何为而半死”：……是由于受了激流逆波的冲荡和被人砍伐等的摧残所造成的，“不是移植问题”。

二、鸳：可能是鹓雏。

三、“临风亭而唳鹤，对月峡而吟猿”：是说受了种种摧残的树木，发出的声音凄伤悲哀。

四、“若夫松子古度”十句：……这和移植毫无关系。

毛泽东还对《枯树赋》的注文提了三条意见：

一、“若乃山河阻挠”四句：……原文没有写水灾。

二、“‘雄图既溢’这句话是对的，‘溢’是过了（《西厢记》：‘泪添九曲黄河溢’）；‘武力未毕’，这句不对，疑有字误，未必疑是已毕之误，不然，雄图完了，怎么又说‘武力未毕’呢？”

三、“‘送日’亦解作‘遣日’（是无聊呵！），不是‘夸父追日’。”

毛泽东的意见，后来还印成《主席对几条注文的意见》。当时北京的注释工作者，在读了《枯树赋》等大字本后，写了一份《关于〈枯树赋〉〈别赋〉〈恨赋〉注文的问题》，认为《枯树赋》的注文却有与原意不合之处。毛泽东当即就《枯树赋》作了批示：

此注较好。我早已不同意移植之说，上月曾告芦荻。关于注释问题，请你们过细的研究。

毛泽东　一九七五年八月

——孙琴安：《毛泽东与中国文学》，重庆出版社2000年版，第49—50页。

1949年4月，毛泽东写的《七律·人民解放军占领南京》“虎踞龙盘今胜昔，天翻地覆慨而慷”句，“虎踞龙盘”一词即出自庾信《哀江南赋》“昔之虎踞龙盘，加以黄旗紫气，莫不随虎兔而窟穴，与风尘而殄瘁”。虎踞龙盘，形容地势极峻峭险要。最早出自三国蜀诸葛亮看到吴国都城建业（今南京东南）的地势时说：“钟山龙蟠，石头虎踞，此帝王之宅也。”（见《太平御览》引《吴录》）石头，即石头山，在今南京市西。

三、唐宋时期

（一）唐宋八大家

唐宋八大家，又称唐宋古文八大家，是中国唐代韩愈、柳宗元和宋代苏洵、苏轼、苏辙、王安石、曾巩、欧阳修八位散文家的合称。

明初朱右选韩、柳等人文为《八先生文集》，遂起用八家之名，实始于此。明中叶唐顺之所纂《文编》中，唐宋文也仅取八家。明末茅坤承二人之说，选辑了《唐宋八大家文钞》共164卷，此书在旧时流传甚广，“唐宋八大家”之名也随之流行。自明人标举唐宋八家后，治古文者皆以八家为宗。通行《唐宋八大家文钞》164卷，有明万历刻本及清代书坊刻本。清代魏源有《纂评唐宋八大家文读本》8卷。

韩愈、柳宗元是唐代古文运动的领袖，欧阳修是宋代古文运动的领袖，三苏等五人是宋代古文运动的核心人物。他们先后掀起的古文革新浪潮，将古代散文史的水面搅了个天翻地覆，使得散文发展的陈旧面貌焕然一新。

1956年3月7日，毛泽东在普通教育工作座谈会上讲话。在谈到教材时说：“苏联的教材，应该学的就要学，不应该学的就不要学。你们要来个改革，不要照抄外国的，一定符合中国的情况，并且还要有地方的特点。农业课要由省里编，地理课可以编地方地理。文学也要有乡土文学，历史课可以有各省自己的史料。课程要减少，分量要减轻，减少门类，为的是全面发展。‘关关雎鸠’这几句诗，一点诗味也没有。《楚辞》《离骚》没有人懂。语文课可选《水浒》《三国演义》、唐宋八大家的作品。现在作文太少，至少每星期作一次，如果有困难少一点也可以。”（《在普通教育工作座谈会上的讲话》，《毛泽东文集》第七卷，人民出版社1999年版，第247—248页）

1.“韩愈的古文是新古文”

韩愈（768—824），字退之，河南河阳（今河南孟州西）人，唐代文学家、哲学家。自谓郡望昌黎，世称韩昌黎；晚年任吏部侍郎，又称韩吏部；谥号“文”，世称韩文公。

韩愈是北魏贵族后裔，父仲卿，为小官僚。韩愈3岁丧父，后随兄韩会贬官到广东。兄死后，随嫂郑氏辗转迁居宣城。7岁读书，13岁能文，从独孤及、梁肃之徒学习，并关心政治，确定了一生努力的方向。唐德宗贞元八年（792）进士及第，先后为节度使推官、监察御史，德宗末因上疏时政之弊而被贬。唐宪宗时曾任国子博士、史馆修撰、中书舍人等职。元和十四年（819）因谏阻宪宗奉迎佛骨被贬为潮州刺史。穆宗时历任国子祭酒、兵部侍郎、吏部侍郎、京兆尹兼御史大夫。唐穆宗长庆四年（824）正月去世。

韩愈在政治上反对藩镇割据，思想上尊儒排佛，文学上反对魏晋以来的骈文，提倡古文。主张文以载道，与柳宗元同为唐代古文运动的倡导者。由于他和柳宗元等人的倡导，形成了唐代古文运动，开辟了唐宋以来古文的发展道路。其散文在继承先秦两汉古文的基础上，加以创新和发展，气势雄健。他的古文众体兼备，举凡政论、表奏、书启、赠序、杂说、人物传记、祭文、墓志乃至传奇，无不擅长，可大致概括为论说与记叙两类。其论说文气势雄浑，结构严谨，逻辑性强，名篇如《谏迎佛骨表》《原道》《原毁》《争臣论》《师说》等；记叙文则爱憎分明，抒情性强，名篇如《送李愿归盘谷序》《送董邵南序》《张中丞传后叙》《祭十二郎文》《柳子厚墓志铭》等。韩文雄奇奔放，风格鲜明，语言上亦独具特色，尤善锤炼词句，推陈出新，许多精辟词语已转为成语，至今仍保存在文学语言和人们的口语中。韩诗成就虽不如其散文，在中唐亦占有重要地位，对宋诗影响颇大。后人对韩愈评价颇高。杜牧把韩文与杜（甫）诗并列，称为“杜诗韩笔”；苏轼称他“文起八代之衰”；明人推他为唐宋八大家之首，与柳宗元并称“韩柳”，有“文章巨公”和“百代文宗”之称。著有《昌黎先生集》四十卷，《外集》十卷。他提出的文道合一、气盛言宜、务去陈言、文从字顺等散文的写作理论，对后人很有指导意义。

（1）年轻时就熟读韩愈诗文

1913 年春，毛泽东考入湖南省立第四师范学校预科。国文教员袁仲谦嫌毛泽东的作文像新闻记者手笔，认为不应学梁启超的文风，应研读唐宋八大家尤其是韩愈的文章。毛泽东买了一部《昌黎先生集》，精心钻研，学会了古文文体。（《毛泽东年谱》（1983—1949）下卷，人民出版社、中央文献出版社 1993 年版，第 14 页）据同学周世钊回忆说："读韩集时，除开那些歌功颂德的墓志铭、叹老嗟卑的感伤诗一类毫无意义的作品外，他都一篇一篇地钻研阅读。从词汇、句读、章节到全文意义，他凭借一部字典和注释的帮助，进行理解、领会，使其达到融会贯通的地步。在这个基础上，毛泽东进行反复的默读和朗读，这样就懂得更深，记得更熟。通过持久的努力，韩集的大部分诗文都被他背得烂熟。"

直到几十年后的 1950 年夏天，毛泽东在北京会见来自湖南的老同学时还说，仍能背诵好多篇韩昌黎的文章。

（2）韩愈提倡的"那个古文是新古文"

古文是指春秋战国及其以前古书上的文字。许慎在《说文解字·叙》中说："周太史籀著大篆十五篇，与古文或异。"把古文与大篆相提并论，说古文是史籀以前的文字的通称。主要是指《易经》《论语》《春秋》《尚书》《周礼》《吕氏春秋》《孝经》等古书上的文字，是比较早的笔书文字。

古文是与骈文相对而言的，奇句单行、讲对偶声律的散体文。魏晋以后的骈俪文已经盛行于世，其文讲究对偶，句法整齐而文辞华丽。北朝后周苏绰反对骈体浮华，仿《尚书》文体作《大诰》，以作为文章的标准体裁，时称"古文"，即以先秦散文语言写作文章。其后，至唐代韩愈、柳宗元等人，主张恢复先秦和汉代散文内容充实、长短自由、朴质流畅的传统，称这样的散体文为古文。韩愈《题欧阳生哀辞后》说："愈之为古文，岂独取其句读不类于今者邪？思古人而不得见，学古道则欲兼通其辞。"

《师说》说："李氏子蟠……好古文，六艺经传皆通习之，不拘于时，学于余。"都正式提出了古文的名称，并为后世所沿用。

1956年12月7日，毛泽东在《同民建和工商联负责人的谈话》中说："韩愈是提倡古文的，其实他那个古文是新的。韩愈的古文对后世很有影响，写文学史不可轻视他。韩愈很会写文章，他写的文章有一篇《送穷文》，我们也要写'送穷文'，中国要几十年才能把穷鬼送走。"（陈晋主编：《毛泽东读书笔记解析》上册，广东人民出版社1996年版，第339—340页）

1957年3月8日，毛泽东在中国共产党全国宣传工作会议期间，同文艺界部分代表谈话时说："韩愈是提倡古文的，其实他那个古文是新古文，道理是没有什么的，只要文章是新的，人家说好的，他说坏，人家说坏的，他说好。"（《毛泽东文集》第七卷，人民出版社1999年版，第256页）

但对韩愈搞形式革新是为了"载道""传道"及"通其辞者，本志乎道者也"（《欧阳生哀辞》）的思想，毛泽东则持否定态度。（陈晋主编：《毛泽东读书笔记解析》，广东人民出版社1996年版，第1281页）欧阳生，即欧阳詹。他和韩愈为同科进士，只在国子监做个四门助教，年纪轻轻就死掉了。他与韩愈关系很好，曾率其徒举荐韩愈为博士，因此，韩愈对他的死非常悲痛，写《欧阳生哀辞》悼念后，又写了本篇，再致余哀之外，结合彭城刘伉向他学古文，重申他的古文运动观：通其辞是为了学古道，也就是孔孟之道。毛泽东对此持否定态度，但对其形式革新则表示肯定。

1964年8月18日，毛泽东在北戴河与哲学家谈话时，又说："韩愈不讲道理，'师其意，不师其辞'，是他的口号。意思完全照别人的，形式、文章，改一改。不讲道理，讲一点点也基本上是古人的。《师说》之类有点新的。"

韩愈的古文，既继承了前人的文论而又有所发展。他讲他继承的著作，见于《进学解》："沉浸浓郁，含英咀华，作为文章，其书满家。上规姚姒（虞夏书），浑浑无涯，周诰殷盘，佶屈聱牙（商周书），《春秋》谨严，《左氏》浮夸。《易》奇而法，《诗》正而葩。下逮《庄》《骚》，太史所录。子云相如，同工异曲。先生之于文，可谓闳其中而肆其外矣。"在这里，韩愈提到宗经、诸子、史传、诗赋，学习的范围极其广泛，而且侧重文章风格，见出韩愈的识力。

他的论古文，有《答李翊书》，提出学道、养气和务去陈言。

第一、学道为文。“将蕲至于古之立言者，则无望其速成，无诱于势利，养其根而俟其实，加其膏而希其光。根之茂者其实遂，膏之沃者其光晔（明亮）。仁义之人，其言蔼如（状美盛）也。”指学到儒家之道，成为仁义之人，其文自然美好。

学道为文的过程：“虽然，学之二十余年矣。始者，非三代两汉之书不敢观，非圣人之志不敢存。处若忘，行若遗，俨乎其若思，茫乎其若迷。当其取于心而注于手也，惟陈言之务去，戛戛乎其难哉！其观于人，不知其非笑之为非笑也。如是者亦有年，犹不改。然后识古书之正伪，与虽正而不至焉者，昭昭然白黑分矣，而务去之，乃徐有得也。

“当其取于心而注于手也，汩汩然来矣。其观于人也，笑之则以为喜，誉之则以为忧，以其犹有人之说者存也。如是者亦有年，然后浩乎其沛然矣。吾又惧其杂也，迎而距之，平心而察之，其皆醇也，然后肆焉。虽然，不可以不养也，行之乎仁义之途，游之乎诗书之源，无迷其途，无绝其源，终吾身而已矣。”这里主要讲学道，要行仁义，读《诗》《书》，成为仁义的人。排除世俗的杂念，去掉人云亦云的陈言，这样才有正确的言论。但下笔前还要审察，确实正确的，才放笔写下来。

第二、养气。“气，水也；言，浮物也。水大而物之浮者大小毕浮。气之与言犹是也，气盛则言之短长与声之高下者皆宜。”这是说明古文与骈文不同。骈文讲音节，分平仄协调；古文讲气势，气势旺盛，言之短长与声之高下都合，这是对古文的独特体会。

第三、务去陈言。

这是韩愈学古文的体会，学道、养气、去陈言都有了。他的学生李汉《昌黎先生集序》说：“诡然而蛟龙翔，蔚然而虎凤跃，锵然而韶钧鸣。”刘开《与阮芸台宫保论文书》说：“韩退之取相如之奇丽，法子云之宏肆，故能推陈出新，征引波澜，铿锵皇石，以穷其声色。”这就构成了他“沉浸浓郁，含英咀华”的奇丽宏肆的风格，也是他古文的特色。

（3）韩愈有些文章“是有真知灼见的”

韩愈最为人们所称道的是他的《师说》。1940 年初秋的一天，延安马列学院请毛泽东作报告。那天一早，负责学院日常工作的党总支书记张启龙、副院长范文澜叫教务处长邓力群、校务处长韩世福、教育干事安平生和宣传干事马洪，去杨家岭接毛泽东。他们走了一半路，刚跨上延水河桥头，就遇上了毛泽东。……分手时，他一一握着四个人的手，说：“韩愈的《师说》是有真知灼见的。‘生乎吾前，其闻道也，故先乎吾，吾从而师之；生乎吾后，其闻道也，亦先乎吾，吾从而师之。’一路上你们给我介绍了很好的情况，真是亦先乎吾，吾从而师之，谢谢你们！”（韩世福：《毛主席到马列学院作报告》，《难忘的回忆——怀念毛泽东同志》，中国青年出版社 1985 年版，第 148—149 页）“师者，所以传道、授业、解惑也。”至今被老师们奉为圭臬。“人非生而知之者”因而必须求师的观点，“无贵无贱，无长无少，道之所存，师之所存也”“弟子不必不如师，师不必贤于弟子，闻道有先后，术业有专攻，如是而已”“三人行，则必有我师”的观点，等等，不仅较前人有所发展，而且在今天仍有一定的启发作用和进步意义。

韩愈的另一篇名文《进学解》，毛泽东也很喜爱。1921 年毛泽东在《在新民学会长沙会员大会上的发言》中说：“社会政策，是补苴罅漏政策，不成办法。社会民主主义，借议会为改造工具，但事实上议会的立法总是保护有产阶级的。”（《毛泽东著作选读》上册，人民出版社 1985 年版，第 2 页）毛泽东首次用《进学解》中“补苴罅漏”一词。

韩愈《进学解》：“觝排异端，攘斥佛老。补苴罅漏，张皇幽眇。”苴，鞋底中垫的草，这里做动词用，是填补的意思。罅，裂缝。皇，大。幽，深。眇，微小。意谓抵制、批驳异端邪说，排斥佛教与道家的学说，弥补儒学的缺漏，阐发精深微妙的义理。

这篇赋体文章，篇中许多地方用韵随时变换，有时多句一韵，有时两句一韵，既气势雄伟，又跳荡灵活。再加上句式骈散交错，奇偶相生，骈俪中又发挥了散文的长处，便形成了一种新风格。在语言的运用和锤炼上也取得了成功。他吸取口语，自铸新词，诸如“佶屈聱牙”“含英咀华”“同工异曲”“俱收并蓄”“动辄得咎”，等等，都是极具表现力的语句，至今仍保有生命力，成为人们熟知常用的成语。

自1936年11月至1937年4月4日，毛泽东阅读西洛可夫、爱森堡等著，李达、雷仲坚译的《辩证唯物论教程》一书，在讲到事物局部和全局的关系时，批注道：“六、头疼医头，脚疼医脚，所谓补苴罅漏的办法，结局将使大局溃败。”毛泽东再用“补苴罅漏”一词。

1942年延安开展整风运动。2月8日，毛泽东在延安干部会上做《反对党八股》的演说，引了《进学解》里的文句“行成于思”，开导大家养成善于思考的习惯。他说：“孔夫子提倡‘再思’，韩愈也说‘行成于思’，那是古代的事情。现在的事情，问题很复杂，有些事情甚至想三四回还不够。”（《毛泽东选集》第三卷，人民出版社1991年版，第844页）

1946年9月13日，毛泽东为中共中央军委起草的、给大同前线指挥部司令员张宗逊和政治委员罗瑞卿的电报《各个击破的战法需应用到战术上》中说：“务必集中优势兵力一部分一部分地解决敌人，不可贪多务得，分散兵力同时打许多敌人。”（《毛泽东军事文选》第三卷，军事科学出版社、中央文献出版社1991年版，第477页）其中的“贪多务得”，也出自韩愈《进学解》：“贪多务得，细大不捐。”贪，求多。务，专力，必定。原指越多越好，务求取得。后泛指贪多，而且定要满足其愿望。

1940年1月，毛泽东在《新民主主义论》中说：“清理古代文化的发展过程，剔除其封建性的糟粕，吸收其民主性的精华……但是决不能无批判地兼收并蓄。”（《毛泽东选集》第二卷，人民出版社1991年版，第707—708页）其中的“兼收并蓄”，即出自韩愈《进学解》：“牛溲马勃，败鼓之皮，俱收并蓄，待用无遗者，医师之良也。”“兼收并蓄”即由韩愈的“俱收并蓄”点化而来。收，收集。蓄，储，纳。把各种不同内容的东西都吸收进来。

1938年5月，毛泽东在《论持久战》中说：“敌人的这一掠夺的即灭亡中国的政策，分为物质的和精神的两方面……在物质上，掠夺普通人民的衣食，使广大人民啼饥号寒；掠夺生产工具，使中国民族工业归于毁灭和奴役化。在精神上，摧残中国人民的民族意识。”（《毛泽东选集》第二卷，人民出版社 1991 年版，第 455 页）其中的“啼饥号寒”一语，也出自韩愈《进学解》：“冬暖而儿号寒，年丰而妻啼饥。”

1944 年 4 月 12 日，毛泽东在《学习和时局》中说：“在此情况下，国民党采取上山政策和观战政策，敌人来了招架一下，敌人退了袖手旁观。”（《毛泽东选集》第三卷，人民出版社 1991 年版，第 944 页）其中的“袖手旁观”一语，即出自韩愈《祭柳子厚文》：“不善为斫，血指汗颜，巧匠旁观，缩手袖间。”“袖手旁观”即由韩愈的“巧匠旁观，缩手袖间”紧缩而成，意谓把手缩在衣袖里，在一旁观看。比喻置身事外。

1938 年 1 月 11 日，毛泽东在《论抗日游击战争的基本战术——袭击》中说：“还有一种办法，就是虚张声势。其办法是在敌人驻地附近多插旗帜，多举烟火，即古人所谓设疑兵的办法。”（《毛泽东军事文选》第二卷，军事科学出版社、中央文献出版社 1993 年版，第 145 页）其中的“虚张声势”一语，即出自韩愈《论淮西事宜状》：“淄青、恒冀两道，自保无暇，虚张声势，则必有之。”虚，虚假。张，张扬，夸大。意谓假造声势，借以欺骗和恐吓对方。

1955 年 9 月、12 月，毛泽东写的《中国农村社会主义高潮按语第四十七〈这个乡两年就合作化了〉按语》说：“群众中蕴藏了一种极大的社会主义积极性。那些在革命时期还只会按照常规左路的人们，对于这种积极性一概看不见。他们是瞎子，在他们面前出现的只是一片黑暗。他们有时简直要闹到颠倒是非，混淆黑白的程度。”（《建国以来毛泽东文稿》第五册，中央文献出版社 1991 年版，第 514 页）其中的“颠倒是非”一语，即出自韩愈《施先生墓志铭》：“古圣人言，其旨密微，笺注纷罗，颠倒是非。”颠倒是非，是，对。非，不对。意谓把对的说成错的，把错的说成对的。

1949 年 4 月 2 日，毛泽东在《对傅作义通电的复电》中说：“南京国民党反动政府发动反革命内战的政策，是完全错误的。……但是执行这个政策的国民党反动政府的文武官员，只要他们认清是非，翻然悔悟，出于真心实意，确有事实表现，因而有利于人民解放事业之推进，不问何人，我们均表欢迎。”（《毛泽东文集》第五卷，人民出版社 1996 年版，第 272 页）其中的“翻然悔悟”一语，即出自韩愈《与陈给事书》：“今则释然悟，翻然悔曰：‘其貌也，乃所想怒其来自不继也；其悄也，乃所以示其意也。’”翻然悔悟，悔，改悔；悟，醒悟。形容很快悔改醒悟。

1959年7月12日，毛泽东在《对一封信的评论》一文中，谈到有些人不愿意讲出自己的真实想法和看法时，引用“足将进而趑趄，口将言而嗫嚅”一语（董学文等：《毛泽东的文艺美学活动》，高等教育出版社1995年版，第196页）。毛泽东所引这句话，出自韩愈《送李愿归盘谷序》。李愿是位隐士，生平事迹不详。盘谷，在今河南济源市城北二十里。文中刻画了三种人：声势显赫的达官贵人、隐居山林的高洁之士和追名逐利的无耻之徒。意在说明，封建社会造成了人的畸形发展，不愿同流合污者，只有隐居一途。毛泽东引用的话，文中是描画追名逐利之徒的丑态。毛泽东则用来形容有些人前怕狼、后怕虎、畏首畏尾，批评他们不敢讲自己的真实想法和看法的不良作风。

1939年5月20日，毛泽东于《在延安在职干部教育动员大会上的讲话》中，讲到学好马克思主义是可能的时说：“在中国，本来读书就叫攻书，读马克思主义就是攻马克思主义的道理，你要读通马克思主义的道理，就非攻不可，读不懂的东西就要当仇人一样攻它。……过去韩文公《祭鳄鱼文》里，有一段是说限它三天走去，三天不走，五天，七天再不走，那就不客气，一刀杀掉。我们要像韩文公祭鳄鱼一样，十天不通，二十天，三十天，九十天……，非把这东西搞通不止，这样下去，一定可以把看不懂的东西变成看得懂的。”（《毛泽东文集》第二卷，人民出版社1993年版，第181页）

毛泽东所引的一段韩文原文是：“鳄鱼有知，其听刺史言：潮之州，大海在其南。鲸鹏之大，虾蟹之细，无不容归，以生以食，鳄鱼朝发而夕至也。今与鳄鱼约：尽叁日，其率丑类南徙于海，以避天子之命吏；三日不能，至五日；五日不能，至七日；七日不能，是终不肯徙也。是不有刺史听从其言也；不然，则是鳄鱼冥顽不灵，刺史虽有言，不闻不知也。夫傲天子之命吏，不听其言，不徙以避之，与冥顽不灵而为民物害者，皆可杀。刺史则选材技吏民，操弓毒矢，以与鳄鱼从事，必尽杀乃止。其无悔！”

元和十四年（819），韩愈因谏迎佛骨，被唐宪宗贬为潮州刺史。据说，韩愈到潮州后听说境内的恶溪中有鳄鱼危害百姓，于是作了这篇《祭鳄鱼文》，劝诫鳄鱼搬迁，使得潮州境内永远免受鳄鱼的侵害。虽然名为祭文，但实际上是一篇讨伐的檄文。他呼吁鳄鱼迁移到其他地方，否则将出动军队加以攻击。后来可能因为环境的突然变迁，鳄鱼真的转往其他地区迁移了，潮州也不复有鳄鱼危害。这当然只是一个传说，在今人看来可能有些荒诞不经，但该文写得确实很有气势，堂堂正正，大义凛然，而又简短有力，体现了韩愈为百姓除害的思想，是韩愈的名文。毛泽东引用此文，赞扬韩愈对鳄鱼的决绝态度和进攻精神；勉励大家学习马克思主义时，要有韩愈这种主动进击精神，就能把马克思主义读懂弄通。

他的另一篇《送穷文》也很为毛泽东所激赏。1956 年 12 月 8 日，在我国社会主义改造基本完成的时候，毛泽东在同民建和工商联负责人谈话时，借用韩愈的《送穷文》，表达了中国人民要求摆脱贫穷落后面貌的意志和愿望。他说：我们也要写“送穷文”，中国要几十年才能把穷鬼送走。（龚育之等《毛泽东的读书生活》，生活·读书·新知三联书店 1986 年版，第 210—211 页）

《送穷文》原文如下：

元和六年正月乙丑晦，主人使奴星结柳作车，缚草为船，载糗舆粻，牛系轭下，引帆上樯。三揖穷鬼而告之曰：“闻子行有日矣，鄙人不敢问所涂，窃具船与车，备载糗粻，日吉时良，利行四方，子饭一盂，子啜一觞，携朋挈俦，去故就新，驾尘彍风，与电争先。子无底滞之尤，我有资送之恩，子等有意于行乎？”

屏息潜听，如闻音声，若啸若啼，砉欻嘎嘤，毛发尽竖，竦肩缩颈，疑有而无，久乃可明。若有言者曰：“吾与子居，四十年余；子在孩提，吾不子愚；子学子耕，求官与名，惟子是从，不变于初。门神户灵，我叱我呵；包羞诡随，志不在他。子迁南荒，热烁湿蒸，我非其乡，百鬼欺陵。太学四年，朝韮暮盐，惟我保汝，人皆汝嫌。自初及终，未始背汝，心无异谋，口绝行语，于何听闻，云我当去？是必夫子信谗，有间于予也。我鬼非人，安用车船？鼻嗅臭香，糗粻可捐。单独一身，谁为朋俦？子苟备知，可数已不？子能尽言，可谓圣智；情状既露，敢不回避？”

主人应之曰：“予以吾为真不知也邪！子之朋俦，非六非四，在十去五，满七除二。各有主张，私立名字；捩手复羹，转喉触讳。凡所以使我面目可憎、语言无味者，皆子之志也。其名曰智穷：矫矫亢亢，恶圆喜方；羞为奸欺，不忍害伤。其次名曰学穷：傲数与名，摘抉杳微；高挹群言，执神之机。又其次曰文穷：不专一能，怪怪奇奇；不可时施，只以自嬉。又其次曰命穷：形与影殊，面丑心妍；利居众后，责在人先。又其次曰交穷：磨肌戛骨，吐出心肝；企足以待，置我仇怨。凡此五鬼，为吾五患：饥我寒我，兴讹造讪；能使我迷，人莫能间。朝悔其行，暮已复然；蝇营狗苟，驱去复还。”

言未毕，五鬼相与张眼吐舌，跳踉偃仆，抵掌顿脚，失笑相顾。徐谓主人曰：“子知我名，凡我所为，驱我令去，小黠大痴。人生一世，其久几何？吾立子名，百世不磨。小人君子，其心不同；惟乖于时，乃与天通。携持琬琰，易一羊皮；饫于肥甘，慕彼糠糜。天下知子，谁过于予？虽遭斥逐，不忍于疏。谓予不信，请质《诗》《书》。”

主人于是垂头丧气，上手称谢，烧车与船，延之上座。

《送穷文》写于唐宪宗元和六年（811）春，时韩愈45岁，任河南令。韩愈在经历了一番坎坷之后，终于官运亨通，35岁那年，被擢为四门博士，翌年又拜监察御史。虽然不久被贬阳山令，但元和三年（808）被召还国子博士，分司东都，改真博士，升河南令。然而，《送穷文》却把作者一肚皮的牢骚发泄得淋漓尽致。

“送穷”，是中国古代民间一种很有特色的岁时风俗，其意就是祭送穷神。穷神，又称“穷子”“穷鬼”，相传穷神乃颛顼之子。据宋陈元靓《岁时广记》引《文宗备问》：“颛顼高辛时，宫中生一子，不着完衣，宫中号称穷子。其后正月晦死，宫中葬之，相谓曰‘今日送穷子’。”穷神身材羸弱矮小，性喜穿破衣烂衫，喝稀饭。即使将新衣服给他，他也扯破或用火烧出洞以后才穿，因此“宫中号为穷子”。

“送穷”的习俗产生于唐代以前。《天中记》卷四引《岁时记》：“高阳氏（即传说中的帝王颛顼）子瘦约，好衣弊食糜，正月晦日巷死。世作糜，弃破衣，是日祀于巷，曰送穷鬼。”

这一篇寓庄于谐的妙文，主人翁（韩愈）认为被五个穷鬼缠身，这五个穷鬼分别是智穷、学穷、文穷、命穷、交穷，五个穷鬼跟着他，使他一生困顿。因此主人翁决心要把五个穷鬼送走，不料穷鬼的回答却诙谐有趣，他告诉主人翁，这五个穷鬼忠心耿耿地跟着他，虽然让他不合于世，但却能帮助他获得百世千秋的英名。此五穷就是韩愈送穷的具体内容。他是根据“君子固穷”的意思做讽刺文字。形式是模拟汉扬雄《逐贫赋》，内容则更加充实和诡奇。韩愈写“送穷”，实则是“留穷”。韩愈以诙诡之笔抒发了抑郁不得志的愤慨，留下了这篇千古奇幻之文。自嘲的笔调，戏剧性的对白，诙谐的风格，昂扬的气势，奠定了《送穷文》的文学成就并产生了深远的影响。

1956年12月8日，毛泽东同民建和工商联负责人谈话时，借韩愈的《送穷文》表达了中国人民要求摆脱贫穷落后面貌、建设繁荣富强的社会主义国家的意志和愿望。此外，1942年2月8日，毛泽东在《反对党八股》一文中说：“党八股的第四条罪状是：语言无味，像个瘪三。上海人叫小瘪三的那批角色，也很像我们的党八股，干瘪得很，样子十分难看。如果一篇文章，一个演说，颠来倒去，总是那几个名词，一套‘学生腔’，没有一点生动活泼的语言，这岂不是语言无味，面目可憎，像个瘪三吗？”（《毛泽东选集》第三卷，人民出版社1991年版，第837页）化用文中“面目可憎，语言无味”两句，来抨击党八股的干瘪无味。

1956年8月30日，毛泽东在《增强党的团结，继承党的传统》中说：“比如富裕中农，大家看到，无论在哪个革命中间，他们总是动摇的，不坚定的，高兴起来可以发狂，悲观起来可以垂头丧气。”（《毛泽东文集》第七卷，人民出版社1999年版，第94页）其中的“垂头丧气”一语，即出自韩愈《送穷文》：“主人于是垂头丧气，上手称谢。”垂头丧气，低着头，无精打采，形容失意懊丧的样子。

1913年10月至12月的《讲堂录》“国文”课的笔记中记下如下的话：“人之议之者尊之也。天下惟庸人不惹物议，若贤者则时为众矢之的，故曰事修而谤兴，德高而毁来。”（《毛泽东早期文稿》，湖南出版社1990年版，第587页）毛泽东所引“事修而谤兴，德高而毁来”，意谓事情办好了，诽谤也就跟着来了，声望提高了，诬蔑也随着来了。出自韩愈的《原毁》。《原毁》，就是论毁谤。本文论述和探究毁谤产生的原因。作者认为士大夫之间毁谤之风的盛行是道德败坏的一种表现，其根源在于“怠”和“忌”，即怠于自我修养且又妒忌别人；不怠不忌，毁谤便无从产生。文章先从正面开导，说明一个人应该如何正确对待自己和对待别人才符合君子之德、君子之风，然后将不合这个准则的行为拿来对照，最后指出其根源及危害性。通篇采用对比手法，有“古之君子”与“今之君子”的对比，有同一个人“责己”和“待人”不同态度的比较，还有“应者”与“不应者”的比较，等等。全篇行文严肃而恳切，句式整齐中有变化，语言生动而形象，刻画当时士风，可谓入木三分。

据文学史家刘大杰回忆，毛泽东和他谈话时曾说：“唐朝韩愈文章还可以，但是缺乏思想性。那篇东西（按：指《论佛骨表》）价值并不高，那些话大多是前人说过的，他只是从破除迷信来批评佛教而没有从生产力方面来分析佛教的坏处。《原道》也是如此。但是韩愈的文章有点奇。唐朝人也说‘学奇于韩愈，学涩于樊宗师’。韩愈的古文对后世很有影响，写文学史不可轻视他。”（刘大杰：《不平常的会见》，《毛泽东在上海》，中共党史出版社1993年版，第143页）

唐代的姚崇是毛泽东十分推崇的“大政治家、唯物论者”。在读《新唐书》卷一百二十四《姚崇传》时，毛泽东写了赞扬的批语，其中一条就是“韩愈《论佛骨表》祖此”，肯定姚崇在唐代排佛开风气之先，也指出了韩愈《论佛骨表》与他的关系。

这里牵涉到两篇韩愈的主要著作：《原道》和《论佛骨表》。毛泽东认为这两篇文章“价值并不高”“缺乏思想性”。其缺点是：第一，缺乏创见，大多数是别人说过的话；第二，只从破除迷信角度而没有从生产力方面来排斥佛、老。前者虽然讲了，但很不够；后者干脆没讲。毛泽东这种批评是很中肯的。

另外，毛泽东在《新民主主义论》中说："帝国主义文化和半封建文化是非常亲热的两兄弟，它们结成文化上的反动同盟，反对中国的新文化。这类反动文化是替帝国主义和封建阶级服务的，是应该被打倒的东西。不把这种东西打倒，什么新文化都是建立不起来的。不破不立，不塞不流，不止不行，它们之间的斗争是生死斗争。"（《毛泽东选集》第二卷，人民出版社 1991 年版，第 695 页）毛泽东援引的"不破不立"等三句，就出自《原道》。毛泽东用来说明新民主主义文化与帝国主义文化、封建主义文化两种文化思想上的斗争，是不可调和的。

1949 年 8 月 28 日，毛泽东在《为什么要讨论白皮书》中说："公开暴露代替了遮藏掩盖，这就是帝国主义脱出常规的表现。在几个星期以前，在白皮书发表以前，帝国主义政府的反革命事业尽管每天都在做，但是在嘴上，在官方的文书上，却总是满篇的仁义道德，或者多少带一些仁义道德，从来不说实话。"（《毛泽东选集》第四卷，人民出版社 1991 年版，第 1500 页）其中的"仁义道德"，即出自韩愈《原道》："噫！后之人，其欲闻仁义道德之说，孰从而听之。"

1935 年 12 月 27 日，毛泽东在《论反对日本帝国主义的策略》中说："马克思主义者看问题，不但要看到部分，而且要看到全体。一个虾蟆坐在井里说：'天有一个井大。'这是不对的，因为天不止一个井大。如果它说：'天的某一部分有一个井大。'这是对的，因为合乎事实。"（《毛泽东选集》第一卷，人民出版社 1991 年版，第 149 页）其中的"坐井观天"，即出自韩愈《原道》："坐井而观天，曰天小者，非天小也。"坐在井里看天，比喻眼光短浅。

1962 年 1 月 30 日，毛泽东在《在扩大的中央工作会议上的讲话》中说："刘邦是封建时代被历史家称为'豁达大度，从善如流'的英雄人物。刘邦同项羽打了几年仗，结果刘邦胜了，项羽败了，不是偶然的。"（《建国以来毛泽东文稿》第十册，中央文献出版社 1996 年版，第 23 页）其中的"从谏如流"一语，即出自韩愈《争臣论》："使四方后代，知朝廷有直言骨鲠之臣，天子有不僭赏从谏如流之美。”

1937 年 5 月 3 日，毛泽东在《中国共产党在抗日时期的任务》中说：“我们并不反对准备，但反对长期准备论，反对文恬武嬉饱食终日的亡国现象，这些都是实际上帮助敌人的，必须迅速地清除干净。”其中的“文恬武嬉”，即出自韩愈《平淮西碑》：“相臣将臣，文恬武嬉，习熟见闻，以为当然。”恬，安静。嬉，玩乐。文恬武嬉，指天下太平无事，文官贪图安逸赏受，武将追求声色犬马，不关心国事。

1949 年 2 月 1 日，毛泽东在为新华社撰写的《和平解决北平问题的基本原因》中说：“不管这一切，他们总算是代表了真正的民意，这和过去大半个月内国民党 CC 系在南方各省策动的参议会、商会、工会等起劲地叫嚣的‘和平攻势’，是截然不同的，人们切不可将二者混为一谈。”（《毛泽东军事文选》第五卷，军事科学出版社、中央文献出版社 1993 年版，第 492 页）其中的“混为一谈”，即出自韩愈《平淮西碑》：“万口和附，并为一谈。”意谓把不同的事物混在一起，说成是同样的事物。

1936 年 8 月 1 日，毛泽东在给彭德怀《目前西方野战军以休养生息为主》的电报中说：“目前情况下，野战军似宜以休养生息为主，如无充分有利的作战条件，不妨以八月全月为训练时间。”其中的“休养生息”，即出自韩愈《平淮西碑》：“高宗、中（中宗）、睿（睿宗），休养生息。”休养，休息，保养。生息，生长，繁殖。休养生息，指经过战乱之后，减轻人民负担，安定生活，恢复元气。

1953 年 12 月 12 日，毛泽东在《接受朝鲜驻华大使崔一呈递国书时的答词》中说：“最近我们两国间经济及文化合作协定的签订，更进一步地巩固和发展了两国之间久已存在的、牢不可破的友好互助关系。”（《建国以来毛泽东文稿》第四册，中央文献出版社 1990 年版，第 414 页）其中的“牢不可破”一语，即出自韩愈《平淮西碑》：“大官臆决唱声，万口附和，并为一谈，牢不可破。”牢不可破，牢，坚固。坚固到不可摧毁，也指固执到不可改变。

1938 年 10 月 14 日，毛泽东在《中国共产党在民族战争中的地位》中说：“运动在发展中，又有新的东西在前头，新东西是层出不穷的。”

其中的“层出不穷”，即出自韩愈《贞曜先生墓志铭》：“神施鬼没，间见层出。”层出，连续不断地出来。不穷，没有穷尽。清纪昀《阅微草堂笔记·槐里杂志二》：“天下之巧，层出不穷，千变万化，岂一端所可尽乎？”

1943 年 10 月 5 日，毛泽东在《评国民党十一中全会和三届三次国民参政会》中说：“日本帝国主义者不敢向共产党说出半句诱降的话，对于国民党则敢于连篇累牍、呶呶不休，劝其降顺。”（《毛泽东选集》第三卷，人民出版社 1991 年版，第 920 页）其中的“呶呶不休”，即出自韩愈《昌黎先生集·五箴·言箴》：“不知言之人，乌可语言？知言之人，默焉而意其传。幕中之辩，人反以汝为叛；台中之评，人反以汝为倾。汝不惩邪？而呶呶以害其主邪！”呶呶不休，呶呶，说话絮叨、啰唆。休，止。说起话来絮絮叨叨没完没了。

1936 年 12 月，毛泽东在《中国革命战争的战略问题》中说：“他们主张回到一般情况的方面去，拒绝了解任何的特殊情况，拒绝红军血战史的经验，轻视帝国主义和国民党的力量，对敌人采取的反动新原则熟视无睹。”其中的“熟视无睹”，即出自韩愈《应科目时与人书》：“是以有力者遇之，熟视之若无睹也。”无睹，没有看见。看见了像没有看见一样。形容漠不关心。

1917 年，毛泽东在《体育之研究》第三节《前此体育之弊及吾人自处之道》说：“惟北方之强，任金戈死而不厌；燕赵多悲歌慨慷志士；烈士武臣，多出凉州。清之初世，颜习斋、李刚主文而兼武。习斋远跋千里之外，学击剑之术于塞北，与勇士角而胜焉。故其言曰：‘文武缺一岂道乎？’顾炎武，南人也，好居于北，不喜乘船而乘马。此数古人者，皆可师者也。”（《毛泽东早期文稿》，湖南人民出版社 1990 年版，第 68 页）《体育之研究》发表于 1917 年 4 月 1 日《新青年》第三卷第 2 号。

1940 年 1 月，毛泽东在《新民主主义论》一文中说：“一方面——参加革命的可能性，又一方面——对革命敌人的妥协性，这就是中国的资产阶级‘一身而二任焉’的两面性。”其中“一身而二任焉”，即出自韩愈《圬者王承福传》：“一身二任焉，虽圣者不可能也。”

1937 年 9 月 29 日，毛泽东在《国共合作成立后的迫切任务》一文中说："单纯的政府和军队的抗战，是决然不能战胜日本帝国主义的。我们还在今年五月间，就对于这个问题大声疾呼地警告过当权的国民党，指出没有民众起来的抗战，就会蹈袭阿比西尼亚的覆辙。"（《毛泽东选集》第二卷，人民出版社 1991 年版，第 366 页）其中的"大声疾呼"一语即出自韩愈《后十九日复上宰相书》："行且不息，以蹈于穷饿之水灾，其既危且急矣，大其声而疾呼矣。"

1940 年 10 月 19 日，毛泽东在《朱德等给何应钦、白崇禧的电报》中说："两公皓（10 月 19 日）电，经叶参谋长转到奉悉。当以事关重大，处此民族危机千钧一发之际，为顾全大局挽救危亡起见，经德等往复电商，获得一致意见，兹特呈复，敬祈鉴察，并祈转呈统帅核示祇遵。"（《毛泽东文集》，人民出版社 1993 年版，第 310 页）1945 年 8 月 26 日，毛泽东在《中国共产党关于同国民党进行谈判的通知》中说："国民党在取得沪宁等地、接通海洋和收缴敌械、收编伪军之后，较之过去加强了它的地位，但是仍然百孔千疮，内部矛盾甚多，困难甚大。"（《毛泽东选集》第四卷，人民出版社 1991 年版，第 1153 页）其中的"千钧一发"和"百孔千疮"即出自韩愈《与孟尚书书》："汉氏以来，群儒区区修补，百孔千疮，随乱随失，其危如一发引千钧。"

1942 年 2 月 1 日，毛泽东在《整顿党的作风》中说："一切狡猾的人，不照科学态度办事的人，自以为得计，自以为很聪明，其实都是最蠢的，都是没有好结果的。"（《毛泽东选集》第三卷，人民出版社 1991 年版，第 822 页）其中的"自以为得计"，即出自韩愈《柳子厚墓志铭》："一旦临小利害，仅如毛发比，反眼若不相识，落陷阱不以引手救，反挤之，又下石焉者，皆是也。此宜禽兽夷狄所不忍为，而其人自视以为得计，闻子厚之风，亦可以少愧矣。"得计，谋算得逞。认为自己的计谋很高明，一定能够得逞。多用于讽刺。1938 年 5 月 15 日，毛泽东在为陕甘宁边区政府、第八路军后方留守处起草的《布告》中说："我陕甘宁边区军民，服从政府领导，努力救亡事业。凡所实施，光明正大，艰苦奋斗，不敢告劳。全国人民，交口称誉。"（《毛泽东选集》第二卷，人民出版社 1991 年版，第 401 页）其中的"交口称誉"一语，同样出自韩愈《柳子厚墓志铭》："诸公要人，争欲令出我门下，交口荐誉之。”交，一齐，同时。交口称誉，众人同时称赞。由“交口荐誉”变化而来。

1948年5月25日，毛泽东在《一九四八年的土地改革工作和整党工作》中说：“必须反对经验主义的方法，这既是事前毫无准备，不提出问题，不分析问题，不向干部会议作精心准备的、内容文字都有斟酌的报告，而听凭到会人员无目的地杂乱无章地议论，致使会议时间延长，得不到明确而周密的结论。”（《毛泽东选集》第四卷，人民出版社1991年版，第1330页）其中的“杂乱无章”一语，即出自韩愈《送孟东野序》：“其为言也，杂乱而无章。”杂乱无章，章，条理。杂乱而无条理。形容乱七八糟，没有章程，没有条理。

1947年10月10日，毛泽东在《中国人民解放军宣言》中说：“对于罪大恶极的内战祸首蒋介石和一切坚决助蒋为恶、残害人民，而为广大人民所公认的战争罪犯，本军必将追寻他们至天涯海角，务使归案法办。”（《毛泽东选集》第四卷，人民出版社1991年版，第1238页）其中的“天涯海角”即出自韩愈《祭十二郎文》：“吾行负神明，而使汝夭；不孝不慈，而不能与汝相养以生，相守以死。一在天之涯，一在地之角，生而影不与吾形相依，死而魂不与吾梦相接。吾实为之，其又何尤！彼苍者天，曷其有极！”涯，边，形容地方遥远偏僻，或彼此间隔遥远。

1936年9月22日，毛泽东在《致蔡元培》信中说：“老者如先生一辈，中年者如泽东一辈，少年者则今日之学生，不论贫富，不分工农商学，不别信仰尊尚，将群入于异族侵略者之手，河山将非复我之河山，人民将非复我之人民，城郭将非复我之城郭，所谓亡国灭种者，旷古旷世无与伦比，先生将何处此耶？”（《毛泽东书信选集》，人民出版社1983年版，第66页）其中的“无与伦比”，即出自韩愈《论佛骨表》：“伏维睿圣文武皇帝陛下，神圣英武，数千百年来，未有伦比。”伦比，类比，匹敌。没有能与他相比的。

1940年2月1日，毛泽东在《向国民党的十点要求》中说：“抗战以来，有发国难财至一万万元之多者，有讨小老婆至八九个之多者。举凡兵役者，公债也，经济之统制也，灾民难民之救济也，无不为贪官污吏借以发财之机会。国家有此一群虎狼，无怪乎国事不可收拾。”（《毛泽东选集》

第二卷，人民出版社 1991 年版，第 724 页）其中的“不可收拾”，即出自韩愈《送高闲上人序》：“泊与淡相，颓堕委靡，溃败不可收拾。”收拾，整顿，整理。形容事情败坏到无法整理、不可救药的地步。

（4）对韩愈“一分为二为宜”

毛泽东对韩愈也有批评。1976 年 2 月 22 日，毛泽东在复刘大杰的信中说：“我同意你对韩愈的意见，一分为二为宜。”（《建国以来毛泽东文稿》，第十三册，中央文献出版社 1998 年版，第 522 页）

这封信写在中共中央办公厅信访处 1975 年 8 月 7 日编印的《来信摘要》第五百四十号上。这期摘要登载了刘大杰 8 月 3 日给毛泽东的信。信中说，他的文学史修改工作，一直受到主席的关怀，衷心铭感。现在报刊文章，对韩愈全部否定，说得一无是处。他认为韩愈以道统自居，鼓吹天命，固然要严加批判，但细读他的文章，发现其思想却有矛盾之处。如赞扬管仲、商鞅之功业等，都与儒家思想不合，而倾向于法家；他的散文技巧，语法合乎规范，文字通畅流利，为柳宗元、刘禹锡所推许。对这些如果全盘加以否定，似非所宜。刘大杰认为，在批判韩愈儒家主导思想基础上，应给他在文学史上一定的地位。

毛泽东的回信，同意刘大杰对韩愈的看法，认为“一分为二为宜”。这就是说，既肯定韩愈的散文成就，又指出其不足。例如，《伯夷颂》是韩愈的一篇名文。因为它歌颂了反对武王伐纣、耻食周粟而被饿死的伯夷，一向受到历代志士仁人的赞许和推崇。毛泽东在 1949 年写的《别了，司徒雷登》中说：“唐朝的韩愈写过《伯夷颂》，颂的是一个对自己国家的人民不负责任、开小差逃跑，又反对武王领导的人民解放战争、颇有些‘民主个人主义’思想的伯夷，那是颂错了。我们应该写闻一多颂，写朱自清颂，他们表现了我们民族的英雄气概。”（《毛泽东选集》第四卷，人民出版社 1991 年版，第 1495—1496 页）毛泽东在这里反对对伯夷的传统认识，指出其错误所在，给予了历史唯物主义评价。又表扬了“表现我们民族英雄气概的”闻一多、朱自清，认为应当歌颂他们。这对我们如何认识和评价历史人物，有很大的启发。

韩愈在《与崔群书》一文中，把人划分为“贤”与“不肖”两个类型，认为“自古贤者少，不肖者多”，进而感叹贤者不遇，处境艰难，为好友崔群鸣不平。毛泽东读到这里批注道：“就劳动者言，自古贤者多，不肖者少。”（《毛泽东读文史古籍批语集》，中央文献出版社1993年版，第109页）在毛泽东看来，与韩愈所指谋求致仕的知识分子相反，就广大劳动人民而言，是“自古贤者多，不肖者少”。这当然是由于韩愈没有历史唯物主义所致，是我们不能强求古人的。

1964年3月13日，毛泽东在人民大会堂召开春节教育工作座谈会。毛泽东在座谈会上说：历代状元都没有很出色的。李白、杜甫不是进士，也不是翰林，韩愈、柳宗元只是二等进士，王实甫、关汉卿、罗贯中、蒲松龄、曹雪芹也都不是进士和翰林。就是当了进士、翰林都是不成功的。明朝搞得好的只有明太祖、明成祖两个皇帝，一个不识字，一个识字不多。以后到嘉靖，知识分子当政，反而不成了，国家就管不好。书读多了，就做不好皇帝，刘秀是大学士，而刘邦是大草包。（萧延中：《毛泽东晚年政治理论描述》，《晚年毛泽东》，春风文艺出版社1989年版，第257页）毛泽东批评了历代状元和那些擅长书画诗词的皇帝们，提到韩愈是“二等进士”，显然把韩愈划入“卑贱”一方，加以肯定。因为毛泽东历来主张，“高贵者最愚蠢，卑贱者最聪明”。

2. 柳宗元“莫从子厚返文王”

（1）“柳宗元是一个革新派”

柳宗元（773—819），字子厚，河东（现山西运城永济一带）人，唐宋八大家之一，唐代文学家、哲学家、散文家和思想家。祖上世代为官，七世祖柳庆为北魏侍中，封济阴公。

唐德宗贞元九年（793）中进士，十四年（798）登博学鸿词科，授集贤殿正字。一度为蓝田尉，后入朝为官，积极参与王叔文集团政治革新，迁礼部员外郎。唐顺宗永贞元年（805）九月，革新失败，贬邵州刺史，十一月，柳宗元加贬永州司马（任所在今湖南永州零陵区）。元和十年（815）春回京，不久再次贬为柳州刺史，政绩卓著。唐宪宗元和十四年（819），卒于柳州任所。

柳宗元一生留下诗文作品600余篇，其文的成就大于诗。骈文有近百篇，散文论说性强，笔锋犀利，讽刺辛辣。游记写景状物，多所寄托，有《河东先生集》，代表作有《溪居》《江雪》《渔翁》《封建论》《永州八记》等。

据毛泽东英文秘书林克回忆说：毛泽东不止一次地同他谈起“二王八司马”的故事：中唐时期，唐王国由盛而衰，朝中宦官擅权，四方藩镇割据，社会危机四伏，中央集权受到极大削弱。公元805年，唐德宗李适去世，太子李诵（唐顺宗）即位，重用太子侍读王叔文、王伾，吏部郎中韦执宜，文学家刘禹锡、柳宗元等。韦执宜被任命为宰相。他们反对宦官专权和藩镇割据，主张加强中央集权，为此进行了惩处贪官污吏，免除苛捐杂税，废止掠夺、扰民的宫市，谋划削夺宦官的兵权，削弱藩镇势力，加强中央集权等一系列政治改革措施，史称“永贞革新”。但是，由于朝中宦官、藩镇等守旧势力合谋发动政变，迫使久病的顺宗把皇位让给太子李纯（唐宪宗）。王叔文革新仅仅执政五个月便夭折了。王叔文、王伾被杀，韦执宜被贬为崖州司马，韩泰为虔州司马，陈谏为台州司马，柳宗元为柳州司马，刘禹锡为永州司马，韩晔为饶州司马，当时称为“八司马”。王安石《临川集》中的《读柳宗元传》说：“余观八司马，皆天下之奇才也。”1965年8月5日，毛泽东写给康生的信中说，章士钊所著《柳文指要》“大抵扬柳抑韩，翻二王八司马之怨案，这是不错的”。可见，毛泽东对“永贞革新”是肯定和称赞的。

1964年2月13日，毛泽东在北京召开教育工作座谈会（春节座谈会），他在会上讲话时，曾戏谑“韩愈、柳宗元只是二等进士”。（陈晋：《毛泽东的文化性格》，中国青年出版社1991年版，第213页）

1964年3月，毛泽东在停留在邯郸的专列上听取山西省委书记陶鲁笳介绍大寨后说：穷山沟里出文章。唐朝时你们山西有个大学问家柳宗元，他在我们湖南零陵县做过官，那里也是个穷山区，他在那里写过许多好文章。

“在古文方面，毛泽东既喜欢六朝的骈文，也爱读唐宋八大家和其他一些人的散文。……在唐宋八大家中，毛泽东最喜欢柳宗元的散文，柳文同他的诗一样，清新，精细，寓意含蓄，富于哲理。柳宗元是一个革新派，具有进步的政治主张，又有朴素的唯物主义思想，这些进步的思想反映在他的作品里，更增添了柳文的光辉。”（龚育之等《毛泽东的读书生活》，生活·读书·新知三联书店 1986 年版，第 218—219 页）

（2）“柳宗元有朴素唯物主义思想成分”

毛泽东不仅赞扬柳宗元积极参加“永贞革新”的政治态度，还赞扬他的哲学观点。他多次谈到他的哲学著作《天对》。1963 年，毛泽东在杭州有次会议上谈哲学和哲学家时，介绍了柳宗元。他说：“现在我们的大学生学哲学五年，读了很多哲学书。当然有一定书本知识是必要的。但仅仅靠书本知识，而脱离实践、脱离群众，就能出哲学家？我不信。我国历史上的哲学家如柳宗元，他是文学家，也是唯物论者。他的哲学观点是在现实生活中同不同观点辩论和斗争中逐步形成的。他在任永州司马的十年间，接触贫苦人民并为他们办了许多好事。正是在此期间，他写了《山水游记》等许多文学作品，同时又写了《天说》《天对》等哲学著作，针对韩愈的唯心观点而写的。”（张明林编著：《毛泽东评点古今人物》上卷，西苑出版社 2012 年版，第 248—249 页）

1964 年 8 月 18 日，毛泽东在北戴河与哲学工作者谈话说：“刘子厚出入佛、老，唯物主义。但他的《天对》，太短，就那么一点。他的《天对》，从屈原《天问》产生以来，几千年来只有这一个人做了这么一篇。到现在《天问》没有解释清楚，《天对》讲什么也没说清楚，只知其大意。”（陈晋：《毛泽东之魂》修订本，中央文献出版社 1997 年版，第 404—405 页）

1965 年 6 月 20 日，毛泽东在上海会见复旦大学教授周谷城、刘大杰。据刘大杰回忆：“主席认为柳宗元的文章思想性比韩愈高，不过文章难读一些。他指出：屈原写过《天问》，过了一千年才有柳宗元写了《天对》，胆子很大。我问主席能否说柳宗元是唯物论者？他说顶多能说有朴素唯物主义思想成分。”（《毛泽东在上海》，中共党史出版社1993年版，第143页）

（3）多次引用柳宗元的文章及其典故

1942年9月7日，毛泽东在他写的《一个极其重要的政策》一文中说：“柳宗元曾经描写过‘黔驴之技’，也是一个很好的教训。一个庞然大物的驴子跑进贵州去了，贵州的小老虎见了很有些害怕。但到后来，大驴子还是被小老虎吃掉了。我们八路军新四军是孙行者和小老虎，是很有办法对付这个日本妖精或日本驴子的。”（《毛泽东选集》第三卷，人民出版社1991年版，第883页）

1942年5月20日，毛泽东在鲁迅艺术学院做报告谈到，从鲁艺毕业出去工作的干部，不要摆知识分子架子，自以为是“洋包子”，而瞧不起本地的“土包子”干部，要和本地干部加强团结，和群众打成一片。为此，他妙趣横生地讲了柳宗元这则寓言：贵州没有驴驹子，有人运了一匹驴驹子到那里去，它到那里就是外来的“洋包子”。贵州的老虎个子不大，是本地的“土包子”。小老虎看见驴驹子那样庞然大物的样子，很害怕。驴驹子叫了一声，小老虎吓坏了，就逃得远远的。后来，时间久了，小老虎觉得驴驹子也没有什么了不起，就走近它，碰碰它。驴驹子大怒，用脚踢了小老虎一下。小老虎就看出它到底有什么本事了，说：‘原来它不过有这点本事！’结果小老虎就吃掉了这匹驴驹子。毛泽东讲这个故事时，一边讲，一边装着老虎观察驴驹子的样子，走向旁边正在作记录的同志，大家都笑了。他讲述的道理也因此深刻地印在听众的脑子里。”（何其芳：《毛主席在鲁艺的谈话》，人民文学出版社1980年版，第67页）

《黔之驴》这篇文章不长，我们不妨全引如下：

黔无驴，有好事者船载以入。至则无可用，放之山下。虎见之，庞然大物也，以为神。蔽林间窥之。稍出近之，慭慭然，莫相知。

他日，驴一鸣，虎大骇，远遁，以为且噬己也，甚恐。然往来视之，觉无异能者。益习其声，又近出前后，终不敢搏。稍近，益狎，荡倚冲冒，驴不胜怒，蹄之。虎因喜，计之曰："技止此耳！"因跳踉大㘎，断其喉，尽其肉，乃去。

噫！形之庞也类有德，声之宏也类有能，向不出其技，虎虽猛，疑畏，卒不敢取。今若是焉，悲夫！

黔，即唐代黔中道，辖境相当于今湖南沅水澧水流域、湖北清江流域、重庆黔江流域和贵州东北一部分。后来称贵州省为黔。《黔之驴》是柳宗元的作品《三戒》中的一篇。《三戒》含《临江之麋》《黔之驴》《永某氏之鼠》三篇寓言。本文是其中的第二篇，写的是一头驴被一只虎吃掉的故事。

这篇文章寓意深刻，具有鲜明的针对性、现实性。作者在《三戒》的序中说："吾恒恶性之人，不知推己之本，而乘物以逞，或依势以干非其类，出技以怒强，窃时以肆暴。然卒迨于祸。有害淡麋、驴、鼠三物，似其事，作三戒。"由此可知，作者写这三篇寓言，是为了警诫世人：毫无自知之明而肆意逞志，必然自招祸患。

而《黔之驴》写了"不知推己之本，而乘物以逞""出技以怒强"，导致灭亡的教训。

毛泽东在《一个极其重要的政策》一文中引用《黔之驴》的故事，把驴子比作貌似强大终将失败的日本帝国主义，把小老虎比作八路军、新四军等革命力量，孰胜孰败，已为历史所证明。他把鲁迅艺术学院受过专门训练的毕业生"洋包子"比作驴子，把本地干部比作"土包子"，比作小老虎，并风趣地告诫鲁艺的毕业生，要和本地干部加强团结，和群众打成一片，从而给人以深刻的教益。

据毛泽东的英文秘书林克回忆，毛泽东在学英语时常探讨历史问题。1959 年 3 月 1 日，《光明日报》"文学遗产"专栏刊登一篇《柳宗元的诗》文章。毛泽东对这篇文章的观点有不同的看法，对我们说：柳宗元是一位唯物主义哲学家，见之于他的《天论》，这篇哲学论著提出了"天与人交相胜"的论点，反对天命论。刘禹锡发展了这种唯物主义；而这篇文章无一语谈到这个问题，是个缺点。（林克：《在毛泽东身边的岁月片段》，《缅

怀毛泽东》下册，中央文献出版社 1993 年版，第 566 页）

首先，需要说明的是，前面我们摘引的评价《天说》那段话，林克在回忆中说成《天论》，但柳氏只有《天对》和《天说》，而无《天论》。《天对》是在评屈原的《天问》，诗歌体；而《天说》才是说理的散文，故应是《天说》。其次，说《天论》提出“天与人交相胜”的观点，也是误记。《天说》是柳宗元贬官永州时写的一篇短文，是同韩愈就天有无意志进行辩论的。韩愈认为天有意志，能赏功罚祸，从而断定“残民者昌，佑民者殃”。柳宗元认为人类“功者自功，祸者自祸”，与天无关，驳斥了韩愈的唯心主义天命观。再次，提出“天与人交相胜”观点的是刘禹锡的《天论》（上中下）。《天论》上中说：“余之友河东解人柳子厚作《天说》，以折韩退之之言，文信美矣，盖有激而云，非所以尽天人之际。故余作《天论》，以极其辩云。”说明了《天论》写作的缘由，接着就提出了“天与人交相胜”的论点：“天，有形之大者也；人，动物之优者也。天之能，人固不能也；人之能，天亦有所不能也。故余曰：天与人交相胜耳。”《天论》中、下中，刘禹锡分别阐明了产生天命论的认识上的原因和社会原因。三篇文章，层层深入，加强了文章的论辩性和说服力。

毛泽东对柳宗元的《封建论》评价很高，曾赋七律一首《读〈封建论〉，呈郭老》予以赞扬。其诗曰：

七律·读《封建论》，呈郭老

（一九七三年八月五日）

劝君少骂秦始皇，焚坑事业要商量。
祖龙魂死秦犹在，孔学名高实秕糠。
百代都行秦政法，十批不是好文章。
熟读唐人封建论，莫从子厚返文王。

《封建论》是柳宗元的史论文章，阐发了设郡县、废除分封、加强中央集权、反对藩镇割据的主张。郭老，指郭沫若，当时是中国科学院院长兼历史研究所所长。秦始皇，即嬴政，战国时期秦国国君。公元前 221 年，在消灭割据称雄的魏、赵、韩、齐、楚、燕六国的基础上，建立了中国历史上的一个中央集权的封建国家。秦始皇为了加强中央集权统治和思想控制，下令焚烧《秦记》以外的列国史记和民间私藏的《诗》《书》等书籍，并将以古非今的方士和儒生 460 多人坑死在咸阳，史称“焚书坑儒”。祖龙，指秦始皇。孔学，指由春秋时鲁国人孔丘创立的儒学。十批，指郭沫若的《十批判书》，收入有关中国古代先秦诸子批判的文章共十篇。毛泽东于 1973 年 7 月的一次谈话中，曾讲到《十批判书》尊儒反法。子厚，柳宗元的字。文王，指周文王，姓姬名昌，是中国历史上开始推行较完备的封建制（即分封制）的国君。

1973 年 8 月 5 日，毛泽东与江青谈话，令其记下七言诗一首，题为《读〈封建论〉，呈郭老》：“劝君少骂秦始皇，焚坑事业要商量。祖龙魂死秦犹在，孔学名高实秕糠。百代都行秦政法，十批不是好文章。熟读唐人封建论，莫从子厚返文王。”并说：历代政治家有成就的，在封建社会有建树的，都是法家。”（董学文等《毛泽东的文艺美学活动》，高等教育出版社 1995 年版，第 247 页）

“封建”，指的是殷周“封国土，建诸侯”的世袭分封制度。《封建论》就是评论这种分封制度的。文章开宗明义，解释了分封制的产生，提出了“封建非圣人意也，势也”的中心论；然后用周朝以来历史发展的史实，论证了秦始皇创建的中央集权的郡县制，比分封制优越，说明郡县制取代分封制，是“势”所必然。最后驳斥了拥护分封制的“施化易”“封建而延”“圣人之意”等三种错误论调。全文大开大合，有破有立，文笔酣畅，气势磅礴，是柳宗元论文中很有代表性的一篇。

1963 年 5 月，在杭州中央工作会议期间的一次谈话中，毛泽东说：“柳宗元 30 岁到 40 岁都在永州，他的山水散文，与韩愈论辩的文章，就是在永州写的。”（陈晋：《毛泽东读书笔记解析》，广东人民出版社 1996 年版，第 638 页）

毛泽东所说柳宗元“在永州写的”“山水游记”，便是著名的“永州八记”。它是一组游览山水的散文，共有八篇，即：《始得西山宴游记》《钴鉧潭记》《钴鉧潭西小丘记》《至小丘西小石潭记》《石渠记》《袁家渴记》

《石涧记》《小石城山记》。这里姑选《至小丘西小石潭记》，以飨读者。其原文如下：

从小丘西行百二十步，隔篁竹，闻水声，如鸣佩环，心乐之。伐竹取道，下见小潭，水尤清冽。全石以为底，近岸，卷石底以出，为坻，为屿，为嵁，为岩。青树翠蔓，蒙络摇缀，参差披拂。潭中鱼可百许头，皆若空游无所依。日光下彻，影布石上，佁然不动，俶尔远逝，往来翕忽，似与游者相乐。

潭西南而望，斗折蛇行，明灭可见。其岸势犬牙差互，不可知其源。

坐潭上，四面竹树环合，寂寥无人，凄神寒骨，悄怆幽邃。以其境过清，不可久居，乃记之而去。

同游者：吴武陵、龚古，余弟宗玄。隶而从者，崔氏二小生：曰恕己，曰奉壹。

全文不足二百字，却清晰地记述了作者出游、游览、返回的全过程，以优美的语言描写了“小石潭”的景色，以及对小石潭幽深冷寂，孤凄悲凉的整体感觉，含蓄地抒发了作者被贬后无法排遣的忧伤凄苦的感情。文中还运用了移步换景，正侧面描写相结合，动静结合的手法，生动传神，穷为尽妙，意境幽深。

（4）关注柳文研究

毛泽东对柳文的关注，除上面已提到1959年《光明日报》“文学遗产”专栏发表的一篇《论柳宗元的诗》，没有提到柳宗元的《天论》（应为《天对》——引者注），毛泽东认为是个缺点外，更表现在毛泽东对章士钊《柳文指要》出版的支持。当1960年章士钊撰写《柳文指要》时，得到毛泽东的热情支持。毛泽东开始就表示：“这个想法好。我也很喜欢柳宗元的文章，是否书稿完成，能先睹为快？”1965年，毛泽东读了章士钊历五年余而完成的《柳文指要》上卷初稿，当即复信：

行严先生：

大作收到，义正辞严，敬服之至。古人云：投我以木桃，报之以琼瑶。今奉上桃杏各五斤，哂纳为盼！投保相反，尚乞谅解。含之同志身体如何？附此向她问好，望她努力奋斗，有所益进。

毛泽东

一九六五年六月二十六日

（《毛泽东书信选集》，人民出版社 1983 年版，第 601 页）

不久，毛泽东又读了章士钊送来的《柳文指要》下部初稿，再写一信：

行严先生：

各信及《指要》下部，都已收到，已经读过一遍，还想读一遍。上部也还想再读一遍。另有友人也想读。大问题是唯物史观问题，即主要是阶级斗争问题，但此事不能求之于世界观已经固定的老先生们，故不必改动。嗣后历史学者可能批评你这一点，请你要有精神准备，不怕人家批评。又高先生评郭文已读过，他的论点是地下不可能发掘出真、行、草墓石，草书不会书碑，可以断言。至于真、行是否曾经书碑，尚待地下发掘证实，但争论是应该有的。我当劝说郭老、康生、伯达诸同志赞成高二适一文公诸于世。《柳文》上部，盼即寄来。

敬颂

康吉！

毛泽东

一九六五年七月十八日（同上书，第 602 页）

章士钊接信后，即将《柳文指要》上部再次寄上。毛泽东对《柳文指要》读得非常认真，并提出了修改意见。随后他又转给康生阅读。同年八月，章士钊再次将修改稿呈毛泽东审阅。毛泽东阅后，给康生写了一封信：

康生同志：

章士钊先生所著《柳文指要》上、下部，二十二本，约百万字，无事时可续续看去，颇有新义引人入胜之处。大抵扬柳抑韩，翻二王、八司马之冤案，这是不错的。又辟桐城而颂阳湖，讥帖括而尊古义，亦有可取之处。惟作者不懂唯物史观，于文、史、哲诸方面仍止于以作者观点解柳（此书可谓解柳全书），他日可能引起历史学家以唯物史观对此书作批判。如有此举，亦是好事。此点我已告章先生，要他预作精神准备，也不要求八十五龄之老先生改变他的世界观。

毛泽东

一九六五年八月五日

（《建国以来毛泽东文稿》第十一册，中央文献出版社 1998 年版，第 430 页）

毛泽东表示同意此书出版。康生本想扣押此书出版，因见毛泽东支持，只得附和。

1966 年 1 月 12 日，毛泽东再写信给章士钊：

行严先生：

一九六五年十二月十六日惠书及附件均已收读，极为感谢。三国之一部亦已收到，可作纪念，便时乞代致谢意。大著《柳文指要》康生同志已读完交来，兹送上。有若干字句方面的意见，是否有当，请酌定。顺颂

春安

毛泽东

一九六六年一月十二日

（《建国以来毛泽东文稿》第十二册，中央文献出版社 1998 年版，第 4 页）

章士钊，字行严，当时任全国人民代表大会代表、中央文史馆馆长。《柳文指要》，是章士钊所著的一部专门研究唐代文学家柳宗元文集的著

作。1965年8月5日，毛泽东曾将这部书稿批转给中共中央书记处书记康生阅读。12月5日，康生给毛泽东写信说，“我读完之后，觉得主席八月五日信中对此书的评价，是十分中肯完全正确的”。“因此有些人已知道主席看过此书，所以我提了几点意见，用纸条标出。请主席看看，是否作词句的删改”。《柳文指要》一书，后经作者修改，在1971年由中华书局正式出版。这是“文化大革命中”出版的唯一竖排繁体字的线装书。《柳文指要》自发轫到付梓出版，毛泽东费了不少心血。他的关注和支持，反映了他一以贯之的对柳宗元的高度肯定。

1958年12月1日，毛泽东在《关于帝国主义和一切反动派是不是真老会的问题》一文中说：“一方面藐视它，轻而易举，不算数，不在乎，可以完成，能打胜仗。一方面，重视它，并非轻而易举，算数的，千万不可以掉以轻心，不经艰苦奋斗，不苦战，就不能胜利。”（《建国以来毛泽东文稿》第七册，中央文献出版社1992年版，第611页）其中的“掉以轻心”，即出自柳宗元《答韦中立论师道书》：“故吾每为文，未尝敢以轻心掉之，惧其剽而不留也。”掉以轻心，掉，摆弄。轻，轻率。意谓对事情采取轻率的漫不经心的态度。

1938年10月14日，毛泽东在《中国共产党在民族战争中的地位》一文中说：“有些明知故犯的人，例如张国焘，则利用许多党员的无知以售其奸。”（《毛泽东选集》第二卷，人民出版社1991年版，第528页）其中的“以售其奸”，即出自柳宗元《送娄图南秀才游淮南将入道序》：“偷一旦之容以售其奸，吾无有也。”售，销售。奸，奸计。意谓用来推行其奸计。

3. 欧阳修“文章名冠天下”

（1）“文章名冠天下”

欧阳修（1007—1072），字永叔，号醉翁、六一居士，吉州永丰（今江西吉安永丰）人，北宋时期政治家、文学家、史学家和诗人。自称庐陵人，因吉州原属庐陵郡，出生于绵州（今四川绵阳）。宋仁宗天圣八年（1030）进士。仁宗时，累擢知制诰、翰林学士；英宗，官至枢密副使、参知政事；神宗朝，迁兵部尚书，以太子少师致仕。卒谥文忠。

欧阳修于政治和文学方面都主张革新，既是范仲淹庆历新政的支持者，也是北宋诗文革新运动的领导者。又喜奖掖后进，苏轼父子及曾巩、王安石皆出其门下。创作实绩亦灿然可观，诗、词、散文均为一时之冠，尤其是在古文的倡导和写作方面，影响很大。主张明道、致用，对宋初以来追求靡丽形式的文风表示不满，散文说理畅达，抒情委婉，为"唐宋八大家"之一；诗风与散文近似，重气势而能流畅自然；其词深婉清丽，承袭南唐余风。欧阳修的《六一诗话》，为中国文学史上第一部诗话。今人郭绍虞说："诗话之称，固始于欧阳修，即诗话之体，亦可谓创自欧阳氏矣"。(《宋诗话考》)欧阳修的诗话以随便亲切的漫谈方式评叙诗歌，成为一种论诗的新形式。他在评论诗的时候，虽然不废雕琢，但主张归于自然。欧阳修还打破了赋体的严格的格律形式，写了一些文赋，他的著名的《秋声赋》运用各种比喻，把无形的秋声描摹得非常生动形象，使人仿佛可闻。这篇赋变唐代以来的"律体"为"散体"，对于赋的发展具有开拓意义，与苏轼的《赤壁赋》先后媲美，千载传诵。曾与宋祁合修《新唐书》，并独撰《新五代史》。又喜收集金石文字，编为《集古录》。有《欧阳文忠公文集》。

欧阳修死后葬于开封新郑（今河南新郑）。新郑市辛店镇欧阳诗村现有欧阳修陵园。另今绵阳南郊亦有其祠堂，名曰六一堂。

毛泽东对欧阳修的评价很高。1930 年 10 月 5 日，红军占领吉安，毛泽东和中央总前委、中国工农革命委员会机关一起进驻吉安城。红十二军军长罗炳辉受吉安名医戴济民之托，专程前来邀请毛泽东前往做客。席间，主宾谈笑风生。毛泽东以赞叹口气说："自古以来庐陵吉水就是人杰地灵之地。你看，唐宋八大家中的欧阳修，有'文章名冠天下'之称；南宋四大家中的杨万里，一生写诗两万多首，他们都是庐陵吉水人。"（舒龙、凌步机:《岁岁重阳》，海南出版社 1993 年版，第 112 页）

1959 年 7 月，毛泽东在江西庐山，又谈到欧阳修，他说："江西是个出人才的地方，唐宋八大家，江西就占了三家，临川王安石、吉水的欧阳修、南丰的曾巩，都是北宋有名的文人。”

（2）引用欧阳修名言

毛泽东喜读欧阳修的散文，在他的著作中曾加以引用。1945年，毛泽东在《赫尔利和蒋介石的双簧已经破产》一文中说：“没有认真的起码的民主改革，任何什么大会小会也只能被抛到毛厕坑里去。就叫‘肆意攻击’也罢，任何这类的欺骗，必须坚决、彻底、干净、全部地攻击掉，决不容许保留其一丝一毫。”（《毛泽东选集》第三卷，人民出版社1991年版，第1112页）其中“一丝一毫”出自欧阳修的《会圣官颂》：“而职我事，而往惟寅，一丝一毫，给以具官，无取于民。”（《欧阳文忠公集·外集八》）丝、毫，长度单位。十丝为一毫，十毫为一厘。形容极其微小。毛泽东用“一丝一毫”表示反对蒋介石破坏民主改革的决绝态度。

1965年5月，毛泽东写的《水调歌头·重上井冈山》：“久有凌云志，重上井冈山。千里来寻故地，旧貌变新颜。到处莺歌燕舞，更有潺潺流水，高路入云端。过了黄洋界，险处不须看。　风雷动，旌旗奋，是人寰。三十八年过去，弹指一挥间。可上九天揽月，可下五洋捉鳖，谈笑凯歌还。世上无难事，只要肯登攀。”其中“潺潺流水”一语就出自欧阳修的名文《醉翁亭记》：

> 环滁皆山也。其西南诸峰，林壑尤美，望之蔚然而深秀者，琅琊也。山行六七里，渐闻水声潺潺，而泻出于两峰之间者，酿泉也。峰回路转，有亭翼然临于泉上者，醉翁亭也。作亭者谁？山之僧智仙也。名之者谁？太守自谓也。太守与客来饮于此，饮少辄醉，而年又最高，故自号曰醉翁也。醉翁之意不在酒，在乎山水之间也。山水之乐，得之心而寓之酒也。
>
> 若夫日出而林霏开，云归而岩穴暝，晦明变化者，山间之朝暮也。野芳发而幽香，佳木秀而繁阴，风霜高洁，水落而石出者，山间之四时也。朝而往，暮而归，四时之景不同，而乐亦无穷也。

至于负者歌于途，行者休于树，前者呼，后者应，伛偻提携，往来而不绝者，滁人游也。临溪而渔，溪深而鱼肥。酿泉为酒，泉香而酒洌；山肴野蔌，杂然而前陈者，太守宴也。宴酣之乐，非丝非竹，射者中，弈者胜，觥筹交错，起坐而喧哗者，众宾欢也。苍颜白发，颓然乎其间者，太守醉也。

已而夕阳在山，人影散乱，太守归而宾客从也。树林阴翳，鸣声上下，游人去而禽鸟乐也。然而禽鸟知山林之乐，而不知人之乐；人知从太守游而乐，而不知太守之乐其乐也。醉能同其乐，醒能述以文者，太守也。太守谓谁？庐陵欧阳修也。

宋仁宗庆历五年（1045），参知政事范仲淹等人遭谗离职，欧阳修上书替他们分辩，被贬到滁州做了两年知州。到任以后，他内心抑郁，但还能发挥“宽简而不扰”的作风，取得了某些政绩。《醉翁亭记》就写在这个时期。文章描写了滁州一带朝暮四季自然景物不同的幽深秀美，滁州百姓和平宁静的生活，特别是作者在山林中与民一齐游赏宴饮的乐趣。全文贯穿一个“乐”字，其中则包含着比较复杂曲折的内容。一则暗示出一个封建地方长官能“与民同乐”的情怀，一则在寄情山水背后隐藏着难言的苦衷。不到四十岁的盛年却自号“醉翁”，而且经常出游，加上他那“饮少辄醉”“颓然乎其间”的种种表现，都表明欧阳修是借山水之乐来派遣谪居生活的苦闷。作者醉在两处：一是陶醉于山水美景之中，二是陶醉于与民同乐之中。

《醉翁亭记》是一篇优美的散文。这篇散文饶有诗情画意，别具清丽格调，在我国古代文学作品中确是不可多得的。好的散文应为诗，要创造优美的意境。所谓意境包含着意和境两个方面的范畴，它是浸润着作者主观感情的艺术画面。优秀的散文就应该有风光绮丽的图画美，给读者独特的审美感受，以悦目而致赏心。《醉翁亭记》的思想意脉是一个“乐”字，“醉”中之乐，它像一根彩线连缀各幅画面。而“醉翁之意不在酒”“在乎山水之间也”。放情林木，醉意山水，这是作者的真意。在作者笔下，山水相映之美、朝暮变化之美、四季变换之美，使散文的意境绘形绘声，山光、水色、人情、醉态并于一画，各具情致。再加上精巧的结构、曲径通幽的手法和出色的语言，读来顿觉舌端润畅；听来，倍感声声清朗，具有音乐的节奏感和回环美。清新、秀美、刚健、婉转的文学风格，使它成为千古名篇。

1961年底，毛泽东考虑在《实践论》的基础上，根据社会主义时期的实际情况，再写一篇哲学著作。他对警卫员张先朋说：建国以前，我们党搞了二十多年的武装斗争，所以我的军事著作比较多。所谓好的文章，都是在斗争实践中逼出来的。接着又说：人们常说："虎死了留皮，人死了留名。"我这个人啊，只要为人民留点文就行了。(《怀念毛泽东同志》，人民文学出版社1980年版，第137—138页）毛泽东话中引的"虎死了留皮，人死了留名"一语，出自《新五代史·死节传·王彦章传》："彦章伤重，马踣，被擒。……彦章武人，不知书。常为俚语谓人曰：'豹死留皮，人死留名。'其于忠义，盖天性也。"(《毛泽东读文史古籍批语集》，中央文献出版社1993年版，第269页）毛泽东引用时改"豹"为"虎"，语义不变。

1944年9月18日，毛泽东出席中共中央办公厅在中央大礼堂举行的招待八路军留守兵团全体模范学习代表及从敌后转战归来参加整训的各部队战斗英雄代表的大会，讲话时说："豫湘战役，敌人如入无人之境，情形极为严重。中国不亡，是由于有了我们共产党、八路军、新四军，主要的由我们支持了抗战局面。"(《毛泽东年谱》(1983—1940）中卷，人民出版社、中央文献出版社1993年版，第546页）其中的"如入无人之境"，即出自欧阳修《再论置兵御贼札子》："及一旦王伦、张海等相继而起，入州入县，如入无人之境。"境，地方。意谓好像到了没有人的地方，比喻作战时所向披靡，无人阻挡。

（3）称赞其对韩愈文集整理和流传的功勋

欧阳修、宋祁撰《新唐书》卷七十八《李汉传》："淮阳壮王道玄，性谨厚，习技击，然进止都雅。……六世孙汉。汉字南纪。少事韩愈，通古学，属辞雄蔚。为人刚，略类愈，愈爱重，以子妻之。擢进士第，迁累左拾遗。"毛泽东读后，批注道：

"李汉，道玄六世孙。"

"韩愈文集，为李汉编辑得全，欧阳修得之于随县，因以流传，厥功伟哉。"

李汉《昌黎先生集序》："先生没，门人陇西李汉，辱知最厚且亲，随收拾遗文，无所失坠。"欧阳修《记旧本韩文后》："州南有大姓李氏者，其子彦辅颇好学。予为儿童时，多游其家，见其弊筐贮故书，在壁间。发而视之，得唐昌黎先生文集六卷，脱落颠倒，无次第，因乞李氏以归。读之，见其言深厚而雄博。……后七年，举进士第。官于洛阳，而尹师鲁之徒皆在，遂相与作古文。因出所藏昌黎集而补缀之，求人家所有旧本而校订之。集本出于蜀，文字刻画，颇精于世俗本，而脱缪尤多，凡三十年间，闻人有善本者，必求而改正之。其最后卷帙不足，今不复补者，重增其故也。予家藏书万卷，独昌黎先生集为旧物也。"从上面叙述，可以看出，毛泽东的批语中，把李汉编辑《韩愈文集》，欧阳修整理和推广韩文，看作"厥功伟哉"，是恰当的。

（4）对欧阳修史学著作的评点

欧阳修也是大史学家。他与宋祁合作《新唐书》，自己编撰《新五代史》。毛泽东对这两部史书，都精心阅读过，并将《新唐书》与刘煦的《旧唐书》、薛居正的《旧五代史》做比较，认为"《旧唐书》比《新唐书》写得好"。这大概是《旧唐书》史料丰富，尤其是人物传记拥有更多的文字，《新唐书》做了删除，由《旧唐书》的190万字改为140万字，所谓"简"不如"繁"。毛泽东读《新唐书》时批注颇多，而且精辟。他在读卷八十《李恪传》时批注道："李恪英物，李治朽物，知子莫若父。然卒听长孙无忌之言，可谓聪明一世，懵懂一时。"这是对唐太宗李世民立太子的论定。

在读卷九十八《马周传》"周命酒一升八斗，悠然独酌"时，批注道："饮酒过量，使不永年。"读到马周上书时，又批注道："贾生《治安策》以后第一奇文。宋人万言书，如苏轼之流所为者，纸上空谈耳。"读到赞"周才不逮傅说、吕望"时，批注道："傅说、吕望，何足道哉。马周才德，迥乎远矣。"对马周评价很高。

在读《新唐书》卷一百十三《徐有功传》“臣闻鹿走山林而命系庖厨者，势固自然，陛下以法官用臣，臣守正行法，必坐此死矣”时，毛泽东批注道：“‘命系庖厨’，何足惜哉，此言不当。岳飞、文天祥、曾静、戴名世、瞿秋白、方志敏、邓演达、杨虎城、闻一多诸辈，以身殉志，不亦伟乎！”赞扬了古今十位志士仁人。

在读《新唐书》卷一百二十四《姚崇传》开头时就批注道：“大政治家、唯物论者姚崇。”在读到他给玄宗奏闻十事后，毛泽东批注道：“如此讲明的十条政治纲领，古今少见。”在读到“梁武帝身为寺奴，齐胡太后以六宫入道，皆亡国殄家”时批注道：“韩愈《佛骨表》祖此。”在读到“崇善应变以成天下之务，璟善守文以持天下之正”时，批注道：“二人道同，方法有些不同。”

在读《新唐书》卷一百二十五《张说》开头时，毛泽东批注道：“大政治家、大军事家张说。”

在读《新唐书》卷一百二十六《韩休传》“……休峭鲠，时政所得失，言之未尝不尽……帝曰：‘韩休敷陈治道，多讦直，我退而思天下，寝必安。吾用休，社稷计耳’”时，毛泽东批注道：“玄宗能容韩休。”

在读《新唐书》卷一百四十七《李淑明传》“淑明素豪侈，在蜀殖财，广第舍田产，殁数年，子孙骄纵，赀产皆尽”时，毛泽东批注道：“多藏厚亡。”

在读《新唐书》卷一百四十八《康承训传》“承训攻贼，十遇皆胜，遣辩士以威动（张）玄稔。玄稔，贼重将也，以帛书射城内，约诛（庞）勋自归，使张皋献期”时，毛泽东批注道：“内部分裂，因而败亡。”

在读《新唐书》卷一百四十八《田弘正传》开头时，毛泽东批注道：“田弘正，好将军。”

在读《新唐书》卷一百四十八《王承元传》开头时，毛泽东批注道：“青年将军王承元。”

在读《新唐书》卷一百四十九《刘宴传》赞曰“生人之本，食与货而已。知所以取，人不怨；知所以予，人不乏。道遇之而王，权遇之而霸”时，毛泽东批注道：“国营商业。”

在读《新唐书》卷一百七十三《裴度传》“度自行营归，知贼曲折，帝益信杖”时，毛泽东批注道：“调查研究，出以亲身。”

在读卷二百零三《卢纶传》“纶与吉中孚、韩翃、钱起、司空曙、苗发、崔峒、耿湋、夏侯审、李端皆能诗齐名，号‘大历十才子’”时，毛泽东批注道：“大历十子。”接着读到“起，吴兴人。天宝中举进士，与郎士元齐名”时，毛泽东批注道：“十子中只钱起为进士。”

在读《新唐书》卷二百零四《许胤宗传》“王太后病风，不能言，脉沉，难对。医家告术穷”时，毛泽东批注道：“脑溢血，或心肌梗塞，或毒癌，终绝。”

毛泽东读欧阳修撰《新五代史》，也写了不少批语。条列如下：

在读《新五代史》卷六《唐明宗本纪》“呜呼，自古治世少而乱世多！”时，毛泽东批注道：“后汉李固之言。”（按：《后汉书·黄琼传》：“自生民以来，善政少而乱俗多。”）（《毛泽东读文史古籍批语集·读〈新五代史批语〉》，中央文献出版社1993年版，第267页》）

《新五代史》卷九“故余书曰：‘追封皇伯敬儒为宋王。’”时，毛泽东批注道：“此等书法，不经说明，谁能知之？”因为敬儒是晋出帝的父亲，出帝本不该继位，是篡位。所以称父亲为皇伯。（同上书，第267页）

在读《新五代史》卷十一《周太祖本纪》写到“又诏侍卫马军指挥使郭崇杀威及宣夫使王峻于魏”“弘义恐事不果，反以诏书示殷，殷与弘义遣人告威”“威”“更为诏书”等时，毛泽东批注道：“旧史无此。”即《旧五代史》没有郭威更改诏书一事。（同上书，第268页）

在读《新五代史》卷十一《周太祖本纪》“郭允明反，弑隐帝于赵村”时，毛泽东批注道：“所谓允明反弑，明是诬词。”《通鉴·后汉纪》四隐皇帝下《考异》：“刘恕曰：‘允明，帝所亲信，何由弑逆？’盖郭威兵杀帝，事成之后讳之，因允明自杀，归罪耳。”（同上书，第268页）

在读《新五代史》卷二十二《刘鄩传》“庄宗与诸将谋曰：‘刘鄩学《六韬》，喜以机变用兵，本欲示弱以袭我，今其见迫，必求速战’”时，毛泽东批注道：“兵书多坏事，少读为佳。”（同上书，第269页）

在读《新五代史》卷三十二《王彦章传》“庄宗又遣明宗往谕之，彦章病创，卧不能起，仰顾明宗，呼其小字曰：'汝非邈佶烈呼？我岂苟活者？'随见杀"时，毛泽东批注道："杀降不可，杀俘尤不可。"（同上书，第270页）

在读《新五代史》卷三十二《刘仁赡传》"仁赡为将，轻财重士，法令严肃，少略通兵书"时，毛泽东批注道："略通可以，多则无益有害。"（同上书，第270页）

在读《新五代史》卷三十二《死节传》"其食人之禄者，必死人之事。如彦章者，可谓得其死哉！"时，毛泽东批注道："食谁人之禄？"（同上书，第270页）

在读《新五代史》卷三十二《死节传》"自古忠臣义士之难得也！五代之乱，三人者，或出于军卒，或出于伪国之臣，可胜叹哉！可胜叹哉！"时，毛泽东批注道："何谓伪国？"

《新五代史》取法《三国志》，但欧阳修非常注意"褒贬义例""春秋笔法"。五代十国时期帝王将相见诸史者千余人，但作者认为够得忠臣标准的，只有三个人，即后梁王彦章、后唐裴约、南唐刘仁赡。毛泽东颇不为然。但他对死节者还是赞叹的，如对刘仁赡"少略通兵书"，王彦章被俘后不屈而死，认为"杀俘尤不可"，给予同情。（同上书，第271页）

在读《新五代史》卷三十八《宦者传》"自古宦者乱人之国，其源深于女祸。女，色而已；患者之害，非一端也"时，毛泽东批注道："'色而已'吗？"（同上书，第271页）

在读《新五代史》卷四十一《雷满传》"酒酣，取坐上器掷池中，因裸而入，取器嬉水上，久之乃出，治衣复坐，意气自若"时，毛泽东批注道："此人能泳。"（同上书，第271页）

在读《新五代史》卷四十七《华温琪传》"故其状貌雄伟，惧不自容，乃投白马河，流数十里不死，河上人授而出之"时，毛泽东批注道："此人必略知水性。"（同上书，第272页）

在读《新五代史》卷四十七《张廷蕴传》"廷蕴武人，所识不过数字，而平生重文士"时，毛泽东批注道："张桓侯之流。"（同上书，第272页）

在读《新五代史》卷四十七《皇甫遇传》写皇甫遇被契丹军围困，安审琦率兵往救，"虏望见救兵来，即解去"时，毛泽东批注道："晋时事。"

（同上书，第 273 页）

在读《新五代史》卷七十二《四夷附录第一》“延寿见衰而天下乱，常有意窥中国，而德光亦尝许延寿灭晋而立之”时，毛泽东批注道：“注意此等事。”（同上书，第 273 页）

《五代史卷八考证》的《晋高祖纪》：“六年，河决中都，入于沓河。冬十月，河决滑、濮、郓、澶州。”按：《朱子纲目》书河决者十有六，而五代居其九，皆朱梁决河为二，以疏河涨之罪也。然《梁本纪》失载，附记于此（武英殿本二十三史考证，第 2—3 页）。毛泽东读到此处批注道：“中国统一，为河与外族进攻二事。分裂则二事皆不能办。”

（5）对其论文的评点

欧阳修的论文也写得很好，毛泽东在读清姚鼐编选《古文辞类篡·论辩类·欧阳永叔〈朋党论〉》“后汉献帝时，尽取天下名士囚禁之，目为党人”时，批注道：“在献帝以前。”在读到“夫前世之主，能使人人异心不为朋，莫如纣；能禁绝善人为朋，莫如汉献帝；能诛戮清流之朋，莫如唐昭宗之世；然皆乱亡其国”时，毛泽东批注道：“似是而非。汉献、唐昭时，政在权臣，非傀儡皇帝之罪。”（《毛泽东读文史古籍批语集》，中央文献出版社 1993 年版，第 93 页）

在读《古文辞类篡·论辩类·欧阳永叔〈为君难上〉》“前世为人君者，力拒群议，专信一人，而不能早悟及于祸败者多矣，不可以遍举，请试举其一二：昔秦苻坚地大兵强，有众九十六万，号称百万，蔑视东晋，谓可直以气吞之耳。然而举国之人，皆言晋不可伐……惟听信一将军慕容垂者……遂大举南伐。兵至寿春，晋以数千人击之，大败而归。比至洛阳，九十六万兵亡其八十六万，坚至此兵威沮丧，不复能振，遂至于乱亡”时，毛泽东批注道：“错在倾巢而出。若一二十万人更番迭试，胜则进，败则止，未必不可为。”他指出欧阳修论点错误，并提出自己的解决方法，十分精辟。在读到“后唐清泰帝（李从珂）患晋祖（即后晋高祖石敬瑭）之镇太原也，地近契丹，恃兵跋扈，议欲徙之于郓州。举朝之士皆谏以为未可，帝意必欲徙之。夜召常所与谋枢密直学士薛文遇，问之以决可否。文遇对曰：‘臣闻作舍道边，三年不成，此事断在陛下，何必更问群臣？’”时，毛泽东批注道：“不徙石敬瑭，没有薛文遇，照样亡国，不过时间先后耳。”在读到“方苻坚欲与慕容垂共定天下，清泰帝以薛文遇为贤佐，助我中兴，可谓临乱之君，各贤其臣者也”时，毛泽东批注道：“汉元帝语，也是一句空话（指“临乱之君，各贤其臣”一语。）”（同上书，第 94—95 页）

在读《古文辞类纂 · 论辩类 · 欧阳永叔〈为君难下〉》“予又以谓秦赵二主，非徒失于听言，亦由乐用新进，忽弃老成，此其所以败也。大抵新近之士喜勇锐，老成之人多持重，此所以人主之好立功名者，听勇锐之语则易合，闻持重之语则难入也”时，毛泽东批注道：“看有什么新进。起、翦、颇、牧，其始皆新进也。周瑜、诸葛、郭嘉、贾诩，非皆少年新进乎？”“起、翦、颇、牧”，指战国时秦将白起、王翦，赵将廉颇、李牧。毛泽东也不同意此文的论点，并以实例进行反驳。（同上书，第 97—98 页）

4. 苏洵是北宋散文家

苏洵（1009—1066），字明允，自号老泉，四川眉山（今四川眉山）人，北宋散文家。与其子苏轼、苏辙合称“三苏”，均被列入“唐宋八大家”。年二十七，始发奋为学。岁余举进士，又举茂才异等，皆不中。乃悉焚所为文，闭户益读书，遂通六经、百家之说，下笔顷刻数千言。在政治上主张抵抗辽邦攻掠，对大地主的土地兼并、政治特权有所不满。宋仁宗至和、嘉祐间，与二子轼、辙同至京师。欧阳修上其所著《权书》《衡论》等二十二篇，士大夫争传之。宰相韩琦奏于朝，除秘书省校书郎。历迁陈州项城（今河南项城）令。与姚辟同修建隆以来礼书，为太常因革礼一百卷，书成而卒。长于散文，尤擅政论，议论明畅，笔势雄健。著有《嘉祐集》二十卷，及《谥法》三卷，均见《宋史本传》，并传于世。

毛泽东在读清姚鼐编选《古文辞类纂·论辩类·苏明允〈明论〉》“天下有大知（智），有小知（智）；人之智虑有所及，有所不及。圣人以其大知而兼其小知之功，贤人以其所及而兼其所不及。愚者不知大知，因而以其所不及而丧其所及。故圣人之治天下也以常，而贤人之治天下也以时，既不能常，又不能时，悲夫殆哉！夫惟大知而后可以长，以其所及济其所不及，而后可以时。常也者，无治而不治者也；时也者，无乱而不治者也”时，批注道：“认识论。”“言物可以认识，但不能全知。”（《毛泽东读文史古籍批语集》，中央文献出版社1993年版，第191页）明论，明白告示。语出《谷梁传·桓公六年》：“修教明论，国道也。”范宁注：“修先王之教以明达于民，治国之道。”《明论》主要讲君王要明察下情治理国家。文章把人分为圣人、贤人、愚人三个类型。所谓圣人、贤人，就是指符合儒家思想的人物，即明君；而愚人则是愚昧的帝王，即昏君，不是指一般的人。天下的人有的智慧高，有的智慧低；天下的事物，有的人认识了，有的还没有认识。圣人、贤人的高明之处，就是因势利导把国家治理好，这是符合唯物主义认识论的。所以，毛泽东做了上面的批注。

在读《古文辞类纂·论辩类·苏明允〈谏论下〉》“夫臣能谏，不能使君必纳谏，非真能谏之臣。君若纳谏，不能使臣必谏，非真能纳谏之君。欲君必纳乎，向之论备矣；欲臣必谏乎，吾其言之”时，毛泽东批注道：“空话连篇。”读到“今有三人焉，一人勇，一人勇怯半，一人怯。有与之临乎渊谷者，且告之曰：能跳而越此谓之勇，不然为怯。彼勇者耻怯，必跳而越焉。其勇怯半者与怯者，则不能也。又告之曰：跳而越者予千金，不然则否。彼勇怯半者奔利，必跳而越焉，其怯者犹未能也。须臾，顾见猛虎暴然相逼，则怯者不待告，跳而越之，如康庄焉。然则人岂有勇怯哉？要在以势驱之耳，君之难犯，犹渊谷之难越也”时，毛泽东批注道：“看何等渊谷。若大河深溪，虽有勇者，如不善水，无由跳跃。此等皆书生欺人之谈。”（同上书，第101、102页）

谏论，直言规劝，使改正错误。一般用于下对上。《周礼·地官·保氏》：“保氏掌谏王恶。”苏洵《谏论》有上下两篇。《谏论》上是对臣子的进谏说的，要使臣子的进谏，百谏百听；《谏论》下是对君主说的，要使臣子个个都能进谏。他把臣子分为三类：一类是勇敢的、忠直的，敢于犯君颜直谏的；一类是勇敢和胆怯各占一半的，在重赏之下，他为了夺取重赏而进谏；一类是胆怯的，只有在不进谏而受到刑罚时才进谏。他打个比方，好比跳深谷，勇敢的把不跳看作可耻就跳过去了；勇敢和胆怯各占一半的，在重赏之下才跳过去；胆怯的在受到老虎威逼之下才跳过去。因此，他主张既要有重赏，又要用刑法来威逼，才能使这三类人都进谏。他认为夏商周三代都是这样。应该说，苏洵这个看法还是有些道理的。但毛泽东对这篇文章评价不高，其中有两个原因：一是文章开头，苏洵关于“能谏之臣”与“能纳谏之君”的议论未免空泛，所以说它“空话连篇”；二是苏洵论证中采用的主要论据三种人跳渊谷，是有懈可击的。这就是会不会游泳这个条件。一生擅长游泳的毛泽东深知这一点，而苏洵显然缺乏这种实践经验，所以变成了“书生欺人之谈”。

《古文辞类纂·论辩类·苏明允〈权书〉八〈六国〉》，文章开头就提出“六国破灭，非兵不利，战不善，弊在赂秦”的论点，接着举例说：“向使三国（齐、燕、赵）各爱其地，齐人勿附于秦，刺客不行，良将犹在，则胜负之数，存亡之理，当与秦相较，或未易量。”毛泽东读到此处时批注道：“凡势强力敌之联军，罕有成功者。”接着读到“呜呼！以赂秦之地封天下之谋臣，以事秦之心礼天下之奇才，并力向西，则吾恐秦人食之不得下咽也”时，毛泽东批注道：“此论未必然。”（同上书，第105、106页）

《权书》共十篇，都是史论的性质。《六国论》是其中的第八篇，推究六国破败的原因，“弊在赂秦”，借古喻今，委婉地讽刺北宋统治者对辽、西夏的妥协投降、苟且偷安的错误政策，借史事抨击朝政，表现了作者卓越的见解和勇气。该文文笔纵横驰骋，气势雄壮，切中时弊，不尚空谈，是一篇说理透彻而又富于辞采的议论文章。毛泽东对文章认为如果六国合力抗秦、其胜负就未可知的说法，表示不同意见，因为，“凡势强力敌之联军，罕有成功者”。这就是说，六国之中，没有主从，势均力敌，各有打算。目标歧异，组成的联军很难步调一致，所以很少有成功的。这就是“合纵”主张不能实行、六国终被各个击破的原因。当然，苏洵设想的以赂秦之地封功臣，“礼天下之奇才”“并力西向”，秦人就会食不下咽，也是不对的。

在读《古文辞类篡·论辩类·苏明允〈权书〉十〈项籍〉》“诸葛孔明弃荆州而就西蜀，吾知其无能为也。且彼未尝见大险也，彼以为剑门者，可以不亡也。吾尝观蜀之险，其守不可出，其出不可继，竞竞而自安，犹且不给，而何足以制中原哉？若夫秦汉之故都，沃土千里，洪河大山，真可以控天下，又乌事不可以措足于剑门者而后曰险哉！”时，毛泽东批注道：“其始误于隆中对，千里之遥而二分兵力。其终则关羽、刘备、诸葛三分兵力，安得不败。”（同上书。第 106 页）

苏洵的《项籍》，主要论述项羽救赵的失策而导致失败的历史教训。毛泽东没有对这篇文章的整体观点表示意见，只对文章的一个论据，即诸葛亮弃荆州而就西蜀提出了自己的看法。他独具慧眼，从兵力使用上批评了诸葛亮的策略的失误，认为这种失误始于隆中对策，荆州、西川相距千里，势必造成二分兵力之势；其失败在于“关羽、刘备、诸葛三分兵力”。蜀汉政权本来就是三国中最弱小的一个国家，而又三分兵力，就更不是吴、魏的对手了，安得不败？这个批评比苏洵的看法更符合实际，也是毛泽东实践经验的总结，苏洵是无法相比的。

在读《古文辞类篡·论辩类·苏明允〈权书〉八〈孙武〉》“且吴起与（孙）武一体之人也，皆著书言兵，世称之曰孙吴。然而，吴起之言兵也，轻法制，草略无所统纪，不若武之书，词约而意尽，天下之兵说皆归其中。然吴起始用于鲁，破齐，及入魏，又能制秦兵，入楚，楚复霸；而武之所为反如是，书之不足信也固矣。”时，毛泽东批注道：“书不足信，诚然。”（同上书，第 104 页）

毛泽东 1913 年 10 月 12 日的《讲堂录》记载：“苏洵论曰，按言以责行，孙武不能辞三失：久暴师而越衅乘，纵鞭墓而荆怒激，失秦交而包胥救。言兵则吴劣于孙，用兵则孙劣于吴，矧祖其余论故智者乎？”（《毛泽东早期文稿》，湖南人民出版社 1990 年版，第 595 页）苏洵《孙武》一文，是评论春秋末年大军事家孙武的。孙武著有《孙子兵法》十三篇，被奉为兵法经典，也是世界上最早的军事理论著作。苏洵认为，《孙子兵法》写得“奇权密机，出入神鬼，自古以兵著书者罕所及”。但他用兵却不能攻无不克，战无不胜，其实践与理论相距甚远。他的论据是，孙武助吴攻楚有三失：久暴师而使楚国有机可乘；纵容伍子胥掘墓鞭楚平王尸激怒了楚人；失掉了与秦的邦交而使申包胥哭秦庭，而秦国终于出兵救楚。毛泽东对苏洵这一论述，早在青年时期就注意到了，记录在他的《讲堂录》中。读本文时，毛泽东直接用苏洵的话做批语表示完全赞同，是因为他认为，光有书本知识是片面的，最重要的是将这些知识应用到生活和实践中去，达到理论与实践的统一，才是完全的知识。所谓书不足信，只能从这种意义上去理解。

1927 年毛泽东在同一位美国人的谈话——《为建立抗日民族统一战线而让步》中说：“共产党提出的民主共和国不可能一蹴而就，需经过两年三年，甚至四年五年，必须是长期不懈的努力，最后中国民族终将实现一个自由的、民主的和人民生活得到改善的政治制度。”（1995 年《党的文献》第 4 期，第 6 页）其中“一蹴而就”一词出自苏洵《上田秘书书》“天下之学者，孰不一蹴而造圣人之域”，并加以改造。

1936 年 8 月 25 日，毛泽东在《中国共产党致中国国民党书》中说：“然而贵党二中全会所说的‘集中统一’，实在未免本末倒置。……直至最近还是放弃东北与华北不顾，忘记日本帝国主义是中国最大的敌人，而把一切力量反对苏维埃和红军，从事贵党自己营垒之间的斗争，用一切力量阻止红军的抗日去路，捣乱红军的抗日后方，漠视全国人民的抗日要求，剥夺全国人民的自由权利，爱国有罪，冤狱遍于国中，卖国有赏，汉奸弹冠相庆，以这种错误政策来求集中和统一，真是缘木求鱼，适得其反。”（《毛泽东文集》第一卷，人民出版社 1993 年版，第 428 页）文中“弹冠相庆”一词，即出自宋苏洵《管仲论》：“一日无仲，则三子者，可以弹冠相庆矣！”弹冠，掸去帽子上的灰尘，准备做官。庆，庆贺。意谓即将做官，互相庆贺。毛泽东用此语批评国民党二中全会说的所谓“集中统一”。

5．“苏东坡是宋代大文学家”

苏轼（1037—1101），字子瞻，又字和仲，号铁冠道人、东坡居士，世称苏东坡、苏仙，眉州眉山（今四川眉山）人，祖籍河北栾城，北宋文学家、书法家、画家。与父苏洵、弟苏辙合称“三苏”，同为唐宋八大家。

仁宗嘉祐二年（1057），苏轼与弟辙同登进士。宋神宗时曾在凤翔（今陕西凤翔）、杭州、密州（今山东诸城）、徐州、湖州（今浙江湖州吴兴区）等地任职。元丰三年（1080），因“乌台诗案”被贬为黄州（今湖北黄冈）团练副使。宋哲宗即位后，曾任翰林学士、侍读学士、礼部尚书等职，并出知杭州、颍州、扬州、定州等地，晚年因新党执政被贬惠州（今广东惠州）、儋州（今海南儋州）。宋徽宗时获大赦北还，途中于常州病逝。宋高宗时追赠太师，谥号“文忠”。葬于颍昌（今河南平顶山郏县）。

苏轼是北宋中期的文坛领袖，在诗、词、散文、书、画等方面取得了很高的成就。其文纵横恣肆；其诗题材广阔，清新豪健，善用夸张比喻，独具风格，与黄庭坚并称“苏黄”；其词开豪放一派，与辛弃疾同是豪放派代表，并称“苏辛”；其散文著述宏富，豪放自如，与欧阳修并称“欧苏”。苏轼亦善书，与黄庭坚、米芾、蔡襄并称宋四家；工于画，尤擅墨竹、怪石、枯木等。论画主张神似。有《东坡七集》《东坡易传》《东坡乐府》等传世。

毛泽东对苏轼评价很高。1956 年他视察湖南，有次在谈论时，说：“苏东坡是宋代大文豪，长于辞赋，有许多创造，‘一洗绮罗香泽之态，摆脱绸缪之度’，如《念奴娇·赤壁怀古》，是千古绝唱。然而此人政治上坎坷不平，宦海升降沉浮，风云莫测，因此，他常寄诗清风明月，扁舟壶酒以消遣。”（《毛泽东回湖南纪实》，湖南人民出版社 1993 年版，第 45 页）

毛泽东对苏轼的散文和赋也非常欣赏，特别赞扬他的读书方法。1943 年 9 月 13 日，毛泽东在《关于农村调查》一文中说：“这里特别要注意的是分析，应该是分析而又综合，就是在第二步骤的分析中，也有小的综合。古人说：文章之道，有开有合。这个说法是对的。苏东坡用‘八面受敌’

法研究历史，用‘八面受敌’法研究宋朝，也是对的。今天我们研究中国社会，也要用个‘四面受敌’法，把它分成政治的、经济的、文化的、军事的四个部分来研究，得出中国革命的结论。”（《毛泽东新闻文选》，新华出版社 1983 年版，第 62 页）毛泽东读苏轼散文中的政论文，窥出他是采用“八面受敌”法做研究，大为赞叹，表示要向苏轼学习。毛泽东在读方大镇《田居乙记》：“有人问苏文公曰：‘公之博洽可学乎？’曰：‘可。’吾读《汉书》，盖数过而始尽之，如治道、人物、地理、官制、兵法、货财之类，每一过博求一事，不待数过而事事精核矣。参伍错综，八面受敌，沛然应之而莫御焉。”毛泽东批注道：“此法好。然苏是个唯心主义者。”（同上书，第 48 页）

元人陈秀明《东坡文谈录》中载：“东坡与王郎书云：少年为学，每一书作数次读。当如入海，百货皆有，人不能兼求之——如欲求古今兴亡治乱，圣贤作用，且只作此意求之，勿生余念。事迹文物之类，又别一次求。他皆放此。若学成，八面受敌，与涉猎者不可同日语。”

苏东坡讲的“每一书作数次读”，每次“且只作此意求之”，就是把一部书按内容分成若干项目，一个一个有重点地深入学习、研究，集中精力打“歼灭战”；然后在分项研究的基础上，进行综合，达到融会贯通。这样就能“八面受敌”，皆能应对。“受敌”指经得住考验，抵挡住各种疑难的袭击。这的确是苏东坡读书、治学的经验之谈。

“八面受敌”法：即“每次作一意求之”“勿生余念”，意思是说，读书分数次来读，每次确定一个视角，有意识地掌握某一方面内容，不要涉及旁的问题。这样一次又一次地读，书中各方面的内容都精通了，应对起来，便能够得心应手。如他读《汉书》时列出治道、人物、地理、官制、兵法、财货等若干方面，每读一遍研究一个方面的问题，几遍读下来，对这几个方面都有了比较深刻的理解。这显然比那种盲目读书、随意涉猎的方法要好得多。

毛泽东对于苏轼的名作《前赤壁赋》很熟悉，在谈话和写文章时随时引用。1956 年夏，毛泽东到大江南北视察。5 月底在长沙，毛泽东看到湖南各方面的形势很好，十分高兴，他对湖南省委书记周小舟说：“苏东坡讲‘驾一叶之扁舟’，那说的是小舟，你已经不是小舟了。你成了承载几千万人的大船了。”（《毛泽东回湖南纪实》，湖南人民出版社 1993 年版，第 45 页）

“驾一叶之扁舟”出自苏轼《前赤壁赋》：“苏子愀然，正襟危坐而问客曰：‘何为其然也？’客曰：‘月明星稀，乌鹊南飞，此非曹孟德之诗乎？西望夏口，东望武昌，山川相缪，郁乎苍苍，此非孟德之困于周郎者乎？方其破荆州，下江陵，顺流而东也，舳舻千里，旌旗蔽空，酾酒临江，横槊赋诗，固一世之雄也；而今安在哉！况吾与子渔樵于江渚之上，侣鱼虾而友麋鹿，驾一叶之扁舟，举匏樽以相属。寄蜉蝣于天地，渺沧海之一粟。哀吾生之须臾，羡长江之无穷。挟飞仙以遨游，抱明月而长终。知不可乎骤得，托遗响于悲风。’”

在《论持久战》一文中说：“怎样去动员？靠口说，靠传单布告，靠报纸书册，靠戏剧电影，靠学校，靠民众团体，靠干部人员。现在国民党统治地区有的一些，沧海一粟，而且方法不合民众口味，神气和民众隔膜，必须切实地改一改。”（《毛泽东选集》第二卷，人民出版社 1991 年版，第 481 页）其中“沧海一粟”也见于《前赤壁赋》。粟，谷子，去皮后即成小米。大海的一粒谷子，比喻非常渺小。

毛泽东在《在延安文艺座谈会上的讲话》中说：“人民生活中存在着文学艺术原料的矿藏，这是自然形态的东西，是粗糙的东西，但也是最生动、最丰富、最基本的东西；在这点上说，它们使一切文学艺术的取之不尽，用之不竭的唯一的源泉。”（《毛泽东选集》第三卷，人民出版社 1991 年版，第 860 页）其论述有类苏轼《前赤壁赋》：“惟江上之清风，与山间之明月，耳得之而为声，目遇之而成色，取之无禁，用之不竭，是造物者之无尽藏也，而吾与子所共适。”

《前赤壁赋》写客人感叹人生短促，引起悲感。主人替他解释，并从变与不变两个角度来说。从变说，自然界的一切都在变；从不变来说，“物与我皆无尽也”。所谓“无尽”，是对“一瞬”说的。就“一瞬”中的变化说，变得太快；人活几十年，对“一瞬”来说，好像“无尽”了。在这里，“无尽”是夸张的说法。

1943年10月5日，毛泽东在《评国民党十一中全会和三届二次参政会》中说："日本法西斯把最大的仇恨集中在中国共产党，对于国民党则一天一天地心平气和了，'反共'、'灭党'两个口号，于今只剩下一个'反共'了。"（《毛泽东选集》第三卷，人民出版社1991年版，第919—920页）其中的"心平气和"即出自苏轼的《菜羹赋》。其原文如下：

东坡先生卜居南山之下，服食器用，称家之有无。水陆之味，贫不能致，煮蔓菁、芦菔、苦荠而食之。其法不用醯酱，而有自然之味。盖易具而可常享，乃为之赋，辞曰：

嗟余生之褊迫，如脱兔其何因。殷诗肠之转雷，聊御饿而食陈。无刍豢以适口，荷邻蔬之见分。汲幽泉以揉濯，搏露叶与琼根。爨铏锜以膏油，泫融液而流津。汤蒙蒙如松风，投糁豆而谐匀。覆陶瓯之穹崇，谢搅触之烦勤。屏醯酱之厚味，却椒桂之芳辛。水初耗而釜泣，火增壮而力均。滃嘈杂而麋溃，信净美而甘分。登盘盂而荐之，具匕箸而晨飧。助生肥于玉池，与吾鼎其齐珍。鄙易牙之效技，超傅说而策勋。沮彭尸之爽惑，调灶鬼之嫌嗔。嗟丘嫂其自隘，陋乐羊而匪人。先生心平而气和，故虽老而体胖。计余食之几何，固无患于长贫。忘口腹之为累，以不杀而成仁。窃比予于谁欤？葛天氏之遗民。

苏轼一生仕途坎坷，屡遭贬谪，家境贫寒，生活艰苦，有时出现饮食不给的情况。但他心胸旷达，超然物外，用老庄"齐生死""一物我"的思想，力图摆脱政治失意造成的精神苦闷和物质匮乏带来的内心困扰。本篇即描写了煮蔓菁、食苦荠时的达观态度。文章引经据典，洒脱风趣，颇有幽默感。

1952年10月，毛泽东视察江苏徐州时，曾登云龙山瞻观放鹤亭。他说："这个亭子与苏轼及他的《放鹤亭记》分不开的：'1077年，苏轼出任徐州知州，当时刚过不惑之年，奋发有为，政绩卓著，给徐州百姓做过一些好事。在他离任时，徐州百姓成群结队为他送行，有的人挽住苏轼的马头，献花献酒，依依惜别，甚至放声大哭。'又说：'苏轼和张山人是好友。苏轼常与别的朋友登门赋诗、饮酒。这位张山人驯养了两只鹤，并在云龙山顶修建了一座草亭，名为“放鹤亭”。苏轼为此写了一篇《放鹤亭记》，文情并茂，成为流传千古的著名散文。’”接着，毛泽东背诵了《放鹤亭记》中的一段：“山人有二鹤，甚驯而善飞，旦则望西山之阙而放焉，纵其所如，或立于陂田，或翔于云表；暮则傃东山而归。故名之曰‘放鹤亭’。”（杨庆旺：《毛泽东指点江山》，中央文献出版社2000年版，第1174—1175页）

《放鹤亭记》原文如下：

熙宁十年秋，彭城大水。云龙山人张君之草堂，水及其半扉。明年春，水落，迁于故居之东，东山之麓。升高而望，得异境焉，作亭于其上。彭城之山，冈岭四合，隐然如大环，独缺其西一面，而山人之亭，适当其缺。春夏之交，草木际天；秋冬雪月，千里一色；风雨晦明之间，俯仰百变。

山人有二鹤，甚驯而善飞，旦则望西山之缺而放焉，纵其所如，或立于陂田，或翔于云表；暮则傃东山而归。故名之曰“放鹤亭”。

郡守苏轼，时从宾佐僚吏往见山人，饮酒于斯亭而乐之。挹山人而告之曰：“子知隐居之乐乎？虽南面之君，未可与易也。《易》曰：‘鸣鹤在阴，其子和之。’《诗》曰：‘鹤鸣于九皋，声闻于天。’盖其为物，清远闲放，超然于尘埃之外，故《易》《诗》人以比贤人君子。隐德之士，狎而玩之，宜若有益而无损者；然卫懿公好鹤则亡其国。周公作《酒诰》，卫武公作《抑戒》，以为荒惑败乱，无若酒者；而刘伶、阮籍之徒，以此全其真而名后世。嗟夫！南面之君，虽清远闲放如鹤者，犹不得好，好之则亡其国；而山林遁世之士，虽荒惑败乱如酒者，犹不能为害，而况于鹤乎？由此观之，其为乐未可以同日而语也。”山人忻然而笑曰：“有是哉！”乃作放鹤、招鹤之歌曰：

鹤飞去兮西山之缺，高翔而下览兮择所适。翻然敛翼，宛将集兮，忽何所见，矫然而复击。独终日于涧谷之间兮，啄苍苔而履白石。

鹤归来兮，东山之阴。其下有人兮，黄冠草屦，葛衣而鼓琴。躬耕而食兮，其余以汝饱。归来归来兮，西山不可久留。

此文作于元丰元年（1078）十一月八日，时苏轼知徐州。隐者张师厚隐居于徐州云龙山，自号云龙山人。后迁于东山之麓并作亭其上，自驯二鹤，鹤朝放而暮归，白日里令其自由地飞翔于天地间，所以名亭为“放鹤亭”。苏轼为之作题记。

全文共分四段，毛泽东背诵的是第二段。主要通过活泼的对答歌咏方式，写出了隐逸者恬然自适的生活图景和不为时事所囿的自由心境，表现作者对隐居之乐的神往。文中写景形象生动，主要着笔于“鹤”，借鹤的“清远闲放，超然于尘埃之外”表现山人超尘出世之姿。写鹤亦是在写人。但思想性较差，消极避世，不鼓励人进取。吴楚材、吴调侯《古文观止》卷十一：“记放鹤亭，却不实写隐士之好鹤。乃于题外寻出酒字，与鹤字作对。两两相较，真见得南面之乐，无以易隐居之乐。其得心应手处，读之最能发人文机。”

毛泽东对苏轼的若干政论文有时赞扬，如《徐州上皇帝书》：“其大者非臣之所当言，欲默而不发，则又私自念遭值陛下英圣特达如此，若有所不尽，非忠臣之义，故昧死复言之：昔者以诗赋取士，今陛下以经术用人，名虽不同，然皆以文词进耳。”毛泽东批注道：“言科举无用。”（《毛泽东读文史古籍批语集》，中央文献出版社 1993 年版，第 107 页）这篇文章是苏轼在元丰元年（1078）于徐州任上向宋神宗上的奏章。文章主要围绕徐州的治理问题，在提出组织冶户冶炼、进行军事训练、督运粮食、严军政、禁酒博等后，论及人才之培养，认为单靠文词取士，得才为少，“古者不专以文词取士，故得士为多”，并举汉唐两代许多例子加以论证。毛泽东注意到苏轼关于人才培养的意见，认为“言科举无用”。苏轼提倡不拘一格选拔人才，是符合毛泽东的一贯主张的，所以加以肯定。

毛泽东在自己的文章中还引用过苏轼的文句。1947 年 12 月 25 日，他在《目前形势和我们的任务》一文中说：“中国人民解放战争由防御转到进攻，不能不引起被压迫民族的欢欣鼓舞。”其中“欢欣鼓舞”一词出自苏轼《上知州王龙图书》：“自公始至，释其重荷……是故莫不欢欣鼓舞之至。”

1936 年，毛泽东在《辩证唯物主义教程》一书的批注中说：“‘物必先腐也，然后虫生之，人必先疑也，然后谗入之'‘非战之罪，乃天亡我’的说法毫无结果。物极必反，宪政为先。”这段话的前四句即出自苏轼《范增论》：“且义帝之立，增为谋主矣。未有义帝亡，而增能久存者也。羽之杀卿子冠军也，是弑义帝之兆也。其弑义帝，则疑增之本也。岂必待陈平哉？物必先腐也，而后虫生之。人必先疑也，而后谗入之。陈平虽智，安能间无疑之主哉？”

1936 年 9 月 19 日，毛泽东、周恩来、彭德怀在《发展重点在宁夏不在甘肃》的电文中说：“时机迫促，稍纵即逝，千祈留意，至祷至盼。”（《毛泽东军事文集》第一卷，军事科学出版社、中央文献出版社 1993 年版，第 593 页）其中的“稍纵即逝”一语，即出自苏轼《文与可画筼筜谷偃竹记》：“振笔直遂，以追其所见，如兔起鹘落，稍纵即逝矣。”

1958 年 4 月 15 日，毛泽东在《介绍一个合作社》一文中说：“清人龚自珍诗云：‘九州生气恃风雷，万马齐喑究可哀。我劝天公重抖擞，不拘一格降人才。’大字报把‘万马齐喑’的沉闷空气冲破了。”（《建国以来毛泽东文稿》第七册，中央文献出版社 1992 年版，第 178 页）其中“万马齐喑”一词即出自苏轼《三马图赞序》：“振鬣长鸣，万马齐喑。”

1941 年毛泽东在《关于农村调查》一文中说：“我们要用钻研的方法来分析客观，分析阶级。对实际问题不应当熟视无睹，应当捣毁‘牛皮公司’，应当经过自己头脑深思熟虑，应当把理论与实践结合起来。”（《毛泽东文集》第二卷，人民出版社 1993 年版，第 381 页）其中的“深思熟虑”，即出自苏轼《策别第九》：“而其人亦得深思熟虑，周旋于其间，不过十年，将必有卓然可观者也。”

毛泽东对苏轼的政论文章，有时也持否定态度，如他在读《新唐书》卷九十八《马周传》时批注道：“贾生《治安策》以后第一奇文。宋人万言书，如苏轼之流所为者，纸上空谈耳。”（《毛泽东读文史古籍批语集》，中央文献出版社 1993 年版，第 253 页）这里赞扬了贾谊的《治安策》和马周的《上唐太宗书》，批评了宋人的万言书，特别指明苏轼的上皇帝书，是“纸上空谈”。如《上神宗皇帝万言书》：

熙宁四年二月某日，殿中丞直史馆判官告院权开封府推官苏轼，谨昧万死再拜上书皇帝陛下：

臣近者不度愚贱，辄上封章言买灯事。自知渎犯天威，罪在不赦，席藁私室，以待斧钺之诛；而侧听逾旬，威命不至，问之府司，则买灯之事寻已停罢，乃知陛下不惟赦之，又能听之。惊喜过望，以至感泣。何者？改过不吝，从善如流，此尧舜禹汤之所勉强而力行，秦汉以来之所绝无而仅有。顾此买灯毫发之失，岂能上累日月之明，而陛下幡然改命，曾不移刻，则所谓智出天下而听于至愚，威加四海而屈于匹夫。臣今知陛下可与为尧舜，可与为汤武，可与富民而措刑，可与强兵而伏戎狄矣。有君如此，其忍负之！惟当披露腹心，捐弃肝脑，尽力所致，不知其它。乃者臣亦知天下之事，有大于买灯者矣，而独区区以此为先者，盖未信而谏，圣人不与；交浅言深，君子所戒。是以试论其小者，而其大者固将有待而后言。今陛下果赦而不诛，则是既已许之矣；许而不言，臣则有罪；是以愿终言之。

臣之所欲言者三，愿陛下结人心，厚风俗，存纪纲而已。

人莫不有所恃，人臣恃陛下之命，故能役使小民；恃陛下之法，故能胜服强暴。至于人主所恃者谁与？书曰："予临兆民，凛乎若朽索之驭六马。"言天下莫危于人主也。聚则为君民，散则为仇雠。聚散之间，不容毫厘。故天下归往谓之王，人各有心谓之独夫。由此观之，人主之所恃者，人心而已。人心之于人主也，如木之有根，如灯之有膏，如鱼之有水，如农夫之有田，如商贾之有财。木无根则槁，灯无膏则灭，鱼无水则死，农无田则饥，商贾无财则贫，人主失人心则亡。此理之必然，不可逭之灾也。其为可畏，从古以然。苟非乐祸好亡，狂易丧志，则孰敢肆其胸臆，轻犯人心。昔子产焚载书以弭众言，赂伯石以安巨室，以为众怒难犯，专欲难成，而孔子亦曰："信而后劳其民，未信则以为厉己也。"惟商鞅变法，不顾人心，虽能骤至富强，亦以召怨天下。使其民知利而不知义，见刑而不见德，虽得天下，旋踵而亡；至于其身，亦卒不免负罪出走，而诸侯不纳，车裂以徇，而秦人莫哀。君臣之间，岂愿如此。宋襄公虽行仁义，失众而亡；田常虽不义，得众而强。是以君子未论行事之是非，先观众心之向背。谢安之用诸桓，未必是，而众之所乐，则国以乂安。庾亮之召苏峻，未必非，而势有不可，则反为危辱。自古及今，未有和易同众而不安，刚果自用而不危者也。

今陛下亦知人心之不悦矣。中外之人，无贤不肖，皆言祖宗以来，治财用者不过三司使副判官，经今百年，未尝阙事。今者无故又创一司，号曰制置三司条例使。六七少年，日夜讲求于内；使者四十余辈，分行营干于外。造端宏大，民实惊疑；创法新奇，吏皆惶惑。贤者则求其说而不可得，未免于忧；小人则以其意度朝廷，遂以为谤，谓陛下以万乘之主而言利，谓执政以天子之宰而治财。商贾不行，物价腾踊，近自淮甸，远及川蜀，喧传万口，论说百端。或言京师正店，议置监官；夔路深山，当行酒禁；拘收僧尼常住；减刻兵吏廪禄；如此等类，不可胜言。而甚者至以为欲复肉刑。斯言一出，民且狼顾。陛下与二三大臣亦闻其语矣，然而莫之顾者，徒曰："我无其事，又无其意，何恤于人言。"夫人言虽未必皆然，而疑似则有以致谤。人必贪财也，而后人疑其盗；人必好色也，而后人疑其淫。何者？未置此司，则无其谤，岂去岁之人皆忠厚，今岁之人皆虚浮？孔子曰："工欲善其事，必先利其器。"又曰："必也正名乎。"今陛下操其器而讳其事，有其名而辞其意，虽家置一喙以自解，市列千金以购人，人必不信，谤亦不止。夫制置三司条例司，求利之名也；六七少年与使者四十余辈，求利之器也。驱鹰犬而赴林薮，语人曰："我非猎也"，不如放鹰犬而兽自驯；操网罟而入江湖，语人曰："我非渔也"，不如捐网罟而人自信。故臣以为，消谗慝而召和气，复人心而安国本，则莫若罢制置三司条例司。夫陛下之所以创此司者，不过以兴利除害也。使罢之而利不兴，害不除，则勿罢；罢之而天下悦，人心安，兴利除害，无所不可，则何苦而不罢？

陛下欲去积弊，而立法必使宰相熟议而后行事。若不由中书，则是乱世之法，圣君贤相，夫岂其然？必若立法，不免由中书熟议，不免使宰相，此司之设，无乃冗长而无名。智者所国，贵于无迹，汉之文景，纪无可书之事；唐之房杜，传无可载之功；而天下之言治者与文景，言贤者与房杜，盖事已立而迹不见，功已成而人不知。故曰：“善用兵者，无赫赫之功。”岂惟用兵，事莫不然。今所图者，万分未获其一也，而迹之布于天下者，若泥中之斗兽。亦可谓拙谋矣。

陛下诚欲富国，择三司官属与漕运使副，而陛下与二三大臣孜孜讲求，磨以岁月，则积弊自去而人不知。但恐立志不坚，中道而废，孟轲有言：“其进锐者其退速。”若有始有卒，自可徐徐，十年之后，何事不立？孔子曰：“欲速则不达，见小利则大事不成。”使孔子而非圣人，则此言亦不可用。书曰：“谋及卿士，至于庶人。翕然大同，乃底元吉。”若违多而从少，则静吉而作凶。

今上自宰相大臣，既已辞免不为，则外之议论，断亦可知。宰相人臣也，且不欲以此自污，而陛下独安受其名而不辞，非臣愚之所识也。君臣宵旰几一年矣，而富国之效，茫如捕风，徒闻内帑出数百万缗，祠部度五千余人耳。以此为术，其谁不能？

且遣使纵横，本非令典。汉武遣绣衣直指，桓帝遣八使，皆以守宰狼籍，盗贼公行，出于无术，行此下策。宋文帝元嘉之政，比于文景。当时责成郡县，未尝遣使。至孝武，以为郡县迟缓，始命台使督之。以至萧齐，此弊不革。故竟陵王子良上疏极言其事，以为此等，朝辞禁门，情态即异；暮宿村县，威福便行；驱迫邮传，折辱守宰；公私劳扰，民不聊生。唐开元中，宇文融奏置劝农判官使裴宽等二十九人，并摄御史，分行天下，招携户口，检责漏田。时张说、杨玚、皇甫璟、杨相如皆以为不便。而相继罢黜。虽得户八十余万，皆州县希旨，以主为客，以少为多。及使百官集议都省，而公卿以下，惧融威势，不敢异辞。陛下试取其传而读之，观其所行，为是为否？近者均税宽恤，冠盖相望，朝廷亦旋觉其非，而天下至今以为谤，曾未数岁，是非较然。臣恐后之视今，亦犹今之视昔。

且其所遣尤不适宜。事少而员多，人轻而权重。夫人轻而权重，则人多不服，或致侮慢以兴争；事少而员多，则无以为功，必须生事以塞责。陛下虽严赐约束，不许邀功，然人臣事君之常情，不从其令而从其意。今朝廷之意，好动而恶静，好同而恶异，指趣所在，谁敢不从？臣恐陛下赤子，自此无宁岁矣。

至于所行之事，行路皆知其难。何者？汴水浊流，自生民以来不以种稻。秦人之歌曰："泾水一石，其泥数斗。且溉且粪，长我禾黍。"何尝言"长我粳稻"耶？今欲陂而清之，万顷之稻，必用千顷之陂。一岁一淤，三岁而满矣。陛下遽信其说，即使相视地形，万一官吏苟且顺从，真谓陛下有意兴作，上縻帑廪，下夺农时，堤防一开，水失故道，虽食议者之肉，何补于民？天下久平，民物滋息，四方遗利，盖略尽矣。今欲凿空访寻水利，所谓"即鹿无虞"，岂惟徒劳，必大烦扰。

凡有擘画，不问何人，小则随事酬劳，大则量才录用。若官私格沮，并行黜降，不以赦原；若才力不办兴修，便许申奏替换。赏可谓重，罚可谓轻，然并终不言诸色人妄有申陈，或官私误兴功役，当得何罪。如此，则妄庸轻剽浮浪奸人，自此争言水利矣。成功则有赏，败事则无诛，官司虽知其疏，岂可便行。抑退所在，追集老少，相视可否，吏卒所过，鸡犬一空。若非灼然难行，必须且为兴役。何则？格沮之罪重，而误兴之过轻。人多爱身，势必如此。且古陂废堰，多为侧近冒耕，岁月既深，已同永业。苟欲兴复，必尽追收，人心或摇，甚非善政。又有好讼之党，多怨之人，妄言某处可作陂渠，规坏所怨田产；或指人旧业，以为官陂。冒田之讼，必倍今日。臣不知朝廷本无一事，何苦而行此哉？

自古役人必用乡户，犹食之必用五谷，衣之必用丝麻，济川之必用舟楫，行地之必用牛马。虽其间或有以他物充代，然终非天下所可常行。今者，徒闻江浙之间数郡雇役，而欲措之天下，是犹见燕晋之枣栗，岷蜀之蹲鸱，而欲以废五谷，岂不难哉？

又欲官卖所在坊场，以充衙前雇直。虽有长役，更无酬劳。长役所得既微，自此必渐衰散，则州郡事体，憔悴可知。士大夫捐亲戚，弃坟墓，以从官于四方者，用力之余，亦欲取乐，此人之至情也。若雕弊太甚，厨传萧然，则似危邦之陋风，恐非太平之盛观。陛下诚虑及此，必不肯为。且今法令莫严于御军，军法莫严于逃窜。禁军三犯，厢军五犯，大率处死，然逃军常半天下。不知雇人为役，与厢军何异？若有逃者，何以罪之？其势必轻于逃军，则其逃必甚于今日。为其官长，不亦难乎？

近者虽使乡户，颇得雇人。然至于所雇逃亡，乡户犹任其责。今遂欲于两税之外，别立一科，谓之庸钱，以备官雇。则雇人之责，官所自任矣。自唐杨炎废租庸调以为两税，取大历十四年应于赋敛之数以定两税之额，则是租调与庸，两税既兼之矣。今两税如故，奈何复欲取庸？圣人立法，必虑后世，岂可于常税之外，生出科名。万一后世不幸，有多欲之君，辅之以聚敛之臣，庸钱不除，差役仍旧，使天下怨毒，推所从来，则必有任其咎者矣。又欲使坊郭等第之民与乡户均役，品官形势之家与齐民并事。其说曰："周礼田不耕者出屋粟，宅不毛者有里布，而汉世宰相之子不免戍边。"此其所以藉口也。古者官养民，今者民养官。给之以田而不耕，劝之以农而不力，于是有里布、屋粟、夫家之征，而民无所为生，去为商贾，事势当尔，何名役之？且一岁之戍，不过三日，三日之雇，其直三百。今世三大户之役，自公卿以降，毋得免者，其费岂特三百而已。大抵事若可行，不必皆有故事，若民所不悦，俗所不安，纵有经典明文，无补于怨。若行此二者，必怨无疑。女户、单丁，盖天民之穷者也。古之王者，首务恤此，而今陛下首欲役之，此等苟非户将绝而未亡，则是家有丁而尚幼，若假之数岁，则必成丁而就役，老死而没。官富有四海，忍不加恤？孟子曰："始作俑者，其无后乎！"春秋书"作丘甲""用田赋"，皆重其始为民患也。

青苗放钱，自昔有禁，今陛下始立成法，每岁常行，虽云不许抑配，而数世之后，暴君污吏，陛下能保之与？异日天下恨之，国史记之，曰青苗钱自陛下始，岂不惜哉？东南买绢，本用见钱，陕西粮草，不许折兑。朝廷既有著令，职司又每举行，然而买绢未尝不折盐，粮草未尝不折钞，乃知青苗不许抑配之说，亦是空文。只如治平之初，拣刺义勇，当时诏旨慰谕，明言永不戍边，著在简书，有如盟约。于今几日，议论已摇，或以代还东军，或欲抵换弓手，约束难恃，岂不明哉？

纵使此令决行，果不抑配，计其间愿请之户，必皆孤贫不济之人家，若自有赢余，何至与官交易。此等鞭挞已急，则继之逃亡，逃亡之余，则均之邻保，势有必至，理有固然。且夫常平之为法也，可谓至矣。所守者约，而所及者广。借使万家之邑，已有千斛，而谷贵之际，千斛在市，物价自平。一市之价既平，一邦之民自足，无专斗乞匄之弊，无里正催驱之劳，今若变为青苗，家贷一斛，则千户之外，孰救其饥？且常平官钱常患其少，若尽数收籴，则无借贷；若留充借贷，则所籴几何？乃知常平青苗，其势不能两立。坏彼成此，所丧愈多；亏官害民，虽悔何逮。

臣窃计陛下欲考其实，必然问人，人知陛下方欲力行，必谓此法有利无害。以臣愚见，恐未可凭。何以明之？臣在陕西，见刺义勇，提举诸县，臣常亲行。愁怨之民，哭声振野，当时奉使还者，皆言民尽乐为。希合取容，自古如此。不然，则山东之盗，二世何缘不觉？南诏之败，明皇何缘不知？今虽未至于此，亦望陛下审听而已。

昔汉武之世，财力匮竭，用贾人桑羊之说，买贱卖贵，谓之均输。于时商贾不行，盗贼滋炽，几至于乱。孝昭既立，学者争排其说，霍光顺民所欲从而予，之天下归心，遂以无事。不意今者此论复兴，立法之初，其说尚浅，徒言徙贵就贱，用近易远。然而广置官属，多出缗钱，豪商大贾，皆疑而不敢动，以为虽不明言贩卖，然既已许之变易，变易既行，而不与商贾争利，未之闻也。夫商贾之事，曲折难行，其买也先期而与钱，其卖也后期而取直，多方相济，委曲相通，倍称之息，由此而得。今官买是物，必先设官置吏。簿书廪禄，为费已厚；非良不售，非贿不行，是以官买之价，比民必贵；及其卖也，弊复如前，商贾之利，何缘而得？朝廷不知虑此，乃捐五百万缗以予之，此钱一出，恐不可复。纵使其间薄有所获，而征商之额，所损必多。今有人为其主牧牛羊，不告其主而以一牛易五羊，一牛之失则隐而不言，五羊之获则指为劳绩。陛下以为坏常平而言青苗之功，亏商税而取均输之利，何以异此？

陛下天机洞照，圣略如神，此事至明，岂有不晓。必谓已行之事不欲中变，恐天下以为执德不一，用人不终，是以迟留岁月，庶几万一。臣窃以为过矣。古之英主，无出汉高。郦生谋挠楚权，欲复六国，高祖曰："善，趣刻印。"及闻留侯之言，吐哺而骂曰："趣销印。"夫称善未几，继之以骂，刻印销印，有同儿嬉，何尝累高祖之知人，适足明圣人之无我。陛下以为可而行之，知其不可而罢之，至圣至明，无以加此。议者必谓民可与乐成，难与虑始，故陛下坚执不顾，期于必行，此乃战国贪功之人行险侥幸之说，陛下若信而用之，则是徇高论而逆至情，持空名而邀实祸，未及乐成，而怨已起矣。

臣之所愿结人心者，此之谓也。

士之进言者，为不少矣，亦尝有以国家之所以存亡，历数之所以长短告陛下者乎？国家之所以存亡者，在道德之浅深，不在乎强与弱；历数之所以长短者，在风俗之厚薄，不在乎富与贫。道德诚深，风俗诚厚，虽贫且弱，不害于长而存；道德诚浅，风俗诚薄，虽强且富，不救于短而亡。人主知此，则知所轻重矣。

是以古之贤君，不以弱而忘道德，不以贫而伤风俗，而智者观人之国，亦以此而察之。齐，至强也，周公知其后有篡弑之臣；卫，至弱也，季子知其后亡；吴破楚入郢，而陈大夫逢滑知楚之必复；晋武既平吴，何曾知其将乱；隋文既平，陈房乔知其不久；元帝斩郅支，朝呼韩，功多于武宣矣，偷安而王氏之衅生；宣宗受燕赵，复河湟，力强于宪武矣；销兵而庞勋之乱起。故臣愿陛下务崇道德而厚风俗，不愿陛下急于有功而贪富强，使陛下富如隋，强如秦，西取灵武，北取燕蓟，谓之有功可也，而国之长短，则不在此。

夫国之长短，如人之寿夭。人之寿夭在元气，国之长短在风俗，世有尪羸而寿考，亦有盛壮而暴亡。若元气犹存，则尪羸而无害。及其已耗，则盛壮而愈危。是以善养生者，慎起居，节饮食，道引关节，吐故纳新，不得已而用药，则择其品之上，性之良，可以久服而无害，则五脏和平而寿命长。不善养生者，薄节慎之功，迟吐纳之效，厌上药而用下品，伐真气而助强阳，根本已空，僵仆无日，天下之势与此无殊。故臣愿陛下爱惜风俗，如护元气。

古之圣人，非不知深刻之法可以齐众，勇悍之夫可以集事，忠厚近于迂阔，老成初若迟钝，然终不肯以彼易此者，知其所得小而所丧大也。曹参，贤相也，曰："慎无扰狱市。"黄霸，循吏也，曰："治道去太甚。"或讥谢安以清谈废事，安笑曰："秦用法吏，二世而亡。"刘晏为度支，专用果锐少年，务在急速，集事好利之党，相师成风。德宗初即位，擢崔佑甫为相，以道德宽大，推广上意，故建中之政其声蔼然，天下相望。庶几贞观。及卢杞为相，讽上以刑名，整齐天下，驯致浇薄，以及播迁。

我仁祖之驭天下也，持法至宽，用人有叙，专务掩覆过失，未尝轻改旧章，然考其成功，则曰："未至以言乎?"用兵则十出而九败，以言乎府库则仅足，而无余徒，以德泽在人，风俗知义，是以升遐之日，天下如丧考妣。社稷长远，终必赖之，则仁祖可谓知本矣。今议者不察，徒见其末年吏多因循，事不振举，乃欲矫之以苛察，齐之以智能，招来新进勇锐之人，以图一切速成之效。未享其利，浇风已成。

且天时不齐，人谁无过，国君含垢，至察无徒。若陛下多方包容，则人材取次可用，必欲广置耳目，务求瑕疵，则人不自安，各图苟免，恐非朝廷之福，亦岂陛下所愿哉？汉文欲拜虎圈，啬夫释之，以为利口伤俗，今若以口舌捷给而取士，以应对迟钝而退人，以虚诞无实为能文，以矫激不仕为有德，则先王之泽，遂将散微。

自古用人，必须历试诸难，有卓异之器，必有已成之功。一则使其更变而知难，事不轻作；一则待其功高而望重，人自无辞。昔先主以黄忠为后将军，而诸葛亮忧其不可，以为忠之名望，素非关张之伦，若班爵遽同，则必不悦。其后关侯果以为言。以黄忠豪勇之资，以先主君臣之契，尚须虑此，况其他乎？世尝谓汉文不用贾生，以为深恨。臣尝推究其旨，窃谓不然。贾生固天下之奇才，所言亦一时之良策，然请为属国，欲以系单于，则是处士之大言，少年之锐气。昔高祖以三十万众，困于平城，当时将相群臣，岂无贾生之比，三表五饵，人知其疎，而欲以困中行，说尤不可信矣。兵，凶器也，而易言之，正如赵括之轻秦，李信之易楚，若文帝亟用其说，则天下殆将不安。使贾生尝历艰难，亦必自悔其说，用之晚成，其术必精。不幸丧亡，非意所及。不然，文帝岂弃材之主，绛灌岂蔽贤之士，至于晁错，尤号刻薄，文帝之世，止于太子家令，而景帝既立，以为御史大夫。申屠贤相，发愤而死，纷更政令，天下骚然，及至七国发难，而错之术亦穷矣。文景优劣，于斯可见。

大抵名器爵禄，人所奔趋，必使积劳而后迁，以明持久而难得，则人各安其分，不敢躁求。今若多开骤进之门，使有意外之得，公卿侍从，跬步可图其得者，既不肯以侥幸自名，则其不得者必皆以沉沦为叹，使天下常调举，生妄心，耻不若人，何所不至，欲望风俗之厚，岂可得哉？选人之改，京官常须十年以上，荐更险阻，计析毫厘，其间一事声牙，常至终身沦弃，今乃以一人之荐举而与之，犹恐未称，章服随至，使积劳久次而得者何以厌服哉？夫常调之人，非守则令，员多阙少，久已患之，不可复开多门，以待巧者。若巧者侵夺已甚，则拙者迫隘无聊，利害相形，不得不察。故近岁朴拙之人愈少，巧进之士益多，惟陛下重之，惜之，哀之，救之。如近日三司献言，使天下郡选一人，催驱三司文字许之，先次指射以酧其劳，则数年之后，审官吏部，又有三百余人得先占阙，常调待次不其愈难。此外勾当发运均输，按行农田水利，已振监司之体，各坏进用之心，转对者望以称旨而骤迁，奏课者求为优等而速化，相胜以力，相高以言，而名实乱矣。惟陛下以简易为法，以清净为心，使奸无所缘，而民德归厚，臣之所愿厚风俗者，此之谓也。

古者建国，使内外相制，轻重相权，如周，如唐，则外重而内轻。如秦，如魏，则外轻而内重，内重之末，必有奸臣指鹿之患。外重之弊，必有大国问鼎之忧。圣人方盛而虑衰，常先立法以救弊，我国家租赋籍于计省，重兵聚于京师，以古揆今，则似内重。恭惟祖宗所以深计而预虑，固非小臣所能臆度而周知，然其委任台谏之一端，则是圣人过防之至计。

历观秦汉以及五代，谏争而死，盖数百人，而自建隆以来，未尝罪一言者，纵有薄责，旋即超升，许以风闻，而无官长。风采所系，不问尊卑，言及乘舆则天子改容，事关廊庙则宰相待罪。故仁宗之世，议者讥宰相，但奉行台谏风旨而已，圣人深意流俗，岂知台谏固未必皆贤，所言亦未必皆是，然须养其锐气，而借之重权者，岂徒然哉？将以折奸臣之萌，而救内重之弊也。

夫奸臣之始，以台谏折之而有余，及其既成，以干戈取之而不足。今法令严密，朝廷清明，所谓奸臣，万无此理。然而养猫以去鼠，不可以无鼠而养不捕之猫；畜狗以防奸，不可以无奸而畜不吠之狗。陛下得不上念祖宗设此官之意，下为子孙立万世之防，朝廷纪纲，孰大于此？臣自幼小所记，及闻长老之谈，皆谓台谏所言，常随天下公议，公议所与，台谏亦与之，公议所击，台谏亦击之。及至英庙之初，始建称亲之议，本非人主大过，亦无礼典明文，徒以众心未安，公议不允，当时台谏以死争之。

今者物论沸腾，怨讟交至，公议所在，亦可知矣。而相顾不发，中外失望。夫弹劾积威之后，虽庸人亦可奋扬风采，消委之余，虽豪杰有所不能振起。臣恐自兹以往，习惯成风，尽为执政私人，以致人主孤立。纪纲一废，何事不生？

孔子曰："鄙夫可与事，君也与哉？其未得之也，患得之，既得之，患失之，苟患失之，无所不至矣。"臣始读此书，疑其太过，以为鄙夫之患失，不过备位而苟容，及观李斯忧蒙恬之夺其权，则立二世以亡秦，卢杞忧怀光之数其恶，则误德宗以再乱，其心本生于患失，而其患乃至于丧邦。孔子之言，良不为过。是以知为国者，平居必有亡躯犯颜之士，则临难庶几有徇义守死之臣。若平居尚不能一言，则临难何以责其死节？人臣苟皆如此，天下亦曰殆哉。君子和而不同，小人同而不和，和如和羹，同如济水。孙宝有言："周公大圣，召公大贤，犹不相悦，著于经典。晋之王导，可谓元臣，每与客言，举坐称善，而述不悦，以为人非尧舜，安得每事尽善，导亦敛袵谢之。若使言无不同，意无不合，更唱迭和，何者非贤？万一有小人居其间，则人主何缘得以知觉？"

臣之所愿存纪纲者，此之谓也。

臣非敢历诋新政，苟无异论，如近日裁减皇族恩例，刊定任子条式，修完器械，阅习鼓旗，皆陛下神算之至明，乾刚之必，断物议既允，臣敢有词。至于所献之三言，则非臣之私见，中外所病，其谁不知。昔禹戒舜曰："无若丹朱傲，惟慢游是好。"舜岂有是哉？周公戒成王曰："毋若商王，受之迷乱，酗于酒德。"成王岂有是哉？周昌以汉高为桀纣，刘毅以晋武为桓灵，当时人君，曾莫之罪，书之史册，以为美谈。使臣所献三言，皆朝廷未尝有此，则天下之幸，臣与有焉。若有万一似之，则陛下安可不察？然而臣之为计，可谓愚矣，以蝼蚁之命，试雷霆之威，积其狂愚，岂可数赦，大则身首异处，破坏家门，小则削籍投荒，流离道路。虽然，陛下必不为此。何哉？臣天赐至愚，笃于自信，向者与议学校贡举，首违大臣，本意已期窜逐，敢意自全，而陛下独然其言，曲赐召对，从容久之，至谓臣曰："方今政令得失安在？朕过失，指陈可也。"臣即对曰："陛下生知之性，天纵文武，不患不明，不患不勤，不患不断，但患求治太速，进人太锐，听言太广。"又俾具述所以然之状，陛下颔之，曰："卿所献三言，朕当熟思之。"臣之狂愚，非独今日，陛下容之久矣，岂其容之于始，而不赦之于终？恃此而言，所以不惧。臣之所惧者，讥刺既众，怨仇实多，必将诋臣以深文，中臣以危法，使陛下虽欲赦臣而不得，岂不殆哉。死亡不辞，但恐天下以臣为戒，无复言者，是以思之经月，夜以继昼，表成复毁，至于再三，感陛下听其一言，怀不能已，卒进其说，惟陛下怜其愚忠，而卒赦之，不胜俯伏待罪忧恐之至。

苏东坡的上神宗皇帝万言书，甚为重要，其中包括他自己的政治哲学，也表示其个人之气质与风格，其机智学问与大无畏的精神，都显然可见。愤怒的争论与冷静清晰的推理，交互出现。有时悲伤讥刺，批评苛刻，坦白直率，逾乎寻常；有时论辩是非，引证经史，以畅其义。为文工巧而真诚，言出足以动人，深情隐忧，因事而现。在正月蒙皇帝召见之时，皇帝曾称赞那篇《议学校贡举状》，并命他"尽陈得失，无有所隐"。苏东坡即认真遵办。那是他最后一次尽其所能求皇帝改变主意，这时所有高官大臣都已去职，一切情势都呈现不利。苏东坡知道，即便自己不遭大祸，遭罢黜是必然无疑之事。毛泽东不看好苏轼的万言书，评定为“纸上空谈”，评价也有点太低了。

毛泽东对苏轼的另一篇名文也持反对态度。这就是《潮州韩文公庙碑》。

1975 年 5 月至 9 月，毛泽东因患眼疾，请北京大学中文系教师芦荻为他读书。在读书间隙，毛泽东就文史问题与芦荻进行了一系列谈话。据芦荻接受采访时回忆：

> 1975 年的一个暮春之夜，我如在梦幻中一般，被带到了毛泽东主席的面前……
>
> 我从教的专业是中国古代文学史，主要的分工段恰好是魏晋南北朝、隋唐五代，对这段文学的发展、创作和社会文化背景比较熟悉。我了解，自中唐以来，士大夫对魏晋南北朝的评价，除其间的书法、绘画和个别作家外，大多持批判的观点。北宋的大作家苏轼在他的《潮州韩文公庙碑》一文中，曾赞美韩愈所说的“文起八代之衰，道济天下之溺”。八代，指东汉、魏、晋、宋、齐、梁、陈和隋。“文衰”“道溺”四字，可说是对魏晋南北朝批判观点的高度概括。这种批判观点，后来成为传统的定见，并一直为后世所承袭，直到新中国成立之后。毛主席不赞成这种因袭和定见。
>
> ……其实，魏晋南北朝时代是个思想解放的时代，道家、佛家各家的思想，都得到了发展。嵇康的《与山巨源绝交书》、阮籍的《大人先生传》很有名。玄学的主流是进步的，是魏晋思想解放的一个标志。正因为思想解放，才出了那么多杰出的思想家、作家。说罢，毛主席不禁又按了另一个手指，而且还大笑着说，什么“道溺”！我送那时两个字，叫“道盛”！关于魏晋南北朝时代的文学创作问题，毛主席谈得最多。他说，苏轼说那时期“文衰”了，这是不符合事实的。可以把那时的作品摆出来看一看，把《昭明文选》《全上古三代秦汉三国六朝文》拿出来看一看，是“文衰”还是“文昌”，一看就清楚了。他又大笑着说，我再送给那时两个字，叫“文昌”。看来，

毛主席对苏轼的这篇文章，有些耿耿于怀。（**中国共产党新闻网《期刊选粹》记者，《党的文献》授权人民网发布，2006年8月9日**）

我们看看苏轼的《潮州韩文公庙碑》：

匹夫而为百世师，一言而为天下法，是皆有以参天地之化，关盛衰之运。其生也有自来，其逝也有所为。故申、吕自岳降，傅说为列星，古今所传，不可诬也。孟子曰："我善养吾浩然之气。"是气也，寓于寻常之中，而塞乎天地之间。卒然遇之，则王、公失其贵，晋、楚失其富，良、平失其智，贲、育失其勇，仪、秦失其辩。是孰使之然哉？其必有不依形而立，不恃力而行，不待生而存，不随死而亡者矣！故在天为星辰，在地为河岳，幽则为鬼神，而明则复为人。此理之常，无足怪者。

自东汉以来，道丧文敝，异端并起。历唐贞观、开元之盛，辅以房、杜、姚、宋而不能救。独韩文公起布衣，谈笑而麾之，天下靡然从公，复归于正，盖三百年于此矣。文起八代之衰，而道济天下之溺，忠犯人主之怒，而勇夺三军之帅。此岂非参天地，关盛衰，浩然而独存者乎？

盖尝论天人之辨：以谓人无所不至，惟天不容伪。智可以欺王公，不可以欺豚鱼；力可以得天下，不可以得匹夫匹妇之心。故公之精诚，能开衡山之云，而不能回宪宗之惑；能驯鳄鱼之暴，而不能弭皇甫镈、李逢吉之谤；能信于南海之民，庙食百世，而不能使其身一日安于朝廷之上：盖公之所能者，天也，其所不能者，人也。

始潮人未知学，公命进士赵德为之师，自是潮之士，皆笃于文行，延及齐民，至于今，号称易治。信乎孔子之言："君子学道则爱人，小人学道则易使也。"潮人之事公也，饮食必祭，水旱疾疫，凡有求必祷焉。而庙在刺史公堂之后，民以出入为艰。前太守欲请诸朝作新庙，不果。元祐五年，朝散郎王君涤来守是邦，凡所以养士治民者，一以公为师，民既悦服，则出令曰："愿新公庙者，听。"民欢趋之，卜地于州城之南七里，期年而庙成。

或曰："公去国万里而谪于潮，不能一岁而归，没而有知，其不眷恋于潮也审矣！"轼曰："不然。公之神在天下者，如水之在地中，无所往而不在也。而潮人独信之深，思之至，焄蒿凄怆，若或见之。譬如凿井得泉，而曰水专在是，岂理也哉！"

元丰元年，诏封公昌黎伯，故榜曰："昌黎伯韩文公之庙。"潮人请书其事于石，因作诗以遗之，使歌以祀公。其辞曰：

公昔骑龙白云乡，手抉云汉分天章，天孙为织云锦裳。飘然乘风来帝旁，下与浊世扫秕糠。西游咸池略扶桑，草木衣被昭回光。追逐李、杜参翱翔，汗流籍、湜走且僵。灭没倒影不能望，作书诋佛讥君王。要观南海窥衡湘，历舜九嶷吊英皇。祝融先驱海若藏，约束蛟鳄如驱羊。钧天无人帝悲伤，讴吟下招遣巫阳。犦牲鸡卜羞我觞，于餐荔丹与蕉黄。公不少留我涕滂，翩然被发下大荒。

潮州知州王涤在宋哲宗元祐七年（1092）重修韩愈庙后，写书请苏轼为此庙撰写碑文。苏轼慨然从命，不久就将手书碑样寄给王涤，这就是散文名篇《潮州韩文公庙碑》。

碑文高度颂扬了韩愈的道德、文章和政绩，并具体描述了潮州人民对韩愈的崇敬怀念之情。碑文写得感情澎湃，气势磅礴，被人誉为"宋人集中无此文字，直然凌越四百年，迫文公（按指韩愈）而上之"（《苏长公合作》引钱东湖语）。黄震甚至说："《韩文公庙碑》，非东坡不能为此，非韩公不足以当此，千古奇观也。"（《三苏文范》引）

碑记的传统写法以叙事为主，《潮州韩文公庙碑》则主于议论，叙事亦以议论出之，可以说是碑记的变体。行文中，作者常在散行中运用对偶句式，以加强文章的音韵美；常用排比叠用的方法，以加强文章的气势；议论中又暗寓自己的身世之感，以加强文章的感情色彩。因而文章音调铿锵、气势充沛而又感慨良深。

综上所述，这篇碑文将议论、描述、引征、对话、诗歌等熔铸于一炉，高论卓识，雄健奔放，骈散兼施，文情并茂。正如王世贞所说："此碑自始至末，无一懈怠，佳言格论，层见迭出，如太牢之悦口，夜明之夺目，苏文古今所推，此尤其最得意者。”（《御选唐宋文醇》引）而宋代著名诗文评论家洪迈，则将它与唐代许多著名作家所撰写的韩愈碑、传、墓志等文章相比，指出它完全超越了前人：“刘梦得、李习之、皇甫持正、李汉，皆称颂韩公之文，各极其挚……及东坡之碑一出，而后众说尽废……骑龙白云之诗，蹈厉发越，直到《雅》《颂》，所谓若捕龙蛇、搏虎豹者，大哉言乎！”（宋洪迈《容斋随笔》卷八《论韩文公》条）清吴楚材、吴调侯《古文观止》卷十一：“韩公贬于潮，而潮祀公为神。盖公之生也，参天地，关盛衰，故公之没也，是气犹浩然独存。东坡极力推尊文公，丰词瑰调，气焰光采，非东坡不能为此，非韩公不足当此。千古奇观也！”

6. 苏辙“有才华、有名气”

苏辙（1039—1112），字子由，一字同叔，晚号颍滨遗老，眉州眉山（今四川眉山）人，北宋文学家、诗人，唐宋八大家之一。

宋仁宗嘉祐二年（1057），苏辙与兄苏轼同登进士第，初授试秘书省校书郎、商州（今陕西商洛）军事推官。宋神宗时，因反对王安石变法，出为河南（今河南洛阳）留守推官。此后随张方平、文彦博等人历职地方。宋哲宗即位后，获召入朝，历官右司谏、御史中丞、尚书右丞、门下侍郎等职。因上书劝阻起用李清臣而忤逆哲宗，落职知汝州（今河南汝州），远徙雷州（今广东海康）、循州（今广东惠州东）。徽宗即位，徙永州（今湖南零陵），蔡京掌权时，再降朝请大夫，遂以太中大夫致仕，筑室于许州（今河南许昌）。政和二年（1112），苏辙去世，年七十四。

苏辙与父亲苏洵、兄长苏轼齐名，合称“三苏”。生平学问深受其父兄影响，以散文著称，擅长政论和史论，苏轼称其散文“汪洋澹泊，有一唱三叹之声，而其秀杰之气终不可没”。其诗力图追步苏轼，风格淳朴无华，文采稍逊。苏辙亦善书，其书法潇洒自如，工整有序。著有《诗传》

《春秋传》《栾城集》等行于世。

据毛泽东的保健医生徐涛回忆：

> 1954年夏季在北戴河休息时，……主席还向我讲述："曹植是曹操的儿子，很有才华，作品有他自己的风格，曹丕也是他儿子，也有些才华，但远不如曹操，曹丕在政治上也平庸，可是他后来做了皇帝，是魏文帝。历史上所称的建安文学，实际就是集中于他父子的周围。一家两代人都有才华、有名气，在历史上也不多见呐！"
>
> "一家两代出名的还有吗？"我问。
>
> "二王（王羲之、王献之）、三苏（苏洵、苏轼、苏辙）也是。"

（徐新民编:《在毛泽东身边》，中共中央党校出版社1993年版，第232页）

苏辙和他的父亲苏洵、哥哥苏轼一样，也是著名文学家、唐宋八大家之一。他的文论，见于《上枢密韩太尉（琦）书》："辙生好为文，思之至深。以为文者，气之所形。然文不可以学而能，气可以养而致。孟子曰：'吾善养吾浩然之气。'今观其文章，宽厚宏博，充乎天地之间，称其气之小大。太史公行天下，周览四海名山大川，与燕赵间豪俊交游，故其文疏荡，颇有奇气。此二子者，岂尝执笔学如此之文哉？其气充乎其中，而溢于其貌，动乎其言，而见乎其文，而不自知也。"

论文讲气，始于曹丕《典论·论文》："文以气为主，气之清浊有体，不可力强而致。"曹丕讲的气，指人的气质；所谓清浊，即指人的气质的刚柔，表现在文章就是阴柔阳刚两种风格。韩愈《答李翊书》"气盛则言之短长与声之高下者皆宜"，讲写作时的气势旺盛。苏辙讲孟子的"养气"，要培养正义感，理直气壮，就可以气势旺盛了。司马迁行天下，与豪俊交游，培养的是另一种"奇气"，即人物的精神面貌。故其文能写出各种人物的精神面貌，所以"其文疏荡，颇有奇气"。所谓"疏荡"即指各人的精神面貌不同而洋溢的"奇气"，即显出各人的性格特点来。这样讲养气，完全是新的。

苏辙的文章也实践了他的理论。如他的名作《黄州快哉亭记》：

江出西陵，始得平地。其流奔放肆大，南合湘、沅，北合汉、沔，其势益张。至于赤壁之下，波流浸灌，与海相若。清河张君梦得，谪居齐安，即其庐之西南为亭，以览观江流之胜，而余兄子瞻名之曰“快哉”。

盖亭之所见，南北百里，东西一舍。涛澜汹涌，风云开阖。昼则舟楫出没于其前，夜则鱼龙悲啸于其下，变化倏忽，动心骇目，不可久视。今乃得玩之几席之上，举目而足。西望武昌诸山，冈陵起伏，草木行列，烟消日出。渔夫、樵父之舍，皆可指数。此其所以为“快哉”者也。至于长洲之滨，故城之墟，曹孟德、孙仲谋之所睥睨，周瑜、陆逊之所驰骛，其流风遗迹，亦足以称快世俗。

昔楚襄王从宋玉、景差于兰台之宫，有风飒然至者，王披襟当之，曰：“快哉，此风！寡人所与庶人共者耶？”宋玉曰：“此独大王之雄风耳，庶人安得共之！”玉之言，盖有讽焉。夫风无雌雄之异，而人有遇不遇之变。楚王之所以为乐，与庶人之所以为忧，此则人之变也，而风何与焉？士生于世，使其中不自得，将何往而非病？使其中坦然，不以物伤性，将何适而非快？

今张君不以谪为患，收会计之余功，而自放山水之间，此其中宜有以过人者。将蓬户瓮牖无所不快；而况乎濯长江之清流，挹西山之白云，穷耳目之胜以自适也哉！不然，连山绝壑，长林古木，振之以清风，照之以明月，此皆骚人思士之所以悲伤憔悴而不能胜者，乌睹其为快也哉！

元丰六年十一月朔日，赵郡苏辙记。

元丰二年（1079），苏轼因“乌台诗案”被贬，苏辙因上书替苏轼辩解也遭到贬谪。与苏轼同样谪居在黄州的张梦得（怀民）于元丰六年（1083）在住所西南建了一座亭子，苏轼将其命名为“快哉亭”。本文描写了三个人，即张怀民、苏轼和作者自己，他们的共同之处是都处于被贬中。文章赞扬了身处逆境时旷达乐观的精神，也流露出失意和不平之情。此文因其高超的艺术技巧，历来被人推崇备至，公认是一篇写景、叙事、抒情、议论紧密结合并融为一体的好文章。最能体现苏辙为文纡徐（从容缓慢）条畅（通畅而有条理）、汪洋（气度宽宏）澹泊（不追求名利）的风格，就同他的为人一样。其中亲览快哉亭所见山川景物之美好，与司马迁“周览四海名山大川”的精神有些类似。

7.“南丰先生”曾巩

曾巩（1019—1083），字子固，建昌军南丰（今江西南丰）人，后居临川，北宋文学家、史学家、政治家。

曾巩出身儒学世家，祖父曾致尧、父亲曾易占皆为北宋名臣。曾巩天资聪慧，记忆力超群，幼时读诗书，脱口能吟诵，年十二即能为文。宋仁宗嘉祐二年（1057）进士及第，任太平州司法参军，以明习律令、量刑适当而闻名。宋神宗熙宁二年（1069），任《英宗实录》检讨，不久被外放越州通判。熙宁五年（1072）后，历任齐州（今山东济南）、襄州（今湖北襄樊）、洪州（今江西南昌）、福州（今福建福州）、明州（今浙江宁波南）、亳州（今安徽亳州）、沧州（今河北沧州东南）等地方知州。元丰四年（1081），以史学才能被委任史官修撰，管勾编修院，判太常寺兼礼仪事。元丰六年（1083），卒于江宁府（今江苏南京），追谥为“文定”。

曾巩为政廉洁奉公，勤于政事，关心民生疾苦，与曾肇、曾布、曾纡、曾纮、曾协、曾敦并称“南丰七曾”。曾巩文学成就突出，其文“古雅、平正、冲和”，与欧阳修、王安石齐名，特点是从容周详而有条理，卫道的气息比较浓厚，因此成为旧时“正统派”古文家的模拟对象之一。有些文章对执政者的因循苟且有些不满，主张在“合乎先王之意”的前提下，对“法制制度”进行一些改易更革。位列唐宋八大家，世称“南丰先生”。著有《元丰类稿》。

1952年10月27日，毛泽东考察了济南。据毛泽东卫士李家骥回忆：毛泽东在罗瑞卿、许世友陪同下进行了参观。……毛泽东又耐心地有板有眼地讲起济南："东晋时济南隶属于青州。隋文帝时，济南改为齐州，不久又改回来。唐朝济南隶属于济南道。宋朝把政区分为路，济南属于京东路。唐宋八大家之一的曾巩，出任齐州知州，对城市建设有过卓越贡献。"（杨庆旺：《毛泽东指点江山》，中央文献出版社 2000 年版，第 1147 页）10 月 28 日，在南丰祠，毛泽东讲起它的来历：南丰先生曾巩，唐宋八大家之一，北宋时任齐州太守期间，剪除豪强，倡修水利，人民纪念他而建祠祭祀。（吴晓梅：《毛泽东视察全国纪实》，湖南文艺出版社 1999 年版，第 20—21 页）

曾巩的议论性散文的特点是：剖析微言，阐明疑义，卓然自立，分析辩难，不露锋芒。《唐论》就是其中的代表作。原文如下：

成、康殁而民生不见先王之治，日入于乱，以至于秦，尽除前圣数千载之法。天下既攻秦而亡之，以归于汉。汉之为汉，更二十四君，东西再有天下，垂四百年。然大抵多用秦法，其改更秦事，亦多附己意，非效先王之法，而有天下之志也。有天下之志者，文帝而已。然而天下之材不足，故仁闻虽美矣，而当世之法度，亦不能效于三代。汉之亡，而强者遂分天下之地。晋与隋虽能合天下于一，然而合之未久而已亡，其为不足议也。

代隋者唐，更十八君，垂三百年，而其治莫盛于太宗。太宗之为君也，诎己从谏，仁心爱人，可谓有天下之志。以租庸任民，以府卫任兵，以职事任官，以材能任职，以兴义任俗，以尊本任众。赋役有定制，兵农有定业，官无虚名，职无废事，人习于善行，离于末作。使之操于上者，要而不烦；取于下者，寡而易供。民有农之实，而兵之备存；有兵之名，而农之利在。事之分有归，而禄之出不浮；材之品不遗，而治之体相承。其廉耻日以笃，其田野日以辟。以其法修则安且治，废则危且乱，可谓有天下之材。行之几岁，粟米之贱，斗至数钱，居者有余蓄，行者有余资，人人自厚，几致刑措，可谓有治天下之效。夫有天下之志，有天下之材，又有治天下之效，然而不得与先王并者，法度之行，拟之先王未备也；礼乐之具，田畴之制，庠序之教，拟之先王未备也。躬亲行阵之间，战必胜，攻必克，天下莫不以为武，而非先王之所尚也；四夷万里，古所未及以政者，莫不服从，天下莫不以为盛，而非先王之所务也。太宗之为政于天下，得失如此。

由唐、虞之治，五百余年而有汤之治；由汤之治，五百余年而有文、武之治；由文、武之治，千有余年而始有太宗之为君。有天下之志，有天下之材，又有治天下之效，然而又以其未备也，不得与先王并而称极治之时。是则人生于文、武之前者，率五百余年而遇治世；生于文、武之后者，千有余年而未遏极治之时也。非独民之生于是时者之不幸也。士之生于文、武之后，千有余年，虽孔子之圣、孟轲之贤而不遇。虽太宗之为君，而未可以必得志于其时也。是亦士之生于时者之不幸也。故述其是非得失之迹，非独为人君者可以考焉，士之有志于道，而欲仕于上者，可以鉴矣。

本文通过分析比较唐太宗为政的得失，慨叹圣君之难得、士人之不遇，是一篇向执政者进谏的文章。但毛泽东读后批注道："此文什么也没有说。"(《毛泽东读文史古籍批语集》，中央文献出版社 1993 年版，第 100 页）这是为什么呢？因为作为一篇陈述政见的文章，总要阐明某些道理，特别是要提出自己的政见措施。而本文极力推崇唐（尧）虞（舜）之治、文（周文王）武（周武王）之治，而又语焉不详。而对唐太宗的治世，倒有几条政治措施，又认为不能与唐、虞之治相提并论。特别是针对宋代情况，没有提出相应的改良措施。所以，通篇文章便显得大而无当，空洞无物，毛泽东批评它"什么也没有说"，不是没有道理的。

但这篇文章，论述层次分明，笔势开合自如，文笔峻洁，是论说文中不可多得的佳作，历来评价很高。清刘大櫆赞其"上下古今，俯仰慨叹，而淋漓遒逸，有百川汇海之致"，是有道理的。

曾巩的《战国策目录序》一文，论辩入理，气势磅礴，极为时人所推崇。其《墨池记》短小精悍，也颇为人所赏识。原文如下：

临川之城东，有地隐然而高，以临于溪，曰新城。新城之上，有池洼然而方以长，曰王羲之之墨池者。荀伯子《临川记》云也。羲之尝慕张芝，临池学书，池水尽黑，此为其故迹，岂信然邪？

方羲之之不可强以仕，而尝极东方，出沧海，以娱其意于山水之间。岂其徜徉肆恣，而又尝自休于此邪？羲之之书晚乃善，则其所能，盖亦以精力自致者，非天成也。然后世未有能及者，岂其学不如彼邪？则学固岂可以少哉！况欲深造道德者邪？

墨池之上，今为州学舍。教授王君盛恐其不章也，书"晋王右军墨池"之六字于楹间以揭之，又告于巩曰"愿有记"。推王君之心，岂爱人之善，虽一能不以废，而因以及乎其迹邪？其亦欲推其事以勉其学者邪？夫人之有一能，而使后人尚之如此，况仁人庄士之遗风余思，被于来世者何如哉！

庆历八年九月十二日，曾巩记。

本文是作者应抚州州学教授王盛之请而写的一篇叙记。文章先由墨池的传闻推出王羲之书法系由苦练造就的结论，然后引申到为学修身要靠后天勤奋深造的普遍道理。全文因小见大，语简意深，多设问句，词气委婉，体现了作者独特的文风。

名为《墨池记》，着眼点却不在"池"，而在于阐释成就并非天成，要靠刻苦学习的道理，以此勉励学者勤奋学习。本文意在写论，但发议之前，又不能不记叙与墨池有关的材料。否则，议论便无所附丽，显得浮泛，失之空洞说教。如记之过详，又会喧宾夺主，湮没题旨。故作者采用了记议结合、略记详论的办法，以突出文章的题旨。开头，大处落笔，以省俭的笔墨，根据荀伯子《临川记》所云，概括了墨池的地理位置、环境和状貌。接着文章由物及人，追述王羲之退离官场的一段生活经历。随之追述了王羲之随意漫游、纵情山水的行踪，随后在记的基础上，文章转入了议："羲之之书晚乃善，则其所能，盖亦以精力自致者，非天成也。"最后，又循意生发，引申到封建士大夫的道德修养上去，指出"深造道德"，刻苦学习也是不可少的。就这样，正面立论，反面申说，循意生发，一层深似一层地揭示了文章的题旨。接着，又随物赋意，推而广之，进一步议论道："夫人之有一能，而使后人尚之如此，况仁人庄士之遗风余思，被于来世者何如哉。"作者由王羲之的善书法之技，推及"仁人庄士"的教化、德行，勉励人们不仅要有"一能"，更要刻苦学习封建士大夫的道德修养，从而把文意又引深一层。

而《墨池记》用于记"池"的文字较少，议论文字却很多。它不是在记叙之后再发议论，而是记事、议论错杂使用，浑然一体。尽管议多于记，却无游离意脉之弊，读来觉得自然天成。可以说《墨池记》脱尽了他人窠臼，辟出了自家蹊径。

8. 王安石文章"傲睨汉唐"

王安石（1021—1086），字介甫，号半山，抚州临川（今江西抚州临川区）人，北宋著名思想家、政治家、文学家、改革家。

宋仁宗庆历二年（1042），王安石进士及第。历任扬州签判、鄞县知县、舒州通判等职，政绩显著。嘉祐三年（1058）上万言书，提出变法主张，要求改变"积贫积弱"的局面，抑制大官僚地主的兼并，反对向辽和西夏屈辱妥协的政策，推行富国强兵路线，以巩固地主阶级的统治。宋神宗熙宁二年（1069），任参知政事，次年拜相，维护中小地主阶级的利益，依靠神宗，实行变法。因守旧派反对，熙宁七年（1074）罢相。一年后，宋神宗再次起用，旋又罢相，退居江宁。宋哲宗元祐元年（1086），保守派得势，新法皆废，退居江宁（今江苏南京），封舒国公，旋改封荆，世称荆公。后病逝于钟山，追赠太傅。绍圣元年（1094），获谥"文"，故世称王文公。他以法家思想为理论根据，强调"权时之变"，反对因循保守，是中国11世纪的改革家。

王安石潜心研究经学，著书立说，被誉为"通儒"，创"荆公新学"，促进宋代疑经变古学风的形成。在哲学上，他用"五行说"阐述宇宙生成，丰富和发展了中国古代朴素唯物主义思想；其哲学命题“新故相除”，把中国古代辩证法推到一个新的高度。

在文学上，他具有突出成就。其散文雄健峭拔，揭露时弊尖锐有力，充分发挥了古文的实际功用，名列“唐宋八大家”；其诗“学杜得其瘦硬”，遒劲清新，晚年诗风含蓄深沉、深婉不迫，以丰神远韵的风格在北宋诗坛自成一家，世称“王荆公体”；其词风格高峻，营造出一个士大夫文人特有的情致世界。有《王临川集》《临川集拾遗》等存世。

毛泽东在青年时代就读了很多王安石的著作，并有独特见解。1915 年 9 月 6 日，他给萧子升的信里说：“盖通为专之基，新为旧之基，若政家、事功家之学，尤贵肆应曲当。俾士马克（俾斯麦），通识最富者也。即今袁氏（世凯），亦富于通识者也。错此则必败。其例若王安石，欲行其意而托于古，注《周礼》，作《字说》，其文章亦傲睨汉唐，如此可谓有专门之学者矣，而卒以败者，无通识，并不周知社会之故，而行不适之策也。”（《毛泽东早期文稿》，湖南出版社 1990 年版，第 21—22 页）

毛泽东对王安石的变法改革思想非常欣赏，曾几次发表过意见。王安石在主政时，曾先后推行农田水利、青苗、均输、保甲、免役、市场、保马和方田等法。1959 年 3 月 5 日，毛泽东在郑州中央政治局扩大会议上的讲话中，提出要纠正“大跃进”和“人民公社化运动”中无偿调拨地方劳力搞项目时说：“征劳力必须出工资，义务劳动可以有点，绝不能太多。王安石六项政策，其中著名的一项叫免役，即免劳役。凡能出钱的，各家都出钱，叫免役钱。过去是直接出人，王安石是征税，用这笔税钱由政府雇人搞各种事业。这是个很进步的办法。我们现在公社不出工资，把人家的劳力拿来归它。我看，调一部分劳力，少数的，办必要的对公社有利的工厂，是可以的。对工人要出工资。”（陈晋：《毛泽东之魂》修订本，中央文献出版社 1997 年版，第 417 页）

据复旦大学刘大杰教授回忆：1965 年 6 月 20 日，毛泽东和他们谈话，刘大杰认为，对于宋朝的王安石，我们一向总以为他能反对天命、反对封建宗法是他的进步之处。毛泽东却认为，在王安石之前已经有人提出过反对天命、反对封建宗法的思想，譬如屈原、王充。毛泽东说：“王安石最可贵之处是在于他提出了‘人言不足恤’的思想，在神宗皇帝时代，他搞变法，当时很多人攻击他，他不害怕，封建社会不比今天，舆论可以杀人，他能挺得住，这一点不容易做到。”毛泽东说：“要学习王安石这种‘人言不足恤’的精神。不要害怕批评，要敢于发展、坚持自己的见解。”（刘大杰：《一次不平常的会见》，《毛泽东在上海》，中共党史出版社1993年版，第144页）

毛泽东和护士孟锦云谈过《资治通鉴》。他说：“《资治通鉴》为什么写到五代为止？有人说，这是由于宋代自有国史，不依据国史，另编一本有困难。我看着不是主要的。本朝人编本国史，有些事不好说，也可以叫作不敢说。所以历史上的书，本朝写本朝的大抵不实，往往要由后一代人去写。你看《通鉴》最后一段写了赵匡胤，也只是说太祖皇帝如何勇敢，如何英明，如何了不得，简直白玉无瑕，十全十美，全信行吗？提起司马光和王安石，毛泽东一反当时贬斥前者抬高后者的通行说法，指出：这两个人在政治上是对手。王安石变法，而司马光反对。但在学问上，他们还是好朋友，是互相尊重的。他们尊重的是对方的学问。这一点，值得我们学习。不能因政见不同，连人家的学问也不认账了。”（《人民日报》1991年11月23日）

20世纪70年代，毛泽东与来华访问的日本内阁总理大臣田中角荣谈年轻时的读书生活时说：“五经四书，除了《春秋》《易经》，我都读过。读了呢，一点啥用处也没有，只是一次跟我父亲作斗争时用上了。我也利用王安石说过的三句话顶了我的老师：‘天变不足畏，祖宗不足法，人言不足恤。’”

据说，当时毛泽东还对田中说过这样一番话：“二战”后的日本历任首相全部反华，而你却要来恢复中日邦交关系，这很类似于王安石的“祖宗不足法”的精神；美帝、苏修对你此次来访极力反对，而你却置之不理，这又颇有王安石“流俗之言不足恤”的气概。于是人民出版社就找邓广铭教授，按照毛泽东的谈话精神，对旧作《王安石》加以补充和修改。

被毛泽东赞扬的三不足畏，出自《宋史·王安石传》：“安石性强忮，遇事无可否，自信所见，执意不回。至议变法，而在廷交执不可，安石傅经义，出己意，辩论辄数百言，众不能诎。甚者谓‘天变不足畏，祖宗不足法，人言不足恤。’罢黜中外老成人几尽，多用门下儇慧少年。久之，以旱引去，洎复相，岁余罢，终神宗世不复召，凡八年。”意谓王安石性格刚愎自用，遇到事情不考虑是否可行，坚持自己的意见和看法。等到王安石商议变法时，在朝廷上与反对者争执不下，王安石引经据典，抒发自己的观点辩论时滔滔不绝，众人无言以对。他甚至有言论说：“自然界的灾变不必畏惧，祖宗的法令制度也不足以效法，他人的流言蜚语不足以顾虑。”三畏，儒家指畏天命，畏大人，畏圣人之言。语出《论语·季氏》：“君子有三畏：畏天命、畏大人、畏圣人之言。”王安石的三不足畏，表现了他的革新精神和大无畏的气概，所以历来受到称赞。

王安石的文论，见于《上人书》。他说：“文者，礼教治政云尔。其书诸策而传之人，大体归然而已。”意谓，文章不过是表现礼教政治罢了。那写在书本上传之于人的，大体上都可以归属于这些方面。又说：“且所谓文者，务为有补于世而已矣；所谓辞者，犹器之有刻镂绘画也。诚使巧且华，不必适用；诚使适用，亦不必巧且华。要之，以适用为本，以刻镂绘画为之容而已。不适用，非所以为器也。不为之容，其亦若是乎？否也。然容亦未可已也，勿先之，其可也。”意谓况且所谓文章，无非是务必要做到对社会有益罢了；所说的语言表现，就好像器物上有雕刻绘画一样。如果精巧而华丽，不一定就适用；如果适用，也不一定就精巧华丽。总之要以适用为根本，以雕刻绘画作为外表修饰罢了。不适用，就不称其为器物了。不修饰它的外表，也能像不适用一样，不称其为器物吗？肯定不是的。然而外表修饰也不能不讲，只是不要把它放在第一位就可以了。

王安石这篇《上人书》，讨论了文和辞的关系，实际上也就是内容和形式的关系。文中把文和辞分开来讲，文指作文的本意，辞指篇章之美。作者的本意在于明道，而所谓道，则是可以施之于实用的经世之学。既然文以实用为主，因此在内容和形式的关系上，他明确指出必须重视内容。他认为古文家虽然夸谈文以明道，但其真实的心得，则在文不在道。

王安石的文章也具有这种“有补于世”的精神。例如，他的《读孟尝君传》：

世皆称孟尝君能得士，士以故归之。而卒赖其力，以脱于虎豹之秦。

嗟呼！孟尝君特鸡鸣狗盗之雄耳，岂足以言得士？不然，擅齐之强，得一士焉，宜可以南面而制秦，尚何取鸡鸣狗盗之力哉？鸡鸣狗盗之出其门，此士之所以不至也。

《孟尝君传》，指司马迁的《史记·孟尝君列传》。孟尝君，姓田名文，战国时齐国公子（贵族），封于薛地（今山东滕县东南）。

《读孟尝君传》是中国历史上的第一篇驳论文。作者在此文中别出新见，采取以子之矛攻子之盾的论证手法，通过对“士”的标准的鉴别，驳斥了“孟尝君能得士”的传统观点，无可辩驳地把孟尝君推到“鸡鸣狗盗”之徒的行列。

全文转折有力，严劲紧束，体现了笔力之绝。全篇只有四句话，八十八字却有四五处转折，而且议论脱俗，结构严谨，用词简练，气势轩昂，显示了他的文章转折峭劲的独特风格。所以，清吴楚材、吴调侯《古文观止》说：“文不满百字，而抑扬吞吐，曲尽其妙。”

（二）其他文学家

1. 王勃《秋日登洪府滕王阁饯别序》与《秋日郝司户宅饯别崔使君序》

王勃（约650—约676），字子安，绛州龙门（今山西河津）人，唐代文学家。与杨炯、卢照邻、骆宾王并称“初唐四杰”。

王勃是隋末学者王通的孙子，出身儒学世家，自幼聪敏好学，据《旧唐书》记载，他六岁即能写文章，文笔流畅，被赞为“神童”。九岁时，读颜师古注《汉书》，作《指瑕》十卷以纠正其错。十六岁时，应幽素科试及第，授职朝散郎。沛王李贤（章怀太子）召为王府修撰，诸王斗鸡，勃因戏作《檄英王鸡文》被赶出沛王府。之后，王勃历时三年游览巴蜀山川景物，创作了大量诗文。返回长安后，求补得虢州（今河南灵宝）参军。在参军任上，因私杀官奴二次被贬为平民。他的父亲王福畤也被连坐，贬为交趾令。唐高宗上元三年（676）八月，自交趾探望父亲返回时，不幸渡海溺水，惊悸而死。时年二十八岁。

王勃在诗歌体裁上擅长五律和五绝，其诗歌直接继承了贞观时期崇儒重儒的精神风尚，又注入新的时代气息，既壮阔明朗又不失慷慨激越，代表作品有《送杜少府之任蜀州》等；王勃赋是初唐赋的重要组成部分，在某种意义上标志着初唐赋体的繁荣。王勃的骈文继承了徐陵、庾信的骈文艺术风格（对仗精工、自然而妥帖；音韵谐美，无论押韵还是句内宫商均有意追求合律；用事贴切，做到典事内容与表达内容的谐调；熟用隔对，把四六句型作为主要句型运用，并巧用长短句的交错变化，使文章于凝练中见流畅），但又注以清新之风，振以疏荡之气，于是使骈文变繁缛为清丽，变滞涩为流畅，创造出气象高华、神韵灵动的时代风格，使骈文跃上了一个新台阶。无论是数量还是质量，堪称一时之最，代表作品有《秋日登洪府滕王阁饯别序》（即《滕王阁序》）等。

王勃是初唐时期的大诗人。1958 年 5 月 8 日，毛泽东在中共八大二次会议上做第一次讲话，主要讲破除迷信的问题。毛泽东说：自古以来，很多学者、发明家，创立新学派开始都是年轻的，学问比较少的，都是被人看不起的，或是被压迫的人。这些人后来才变成壮年、老年、学问多的人。是不是所有的人都是这样？这是不是一个普遍规律？不能完全肯定，还要调查研究，但是，可以说大部分如此。……年轻人打倒老年人，学问少的人打倒学问多的人，这种例子多得很。……唐朝诗人王勃，《滕王阁序》的作者，唐初四杰之一，也是一个青年人，死时才 29 岁。（王梦初：《“大跃进”亲历记》，人民出版社 2008 年版，第 290 页）

对《滕王阁序》，毛泽东很是欣赏。他曾经在言谈里多次引用其中的词句。据作家王蒙回忆：毛泽东看了陈其通等谈整个文艺的形势的一篇文章后说，反对王蒙等人提出北京没有这样的官僚主义，中央还出过王明，出过陈独秀，北京怎么就不能出官僚主义。王蒙反对官僚主义我就支持，我也不认识王蒙，不是他的儿女亲家，但他反对官僚主义我就支持。他是共青团员吗？（别人回答说：不是，是党员。）是党员也很年轻嘛。王蒙有文才，就有希望。当然了，《组织部新来的年轻人》也有缺点，正面人物写得不好，软弱无力，但不是毒草，就是毒草也不能采取压制的办法。这一点给我的印象很深。接下来的，他还引了王勃《滕王阁序》中最有名的两句：落霞与孤鹜齐飞，秋水共长天一色。我们的政策是落霞与孤鹜齐飞，香花与毒草共放。（《我是王蒙》，团结出版社 1996 年版，第 210 页）

在邢台地震之后。有一天陆定一（时任中共中央宣传部部长）中午回家，说：“唉！今天交了白卷！”原来在开会的间歇，毛主席问开会的同志：“你们谁知道，听说王勃写《滕王阁序》时很年轻，到底是多大年纪时写的？什么地方有这个证明？”在座的还有陈伯达、康生、胡乔木（三人皆为书记处书记）及中宣部、文化部的负责人。众人面面相觑，竟没有一个能回答出来，大家交了白卷。严慰冰竟笑着答道：“这有何难，一说是王勃十四岁上写了《滕王阁序》，有书为证。”陆定一惊讶地停下筷子：

“阿宝，你说是真有书为证吗？快快给我看看。”慰冰不慌不忙地走向卧室的书柜，翻开十五卷的《唐摭言》(《唐摭言》，五代王定保撰，15 卷笔记，评记唐代贡举制度和士人参加贡举活动，兼及唐代文人轶事)，查出后交给陆定一看，让他给毛主席送去。陆定一看过之后却说：“是你的答案还是你送去吧！乘他现在正在吃饭，快去，我虽答不了，可有秀才娘子。”

于是慰冰骑上自行车，将书送给了住在瀛台的毛主席。毛主席看了赞赏道：“想不到我的许多大秀才答不出来的问题，你能回答出来。”他上上下下打量了严慰冰，并详细地问她的经历、学历后说：“如果古时候科举，你能中个女状元。”他又要求严慰冰将其他几卷《唐摭言》借给他看。慰冰十分高兴地又回来取了书，再送到毛主席手里。一直过了两个月，毛主席将书全看完了，上边还做了许多记号，有的加红点，有的画红线甚至还有眉批。慰冰一直珍藏着这部书。

（20 世纪）60 年代初，他（毛泽东）在与子女们的一次谈话中，一边背诵这首诗序中的佳句，一边评论，谈兴至浓时，坐到书桌前，悬肘挥毫，为他们书写下这一具有诗情画意的千古名句（按：指“落霞与孤鹜齐飞，秋水共长天一色”），留下了珍贵的墨宝。(张贻玖：《毛泽东评点、圈阅的中国古典诗词》，中国工人出版社 1992 年版，第 60 页）

此后毛泽东又书写过一次。此外，毛泽东还书写过：“老当益壮，宁移白首之心？穷且益坚，不坠青云之志。”还书写过：“勃，三尺微命，一介书生。无路请缨，等终军之弱冠；有怀投笔，爱宗悫之长风。舍簪笏于百龄，奉晨昏于万里。非谢家之宝树，接孟氏之芳邻。他日趋庭，叨陪鲤对；今兹捧袂，喜托龙门。杨意不逢，抚凌云……”(《毛泽东手书选集·古诗词上》，北京出版社 1996 年版，第 82—87 页）

《滕王阁序》原文如下：

豫章故郡（汉称为“南昌”因而说成故郡），洪都新府（唐初改称为“洪州”因而说成新府）。星分翼轸，地接衡庐。襟三江而带五湖，控蛮荆而引瓯越。物华天宝，龙光射牛斗之墟；人杰地灵，徐孺下陈蕃之榻。雄州雾列，俊采星驰。台隍枕夷夏之交，宾主尽东南之美。都督阎公之雅望，棨戟遥临；宇文新州之懿范，襜帷暂驻。十旬休假（暇），胜友如云，千里逢迎，高朋满座。腾蛟起凤，孟学士之词宗；紫电青霜，王将军之武库。家君作宰，路出名区；童子何知，躬逢胜饯！

时维九月，序属三秋。潦水尽而寒潭清，烟光凝而暮山紫。俨骖騑于上路，访风景于崇阿。临帝子之长洲，得天人（一作“仙人”）之旧馆。层台（一作“层峦）耸翠，上出重霄；飞阁翔（一作“流”）丹，下临无地。鹤汀凫渚，穷岛屿之萦回，桂殿兰宫，列（一作“即”）冈峦之体势。

披绣闼，俯雕甍，山原旷其盈视，川泽纡其骇瞩。闾阎扑地，钟鸣鼎食之家；舸舰迷津，青雀黄龙之舳。云销（一作“消”）雨霁，彩彻区明。落霞与孤鹜齐飞，秋水共长天一色。渔舟唱晚，响穷彭蠡之滨；雁阵惊寒，声断衡阳之浦。

遥襟（一作“吟”）甫畅，逸兴遄飞。爽籁发而清风生，纤歌凝而白云遏。睢园绿竹，气凌彭泽之樽；邺水朱华，光照临川之笔。四美具，二难并。穷睇眄于中天，极娱游于暇日。天高地迥，觉宇宙之无穷；兴尽悲来，识盈虚之有数。望长安于日下，目吴会于云间。地势极而南溟深，天柱高而北辰远。关山难越，谁悲失路之人？萍水相逢，尽是他乡之客。怀帝阍而不见，奉宣室以何年？

嗟乎！时运不齐，命途多舛。冯唐易老，李广难封。屈贾谊于长沙，非无圣主；窜梁鸿于海曲，岂乏明时？所赖君子见机（一作“安贫”），达人知命。老当益壮，宁移白首之心？穷且益坚，不坠青云之志。酌贪泉而觉爽，处涸辙以犹欢。北海虽赊，扶摇可接；东隅已逝，桑榆非晚。孟尝高洁，空怀（一作“余”）报国之情；阮籍猖狂，岂效穷途之哭？

勃，三尺微命，一介书生。无路请缨，等终军之弱冠；有怀投笔，爱（一作“慕”）宗悫之长风。舍簪笏于百龄，奉晨昏于万里。非谢家之宝树，接孟氏之芳邻。他日趋庭，叨陪鲤对；今兹捧袂，喜托龙门。杨意不逢，抚凌云而自惜；钟期既遇，奏流水以何惭？

> 呜呼！胜地不常，盛筵难再；兰亭已矣，梓泽丘墟。临别赠言，幸承恩于伟饯；登高作赋，是所望于群公。敢竭鄙怀，恭疏短引，一言均赋，四韵俱成。请洒潘江，各倾陆海云尔！

滕王阁，是唐高祖的儿子、滕王李元婴任洪州都督时修建的，旧址在今江西南昌赣江之滨，高宗时，洪州都督阎某重修此阁并于上元二年（675）的重九日，在滕王阁欢宴群客。作者远道去交趾，路经洪州（今南昌），参与阎都督宴会，即席作《滕王阁序并诗》。

《滕王阁序》从洪州的地域、人物写到宴会，接着写宴会的时间、滕王阁的美丽和登阁眺望中的三秋景物。而后再从宴会的盛况写到自己的身世之感，抒发了怀才不遇的悲愤心情和报国心愿。文章辞采华丽，意境开阔，通篇对仗整齐，声律配置严格，表现出骈文通俗化倾向。

毛泽东读这篇文章时对优美词句的圈点、评论和手书，说明了他对王勃这篇佳作由衷的喜爱和欣赏，是对该文的高度评价。他手书的“落霞与孤鹜齐飞，秋水共长天一色”墨宝，现在被复制镌刻悬挂在新建的江西南昌赣江边的滕王阁中，供游人鉴赏。

毛泽东对王勃的另一篇骈文也很欣赏。他在读清项家达编《初唐四杰集·王勃〈秋日楚州郝司户宅饯崔使君序〉》时批注道：

> 是去交趾（安南）路上作的，地在淮南，或是寿州，或是江都。时在上元二年，勃年应有二十三四了。他到南昌作《滕王阁诗序》说，“等终军之弱冠”。弱冠，据《曲礼》，是二十岁。勃死于去交趾路上的海中，《旧唐书》说年二十八，《新唐书》说二十九，在淮南、南昌作序时，应是二十四、五、六。《王子安集》百分之九十的诗文，都是在北方——绛州、长安、四川之梓州一带、河南之虢州作的。在南方作的只有少数几首，淮南、南昌、广州三地而已。广州较多，亦只数首。交趾一首也无，可见他并未到达交趾就翻船死在海里了。有人根据《唐摭言》《太平广记》二书断定：在南昌作序时年十三岁，或十四岁。据他做过沛王李贤的幕僚，官“修撰”，被高宗李治勒令

驱逐，因为他为诸王斗鸡写了一篇檄英王鸡的文章。在虢州，因犯法，被判死，遇赦得免。这个人高才博学，为文光昌流丽，反映当时封建盛世的社会动态，很可以读。这个人一生倒霉，到处受惩，在虢州几乎死掉一条命。所以他的为文，光昌流丽之外，还有牢愁（骚）满腹一方。杜甫说："王杨卢骆当时体……不废江河万古流"，是说得对的。为文尚骈，但是唐初王勃等人独创的新骈、活骈，同六朝的旧骈、死骈，相差十万八千里。他是七世纪的人物，千余年来，多数文人都是拥护初唐四杰的，反对的只有少数。以一个二十八岁的人，写了十六卷诗文作品，与王弼（此处手稿为"王逸"）的哲学（主观唯心主义），贾谊的历史学和政治学，可以媲美。都是少年英俊，贾谊死时三十几，王弼（此处手稿为"王逸"）死时二十四。还有李贺死时二十七，夏完淳（此处手稿为"夏淳融"）死时十七，都是英俊天才，惜乎死得太早了。

青年人比老年人强，贫人、贱人、被人们看不起的人、地位低下的人，大部分发明创造，占百分之七十以上，都是他们干的。百分之三十的中老年而有干劲的，也有发明创造。这种三七开的比例，为什么如此，值得大家深深地想一想。结论就是因为他们贫贱低微，生力旺盛，迷信较少，顾虑少，天不怕，地不怕，敢想敢说敢干。如果党再对他们加以鼓励，不怕失败，不泼冷水，承认世界主要是他们的，那就会有很多的发明创造。我们近来全民化的四化运动（机械化、半机械化、自动化、半自动化），充分地证明我的这个论断。由王勃在南昌时年龄的争论，想及一大堆，实在是想把这一大堆吐出来。一九五八年党大会上我曾吐了一次，现在又想吐，将来还要吐。（这篇批语略有删节）

——《毛泽东读文史古籍批语集》，中央文献出版社 1993 年版，第 7—13 页。

《饯崔使君序》中明确交代了写作时间："上元二载"，即公元 675 年。毛泽东估计"勃年应有二十三四了"。也许因为《饯崔使君序》在构思与用词造句上与《滕王阁序》有相似之处，因此毛泽东产生根据前者写作时间来推断王勃在南昌写作《滕王阁序》时年龄的想法。

王勃究竟何时在南昌作《滕王阁序》？历来有两种说法：一为王勃14岁去江西看望父亲路经南昌时所作，主要根据是序中有“童子何知”一句；二为王勃去交趾看望父亲路经南昌时所作，主要根据是序中有“等终军之弱冠”一句。千百年来学者各持己见，两种观点不相上下，竟成一件公案。

毛泽东在熟读《王子安集》的基础上，对王勃诗文创作地点做进一步的推论：“《王子安集》百分之九十的诗文，都是在北方——绛州、长安、四川之梓州一带、河南之虢州作的。在南方作的只有少数几首，淮南、南昌、广州三地而已。广州较多，亦只数首。交趾一首也无，可见他并未到达交趾就翻船死在海里了。”《饯崔使君序》与《滕王阁序》同属王勃在南方作的少数篇章，这增加了两序创作时间前后相隔不会太远的可能性，也就在实际上支持了王勃在南昌作序时年龄的第二种说法。

批语对王勃的文学成就给予了高度评价。先对王勃政治上两次受打击作一般介绍，然后说他“高才博学，为文光昌流丽，反映当时封建盛世的社会动态，很可以读”。王勃是一个少年天才，9岁时读颜师古《汉书注》10卷，指出颜氏失误之处，仅此一项就可看出王勃才学超常。据说他还有哲学、医学等方面的著作。当然王勃的主要贡献还在文学方面。毛泽东用“光昌流丽”一词形容其文采。“光昌”指王勃诗文有一种高华气象，“流丽”指王勃诗文有一种流畅之美。毛泽东同时又指出王勃一生倒霉，其诗文“还有牢愁满腹一方”。这一点尤为重要，因为毛泽东一贯认为政治上遭受打击对一个人的成长不无益处。

《饯崔使君序》与《滕王阁序》都是骈文，后者更是传诵千古的美文。毛泽东从文学发展史的角度评价王勃骈文创作成就，先引杜甫《戏为六绝句》对初唐四杰的评价，然后说：“王勃等人独创的新骈、活骈，同六朝的旧骈、死骈，相差十万八千里。”他充分肯定了王勃等人对文学的发展作出的创造性贡献。

应当说明的是，毛泽东在写这个批语时既不是一般地作考据，也无意写作家论，他是想借王勃“以一个二十八岁的人，写了十六卷诗文作品”，与王弼、贾谊、李贺、夏完淳并论来说明“英俊天才”出自青年，从而引出下边的议论来。

2. 李白《与韩荆州书》《春夜宴从弟桃李园序》与《大猎赋》

1945 年 4 月 24 日，毛泽东在《中国共产党第七次全国代表大会上的口头政治报告》中讲到“关于个性和党性”时说：“当时，很多文化人总是和工农兵搞不到一起，他们说边区没有韩荆州。我们说边区有韩荆州，是谁呢？就是吴满有、赵占魁、张治国。这故事可以说一下。唐朝时，有一个姓韩的在荆州做刺史，所以人们把他叫作韩荆州。后来有一个会写文章的人叫李太白，他想做官，写了一封信给韩荆州，把他说得了不起，天下第一，其实就是想见韩荆州，捧韩荆州就是为了要韩荆州给他一个官做。因此就出了‘韩荆州’的典故。那时延安有很多人想找‘韩荆州’，但是找错了方向，找了一个打胭脂水粉的韩荆州，一个小资产阶级的韩荆州，就是《前线》里的客里空。他们找不到韩荆州在哪里，其实到处都有韩荆州，那就是工农兵。”（《毛泽东文集》第三卷，人民出版社 1996 年版，第 337—338 页）

李白《与韩荆州书》是他初见韩时的一封自荐书。这封信是开元二十二年（734）李白居安陆游襄阳时，写给襄阳刺史兼山南东道采访处置使韩朝宗的，韩朝宗喜欢识拔后进，谦恭待士，曾举荐崔宗之、房习祖、黎昕、许莹等人入朝，因此“士咸归重之”，是当时极负盛名的人物。李白写这封信，希望得到他的举荐，“能够扬眉吐气，激昂青云”，做出一番事业来。文章开头借用天下谈士的话——“生不用封万户侯，但愿一识韩荆州”，赞美韩朝宗谦恭下士，识拔人才。正如《古文观止》所评：“欲赞韩荆州，却借天下谈士之言，排宕而出之，便与谀美者异。”接着毛遂自荐，介绍自己的经历、才能和气节。文章表现了李白“虽长不满七尺，而心雄万夫”

的气概和“日试万言，倚马可待”的自负，以及他不卑不亢，“平交王侯”的性格。文章写得气势雄壮，广为传诵。《与韩荆州书》写得顿挫跌宕，起伏照应。由古及今，以古人喻韩朝宗达三四次之多。渐次道来，而意在言外，发人深思。一些佳句流传至今，如“龙蟠凤逸”“颖脱而出”“扬眉吐气”等。典故使用也恰当得体，起到了激发韩朝宗的作用。

1938 年 3 月 29 日，毛泽东在对陕北公学第十一至二十队演讲时说：“有人说地方太小了，好的地方已被敌人占去，即使抗战也不行。然而我是顽固党的最后胜利派，仍旧主张我们会胜利。王羲之说‘大块假我以文章’，岂只大块地方可以做文章吗？小块也行。”（董学文等：《毛泽东读文艺美学活动》，高等教育出版社 1995 年版，第 57 页）

毛泽东在讲话中所引“大块假我以文章”，出自李白《春夜宴从弟桃李园序》（误为王羲之，也可能是毛泽东误记，或者记录有误）。其原文如下：

> 夫天地者，万物之逆旅；光阴者，百代之过客也。而浮生若梦，为欢几何？古人秉烛夜游，良有以也。况阳春召我以烟景，大块假我以文章。会桃李之芳园，序天伦之乐事。群季俊秀，皆为惠连；吾人咏歌，独惭康乐。幽赏未已，高谈转清。开琼筵以坐花，飞羽觞而醉月。不有佳咏，何伸雅怀？依如诗不成，罚金谷酒数。

这是李白一篇著名的抒情短文，是对桃花丛中欢宴的记实。饮酒赋诗，自古为文人一大乐事，加之春风和煦，百芳争艳，怎不引发诗人诗性大作。故秉烛于桃花丛中，欢宴之余为从弟与其诗集作“序”。这篇“序”，抒情、叙事、议论熔为一炉，而人生短暂、需及时行乐的情怀是全篇的主干。其中“阳春召我以烟景，大块假我以文章”，这里用“春”照应题目，在这“春夜”之际，“阳春”用她的“烟景”召唤我，“大块”（大地）把他的“文章”献给我，这是何等的快慰与陶醉。全文仅百余字，作者却把叙事、抒情和议论糅合在一起，紧扣题目，点出春、夜、桃李园和诸弟饮宴之事有层次，有变化，辞短韵长，益人情思。

毛泽东针对当时延安有人嫌根据地“地方太小”“即使抗战也不行”的错误想法，引用李白“大块假我以文章”，幽默地说“岂只大块假我以文章，小块也可以”，另赋新义，把全国比作“大块”，根据地比作“小块”，勉励学员们从实际情况出发，在革命斗争中锻炼成长。

1935年10月，毛泽东写的《念奴娇·昆仑》中“安得倚天抽宝剑”，虽然可能受宋玉《大言赋》中“方地为车，圆天为盖，长剑耿耿倚天外”的启发，但当由李白《大猎赋》中“于是擢倚天之剑”化出。

《大猎赋》序中批评张衡《定情赋》、蔡邕《静情赋》中的“终归闲正”，而要“抑流宕之邪心”“有助于讽谏”。赋中说：“以孟冬十月大猎于秦”，是唐玄宗第一次打猎。《大猎赋》对唐玄宗冬季狩猎进行了大肆描状，气魄宏大，生动异常；同时对唐玄宗提倡道教、追求神仙、影响国计民生的荒唐行为进行讽谏，具有一定意义。其中有这样的句子：“于是擢倚天之剑，弯落月之弓。昆仑叱兮可倒，宇宙噫兮增雄。”

3. 骆宾王：“请看今日之域中，竟是谁家之天下”

骆宾王（约638—684），字观光，婺州义乌（今浙江义乌）人，唐代诗人、文学家。与王勃、杨炯、卢照邻合称“初唐四杰”，又与富嘉谟并称“富骆”。他辞采华赡，格律谨严。长篇如《帝京篇》，五七言参差转换，讽时与自伤兼而有之；小诗如《于易水送人》，二十字中，悲凉慷慨，余情不绝。

高宗永徽中，为道王李元庆府属，历武功、长安主簿。仪凤三年（678），入为侍御史，因事下狱，次年遇赦。调露二年（680），除临海丞，不得志，辞官。有《骆临海集》。骆宾王于武则天光宅元年（684），为起兵扬州反武则天的徐敬业（又名李敬业）作《代李敬业传檄天下文》（又作《为徐敬业讨武曌檄》），敬业事败，宾王亡命，不知所终。

《代李敬业传檄天下文》（本文亦称《讨武曌檄》，但武则天自名“曌”是在武后称帝以后的事，可知乃后人所改，现仍用本题），原文如下：

伪临朝武氏者，性非和顺，地实寒微。昔充太宗下陈，曾以更衣入侍。洎乎晚节，秽乱春宫。潜隐先帝之私，阴图后庭之嬖。入门见嫉，蛾眉不肯让人；掩袖工谗，狐媚偏能惑主。践元后于翚翟，陷吾君于聚麀。加以虺蜴为心，豺狼成性。近狎邪僻，残害忠良。杀姊屠兄，弑君鸩母。神人之所共嫉，天地之所不容。犹复包藏祸心，窥窃神器。君之爱子，幽之于别宫；贼之宗盟，委之以重任。呜呼！霍子孟之不作，朱虚侯之已亡。燕啄皇孙，知汉祚之将尽。龙漦帝后，识夏庭之遽衰。

敬业皇唐旧臣，公侯冢子。奉先帝之成业，荷本朝之厚恩。宋微子之兴悲，良有以也；袁君山之流涕，岂徒然哉！是用气愤风云，志安社稷。因天下之失望，顺宇内之推心。爰举义旗，誓清妖孽。南连百越，北尽三河；铁骑成群，玉轴相接。海陵红粟，仓储之积靡穷；江浦黄旗，匡复之功何远！班声动而北风起，剑气冲而南斗平。喑呜则山岳崩颓，叱咤则风云变色。以此制敌，何敌不摧？以此图功，何功不克？

公等或居汉地，或协周亲；或膺重寄于爪牙，或受顾命于宣室。言犹在耳，忠岂忘心。一抔之土未干，六尺之孤何托？倘能转祸为福，送往事居，共立勤王之勋，无废大君之命，凡诸爵赏，同指山河。若其眷恋穷城，徘徊歧路，坐昧先几之兆，必贻后至之诛。请看今日之中，竟是谁家之天下！移檄州郡，咸使闻知。

光宅元年（684），武则天废黜刚登基的中宗李显，另立李旦为帝，自己临朝称制；然后想进一步登位称帝，建立大周王朝。这就引起了一些忠于唐室的大臣勋贵的愤怒。身为开国元勋英国公李绩嗣孙的李敬业，以已故太子李贤为号召，在扬州起兵，建立匡复府，自任匡复府上将、扬州大都督。骆宾王被罗致入幕府，为艺文令，军中的书檄均出自他的手笔，《代李敬业传檄天下文》，是骆宾王的代表作。这篇檄文立论严正，先声夺人；将武则天置于被告席上，列数其罪，借此宣告天下，号召共同起兵，起到了很大的宣传鼓动作用。

据《新唐书》载，武则天初观此文时，还嬉笑自若，当读到“一抔之土未干，六尺之孤何托”句时，矍然为之动容，惊问：“谁为之？”或以宾王对，后曰：“宰相安得失此人！有如此才，而使之沦落不偶，宰相之过也！”足见他在政治和文学上的才能，连敌对方目空一世的武则天，也为之折服，可见这篇檄文煽动力之强了。

4. 李汉：“厥功伟哉”

李汉，字南纪，唐宗室，淮阳李道玄之后。韩愈婿。宪宗元和七年（812）进士。累辟使府。长庆末为左拾遗。多所谏诤，被敬宗出为兴元从事。文宗时召为屯田员外郎，擢史馆修撰，预修《宪宗实录》。历官至吏部侍郎。坐李宗闵党，出为汾州刺史，贬司马。宣宗大中时，召拜宗正少卿卒。

其文多佚，《全唐文》仅存两篇，既有韩愈雄浑之特色，亦重文采，后人称其风格“雄蔚”。愈卒后，他收集遗作，编成《昌黎先生集》。

毛泽东在青年时代就喜读韩文是尽人皆知的。中华人民共和国成立以后，毛泽东也注重读韩愈的文章。1965年8月10日，他指示工作人员替他找《韩昌黎文集》。《新唐书·李汉传》说：“汉字南纪。少事韩愈，通古学，属韩文，辞雄蔚，为人刚，略类愈，愈爱重，以女妻之。”毛泽东读至此，批注道：“韩愈文集，为李汉编辑得全，欧阳修得之于随县，因以流传，厥功伟哉。”（《毛泽东读文史古籍批语集》，中央文献出版社1993年版，第233页）李汉《〈昌黎先生集〉序》：“长庆四年冬，先生殁。门人陇西李汉，辱知最厚且亲，随收拾遗文，无所失坠，得赋四，古诗二百一十，联句十一，律诗一百六十，杂著六十五，书、启、序九十六，哀辞、祭文三十九，碑志七十六，笔、砚、鳄鱼文三，表状五十二，总七百，并目录合为四十一卷，目为《昌黎先生集》。”

欧阳修《记旧本韩文后》：“州南有大姓李氏者，其子彦辅颇好学。予为儿童时，多游其家，见其弊筐贮故书，在壁间。发而视之，得唐昌黎先生文集六卷，脱落颠倒，无次第。因乞李氏以归。读之，见其言深厚而雄博。……官于洛阳，而尹师鲁之徒皆在，遂相与作为古文。因出所藏昌黎集而补缀之，求人家所有旧本而校定之。其后天下学者亦渐趋于古，而韩文遂行于世。”

毛泽东这个批注，足见他对韩愈文集的编辑、流传情况的熟知，认为韩文得以传世是一件了不起的事情，而李汉、欧阳修“厥功伟哉”，给予很高的评价。

1942 年 2 月 8 日，毛泽东在他的《反对党八股》一文中说：“至于我们党内一部分（当然只是一部分）同志所中的党八股的毒，所犯的教条主义的错误，如果不除去，那末，生动活泼的革命精神就不能启发，拿不正确态度对待马克思主义的恶习就不能肃清，真正的马克思主义就不能得到广泛的传播和发展；而对于老八股和老教条在全国人民中间的影响，以及洋八股和洋教条在全国许多人中间的影响，也就不能进行有力的斗争，也就达不到加以摧毁廓清的目的。”（《毛泽东选集》第三卷，人民出版社 1991 年版，第 832—833 页）其中“摧毁廓清”一词，也来自李汉《〈昌黎先生集〉序》：“呜呼！先生于文，摧陷廓清之功，比于武事，可谓雄伟不常者矣！”廓清，肃清。摧陷廓清，意谓攻克强敌并加以肃清，也比喻破除陈言。

5. 刘禹锡《陋室铭》：“惟吾德馨，何陋之有”

刘禹锡（772—842），字梦得，洛阳（今河南洛阳人），唐朝文学家、哲学家，有“诗豪”之称。自称“家本荥上，籍占洛阳”，又自言系出中山，其先为中山靖王刘胜。唐德宗贞元九年（793），刘禹锡，进士及第，初在淮南节度使杜佑幕府中任记室，为杜佑所器重，后从杜佑入朝，为监察御史。贞元末，与柳宗元、陈谏、韩晔等结交于王叔文，形成了一个以王叔文为首的政治集团，提出了一系列革新主张，改革失败后，贬朗州（今湖南常德）司马、迁连州（今广东清远连州）刺史、夔州（今重庆奉节东）刺史、和州（今安徽和县）刺史。后以裴度力荐，任天子宾客，世称刘宾客。会昌时，加检校礼部尚书。卒年七十，赠户部尚书。

刘禹锡诗文俱佳，涉猎题材广泛，与柳宗元并称“刘柳”，与韦应物、白居易合称“三杰”，并与白居易合称“刘白”，有《陋室铭》《竹枝词》《杨柳枝词》《乌衣巷》等名篇。哲学著作《天论》三篇，论述天的物质性，分析“天命论”产生的根源，具有唯物主义思想。有《刘梦得文集》《外集》十卷。

毛泽东对刘禹锡评价很高：认为“二王八司马冤案”应当翻，这在他支持章士钊《柳文指要》时讲得很清楚；对他的《天论》也很欣赏。1965年6月20日，毛泽东在上海同复旦大学教授刘大杰谈话时，当刘大杰谈了《天论》三篇提出的“天与人交相胜”的观点，并问毛泽东，刘禹锡可否算作是唐朝一个朴素唯物主义者时，毛泽东回答说：“可以。”

刘禹锡写《天论》是由柳宗元的《天说》引起的。刘自称他写《天论》就是“以极其辩”。《天说》《天论》互为发明。《天论》全文批判天干预人事的迷信思想，否定“天人感应”的“阴骘之说”，认为“天”只是“有形之大者”，和“动物之尤者”的“人”一样，都是有形体的事物；进一步提出“古所谓无形，盖无常形耳，必因物而后见耳”的深刻思想，明确指出“空”就是“形之希微者”“无形”不过是“无常形”“空”只是人的目力不能达到的细小之形，并非一无所有，从而批判了佛、道的空无观念。《天论》还认为事物的发展有其客观必然性和发展趋势，进而提出天人交相胜、“还相用”的命题，唯物辩证地解决了天人关系的问题。《天论》对宗教迷信产生的社会根源和认识根源也做了比较深刻的分析，认为宗教迷信泛滥是政治腐败、法制破坏的结果。“法大弛，则是非易位，赏恒在佞而罚恒在直，义不足以制其强，刑不足以胜其非，人之能胜天之实尽丧矣。”又以操舟为例，说明人们是否祈天，在于“理明”或“理昧”，即是否能够认识和掌握客观规律。《天论》思想有一定的深刻性，是中国古代唯物主义文献中的重要著作。毛泽东说“刘禹锡发展了这种唯物主义”，是指刘禹锡的《天论》。

1945年重庆谈判期间，毛泽东拜访著名民主人士张澜。在赞美声和笑声中，张澜、鲜英引领客人继续朝里走，转弯抹角，进入张澜卧室。

这是一个仅十四平方米的小房间，张澜到重庆，应鲜英邀，住此。但张澜素来简朴，不喜奢华，鲜英曲迎其意，不事铺张，只一床一桌几把椅子点缀其中而已。

张澜笑谓毛泽东道：“斯是陋室！”

毛泽东随口答道：“惟吾德馨，何陋之有！”（林淇：《老成谋国，乘虚御风——毛泽东三访张澜》，《毛泽东和党外朋友们》，团结出版社1996年版，第79页）

对答双方用语均源自刘禹锡的《陋室铭》。原文是：“山不在高，有仙则名。水不在深，有龙则灵。斯是陋室，惟吾德馨。苔痕上阶绿，草色入帘青。谈笑有鸿儒，往来无白丁。可以调素琴，阅金经。无丝竹之乱耳，无案牍之劳形。南阳诸葛庐，西蜀子云亭。孔子云：何陋之有？”

陋室，简陋的屋子。铭是古代一种刻于金石上的押韵文体，多用于歌功颂德与警诫自己。这篇不足百字的《陋室铭》，含而不露地表现了作者安贫乐道、洁身自好的高雅志趣和不与世事沉浮的独立人格。它向人们揭示了这样一个道理：尽管居室简陋、物质匮乏，但只要居室主人品德高尚、生活充实，那就会满屋生香，处处可见雅趣逸志，自有一种超越物质的神奇精神力量。总之，这是一篇思想性和艺术性都很高的佳作，所以能传诵不衰，脍炙人口。

张澜自谦，称简朴的住室是“陋室”，毛泽东随口答曰：“惟吾德馨，何陋之有！”两人就是运用刘禹锡《陋室铭》的句子进行交谈，表现了毛泽东对民主人士的高度评价和充分信任，达到了思想交流的目的。

6. 杜牧《李贺诗集序》

杜牧（803—852），字牧之，号樊川居士，京兆万年（今陕西西安）人，唐代杰出的诗人、散文家。他是宰相杜佑之孙，杜从郁之子。太和进士。历任监察御史，黄、池、睦诸州刺史，后入为司功员外郎，官终中书舍人。诗文对藩镇跋扈和吐蕃、回纥贵族的攻掠，多有指陈。其诗以七言绝句著称，内容以咏史抒怀为主。人称“小杜”，以别于杜甫，与同期诗人李商隐并称为“小李杜”。晚年居长安南樊川别墅，故世称杜樊川。著有《樊川文集》。

1957年3月12日，毛泽东在《在中国共产党全国宣传工作会议上的讲话》中讲到“放”还是“收”时说：“最近一个时期，有一些牛鬼蛇神被搬上舞台了。有些同志看到这个情况，心里很着急。我说，有一点也可以，过几十年，现在舞台上的这样的牛鬼蛇神都没有了，想看也看不成了。我们要提倡正确的东西，反对错误的东西，但是不要害怕人们接触错误的东西。单靠行政命令的办法，禁止人接触不正常的现象，禁止人接触丑恶的现象，禁止人接触错误思想，禁止人看牛鬼蛇神，这是不能解决问题的。当然我们并不提倡发展牛鬼蛇神，我是说‘有一点也可以’。某些错误东西的存在是并不奇怪的，也是用不着害怕的，这样可以使人们更好地学会同它作斗争。大风大浪也不可怕。人类社会就是从大风大浪中发展起来的。……凡是错误的思想，凡是牛鬼蛇神，都应该进行批判，决不能让它们自由泛滥。但是，这种批判，应该是充分说理的、有分析的、有说服力的，而不应该是粗暴的、官僚主义的，或者是形而上学的、教条主义的。”（《毛泽东文集》第七卷，人民出版社1999年版，第280—281页）在同时期写的《事情正在起变化》和《〈文汇报〉的资产阶级方向应该批判》两文中也用了“牛鬼蛇神”的字样。“牛鬼蛇神”一词即出自杜牧《李贺诗集序》。

杜牧《李贺诗集序》原文如下：

贺，唐皇诸孙，字长吉。元和中，韩吏部亦颇道其歌诗。云烟绵联，不足为其态也；水之迢迢，不足为其情也；春之盎盎，不足为其和也；秋之明洁，不足为其格也；风樯阵马，不足为其勇也；瓦棺篆鼎，不足为其古也；时花美女，不足为其色也；荒国陊殿，梗莽丘垄，不足为其怨恨悲愁也；鲸呿鳌掷，牛鬼蛇神，不足为其虚荒诞幻也。

7. 李华《吊古战场文》

李华（715—766），字遐叔，赵郡赞皇（今河北赞皇）人，唐代文学家、诗人。唐玄宗开元二十三年（735）进士，天宝二年（743）登博学宏辞科，官监察御史、右补阙。安禄山陷长安时，被迫任风阁舍人。“安史之乱”平定后，贬为杭州司户参军。明年，因风痹去官，后又托病隐居大别山南麓以终，信奉佛法。唐代宗大历元年（766）病故。

作为著名散文家，李华与萧颖士齐名，世称“萧李”，并与萧颖士、颜真卿等共倡古义，开韩、柳古文运动之先河。他的文章“大抵以《五经》为泉源”（独孤及《赵郡李公中集序》），“非夫子之旨不书”。主张“尊经”“载道”。其传世名篇有《吊古战场文》。亦有诗名。原有集，已散佚，后人辑有《李遐叔文集》四卷。

其《吊古战场文》原文如下：

浩浩乎！平沙无垠，夐不见人。河水萦带，群山纠纷。黯兮惨悴，风悲日曛。蓬断草枯，凛若霜晨。鸟飞不下，兽铤亡群。亭长告余曰：“此古战场也。尝覆三军；往往鬼哭，天阴则闻。”伤心哉！秦欤？汉欤？将近代欤？

吾闻夫齐魏徭戍，荆韩召募。万里奔走，连年暴露。沙草晨牧，河冰夜渡。地阔天长，不知归路。寄身锋刃，腷臆谁诉？秦汉而还，多事四夷。中州耗斁，无世无之。古称戎、夏，不抗王师。文教失宣，武臣用奇。奇兵有异于仁义，王道迂阔而莫为。呜呼噫嘻！

吾想夫北风振漠，胡兵伺便，主将骄敌，期门受战。野竖旄旗，川回组练。法重心骇，威尊命贱。利镞穿骨，惊沙入面。主客相搏，山川震眩，声析江河，势崩雷电。至若穷阴凝闭，凛冽海隅，积雪没胫，坚冰在须，鸷鸟休巢，征马踟蹰，缯纩无温，堕指裂肤。当此之时寒，天假强胡，凭陵杀气，以相翦屠。径截辎重，横攻士卒。都尉新降，将军覆没。尸填巨港之岸，血满长城之窟。无贵无贱，同为枯骨。可胜言哉！鼓衰兮力尽，矢竭兮弦绝，白刃交兮宝刀折，两军蹙兮生死决。降矣哉？终身夷狄。战矣哉？暴骨沙砾。鸟无声兮山寂寂，夜正长兮风淅淅。魂魄结兮天沉沉，鬼神聚兮云幂幂。日光寒兮草短，月色苦兮霜白，伤心惨目，有如是耶？

吾闻之：牧用赵卒，大破林胡，开地千里，遁逃匈奴。汉倾天下，财殚力痡。任人而已，其在多乎？周逐猃狁，北至太原，既城朔方，全师而还。饮至策勋，和乐且闲，穆穆棣棣，君臣之间。秦起长城，竟海为关；荼毒生灵，万里朱殷。汉击匈奴，虽得阴山，枕骸遍野，功不补患。

苍苍烝民，谁无父母？提携捧负，畏其不寿。谁无兄弟，如足如手？谁无夫妇，如宾如友？生也何恩，杀之何咎？其存其没，家莫闻知。人或有言，将信将疑。悁悁心目，寝寐见之。布奠倾觞，哭望天涯。天地为愁，草木凄悲。吊祭不至，精魂何依？必有凶年，人其流离。呜呼噫嘻！时耶？命耶？从古如斯。为之奈何？守在四夷。

（《全唐文》卷 221）

本文是一篇为历代所传诵的骈体文章。吊，文体名。追悼死者，致辞表示感慨，称吊文。作者精心构思，抨击唐代统治者不行王道，不善任人，造成边境战祸不断，士兵伤亡惨重。该文写战争残酷景象，表达人民的和平愿望，申述了宣文教，施仁义，行王道，“守在四夷”，保证边疆安定的主张。文章融情入景，情文并茂，情挚语哀，惨恻动人，颇为后人传诵。

初唐之文，尚未摆脱六朝靡丽之风。《吊古战场文》采用骈体，极尽铺陈夸张之能事，在文采方面不输给任何一篇汉赋。而于四六整句中穿插一些二言、三言急促逼人的短句和一些旨在议论的长句，则使全文读来更加晓畅和谐。“兮”字句的运用又让全文笼上了一层深切的悲伤基调。

李华之时，尚未提出“文以载道”的理论。但《吊古战场文》不同于六朝骈体文之处就在于，此文蕴含着较深邃的哲理。作者将古战场描绘得荒凉凄惨，并不完全在于反战，而是想借此提出自己的战争观：作者并不是完全反战，赞同保卫国土的战争，只反对不义之战；作者认为任人得当是战争制胜的关键；作者提出避免战争的方法在于宣扬文教和善用武将。

这些观点放在今天也许算不上惊世骇俗，可在当时却颇能震惊朝野。李华的观念合乎儒教传统又能针对当时兵患成灾的现实，对于玄宗的统治也算得上是善意的提醒。

有了《吊古战场文》这样文质兼美的文章作为先驱，韩愈等人提出文以载道的观点也就水到渠成了。

1949 年 8 月 28 日，毛泽东在《为什么要讨论白皮书》一文中说：“这样一来，白皮书就变成了中国人民的教育材料。多少年来，在许多问题上，主要的是在帝国主义的本性问题和社会主义的本性问题上，我们共产党人所说的，在若干（曾经有一个时期是很多）中国人看来，总是将信将疑的，‘怕未必吧’。这种情况，在一九四九年八月五日以后起了一个变化。”（《毛泽东选集》第四卷，人民出版社 1991 年版，第 1501 页）其中“将信将疑”一词，即出自李华《吊古战场文》。将，且，又。将信将疑，有点相信，又有点怀疑。

8. 程颐《拙赋》：“弊绝风清”

程颐（1033—1107），字正叔，洛阳伊川（今河南洛阳伊川）人，世称伊川先生，出生于湖北黄陂（今湖北武汉黄陂区），北宋理学家和教育家，为程颢之胞弟。历官汝州团练推官、西京国子监教授。宋哲宗元祐元年（1086），除秘书省校书郎，授崇政殿说书。

程颐与其兄程颢同学于周敦颐，共创“洛学”，为理学奠定了基础，世称“二程”。他的学说以“穷理”为主，认为“天下之物皆能穷，只是一理”“一物之理即万物之理”，主张“涵养须用敬，进学在致知”的修养方法，目的在于“去人欲，存天理”，认为“饿死事极小，失节事极大”，宣扬“气禀”说。

其著作有《周易程氏传》《遗书》《易传》《经说》，被后人辑录为《程颐文集》。明代后期与程颢合编为《二程全书》，有中华书局校点本《二程集》。

1925年12月1日，毛泽东在他写的《湖南农民运动考察报告》中讲到“十四件大事”中的“第九件　农民诸禁”时说：“赌：从前的‘赌痞’，现在自己在那里禁赌了，农会势盛地方，和牌一样弊绝风清。”（《毛泽东选集》第一卷，人民出版社1991年版，第35—36页）其中“弊绝风清”一词，即出自程颐《拙赋》：“或谓予曰：‘人谓子拙。’予曰：‘巧，窃所耻也，且患世多巧也。’喜而赋之曰：‘巧者言，拙者默；巧者劳，拙者逸；巧者贼，拙者德；巧者凶，拙者吉。呜呼！天下拙，刑政彻。上安下顺，风清弊绝。’”

这篇赋只有40字，加上序25字，总共65字，可以称得上一篇超级短文。但这篇短文，却是体现周敦颐政治思想的重要著作，具有辩证思维特点。巧具有两重性。一方面，巧代表聪明能干，如巧手、巧匠、巧妇、巧干等。另一方面，巧代表虚伪、不诚实，如巧言令色、花言巧语、巧舌如簧等。拙，也具有两重性。一方面，拙代表真诚谦虚、实事求是，如拙诚相见、拙见、拙作、拙笔等。另一方面，拙也代表愚蠢，如拙劣、拙讷等。在这篇短文里，周敦颐所指的巧，是其虚伪、不诚实的一面；所指的拙，则是真诚谦虚、实事求是的一面。他从四个方面，将“巧者”与“拙者”进行了对比。在思维上，巧者花言巧语，千方百计吸引人们的眼球；而拙者忠厚老实，无须多言，信守“沉默是金”。在行为上，巧者煞费苦心，投机钻营，活得很累；而拙者没有私心杂念，处世泰然，用不着阿谀逢迎，活得自在、坦然。在道德上，巧者损人利己，损公肥私，是地地道道的“贼者”；而拙者正大光明，严于律己，是社会所推崇的“德者”。在最终结果上，巧者因多行不义必自毙，必然呈现凶险之象；而拙者无欲则刚，问心无愧，自然呈现吉祥之象。程颐所奉行和向往的是“上下安顺，风清弊绝”的和谐景象。风清主要是指官场风气清正。官场风气清正了，各种弊端自然而然就会得到抑制，不断减少乃至绝迹。而要做到这一点，就必须端正官场风气，提倡老老实实做人、老老实实做事，反对一切华而不实、投机取巧的行为。他写这篇短文的目的，就是要崇拙而去巧，颂拙而耻巧，形成一种风清气正的局面。

毛泽东在《湖南农民运动考察报告》中讲到“农民办的十四件大事”中的“禁赌”的结果是“弊绝风清”，是对农民运动的赞扬。

9. 范仲淹“是个了不起的人物”

范仲淹（989—1052），字希文，苏州吴县（今江苏苏州）人，北宋著名政治家、文学家。其父范墉，任武宁军节度掌书记。范仲淹两岁丧父，家境衰落。他不但从小勤奋好学，而且胸怀远大政治抱负，以天下为己任。宋真宗大中祥符八年（1015）中进士。仁宗时曾任秘阁校理，他为人忠直，极言敢谏，曾被贬河中府通判。仁宗明道二年（1033）任右司谏，景祐年间知开封府，上《百官图》，讥刺宰相吕夷简不能选贤任能，被贬饶州。康定元年（1040），范仲淹被召为龙图阁直学士、陕西经略安抚副使，兼知延州，以防御西夏侵扰。范仲淹采取了一系列切实可行的措施，卓有成效地巩固了西北边防，声望大增，于仁宗庆历三年（1043）回朝任枢密副使、参知政事，继而向仁宗提出改革政治的十项主张，这就是后人所称的“庆历新政”。这些新的政治措施遭到保守势力的联合进攻，范仲淹被迫离开朝廷，罢去参知政事，新政失败。此后他又知邓州、杭州、青州等地，最后病死于徐州。卒赠兵部尚书，谥文正。

范仲淹在学术上以易学著名，其文学亦为后世景仰，在文风卑弱的宋初，范仲淹反对西昆派，反对骈体文，主张用质朴的、有实际社会内容的作品来矫正文弊。他一生论著很多，诗、词、散文都很出色，有不少爱国忧民、反映社会现实的好作品，艺术上也颇见工力，颇具特色。名篇有散文《岳阳楼记》、词《渔家傲》、诗《江上渔者》等。集有《范文正公集》，其生平详见《宋史》卷三一四。他上继李、杜、韩、柳，下启欧阳修、曾巩、三苏、王安石等，与穆修、柳开一起，为北宋的诗文革新运动奠定了基础。

其名著《岳阳楼记》原文如下：

庆历四年春，滕子京谪守巴陵郡。越明年，政通人和，百废具兴。乃重修岳阳楼，增其旧制，刻唐贤今人诗赋于其上，属予作文以记之。

予观夫巴陵胜状，在洞庭一湖：衔远山，吞长江，浩浩汤汤，横无际涯；朝晖夕阴，气象万千。此则岳阳楼之大观也，前人之述备矣。然则，北通巫峡，南极潇湘，迁客骚人，多会于此，览物之情，得无异乎？

若夫霪雨霏霏，连月不开，阴风怒号，浊浪排空；日星隐耀，山岳潜形；商旅不行，樯倾楫摧；薄暮冥冥，虎啸猿啼。登斯楼也，则有去国怀乡，忧谗畏讥，满目萧然，感极而悲者矣。

至若春和景明，波澜不惊，上下天光，一碧万顷；沙鸥翔集，锦鳞游泳；岸芷汀兰，郁郁青青。而或长烟一空，皓月千里；浮光耀金，静影沉璧；渔歌互答，此乐何极！登斯楼也，则有心旷神怡，宠辱皆忘，把酒临风，其喜洋洋者矣。

嗟夫！予尝求古仁人之心，或异二者之为。何哉？不以物喜，不以己悲。居庙堂之高，则忧其民；处江湖之远，则忧其君：是进亦忧，退亦忧。然则何时而乐耶？其必曰：“先天下之忧而忧，后天下之乐而乐”！噫！微斯人，吾谁与归！

时六年九月十五日。

（《范文正公集》卷七）

本文作于宋仁宗庆历六年（1046）、作者罢相后知邓州时。岳阳楼是湖南著名古迹，唐玄宗开元四年（716）中书令张说任岳阳刺史时，常与才士登临赋咏，从此出名。滕宗谅（字子京）与范仲淹为同年进士，仁宗时二人又曾同守边郡。后滕宗谅于庆历四年（1044）贬谪岳州（古属巴陵郡），重修岳阳楼，并函请范仲淹作记。所以范仲淹并未登上岳阳楼。本文内容充实，情感丰富，将叙事、写景、议论、抒情自然地结合起来，既有对事情本末的交代，又有对湖光水色的描写；既有精警深刻的议论，又有惆怅悲沉的抒情。其中的诗句“先天下之忧而忧，后天下之乐而乐”“不以物喜，不以己悲”是较为出名和引用较多的句子。《岳阳楼记》能够成为传世名篇并非因为其对岳阳楼风景的描述，而是范仲淹借《岳阳楼记》一文抒发先忧后乐、忧国忧民的情怀。

1959 年 6 月，毛泽东回故乡韶山。“在韶山，毛主席特意去看望了父母的合葬墓。在墓前，献了几束青翠的松枝，深深地鞠了三个躬，感慨地说道：‘前人辛苦，后人幸福。先天下之忧而忧，后天下之乐而乐。’回到绿树成荫的住所，当陪同来的罗瑞卿在午后去看望他时，主席还说：‘我们共产党人是彻底的唯物主义者，不迷信什么鬼神。但生我者父母，教我者党、老师、朋友也，还得承认。’并说：‘我下次回来，还要去看看他们两位。’”（韶山毛泽东同志旧居陈列馆：《毛主席回来了》，《毛泽东同志诞辰八十五周年纪念文选》，人民出版社 1989 年版，第 270 页）毛泽东回故乡拜谒父母墓时，引用范仲淹“先天下之忧而忧，后天下之乐而乐”的名言，表达对父母亲的深切怀念和哀悼。

早在 1937 年 5 月，据叶子龙回忆：一天，我随毛泽东登嘉岭山，走到范公井处，毛泽东讲了范仲淹驻守延州的故事。他说：“范仲淹是个了不起的人物，‘先天下之忧而忧，后天下之乐而乐’，古人尚且如此，我们共产党人要做得更好些。”（《叶子龙回忆录》，中央文献出版社 2000 年版，第 47—48 页）

其《严先生祠堂记》原文如下：

先生，光武之故人也。相尚以道。及帝握《赤符》，乘六龙，得圣人之时，臣妾亿兆，天下孰加焉？惟先生以节高之。既而动星象，归江湖，得圣人之清，泥涂轩冕，天下孰加焉？惟光武以礼下之。在《蛊》之上九，众方有为，而独“不事王侯，高尚其事”，先生以之。在《屯》之初九，阳德方亨，而能“以贵下贱，大得民也”，光武以之。盖先生之心，出乎日月之上；光武之量，包乎天地之外。微先生不能成光武之大，微光武岂能遂先生之高哉？而使贪夫廉，懦夫立，是大有功于名教也。

某来守是邦，始构堂而奠焉。乃复其为后者四家，以奉祠事，又从而歌曰：云山苍苍，江水泱泱。先生之风，山高水长。

（《范文正公集》）

严先生即严光，字子陵，少与汉光武帝刘秀同学。刘秀称帝后，严光变姓名隐遁于钓。刘秀觅访征召至京，尝共卧偃。严光以足加秀腹上。次日：“太史奏客星犯御坐甚急。帝笑曰：‘故人严子陵共卧耳。’”后辞官不受，退隐于富春山（今浙江桐庐），后人称其所居之地为严陵濑。事见《后汉书·隐逸传》。范仲淹于宋仁宗明道年间出知睦州（辖境相当于今浙江桐庐、建德、淳安），始构严先生祠堂，使其后人奉祀，并作此记，简述光武帝刘秀与严光的故事，认为二人显示了高风亮节，光武帝贤君爱才，严光则不爱权力和俗名，对他们很是敬慕。

1914年，毛泽东在湖南第一师范读书时，比他高三年级的同学萧子升，曾把自己写有20多篇作文的两个大练习本借给毛泽东看，其中第一篇作文便是“评范仲淹的《严先生祠堂记》”。文中认为，光武帝仅仅请朋友帮忙处理繁忙的政务，未必就是求贤若渴；严先生并不像人们所说的那样纯洁高尚，如果他早知道自己不会接受委任，那么他为什么还来拜访皇帝并与之同床共寝？这不也表明他同样爱慕虚荣吗？据萧子升在《我和毛泽东的一段曲折经历》（法文版原名《我和毛泽东曾是乞丐》）中记述：“毛不同意我的一些见解。整个黄昏，我们都在争论。”“毛泽东的看法却是这样的：他认为刘秀登基后，严光应该当宰相，就像比他早二百多年的前人张良辅佐汉高祖一样。我反驳道：‘你显然没有理解严光的思想’。”（陈晋主编《毛泽东读书笔记解析》，广东人民出版社1996年版，第88—89页）萧子升的这个回忆所说的毛泽东的观点，是值得怀疑的。

毛泽东在自己的读书笔记中曾写道：

“严光，东汉气节之士。光武既立，征之，不就。访之，以安车迎至。帝坐匡床请出。光武应曰：尧舜在上，下有巢由。当光之至也，大司徒（首相也）侯霸（光学友）迎之。光与书曰：君房足下，致为鼎足，甚善。怀仁辅义天下悦，阿谀顺指要领绝。侯以书览帝。帝曰：狂奴故态也。后世论光不出为非。不知光者，帝者之师也。受业太学时，光武受其教已不少。故光武出而办天下之事，光即力讲气节，正见俗而传教于后世。且光于专制时代，不屈于帝王，高尚不可及哉。”（1913年《讲堂录》，《毛泽东早期文稿》，湖南出版社1979年版，第592页）

毛泽东在《讲堂录》中论及严光与东汉光武帝刘秀之事。在青年毛泽东看来，在刘秀践登帝位之后，严光不愿出为辅佐之臣，去办具体事情，也是自然之事，况且给侯霸的信中，严光已经叮嘱了“怀仁辅义天下悦”的治安之策。后人非议严光摆架子，帝召不就，就是不懂得圣贤作为帝王之师、帝王之功也是贤臣之功的道理。再说，严光不出，专心于传教于后世，正风俗于当时，作用更大。若从人格高下而论，尽管刘秀不满严光避召，称为“狂奴故态”，但严光敢于躺在床上，让刘秀坐在床沿上与他对话，不屈于帝王专制权威，谁高尚而自信，不言而喻。

1949年4月29日，毛泽东在他写的《七律·和柳亚子先生》中说：“牢骚太盛防肠断，风物长宜放眼量。莫道昆明池水浅，观鱼胜过富春江。”（《毛泽东诗词集》，中央文献出版社1996年版，第79页）柳亚子在他的《七律·感事呈毛主席》：“开天辟地君真健，说项依刘我大难。夺席谈经非五鹿，无车弹铗怨冯驩。头颅早悔平生贱，肝胆宁忘一寸丹。安得南征驰捷报，分湖便是子陵滩。”分湖在柳亚子家乡的吴江。子陵滩，即七里滩，起自浙江建德梅城，讫于桐庐钓台，因东汉初严子陵隐居于此游钓而得名。这里柳指自己要回乡去隐居。毛泽东在和诗中仍就严光垂钓来说，言下之意，时代变了，在颐和园的昆明池欣赏游鱼的快乐比在严光钓过的富春江的钓台更好。意谓要他留下共事，建设国家，不必效严光隐居。

10. 司马光"《通鉴》里写战争，真是写得神采飞扬，传神得很，充满了辩证法"

司马光（1019—1086），字君实，号迂叟，陕州夏县（今山西夏县）涑水乡人，世称涑水先生，北宋政治家、史学家、文学家。

宋仁宗宝元元年（1038），司马光登进士第，累进龙图阁直学士。历仕仁宗、英宗、神宗、哲宗四朝，卒赠太师、温国公，谥文正。宋神宗时，因反对王安石变法，离开朝廷十五年，主持编纂了中国历史上第一部编年体通史《资治通鉴》。《资治通鉴》是中国最大的一部编年史，全书共二百九十四卷，近400万字，通贯古今，上起战国初期韩、赵、魏三家分晋（前403），下迄五代（后梁、后唐、后晋、后汉、后周）末年赵匡胤（宋太祖）灭后周以前（959），凡一千三百六十二年。作者把这1362年的史实，依时代先后，以年月为经，以史实为纬，顺序记写；对于重大的历史事件的前因后果，与各方面的关联都交代得清清楚楚，使读者对史实的发展能够一目了然。

司马光生平著作甚多，主要有《温国文正司马公文集》《稽古录》《涑水记闻》《潜虚》等。

1954年冬，有一天，毛泽东与吴晗谈起整理、标点《资治通鉴》时说：《资治通鉴》这部书写得好，尽管立场观点是封建统治阶级的，但叙事有法，历代兴衰治乱本末毕具，我们可以批判地读这部书，借以熟悉历史事件，从中吸取经验教训。（谭其骧：《学者、才子、为社会主义奋斗终身的好干部》，载《吴晗纪念文集》，转引自龚育之等《毛泽东的读书生活》，三联书店1996年版，第208页）

1975年，毛泽东与孟夫子纵谈《资治通鉴》。"孟夫子"，即孟锦云，1975—1976年间，她是毛泽东身边的护士。因她与古代孟轲同姓，毛泽东戏称她"孟夫子"。

一天，毛泽东吃过午饭，坐在大厅里的沙发上，微笑着指着桌上的《资治通鉴》问小孟："孟夫子，你知道这部书我读了多少遍？"接着就说："一十七遍。每读一遍都获益匪浅。一部难得的好书噢。恐怕现在是最后一遍；不是不想读，而是没有那个时间啰。"

十几天后，小孟已看了毛泽东给她的评介《资治通鉴》的小册子。她还书时问毛泽东："主席，这部书叫《资治通鉴》，是让统治者把历史当面镜子，照照自己，可是为什么不从有史以来就写，而是从周威烈王二十三年写起呢？"

毛泽东听了，显出很高兴的神情："这个问题提得好，孟夫子真是动了脑筋。看来，你是嫌这面镜子不够大，怕照得不够全面。其实，这面镜子已经不小了，统治者如果真是认真照一下的话，恐怕不会一点益处没有。如书里论曰：'礼义廉耻，国之四维；四维不张，国乃灭亡。'清朝的雍正皇帝看了很赞赏，并据此得出结论，治国就是治吏。如果臣下个个寡廉鲜耻，贪得无厌，而国家还无法治他们，那非天下大乱不可。"

小孟："主席，您讲的这个意思我明白，历史确是一面镜子，可我还不明白为什么不从头写起？从头写不是更完整吗？"

毛泽东说："司马光之所以从周威王二十三年写起，是因为这一年中国历史上发生了一件大事，或者说，主要是司马光认为发生了一件大事噢。"

小孟："这一年有什么大事？"

毛泽东："这年，周天子命韩、赵、魏三家为诸侯。这一承认不要紧，使原先不合法的三家分晋变成合法的啰。司马光认为这是周室衰落的关键。'非三晋之坏礼，乃天子自坏也。'选择这一年，这件事为《资治通鉴》的首篇，真是开宗明义，与《资治通鉴》的书名完全切题。下面做得不合法，上面还承认，看来这个周天子没有原则，没有是非。无是无非，当然非乱不可。这叫上梁不正下梁歪嘛。任何国家都是一样，你上面的胡来，下面凭什么老老实实。这叫事有必至，理由固然。"

小孟又问："可为什么写到五代就停止了呢？"

毛泽东说："有人说，这是由于宋代自有国史，不依据国史，另编一本有困难。我看这不是主要的。本朝人编本朝史，有些事不好说，也可以叫作不敢说，不好说的事大抵是不敢说的事。所以历史的书，本朝写本朝的大抵不实，往往要后一代去写。你看《通鉴》最后一段写了赵匡胤，也就是说太祖皇帝如何如何勇敢，如何如何英雄，如何如何了不得，简直白璧无瑕，十全十美，全信行吗？”

又过了几天，毛泽东在卧室里休息，显得很有精神。小孟轻轻走来了。毛泽东微笑问小孟还有什么问题。小孟说：“王安石与司马光既是对手，又是朋友，这是怎么回事儿？”

毛泽东说：“这两个人在政治上是对手，王安石要变法，而司马光反对。但在学问上，他俩还是好朋友，是互相尊重的。他们尊重的是对方的学问，这一点值得我们学习，不能因政见不同，连人家的学问也不认账了。”

小孟说：“以前总以为《资治通鉴》是司马光一个人编写的，现在才知道是几人合写的。”

毛泽东说：“一个人，就是三头六臂，也编写不了这么一部大书。写上名字的是五个人，没写上名字的还不少哩。这个写作班子互相配合，各施所长，一干就是十九年。这里有皇帝的支持。当然，主要靠司马光，没有他的主持，一切都不会有。”

小孟听得入神，情不自禁地说：“这部书真是一项大工程。”

毛泽东说：“说得对，大工程。司马光可是有毅力，有决心噢。他在四十八岁到六十岁的黄金时期完成了这项大工程。当然，这段时期他在政治上不得志，被贬斥。这也是他能完成这部书编写的原因呢。”

小孟说：“听说司马迁也是这样，受宫刑之后完成了《史记》。”

毛接着说：“中国有两部大书，一曰《史记》，一曰《资治通鉴》，都是有才气的人，在政治上不得志的境遇中编写的。……司马光晚年还做了三个月的宰相，过了一年左右的时间，他便死了。死了之后，还接着倒霉，真是人事无常啊。”

小孟说：“我看书里面还讲到，宋朝有了刻版印刷，对出《资治通鉴》起了很大的作用。”

毛泽东说：“自宋朝才有了刻版印刷，以前的书都是靠手抄。要是没有刻版印刷，这书出得来出不来，我看还是大有问题的。看来，成一件事，要八方努力；而坏一件事，只要一方拆台就够了，建设可比破坏难得多噢。”

小孟想了一下说：“为什么一部大书，写政治军事的那么多，写经济文化的那么少呢？”

毛泽东说：“中国的军事家不一定是政治家，但杰出的政治家大多数是军事家。在中国，尤其是改朝换代的时候，不懂得军事，你那个政治怎么搞法？政治，特别是关键时期的政治，往往靠军事实力来说话。没有天下打天下，有了天下守天下。有人给《左传》起个名字，叫作‘相砍书’，可它比《通鉴》里写战争少多了，没有《通鉴》‘砍’得有意思。《通鉴》是部大的‘相砍书’。”

小孟说：“‘相砍书’？可真有意思。‘砍’就是战争吧？”

毛泽东说：“《通鉴》写战争，真是写得神采飞扬，传神得很，充满了辩证法。例子多得很呐。要帮助统治者统治，靠什么？能靠文化？靠作诗写文章去统治？古人云，秀才造反，3 年不成。我看古人是说少了，光靠秀才，30 年、300 年也不行噢。”

小孟问：“古代这么说，现代人也这么说，为什么秀才就不行呢？”

毛泽东接着说：“因为秀才有个通病：一是说得多，做得少，向来是君子动口不动手；二是秀才谁也看不起谁，文人相轻嘛。秦始皇怕秀才造反，焚书坑儒，以为烧了书，杀了秀才，就可以天下太平，一劳永逸了，可以二世、三世传下去，天下永远姓秦，结果是‘坑灰未冷山东乱，刘项原来不读书’。是陈胜、吴广、刘邦、项羽这些文化不高的人，带头造反了。可是没有秀才也不行，秀才读书多，见识广，可以出谋划策，帮助治天下、治国家，历代的明君都有一些贤臣辅佐，他们都不能离开秀才啊！”在谈话最后，毛泽东还说：“《通鉴》是一部值得一读再读的好书。有人说，搞政治，离不开历史知识；还有人说，搞政治离不开权术，离不开阴谋；甚至还有人说，搞政治就是捣鬼。我想送给这些人一句话，不过不是我说的，是借花献佛。那是鲁迅先生说的：‘捣鬼有术，也有效，然而有限，所以以此成大事者，古来无有。’”他略有所思地闭起了眼睛。

小孟见毛泽东有些倦意，忙说：“《通鉴》里有不少故事，以后你给我讲讲吧，我就爱听故事呢。你该休息了。”

毛泽东微微睁开眼睛说：“今天也是该告一段落了，《通鉴》是一部值得一读再读的好书。”

《资治通鉴》这部书陪伴了毛泽东一生，是一部被毛泽东读“破”了的书。（郭金荣：毛泽东与《资治通鉴》，《时代青年》1991 年第 6 期）

我们且看司马光《资治通鉴》中《吴魏赤壁之战》的描写：

初，鲁肃闻刘表卒，言于孙权曰：“荆州与国邻接，江山险固，沃野万里，士民殷富，若据而有之，此帝王之资也。今刘表新亡，二子不协，军中诸将，各有彼此。刘备天下枭雄，与操有隙，寄寓于表，表恶其能而不能用也。若备与彼协心，上下齐同，则宜抚安，与结盟好；如有离违，宜别图之，以济大事。肃请得奉命吊表二子，并慰劳其军中用事者，及说备使抚表众，同心一意，共治曹操，备必喜而从命。如其克谐，天下可定也。今不速往，恐为操所先。”

权即遣肃行。到夏口，闻操已向荆州，晨夜兼道，比至南郡，而琮已降，备南走，肃径迎之，与备会于当阳长坂。肃宣权旨，论天下事势，致殷勤之意，且问备曰：“豫州今欲何至？”备曰：“与苍梧太守吴巨有旧，欲往投之。”肃曰：“孙讨虏聪明仁惠，敬贤礼士，江表英豪咸归附之，已据有六郡，兵精粮多，足以立事。今为君计，莫若遣腹心自结于东，以共济世业。而欲投吴巨，巨是凡人，偏在远群郡，行将为人所并，岂足托乎！”备甚悦。肃又谓诸葛亮曰：“我，子瑜友也。”即共定交。子瑜者，亮兄瑾也，避乱江东，为孙权长史。备用肃计，进住鄂县之樊篱口。

曹操自江陵将顺江东下，诸葛亮谓刘备曰：“事急矣，请奉命求救于孙将军。”遂与鲁肃俱诣孙权。亮见权于柴桑，说权曰：“海内大乱，将军起兵江东，刘豫州收众汉南，与曹操共争天下。今操芟夷大难，略已平矣，遂破荆州，威震四海。英雄无用武之地，故豫州遁逃至此，愿将军量力而处之！若能以吴、越之众与中国抗衡，不如早与之绝；若不能，何不按兵束甲，北面而事之！今将军外托服从之名而内怀犹豫之计，事急而不断，祸至无日矣！”权曰：“苟如君言，刘豫州何不遂事之乎？”亮曰：“田横，齐之壮士耳，犹守义不辱；况刘豫州王室之胄，英才盖世，众士慕仰，若水之归海。若事之不济，此乃天也，安能复为之下乎！”权勃然曰：“吾不能举全吴之地，十万之众，受制于人，吾计决矣！非刘豫州莫可以当曹操者，然豫州新败之后，安能抗此难乎？”亮曰：“豫州军虽败于长坂，今战士还者及关羽水军精甲万人，刘琦合江夏战士亦不下万人。曹操之众远来疲敝，闻追豫州，轻骑一日一夜行三百余里，此所谓‘强弩之末势不能穿鲁缟’者也，故兵法忌之，曰‘必蹶上将军’。且北方之人，不习水战；又，荆州之民附操者，逼兵势耳，非心服也。今将军诚能命猛将统兵数万，与豫州协规同力，破操军必矣。操军破，必北还；如此则荆、吴之势强，鼎足之形成矣。成败之机，在于今日！”权大悦，与其群下谋之。

是时，曹操遗权书曰：“近者奉辞伐罪，旌麾南指，刘琮束手。今治水军八十万众，方与将军会猎于吴。”权以示群下，莫不响震失色。长史张昭等曰：“曹公，豺虎也，挟天子以征四方，动以朝廷为辞，今日拒之，事更不顺。且将军大势可以拒操者，长江也；今操得荆州，奄有其他，刘表治水军，蒙冲斗舰乃以千数，操悉浮以沿江，兼有步兵，水陆俱下，此为长江之险已与我共之矣。而势力众寡又不可论。愚谓大计不如迎之。”鲁肃独不言。权起更衣，肃追于宇下。权知其意，执肃手曰：“卿欲何言？”肃曰：“向察众人之议，专欲误将军，不足与图大事。今肃可迎操耳，如将军不可也。何以言之？今肃迎操，操当以肃还付乡党，品其名位，犹不失下曹从事，乘犊车，从吏卒，交游士林，累官故不失州郡也。将军迎操，欲安所归乎？愿早定大计，莫用众人之议也！”权叹息曰：“诸人持议，甚失孤望。今卿廓开大计，正与孤同。”

时周瑜受使至番阳，肃劝权召瑜还。瑜至，谓权曰：“操虽托名汉相，其实汉贼也。将军以神武雄才，兼仗父兄之烈，割据江东，地方数千里，兵精足用，英雄乐业，当横行天下，为汉家除残去秽；况操自送死，而可迎之邪？请为将军筹之。今北土未平，马超、韩遂尚在关西，为操后患；而操舍鞍马，仗舟楫，与吴、越争衡。今又盛寒，马无藁草。驱中国士众远涉江湖之间，不习水土，必生疾病。此数者用兵之患也，而操皆冒行之。将军禽操，宜在今日。瑜请得精兵数万人，进住夏口，保为将军破之！”权曰：“老贼欲废汉自立久矣，徒忌二袁、吕布、刘表与孤耳；今数雄已灭，惟孤尚存。孤与老贼势不两立，君言当击，甚与孤合，此天以君授孤也。”因拔刀斫前奏案，曰：“诸将吏敢复有言当迎操者，与此案同！”乃罢会。

是夜，瑜复见权曰：“诸人徒见操书言水步八十万而各恐慑，不复料其虚实，便开此议，甚无谓也。今以实校之，彼所将中国人不过十五六万，且已久疲；所得表众亦极七八万耳，尚怀狐疑。夫以疲病之卒御狐疑之众，众数虽多，甚未足畏。瑜得精兵五万，自足制之，愿将军勿虑！”权抚其背曰：“公瑾，卿言至此，甚合孤心。子布、元表诸人各顾妻子，挟持私虑，深失所望；独卿与子敬与孤同耳，此天以卿二人赞孤也！五万兵难卒合，已选三万人，船、粮、战具俱办。卿与子敬、程公便在前发，孤当续发人众，多载资粮，为卿后援。卿能办之者诚决，邂逅不如意，便还就孤，孤当与孟德决之。”遂以周瑜、程普为左右督，将兵与备并力逆操；以鲁肃为赞军校尉，助画方略。

…………

进，与操遇于赤壁。

时操军众已有疾疫，初一交战，操军不利，引次江北。瑜等在南岸，瑜部将黄盖曰：“今寇众我寡，难与持久。操军方连船舰，首尾相接，可烧而走也。”乃取蒙冲斗舰十艘，载燥荻枯柴，灌油其中，裹以帷幕，上建旌旗，豫备走舸，系于其尾。先以书遗操，诈云欲降。时东南风急，盖以十舰最著前，中江举帆，余船以次俱进。操军吏士皆出营立观，指言盖降。去北军二里余，同时发火，火烈风猛，船往如箭，烧尽北船，延及岸上营落。顷之，烟炎张天，人马烧溺死者甚众。瑜等率轻锐继其后，雷鼓大震，北军大坏，操引军从华容道步走，遇泥泞，道不通，天又大风，悉使羸兵负草填之，骑乃得过。羸兵为人马所蹈藉，陷泥中，死者甚众。刘备、周瑜水陆并进，追操至南郡。时操军兼以饥疫，死者太半。操乃留征南将军曹仁、横野将军徐晃守江陵，折冲将军乐进守襄阳，引军北还。

（《资治通鉴》卷六十五）

《资治通鉴》记这次战役，主要根据《三国志》的记载。《三国志》是分写在《吴主传》《周瑜传》《鲁肃传》《蜀先主传》《诸葛亮传》等篇中。《资治通鉴》综合这几篇材料，写成一篇。这场战争发生在汉献帝建安十三年（208），战场在赤壁，故叫赤壁之战。这是中国历史上以少胜多、以弱胜强的著名战役之一，是三国时期“三大战役”中最为著名的一场，也是中国历史上第一次在长江流域进行的大规模江河作战，标志着中国军事政治中心不再限于黄河流域。

这次大战，牵涉曹操、刘备、孙权三方，头绪纷繁，整个战役过程分为刘琮束手、长坂激战、孙刘联盟、曹操下战书、孙权发兵、孙刘合兵、火烧赤壁、退走北方几个阶段，作者却叙述有法，条理分明。

此战中曹军伤亡过半，曹操回到江陵后，恐赤壁失利而使后方政权不稳，立即自还北方，留曹仁、徐晃等继续留守南郡（治所江陵），文聘守江夏，而后委任乐进守襄阳、满宠代理奋威将军，屯于当阳。孙刘联军取得了赤壁之战的胜利。

刘备于是上表刘琦为荆州刺史，南下荆州南部，包括武陵、长沙、桂阳、零陵，四郡投降，拔擢诸葛亮负责督零陵、桂阳、长沙三郡，调其赋税，以充军实。孙权任命周瑜为南郡太守，程普为江夏太守，全柔为桂阳太守。而周瑜则分公安给刘备屯驻。

赤壁之战的失利使曹操失去了在短时间内统一全国的可能性，而孙刘双方则借此胜役开始发展壮大各自势力，刘备向孙权借荆州后实力迅速壮大，进而谋取益州，孙权屡次亲率大军进攻合肥，数战不利，损兵折将。曹操在退回北方后，休养生息五年，平定关中后才大举南征孙权。此战形成天下三分的雏形，奠定了三国鼎立的基础。

赤壁之战是毛泽东在《中国革命战争的战略问题》（《毛泽东选集》第一卷，人民出版社 1991 年版，第 204 页）一文中列举的中国历史上“双方强弱不同，弱者先让一步，后发制人，因而战胜”的著名战例之一。战争的胜负取决于双方政治、军事、经济等多方面的条件，但首当其冲的是双方军事实力的较量。在《论持久战》中，毛泽东又把它作为指挥员的“主观指导的正确与否，影响到优势劣势和主动被动的变化”，从而导致战争的不同结局："强大之军打败仗""弱小之军打胜仗"。

毛泽东读《三国志集解》卷一《魏书·武帝纪》时，读到作者议论"其合诸将出征，败军者抵罪，失利者免官爵"，大笔一挥，批注道："赤壁之战，将抵何人之罪？"显然，毛泽东是不同意作者的"抵罪之说"的，实际上也是行不通的。因为赤壁之败作为主帅的曹操应负主要责任，谁去治他的罪呢？

毛泽东在读司马光《资治通鉴》卷六十七《汉纪》："法正外统都畿，内为谋主，一餐之德，睚眦之怨，无不报复，擅杀毁伤己者数人。或谓诸葛亮曰：'法正太纵横，将军宜启主公，抑其威福。'亮曰：'主公之在公安也，北畏曹操之强，东惮孙权之逼，近则惧孙夫人生变于肘腋。法孝直为之辅翼，今翻然翱翔，不可复制。如何禁止孝直，使不得少行其意邪！'"在读完这段后，毛泽东批注道："观人观大节，略小故。"（《毛泽东读文史古籍批语集》，中央文献出版社 1993 年版，第 291 页）

法正（176—220），字孝直，扶风郡（今陕西眉县东北）人。东汉末年刘备帐下谋士。初为刘璋部下，刘备入蜀时归于刘备帐下，屡献奇策，深受刘备信任和敬重。建安二十四年（219），刘备进位汉中王后，封法正为尚书令、护军将军。次年，法正去世，终年 45 岁。诸葛亮对法正善出奇谋十分欣赏。但由于法正利用权势，报个人之恩，泄个人之怨。有人劝诸葛亮向刘备汇报，加以节制。但诸葛亮则从当时刘备所处不利环境的大局出发，指出法正正像羽翼一样辅佐刘备，使他能自由翱翔，不能因为小的过失就限制他的权利和自由。毛泽东读后的批语，表明他是同意诸葛亮的看法的，从而提出，评价人、使用人，都要"观大节，略小故"。

1937 年 8 月，毛泽东在他的《矛盾论》一文中讲到"研究问题，忌带主观性、片面性和表面性"时说："唐朝人魏徵说过：'兼听则明，偏信则暗。'也懂得片面性的不对。可是我们的同志看问题，往往带片面性，这样的人就往往碰钉子。"（《毛泽东选集》第一卷，人民出版社 1991 年版，第 313 页）毛泽东所引魏徵的话见于《资治通鉴·唐纪·太宗贞观二年》：上问魏徵曰："人主何为而明，何为而暗？"对曰："'兼听则明，偏信则暗。'昔尧清问下民，故有苗之恶得以上闻。舜明四目，达四聪，故共、鲧、驩兜不能蔽也。秦二世偏信赵高，以成望夷之祸。梁武帝偏信朱异，以取台城之辱。隋炀帝偏信虞世基，以致彭城阁之变。是故人君兼听广纳则贵，臣不得拥蔽而下情得以上通也。”上曰：“善。”

这是唐太宗和他的大臣魏徵的一次谈话记录。魏徵时任谏议大夫，检校侍中，参与朝政，以敢于直谏著称。所以当唐太宗问他做皇帝怎样算是英明、怎样就算是糊涂时，他直言不讳地说：“兼听则明，偏信则暗。”并举出尧、舜为例子，说明兼听的好处，又举出秦二世、梁武帝、隋炀帝几个有名的昏君“偏信”丧身亡国的例子，使李世民听了，点头称是。其中“兼听则明，偏信则暗”一语，源自《管子·启臣上》：“夫民别而听之则愚，合而听之则圣。”汉王符《潜夫论·明暗》：“君子所以明者，兼听也；其所以暗者，偏信也。”后来便演变成“兼听则明，偏信则暗”的成语，意谓多方面听取意见，才能明辨是非；单听信某一方面的话，就愚昧不明。

毛泽东在《矛盾论》中引用“兼听则明，偏信则暗”一语，说明看问题，只有听取各方面的意见，全面了解情况，才能明辨是非；如果只听取一方面的意见就相信，必然会造成错误的判断。我们只有克服片面性，学会全面地看问题，才能把各项工作做好，把革命事业推向前进。

1945 年 4 月 24 日，毛泽东在《论联合政府》一文中讲到“有无认真的自我批评，也是我党和其他政党互相区别的显著标志之一”时说：“我们同志的思想，我们党的工作，也会沾染灰尘的，也应该打扫和洗涤。‘流水不腐，户枢不蠹’是说它们在不停的运动中抵抗了微生物和其他生物的侵蚀。对于我们，经常地检讨工作，在检讨中推广民主作风，不惧怕批评和自我批评，实行‘知无不言，言无不尽’，‘言者无罪，闻者足戒’，‘有则改之，无则加勉’这些中国人民的有益的格言，正是抵抗各种政治灰尘和政治微生物侵蚀我们同志的思想和我们党的肌体的唯一有效的方法。”（《毛泽东选集》第三卷，人民出版社 1991 年版，第 1096 页）其中“知无不言，言无不尽”一语，即出自司马光《〈吕献可章奏集〉序》：“知无不言，言无不尽，如献可者，于其职业，可谓无所愧负矣。”二语意谓凡是知道的，都毫无保留地讲出来。

11. 张载《西铭》：“玉汝于成”

张载（1020—1077），字子厚，大梁（今河南开封）人，徙家凤翔郿县（今陕西眉县）横渠镇人，北宋思想家、教育家、理学创始人之一。世称横渠先生，尊称张子，封先贤，奉祀孔庙西庑第 38 位。其“为天地立心，为生民立命，为往圣继绝学，为万世开太平”的名言被当代哲学家冯友兰称作“横渠四句”，因其言简意宏，历代传颂不衰。

宋真宗天禧四年（1020），张载出生于长安（今陕西西安），青年时喜论兵法，后求之于儒家“六经”，曾任著作佐郎、崇文院校书等职。后辞归，讲学关中，故其学派称为“关学”。宋神宗熙宁十年（1077），返家途中病逝于临潼，年 58 岁。葬于横渠大振谷其父张迪墓南，与弟张戬墓左右相对。

张载与周敦颐、邵雍、程颐、程颢合称“北宋五子”，有《正蒙》《横渠易说》等著述留世。

宋神宗熙宁二年（1069），其弟张戬因反对王安石变法，被贬公安县知县（今湖北江陵）。张载估计自己会受到牵连，辞职回到横渠后，“俯而读，仰而思。有得则识之，或半夜坐起，取烛以书……”依靠家中数百亩薄田生活，整日讲学读书。在这期间，他写下了大量著作，对自己一生的学术成就进行了总结，为了训诫学者，他作《砭愚》《订顽》训辞，分别悬挂于书房的东、西两牖，作为自己的座右铭。程颐见后，将《砭愚》改称《东铭》，《订顽》改称《西铭》。《西铭》由此得名，并被张载收入自己的代表作《正蒙》的尾篇《乾称》中，成为该篇的首章。《西铭》原文如下：

乾称父，坤称母；予兹藐焉，乃混然中处。故天地之塞，吾其体；天地之帅，吾其性。民吾同胞，物吾与也。大君者，吾父母宗子；其大臣，宗子之家相也。尊高年，所以长其长；慈孤弱，所以幼吾幼。圣其合德，贤其秀也。凡天下疲癃残疾，茕独鳏寡，皆吾兄弟之颠连而无告者也。于时保之，子之翼也；乐且不忧，纯乎孝者也。违曰悖德，害仁曰贼；济恶者不才，其践形，唯肖者也。知化则善述其事，穷神则善继其志。不愧屋漏为无忝，存心养性为匪懈。恶旨酒，崇伯子之顾养；育英才，颍封人之锡类。不驰劳而底豫，舜其功也；无所逃而待烹，申生其恭也。体其受而归全者，参乎！勇于从而顺令者，伯奇也。富贵福泽，将厚吾之生也；贫贱忧戚，庸玉汝于成也。存，吾顺事；没，吾宁也。（《正蒙·乾称》）

张载的《西铭》极负盛名，受到了众多理学家的一致推崇。这是因为，《西铭》凝聚着“理一分殊”的价值理念，通过宇宙秩序、社会秩序与家庭秩序的相互通约，建构了以“乾父坤母”和“民胞物与”为基本内容的和谐模式。通过解读《西铭》，可以窥见宋明理学家和谐建构的秘密。

1945年5月31日，毛泽东在《在中国共产党第七次全国代表大会上的结论》中说：“古人说过：‘艰难困苦，玉汝于成。’艰难困苦给共产党以锻炼本领的机会，天灾是一件坏事，但是它里头含有好的因素，你要是没有碰到那个坏事，你就学不到对付那个坏事的本领，所以艰难困苦能使我们的事业成功。”（《毛泽东文集》第三卷，人民出版社1996年版，第390页）毛泽东所引“艰难困苦，玉汝于成”，即出自张载的《西铭》。玉，相爱、相助。汝，你。原为爱之如玉，助之使成之意。后多用为成全之意。

12. 岳珂：“如鱼饮水，冷暖自知”

岳珂（1183—1243），字肃之，号亦斋，晚号倦翁，相州汤阴（今河南汤阴）人，南宋文学家。寓居嘉兴（今浙嘉兴江）。岳飞之孙，岳霖之子。宋宁宗时，以奉议郎权发遣嘉兴军府兼管内劝农事，有惠政。自此家居嘉兴，住宅在金佗坊。嘉泰末为承务郎监镇江府户部大军仓，历光禄丞、司农寺主簿、军器监丞、司农寺丞。嘉定十年（1217），出知嘉兴。十二年（1219），为承议郎、江南东路转运判官。十四年（1221），除军器监、淮东总领。宋理宗宝庆三年（1227），为户部侍郎、淮东总领兼制置使。绍定六年（1233）元宵，岳珂在京口观灯，作诗提到宋徽宗被俘事，被人构陷以罪。嘉熙二年（1238）被重新起用，官至户部侍郎、淮东总领制置使。卒于淳祐元年后。岳珂诗集有《棠湖诗稿》1 卷，收宫词 100 首。另著有《桯史》《愧郯录》《金陀粹编》等。《桯史》以辨明“公是公非”为目的，通过对南宋朝野各阶层人物言行的记载，表现了他对主战派和投降派人物的鲜明爱憎。书中所载之事，大都翔实可信。所编《金陀粹编》，收有《吁天辨诬》《天定录》等资料，为岳飞辩冤，是研究岳飞的重要资料。

1959 年 9 月 7 日，毛泽东在《致胡乔木》的信中写道：

乔木同志：

诗两首，请你送给郭沫若同志一阅，看有什么毛病没有？加以笔削，是为至要。主题虽好，诗意无多，只有几句较好一些的，例如“云横九派浮黄鹤”之类。诗难，不易写，经历者如鱼饮水，冷暖自知，不足为外人道也。

毛泽东

九月七日

——《毛泽东诗词集》，中央文献出版社 1996 年版，第 244—245 页。

毛泽东信中所说“如鱼饮水，冷暖自知”，即出自岳珂《桯史·记龙眠海会图》：“李龙眠既弃画马之嗜，亶作补？大士相，以施缁徒。垂老，得疋楮，戏笔五百应真像，几年乃成。平生绘写，具大三昧，仅此轴耳。先君在蜀得之，母氏雅敬浮屠，常椟致香火室中。余来京口，因暇日出示王英伯，遂仿贝叶语，为作记其右曰：‘南阎浮提，有大善知识，现居士宰官妇女身，在家修菩萨梵行。有一初学与其子游，以是因缘得至其舍。一日，出示五百大阿罗汉海会妙相一轴，于是合掌恭敬，叹未曾见，如人入暗，忽然光明，心大欢喜，莫可喻说。宛转谛观，神通变化，皆得自在，小大长短，老幼妍丑，各有所别。足踏沧海，如履坦途，蛟、蜃、鼋、鲍、鱼、鳖、蛙、蛤，俛首听命，如乘安车。天龙八部，夜叉罗刹，诸恶鬼众，前后导从，如役仆厮。宝花缤纷，天乐竞集，金桥架空，琪树蔽日。或闯而窥，或倚而立，瓶□杖拂，各有所执，凌云御风，升降莫测。或解衣渡水，或濯足坐石，或挽或负，状邈迭出。以种种形，成于一色，于一色中，众妙毕具，如幻三昧，随刹现形，千变万化，不离一性。如是我闻，释迦文佛，既成道已，乃于耆阇崛山集阿罗汉。画者，得者，匪于过去无量阿僧只劫承佛受记，未易画此，亦未易得此。至于有法无法，有相无相，如鱼饮水，冷暖自知。是记也，盖为画设，开禧二年百六日，初学王迈谨记。'英伯它文亦多奇，累试词闱不偶，今尚在选调中，余前书京口故游，盖其人也。"

龙眠，即李公麟（1049—1106），字伯时，舒州舒城（今安徽舒城）人，官至朝奉郎。元符三年（1100）告老，居龙眠山，号龙眠居士。其故居在今桐城龙眠乡双溪村李庄，遗迹尚可辨认。绘画造诣，精湛无比，描绘人物鞍马及历史故事画，为王安石所推许，中国画史地位重要；也与苏轼、苏辙、黄庭坚等大家相交笃厚，诗画均工。注重写生，又博取前人之长，继承顾恺之、吴道子等技法而有所发展，运笔如行云流水，善用线描，多不设色，人称"白描"，造型准确，神态生动，对其后人物画影响很大。兼善山水，亦有创格；工行、楷书，有晋宋书家之风。还长于考古。存世作品有《五马图》《临韦偃牧放图》等。

其中的"如鱼饮水，冷暖自知"，本指水的冷暖，饮者自知。佛教禅宗用以比喻自己证悟的境界，后用以比喻学习心得的深浅，只有自己知道。当然，此意最早出自唐善无畏《大日经疏》卷十二："如饮水者，冷热自知。"毛泽东引来用以谈自己写诗的感受。

13. 辛弃疾《美芹十论》："光复旧物"

1935 年 12 月 27 日，毛泽东在《论反对日本帝国主义的策略》一文中讲到"国际援助"时说：

"最后，需要讲一点中国革命与世界革命的关系。

“自从帝国主义这个怪物出世之后，世界的事情就连成一气了，要想割开也不可能了。我们中华民族有同自己的敌人血战到底的气概，有在自力更生的基础上光复旧物的决心，有自立于世界民族之林的能力。但是这不是说我们不需要国际援助；不，国际援助对于现代一切国家一切民族的革命斗争都是必要的。”（《毛泽东选集》第一卷，人民出版社 1991 年版，第 161 页）

文中所说“光复旧物”一词，即出自宋辛弃疾《美芹十论·自治第四》：

“臣闻今之论天下者皆曰：‘南北有定势，吴楚之脆弱不足以争衡于中原。’臣之说曰：‘古今有常理，夷狄之腥秽不可以久安于华夏。……’

“当秦之时，关东强国末楚若也，而秦楚相遇，动以数十万之众见屠于秦，君为秦虏而地为秦墟。自当时言之，是南北勇怯不敌之明验，而项梁乃能以吴楚子弟驱而之赵，就钜鹿，破章邯，诸侯之军十余壁者皆莫敢动。观楚之战士无不一当十，诸侯之兵皆人人惴恐。卒以阬秦军，入函谷，焚咸阳，杀子婴，是又可以南北勇怯论哉！

“方怀王入秦时，楚人之言曰：‘楚虽三户，亡秦必楚。’夫岂彼能逆知其势之必至于此耶？盖天道好还，亦以其理而推之耳。固臣直取古今常理而论之。夫所谓古今常理者：逆顺之相形，盛衰之相寻，如符契之必同，寒暑之必至。今夷狄所以取之者至逆也，然其所居者亦盛矣。以顺居盛，犹有衰焉；以逆居盛，固为衰乎？臣之所谓理者此也。不然，遐裔之长而据有中夏，子孙又有泰山万世之安，古今岂有是事哉！今之议者皆痛惩往者之事，而劫于积威之后，不推项籍之亡秦，而威以蔡谟之论晋者以藉口，是犹怀千金之璧，不能斡营低昂，而摇尾于贩夫；惩蝮蛇之毒，不能详核真伪，而褫魄于雕弓。亦已过矣。故臣愿陛下姑以光复旧物而自期，不以六朝之势而自卑，精心强力，日与二三大臣讲求古今南北之势，知其不侔而不为之惑，则臣固当为陛下言自治之策。”

辛弃疾（1140—1207），原字坦夫，后改字幼安，号稼轩，山东东路济南府历城县（今济南历城区遥墙镇四凤闸村）人，南宋豪放派词人、将领，有“词中之龙”之称。与苏轼合称“苏辛”，与李清照并称“济南二安”。

辛弃疾生于金国，少年抗金归宋，曾任江西安抚使、福建安抚使等职。著有《美芹十论》《九议》，条陈战守之策。由于与当政的主和派政见不合，后被弹劾落职，退隐山居。开禧北伐前后，相继被起用为绍兴知府、镇江知府、枢密都承旨等职。开禧三年（1207），辛弃疾病逝，年68。后赠少师，谥号“忠敏”。现存词六百多首，有词集《稼轩长短句》等传世。

光复，恢复，光大。旧物，旧有的东西。多指收复国土和恢复旧经典、文物。毛泽东引用此语，表现了中国人民和中国共产党人抗击日本帝国主义的必胜信心。

四、元明清时期

（一）元 代

1. 脱脱等《宋史 · 李端传》:“吕端大事不糊涂”

1962年9月24日，在中共八届十中全会上，毛泽东说：“叶剑英同志搞了一篇文章，很尖锐，大关节是不糊涂的。我送你两句话，‘诸葛一生唯谨慎，吕端大事不糊涂’。诸葛，大家都知道，是诸葛亮；吕端是宋朝的一个宰相，说这个人大事不糊涂。”

吕端（935—1000），字易直，北宋幽州安次（现河北廊坊安次区）人。他出生在官宦家庭，自幼好学上进，终成大器。其祖父吕兖曾在沧州节度使刘守文下做判官。其父吕琦做过后晋的兵部侍郎。吕端以其父的官位荫补千牛备身（禁卫官），后任国子主簿、太仆寺丞、秘书郎等职。《宋史 · 吕端传》：“时吕蒙正为相，太宗欲相端。或曰：‘端为人糊涂。’太宗曰：‘端小事糊涂，大事不糊涂。’决意相之。”这便是“吕端大事不糊涂”的出处。

据档案记载，毛泽东是1962年9月24日在中共八届十中全会的讲话中送叶剑英那两句话的。据薄一波回忆，大概在20世纪50年代末60年代初，他在一次中央工作会议上讲到旧戏中王佐断臂“为国家尽忠心，昼夜奔忙”时，毛泽东插话说：我曾送给叶剑英同志两句话：“诸葛一生唯谨慎，吕端大事不糊涂。”看来，毛泽东不止一次说过这两句话，故流传甚广。

毛泽东借“大事不糊涂”的吕端评价叶剑英，主要是指他能够在“大关节”处看清要害，做事情从大局出发，能够在关键时刻发挥重要作用。

按薄一波的说法，叶剑英最大的贡献有两件事：一件是1935年长征途中，将张国焘密令陈昌浩率右路军南下的电报报告毛泽东，保证了党中央和中央红军按原计划北上。另一件就是在粉碎“四人帮”这个问题上的决策和擘画。

除此两件外，叶剑英一生中还有其他一些可为称道的“大事不糊涂”之举。如1922年陈炯明叛变时，他挺身而出，率部保卫蒙难广州的孙中山。1926年北伐军打下南昌后，蒋介石让他做其嫡系第一军第一师的师长，叶剑英予以拒绝。1927年4月，蒋介石在上海发动政变时，叶剑英通电反蒋，并秘密加入中国共产党。从红军时期开始，叶剑英长期在我军总部负责参谋工作，多建帷幄运筹之功。抗日战争时期，在蒋介石召集的全国参谋长会议上，他“单刀赴会”，更有“舌战群儒”之举。“文革”初期，面对陈伯达、江青等“中央文革小组”成员搞乱党和国家的局面，叶剑英等老同志拍案而起，“大闹怀仁堂”。“九·一三”事件后，叶先是配合周恩来，后襄赞邓小平，经受了党内艰难的政治局势的考验。凡此等等，说明他能够做出薄一波说的两大贡献，绝不是偶然的。

这两句话，是明代思想家李贽的自题联语，意在借诸葛亮和吕端的为人行事之风以自勉。诸葛亮掌军理政之谨慎，史家有共识；吕端的“大事不糊涂”，或许知其详者不多。查《宋史·吕端传》，宋太宗想以吕端为相，不同意者说吕端糊涂，太宗却认为“端小事糊涂，大事不糊涂”。何谓“小事糊涂”？无非是在不关涉原则大道、只涉及个人利害得失的问题和事情上，不斤斤计较，大抵有所谓盛德若愚之风。诸如不满吕端的人四处散布他的谣言，吕端知道后的态度是：“吾直道而行，无所愧畏，风波之言不足虑也。”再如，他和名臣寇准同列参知政事之职，且排名在前，吕端主动提出“请居准下”。不久吕端升任宰相，“恐准不平，乃请参知政事与宰相分日押班值印，同升政事堂”。这正是他“小事糊涂”的一面。何谓“大事不糊涂”？就是在关系朝廷大政方针的问题上，坚持原则，是非分明，有舍我其谁之概。比如，朝廷要捕杀叛将李继迁的母亲，吕端知道后坚决反对，建议把李母安置好并给以优厚待遇，即使李继迁不降，也能笼络住他的心。宋太宗死时，内侍王继恩担心有才干的太子继位妨碍其专权，同李皇后合谋另立。吕端觉察其奸，把王继恩看管起来，去说服李皇后不要改立。太子继位，垂帘召见群臣，独吕端不拜，他让人打开帘子，上殿看清楚确是原先的太子后才退殿下拜。可见，在小事上糊涂，有柔，有宽，有退；在大事上不糊涂，有刚，有严，有进。刚柔相济，宽严并用，进退得当，才能有利于大局，干成大事。也可以这样说，在小事上糊涂一些，更有助于看明白、想清楚、做成功大事。

毛泽东借吕端评价叶剑英，主要是指他能够在大关节处看清要害，做事情从大局出发，能够在关键时刻发挥重要作用。能在大关节处显品格，需有谋有断。叶剑英为人随和，平时谨言慎行，善谋善思，很懂政治艺术，素有“参座”称谓。叶帅胸中有数且从容应对，关键处便见出英雄本色。此外，叶剑英才兼文武，学识丰富，也素为人称道。

2. 脱脱等《宋史 · 岳飞传》：“运用之妙，存乎一心”

岳飞（1103—1142），字鹏举，宋相州汤阴县永和乡孝悌里（今河南安阳汤阴菜园镇程岗村）人，南宋著名战略家、军事家、抗金名将。岳飞在军事方面的才能为人称道，被誉为宋、辽、金、西夏时期最为杰出的军事统帅、联结河朔之谋的缔造者。同时又是两宋以来最年轻的建节封侯者、南宋中兴四将之首脑。岳飞坚主抗金，十余年间，率领岳家军同金军进行了大小数百次战斗，所向披靡，“位至将相”。1140 年，他挥师北伐，先后于郾城、颍昌大败金军，进军朱仙镇（今河南开封祥符区朱仙镇）。宋高宗、秦桧却一意求和，以十二道金牌下令退兵，岳飞在孤立无援之下被迫班师。在宋金议和过程中，岳飞遭受秦桧、张俊等人的诬陷，被捕入狱。1142 年 1 月，岳飞以“莫须有”的“谋反”罪名被杀害。

《宋史 · 岳飞传》：

“岳飞，字鹏举，相州汤阴人。……宣和四年，真定宣抚刘韐募敢战士，飞应募。相有剧贼陶俊、贾进和，飞请百骑灭之。遣卒伪为商入贼境，贼掠以充部伍。飞遣百人伏山下，自领数十骑逼贼垒。贼出战，飞阳北，贼来追之，伏兵起，先所遣卒擒俊及进和以归。

康王至相，飞因刘浩见，命招贼吉倩，倩以众三百八十人降。补承信郎。以铁骑三百往李固渡尝敌，败之。从浩解东京围，与敌相持于滑南，领百骑习兵河上。敌猝至，飞麾其徒曰："敌虽众，未知吾虚实，当及其未定击之。"乃独驰迎敌。有枭将舞刀而前，飞斩之，敌大败。迁秉义郎，隶留守宗泽。战开德、曹州皆有功，泽大奇之，曰："尔勇智才艺，古良将不能过，然好野战，非万全计。"因授以阵图。飞曰："阵而后战，兵法之常，运用之妙，存乎一心。"泽是其言。……（节录）

1938年5月，毛泽东在他写的《论持久战》一文中说："古人所谓'运用之妙，存乎一心'，这个'妙'，我们叫做灵活性，这是聪明的指挥员的出产品。灵活不是妄动，妄动是应该拒绝的。灵活，是聪明的指挥员，基于客观情况，'审时度势'（这个势，包括敌势、我势、地势等项）而采取及时的和恰当的处置方法的一种才能，即是所谓'运用之妙'。"（《论持久战》，《毛泽东选集》第二卷，人民出版社1991年版，第494页）"运用之妙，存乎一心"，妙，巧妙；存乎，存在；心，指思考。意谓运用得巧妙、灵活，全在于善于动脑筋思考。也省作"运用一心"。原指在战争中，指挥作战要灵活地运用战略战术，而其中的巧妙，就是善于思考和判断。毛泽东引用岳飞的"运用之妙，存乎一心"，并进行了深入的讲解和发挥，阐明了战争的灵活性，并指出其伟大意义："基于这种运用之妙，外线的速决的进攻战就能较多地取得胜利，就能转变敌我优劣形势，就能实现我对于敌的主动权，就能压倒敌人而击破之，而最后胜利就属于我们了。"

早在1939年4月3日，在延安"抗大"工作总结大会上讲演时，毛泽东就说过："多少共产党员被捕杀头，这是威武不能屈。但尚有一部分叛徒起先信仰马克思主义而且做工作，但一旦威武来了，就屈服，带路捉人，什么都做。一种人被捉了，要杀就杀，这种英雄的人中国历史上很多，有文天祥、项羽、岳飞，决不投降，他们就有这种骨气。那些叛徒就没有这种骨气，所以平素讲得天花乱坠，是没有用的。"

1952年11月1日，毛泽东视察山东、河南黄河流域后返京途中，在岳飞故里汤阴火车站附近碑林，毛泽东对那块雄姿昂扬的《岳忠武王故里》碑产生了浓厚的兴趣，仔细观赏后，又小声念起了碑文。“宋岳飞，字鹏举，汤阴人……撼山易，撼岳家军难，终以不附和议，为桧所害……”

汤阴县县长王庭文向毛主席汇报说：“据我们所查，岳家后代没有一个当过汉奸的。”毛泽东听后高兴地说：“很好，很好，岳飞是个大好人，岳家又没有一个当汉奸的，都保持了岳飞的爱国主义气节，好！”（李约翰等《和省委书记们》，中央文献出版社 1993 年版，第 84—85 页）后来他在读《新唐书·徐有功传》时批注道：“‘命系庖厨’，何足惜哉，此言不当。岳飞、文天祥、曾静、戴名世、瞿秋白、方志敏、邓演达、杨虎城、闻一多诸辈，以身殉志，不亦伟乎！”（《毛泽东读文史古籍批语集》，中央文献出版社 1993 年版，第 237 页）

徐有功是唐朝武则天称帝时的执法大臣。他耿直公正，不计得失，不畏权贵，守法护法，营救过不少人，也曾数次险些被杀。当他一次被弹劾又被起用时，他给武则天写了一封奏折，大意是说，生活在山林里的鹿，很难逃脱被猎杀、成为人们厨房里砧板上的肉的不幸命运。徐有功以鹿自喻，预见到自己为守法护法而死于非命的悲惨命运。这是他人生经验的总结。但毛泽东不同意徐有功的这个看法，他认为为执法护法而死，以身殉志，是很伟大的。毛泽东从徐有功谈死，联系到古今许多名人，其中第一个便是南宋抗金英雄岳飞。岳飞为了抗金事业，而被投降派秦桧害死，是为正义而死，永垂青史。毛泽东很推崇这种“以身殉志”的崇高气节。

（二）明　代

1. 朱柏庐《治家格言》："黎明即起，洒扫庭除"

朱柏庐（1627—1698），本名用纯，字致一，自号柏庐，明末清初江苏昆山（今江苏昆山）人，著名理学家、教育家，是朱熹的第十三世孙。他入清隐居不仕，开设私塾，教授蒙童。此期间，他创作出522字的《治家格言》，并将它作为启蒙教本教授学童。康熙十七年（1678），地方官推荐朱柏庐进入博学鸿儒科，被他婉拒。朱柏庐埋头研究程朱理学，他把儒家伦理与日常生活结合起来，创作出学术著作《大学中庸讲义》《删补易经蒙引》《四书讲义》《困衡录》《愧讷集》《春秋五传酌解》《毋欺录》等数十册典籍。但流传甚广的仍然是《治家格言》。《治家格言》精辟地阐明了修身治家之道，通篇意在劝人要勤俭持家安分守己，有不少有益的思想，流传甚广。

1945年8月13日，毛泽东在《抗日战争胜利后的时局和我们的方针》一文中说："我们马克思主义者是革命的现实主义者，绝不作空想。中国有句古话说：'黎明即起，洒扫庭除。'黎明者，天刚亮也。工人告诉我们，在天刚亮的时候，就要起来打扫。这是告诉了我们一项任务。只有这样想，这样做，才有益处，也才有工作做。中国的地面很大，要靠我们一寸一寸地去扫。"（《毛泽东选集》第四卷，人民出版社1991年版，第1132页）毛泽东文中所引古语，见于明末清初的朱柏庐《治家格言》。这是一段讲治家道理的语录，在过去一直被人们奉为治家的标准。毛泽东引来用于"治国"，赋予它更深广的内容。

当时，抗日战争胜利后，全党、全军、全国人民面临着"是建立一个无产阶级领导的人民大众的新民主主义国家呢，还是建立一个大地主大资产阶级专政的半殖民地半封建的国家”两种命运、两个前途的抉择。毛泽东告诫我们：“人民靠我们去组织。中国的反动分子，靠我们组织人民去把他打倒。凡是反动的东西，你不打，他就不倒。这也和扫地一样，扫帚不到，灰尘照例不会自己跑掉。”（《毛泽东选集》第四卷，人民出版社 1991 年版，第 1131 页）中国革命胜利的历史，充分证明了毛泽东的这个论断是完全正确的，至今仍不失其教育意义。

2. 李　贽

（1）李贽《解老序》“在一定的条件下”可以互相转化

毛泽东在读《李氏文集》卷十“……以善下不争为百谷之王，以好战为乐杀人，以用兵为不得已，以胜为不美，以退为进，以败为功，以福为祸，以得为失，以无知为知，无欲为欲，无名为名。孰谓无为不足以治天下乎？世未知之无为之有益也”时批注道：“在一定条件下。”这里首先要说明的是，“《李氏文集》卷十”与“第 8 页”之间缺篇名《解老序》。引文正是《解老序》的核心段落。《解老序》开头说：“李宏甫既刻子由《老子解》，逾年复自著《解老》二卷。”序曰：“宏甫，李贽的号。子由，苏辙的字。老，即老子。”

老子（约前 571—前 471），字伯阳，谥号聃，又称李耳，楚国苦县厉乡曲仁里人，曾做过周朝“守藏室之官”（管理藏书的官员），是中国最伟大的哲学家和思想家之一，被道教尊为教祖，世界文化名人。著有《老子》八十一章，约 5000 言。老子的思想主张是“无为”，即顺应自然，《老子》以“道”解释宇宙万物的演变，“道”为客观自然规律，同时又具有“独立不改，周行而不殆”的永恒意义。《老子》书中包括大量朴素辩证法观点，如以为一切事物均具有正反两面，并能由对立而转化，是为“反者道之动”“正复为奇，善复为妖”“祸兮福之所倚，福兮祸之所伏”。又以为世间事物均为“有”与“无”之统一，“有无相生”，而“无”为基础，“天下万物生于有，有生于无”。老子的哲学思想和由他创立的道家学派，不但对中国古代思想文化的发展作出了重要贡献，而且对中国2000多年来思想文化的发展产生了深远的影响。

作者不同意苏轼“老子之学重于无为，而轻于治天下国家”的看法，认为法家依靠“刑名法术”，以法治国，故好战乐杀。而道家提倡无为而治，用道德影响社会教化，从而达到治理天下的目的。道家的办法是：“以虚为常，以因为纲。以善不下百谷之王……孰谓无为不足以治天下乎？”李贽所提到的进退、得失、祸福、胜败、无知有知、无名有名等，都是矛盾对立的两个方面。这两个方面的基本内涵是对立的，只有在一定条件下才会转化到对立的一方，没有一定的条件是不会发生转化的。所以，毛泽东读到这里时批注道：“在一定的条件下。”这是唯物辩证法的看法，李贽当然不可能有这个水平，毛泽东的批注指明这一点是必要的。

（2）李贽《答耿司寇》“身教与言教”

毛泽东在读李贽《李氏文集》卷三第16页“自公倡道以来，谁是接公道柄者乎？他处我不知，新邑是谁继公之真脉者乎？面从而背违，身教自相与遵守，言教则不曾奉行之矣。以故我绝不欲与此间人相接，他亦自不与我接。何者？我无可趋之势故耳”时批注道：“身教亦未必皆相与遵守，言教只要是真理，亦未（按：此处手稿缺‘未’字）必没有人奉行。”（《毛泽东读文史古籍批语集》，中央文献出版社1993年版，第89页）

上面“《李氏文集》卷三”与“第16页”之间缺篇名《答耿司寇》，这是首先应当明确的；其次再说批语内容。《答耿司寇》是李贽写给耿定向的一封长信。耿定向（约1524—1597），字在伦，号天台，黄安（今湖北红安）人，又号楚侗，明代官员、学者。嘉靖三十五年（1556）进士。初授行人，继而任御史。曾官都察院右佥都御史兼福建巡抚，故称耿司寇。曾以监察御史督学南直隶，创办“崇正书院”“倡道东南，海内士云附景从”，是一位颇有影响的道学家。李贽与其弟耿定理是朋友，因此到麻城寄居耿家。李贽与耿定向也算是朋友，因学术思想的歧异，两人便爆发了激烈的争论。

在这封信中，李贽开门见山，首先说了一通“千古有君臣，无朋友”的道理，接着便批评耿定向以“孔孟之正脉”自居，以排斥“异学”自任，是“执己自是之病”，说耿定向在周柳塘、周友山兄弟之间调停掩覆闪烁其词；接下去，便一针见血地指出耿定向“之所以执迷不悟”“其病在多欲”，结合耿定向不能言传身教，揭出问题的实质。信的结尾要组织讲学会，并不同意让父母官当会主。其理由有三个。一是对孔孟程朱理学，奉为家法，誓死捍卫。二是强调人人惟务自得，视孔孟之道为已阵之刍狗。三是高颂圣明，以维护三纲五常的“人伦之至”，一个要求放宽束缚，礼顺人情。这种对待官方学术和统治秩序的不同态度，说明了他们的争论是原则性的，不是个人恩怨。

毛泽东读了这篇文章后，在李贽批评耿定向“身教自相与遵守，言教则半句不曾奉行”处，写下批语：“身教亦未必皆相与遵守，言教只要是真理，亦未必没有人奉行。”身教与言教是两种不同的教育方式，一般来说，身教重于言教。但身教固然好，受教者也未必都能学习；相反，言教只要是真理，也不一定没有人奉行。毛泽东的这个批语，纠正了李贽关于身教与言教的形而上学的片面理解，给人以新的启发和教益。

3.《徐霞客游记》：“金沙导江”

徐霞客（1587—1641），名弘祖，字振之，号霞客，南直隶江阴（今江苏江阴）人，明代地理学家、旅行家和文学家。自幼喜欢阅读历史、地志、山经图集和旅游探险的书籍。

徐霞客一生志在四方，自 12 岁始，历时 30 余年考察，足迹遍及今 21 个省区市，“达人所之未达，探人所之未知”，所到之处，探幽寻秘，并记有游记，记录观察到的各种现象、人文、地理、动植物等状况，撰成的 60 万字地理名著《徐霞客游记》，被称为“千古奇书”。它是一部游记体裁的书，按日记记述旅游途中对自然地理现象的观察所得。该书记载详细生动，文笔清新流畅，不仅丰富了我国地理科学，也发展了我国的游记文学。《徐霞客游记》开篇之日（5月19日），后被定为中国旅游日。

毛泽东曾先后多次盛赞徐霞客及其《游记》。

1958年1月28日，毛泽东在最高国务会议讲话中说："明朝那个江苏人，写《徐霞客游记》的，那个人没有官气，他跑了那么多路，找出了金沙江是长江的发源。'岷山导江'，这是经书上讲的，他说这是错误的，说是'金沙江导江'。同时我看《水经注》的作者也是一位了不起的人。他不到处跑怎么能写得那么好？这不仅是科学作品，也是文学作品。"（龚育之等：《毛泽东的读书生活》，三联书店1986年版，第270页）

1959年4月5日，毛泽东在上海召开的中共八届七中全会上的讲话中说："如有可能，我就游历黄河、长江，从黄河口子沿河而上。搞一班人，地质学家、生物学家、文学家，只准骑马，不准坐车，骑马对身体实在好，一直往昆仑山，然后到猪八戒的那个通天河，翻过长江上游，然后沿江而下，从金沙江到崇明岛。我有这个志向……我很想学徐霞客。徐霞客是明末崇祯时江苏江阴人，他就是走路，一辈子就是这么走遍了，主要力量用在长江。《徐霞客游记》可以看。"

1959年6月，毛泽东在湖南长沙蓉园和省委书记处书记周惠谈话。毛泽东说："秀才死读书，读死书，读书死，这不行。要学会读无字书，听无弦音。"毛泽东兴致很高，吸着香烟信口侃来："明朝徐霞客是你周惠的老乡，江苏人，没有官气，跑了那么多路，做了大量调查研究，终于否定了《禹贡》的'岷山导江'的定论，提出'金沙江导江'的科学论断。还有北魏的郦道元，他的《水经注》写得好，是因为他经过了亲身经历和实地考察，获得了大量的书本上没有的东西。"毛泽东将眼一眯，像当年在湖南第一师范作学生时那样摇头晃脑地背诵道："闭门求学，其学无用。欲从天下国家万事万物而学之，则汗漫九垓，通游四宇而已。"（权延赤：《天道——周惠与庐山会议》，广东旅游出版社1997年版，第137—138页）

徐霞客对许多河流的水道水源进行了探索，像广西的左右江，湘江支流潇、郴二水，云南南北二盘江以及长江等，其中以长江最为深入。长江的发源地在哪儿，很长时间都是个谜。战国时期的一部地理书《禹贡》，书中有“岷山导江”的说法，后来的书都沿用这一说。徐霞客对此产生了怀疑。他带着这个疑问“北历三秦，南极五岭，西出石门金沙”，查出金沙江发源于昆仑山南麓，比岷江长一千多里，于是断定金沙江才是长江源头。他说：“按起发源，河自昆仑之北，江亦自昆仑之南……发于南者，曰犁牛石，南流经石门关，始东折而入丽江为金沙江，又北曲为叙州大江，与岷山之江合。……其实岷之入江，与渭之入河，皆中国之支流，而岷江为舟楫所通，金沙江盘折蛮獠溪峒间，水陆俱莫能溯。在叙州者，只知其水出于马湖、乌蒙，而不知上流之由云南、丽江。在云南。丽江者，知其为金沙江，而不知下流之出叙为江源。”这是说，“岷山导江”错在只知下流一段，而不知上流一段。他经过实地考察，弄清楚是金沙江导江。这一科学结论，纠正了“岷山导江”的错误说法，对于我国河道地理的研究是一大贡献。在他以后很长时间内也没有人找到长江的源头，直到 1978 年，国家派出考察队才确认长江的正源是唐古拉山的主峰格拉丹冬的沱沱河。

徐霞客通过亲身的考察，以无可辩驳的史实材料，论证了金沙江是长江的正确的源头，否定了被人们奉为经典的《禹贡》中关于“岷山导江”的说法。同时，他还辨明了左江、右江、大盈江、澜沧江等许多水道的源流，纠正了《大明一统志》中有关这些水道记载的混乱和错误。他认真地观察河水流经地带的地形情况，看到了水流对所经地带的侵蚀作用，并认识到在河岸凹处的侵蚀作用特别厉害。他还注意到植物与环境的关系，观察在不同的地形、气温、风速条件下，植物生态和种属的不同情况，认识到地面高度和地球纬度对气候和生态的影响。对温泉、地下水等，徐霞客也都有一定的科学认识。在徐霞客对地理学的一系列贡献中，最突出的是他对石灰岩地貌的考察。他是中国，也是世界上最早对石灰岩地貌进行系统考察的地理学家。欧洲最早对石灰岩地貌进行广泛考察和描述的是爱士培尔，时间是 1774 年；最早对石灰岩地貌进行系统分类的是罗曼，时间是 1858 年。他们都晚于徐霞客。

（三）清　代

1. 侯方域“善属文”

侯方域（1618—1655），字朝宗，明朝归德府（今河南商丘）人，明末清初散文三大家之一、明末“四公子”之一、复社领袖。

侯方域是明户部尚书侯恂之子，祖父及父辈都是东林党人，均因反对宦官专权而被黜。与冒襄、陈贞慧、方以智，合称明末“四公子”，与陈贞慧交情尤深。明朝灭亡后，侯方域流落江南，入清后参加科举，顺治八年（1651）应河南乡试为副贡生，为时人所讥：“两朝应举侯公子，忍对桃花说李香。”晚年失悔此举。

清顺治二年（1645），28 岁的侯方城回到归德府老家。由于不甘寂寞，积极为清朝镇压农民军出谋划策，为镇压清初最大的农民起义榆园军起义立下奇功。事后清朝朝廷忌讳提及清军扒开黄河、以水代兵的事迹，并未给予侯方域相应嘉奖。

至 35 岁，侯方域回想起自己遭遇坎坷，事业一无所成，悔恨不已，便将其书房更名为“壮悔堂”，表示其壮年后悔之意。在这里，他完成了他的两部文集《壮悔堂文集》10 卷、《四忆堂诗集》6 卷。侯方域擅长散文。他提倡学习韩愈、欧阳修，尊崇唐宋八大家，以写古文雄视当世。早期作品华藻过甚，功力犹不深。后期日臻妙境，时人以侯方域、魏禧、汪琬为“国初三大家”。其作品有人物传记，如《李姬传》《马伶传》等，都写得形象生动，活灵活现，用唐人传奇笔法，有短篇小说特点。论文书信，或直斥权奸，或直抒怀抱，都具有流畅恣肆的特色。亦能诗。

清朝顺治十一年十二月十三日（1655 年 1 月 30 日），37 岁的侯方域因悲愤国事和思念香君，不幸染病身亡。

(1)《书黄子久画后》

毛泽东1913年10月至12月《讲堂录·修身》中记载:"侯朝宗生长世族,善属文。黄梨州曰:侯公子自不耐寂寞耳。"(《毛泽东早期文稿》,湖南出版社1990年版,第593页)黄梨州,即黄宗羲,字太冲,号南雷,学者称梨州先生,浙江余姚人,明清之际思想家、史学家。

侯朝宗,即侯方域,朝宗是其字。方域健于文,由于生长宦族,少年时行为颇放浪,常选妓征歌。江藩《国朝汉学师承记》卷八《黄宗羲》中记载对侯方域的议论:"在南都(今南京)时,见归德侯朝宗每宴以妓侑酒,宗羲曰:'朝宗之尊人尚在狱中,而放诞如此乎!吾辈不言,是损友也。'或曰:'侯生性不耐寂寞。'曰:'夫人而不耐寂寞,则以何所不至耶?'"

毛泽东课堂记录,肯定了侯方域"善属文",是个文学家,也赞同黄宗羲对他的批评。

在《讲堂录》12月13日的《国文集》中,毛泽东记载:

> 《书黄子久画后》
>
> 天下之道,未有见之不真,蓄之不厚,而可以苟为之者。
>
> 呜呼,天下容有习且熟于其真,而举而为之,常不得其似者,未有望而摹其似,而有所得者也。
>
> ——(《毛泽东早期文稿》,湖南出版社1990年版,第609页)

此文见《壮悔堂文集》卷九。黄子久,即黄公望(1269—1359),字子久,号大痴,又号一峰道人,元代杰出的山水画家。本姓陆,名坚,平江常熟(今江苏常熟)人。出继永嘉(今浙江温州)黄氏为义子,因改姓名。曾为中台察院掾吏,一度入狱;后入全真教,往来杭州、松江等地卖卜。工书法,通音律,能作散曲。善画山水,得赵孟頫指教,宗法董源、巨然,常在虞山、三泖、富春等处领略自然之胜,随笔摹写。水墨、线绛俱作,以草籀奇字之法入画,笔简而有神韵,气势雄秀,变化了董源画派,自成一家。其画有"峰峦浑厚,草木华滋"之美誉。对明、清山水画影响甚大。后人把他与吴镇、倪瓒、王蒙合称"元四家"。著有《写山水诀》，传世画迹有《富春山居》《天台石壁》等。

此段文字为《书黄子久画后》原文，文末云："时庚寅十二月望后七日也。"即清顺治七年（1650）十二月二十二日作。一位初学画的后生王乔年得到一幅黄公望的画，又怀疑不是真迹，向侯方域请教，侯氏便在画后写了这篇跋语。这篇跋语写得很巧，他并不对画的真伪加以论定，而是讲出一番道理来：此画如果不是佳作，虽是黄子久所画于社会也没有什么好处；此画果是珍品，还怀疑它不是黄子久所作，就是贪求名人之名。一番话说得王乔年"豁然喜"。接着作者由黄子久之画生发感想："天下之道，未有见之不真，蓄之不厚，而可以苟为之者。"即是说作为一个真正的艺术家，应该观察社会，熟悉生活，厚积而薄发，只有这样才可能创作出好的作品。文末进一步申论：山水画的最高境界是"传其神"，这为王乔年提出了一个最高标准，指明了努力的方向。毛泽东在《讲堂录》中记下了文章题目及主要段落，可见他对这篇文章很感兴趣。

（2）《谢安论》

1913 年 12 月 13 日的《国文集》中，记载了毛泽东的听课笔记：

《谢安论》

古之有为于天下者，必有以脱除天下之习，而立乎其外。

德量　夫君子之所恃以胜天下者，在乎气识德量之间，而不在乎干局。

干局　然而干局之用，君子虽不恃以为长，而不可以之自废。

向客何如大人？濛曰：此客亹亹，为来逼人。

夏禹勤王，手足胼胝。文王旰食，日不暇给。今四郊多垒，宜思自效，而虚谈废务，浮文妨要，恐非当世所宜。

秦用商鞅，二世而亡，岂清言致患邪？

岂犹夫寻常之可测者哉？

盖未有力不足以举天下之烦，气不足以练天下之苦，性情不足以扶持天下之一偏，而可以大有为者也。

清冲有余，而朴练不足。

无以争天下之先，而经天下之远，吾以其夙习决之矣。

不为浮誉所惑，则所以养其力者厚；不与流俗相竞，则所以制其制气者重。

又安能深沉确实开阔淬厉而以先（天）下为己任乎?

导有大为之识，而无大有为之才。安有大有为之量，而无大有为之干。

安闻诸侯有道，守在四郊，明公何须壁后置人邪?

无者有之先也，故鸿荒以前，为之无也，因此则洪荒以后斯有矣。

才　才者，经济之谓也。才有从学问一方得者，有从阅历一方得者。

浔阳　古属安庆。

——《毛泽东早期文稿》，湖南出版社 1990 年版，第 609—610 页。

《谢安论》载《壮悔堂文集》卷六。谢安（320—385），字安石，陈郡阳夏（今河南太康）人，东晋政治家。出身士族。年四十余出仕，孝武帝时位至宰相。

这篇文章中，作者另辟蹊径，从谢安个人修养和素质入手，探讨他的成败得失。文章开头，提出“君子之所以胜天下者，在乎器识德量之间，而不在乎干局”的论点，就是说一个人对社会贡献大小，在于他的识见、度量，而不在才干大小。这就为评论谢安立了一个标尺。接着，一言论定：“吾以为谢安之清言，亦其累也。”清言，也叫玄谈，是一种排斥世务、专谈玄理的风气。魏晋时此风渐炽，至晋益盛。后人认为晋祚不永，实为清言所误。文章列举三件事，说明谢安胆识过人：未仕时，知弟谢万不抚士卒，必败，厚结部卒，使万败不被诛；桓温谋篡，宴会中欲杀害谢安和王坦之时，坦之“流汗沾衣”，安“从容就席”，“明公何须壁后置人也?”一语中的，揭破其阴谋；在秦晋淝水之战时，面对秦苻坚的百万之众，安“夷然无惧色”，“指授将帅，各当其命”，战于淝水，大获全胜。苻坚败走，东晋政权得以巩固。这三件事足以说明，谢安的识见度量远非常人可比。但谢安缺乏的是干局，就是才干和器局不足。正如王羲之所说，谢安缺乏“夏禹勤王，文王旰食”日理万机、不惮劳苦的精神，“清冲有余，而朴练不足”，所以不能“争天下之先”“经天下之远”。这种夙习决定谢安不能有更大的作为，东晋只能偏安一隅。此文视角独特，文字简约，层层递进，说理充分，有很大的说服力。毛泽东在他的听课笔记中，详细记录了本文中作者的论点、论据及一些精辟的词语，说明他对《谢安论》极其重视，很有兴趣。

2. 张廷玉等《明史·朱升传》：“高筑墙，广积粮，缓称王”

《明史》是清代官修的一部反映我国明朝历史情况的纪传体断代史，记载了自朱元璋洪武元年（1368）至朱由检崇祯十七年（1644）二百多年的历史。全书336卷，其中目录4卷、本纪24卷、志75卷、表13卷、列传220卷。修编《明史》的时间，如果从清顺治二年（1645）开设明史馆起，到乾隆四年（1739）正式由史官向皇帝进呈，前后历时94年；假如从康熙十八年（1679）正式组织班子编写起至呈稿止，为时也有整整60年。徐文元、张玉书、陈廷敬、王鸿绪等先后为总裁，到雍正元年（1723）为止，先后完成了四部《明史》的稿本。一部是万斯同审定的三百十三卷本，另一部是他审定的四百十六卷本，这两种稿本都称作万氏《明史稿》。康熙五十三年（1714）王鸿绪进呈的《明史（列传部分）》二百零五卷本，这实际上是在万氏《明史稿》基础上删削而成的，为第三部。雍正元年（1723）六月，王鸿绪又一次进呈《明史稿》，包括纪、志、表、传，共计三百一十卷，这部王氏《明史稿》，即后来刊刻的所谓《横云山人明史稿》。乾隆四年（1739），清政府第三次组织人手修改明史稿，形成定稿的《明史》。因为这次修书总裁为张廷玉，因此现在通行的《明史》题为张廷玉等撰。

张廷玉（1672—1755），字衡臣，号砚斋，安徽桐城人。大学士张英次子。康熙三十九年（1700）进士，改庶吉士，授检讨，入值南书房。清康熙时任刑部左侍郎，雍正帝时曾任礼部尚书、户部尚书、吏部尚书、保和殿大学士（内阁首辅）、首席军机大臣等职。康熙末年，整治松弛的吏治，后又完善军机制度。先后任《亲征平定朔北方略》纂修官，《省方盛典》《清圣祖实录》副总裁官，《明史》《四朝国史》《大清会典》《世宗实录》总裁官。张廷玉死后谥号“文和”。

《明史》卷一百三十六《朱升传》：

> 朱升，字允升，休宁人。元末举乡荐，为池州学正，讲授有法。蕲、黄盗起，弃官隐石门。数避兵逋，卒未尝一日废学。
>
> 太祖下徽州，以邓愈荐，召对时务，对曰：“高筑墙，广积粮，缓称王。”太祖善之。
>
> 吴元年（按：1367 年）授侍讲学士、知制诰、同修国史。以年老，特免朝谒。洪武元年（按：1368 年）进翰林学士，定宗庙时享斋戒之礼。寻命与诸儒修《女诫》，采古贤后妃事可法者编上之。大封功臣，制词多升撰，时称典核。逾年，请老，归。卒年七十二。
>
> 升自幼力学，至老不倦。尤邃经学。所作诸经旁注，辞约义精。学者称枫林先生。子同，官礼部侍郎，坐事死。（节录）

朱升的“高筑墙，广积粮，缓称王”三策，为朱元璋所采纳，成为他营建江南根据地的指导方针。

龙凤四年（1358）十一月，婺州“久拒不下”，朱升劝朱元璋亲临指挥，朱元璋“因问兵要”，朱升说：“杀降不祥，唯不嗜杀人者，天下无敌。”朱元璋采纳他的建议，亲率十万大军前往婺州，令“城破不许妄杀”。至十二月，夺取婺州。

朱元璋又问：“处州密迩，可伐欤？”朱升主张攻取处州：“处州有刘基、叶琛、章溢，皆王佐才，难致麾下，必取处州，然后可得。”（《朱枫林集》卷 9 附录，《翼运绩略》）。

攻克处州后，朱元璋即遣使礼聘刘基等三贤，与宋濂一起召至应天。龙凤九年（1363）七月，朱元璋与陈友谅在鄱阳湖展开大战，前三天，陈友谅军占据上风，朱元璋军处境不利。朱升献策说：“贼尽国兵而来，众多粮少，不能持久。我师结营于南湖嘴，绝贼出入之路，待其粮尽力疲，进退两难，前后受敌，克之必矣。”朱元璋说：“我粮亦少。”朱升胸有成竹地说：“去此百里许，有建昌、子昌、天保、刘椿四家，蓄积稻粮，宜急去借，勿为贼先取也。”朱元璋即分兵前往借粮，“果得粮万余”。后来，陈友谅“粮且尽”，至八月底不得不冒死突围，经南湖嘴进入长江，奔还武昌。

在泾江口一战中，朱元璋冒着雨点般的流矢，亲坐胡床指挥伏兵截杀。朱升见之，急忙将他推入船舱，他刚离开，流矢“已中胡床板矣”。

1367年12月上旬，朱元璋在应天着手称帝事宜，“命朱升兼议礼官”。朱升等议礼官“制定即位礼仪成，进上览毕，付中书省”（《翼运绩略》）。

洪武元年（1368）正月初四，朱元璋在应天登上帝位。其后，朱升又制定祭祀斋戒礼、宗庙时享礼，编纂防止“内嬖惑人”干预朝政的《女诫》，并为朱元璋撰写了颁赐李善长、徐达、常遇春、李文忠、邓愈、刘基、陶安、范常、秦中、陈德等功臣的诰书，为明初政坛的稳定起了重要作用。

毛泽东对朱升向朱元璋提出三条建议的事是很熟悉的。早在1953年2月23日，毛泽东来到紫金山天文台，详细询问了天文台的情况……下到紫金山山麓，正好经过明孝陵朱洪武的墓……毛泽东微笑着对大家说：“……朱洪武是个放牛娃出身，人倒也不蠢，他有个谋士叫朱升，很有见地，朱洪武听了朱升的话‘广积粮，高筑墙，缓称王’，最后取得民心，得了天下。”（王鹤滨：《紫云轩主人——我所接触的毛泽东》，中共中央党校出版社1991年版，第88页）这是他对陪同的陈毅和其他同志讲的话。

1975年12月10日，《中共中央转发〈国务院关于粮食的报告〉的批语》中转述了毛泽东的指示。批语说：毛泽东主席讲了《明史·朱升传》的历史故事。明朝建国以前，朱元璋召见一位叫朱升的知识分子，问他在当时形势下应当怎么办，朱升说：“高筑墙，广积粮，缓称王。”朱元璋采纳了他的建议，取得了胜利。根据我们现在所处的国内外形势和我们所坚守的社会主义制度、无产阶级立场，毛主席说：我们要“深挖洞，广积粮，不称霸”。为了使全党同志对这一策略有深入理解，他还于1972年12月下达了注释《朱升传》的任务，因而“深挖洞，广积粮，不称霸”，很快成为一种政治口号，极大地推动了“备战、备荒、为人民”的运动，而且成为指导我国对外政策的正确方针。

3. 方苞《与翁止园书》

方苞（1668—1749），字凤九，一字灵皋，晚年号望溪，亦号南山牧叟，安徽桐城人（今属桐城市区凤仪里），清代散文家。他是桐城派散文的创始人，与姚鼐、刘大櫆合称“桐城三祖”。康熙朝进士。曾因戴名世《南山集》文字狱案株连入狱，后得释。历官武英殿修书总裁、内阁学士，官至礼部右侍郎。他在文学方面的最主要的贡献是提出古文“义法”。“义”即“言有物”，“法”即“言有序”，一个是思想内容，一个是艺术技巧，包括结构、语言、技法等。坚持“文”“道”统一，就是内容与形式的统一，是桐城派立派和选文的标准。后来姚鼐又把桐城“义法”归结为“义理、考据、文章”。方苞主张散文应宣扬儒家伦理纲常，讲究形式技巧，追求语言风格“雅正”，其散文多为序跋书信等应求之作，非阐道益教、有关人伦风化者不苟下笔，对清代文学颇有影响，其门人辑有《方望溪先生全集》。

毛泽东1913年10—12月《讲堂录》中详细记下了听方苞《与翁止园书》的课堂笔记：

> 《与翁止园书》，戒淫也。淫为万恶本，而意淫之为害，比实事尤甚，当懔懔然如在深渊，若履薄冰。
>
> …………
>
> 作文有法，引古以两宗为是。一是病在气单。
>
> 文章须蓄势，河出龙门……当其出伏而转注也，千里不止，是谓

大屈折。行文亦然。作史论当认定一字一句为主，如《范蠡论》重修身而贵择交句，《伊尹论》之任字是。

文贵颠倒箕［簸］弄。

…………

桐城、阳湖，各有所胜。言其要道，可以一言蔽之：桐城发而阳湖朴。(《毛泽东早期文稿》，湖南出版社 1990 年版，第 587、588、584 页)

翁止园，名荃，金陵（今南京）人，清代经学家。他究心三礼（《礼记》《周礼》《仪礼》），亦能诗文，与方苞友善。方的《与翁止园书》，见《方望溪先生全集》卷五。方在这封书信中说："近闻吾子与亲戚以锥刀生隙，啧有烦言，布流朋齿，虽告者同辞，仆坚然信其无有。然苏子有言：'人必贪财也，而后人疑其盗；必好色也，而后人疑其淫。'毋吾子之夙昔，尚有不能大信于彼人者乎？仆往在京师，见时辈有公为媟嬻者。青阳徐诒孙曰：'若无害，彼不知其不善而为之也。吾侪有此，则天厌之矣。'……仆自与人交，虽素相亲信音，苟一行此，必造怒而逢尤；仆每以自伤，然未敢以忖吾子。于前所闻，既信吾子之必不然，于后所陈，又信吾子必心知其然，是以敢悉布之。"故毛泽东读后说此书是"戒淫也"。这显然是一种发挥。毛泽东不进一步说，"意淫之为害，此实事尤甚"，这是律己慎独的人生修养方面的引申。

青年毛泽东还在文章观念和技法上受到桐城派散文的影响，他很强调艺术技巧和行文义法，《讲堂录》说："文章须蓄势""文贵颠倒箕弄"。所蓄之"势"，就是"颠倒箕弄"一类的结构义法。所谓"蓄"，就是对诗文气势进行欲纵故收的积累，即唐宋古文家和清代桐城派散文家着力讲求的抑扬顿挫、吞吐曲折、神气酣畅、浩浩沛然的行文气势。对这种文章气势，《讲堂录》有一个非常形象的比喻："河出龙门，一泻至潼关；东屈，又一泻至铜瓦；再东北屈，一泻斯入海。当其出伏而转注也，千里不止，是谓大屈折。行文亦然。"

《讲堂录》还记有关于恽敬的介绍及其文集《大云山房集》，并评论说："桐城、阳湖，各有所胜。言其要道，可以一言蔽之：桐城发而阳湖朴。”“发”和“朴”可分别理解为明亮简切和自然浑厚。青年毛泽东强调散文在于“村”与“法”的统一明显是出自桐城的“义法”之说。《讲堂录》又云“作文有法，病在气单”，也多少透露出姚鼐之论。

桐城派试图总结散文创作规律，是可取的。对此，毛泽东后来一直持肯定态度。即便是后来他实际上成为革命的新文艺的指导者，强调大众化的时候，也告诫革命的文艺工作者说：“清代桐城派做文章讲义法，用现在的术语来说，就是讲技巧，这也是要学的。因为没有良好的技巧，便不能表现丰富的内容。”

4. 姚鼐《范蠡论》

姚鼐（1731—1815），字姬传，一字梦谷，室名惜抱轩（在今桐城中学内），世称惜抱先生、姚惜抱，安徽桐城人，清代著名散文家。他与方苞、刘大櫆并称为“桐城三祖”。

乾隆十五年（1750）中江南乡试，二十八年（1763）中进士，授庶吉士，三年后散馆改主事，曾任山东、湖南副主考，会试同考官。三十八年（1773）入《四库全书》馆充纂修官，三十九年秋借病辞官。旋归里，以授徒为生，先后主讲扬州梅花书院、安庆敬敷书院、歙县紫阳书院、南京钟山书院，培养了一大批学人弟子。一生勤于文章，诗文双绝，书艺亦佳。

姚鼐文宗方苞，师承刘大櫆，主张“有所法而后能，有所变而后大”，在方苞重义理、刘大櫆长于辞章的基础上，提出“义理、考据、辞章”三者不可偏废。所谓“义理”就是程朱理学；“考证”就是对古代文献、文义、字句的考据；“辞章”就是写文章要讲求文采。这些主张充实了散文的写作内容，是对方苞“义法”说的补充和发展。在美学上，姚鼐提出用“阳刚”“阴柔”区别文章的风格。“阳刚”就是豪放，“阴柔”就是婉约。两大风格相互配合，相互调剂，就产生出多样的风格。同时，姚鼐又发展了刘大櫆的“拟古”主张，提出“神、理、气、味、格、律、声、色”为文章八要。学习古人，初步是掌握形式（格、律、声、色），进而是重视精神（神、理、气、味），才能达到高的境界。桐城派古文到了姚鼐时，形成了完整的理论体系。姚鼐著有《惜抱轩全集》，所编《古文辞类纂》风行一时，有力地扩大了桐城派的影响。

毛泽东 1913 年 10 月至 12 月《讲堂录》“十月初三日《国文》”：“文章须蓄势，河出龙门，一泻至潼关；东屈，又一泻至铜瓦；再东北屈，一泻斯入海。当其出伏而转注也，千里不止，是谓大屈折。行文亦然。作史论当认定一字一句为主，如《范蠡论》重修身而贵择交句，《伊尹论》之任字是。”（《毛泽东早期文稿》，湖南出版社 1990 年版，第 588 页）

姚鼐的《范蠡论》，见《惜抱轩文集》卷一。该文讲范蠡之子杀人，系于楚，蠡在营救其子的过程中，由于所托非人，结果失败。于是作者得出结论：“旦暮之交，君子弗与。故必内行备而后可友天下之士：友天下之士，而后为之谋则忠信而不私，当真事则利害而不渝，故君子重修身而贵择交。”“君子重修身而贵择交”作为一种为人处世的方略，是有真知灼见的。毛泽东读后，还把这最后一句作为“文眼”来推崇，认为是做史论文章在结构上的典范，此外，青年毛泽东还认真研读了姚鼐编选的《古文辞类纂》，在 1915 年 9 月 6 日致萧子升信中，把它同曾国藩的《经史百家杂钞》做了比较：“仆观曾文正为学，四者为之科。曰义理，何一二书为主（谓《论语》《近思录》），何若干书辅之。曰考据亦然；曰词章曰经济亦然。……国学者，统道与文也。姚氏（鼐）‘类纂’（《古文辞类纂》畸于文，曾书（《经史百家杂钞》）则二者兼之，所以可贵也。其法曰‘演绎法’，察其曲以知其全者也，执其微以会其通者也。又曰‘中心统辖法’，守其中而得大者也，施于内而遍于外者也。各科皆可行之，不独此科也。吾闻之甚有警焉！”（《毛泽东早期文稿》，湖南出版社 1990 年版，第 25 页）

5. 王士禛《分甘余话》："好为人师，何其丑也"

王士祯（1634—1711），原名王士禛，字子真，一字贻上，号阮亭，又号渔洋山人，人称王渔洋，新城（今山东桓台）人，清初杰出诗人、学者、文学家。王士祯出生在一个世代官宦家庭，祖父王象晋，为明朝布政使。士祯出生于官舍，祖父呼其小名为豫孙。五岁入家塾读书，六七岁时读《诗经》。顺治七年（1650），应童子试，连得县、府、道第一，与大哥王士禄、二哥王士禧、三哥王士祜皆有诗名。顺治十五年（1658）戊戌科进士，23岁游历济南，他邀请在济南的文坛名士，集会于大明湖水面亭上，即景赋秋柳诗四首，此诗传开，大江南北一时和作者甚多，当时被文坛称为"秋柳诗社"，从此闻名天下，成为清初文坛公认的盟主。官位也不断迁升，官至刑部尚书。康熙五十年（1711）逝世，享年78岁。死后因避雍正（胤禛）讳，改称士正，乾隆时，诏命改称士禛。诗作多写日常琐事及个人情怀，模山范水，吟咏风月，符合当时统治阶级粉饰太平的需要。论诗主"神韵说"。亦能词。有《带经堂集》《居易录》《池北偶谈等》。其诗论今集于《带经堂诗话》中。

王士禛《分甘余话》卷四："余门人朱书，字绿，宿松人。攻苦力学，独为古文。癸未登第，改翰林庶吉士，未授职卒。尝为余作《御书堂纪》二篇，录之一存。其人，今文士中不易得也。"毛泽东读后，批注道："动辄余门人，好为人师，何其丑也。"（《毛泽东读文史古籍批语集》，中央文献出版社1993年版，第43页）

这则诗话记述了朱书的情况。从叙述来看，他与朱书虽有交往，但并非朱书的业师，可是他操笔便说"余门人"。毛泽东认为，王士禛这种好为人师的做法，是极其丑恶的。"好为人师"，意谓喜欢以教导者自居。语出《孟子·离娄上》："人之患在好为人师。"毛泽东《新民主主义论》："科学的态度是'实事求是'，'自以为是'和'好为人师'那样狂妄的态度是决不能解决问题的。"

6. 吴景旭《历代诗话》:“此说亦迂”

吴景旭《历代诗话》五十二庚集七：“如《乌江亭》云：‘胜败兵家未可期，包羞忍辱是男儿。江东子弟多才俊，卷土重来未可知。’……余以牧之诗，俱用翻案法，跌入一层，正意益醒。谢叠山所谓‘死中求活’也。《渔隐丛话》云：‘牧之题咏，好异于人。如《赤壁》《四皓》，皆反说其事。至《题乌江亭》，则好异而叛于理。项氏以八千渡江无一还者，谁肯复附之，其不能卷土重来决矣！’呜呼，此其深于诗者哉？”

毛泽东读了这则诗话，批注道：“此说亦迂。”迂，迂腐，不合事理。《论语・子路》：“子路曰：‘有是哉，子之迂也！奚其正。’”

所谓“翻案法”，就是诗人在作诗时，故意沿用前人诗意，但又必一反前人诗意，而其意又当在情理之中。

吴景旭（1611—1697），字旦生，一字又旦，号仁山，归安前溪（今浙江吴兴境）人，诸生。早年寓居长兴，后迁莲花庄，建南山堂。入清后，绝意仕途，入同岑社。与西陵诸子游。工诗文，是双溪诗派的代表诗人之一。著有《南山堂自订诗》，另著有《历代诗话》80卷、《南山堂自订诗》10卷。

《历代诗话》一书是诗论著作，此书以天干数分为10集，评论《诗经》、《楚辞》、《赋》、《古乐府》、《汉魏六朝诗》、杜诗、唐诗、宋诗、金、元诗及明诗。每条各立标题，先引旧说于前，后杂采诸书以相考证，或辨是非，或参异闻，或作引申，或加补缀；其自主新说时则列诗篇于前，而以己意做发挥。但主要解释词句，并无系统连贯的理论主张。此书取材宏富，兼能钩贯众说；但所引不尽采自原书，且贪多务得，失于检择，还有一些明显的错误，如庚集二以庾肩吾为唐人之类。

毛泽东不同意《历代诗话》辑录的对杜牧《题乌江》（《乌江亭》）的一种说法。这种说法认为，杜牧《题乌江》“江东子弟多才俊，卷土重来未可知”两句说得不对，因为项羽在家乡招募了八千人马，都战死了，他如果再回去招募，谁还肯跟他重新来打天下呢？毛泽东则认为，这种理解太迂腐了。

为什么这样说呢？我们似乎可以从毛泽东另一次谈到这首诗时得到解答。1939 年 4 月 8 日，毛泽东在延安“抗大”的演讲中谈到项羽：“项羽是有名的英雄，他在没有办法的时候自杀，比汪精卫、张国焘强得多。从前有个人作了一首诗，问他为什么要自杀，可以到江东去再招八千兵来打天下。我们要学习项羽的英雄气概，但不要自杀，要干到底。”（陈晋：《毛泽东的文化性格》，中国青年出版社 1991 年版，第 240 页）可见，毛泽东还是比较同意杜牧的意见：为什么要自杀？说不定还可以卷土重来嘛！吴景旭却认为，项羽即使不自杀，回到江东再去招募新兵，也不会有人归附他了。这既不符合诗作原意，又把两种可能说成一种可能，所以说太迂腐了。在毛泽东看来，应该失败了再干，或许会有新的转机。

7. 裘君弘《西江诗话》

裘君弘，字任远，号香坡，别号妙贯堂主人，新建县（今江西南昌新建）人。康熙三十五年（1696）举顺天乡试，补教习，沉沦下僚，曾游学于白鹿洞书院。著有《西江诗话》12 卷，所论 500 余人，概为江西籍诗人及与江西诗事有关者。体例以存人为主，录诗不多，凡辑入的诸家，必注明出处，颇合规范。有康熙四十二年（1703）妙贯堂刻本。

《西江诗话》“晏几道”：“叔原固人英也。仕宦连蹇，不一傍贵人之门。论文自有体，不肯一作新进士语，费资千万，家人饥寒，而面有孺子之色。人百负之，而终不疑其欺也。至于乐府，可谓狭邪之大雅，豪士之鼓吹，其合者，《高唐》《洛神》之流；其下者，岂减《桃叶》《团扇》哉！”

毛泽东对这则诗话，全文做了圈点，在书的天头上，连画三个大圈。（陈晋主编《毛泽东读书笔记解析》，广东人民出版社 1996 年版，第 1482 页）

这则诗话是裘君弘引用黄庭坚在《小山集》中对晏几道的评价。晏几道（1030—1106），字叔原，号小山，临川（今江西临川）人，北宋词人。其父晏殊历任要职，官至宰相。晏几道只做过顺昌府许田镇监之类的小官。

晚年家道中落，穷困潦倒，其间多感伤情调。有《小山集》。黄庭坚为他的词集《小山集》写的序，既评价了晏几道的为人，也评价了他的诗词，认为他的乐府，可与《诗经》中的大雅和《乐府诗集》中的“鼓吹曲”相比，其词作可与宋玉《高唐赋》、曹植《洛神赋》以及《桃叶歌》《团扇郎歌》相类，评价很高。毛泽东的圈画，说明他对这个评价的重视。

8. 袁枚《随园诗话》

袁枚（1716—1797），字子才，号简斋，晚年自号仓山居士、随园主人、随园老人，钱塘（今浙江杭州）人，祖籍浙江慈溪，清朝乾嘉时期代表诗人、散文家、文学评论家。

乾隆四年（1739）进士，授翰林院庶吉士。乾隆七年（1742）外调江苏，历任溧水、江宁、江浦、沭阳任县令七年，为官勤政颇有名声，奈仕途不顺，无意吏禄．乾隆十四年（1749）辞官隐居于南京小仓山随园，吟咏其中，广收诗弟子，女弟子尤众。嘉庆二年（1797），袁枚去世，享年82岁，去世后葬在南京百步坡，世称“随园先生”。

袁枚倡导“性灵说”，与赵翼、蒋士铨合称为“乾嘉三大家”（或江右三大家），又与赵翼、张问陶并称“性灵派三大家”，为“清代骈文八大家”之一。文笔与大学士纪昀齐名，时称“南袁北纪”。主要传世的著作有《小仓山房文集》《随园诗话》《随园食单》《子不语》《续子不语》等。散文代表作《祭妹文》，哀婉真挚，流传久远，古文论者将其与唐代韩愈的《祭十二郎文》并提。

《随园诗话》是清代影响最大的一部诗话，十六卷，《补遗》十卷。本书所论及的，从诗人的先天资质到后天的品德修养、读书学习及社会实践，从写景、言情到咏物、咏史，从立意构思到谋篇炼句，从辞采、韵律到比兴、寄托、自然、空灵、曲折等各种表现手法和艺术风格，以及诗的修改、诗的鉴赏、诗的编选，乃至诗话的撰写，凡是与诗相关的方方面面，可谓无所不包。其体制为分条排列，每条或述一评，或记一事，或采一诗（或数诗），乃随笔式。本书的编撰，旨在倡导“性灵说”诗论，以反对乾隆诗坛流行的沈德潜“格调说”与翁方纲以考据为诗的风气。所谓“性灵”，就是“性情”“真情”，认为诗中必须有不失赤子之心的“真我”，遗失“真我”便无性灵可言，因而认为艳诗可作，反对儒家传统诗论，其论诗为清代诗坛带来一股清新之风，对扫除拟古之风有积极作用。本书于作者辞官后开始编撰，成书于乾隆五十五年（1790），由毕沅等资助付梓。《补遗》则写至作者病故为止，成书于嘉庆年间。

（1）吐属风流

尹文端公总督江南，年才三十，人呼“小尹”。海宁诗人杨守知，字次也，康熙庚辰进士。以道员诖误，候补南河，年七十矣。尹知为老名士，所以奖慰之者甚厚。杨喜，自指其鬓叹曰：“蒙公盛意，惜守知老矣！‘夕阳无限好，只是近黄昏。’”公应声曰：“不然！君独不闻‘天意怜幽草，人间重晚晴’乎？”杨骇然，出语人曰：“不谓小尹少年科甲，竟能吐属风流。”

这则诗话出自《随园诗话》卷一第十一则。作者赞扬了尹继善谈吐风流。吐属，谈吐。《三国志·魏志·阮瑀传》：“军国书檄，多（陈）琳、瑀所作也。”风流，洒脱放逸，风雅潇洒。《后汉书·方术传论》：“汉世之所谓名士者，其风流可知矣。”杨喜是老名士，作为江南总督的尹继善要“奖慰”他，杨自指鬓发，引唐李商隐“夕阳无限好，只是近黄昏”自谦，尹继善也引李商隐诗句“天意怜幽草，人间重晚晴”一对，可谓旗鼓相当，谈吐都显出风流潇洒本色。

（2）扁对用成语而有味

凡神庙扁对，难其用成语而有味。或造仓颉庙，求扁。侯明经嘉缙，提笔书“始制文字”四字。人人叫绝。或求戏台对联。姚念兹集

> 唐句云："此曲只应天上有；斯人莫道世间无。"又，张文敏公戏台集宋句云："古往今来只如此；淡妆浓抹总相宜。"苏州戏馆集曲句云："把往事，今朝重提起；破工夫，明日早些来。"俱妙。或题"诸葛庙"，用"丞相祠堂"四字，亦雅切。

毛泽东对这则诗话曾加以圈画，在其中的联语旁都划上道道。（陈晋主编：《毛泽东读书笔记解析》，广东人民出版社 1996 年版，第 1281 页）

扁，"匾"的本字，挂在厅堂里或亭榭间的题字横额。扁对，匾额上的对联，很难有使用成语而且有味意的。袁枚却举了几个好的例子。第一个，有人要盖一座古代文字创造者仓颉的庙，寻求匾额。贡生侯嘉缙，提笔书写了"始制文字"四字，人人叫绝。有人寻求戏台上的对联，姚念兹集唐句云："此曲只应天上有"，语出杜甫《赠花卿》："此曲只应天上有，人间能有几回闻？"下联"斯人莫道世间无"，未详。集句，旧时作诗方式之一，就是从已有的不同诗文中选出句子重新组合成一首新诗或对联。张文敏戏台集宋句上联"古往今来只如此"，未详；下联"淡妆浓抹总相宜"，语出宋苏轼《饮湖上初晴雨后》："欲把西湖比西子，浓妆淡抹总相宜。"苏州戏馆集曲句联，上联"把往事，今朝重提起"，出自《荆钗记·时祀》，为王母所唱；下联"破功夫，明日早些来"，出自《西厢记·酬简》，为张生所唱。二者都是传唱入口的名曲，用作楹联，十分妥帖工巧，也很有亲和力。以上各联毛泽东都比较欣赏。

（3）"有典而不用"

袁枚《随园诗话》卷一第三十四则：

> 余每作咏古、咏怀诗，必将此题之书籍，无所不搜；及诗之成也，仍不用一典。常言：人有典而不用，犹之有权势而不逞也。

咏古诗，亦称怀古诗，用诗歌形式抒发对古代人物和事件感慨的诗。咏物诗，用诗歌形式来描写自然景物的诗。典，典故。诗文等作品中引用的古代故事和有来历有出处的词语。袁枚谈自己创作咏古、咏物诗的体会，认为作诗该用典时还是要用，如果不用，就像有权势而不显示一下一样，是不明智的。这个意见是有道理的。其实，咏古诗和咏物诗情况不大相同。咏古诗，用典可以说在所难免；咏物诗以白描状写为胜，尽量少用典。用典得当，可以增强作品的艺术力量，但用典过多，便会搞得晦涩难懂，古人叫作“掉书袋”，是不可取的。毛泽东对袁氏的看法可能比较认同，故加圈画。

（4）“可见知足者，皆不学之人”

《随园诗话》卷一第四十六则：

> 襄勤伯鄂公容安，好吟诗，如有宿悟。《竹林寺》云：“初地相逢人似旧，前身安见我非僧。”《悼亡》云：“伤心最是怀中女，错认长眠作暂眠。”
>
> 《记》曰；“学然后知不足。”可见知足者，皆不学之人，无怪其夜郎自大也。鄂公《题甘露寺》云：“到此已穷千里目，谁知才上一层楼。”方子云《偶成》云：“目中自谓空千古，海外谁知有九州。”

鄂公容安，即鄂容安，字休如，号虚亭，满洲镶蓝旗人，西林觉罗氏。雍正进士。乾隆间累擢两江总督，授西路参赞大臣。平伊犁，会阿睦尔撒纳叛，与班第皆被陷，力战自尽。谥刚烈。他好吟诗，好像预先已经知晓。《礼》，即《礼记》。“学然后知不足”，见《礼记·学记》：“是故学然后知不足，教然后知困。”意谓学习以后才知道自己的缺欠，教学时才知道自己的困难。由此他推定知足的人，都是不肯学习的人，无怪其夜郎自大。夜郎自大，比喻妄自尊大。夜郎，我国汉代西南部的一个小国，约在今贵州西北部。汉武帝于其地设置牂牁。语本《汉书·西南夷传》：“滇王与汉使言：‘汉孰与我大？’及夜郎侯亦然。各自一州王，不知汉广大。”但创作和学术研究不是一途，然而诗人也要有知识，不能夜郎自大，故步自封。作者举的鄂公《题甘露寺》诗，是化用唐王之涣《登鹳雀楼》“欲穷千里目，更上一层楼”诗意。方子云《偶成》是化用李商隐《马嵬》“海外徒闻空九州，他生未卜此生休”诗意。作者认为他们有学问，用得恰到好处。毛泽东圈画了此则诗话，表示赞同。（陈晋主编：《毛泽东读书笔记解析》，广东人民出版社 1996 年版，第 1481 页）

（5）“作诗言情难”

袁枚《随园诗话》卷六第四十三则：

> 凡作诗，写景易，言情难。何也？景从外来，目之所触，留心便得；情从心出，非有一种芬芳悱恻之怀，便不能哀感顽艳。然亦各人性之所近，杜甫长于言情，太白不能也。永叔长于言情，子瞻不能也。王介甫、曾子固偶作小歌词，读者笑倒，亦天性少情之故。

此则诗话，作者谈自己作诗的体会：“写景易，言情难”，并从反映内容和作者个性差异两方面，举了唐代杜甫“长于言情”，李白“不能也”。宋代欧阳修“长于言情”，苏轼“不能也”。王安石、曾巩偶尔作“小歌词”，“读者笑倒”，也是因为他们天性少情的缘故。毛泽东圈画了这则诗话，表示首肯。（《毛泽东读书笔记解析》，广东人民出版社 1996 年版，第 1479 页）

（6）“诗人爱管闲事”

袁枚《随园诗话》卷八第八十则：

> 诗人爱管闲事，越没要紧则愈佳；所谓“吹皱一池春水，干卿何事”也。陈方伯德荣《七夕》诗云：“笑问牛郎与织女，是谁先过鹊桥来？”杨铁崖《柳花》诗云：“飞入画楼花几点，不知杨柳在谁家？”

此则诗话主要讲诗人写咏物诗的体会：要爱管闲事，“越没要紧则愈佳”，并举了五代南唐词人冯延巳《谒金门》“风乍起，吹皱一池春水”。原形容风儿吹皱水面，波浪涟漪。后作为与你有何相干或多管闲事的歇后语。南唐中主李璟，好读书，善文词。继位后，他特别看重词人。冯延巳就是因词作升官。有一次，李璟取笑冯延巳：“‘吹皱一池春水’，干卿何事？”冯回答说：“未若陛下‘小楼吹彻玉笙寒’也。

陈方伯德荣，即陈德容，安州（今河北雄安）人，清康熙进士，官至安徽布政使。方伯，清代对布政使的称呼。“七夕”是老题材，是“谁先过鹊桥来”，翻出了新意。

杨铁崖，即杨维桢，号铁崖，元代文学家。他的《柳花》从飞入画楼的几点柳花，想到杨柳所生长的位置，也别出心裁。爱管闲事，就要仔细观察那些无关痛痒的没有要紧的闲事，抓住具体景物加以描状，就会写出佳作。毛泽东圈画了这则诗话，便是对此种见解的欣赏。（陈晋主编：《毛泽东读书笔记解析》，广东人民出版社 1996 年版，第 1479 页）

（7）“怀古诗”

袁枚《随园诗话》卷六第五十四则：

> 怀古诗，乃一时兴会所触，不比山经、地志，以详核为佳。近见某太史《洛阳怀古》四首，将洛下故事，搜括无遗，竟有一首中，使事至七八者。编凑拖沓，茫然不知作者意在何处。因告之曰：“古人怀古，只指一人一事而言，如少陵之《咏怀古迹》：一首武侯，一首昭君，两不相羼也。刘梦得《金陵怀古》，只咏王濬楼船一事，而后四句，全是空描。当时白太傅谓其‘已探骊珠，所余鳞甲无用’。”真知言哉！不然，金陵典故，岂王濬一事？而刘公胸中，岂止晓此一典耶？

此则诗话，写作者对怀古诗写作的见解：强调应是一时兴会所触，即写出兴致、意趣即可，不必像地理书那样，以翔实准确为佳，并举杜甫咏诸葛亮、王昭君和刘禹锡咏西塞山王濬灭吴之事（从所述内容看，应是《西塞山怀古》）；刘氏另有《金陵五题》，分别咏石头城、乌衣巷等金陵古迹，故当系作者误记。借以说明古人怀古，一首只咏一事，作诗文应抓住要害的道理，是很有见地的。毛泽东阅读时曾圈画这则诗话，表示自己

的认同。（陈晋主编：《毛泽东读书笔记解析》，广东人民出版社1996年版。第1479页）

（8）“声隔古今”

袁枚《随园诗话》卷十二第三十八则：

> 声音不同，不但隔州郡，并隔古今。《谷梁》云：“吴谓‘善伊’为‘稻缓’，淮南人呼‘母’为‘社’。”《世说》：“王丞相作吴语曰：‘何乃渹？’”《唐韵》：“江淮以‘韩’为‘何’。今皆无音。”

此则诗话主要讲古今语音的变化。州郡，州和郡，古代行政区划，相当于今之地、市。声音隔州郡，是从地域讲；隔古今，是从时间讲。下举两例，《谷梁》，即《谷梁传》，所说“吴谓‘善伊’为‘稻缓’，淮南人呼‘母’为‘社’”，是指地域之变。《世说》，即《世说新语》，南朝梁刘义庆撰，志人小说集。王丞相，即东晋丞相王导。《世说新语·排调》：“时盛暑之日，王丞相作吴语：‘何乃渹？’”《唐韵》，指的是唐朝时所通用的韵律和韵部表，也指一本名为《唐韵》的韵书。《唐韵》由唐人孙愐著，时间约在唐玄宗开元二十年（732）之后，是《切韵》的一个增修本，但原书已佚失。现存最早的一部诗韵是《广韵》，《广韵》的前身是《唐韵》，《唐韵》的前身是《切韵》。《广韵》共有206韵，《唐韵》《切韵》应该也是206韵，但今人考证，《切韵》原来只有193韵。据清代卞永誉《式古堂书画汇考》所录唐元和年间《唐韵》写本的序文和各卷韵数的记载，全书5卷，共195韵。《唐韵》：“江淮以‘韩’为‘何’。”“今皆无音”，是说这种读音消失了。这是古今之变。

毛泽东圈画了这段文字，说明他对古今语音之变的关注。（陈晋主编：《毛泽东读书笔记解析》，广东人民出版社1996年版，第1280页）

（9）“诗词用韵宜宽”

袁枚《随园诗话》卷十二第三十九则：

偶见坊间俗韵，有以“真元”通“庚青”者，意颇非之。及读《三百篇》，爽然若失。“山榛”“隰苓”“十真（蒸）”通“九膏”。“有鸟高飞，亦傅于天。彼人之心，于其何臻。曷予靖之，居以凶矜。”是“一先”“十一真”“十蒸”俱通也。《楚辞》：“肇锡于一嘉名”“字余曰灵均”“八庚”通“十真”也。其他《九歌》《九辨》，俱“九青”通“文元”。无怪老杜《与某曹长诗》，“末”字旁通者“六”；东坡《与季长诗》，“汁”字旁通者“七”。

此则诗话主要讲诗词用韵要宽，临近韵部可以通押。所举例子甚多。《三百篇》，即《诗经》，共三百零五篇，三百篇是举其成数。所引诗句见《小雅·菀柳》。《楚辞》，指《离骚》，战国楚屈原的政治抒情长诗。《九歌》，屈原作，共十一篇。《九辨》，宋玉作。“辨”，当作“辩”。

老杜，指唐代大诗人杜甫。东坡，指宋代大诗人苏轼。这些例子都说明古人诗词用韵比较宽。毛泽东在1957年夏接见词学专家冒广生谈诗用韵时就持这种意见，所以他注意到袁枚这种主张，曾对此段文字加以圈画。（陈晋主编：《毛泽东读书笔记解析》，广东人民出版社1996年版，第1480—1481页）

（10）“唐人律诗，通韵极多”

袁枚《随园诗话》卷十二第四十则：

余《祝彭尚书寿》诗，“七虞”内误用“余”字，意欲改之。候考唐人律诗，通韵极多，因而中止。刘长卿《登思禅寺》五律，“东韵”也，而用“松”字。杜少陵《崔氏东山草堂》，七律，“真”韵也，而用“芹”字。苏颋《出塞》五律，“鱼”韵也，而用“符”字。李义山属对最工，而押韵颇宽，如“东、冬”“萧、肴”之类，律诗中竟时时通韵。唐人不以为嫌也。

此则诗话主要讲诗歌创作用韵要宽，不同韵部可以通押。所谓通韵，指两个或两个以上的韵部可以相通，或其中一部相通。作诗时可以互押。如“平水韵”中的“东”“冬”可以相通，“支”“微”亦可相通。袁枚结合自己创作诗歌的体会，研究了唐代诗人刘长卿、杜甫、苏颋、唐明皇李隆基和李商隐一些诗作，得出了“唐人律诗，通韵极多”的结论，很有说服力。毛泽东曾圈阅了这则诗话，表示对这问题的关注。（陈晋主编:《毛泽东读书笔记解析》，广东人民出版社 1996 年版，第 1481 页）

（11）徐灵胎“刺时文”

徐灵胎（1693—1771），名大椿，一名大业，晚号洄溪老人，清吴江（今江苏苏州吴江）人，清代名医、诗人。大椿生有异禀，聪强过人，先攻儒业，博通经史，旁及音律书画、兵法水利。徐氏著作尚有《难经经释》《医学源流论》《医贯砭》《神农本草经百种录》《兰台轨范》《洄溪道情》等。

袁枚《随园诗话》卷十二第五十则：

> 余弱冠在都，即闻吴江布衣徐灵胎有权奇倜傥之名，终不得一见。庚寅七月，患臂痛，乃买舟访之，一见欢然。年将八十矣，犹谈论生风，留余小饮，赠以良药。门邻太湖，七十二峰，招之可到。有佳句云:“一生那有真闲日？百岁仍多未了缘。”《自题墓门》云:“满山灵草仙人药，一径松风处士坟。”灵胎有《戒赌》《戒酒》《劝世道情》，语虽俚，恰有意义。《刺时文》云:“读书人，最不齐；烂时文，烂如泥。国家本为求才计，谁知道，变做了欺人技。三句承题，两句破题，摆尾摇头，便道是圣门高弟。可知道‘三通’‘四史’，是何等文章？汉祖、唐宗，是那一朝皇帝？案头放高头讲章，店里买新科利器：读得来肩背高低，口角嘘唏，甘蔗渣儿嚼了又嚼，有何滋味？孤负光阴，白白昏迷一世。就教他骗得高官，也是百姓朝廷的晦气！”

此则诗话，主要揭露八股文的毒害，切中时弊。时文，指八股文，即明清科举考试法定的一种文体。文章以四书的内容做题目，发端为破题，接着是承题，后为起讲、入手，入手之后分为起股、中股、后股和束股四个段落发议论。每个段落都有排比对偶的两个句子，合起来共八股，故称八股文。八股取士的制度，既不利于人才培养，又摧残自身："读得来肩背高低，口角嘘唏，甘蔗渣儿嚼了又嚼，有何滋味？孤负光阴，白白昏迷一世"，他们连"三通"（唐杜佑《通典》、宋郑樵《通志》、元马端临《文献通考》）、"四史"（《史记》《汉书》《后汉书》《三国志》）是什么样的文章也不懂，"汉祖（汉高祖刘邦）、唐宗（唐太宗李世民），是那一朝皇帝"也不知道，这样的知识分子，于国于家都没有好处："就教他骗得高官，也是百姓朝廷的晦气！"徐氏的《刺时文》对这种制度进行了辛辣的讽刺。毛泽东在这则诗话中的"刺时文"诗旁用红铅笔画有着重线，表示对此诗的欣赏。（陈晋主编：《毛泽东读书笔记解析》，广东人民出版社 1996 年版，第 1480 页）

9. 魏禧《张无择文集序》

魏禧（1624—1680），字冰叔，一字凝叔，号裕斋，亦号勺庭先生，江西宁都（今江西宁都）人，明末清初著名的散文家。与侯朝宗、汪琬合称"明末清初散文三大家"。与兄魏祥、弟魏礼并美，世称"三魏"。三魏兄弟与彭士望、林时益、李腾蛟、邱维屏、彭任、曾灿等合称"易堂九子"。

魏禧论文主张经世致用，积理、练识。他长于策、论等以广大胸怀而谋天下之事的文体，同时对其他文体的创作也都有所心得，并且写出了煌煌百万字的作品。他的文章多颂扬民族气节人事，表现出浓烈的民族意识；他还善于评论古人的业迹，对古人的是非曲直、成败得失都有一定的见解。康熙年间，魏禧举博学宏词科，不应，卒于扬州。著有《魏叔子文集》22 卷，《诗集》8 卷，《日录》3 卷，《左传经世》10 卷，《兵谋》《兵法》各 1 卷，《兵迹》12 卷。散文作品有《邱维屏传》《大铁椎传》等。

《张无择文集序》是魏禧为苏州学者张无择文集写的序言。从文中介绍可知，张无择，是明末秀才，入清后放弃秀才身份，不参加清代科举考试，其政治态度是不与清王朝合作，专门以读书为务，著述甚丰，有书数百卷，文百余篇，内容翔实，文风质朴。作者予以推荐，冀其流传。

毛泽东读了这篇文章，在他的读书笔记《讲堂录》中谈道："儒者之文与文人之文不同。儒者之文清以纯，文人之文肆而驳。"（《毛泽东 1913 年《讲堂录》,《毛泽东早期文稿》，湖南出版社 1990 年版，第 597 页）赞同本文开头的几句话："儒者之文沉以缓，才人之文扬以急；文人之文文胜其质，学者之文质胜其文。然得其一，皆足以自名。"原文前四句，儒者与才人对举，文人与学者并称；并不是四种作者，其实儒者即学者，才人即文人，只是两种作者。至于他们之间的不同："沉以缓"与"扬以急"，是从文章风格来讲；"文胜于质""质胜于文"是就文章内容而论。毛泽东归纳为儒者与文人，其文章的区别在于"清以纯"与"肆而驳"。清、肆是从文章风格而言，纯、驳是就内容而论。毛泽东的归纳更为简明，且不乏新意。

10. 牛运震《游五姓湖记》

牛运震（1706—1758），字阶平，一字真谷，号空山，人称空山先生，山东滋阳县马青（今山东济宁兖州区新兖镇牛楼村）人，清文学家。雍正十一年（1733）进士。十三年（1735），举博学鸿词，报罢。历官甘肃两当、秦安、平番诸县，值固原兵变，大掠，运震为画策平定。上官咸异其才，为忌者所中，免归。运震开敏有断，居官不延幕友，凡事均自理。主讲皋兰书院，又曾主讲晋阳、河东两书院。性好金石，精经术，工文章，喜出己见。著有《空山堂文集》十二卷，《史论》二十卷，《塞山堂易解》四卷，《春秋传》十二卷，《金石图》二卷。

毛泽东 1913 年《讲堂录》中记载："读《游五姓湖记》，则见篇中人物，皆一时之豪；吾人读其文，恍惚与之交矣。游者岂徒观览山水而已哉，当识得其名人巨子贤士大夫，所谓友天下之善士也。"（《毛泽东早期文

稿》，湖南出版社1990年版，第587页）

其《游五姓湖记》见《空山堂文集》卷六，据该文所云，五姓湖“汇泳济、临晋、虞乡三县之交”“输于涑水”“周环六七十里”，游湖时间在“蒲郡太守周侯既浚五姓湖之三年”，同游者除牛运震自己外，还有周侯、浙东胡稚威、永济令张君、万泉令毕君。“记”中对周侯将“淤且涸者百有余年”的五姓湖重新疏浚，对“鱼虾之产岁千万石，湖之民携而戈其利者倍禾稼之入”的政绩予以充分肯定，故《讲堂录》注“见篇中人物，皆一时之豪”。毛泽东接下来的发挥，是把读书与“读”人结合在一起，把游览山川同友天下善士结合在一起。

我们且看作者对五姓湖的出色描写：

是湖汇永济、临晋、虞乡三县之交，南浸中条之麓，北接桑泉，东受姚暹渠、鸭子池诸水，西抵赵伊镇，输于涑水。周环六七十里。五老诸峰，倒影其中。孤山、峨眉冈，远空极翠，复映带之。十月二日，余与张、毕二君先后至湖。已而周侯自虞乡却来舆迎胡君，达湖上。当是时，渔人篙工及湖山农民百数十人，咸舣舟以待。

明日登舟，由南岸放乎中流。绿岚微晕，红林未脱。风平烟净，湖光潋滟。白云横抹，桥影参差。已而扣舷载咏，举酒相属，高宴转清，极望旷渺，乐可知也。然而渔人农父有歌于舟中者，隶卒按拍吹笛和之。渔之柔流而村罛者，声与歌相答也。

当是时，周侯推酒馔以餍耕牧之民。俯仰云水，四顾洲原，为说乡土山川风景之胜，晴雨桑麻，伏腊赛脯之乐。移舟促棹，酒酣耳热。杂引杯觞，高索果栗，若不知有太守公者。凫雁欢声，林木交舞，日暮景转，夷犹不厌。

夫牧有司不可以游览为事，彼其部领文奏，一日之玩则废之矣。矧其朱幡皂盖，卤薄驺骑，于山水之趣何有哉？谢灵运之泛麻源，山简之醉高阳池，吾意其掾吏犹苦之。为之民者愿安所得共焉。如使仆仆凿山谷，供帐具，则民不利有风雅之使，君可知也。至若逸人畸士，往往幅巾竹杖，喜自放于山巅水湄之外，一遇达官画舸鼓吹，则有“欸乃”一声，棹烟港荻浦而去耳。夫又安从致之。然则周侯今日之游，其何以为此乐也哉？

这是一篇颂赞地方官执政为民、与民同乐，并寄予和谐大同的政治理想的哲理美文。其体例借取了范仲淹《岳阳楼记》阔大沉雄、寄托高远的一面，格调积极向上，没有丝毫的悲观凄婉之感。毛泽东在《讲堂录》中写自己向往五姓湖人物，在其上述片段中，写有这样的话：“闭门求学，其学无用。欲从天下国家万事万物而学之，则汗漫九垓，遍游四宇尚已。”“游之为益大矣哉！登祝融之峰，一览众山小；泛黄勃之海，启瞬江湖失；马迁览潇湘，泛西湖，历昆仑，周览名山大川，而其襟怀乃益广。”

其中“游之为益大矣哉”和“襟怀乃益广”，抒写了毛泽东胸怀天下、立志遍历祖国山川的辽阔境界与胸襟！推及当时的课堂情境，为毛泽东称颂的五姓湖人物，正是他自己心目中的人杰和崇尚的榜样。

11. 曾国藩

（1）《圣哲画像记》

曾国藩（1811—1872），初名子城，字伯涵，号涤生，出生于湖南长沙府湘乡荷叶塘白杨坪（今湖南娄底双峰荷叶镇天坪村）的一个豪门地主家庭。兄妹九人，曾国藩为长子。祖辈以务农为业，家境富裕，宗圣曾子七十世孙，中国近代政治家、战略家、理学家、文学家，湘军的创立者和统帅。与胡林翼并称“曾胡”，与李鸿章、左宗棠、张之洞并称“晚清四大名臣”。

道光十八年（1838）年进士。曾任翰林院侍讲学士，礼部、兵部侍郎。咸丰初年，奉命帮办湖南团练，后来扩编为湘军，成为镇压太平天国起义军的主力。咸丰十年（1860）升任两江总督，并作为钦差大臣，督办江南军务。次年节制苏、皖、赣、浙四省军务，派其弟曾国荃进攻天京

（今江苏南京）。同治三年（1864）攻陷天京，太平天国起义遂告失败。四年（1865），节制直隶、山东、河南三省军事，对捻军作战，因战事不利去职。后任直隶总督，调两浙总督，卒于任上，谥文正。其著作由李瀚章辑为《曾文正公全集》。

毛泽东 1913 年 10 月至 12 月的《讲堂录·修身》课记载："曾涤生《圣哲画像记》三十二人：文周孔孟，班马左庄，葛陆范马，周程朱张，韩柳欧曾，李杜苏黄，许郑杜马，顾秦姚王。"（《毛泽东早年文稿》，湖南出版社 1990 年版，第 592 页）

曾涤生，即曾国藩。《圣哲画像记》见《曾文正公文集》（四部丛刊本）卷二。据该文所说，这三十二人按原文顺序分别为：周文王、周公旦、孔丘、孟轲、班固、司马迁、左丘明、庄周、诸葛亮、陆贽、范仲淹、司马光、周敦颐、程颐程颢兄弟、朱熹、张载、韩愈、柳宗元、欧阳修、曾巩、李白、杜甫、苏轼、黄庭坚、许慎、郑玄、杜佑、马端临、顾亭林、秦蕙田、姚鼐、王念孙。因"程"包括程颐、程颢兄弟二人，故实为三十三人。

本文作于清咸丰九年（1859）正月。曾国藩给三位弟弟的信中谈了写《圣哲画像记》的用意："吾生平读书百无一成，而于古人为学之津途，实已窥见其大，故以此略示端绪。"曾国藩是一位封建阶级政治家，也是一位知识渊博的学者。这篇文章是他治学经验的总结，他指出了在历史上卓有成就的三十三位学者，作为学习的楷模，是很有见地的。在这些人中，有政治家、军事家、哲学家、文学家、语言学家，他们所业不同，各有独特造诣，令人钦敬。

1913 年在湖南第四师范学习的毛泽东，在他的《讲堂录》中不仅记下了这三十二位圣哲的大名，还把历史上杰出的人物分为三类，加以评价："有办事之人，有传教之人。前如诸葛武侯（诸葛亮）、范希文（范仲淹），后如孔（孔丘）、孟（孟轲）、朱（朱熹）、陆（陆九渊）、王（王阳明）等是也。宋韩（韩琦）、范（范仲淹）并称，清曾（曾国藩）、左（左宗棠）并称，然韩、左办事之人也，范、曾办事兼传教之人也。"他认为范仲淹和曾国藩不仅能建立事功，而且能立德、立言，沾溉后人。1917 年

8月23日，毛泽东致黎锦熙的信中纵谈本源，评点名流，信中说："今人论人者，称袁世凯、孙文、康有为而三。孙、袁吾不论，独康似略有本源矣。然细观之，其本源究不能指其实在何处，徒为华言炫听，并无一干竖立、枝叶扶苏之妙。愚意所谓本源者，倡学而已矣。惟学如基础，今人无学，故基础不厚，时惧倾圮。愚于近人，独服曾文正。"（《毛泽东早期文稿》，湖南出版社1990年版，第85页）他认为曾国藩学养深厚扎实，真正抓住了"大本大源"，所以既有学业，又有事功，是办事又传教的人。故青年毛泽东衷心倾服曾国藩。当然，毛泽东成为马克思主义者后，对曾的评价特别是对他对太平天国的镇压，已经大相径庭，但对曾国藩这个历史人物并不一笔抹杀。直到晚年，在1969年1月的一次谈话中，毛泽东还说："曾国藩是地主阶级最厉害的人物。"

（2）家书四篇

第一封信：《致沅弟》

毛泽东《1915年6月25日致湘生信》中说："……为学之道，先博而后约，先中而后西，先普通而后专门。质之吾兄，以为何如？前者已矣，今日为始。昔吾好独立蹊径，今乃知其非。学校分数奖励之虚荣，尤所鄙弃，今乃知其不是。尝见曾文公家书有云：吾阅性理书时，又好作文章；做文章时，又参以他务，以致百不一成。此言岂非金玉！吾今日舍治科学，求分数，尚有何事？别人或谓退化，吾自谓进化也。"（《毛泽东早期文稿》，湖南出版社1990年版，第7页）

这封信是咸丰七年（1857）曾国藩写给四弟曾国荃的。曾国荃（1824—1890），字沅甫，优贡生出身。咸丰六年（1856）率湘军三千人增援江西吉安，与太平军作战，号称"吉字营"，擢知府。十一年（1861）九月攻陷安庆。同治元年（1862）围攻天京（今江苏南京），二年（1863）擢浙江巡抚，三年（1864）攻克天京。写其信时，曾氏兄弟正在与太平军血战，信中却大谈治学之道，可见其伪；信末又说及"带勇之法"，就要"早夜孳孳，日所思，夜所梦，舍带勇以外一概不管"，才不至于"百无一成"。曾国藩的真意，是唯恐曾国荃与太平军作战三心二意，其罪恶用心昭然若揭。同治五年（1866），曾国荃调任湖北巡抚，旋因对捻军作战失败，称病辞职。光绪元年（1875），曾国荃被重新起用，历任陕西、山西巡抚，署两广总督。十年（1884）任两江总督、太子太保。史书上说他为曾国藩画三十二策，无不效应，可见他也是既有政绩、战功，又有学问的人。青年时代的毛泽东，还不是马克思主义者，读其信时曾把这封信的治学经验作为金玉良言，也是不足为怪的。从另一家角度，即治学的角度来看，曾氏这封信还是有可以借鉴之处的，不能一笔抹杀。

第二封信:《谕纪泽》

毛泽东1913年10月至12月《讲堂录》记载："（曾语）精神心思，愈用愈灵，用心则小物能辟大理。"（《毛泽东早期文稿》，湖南出版社1990年版，第583页）

此段开头"曾语"二字，是毛泽东写的眉批。曾，指曾国藩。本文是曾国藩写给儿子曾纪泽的信。曾纪泽（1830—1890），字劼刚，曾国藩长子。同治九年（1870）以二户荫生补户部员外郎。光绪四年（1878）出使英、法，六年（1880）兼驻俄公使，七年（1881）与俄国签订《中俄伊犁条约》，收回伊犁和特克斯河流域。中法战争期间，力主抵抗，并向法国提出抗议。在英国订购军舰，帮助李鸿章建立北洋海军。光绪十一年（1885）回国后，历任海军衙门帮办，总理各国事务行走，户、刑、吏部等侍郎。有《曾文愍公全集》。这封信由阅曾纪泽写的祭文，曾国藩说到读书、写作和用脑问题："精神心思，愈用愈灵，用心则小物能辟大理。"意谓人的大脑，越用越灵，用心思考则小的事物能彰明大的道理。这是有一定道理的。这个意思，曾国藩在咸丰八年（1858）初九《致沅弟》中也说："精神愈用而愈出，不可因身体素弱过于保息；智慧愈苦而愈明，不可因境遇偶拂逿而摧沮。"又咸丰十年（1860）二月二十四日《谕纪泽》："心常用则活，不用则窒；常用则细，不用则粗。"总而言之，曾国藩认为脑宜常用，常用则活则细，这些也是经验之谈，有一定道理。正在求知的毛泽东，对这个立意颇以为是，便把它用自己的话概括在《讲堂录》中。另外，曾纪泽的外交贡献也是值得肯定的。

第三封信:《谕纪泽纪鸿》

毛泽东1913年10月至12月《讲堂录》记载："曾文正八本：读古书以训诂为本，作诗文以声调为本，养生以少恼怒为本，事亲以得欢心为本，居家以不晏起为本，立身以不妄语为本，做官以不要钱为本，行军以不扰民为本。"（《毛泽东早期文稿》，湖南出版社1990年版，第593页）

语出曾国藩咸丰十一年（1861）写给儿子曾纪泽、曾纪鸿的信。曾纪鸿（1848—1875），字栗诚，曾国藩次子。少而好学，精通算术，著有《对数详解》《圆率考真图解》，英年早逝。曾国藩信中提到的八本、三致祥（孝致祥、勤致祥、恕致祥）以及其祖父福冈公教人的八字（考、宝、早、扫、书、蔬、鱼、猪）、三不信（僧巫、地仙、医药）等，都是他教育子女及家人的经验总结，有一定的普遍意义。故毛泽东把"八本"的内容摘录在他的《讲堂录》中，表示有可以参考借鉴之意。

第四封信：《致沅弟》

毛泽东1913年10月至12月的《讲堂录·修身》课记载："从前种种譬如昨日死，以后种种譬如今日生。不悔之谓也，进步之谓也。"（《毛泽东早期文稿》，湖南出版社1990年版，第601页）

此段有眉批"曾语"二字，为毛泽东所批。曾，指曾国藩。语见曾国藩同治六年（1867）二月二十九日《致沅弟》信："此时须将劾官相之案，圣眷之隆替，言路之谈劾一概不管。袁了凡所谓从前种种譬如昨日死，从后种种譬如今日生，另起炉灶，重开世界，安知此两番之大败，非天之磨练英雄，使弟大有长进乎？谚云吃一堑，长一智，吾生平长进常在受挫受辱之时，务须咬牙厉志，蓄其气而长其智，切不可苶然自馁也。"

此信是同治六年（1867）曾国藩写给其四弟曾国荃的。当年二月十八日，曾国荃在蕲水（今湖北浠水）被捻军击败，称病辞职。曾国藩写信慰问，勉励他检讨自省、吸取教训、重新振作时说："然事已如此，只好硬心狠肠，付之不问，而壹意料理军务。补救一分，即算一分。弟已立大功于前，即使屡挫，识者犹当恕之。"并以自己岳州、靖港之败现身说法，勉励其"再振"。接着又引袁了凡"所谓从前种种譬如昨日死，从后种种譬如今日生"的话，让他"另起炉灶，重开世界"。袁了凡，即袁黄，字坤仪，号了凡，浙江嘉善人。明万历十四年（1586）进士，初任宝坻县主事。学问渊博，严于律己，曾用“功过格记录每日所为善恶。著有《两行斋集》《袁了凡纲鉴》。光绪元年（1875）果被重新起用，历任陕西、山西巡抚，署两广总督。十年（1884）任两江总督。也许是这封信之效吧！毛泽东很喜欢这封信中关于受挫折和磨炼，“重开世界”一类励志的话，把它抄在自己的读书笔记《讲堂录》之中。

（3）日记一则

毛泽东1913年10月至12月《讲堂录》记载：

“涤生日记，言士要转移世风，当重两义：曰厚曰实。厚者勿忌人；实则不说大话，不好虚名，不行架空之事，不谈过高之理。

不行架空之事，福泽谕吉（日本人）有庆应大学，以教育为天职，不预款，均利。福氏于学擅众长，有诲人不倦之志。

不谈过高之理，心知不能行，谈之不过动听，不如默而为愈。”（《毛泽东早期文稿》，湖南出版社1990年版，第581页）

此则应是毛泽东听杨昌济讲课之后的《修身》笔记。曾有《曾文正公手书日记》四十本。此处所引见庚申（1860）九月二十四日日记。原文是：“所谓正心者，曰厚曰实。厚者，仁恕也，‘己欲立而立人，己欲达而达人’‘己所不欲，勿施于人’，存心之厚，如此可以少正天下浇薄之风。实者，不说大话，不好虚名，不行架空之事，如此可以少正天下虚伪之习。”在日记中，作者引经据典，加以阐释。“己欲立而立人，己欲达而达人”出自《论语·雍也》，意谓仁爱之人，自己决定对人建立仁爱之心，别人才会对你仁爱；自己决定对人豁达（宽容），别人才会对你豁达（宽容）。这是儒家道德修养中用于处理人际关系的重要原则，即“忠恕”，忠恕要求根据自己内心的体验来推测别人的思想感受，达到推己及人的目的。“己所不欲，勿施于人”出自《论语·卫灵公》，意谓如果自己不喜欢或做不到，不要强加于别人。人与人之间的交往确实应该坚持这种原则，这是尊重他人、平等待人的体现。

接着还引了日本人福泽谕吉（1934—1901）的事迹。福泽谕吉，日本明治维新时代的思想家，早年学习西学，1858年在江户（今东京）设塾

（庆应义塾大学之前身）讲学。他曾三次游历欧美，主张学习对人生实际有用的“实学”。最后，又引明代思想家顾炎武“天下兴亡，匹夫有责”的名言自勉，表示做一个政治家，他要效忠清王朝。曾国藩的这种封建阶级立场是很鲜明的。但其具体做法上还是有可借鉴之处，故为青年毛泽东所服膺，在他的《讲堂录》中详细做笔录而又加以发挥。

12. 王夫之

（1）王夫之《读通鉴论》“申韩未必皆贼杀”

王夫之《读通鉴论》卷十五《宋明帝》：

拓跋宏授位于太子，而自称太上皇帝，子幼而恐为人所篡夺也。……宏好黄老，而得老氏之术。其欲逊位于子忒也，老氏欲取故与之术也。其托于清谧，而匿其建立嗣子之旨也，老氏守兑之术也。所欲立者非不正，而诡道行之，巧笼宗室大臣之心，亦狡矣哉！而抑其君子之道哉？虽然，其以传位笼子推而制之，犹贤于宋明帝之贼杀兄弟，以安其养子远矣！黄老之术，所由贤于申韩也。然而疑虑以钳制天下，则一也。故曰，黄老之流为申韩，机诈兴而末流极于残忍，故君子重恶之也。

毛泽东读后批注道：“申韩未必皆贼杀，如曹操、刘备、诸葛。”（《毛泽东读文史古籍批语集》，中央文献出版社1993年版，第343页）

王夫之（1619—1692），字而农，号姜斋，湖南衡阳人，明末清初哲学家、思想家。晚年隐居衡阳石船山，学者称船山先生，中国朴素唯物主义集大成者，与顾炎武、黄宗羲并称为明末清初三大思想家。王夫之曾积极组织抗清斗争，失败后到南明桂王的政权中任职，南明亡后，更名隐居，潜心著述。在哲学方面，王夫之认为气是宇宙本原，气有聚散，但无生灭，是永恒无限的。在知行关系问题上，他强调行的主导作用，认为“行可兼知，而知不可兼行”。他还提出“知之尽，则实践之”的命题，认为“知行相资以为用”。在社会历史方面，他批判“泥古薄今”的观点，认为人类历史是不断进化的。他反对天命观，认为历史发展具有规律性，是“理势相成”，他还提出民心向背在历史发展中的重要性。在伦理思想方面，他认为人性是变化的，“日生而日成”。他根据“性者生理也”的观点，强调理欲统一，要“以理节欲”“以义制利”，他还提出人既要“珍生”，又要“贵义”，要有“志节”“以身任天下”。在美学方面，他认为美不是一成不变的，美是经过艺术创造的产物。他对文学创作中许多传统美学范畴都有发挥。王夫之的思想在中国思想史上具有重要地位，在中国近代产生了很大影响。遗著总称为《船山遗书》，有 100 多种，主要有《张子正蒙注》《读四书大全说》《周易外传》《尚书引义》《读通鉴论》等。内容涉及哲学、政治、法律、军事、历史、文学、教育、伦理、文字、天文、历算及至佛道等，尤以哲学研究成就卓著，其诗文亦自成家，于言意、情景、内外等深入研讨，颇富新意。凡此，对近代思想均有重大影响。

《读通鉴论》是王夫之毕其一生心血，从 69 岁开始动笔写作，在其逝世前才完成的一部史论。借引司马光《资治通鉴》所载史实，系统地评论自秦至五代之间漫长的封建社会历史，分析历代成败兴亡、盛衰得失，臧否人物，总结经验，引古鉴今，探求历史发展进化规律，寻求汉族复兴的大道。全书 60 余万字，分为 50 卷，每卷之中以朝代为别；每代之中以帝王之号为目，共 30 目；目下又分作一个个专题；另在卷末附有叙论四篇。其中秦 1 卷，西汉 4 卷，东汉 4 卷，三国 1 卷，晋 4 卷，宋、齐、梁、陈、隋各 1 卷，唐 8 卷，五代 3 卷，另附《叙论》4 篇为卷末。该书文采飞扬，议论纵横，新见迭出，论点精到，堪称传统史论中最系统最精彩的杰作，同时也全面地反映了王夫之进步的历史观和政治思想倾向。

上面所引卷十五《宋明帝》北魏献文帝拓跋宏（弘）传位于拓跋元宏的事。《资治通鉴·宋明帝泰始七年》记述，北魏献文帝拓跋宏“好黄、老、浮屠之学，每引朝士及沙门共谈玄理，雅薄富贵，常有违世之心”。当时皇太子拓跋元宏仅五岁，因为年纪太小，于是就想把皇位禅让给自己的叔叔拓跋子推。拓跋子推沉雅仁厚，当时有很高的声誉。可群臣和宗室都不同意，有人甚至说，如果陛下舍弃太子，另立亲王，就要当廷自杀；有的说今后要以死拥戴太子。最后，拓跋宏表示："然则立太子，群公辅之，有何不可？"自然就把皇位传给了拓跋元宏，是为北魏孝文帝，拓跋宏自己也当上了太上皇。

王夫之把北魏献文帝和宋明帝传位于子的方式放在一起评论。他认为，拓跋宏并不是真想把皇位禅让给叔叔拓跋子推，而是担心自己身后，儿子受制于拓跋子推，江山不稳，故用黄老的诡道诈术，欲取之而先予之，同时也试出群臣是真心拥戴年幼的太子的。在王夫之看来，北魏献文帝虽然做得狡诈，但还是"贤于宋明帝之贼杀兄弟"，就是说，黄老之术"贤于申韩也"。申韩指的是战国后期的申不害和韩非，他们是当时法家学派的代表人物。韩非综合了商鞅的"法"治，申不害的"术"（君王驭臣之术）治，慎到的"势"治，提出以"法"为中心的"法、术、势"三者合一的君王统治术，对后世影响很大。接着，王夫之提出，"黄老"之术的末流为"申韩"之术，前者"机诈"，后者"残忍"。其残忍的例子之一，就是宋明帝"贼杀兄弟"。毛泽东大概不同意这个论点，认为"申韩未必皆贼杀"，他举的例子，三国的曹操、刘备、诸葛亮，一般来说，曹操、刘备、诸葛亮是推崇申、韩法术的，可划入法家之列。

（2）王夫之《读通鉴论》俗儒者"不如过去法家之犹讲一些真话"

王夫之《读通鉴论》卷十七《梁武帝》："若夫坏人心，乱风俗，酿盗贼篡弑危亡之祸者，莫烈于俗儒。俗儒者，以干禄之鄙夫为师者也，教以利，学以利，利乃沁入于人心，而不知何者为君父，因异端之所不屑者也。……俗儒奉章程以希利达，师鄙夫而学鄙夫，非放豚也，乃柙虎也，驱之而已矣，又何受焉？"

毛泽东读后批注道："俗儒者万千，而贤者不一，不如过去法家之犹讲一些真话。儒非徒柔也，尤为伪者骗也。"（《毛泽东读文史古籍批语集》，中央文献出版社 1993 年版，第 342—344 页）

《资治通鉴·梁武帝天鉴元年》所记萧衍篡齐事。萧衍（464—549），梁武帝，南朝梁的开国皇帝，南兰陵中都里人（今江苏常州新北区孟河镇万绥村）。萧衍是兰陵萧氏的世家子弟，出生在秣陵，为汉朝相国萧何的二十五世孙。他原来是南齐的官员。南齐中兴二年（502），齐和帝被迫"禅位"于萧衍，南梁建立。萧衍在位时间达四十八年，在南朝的皇帝中列第一位。萧衍尊儒崇佛，立佛教为国教，大建寺庙，组织人马举行辩论，攻击无神论者范缜及其神灭论思想。萧衍在位晚年爆发"侯景之乱"，都城陷落，他本人被侯景囚禁，饿死于台城，享年八十六岁，葬于修陵，谥为武帝，庙号高祖。当时萧衍已有受禅之意，著名文学家沈约和范云都猜到他的心思，先后劝进，萧衍让范云带沈约第二天再来。临别，沈约嘱咐范云第二天一定等他，谁知第二天沈约自己先到萧衍那里去了。萧衍让他起草自己受命登基的诏书，沈约从怀中取出早已写好的诏书和人事安排的名单，萧衍一个字都没有改动。不一会儿，范云从外面进来，看见沈约从里面出来，便忙问："对我是怎么安排的？"沈约举手往左一指，意思是当尚书左仆射，范云于是笑了，说："这才和我希望的一样。"王夫之对这样的"干禄""教利学利"的"俗儒"很是痛恨，称"俗儒奉章程以希利达""若夫坏人心，乱风俗，酿盗贼篡弑危亡之祸者，莫烈于俗儒"。毛泽东是同意这个观点的，所以在批语中进而发挥说，万千个"俗儒"中没有一个"贤者"，"俗儒"不是真儒，乃是"伪者"，"伪者骗也"，是骗取高官厚禄的；相反，他认为：倒是"过去法家之犹讲些真话"，这是俗儒、伪儒所不能比的。

（3）王夫之《读通鉴论》"其教孔孟者，其法亦必申韩"

王夫之《读通鉴论》卷十七《梁武帝》：

佛老之于申韩，犹鼙鼓之相应也。应之以申韩，而与治道弥相近矣。汉之所谓酷吏，后世之所谓贤臣也。至是而民之弱者死，强者寇，民乃以殄而国乃以亡。呜呼！其教佛老者，其法必申韩，故朱异以亡梁，王安石、张商英以乱宋。何也？虚寂之甚，百为必无以应用，一委于一切之法，督责天下以自逸，而后心以不操而自遂。

毛泽东读后批注道："其教孔孟者，其法亦必申韩。"（《毛泽东读文史古籍批语集》，中央文献出版社 1993 年版，第 344 页）

萧衍还以笃信佛教而出名，他有几次入寺做和尚，还精心研究佛教理论，这使得他没有精力再理朝政，重用的人也出现了奸臣，造成朝政昏暗。老年的萧衍也是刚愎自用，乱建佛寺，不听劝谏，导致后期的政绩下降。

公元 520 年，梁武帝改元普通，这一年被历史学家视为南朝梁发展的分水岭。从这年开始，梁武帝多次舍身出家，普通八年（527）三月八日，第一次前往同泰寺舍身出家，三日后返回，大赦天下，改年号大通；大通三年（529）九月十五日，第二次至同泰寺举行"四部无遮大会"，脱下帝袍，换上僧衣，舍身出家，九月十六日讲解《涅槃经》，二十五日由群臣捐钱一亿，向"三宝"祷告，请求赎回"皇帝菩萨"，二十七日萧衍还俗；大同十二年（546）四月十日，萧衍第三次出家，这次群臣用两亿钱将其赎回；太清元年（547）三月三日，萧衍又第四次出家，在同泰寺住了三十七天，四月十日朝廷出资一亿钱赎回。梁武帝晚年笃信佛法，纵容邪恶，郭祖深形容："都下佛寺五百余所，穷极宏丽。僧尼十余万，资产丰沃。"政治上怂恿宗亲权臣乱来，散骑常侍朱异广纳贿赂，欺罔视听，远近愤疾，由于阿谀逢迎，得到萧衍的信任，重用达三十五年之久。反复无常的侯景叛乱，一个借口就是要清除朱异，其实，这两个都是残暴之人。王夫之在《读通鉴论》中谈及梁武帝的有关史事时，提出佛老之学与申韩之术的联系，"犹鼙鼓之相应"，因为，佛老"虚寂之甚"，在没有办法的时候，只能一切靠"法"来"督责天下"，这样才能保证自己超脱的"自逸"。结论是："其教佛老者，其法必申韩。"毛泽东读至此，认为，不光信佛老要靠申韩之"法"来维持，"其教孔孟者，其法亦必申韩"。毛泽东的批语，就是直接引用这两句话。看来，在毛泽东的心目中，无论提倡黄老，还是尊崇孔孟，维持政治运作，都离不开申韩的法家体制。

（4）王夫之《双鹤瑞舞赋并序》"此种手迹甚为稀有"

1951 年 12 月 3 日，毛泽东致郑振铎的信说：

振铎先生：

有姚虞琴先生经陈叔通先生转赠给我一件王船山手迹，据云此种手迹甚为稀有。今送至兄处，请为保存为盼！

顺祝

健吉

毛泽东

十二月三日

（《毛泽东书信选集》，人民出版社 1983 年版，第 422 页）

王船山，即王夫之，世称“船山先生”。其《双鹤瑞舞赋》原文如下：

盖闻天以德为胙，物以和为应，胙维馨香，应若笙磬，其理甚微，而传之显甚。是以禽鱼草木，皆足以摧休嘉，而咏歌之作所自昉也。

维我大将军安远公，义问淑昭，仁声洋溢，光赞兴王，胥匡中夏。师兴之日，鸾翔凤翥，既已洋洋吹感讫于南服矣，乃际诞载喜，揆其所自，良有固然，慈恺之情，孚及羽族，则异品皈心，干旄奏凯之先几也。而且绎辰，元戎宾佐，拜祝在廷。爰有双鹤，盘旋应接，和鸣中六律，回翔中九夏，乐作觞行，群心山仙返，缑岭笙來，为暇年之庆哉！夫之遙处岳阴，有迟瞻侍，闻祥内跃，忘其耄拙，辄以樵笛之音，次云韶之韵，望秀峰，梦漓水，不自知其未与于笙镛之侧也，亦以奖功弘慈，式勤令业云尔。子和之占，既为孝德之征；推同声之吉，又著宾敬之范。昔史克致颂，上歌寿母，内赞令妻，化启闺庭，而大东开宇，淮夷献琛，成必然之券，不谓人心所灼见者，而鹤能传之也。岂但苏维芝田之仙侣．叶佳耦于南云，孕灵滋之淑质，肇美度于芳春，披玄衿之整翜，氅玉衣之缤纷，友彩鸾于崟岭，从丹凤于岐郊，韵闲闲而裛僸，趾岳岳以嶙峋，择香泉之载泌，啄珍粒之怀新。

尔乃回翔微霄，乘凌泬宇，远睨遥天，清空遐伫，眄万里于须臾，振六翮而斯举，虽远游之无方，必怀仁而托处，依琼草乎蘅皋，就瑶将于蕙圃，晞紫纮于朱轩，刷素裳于画庑，欣天和之沦浃，眷慈胥之弘溥，亦既安而既平，宜载鸣而载舞。然而珍重令仪，爰需胜事，谧好音以俟今，戢霓裳之暂试，维摄提之天开，腾八荒之瑞气，虬升南云，鹰腾海滏，式我公之胥匡，奋南溟之鹏翅，涤六寓之霾云，暄曦轮之初丽，衣冠鹊起，旌旗虎视，梧云洗青，湘烟濯翠，矧令月之维嘉，晋寿觞而迎瑞。

于时华钟晓发，玉箫晨喧，瓶花喷其素馨，炉霭爇其蛟涎，宾僚佩其琚瑀，将吏肃其櫜鞬，咸奕奕以雍雍，进娓娓之连连，斯歌斯颂，载喧载闻，羽吹迭震，玉斝频宣，方畅情以歆睇，倏羽客之翩褪，惊群目而回睐，叹殊美之尤妍。爰乃引修吭，舒广翼，伸长胫之亭亭，转圆肩之抑抑，矜弄回风，腾眒曙色，萧萧盈盈，将舒故息，揉花雪而团圆，散绮霞之络绎，既如安期羡门，驾蜺旌之蚴虬，亦似丰神宓妃，展云旎之赫奕。遂以仰丹栋，回近珠帷，如衔巨枣，类献华芝，欲邀青鸟于西极，偕进玉液于琼卮，喜文明之乍复，振冠佩之陆离，式武功之孔烈，奋腾耀之葳蕤。将以风行朔漠，翼覆蒸黎，汎洞庭而张乐，挟黄鹤以同嬉。盈廷之士，佥曰盛哉，好音载柔，不宁方来，肃雍允孝，静好克谐，鸾封有夙，玉叶新培，信鹍凰之览德，觋徽音而徘徊，琴调音以播雅，鼓迅节以惊雷，廓长天之旷览，指阊阖而欲开，祝令德之柔嘉，凝百福以不回，谱殊祯而载咏，伫景运于泰阶。

南岳遗民王夫之顿首谨识

毛泽东信中提到的郑振铎（1898—1958），是福建长乐人，作家、文学史家，当时任中央人民政府文化部文物局局长。

陈叔通（1876—1966），中国政治活动家，爱国民主人士。浙江杭州人。清末翰林。甲午战争后留学日本，曾参加戊戌维新运动。辛亥革命后，任第一届国会众议院议员，曾参加反对袁世凯的斗争。此后，长期担任上海商务印书馆董事、浙江兴业银行董事等职。抗日战争期间参加抗日救亡活动。抗战胜利前夕，参加筹组上海市各界人民团体联合会。1949年9月，他出席中国人民政治协商会议第一届全体会议，当时任中央人民政府委员会委员、政协全国委员会副主席，后任全国人大常委会副委员长，中华全国工商联合会第一、二、三届主任委员。1966 年 2 月 17 日在北京去世。

姚虞琴（1867—1961），名瀛，字虞琴、渔吟，号景瀛，原籍仁和亭趾（今属浙江余杭），久居上海市。以诗画书法之长而驰名艺坛。姚虞琴先生在亭趾度过了他的少年时期，从青年时代起辗转外地，最后定居上海，自幼潜心习诗作画，早年习科举未第，曾在湖北水泥厂、造币厂工作 25 年。1916 年到上海公茂盐栈当协理，与画家陈夔龙、程十发、陈祖香、唐云、吴昌硕等交往甚密，常聚会“海上题襟馆”，或挥毫论艺，或诗歌酬唱。多次与吴昌硕同游超山，在宋梅亭留有题咏。1921 年为扶持家乡蚕农，出资建造庆成茧行。每逢家乡荒年歉收，辄出资赈灾，施米、施药、施衣。有求画卖钱度日者，不避严寒酷暑，有求必应。1937 年，浙江图书馆举办全省文献展览会，以清帝诏令焚禁之《明念赏先生手抄稿》《明山阴刘宗周订定稿》《查初白诗二册》《石门吕晚村留良诗稿》等家藏珍品参展。《吕留良诗稿》属海内孤本。同年，日寇侵沪，姚虞琴蓄须深居，卖画度日。画兰不带土，寓祖国沦陷之意。有人欲请他出主杭县维持会，遭严词谢绝：“我是中国人，怎能为日本人效劳！”中华人民共和国成立后，姚虞琴欣喜万分。1951 年，他将自己珍藏稀世墨宝王夫之《双鹤瑞舞赋》，交由陈叔通先生转献毛泽东主席。毛主席批示，珍藏国家博物馆。而后，作《十年颂》等多首诗词，歌颂社会主义祖国。姚老热爱家乡，1957 年，杭县文化馆举办画展，以生平力作和所藏名画一箱（24 幅字画），无偿献赠。历任上海画院画师，中国美术家协会上海分会会员，上海市文史馆馆员，国民党革命委员会成员。1961 年 3 月，终老上海寓所，归葬超山海云洞西侧。

信中所说“王船山手迹”，即《双鹤瑞舞赋》。王船山（1619—1692），字而农，号姜斋，世称船山先生。衡阳（今湖南衡阳）人。明崇祯十五年（1642）中乡举。清军下湖南，与管嗣裘等于衡山起兵抗击，事败逃亡广东肇庆，任南明桂王政权行人司行人。因反对王化澄，几陷大狱。又赴广西桂林依瞿式耜，桂林陷落，式耜死，乃隐遁山林。从此，勤奋著述凡四十年。对天文、历法、数学、舆地诸学均有研究，尤精经史、文学。其主要贡献是在哲学上总结和发展了中国传统的唯物主义。主要著作有《周易外传》《尚书引义》《读四书大全说》《张子正蒙注》《黄书》《读通鉴论》等。邓显鹤等集刊为《船山遗书》。

毛泽东通过郑振铎转赠给中国历史博物馆收藏的王夫之《双鹤瑞舞赋》墨迹，原卷为素绢地，楷书，纵 23.6 厘米、横 297.6 厘米。卷前引首有吴昌硕题“王船山先生遗墨”七字。卷后有长沙程颂万、嘉兴金蓉镜跋。康熙十三年（1674），王夫之写就《双鹤瑞舞赋》，但到底是写给谁，有不同看法。一是 1982 年，北京《文物》第六期刊出船山的《双鹤瑞舞赋》并发表了史展同志写的《王夫之〈双鹤瑞舞赋〉卷书后》的评论，这篇评论根据赋中有“维我大将军安远公”一语，断定此赋是写给清政府任命讨伐吴三桂的安远清寇大将军多罗贝勒尚善的祝寿词，进而作出结论：船山晚年已向清朝妥协；一是谭承耕同志写的《关于王夫之〈双鹤瑞舞赋〉问题》一文（刊于《文物》1983 年第六期），认为《双鹤瑞舞赋》不是写给清朝多罗贝勒尚善的，而是写给响应吴三桂反清起义的广西将军孙延龄的。原来在吴三桂反清时，有两个人号称“安远大将军”。

这里赞同谭承耕的看法。原因有二：

第一，从官衔上看，孙延陵自称“安远大将军”。《清史稿》载：“（康熙）十三年二月，孙延龄举兵反……延龄自称安远大将军，移牒平乐、梧州诸郡。”作者称他为“大将军安远公”，表示尊敬，是可以的；而尚善的官衔全称是“安远靖寇大将军”，是康熙皇帝御封，随便去掉“靖寇”而单称“安远公”，就犯了忌讳，是不行的。

第二，从落款看，序文开头说：“维我大将军安远公义向淑昭”，而结尾作者落款是“南岳遗民王夫之顿首谨识”。遗民，指亡国之民，即前朝留下来的老百姓，也多指改朝换代后不在新朝做官的人。而王夫之就是不在清朝做官的人，他不愿做清朝的官，与清朝不合作，怎么会巴结一个清朝将军呢？首先，从赋的内容看，赋序说：“我大将军……光赞兴王，胥匡中夏。”“兴王”的“王”，如果指康熙，康熙是皇帝，那就贬低了。“中夏”，是汉人对中原地区的称呼。“胥匡”，则用孔子称赞管仲尊王攘夷“霸诸侯，一匡天下”的典故，称赞这位大将军能像管仲一样拯救王室，恢复中原，驱逐夷狄。当时是满洲贵族入主中原，作者怎敢用这个典故，写赋给满清官员？所以只能是歌颂反清的广西将军孙延龄。“王”是指吴三桂。吴反清后僭称，“周王”（《清史稿·吴三桂列传》）说孙延龄“光赞王业”，就是响应吴三桂反清。其次，从赋中涉及的地点来看，序中说“（夫之）望秀峰，梦漓水，不自知其未与于笙镛之侧也”。秀峰，即广西桂林独秀峰；漓水，即桂林之漓江。赋正文中还提到“虬升南云”“鹰腾海滏”“梧云洗青，湘烟濯翠”。“南云”“海滏”当指广西邻近南海；“梧云”，梧州之云；湘烟，指作者家乡湖南。这些地名都与作者和孙延龄有关，而与在武汉的尚善无涉。

综上所述，这篇赋是作者写给抗清将军孙延龄的。序文和赋的意思大致是，赞扬孙延龄起兵，帮助吴三桂反清，是正义事业，所以双鹤为之起舞献瑞，宾朋部将为之祝寿，远在湖南的作者，也写赋致贺。此赋不仅内容堂堂正正，而且文采斐然，一气贯注，是一篇不可多得的佳作。

13. 王闿运《湘军志·水师篇》：“水军应学游泳”

清王闿运《王湘绮全集·湘军志·水师篇》：

湘军水师名天下。……湖南在籍官丁善庆、陈本钦、唐际盛、李概等始捐资设船局，而黄冕专制炮以应征军。言船炮者，莫能及湖南焉，然太锋锐，深入要利，卒以失败。寇距九江城，于湖口梅家洲作坚屯二，与城相鼎峙，北屯小池，拒陆军。辛酉，李孟群等攻城，城北洲垒大，设炮，旁维大舟，小艇环卫之。孟群先攻其大舟，战不利，苏胜、郑沐中炮死，李金良船沉溺于江。寇既见官水军战法，亦并力于水战，多造小艇，依大舟以出。……十二月辛丑，彭玉麟等攻湖口筏，破之，士死伤相积，寇亦殊死斗，其筏上作木楼，凭楼发炮，楼倾，或飞江中，泅水走，其坚悍若此。

毛泽东读了此段文字，先后有三个批语："水军应学游泳""双脚走路""要学游泳"。(《毛泽东读文史古籍批语集》，中央文献出版社1993年版，第347页)

王闿运（1833—1916），字壬秋、壬父，号湘绮，室名湘绮楼，湖南湘潭人，出生于长沙，晚清经学家、文学家。清咸丰举人。太平天国革命期间，曾应聘在肃顺家教读。继入曾国藩幕。后被四川总督丁宝桢延请主讲成都尊经书院，又为长沙思贤讲舍、衡州船山书院山长。清末授翰林院检讨，加侍讲衔。民国初年，任清史馆馆长。诗宗汉魏六朝。所著除经子笺注外，有《湘军志》《湘绮楼日记》《湘绮楼诗文集》。门人辑有《湘绮楼全书》。

湘军是晚清时对湖南地方军队的称呼，或称湘勇。军分陆军、水师两种。湘军大体上仿照明朝戚继光的营制，以营为基本单位，直接受"大帅"统辖（后增设统领，各统率若干营）。每营编营官一、哨官四、勇丁五百人，另配长夫一百八十人，合计每营六百八十五人。每哨设八队，火器队与刀矛队各半。火器主要有抬枪、鸟枪。全营有劈山炮队二，直隶于营官。湘军水师筹组的时间略晚于陆师。水师每营编快蟹船一、长龙船十、舢板船十，共二十一只，员额为四百四十七人（1856年后，改制如下：裁快蟹船，长龙船减为八艘，舢板船增为二十二艘，全营共有船三十艘［每船炮位如旧］，员额增至五百三十二人）。每只长龙船安炮七门，舢板船安炮四门，均为六百斤至千斤的洋炮。各船还配有火枪、刀矛，以备近战。此外，湘军还设有营务处和粮台，分别管理全军的军务与后勤。

太平天国运动兴起后，清朝正规军无法抵御，不得不利用地方武装，湘军就是在这时发展起来的。除了镇压太平天国时期的曾国藩创建的湘军，该军还包括该部一直延续到抗日战争时期的湖南军队。直到何键下台，蒋介石才把湘军改造为半中央军。到1949年，半中央化的湘军全部被解放军消灭，湘军的历史至此终结。

湘军不但消灭了太平天国，还参与了清廷与各地其他起义军的作战，挽救了清王朝，而且使兵权落入汉族，改变了当时清朝的政治格局。

王闿运著《王湘绮全集·〈湘军志〉六·〈水师篇〉第六》记载了湘

军水师的创建及主要的战斗过程，颇多赞扬之词。毛泽东读后写了三个批语，其中心意思是“水军应学游泳”，这当然是对的，而且与他本人从青年时代起就有游泳的爱好不无关系。

14. 康有为《大同书》：没有找到“一条到达大同的路”

康有为（1858—1927），原名祖诒，字广厦，号长素，又号明夷、更甡、西樵山人、游存叟、天游化人，广东南海丹灶苏村人，人称“康南海”，中国晚清时期重要的政治家、思想家、教育家，资产阶级改良主义的代表人物。

康有为出生于封建官僚家庭，光绪五年（1879）开始接触西方文化。光绪十四年（1888），康有为到北京参加顺天乡试，借机第一次上书光绪帝请求变法，受阻未上达。光绪十七年（1891）后，康有为在广州设立万木草堂，收徒讲学。光绪二十四年（1898）开始进行戊戌变法，变法失败后逃往日本，自称持有皇帝的衣带诏，组织保皇会，鼓吹开明专制，反对革命。辛亥革命后，康有为作为保皇党领袖，反对共和制，一直谋划溥仪复位。民国六年（1917），康有为和张勋发动复辟，拥立溥仪登基，不久即在当时北洋政府总理段祺瑞的讨伐下宣告失败。康有为晚年始终宣称忠于清朝。溥仪被冯玉祥逐出紫禁城后，他曾亲往天津，到溥仪居住的静园觐见探望。民国十六年（1927），康有为病死于青岛。作为晚清社会的活跃分子，在倡导维新运动时，康有为体现了历史前进的方向。但后来，他与袁世凯成为复辟运动的精神领袖。著有《新学伪经考》《大同书》等，整理古典而赋予新意，颇有影响。其诗作多见于《诞香志屋诗集》。

1949年6月30日，毛泽东在他写的《论人民民主专政》中说：

> 就是这样，西方资产阶级的文明，资产阶级的民主主义，资产阶级共和国的方案，在中国人民的心目中，一齐破了产。资产阶级的民

主主义让位给工人阶级领导的人民民主主义，资产阶级共和国让位给人民共和国。这样就造成了一种可能性：经过人民共和国到达社会主义和共产主义，到达阶级的消灭和世界的大同。康有为写了《大同书》，他没有也不可能找到一条到达大同的路。资产阶级的共和国，外国有过的，中国不能有，因为中国是受帝国主义压迫的国家。唯一的路是经过工人阶级领导的人民共和国。

…………

人民是什么？在中国，在现阶段，是工人阶级，农民阶级，城市小资产阶级和民族资产阶级。这些阶级在工人阶级和共产党的领导之下，团结起来，组成自己的国家，选举自己的政府，向着帝国主义的走狗即地主阶级和官僚资产阶级以及代表这些阶级的国民党反动派及其帮凶们实行专政，实行独裁，压迫这些人，只许他们规规矩矩，不许他们乱说乱动。如要乱说乱动，立即取缔，予以制裁。对于人们内部，则实行民主制度，人民有言论、集会、结社等项自由权。选举权，只给人民，不给反动派。这两方面，对人民内部的民主方面和对反动派的专政方面，互相结合起来，就是人民民主专政。

…………

“你们不是要消灭国家权力吗？”我们要，但是我们现在还不要，我们现在还不能要。为什么？帝国主义还存在，国内反动派还存在，国内阶级还存在。我们现在的任务是要强化人民的国家机器，这主要地是指人民的军队、人民的警察和人民的法庭，借以巩固国防和保护人民利益。以此作为条件，使中国有可能在工人阶级和共产党的领导之下稳步地由农业国进到工业国，由新民主主义社会进到社会主义社会和共产主义社会，消灭阶级和实现大同。军队、警察、法庭等项国家机器，是阶级压迫阶级的工具。对于敌对的阶级，它是压迫的工具，它是暴力，并不是什么“仁慈”的东西。“你们不仁。”正是这样。我们对于反动派和反动阶级的反动行为，决不施仁政。我们仅仅施仁政于人民内部，而不施于人民外部的反动派和反动阶级的反动行为。

（《毛泽东选集》第四卷，人民出版社 1991 年版，第 1471—1476 页）

《大同书》是中国近代思想家康有为阐述空想的“大同”社会理想的著作。“大同”一词出自《礼记·礼运》：“昔者仲尼与于蜡宾，事毕，出游于观之上，喟然而叹。仲尼之叹，盖叹鲁也。言偃在侧，曰：“君子何叹？”孔子曰：“大道之行也，与三代之英，丘未之逮也，而有志焉。大道之行也，天下为公。选贤与能，讲信修睦，故人不独亲其亲，不独子其子，使老有所终，壮有所用，幼有所长，矜寡孤独废疾者，皆有所养，男有分，女有归。货恶其弃于地也，不必藏于己；力恶其不出于身也，不必为己。是故谋闭而不兴，盗窃乱贼而不作，故外户而不闭，是谓大同。”表示“天下为公”。康有为《大同书》以“至公”为要旨，故取此名。据《康南海自编年谱》，著者在光绪十年（1884）已开始孕育“大同”理想。光绪十三年（1887）编著的《人类公理》，即是《大同书》的前身。戊戌变法失败后，他流亡国外，在1901—1902年间写成了《大同书》，以后还陆续作了修订和增补。《大同书》全书30卷，约20万字，分为10部：甲部《入世界观众苦》，乙部《去国界合大地》，丙部《去级界平民族》，丁部《去种界同人类》，戊部《去形界保独立》，己部《去家界为天民》，庚部《去产界公生业》，辛部《去乱界治太平》，壬部《去类界爱众生》，癸部《去苦界至极乐》。

梁启超在《清代学术概论》一书中将《大同书》的内容曾概括为如下几个方面：（1）无国家，全世界置一总政府，分若干区域。（2）总政府及区政府皆由民选。（3）无家族，男女同栖不得逾一年，届期须易人。（4）妇女有身者入胎教院，儿童出胎者入育婴院。（5）儿童按年入蒙养院及各级学校。（6）成年后由政府指派分任农工等生产事业。（7）病则入养病院，老则入养老院。（8）胎教、育婴、蒙养、养病、养老诸院，为各区最高之设备，入者得最高之享乐。（9）成年男女，例须以若干年服役于此诸院，若今世之兵役然。（10）设公共宿舍、公共食堂，有等差，各以其劳作所入自由享用。（11）警惰为最严之刑罚。（12）学术上有新发明者及在胎教等五院有特别劳绩者，得殊奖。（13）死则火葬，火葬场比邻为肥料工厂。

《大同书》设计了一个与现实社会相对立的理想“大同”境界。它认为，现实社会是个不合人道的苦境，生活在这个社会里的人，几乎都是“忧患苦恼之交迫而并至，浓深而厚重，繁赜而恶剧，未有能少免之者矣”。该书甲部《入世界观众苦》，尽情揭露当时社会的各种各样的“苦”，并指出：“总诸苦之根源，皆因九界而已。”“九界”即国界、级界、种界、形界、家界、产界、乱界、类界、苦界。它以为，只要去掉这“九界”，即可以使人类乃至众生到达美好的“大同”世界。《大同书》描绘的“大同”社会的蓝图大致是：在“大同”社会里，去掉了“国界”，军队和监狱都不存在了，全地球合成一个公政府，管理公共生产事业和人们的物质文化生活；消灭了“级界”，没有等级之分，也无种族之别，无帝王、君主、世爵、贵族，无主无奴，男女各自独立，“全世界人类尽为平等”；“家”也毁灭了，男女“婚姻之事不复名为夫妇”，儿女由公政府抚养，人们生老病死之事，“皆政府治之”；农、工、商皆归于公，人人劳动，生产力高度发展，人们过着美好的物质生活，文教也很发达，人人有高度的文化教养和道德修养，社会风气优良。总之，这个“大同”社会是个“至平也，至公也，至仁也，治之至也”的社会，“虽有善道，无以加此也”。这种理想社会，曾为许多人所向往。近代以来，洪秀全、康有为、谭嗣同、孙中山等人都受过“大同”思想的影响。

《大同书》描绘的“大同”社会，从形式上看带有空想社会主义的色彩；就内容实质来说，主要是以资产阶级的天赋人权、自由、平等、博爱诸原则，去否定封建君主专制的国家制度、封建家族宗法制度和封建等级制度，具有鲜明的民主主义性质，在一定程度上表达了中国人民对幸福生活的渴望，对科学发达的希望，对人权、民主的要求，具有进步的意义。

此书写成之后，康有为在很长时间内秘不示人，只让他最亲近的学生梁启超等少数人看过。在作者生前，只发表过甲、乙两部，最初刊于1813年的《不忍杂志》，后来在1919年印成单行本。全书直到1935年才由中华书局出版。其时作者已经去世八年了。康有为在这本书里，依据《春秋公羊传》，把社会的发展分为乱世、升平世、太平世。太平世是理想社会的最高阶段，并且结合《礼记·礼运》篇中“大同”“小康”所说，指出“神圣明王孔子早虑之，忧之，故立三统三世之说，据乱之后，易以升平、太平、小康之后，进以大同”。他还详细列表（共约百条）对照“大同始基之据乱世”“大同渐行之升平世”“大同成就之太平世”的情况，例如在太平世，“无国界而为世界”“人民皆为世界公民”，等等。

毛泽东在东山学堂读书时，就接触过康有为的著作，并表示崇拜。1917 年 8 月 23 日，毛泽东致黎锦熙的信中声称“故立太平世为鹄，而不废据乱、升平二世”，与康有为在《大同书》中的说法相同。他此时可能已读过康有为的《大同书》了。《大同书》中的一些具体意见，例如毛泽东 1919 年 2 月写的《学生之作》中具体设置的“新村”，明显是受大同书的影响。

毛泽东在成长为共产主义者后，也常常借用“大同”来表述未来的共产主义社会。前面引述的《论人民民主专政》中的那段话，就是一个例子。在这篇文章中，毛泽东对康有为大同理想本身及其《大同书》的内容，并无具体评论，只是惋惜康有为未能找到通向这个理想的道路。但毛泽东在谈到“自从 1840 年鸦片战争失败那时起，先进的中国人，经过千辛万苦，向西方国家寻找真理”时，把康有为称作“在中国共产党出世以前向西方寻找真理的一派人物”中的一个代表，这是很高的评价。1958 年 8 月，在人民公社化的运动中，毛泽东视察了河北徐水。第三天，中共中央工作部副部长陈正人来到徐水，传达中央的有关指示，要在徐水搞共产主义试点，同时把康有为的《大同书》和《共产党宣言》一道推荐给当地干部学习。这是耐人寻味的。

15. 梁启超

（1）梁启超《变法通议自序》“清新平易”

毛泽东 1936 年在延安接见美国记者埃德加·斯诺时的谈话中说：“我无心读古文。当时我正在读表兄送给我的两本书，讲的是康有为的变法运动。一本是《新民丛报》，是梁启超编的。这两本书我读了又读，直到可

以背出来。”（陈晋主编：《毛泽东读书笔记解析》，广东人民出版社 1996 年版，第 21 页）

1919 年 7 月 12 日，毛泽东写的《健学会之成立及进行》中说：“二十年前，谭嗣同等在湖南倡南学会，招集梁启超、麦孟华诸名流，在长沙设时务学堂，发刊《湘报》《时务报》。一时风起云涌，颇有登高一呼之概。原其所以，则彼时因几千年的大帝国，屡受打击于列强，怨痛愧悔，激而奋发。知道徒然长城渤海，挡不住别人的铁骑和无畏兵船。中国的老法，实在有些不够用。‘变法自强’的呼声，一时透衡云澈云梦的大倡。中国时机的转变，在那时候为一个大枢纽，湖南也跟着转变，在那时候为一个大枢纽。”（《毛泽东早期文稿》，广东人民出版社 1990 年版，第 362 页）

新华社原社长吴冷西在回忆毛泽东的文章《五不怕及其他》中说：

梁启超一生像有点虎头蛇尾。他最辉煌的时期是办《时务报》和《清议报》的几年。那是他同康有为力主维新变法。他写的《变法通议》在《时务报》上连载，立论锋利，条理分明，感情奔放，痛快淋漓，加上他的文章一反骈体、桐城、八股之弊，清新平易，传诵一时。他当时是最有号召力的政治家。

梁启超在两次赴京会试落第之后，才同康有为、谭嗣同等一起搞“公车上书”的。戊戌变法后，流亡日本办《清议报》。其后即逐渐失去革命锋芒，成为顽固的保皇派，拥护君主立宪，反对民主共和。后来，他拥护袁世凯当总统和段祺瑞执政，他也反对袁世凯称帝和张勋复辟。欧战结束后出国游欧，回国后即退出政坛，专心著作和讲学。

梁启超写政论往往态度不严肃。他讲究文章的气势，但过于铺陈排比；他好纵论中外古今，但往往似是而非，给人以轻率、粗浅之感。他自己也承认有时是信口开河。

写文章尤其是政论最忌以势吓人，强词夺理。梁启超那个时候的人好卖弄“西学”，喜欢把数学、化学、物理和政治相提并论，用自然科学的术语来写政论，常常闹出许多笑话。做新闻工作，既要知识广博，又要避免肤浅，这不容易做到，但一定要努力学习做到。

“梁启超创办《时务报》开始确实很辛苦，他自己写评论，又要修改别人来稿，全部编排工作和复校工作都由他一个人承担。后来才增加到七八个人，其中三位主要助手是广东人。现在我们的报社，动辄数百人、上千人，是不是太多了？”

吴冷西：《忆毛主席》，新华出版社 1995 年版，第 163—164 页

青年毛泽东可谓梁启超的铁杆粉丝。当时正在寻求中国革命道路的毛泽东，对资产阶级革命家梁启超的变法文章和所办报刊读之不厌。《时务报》《清议报》《新民丛报》，是中国近代史上资产阶级维新派的主要报刊，均由梁启超主持。梁启超 1890 年师事康有为，成为康的主要助手。1895 年后，致力于维新变法运动，成为戊戌变法的主要思想家、宣传家。变法失败后，他流亡日本，办《清议报》，继续提倡君主立宪。毛泽东说：“他最辉煌的时期是办《时务报》和《清议报》的几年。”《时务报》于 1896 年 8 月创刊于上海（旬刊），1898 年 8 月王康年任经理，梁启超任撰述。它以变法图存为宗旨，宣传改良主义思想，成为维新派在戊戌变法前最有影响的报刊。变法失败后，梁氏逃亡日本，1898 年 10 月又在日本横滨创办《清议报》，明目张胆地猛烈攻击清政府，无法发行到国内，不得已而停办。于 1901 年冬，另办《新民丛报》，稍从灌输常识入手，意外地受到社会欢迎。

梁启超当时的主要文章和实时性论著，几乎都在他自己主编的上面提到的三份报刊上发表。在政治上，他鼓吹保救光绪皇帝，反对慈禧太后，主张君主立宪。但更重要的是，梁启超在报刊上发表了一系列鼓吹西方资产阶级政治文化道德的文章，鼓吹与中国传统文化完全不同的价值标准、理论观念、思想方式和行为规范，影响了中国几代知识分子。从朱执信、柳亚子到胡适、蒋梦麟，从陈独秀到吴玉章、林伯渠，从鲁迅到郭沫若、邹韬奋，都有过这方面的回忆。毛泽东说他当时“崇拜康有为和梁启超”，是很自然的；他认为梁启超的文章有“登高一呼之概”，也是符合实际的。

《变法通议序》是这组系列文章的总序，篇幅较短，也颇能体现这组文章的精神和梁氏文章的风格，故选来以飨读者。这篇文章主旨明确，倡

导变法，认为变法是世界公理，就是不待证明而为世人所公认的正确理论。这样提出问题，不仅“立论锋利”，而且条理分明。然后又从自然科学和历史发展两方面加以论证。自然科学方面，从昼夜的变化、四季的不同、地球的变迁、医学的发展，说明了“变，古今之真理也”“历史发展方面，则就赋税制度、兵役制度、官吏制度的变迁”，证明历史发展“无时不变，无事不变，公理有固然，非复人之所为也”。接着进一步引经据典，证明变则善，不变则敝。最后大声疾呼：治旧国用新法，“其事甚顺，其义自明，有可乘之机，有可取之法，有不得不行之势，有不容稍缓之故”。确实体现了“立论锋利，条理分明，感情奔放，痛快淋漓”而又“清新平易”的特色，完全是纯熟的散体文章，摆脱了骈文、桐城、八股之弊，同时，好用排比，好纵论中外古今，讲究文章的气势，好搬弄“西学”，喜用自然科学术语来写政论的缺陷，也有所表露。

（2）《论国家思想》“立宪之国家”

毛泽东1936年在延安同美国记者埃德加·斯诺的谈话时说：“我还记得我是在那个时候第一次听说光绪皇帝和慈禧太后都已死去的——虽然新皇帝宣统（溥仪）已经在朝两年了。那时我还不是一个反对帝制派；说实在的，我认为皇帝像大多数官吏一样都是诚实、善良和聪明的人。他们不过需要康有为帮助他们变法罢了。”（陈晋主编：《毛泽东读书笔记解析》，广东人民出版社1996年版，第30页》）

1915年2月24日，毛泽东写了《致文咏昌信》：

咏昌先生：

书十一本，内《盛世危言》，失布匣，《新民丛报》损去首页，抱歉之至，尚希原谅。

泽东敬白

正月十一日

又国文教科（书）二本，信一封。

（《毛泽东早期文稿》，湖南出版社1990年版，第4页）

咏昌，即文咏昌（1884—1961），名胤昌，又写作润昌、运昌，湖南湘乡唐家沱（今湘潭韶山市大坪乡）人，毛泽东的表兄。

《毛泽东早期文稿》在《新民丛报》下有注云："《新民丛报》，半月刊，梁启超主编，1912 年创刊于日本横滨。初期连载梁启超的《新民说》，广泛介绍西方资产阶级的学术与政治思想，宣传维新，抨击顽固派，对当时知识界曾有较大影响。1903 年以后，因坚持立宪保皇，反对孙中山领导的资产阶级民主革命，受到中国同盟会机关报《民报》的批判。1907 年终停刊，共出 96 期，有汇编本。毛泽东 1910 年下半年在湘乡东山高等小学堂读书时借阅过并在该报第四号《新民说》'论国家思想'第三段末批写道：'正式而成立者，立宪之国家，宪法为人民所制定，君主为人民所拥戴；不以正式而成立者，专制之国家，法令为君主所制定，君主非人民所心悦诚服者。前者，如今之英、日诸国；后者，如中国数千年来盗窃得国之列朝也。'"

《新民说》，是梁启超陆续发表于《新民丛报》第 1 号（1902 年 2 月 8 日）至 72 号（1906 年 1 月 6 日）上 20 篇论文的合称。《论国家思想》是其中的第 6 篇，发表于《新民丛报》第 4 号上。该文首先解说了部民与国民的差异："群族而居，自成风俗者，谓之部民。有国家思想，能自布政治者，谓之国民。"接着进一步论述国家思想："国家思想者何？一曰：对于一身而知有国家；二曰：对于朝廷而知有国家；三曰：对于外族而知有国家；四曰：对于世界而知有国家。"并对于这四者逐一详加论述。这里还阐述了国家和朝廷两个概念的差异："朝廷有正式而成立者，则朝廷为国家之代表。爱朝廷即所以爱国家也。朝廷不以正式而成立者，则朝廷为国家之蟊贼。正朝廷乃所以爱国家也。"接着论述我国民众没有国家观念的悲哀。最后大声疾呼说："呜呼！吾不欲多言矣。吾非敢望我同胞所怀抱只利己主义铲除净尽。吾惟望其扩弃此主义，巩固此主义，就如何而后能真利己，如何而后能保己之利使永不失，则非养成国家思想不能为功也。同胞乎，同胞乎！勿谓广土之足恃。……惟兹国家，吾侪父母兮，无父何怙，无母何恃兮。茕茕凄凄，谁怜取兮？时运一去，吾其已兮！思之思之，国及今其犹未沫兮！"

这本毛泽东读过的《新民丛报》第4号，现在还保存在韶山纪念馆里。毛泽东还在《论国家思想》一文旁写了一段批语，时间是1910年下半年，是他在东山小学堂读书期间，他当时还是一个十六七岁的农村青年。毛泽东的批语，总的来说还没有超出梁启超改良思想的范围。梁启超用了“正式成立”一语，用现在的话来说，就是具有“合法性”。青年毛泽东做出了自己的解释，只有立宪国家，宪法由人民制定的国家，才是合法的；而中国数千年来的封建王朝，都不具有这种合法性，因而只不过是“盗窃得国”。这说明毛泽东也是把君与民视为一个统一体，君无民支持即为“盗窃得国”，而君为民所拥戴，国家和政府就合二为一了，而其前提，便是搞“立宪之国家”。

当时，毛泽东对中外开明的和有作为的君主，是很崇拜的。正如他在1936年与美国记者埃德加·斯诺谈话所说，他“那时还不是一个反对帝制者”，他认为皇帝都是“诚实、善良和聪明的人”。他这是说明他在思考着中国的过去、现在和未来，后来他投身于改造中国的革命斗争便是很自然的了。这段批语，是我们现今见到的毛泽东对政治、历史见解的最早文字记录，弥足珍贵。

16. 章炳麟《驳康有为论革命书》:“这篇文章值得一看”

章炳麟（1869—1936），浙江余杭人，清末民初思想家、史学家、朴学大师、民族主义革命者、著名学者。原名学乘，字枚叔（以纪念汉代辞赋家枚乘），后易名为炳麟。因反清意识浓厚，慕顾绛（顾炎武）的为人行事而改名为绛，号太炎。世人常称之为“太炎先生”。早年又号“膏兰室主人”“刘子骏私淑弟子”。

章炳麟是中国近代著名的资产阶级民主革命思想家、宣传家，也是一位在国学上有多方面造诣的著名学者。光绪二十三年（1897）任《时务报》撰述，因参加维新运动被通缉，流亡日本。光绪二十九年（1903）因发表《驳康有为论革命书》并为邹容《革命军》作序，触怒清廷，被捕入狱。光绪三十年（1904）与蔡元培等合作，发起光复会。光绪三十二年（1906）出狱后，孙中山迎其至日本，参加同盟会，主编同盟会机关报《民报》，与改良派展开论战。宣统三年（1911）上海光复后回国，主编《大共和日报》，民国六年（1917）脱离孙中山改组的国民党，在苏州设章氏国学讲习会，以讲学为业。民国二十四年（1935）在苏州主持章氏国学讲习会，主编《制言》杂志。晚年愤日本侵略中国，曾赞助抗日救亡运动。民国二十五年（1936）6月14日病逝。

他研究范围涉及小学、历史、哲学、政治等，著述甚丰，约有400万字。著述除刊入《章氏丛书》《续编》外，遗稿又刊入《章氏丛书三编》。

毛泽东青年时代很喜欢读近代资产阶级革命家、宣传家的著作和传记，对《苏报》案尤其感兴趣。在20世纪50年代末至60年代初，为了改进党报工作，毛泽东有几次谈到并称赞近代资产阶级的宣传文章和报刊。1958年3月，毛泽东在成都会议上，特地发给与会者一本他编的《苏报案》。此书16开，58页，共编入四篇文章《革命军》（邹容）、《驳康有为论革命书》（章炳麟）、《苏报案实录》（张篁溪）、《关于太炎先生二三事》（鲁迅）。

毛泽东在1958年成都会议上编发的《苏报案》材料中收入（《驳康有为论革命书》），他介绍说：章太炎所以坐班房，就是因为他写了一篇文章，叫《驳康有为书》。这篇文章值得一看，其中有两句："载湉小丑，不辨菽麦"，直接骂了皇帝。这个时候章太炎年纪还不大，大概三十几岁。（邵华审定，郑小军编：《毛泽东欣赏的古典散文》，浙江古籍出版社1994年版，第569页）

1958年3月30日，早饭后，江峡轮起航开入三峡。毛泽东穿着睡衣来到驾驶室，欣赏三峡风光，从瞿塘峡到西陵峡，特别留意从几个侧面观看神女峰，直到过完西陵峡，才回到舱内客厅，与（秘书）田家英和（新华社社长）吴冷西闲谈。其中谈道：……章太炎活了六十多岁，前半生革命正气凛然，尤以主笔《民报》时所写的文章锋芒锐利，所向披靡，令人神往，不愧为革命政治家；虽一度涉足北洋官场，但心在治经、治史，以国学家著称。鲁迅先生纵观其一生，评价甚高，但对他文笔古奥，索解为难，颇有微词。他出版一本论文集，偏偏取名《訄书》，使人难读又难解。（董学文等：《毛泽东读文艺美学活动》，高等教育出版社 1995 年版，第 181 页）

在轮船上，毛泽东同吴冷西、田家英谈话，详细阐述了邹容的《革命军》及《苏报案》的一些情况。据吴冷西回忆，毛泽东说："苏报案"是由邹容写的《革命军》引起的。他写这本小册子时只有 18 岁，署名革命军中的马前卒邹容。《革命军》一出，上海的《苏报》为之介绍宣传，章太炎为之作序，影响极大。于是清政府大为恐慌，下令抓人并查封《苏报》。《苏报》是当时资产阶级革命派在上海的主要舆论机关，蔡元培、章太炎、邹容、章士钊、柳亚子等都在该报发表文章，抨击封建君主制，鼓吹资产阶级民主共和国，并同康有为、梁启超等保皇派进行论战。

毛泽东 1959 年 12 月至 1960 年 2 月在读苏联《〈政治经济学（教科书）〉的谈话》中说："我国辛亥革命的时候，无产阶级的数量还很小，还没有自己的政党。那次革命是由资产阶级领导的，无产阶级跟着资产阶级走。辛亥革命是中国资产阶级的黄金时代，没有其他阶级、其他政党站在他们的前面，来同他们争夺革命的领导权。那个时候，他们最有生气。他们所办的《民报》《苏报》《大江报》，表现得很有朝气、很活跃。"（陈晋主编：《毛泽东读书笔记解析》，广东人民出版社 1996 年版，第 384 页）

资产阶级革命派办报纸，都是不怕坐牢、不怕杀头的。章太炎当警察拿着黑名单来抓人时挺身而出，说："别人都不在，要抓章太炎，我就是。"从容入狱。邹容本未被抓，待知道章太炎已被捕后，不忍老师（邹称章为老师，章比邹大十五岁）单独承担责任，毅然自行投案，终于病死在狱中，时年仅 20 岁。《苏报》当时的主编章士钊倒没有被抓。

那时候的资产阶级革命家最有生气，很活跃，有朝气，这是毛泽东通过《革命军》和《苏报》案，以及阅读大量当时的资产阶级革命家举办的报刊发表的文章后，做出的公允的评价。

在《苏报》案中，1903 年 6 月 30 日，章太炎在爱国学社被捕。7 月 1 日，邹容闻讯即到租界巡捕房自动投案。7 月，《苏报》被封，清政府本要引渡章、邹二人，但迫于各方面的强烈反对，拖至次年5月21日，由租界公审判决章太炎监禁三年，邹容监禁二年。可是邹容在监禁满前两个多月，“病死”狱中。章太炎到1906年才出狱。

章太炎的被捕、监禁，主要是因为他写的《驳康有为论革命书》一文。康有为这位戊戌变法的主将，原本是想利用光绪皇帝的力量实行变法，推行君主立宪制。变法失败后，康有为逃亡日本，组织保皇党，把希望寄托在让光绪皇帝复辟上，反对业已兴起的资产阶级民主革命。1902年，康有为发表《与同学诸生梁启超等论印度亡国由于各省自立书》，反对革命。1903年5月，章太炎撰写《驳康有为论革命书》，对康有为的言论予以驳斥。章氏此文，洋洋洒洒，九千余言，古今中外，多方论证，阐明康氏企图利用光绪皇帝变法，搞君主立宪，或实行如西方的参议院、众议院立法的资产阶级共和制，光绪皇帝本人像中国历史上的汉献帝和唐昭宗一样软弱无能，比不上美国的资产阶级革命家华盛顿和俄国彼得大帝，建立资产阶级专政，而只可能像法国的拿破仑第三、中国的王莽，倒行逆施，复辟封建主义，或者像菲律宾的阿奎纳多他领导菲律宾从西班牙的统治下挣脱出来，又把它变成美国的殖民地一样。这里的关键人物是光绪皇帝，所以，文章剥下了光绪皇帝的神圣面纱，“载湉小丑，不辨菽麦”，八字就是定评。这段文字写得十分辛辣：

至于近世，戊戌之变，长素所身受，而犹谓满洲政治为大地万国所未有，呜呼！斯诚大地万国所未有矣！李陵有言，子为汉臣，安得不云尔乎？

夫长素所以不认奴隶，力主立宪以摧革命之萌芽者，彼固终日屈心忍志以处奴隶之地者尔。欲言立宪，不得不以皇帝为圣明，举其诏旨，有云“一夫失职，自以为罪”者，而谓亟亟欲开议院，使国民咸操选举之权以公天下，其仁如天，至公如地，视天位如敝屣，然后可以言皇帝复辟而宪政必无不行之虑。则吾向者为《正仇满论》，既驳之矣。

盖自乙未以后，彼圣主所长虑却顾，坐席不暖者，独太后之废置我耳。殷忧内结，智计外发，知非变法，无以交通外人得其欢心；非交通外人得其欢心，无以挟持重势，而排沮太后之权力。载湉小丑，未辨菽麦，铤而走险，固不为满洲全部计。长素乘之，投间抵隙，其言获用。故戊戌百日之政，足以书于盘盂，勒于钟鼎，其迹则公，而其心则只以保吾权位也。曩令制度未定，太后夭殂，南面听治，知天下之莫予毒，则所谓新政者，亦任其迁延堕坏而已。非直堕坏，长素所谓拿破仑第三新为民主，力行利民，已而夜晏伏兵，擒议员百数及知名士千数尽置于狱者，又将见诸今日。何也？满、汉两族，固莫能两大也。

《驳康有为论革命书》是一篇脍炙人口、传颂不衰的反清革命檄文。在这篇气势磅礴、笔锋犀利的长文中，章太炎站在鲜明的民主主义立场上，逐条驳斥了康有为的改良谬说。章太炎首先列举了满清王朝压迫汉族的历史，指出从清初的“扬州十日”“嘉定三屠”，屡兴不废的文字狱，直到清末戊戌政变，残杀维新党人，这一系列压迫汉人的罪行都表明满为主、汉为奴，并不存在什么康有为所说的“满汉平等”。其次，章太炎又驳斥了康有为称颂光绪“圣仁英武”的观点。他说，“载湉小丑，不辨菽麦”，因为害怕慈禧太后废黜自己，才铤而走险，赞助变法。即使光绪在西太后死后，做起名副其实的皇帝，到那时他也必定是个残杀维新党人的独裁暴君。

此外，章太炎还痛斥了光绪皇帝享有“天命”的无稽之谈，他严正指出：“拨乱反正，不在天命之有无，而在人才之难易”。同时，章太炎在《驳康有为论革命书》中又正面回答了革命必须流血的问题。

总之，《驳康有为论革命书》是光绪二十九年（1903）以前革命思想发展的理论总结，同时它又吹响了鼓舞革命志士继续前进的号角，对以后资产阶级革命运动的发展起到了很大的理论影响作用。

17. 邹容《革命军》

邹容（1885—1905），别名绍陶、桂文，留学日本时改名为邹容。四川省巴县（今重庆渝中区）人，中国近代著名资产阶级革命宣传家。1902年春，他冲破重重阻力，自费东渡日本，进入东京同文书院补习日语，大量接触西方资产阶级民主思想与文化，革命倾向日趋显露，并结识了一些革命志士，积极参加留日学生的爱国活动。他刚毅勇为，常争先讲演，陈述己见，切齿于满清统治的暗弱腐败，向往中华民族的新生崛起。其辞犀利悲壮，鲜与伦比，为公认的革命分子。光绪二十九年（1903）三月，他离开日本，回到上海。邹容在上海寄居于爱国学社，与章炳麟结为忘年交，互以倡言革命相激励。他发起组织中国学生同盟会，积极参加拒俄爱国运动；奋笔疾书，完成《革命军》的写作，署名为“革命军中马前卒”。章炳麟为之作序。而在上海英租界入狱，光绪三十一年（1905）4月3日死于上海狱中。上海义士刘三收其遗体安葬在上海华泾乡野。辛亥革命成功以后，孙中山追赠邹容为“陆军大将军”荣衔，崇祀忠烈祠。

毛泽东1958年3月在成都召开的中央工作会议上的讲话中说：“四川有个邹容，他写了一本书，我临从北京来，还找这本书望了一下。他算是提出一个民主革命的简单纲领，他只有十七岁到日本，写书的时候大概是十八九岁。二十岁跟章太炎在上海坐班房，因病而死。”（龚育之等：《毛泽东的读书生活》，三联书店1986年版，第206页）

毛泽东说：邹容是青年革命家，他的文章秉笔直书，热情洋溢，而且用的是浅近通俗的文言文，《革命军》就很好读，可惜英年早逝。（陈晋主编：《毛泽东读书笔记解析》，广东人民出版社1996年版，第386页）

《革命军》该书约两万字，分为七章，正文分“绪论”“革命之原因”“革命之教育”“革命必剖清人种”“革命必先去奴隶之根性”“革命独立之大义”和“结论”。而以“绪论”和“革命独立之大义”为全书重点。邹容以西方资产阶级革命时期提出的“天赋人权”“自由、平等、博爱”为指导思想，阐述了反对封建专制、进行资产阶级民主革命的必要性，指出了“革命”乃对上下古今、宗教、道德、政治、学术，以及日常事物存善去恶、存美去丑、存良善而除腐败的过程，故赞美曰：“巍巍哉！革命也。皇皇哉！革命也。”“革命者，天演之公例也；革命者，世界之公理也；革命者，争存争亡过渡时代之要义也；革命者，顺乎天而应乎人者也；革命者；去腐败而存良善者也；革命者，由野蛮而进文明者也；革命者，除奴隶而为主人者也。”他还从满清王朝官制的腐败、刑审官吏的贪酷，对知识分子、对农民、对海外华工、对商人、对士兵的政策及对外的一系列政策，揭露了满清政府对国人的压迫和屠戮，分析了革命爆发的必然性，明确宣布革命独立之大义在于：“永脱满洲之羁绊，尽复所失之权利，而介于地球强国之间”“全我天赋平等自由之位置”“保我独立之大权”，即推翻满清封建专制王朝，建立“中华共和国”！在第六章“革命独立之大义”中，他具体描绘了中华共和国的面目：

兢兢业业，谨模拟美国革命独立之义，约为数事，再拜顿首，献于我最敬最亲爱之皇汉人种四万万同胞前，以备采行焉如下：

一、中国为中国人之中国。我同胞皆须自认自己的汉种中国人之中国。

一、不许异种人沾染我中国丝毫权利。

一、所有服从满洲人之义务一律取消。

一、先推倒满洲人所立之北京野蛮政府。

一、驱逐住居中国中之满洲人，或杀以报仇。

一、诛杀满洲人所立之皇帝，以做万世不复有专制之君主。

一、对敌干预我中国革命独立之外国及本国人。

一、建立中国政府，为全国办事之总机关。

一、区分省份，于各省中投票公举一总议员，由各省总议员中投票公举一人为暂行大总统，为全国之代表人，又举一人为副总统，各府州县，又举议员若干。

一、全国无论男女，皆为国民。

一、全国男子有军国民之义务。

一、人人有承担国税之义务。

一、全国当致忠于此所新建国家之义务。

一、凡为国人，男女一律平等，无上下贵贱之分。

一、各人不可夺之权利，皆由天授。

一、生命，自由，及一切利益之事，皆属天赋之权利。

一、不得侵人自由，如言论、思想、出版等事。

一、各人权利必要保护。须经人民公许，建设政府，而各假以权，专掌保护人民权利之事。

一、无论何时，政府所为，有干犯人民权利之事，人民即可革命，推倒旧日政府，而求遂其安全康乐之心。迨其既得安全康乐之后，经承公认，整顿权利，更立新政府，亦为人民应有之权利。

若建立政府之后，少有不洽众望，即欲群起革命，朝更夕改，如弈棋之不定，因非新建国家之道。天下事不能无弊，要能以平和为贵，使其弊不致大害人民，则与其颠覆昔日之政府，而求伸其权利，毋宁平和之为愈。然政府之中，日持其弊端暴政相继放行，举一国人民，悉措诸专制政体之下，则人民起而颠覆之，更立新政，以求遂其保全权利之心，岂非人民至大之权利，且为人民自重之义务哉？我中国人之忍苦受困，已至是而极矣。今既革命独立，而犹为专制政体所苦，则万万不得甘心者矣，此所以不得不变昔日之政体也。

一、定名中华共和国（清为一朝名号，支那为外人呼我之词）。

一、中华共和国，为自由独立之国。

一、自由独立国中，所有宣战、议和、订盟、通商，及独立国一切应为之事，俱有十分权利与各大国平等。

一、立宪法，悉照美国宪法，参照中国性质立定。

一、自治之法律，悉照美国自治法律。

一、凡关全体个人之事，及交涉之事，及设官分职，国家上之事，悉准美国办理。皇天后土，实共鉴之。

…………

我皇汉民族四万万男女同胞，老年、晚年、中年、壮年、少年、幼年，其革命，其以此革命为人人应有之义务，其以此革命为日日不可缺之饮食。尔毋自暴！尔毋自弃！尔之士地，占亚洲三分之二，尔之同胞，有地球五分之一，尔之茶供世界亿万众之饮料而有余，尔之煤供全世界二千年之燃料亦无不足。尔有黄祸之先兆，尔有神族之势力。尔有政治，尔自司之；尔有法律，尔自守之；尔有实业，尔自理之；尔有军备，尔自整之；尔有土地，尔自保之；尔有无穷无尽之富源，尔须自挥用之。尔实具有完全不缺的革命独立之资格，尔其率四万万同胞之国民，为同胞请命，为祖国请命。掷尔头颅，暴尔肝脑，与尔之世仇满洲人，与尔之公敌爱新觉罗氏，相驰骋于枪林弹雨中；然后再扫荡于涉尔主权之外来恶魔，尔国历史之污点可洗，尔祖国之名誉飞扬，尔之独立旗已高标于云霄，尔之自由钟已哄哄于禹城，尔之独立厅已雄镇于中央，尔之纪念碑已高耸于高风，尔之自由神已左手指天，右手指地，为尔而出现。嗟夫！天清地白，霹雳一声，惊数千年之睡狮而起舞，是在革命，是在独立。

皇汉人种革命独立万岁！

中华共和国万岁！

中华共和国四万万同胞的自由万岁！

总之，《革命军》充满着炽烈的革命热情，气势磅礴，振聋发聩，有如一声震撼大地的惊雷，把皇冠震落于地。它的巨大作用和影响，正如鲁迅所评价的：“便是悲壮淋漓的诗文，也不过是纸片上的东西，对于后来的武昌起义怕没有什么大关系。倘说影响，则别的千言万语，大概都抵不过浅近直截的‘革命军马前卒邹容’所做的《革命军》。”（《鲁迅全集》第一卷《杂忆》）启迪了一代爱国志士走上反清革命的道路，为腐朽的清王朝敲响了丧钟，是反清革命史上一篇重要的战斗檄文，它的价值将永垂青史。

毛泽东多次阅读邹容的文章及有关《苏报》案的材料，据当时为他管理图书的同志记载：1958 年 2 月，1961 年 7 月，1963 年 3 月、7 月，五年内四次阅读有关文章和资料。在毛泽东中南海故居的藏书中，有一本邹容的《革命军》。在该书扉页邹容的肖像旁边，毛泽东书写了章太炎赠邹容的诗："邹容吾小友（弟），披发下瀛洲。快剪刀除辫，干牛肉作糇。英雄一入狱，天地亦悲秋。临命当（须）掺手，乾坤只两头。"表现了毛泽东对《革命军》的喜爱，也表达了他对邹容勇于献身的革命精神的感佩。

18. 孙中山《三民主义》："共产主义的最低纲领和三民主义的政治原则基本上相同"

孙中山（1866—1925），名文，字载之，号日新，又号逸仙，广东省香山县（今广东中山）翠亨村人，中国近代民族民主主义革命的开拓者，中国民主革命伟大先行者，中华民国和中国国民党的缔造者，三民主义的倡导者。青少年时代受到广东人民斗争传统的影响，向往太平天国的革命事业。他首举彻底反封建的旗帜，"起共和而终两千年封建帝制"。1905 年成立中国同盟会。1911 年 10 月 10 日新军中的革命党人暗中联络，决定当天晚上起义。辛亥革命后被推举为中华民国临时大总统（任期：1912 年 1 月 1 日—1912 年 4 月 1 日），颁布《临时约法》。隔年被迫辞职，后改组同盟会为国民党，发动二次革命和护法战争。1924 年确立联俄、联共、扶助农工政策，发表新三民主义，创立黄埔军校，年底扶病到达北京共商国是。1925 年 3 月 12 日，孙中山在北京逝世。1929 年 6 月 1 日，根据其生前遗愿，葬于南京紫金山中山陵。1940 年，国民政府通令全国，中国国民党尊称其为"中华民国国父"。中国共产党则称他为"革命先行者"。

毛泽东在 1940 年 1 月写的《新民主主义论》一文"驳顽固派"中说：

"共产主义是无产阶级的整个思想体系，同时又是一种新的社会制度。这种思想体系和社会制度，是区别于任何别的思想体系和任何别的社会制度的，是自有人类历史以来，最完全最进步最革命最合理的。封建主义的思想体系和社会制度，是进了历史博物馆的东西了。资本主义的思想体系和社会制度，已有一部分进了博物馆（在苏联）；其余部分，也已

‘日薄西山，气息奄奄，人命危浅，朝不虑夕’，快进博物馆了。惟独共产主义的思想体系和社会制度，正以排山倒海之势，雷霆万钧之力，磅礴于全世界，而葆其美妙之青春。中国自有科学的共产主义以来，人们的眼界是提高了，中国革命也改变了面目。中国的民主革命，没有共产主义去指导是决不能成功的，更不必说革命的后一阶段了。这也就是资产阶级顽固派为什么要那样叫嚣和要求‘收起’它的原因。其实，这是‘收起’不得的，一收起，中国就会亡国。现在的世界，依靠共产主义做救星；现在的中国，也正是这样。

“谁人不知，关于社会制度的主张，共产党是有现在的纲领和将来的纲领，或最低纲领和最高纲领两部分的。在现在，新民主主义，在将来，社会主义，这是有机构成的两部分，而为整个共产主义思想体系所指导的。因为共产党的最低纲领和三民主义的政治原则基本上相同，就狂叫‘收起’共产主义，岂非荒谬绝伦之至？在共产党人，正因三民主义的政治原则有和自己的最低纲领基本上相同之点，所以才有可能承认‘三民主义为抗日统一战线的政治基础’，才有可能承认‘三民主义为中国今日之必需，本党愿为其彻底实现而奋斗’，否则就没有这种可能了。这是共产主义和三民主义在民主革命阶段上的统一战线，孙中山所谓‘共产主义是三民主义的好朋友’，也正是指的这种统一战线。否认共产主义，实际上就是否认统一战线。顽固派也正是要奉行其一党主义，否认统一战线，才造出那些否认共产主义的荒谬说法来。”（《毛泽东选集》第二卷，人民出版社 1991 年版，第 686—687 页）

《三民主义》是孙中山 1924 年 1 月至 8 月在广州国立高等师范学校礼堂的演讲。8 月 24 日以后，因对付商团叛乱和准备北伐而中辍，民生主义部分未能讲完。讲演的记录稿经孙中山修改后于 1924 年 4 月、8 月、12 月由中国国民党中央执行委员会分编印行，同年底出版合订本。在演讲中，孙中山进一步详尽地阐述了他在中国国民党第一次全国代表大会上提出的革命的三民主义。其要义说：“一般革命同志对于国民党的三民主义，是什么情形呢？民国政治上经过这十三年的变动和十三年的经验，现在各位同志对于民族、民权那两个主义，都是很明白的；但是对于民生主义的心理，好像革命以后革命党有兵权的人对于民权主义一样无所可否，都是不明白的。为什么我敢说我们的革命同志对于民生主义还没有明白呢？就是由于这次国民党改组，许多同志因为反对共产主义，便居然说共产党和三民主义不同，在中国只要行三民主义便够了，共产主义是决不能容纳的。然而民生主义到底是什么东西呢？我在前一次讲演有一点发明，是说社会的文明发达、经济组织的改良和道德进步，都是以什么为重心呢？就是以民生为重心，民生就是社会一切活动的原动力。因为民生不遂，所以社会的文明不能发达，经济组织不能改良，和道德进步，以及发生种种不平等的事情，像阶级战争和工人痛苦，那些种种压迫，都是由于民生不遂的问题没有解决。所以社会中的各种变态都是果，民生问题才是因。照这样判断，民生主义究竟是什么东西呢？民生主义就是共产主义，就是社会主义。所以，我们对于共产主义，不但不能说是和民生主义相冲突，并且是一个好朋友，主张民生主义的人应该要细心去研究的。”

三民主义分为旧三民主义和新三民主义。

旧三民主义为民族主义、民权主义和民生主义。其中民族主义的主要内容之一，就是“反满”。“驱除鞑虏，恢复中华”，始终是资产阶级革命民主派在清末的战斗口号。民权主义是三民主义的核心。它反映了近代中国社会的又一个主要矛盾，即封建主义和人民大众的矛盾。民生主义是孙中山的“社会革命”纲领，它希望解决的课题是中国的近代化，即发展资本主义经济，使中国由贫弱至富强；同时还包含着关怀劳动人民生活福利的内容，以及对资本主义社会经济的批判和由此产生的“对社会主义的同情”。

当中国革命历程进入新民主主义阶段时，孙中山接受了中国共产党和国际无产阶级的帮助，“适乎世界之潮流，合乎人群之需要”，确立了联俄、联共、扶助农工的三大政策，把旧三民主义发展为新三民主义。在民族主义中突出了反帝的课题：“民族解放之斗争，对于多数之民众，其目标皆不外反帝国主义而已”；民权主义中进一步揭露了封建军阀、官僚的暴戾恣肆，对资产阶级的社会政治制度做了某些批判，称道了“比较代议政体改良得多”的苏维埃国家“人民独裁政体”，重申了“主权在民”的原则；民生主义则强调了“耕者有其田”的观点，阐发了“使私有资本不能操纵国民之生计”的思想。新三民主义是旧三民主义的发展，反映了新的历史特点，表现了资产阶级革命民主派在新的革命阶段的进步性。由于新三民主义和中国共产党在民主革命阶段上的目标基本相同，因而成为第一次国共合作的政治思想基础，开创了中国民主革命的新局面。

在讲到民生主义时，孙中山明确地提出“民生主义就是共产主义，就是社会主义”“且是共产主义的好朋友”。在第一次国共合作时期，毛泽东是国民党中央候补执行委员，并担任国民党中央宣传部代理宣传部部长，对孙中山的“三民主义”当然是相当熟悉的。

抗日战争进入相持阶段后，日本帝国主义改变了对中国大地主、大资产阶级及其政治代表国民党反动派的政策，由武力进攻改为政治诱降。在这种情况下，国民党内部发生分化：以汪精卫为首的亲日派公开投降了日本，在南京成立伪政府；以蒋介石为首的亲美派则消极抗日，积极反共。他们一方面在军事上挑衅，另一方面大造反革命舆论，大肆鼓吹蒋介石的“一个主义、一个党、一个领袖”的言论，故意混淆三民主义和共产主义的界限，说三民主义包括一切革命，以此歪曲和反对共产主义，胡说共产主义不适合中国国情，应当“收起”，共产党应当“取消”，试图取消共产党及其领导下的革命军队及边区政府。

1940 年 1 月 8 日，在陕甘宁边区文化协会第一次代表大会上所做的《新民主主义论》的讲演中，毛泽东指出，依现时的国内和国际环境，走欧美资产阶级走过的老路，是行不通的。“一次革命论”者，不要革命者也，这就是问题的实质。共产主义是无产阶级的整个思想体系，同时又是一种具有强大生命力的社会制度，共产主义是收不得的，一收起，中国就会亡国。现在的世界，依靠共产主义做救星；现在的中国也不例外。新三民主义与旧三民主义有本质的区别，顽固派鼓吹的就是一种伪三民主义。中国共产党所宣布的“愿为其彻底而奋斗”的三民主义，是“新三民主义或真三民主义，是联俄、联共、扶助农工三大政策的三民主义”。毛泽东再次指出了共产主义与三民主义的异同，进一步阐明了孙中山提出的“共产主义是三民主义的好朋友”的论断，明确指出三民主义依然是抗日统一战线的基础，“否认共产主义，实际上就是否认统一战线”，从而有力地回击了顽固派散布的无耻谰言。

19. 赵尔巽主编《清史稿·戴名世传》：“以身殉志，不亦伟乎！”

毛泽东在读《新唐书·徐有功传》时批注道：“‘命系庖厨’，何足惜哉，此言不当。岳飞、文天祥、曾静、戴名世、瞿秋白、方志敏、邓演达、杨虎城、闻一多诸辈，以身殉志，不亦伟乎！”（《毛泽东读文史古籍批语集》，中央文献出版社1993年版，第237页）

赵尔巽（1844年5月23日—1927年9月3日），字公镶，号次珊，又名次山，清末汉军正蓝旗人，奉天铁岭（今辽宁铁岭）人。清代官员、史学家。祖籍山东蓬莱。清代同治年间进士，授翰林院编修。历任安徽、陕西各省按察使，又任甘肃、新疆、山西布政使，后任湖南巡抚、户部尚书、盛京将军、湖广总督、四川总督等职。宣统三年（1911）任东三省总督。武昌起义后在奉天（今辽宁）成立保安会，阻止革命。民国成立，任奉天都督，旋辞职。1914年任清史馆总裁，主编《清史稿》。袁世凯称帝时，被尊为“嵩山四友”之一。1925年段祺瑞执政期间，任善后会议议长、临时参议院议长。死后葬于北京市怀柔区怀北镇神山村北。

《清史稿》是中华民国初年由北洋政府设馆编修的记载清朝历史的正史——“清史”的未定稿，赵尔巽主编，修于1914—1927年间。纂修人员有缪荃荪、夏孙桐、柯劭忞、张尔田等。全书536卷，其中本纪25卷，志142卷，表53卷，列传316卷，以纪传为中心。所记之事，上起1616年清太祖努尔哈赤在赫图阿拉建国称汗，下至1912年清朝灭亡，共296年的历史。

《清史稿》取材根据，有清代国史馆的底本和《实录》《圣训》《东华录》《宣统政纪》等，尚称完备。

《清史稿·戴名世传》原文如下：

戴名世，字田有，桐城人。生而才辨隽逸，课徒自给。以制举业发名廪生，考得贡，补正蓝旗教习。授知县，弃去。自是往来燕、赵、齐、鲁、河、洛、吴、越之间，卖文为活。喜读太史公书，考求前代奇节玮行。时时著文以自抒湮郁，气逸发不可控御。诸公贵人畏其口，尤忌嫉之。尝遇方苞京师，言曰："吾非役役求有得于时也，吾胸中有书数百卷，其出也，自忖将有异于人人。然非屏居深山，足衣食，使身无所累，未能诱而出之也。"因太息别去。康熙四十八年，年五十七，始中式会试第一，殿试一甲二名及第，授编修。又二年而《南山集》祸作。

先是门人尤云鹗刻名世所著《南山集》，集中有《与余生书》，称明季三王年号，又引及方孝标《滇黔纪闻》。当是时，文字禁网严，都御史赵申乔奏劾《南山集》语悖逆，遂逮下狱。孝标已前卒，而苞与之同宗，又序《南山集》，坐是方氏族人及凡挂名集中者皆获罪，系狱两载。九卿覆奏，名世、云鹗俱论死。亲族当连坐，圣祖矜全之。又以大学士李光地言，宥苞及其全宗。申乔有清节，惟兴此狱获世讥云。名世为文善叙事，又著有《孑遗录》，纪明末桐城兵变事，皆毁禁，后乃始传云。(《清史稿》列传二百七十一·文苑一)

戴名世（1653—1713），字田有，一字褐夫，号药身，别号忧庵，晚号栲栳，自号南山先生，死后，讳其姓名而称之为"宋潜虚先生"，又称夏庵先生。江南桐城（今安徽桐城）人，清代史学家。清康熙四十八年（1709）己丑科进士。戴名世20岁授衔养亲，27岁所作时文为天下传育，清康熙二十六年（1687），以贡生考补正蓝旗教习，授知县，因愤于"悠悠斯世，无可与语"，不就；漫游燕、越、齐、鲁、越之间。康熙五十年（1711），左都御史赵申乔，据《南山集·致余生书》中引述南明抗清事迹，参戴名世"倒置是非，语多狂悖""祈敕部严加议处，以为狂妄不敬之戒"——由是，《南山集》案发，被逮下狱。康熙五十三年（1714）三月六日被杀于市，史称“南山案”，戴名世后归葬故里，立墓碑文曰“戴南山墓”。

《戴名世传》记载了戴名世的主要事迹。作为一个知识分子，在清王朝统治逐渐巩固下来以后，不可避免地去走科举的道路，并且以优异的成绩考取了榜眼（第二名），授了翰林院史官。如果他逢迎拍马，早已经有了资本。但作为一个正直的知识分子，一个有良心的史学家，对于清王朝入主中原，如骨鲠在喉，不吐不快。所以在他著的《南山集》中，冒着杀头的危险，秉笔直书南明王朝康王、唐王、桂王的年号，这就意味着在戴氏的心目中，明王朝是正统，清王朝是伪朝；又在他的著作中采摘方孝标《滇黔纪闻》中的材料，揭露了清人入滇时的罪行。不隐恶，不扬善，实录直书，这是司马迁开创的优良史学传统。戴氏秉笔直书，原是史官应尽之责任和职权范围之内的事，结果却招致弥天大祸，竟被处死，受株连者达数百人，可见清代文字狱的苛虐。但作为一个学者，不避杀身之祸，敢于如实叙写，以身殉职，他这种为正义、为真理、为信仰而壮烈牺牲的精神，永垂青史。毛泽东把他与岳飞、文天祥这些民族英雄，邓演达、杨虎城这些爱国将领，瞿秋白、方志敏这些无产阶级革命家，以及民主斗士、爱国诗人闻一多等相提并论、等量齐观，说明了毛泽东对这些英雄人物的推崇。

20. 清周定宇《韶山记》

1959 年 6 月 25 日，毛泽东在罗瑞卿、王任重、周小舟陪同下，回到阔别了 32 年的故乡韶山。

那天，万里无云。毛泽东吟起清代人颂韶山的诗句：

从来仙境称韶峰，笔削三山插天空。
天下名山三百六，此是湖南第一龙。

毛泽东笑着问王任重：“你这个大秀才，我考考你，知道这是谁写的？”

王任重坦然摇摇头。毛泽东博古通今，干部被他考倒是常事，并不觉得难堪。

毛泽东自己倒替王任重解了围，他说：“韶山是个小地方，能有多少人读清人周定宁的《韶山记》呢？”（见章重：《梅岭——毛泽东在东湖客舍》，中共党史出版社 2003 年版，第 313—314 页）

《韶山记》原文如下：

韶山，楚南一名山也。祖西华，面南岳，《盘古舆图》按：轸宿在玉衡；天文昭曜，其辰在巳，星在荧惑，五行在丙，天市在西垣，次舍在鹑尾，细度在轸十六度也。介三湘而远七泽，发岳麓而控东台。潆洄地涌，水飞雪浪之花；笼嵌天开，山横玉枕之案。绵亘百余里，蜿蜒来八面之龙。山苍莽，际无隆。狩幸致南巡之大舜；凤音亭，丹凤含书；胭脂井，紫龙吐沫。上麓天马凌空，岱上灵鱼不老。褒忠，贞女来朝，相随鹏山白鹤；茄护，石人抱子，引将东鹜凤凰。乌台石龙，草衣崖畔，湘西狮子，石羊入山。左湘潭，右湘乡。风云际会，前金后紫，龙王雨露同沾。登望而咫尺星沙，转盼而韶山罗列。青草湾，金鸡观，秀丽花园；铁陂塘，枫梓山，恢宏乌石。平地斑竹，竹山青葱四季。南岸创石，石洞雄壮。长天，黄田，白田，月城，山之保障；黑泥，花桥，桃树，山之前朝。钓水洞，鲤鱼寨，鱼龙变化；青山寨，文林寨，虎豹风生。太乙观，中夜燃藜；白莲庵，四时玉藕。韶峰庵，仙女庵，列三女仙之金像；团山寺，清溪寺，绘诸菩萨之仪容。九天韶乐，时来迭奏罗音；三邑叟童，日每瞻依圣境。果然特地乾坤，信道崭新日月。不仙不道，眉山、盘谷风规；产乐产花，桃洞、天台号象。皓月是长明公不老，白云乃不速客频来。绘动风常清山麓，松垂露轻洗妖氛。

宁与尔达翁毛子，家相对而望隔山峰，性相同而恒乐山水，琐琐姻亚，淡淡邑邻。因思祖而念宗。同年修谱，缘上仑而下岭，信口记情。余与达翁，为龙为蛇，既已谢阳秋之太史，呼牛呼马，一任彼月旦于时人。以文章为游戏，将希刘勰逃禅；看齿发之衰颓，自信鲍昭守道。今暑峰峦窈窕，一拳便是名山；花竹扶苏，半亩何如金谷。孔孟以经常济世，不欲炫奇怪以骇时；佛老以妙道度人，每籍神通悚众。惟阅此山，野芳发而幽香，佳木秀而繁阴，风霜高洁，水落石出；四时之景，恒周一道，同风永远，乃述题数语，聊缀七言：

绕岫岚光凝欲滴，长风轻袅云烟侧。
山涵五月六月寒，地拥千山万山碧。
从来仙境称韶峰，笔削三山插天空。
天下名山三百六，此是江南第一龙。

山右布衣周定宁谨识

清初人周定宁的《韶山记》是历史上全面、细致、准确地从风景的角度描绘韶山冲的第一篇文章。

在周定宁的笔下，韶山的位置，来龙去脉无不备述；山形山势，跌宕生姿；神话传说，信手拈来；风景动人处，概而括之。比如，茄护山（即石人抱子，在滴水洞），狮子山，石羊，花园冲，铁陂塘，枫梓山，南岸，石洞冲，太乙观，白莲庵，韶峰庵，仙女庵，桃洞，天台……均是人们今天到韶山犹能见到，或有遗迹可寻的胜境。

以韶峰为中心的“韶山八景”：韶峰耸翠、塔岭晴霞、仙女茅庵、凤仪亭址、胭脂古井、石壁流泉、顿石成门、石屋清风，独具风韵，令游人心驰神往，流连忘返。“韶山八景”的每一景点，都有动人的掌故，载入了《湘潭县志》或湖南省志《广舆记·卧游册》之中，脍炙人口、广为流传。

“从来仙境称韶峰，笔削三山插天空。天下名山三百六，此是江南第一龙”。清初文人周定宁对韶峰的赞誉，给韶山蒙上了一层神秘的色彩。韶山乡就位于韶峰东南山下“人间仙境”之中。相传舜帝南巡时来到今日韶山境内的韶山嘴歇息，见此处风景优美，遂奏韶乐，引凤来仪，百鸟和鸣，“韶山”因此而得名。

1893 年 12 月 26 日，一代伟人毛泽东出生在韶山境内的上屋场。1910 年秋，毛泽东冲破小家庭的束缚，离开了风气闭塞的韶山冲。后来毛泽东曾三次回到故乡，他对故乡和亲友感情是很深的。所以，他在 1959 年最后一次回到阔别 32 年的故乡时，吟咏起周定宁《韶山记》中的一首七律的后四句，并感叹“韶山是个小地方，能有多少人读清人周定宁的《韶山记》呢”，浓郁的乡情溢于言表。